DKV-AUSLANDSFÜHRER SÜDFRANKREICH/ KORSIKA

Band 3

Hauptredakteur: Benedict Cramer

9. Auflage

2018

DKV Wirtschafts- und Verlags GmbH
Postfach 10 03 15 • 47003 Duisburg

Redaktion
Benedict Cramer
93051 Regensburg
gewaesserdatenbank@kanu-bayern.de

Korrekturmeldungen an:
gewaesserfuehrer@dkvgmbh.de

ISBN 978-3-937743-71-4

Titelfoto: Ardèche
Fotograf: Alfons Zauhuber

Druck: D + L Printpartner, Bocholt

Vorwort

Südfrankreich und Korsika zählen seit Jahrzehnten zu den beliebtesten Auslandszielen deutscher Kanuten. Nicht von ungefähr war der DKV-Führer für Südfrankreich nicht nur der erste DKV-Auslandsführer, der erschien, sondern wurde mit inzwischen 9 Auflagen auch am häufigsten neu gedruckt.

Der vorliegenden Ausgabe liegt eine umfangreiche Überarbeitung zugrunde, bei der die vorhandenen Flussbeschreibungen der vorherigen Auflage in die DKV-Gewässerdatenbank übertragen wurden und mittels Luftbildern auch die Lage der eingezeichneten Objekte neu bestimmt wurde, wodurch auch Länge einiger Flussabschnitte exakter erfasst wurde. Natürlich wurden auch zahlreiche Rückmeldungen von Paddlern eingearbeitet, die uns freundlicherweise Korrekturen und Aktualisierungen zu den bisherigen Beschreibungen haben zukommen lassen.

Insgesamt enthält dieses Buch 328 Gewässer (davon 210 mit ausführlicher Beschreibung) und 7.125 Objekte, zumeist mit GPS-Koordinaten. Rund 14.000 km paddelbare Flussstrecke sind in diesem Werk beschreiben, das durch die zusätzlichen Informationen auch im Umfang deutlich zugelegt hat.

Die aufwändigen Arbeiten zur Einarbeitung in die Datenbank und und Überarbeitung der Beschreibungen hat Benedict Cramer übernommen, dem hiermit ausdrücklich für ein ehrenamtliches Engagement gedankt sei. Zugleich danke ich auch allen Kanuten, die mit ihren Rückmeldungen zur Verbesserung des Werkes beigetragen haben und habe gleichzeitig an Sie als Leser die Bitte, uns mitzuteilen, falls sie Unrichtigkeiten oder Veränderungen an Gewässern feststellen.

Duisburg, im März 2018

Thomas Konietzko

Präsident des Deutschen Kanu-Verbandes e.V.

Inhaltsverzeichnis

Zeichen und Abkürzungen

	Deutsch	Englisch	Französisch	Italienisch	Spanisch
≋	fahrbar	navigable	navigable	navigabile	navegable
X	unfahrbar	impassable	infranchissab-le	innavigabile	innavegable
NW	Niedrig-wasser	low water	eaux basses	secca/ bassa marea	bajamar
MW	Mittel-wasser	average water level	eaux moyen-nes	medio altezza dell´aqua	regular nivel del agua
HW	Hochwas-ser	high water flood	crue	inondazione	inundación
?	Auskunft	information	renseigne-ments	informazione	información
■	Wehr	weir, dam	barrage	diga	presa
□	Schleuse	sluice, lock	écluse	cateratta	esclusa
⌂	umtragen	portage	portage	portare	transportar
↱	anlanden rechts	landing right	aborder droit	approdare a destra	desembarcar a la derecha
↰	anlanden links	landing left	aborder gauche	approdare a sinistra	desembarcar a la iscierda
S 1	leicht	easy	facile	facile	fàcil
S 2	schwer	difficult	difficile	difficile	dificil
S 3	sehr schwer	very difficult	très difficile	molto difficile	mucho dificil
!	Achtung (allgem. Gefahr)	caution (danger in general)	attention (danger en général)	attenzione (pericolo generale)	atención (peligro general)
⚖	Verpfle-gung	provisions	ravitaillement	alimentazio-ne	alimentación
✕	Gasthaus	restaurant	restaurant	ristorante	restaurante
☎	Telefon	telephone	téléphone	telefono	teléfono
Ɪ	Brücke	bridge	pont	ponte	puente
↓	Mündung in	flows into	embouchure dans	sbocco in	desembo-cadura
← →	Abzwei-gung, Einfahrt	deviation, branch	embranche-ment	diramazione entrata	ramificación entrada

	Deutsch	Englisch	Französisch	Italienisch	Spanisch
WW	Wildwasser	rough water, white water	courant rapide, eaux vives	torrente	torrente
▲	Zeltplatz	Camping (free)	terrain de camping (non aménagé)	campeggio (gratuito)	campamento
▲ C	Camping-Platz	camping	terrain de camping aménagé	campeggio	terreno de camping
🚂, EB	Eisenbahn	railway	chemin de fer	ferrovia	ferrocaril
★	Sehenswürdigkeit	sights	curiosité	bellezza	curiosidad
⌂	Bootshaus	boathouse	garage à bateau	casa di batello	case de bote
ϟ	Elektrizitätswerk	power plant	usine électrique	centrale elettrica	central eléctrica
l	links	left	à gauche	a sinistra	a la iscierda
r	rechts	right	à droite	a destra	a la derecha
s.	siehe	see	voir	vedi	véase
AB	ausführliche Beschreibung	detailed description	description en détail	descrizione dettagliato	descriptión en detalle
KB	kurze Beschreibung	short description	description	descrizione informativo	descriptión breves

Bei den Fluss-Nummern wurden folgende Abkürzungen benutzt:

A = Östereich
CH = Schweiz
D = Deutschland
I = Italien
SM = Schwarzes Meer
MO = Mittelmeer Ost
N = Nordsee

Schwierigkeitsgrade von Wildwasser

Bei der Bewertung der Schwierigkeiten eines Wildwassers hat sich in letzter Zeit zunehmend eine recht strenge Beurteilung durchgesetzt. Bei der Beschreibung der einzelnen Flüsse des vorliegenden Bandes wird der Versuch unternommen, ihre Schwierigkeiten entsprechend der nachfolgenden Tabelle einzustufen, die von einer Kommission der ICF erarbeitet wurde.

Wehre sind kein Wildwasser, sie werden daher nicht bewertet. Ihre Befahrung kann ganz leicht oder sehr gefährlich sein, vorherige Besichtigung ist fast immer anzuraten.

Trotz dieser verhältnismäßig klaren Richtlinien für die Bewertung von Schwierigkeiten muss man sich darüber im Klaren sein, dass die im Textteil gemachten Schwierigkeitsangaben immer nur einen ungefähren Anhalt geben können. Dafür gibt es mehrere Gründe: Die Angaben sind durchweg auf Mittelwasser bezogen. Dieser Begriff „Mittelwasser" ist aber nur dann zuverlässig, wenn er durch Pegelstandsangaben untermauert ist. Vielfach ist dies nicht möglich. Durch Änderungen des Wasserstandes ergeben sich ganz erhebliche Änderungen der Schwierigkeiten. Dazu ein Beispiel: Für die Salzachöfen ist die Wertung „WW III+" bei starkem Niederwasser ebenso richtig wie die Wertung „WW V" bei sehr gutem Wasserstand, bei Hochwasser können sie „WW VI" bis unfahrbar werden.

Bei der Beurteilung von Schwierigkeiten spielt neben diesen objektiven, durch Wasserstand, Flusscharakter und Gefälle gegebenen Schwierigkeiten auch die subjektive Einschätzung eine erhebliche Rolle! Können, Tagesform, Erst- oder Mehrfachbefahrung desselben Flusses können die Beurteilung beeinflussen. Außerdem ist bei den Bewertungsangaben in einem Flussführer auch noch folgendes zu berücksichtigen: Sie stammen aus verschiedenartigen Quellen; eine vergleichende Nachkontrolle durch die Redaktion des Auslandsführers ist nur recht bedingt möglich. Auch der Zeitpunkt, zu dem die Bewertung entstanden ist, spielt eine erhebliche Rolle. So sind Flüsse, die vor fünf Jahren noch „WW V" waren, heute vielfach nur noch knapp „WW IV".

Dies kann möglicherweise dazu führen, dass zwei im Führer nacheinander stehende Flüsse beide mit „WW III" beschrieben sind, dass jedoch die Bewertung des ersten Flusses schon einige Jahre alt ist, während die des zweiten Flusses neu ist. Erst bei der Befahrung wird sich dann herausstellen, dass tatsächlich ein Unterschied in der Schwierigkeit von einem Grad besteht. Aus allen diesen Gründen können die nachfolgend gemachten Schwierigkeitsangaben nicht mehr sein als Hinweise, die keineswegs verbindlich sind, sondern lediglich eine ungefähre Vorstellung von der Schwierigkeit des betreffenden Flusses vermitteln wollen.

Allein-Fahrten auf Wildwasser sind unbedingt zu vermeiden, empfehlenswert ist die Drei-Mann-Gruppe. Ein Wildwasserneuling sollte stets mit der ersten Schwierigkeitsstufe anfangen und erst nach deren völliger Beherrschung auf den nächsthöheren Schwierigkeitsgrad gehen.

Voraussetzung für Wildwasserfahrten

Zu WW I: unschwierig

Subjektive Fähigkeiten: Beherrschen von Grundschlag vorwärts und rückwärts, Konterschlag, Paddelstütze, Seilfähre vorwärts, Bogenschlag, Ein- und Ausschlingen. Bei längeren Strecken gutentwickelte Kraftausdauer.

Ausrüstung: alle Bootsarten, -typen und -klassen, feste Spritzdecke mit Schlaufen, Bootsleine bzw. Fangschlaufen am Boot, Auftriebskörper in Bug und Heck, evtl. Kälteschutz oder Kopfschutz je nach Wasser- und Witterungsverhältnissen.

Zu WW II: mäßig schwierig

Subjektive Fähigkeiten: siehe oben, zusätzlich Beherrschen von Seilfähre rückwärts, Paddelhang, von Ziehschlägen unter erschwerten Bedingungen wie starker Strömung und wenig Platz, Beherrschen der Kenterrolle in Übungssituationen. Nur für sportlich Trainierte, die bereits Wildwasser I gefahren sind, evtl. mit Führer.

Ausrüstung: nur vom Hersteller als WW-tauglich bezeichnete Boote, Kälteschutz, Rettungsweste und Kopfschutz, Rettungsleine und -sack.

Sicherung: Kenntnis im Umgang mit Rettungsleine bzw. -sack, Pegelvergleich.

Zu WW III: schwierig

Subjektive Fähigkeiten: siehe oben, gutes Beherrschen der Ziehschläge, insbesondere des S-Schlages, der Fahrtaktiken wie Ein- und Ausschlingen, Beherrschen der Bogenschlag- oder Paddelstützrolle im WW, zumindest auf einer Seite. Längere WW-Erfahrung und sportliches Training sind notwendig.

Ausrüstung: siehe oben, nur bestes Bootsmaterial, WW-Spezialboote mit großem Auftrieb und verstärktem Heck, Bug und Oberschiff, Rettungsgeräte siehe oben, jedoch für jeden Fahrer, Karabiner und Reepschnur für Brustgeschirr. Kenntnis in Seil- und Knotenkunde.

Sicherung: siehe oben, vertraut sein im Umgang mit Seil, mit der Kombination „Mann – Seil – Boot" und mit der „Bootskette". Fahrten nur in Gruppen.

Zu WW IV: sehr schwierig

Subjektive Fähigkeiten: siehe oben, sicheres Beherrschen aller Schlagkombinationen und Fahrtaktiken der Bogenschlagrolle. Sehr gut trainierter physischer Konditionszustand. Gute Vorbereitung durch: Ortsbesichtigung, geologische Karten, Wetterlage und eigene Erkundung sowie Kontrolle der Vorbereitungsunterlagen vor Ort.

Sicherung: sicherer Umgang mit allen Rettungsgeräten, Fahrten nur in festen Mannschaften.

Zu WW V: äußerst schwierig

Subjektive Fähigkeiten: siehe oben.

Sicherung: siehe oben. Nur für Experten in Mannschaften.

Zu WW VI: Grenze der Befahrbarkeit.

	I unschwierig	II mäßig schwierig	III schwierig	IV sehr schwierig	V äußerst schwierig	VI Grenze der Befahrbarkeit
Sicht		freie Durchfahrten	übersichtliche Durchfahrten	Durchfahrten nicht ohne weiteres erkenn- bar, Erkundung meist nötig	Erkundung unerläßlich	
Wasser	regelmäßiger Stromzug, regelmäßige Wellen, kleine Schwälle	unregelmäßiger Stromzug, unregelmäßige Wellen, mittlere Schwälle, schwache Walzen, Wirbel und Presswasser	hohe, unregel- mäßige Wellen, größere Schwälle, Walzen, Wirbel und Presswasser	hohe andau- ernde Schwälle, kräftige Walzen, Wirbel und Presswasser	extreme Schwälle extreme Walzen, Wirbel und Presswasser	im Allgemeinen unmöglich, bei bestimmten Wasserabständen eventuell befahrbar, hohes Risiko!
Flussbett	einfache Hindernisse	einfache Hindernisse im Stromzug kleinere Stufen	einzelne Blöcke, Stufen andere Hinder- nisse im Strom- zug	Blöcke versetzt im Stromzug, höhere Stufen mit Rücksog	enge Verblockungen hohe Gefäll- stufen mit schwierigen Ein- oder Ausfahrten	
Beispiele	Ammer (Rottenbuch - Peißenberg bei Pegel 90 in Weilheim) Isar (Bad Tölz-Wolf- ratshausen bei Pegel 65 in Bad Tölz)	Ammer (ab Naturwehr - Rottenbuch bei Pegel 90 in Weilheim) Obere Isar (Hinterauthal bei Pegel 180 in Scharnitz)	Ammer (Scheibum und Naturwehr bei Pegel 120 in Weilheim) Inn (Imster-Schlucht bei Pegel 200 in Haiming)	Loisach Dom und Treppenhaus bei Pegel 120 Gschwandsteg) Ötztaler Ache (Waldschlucht bei Pegel 120 in Tumpen)	Inn (Brail-Schlucht bei Pegel 110 in Tarasp)	Enns (Gesäuse- eingang, NW) Ruetzbach- katarakt (Pegel Medraz 120) Ötz (Langenfeld - Umhausen, Pegel Tumpen 120)

Gebrauch des DKV-Auslandsführers

Für die 9. Auflage des DKV-Auslandsführers für Südfrankreich wurden alle Flüsse anhand von Luftbildern komplett neu kilometriert und alle Objekte, soweit möglich, mit GPS-Koordinaten versehen. Bei allen Flüssen wurde der Nullpunkt der Kilometrierung auf die Mündung gesetzt, da dies meist leichter nachzuvollziehen ist, als die Quelle.

Da die alte Kilometrierung teils Ungenaugkeiten von über 20% aufwies, konnten für einige Objekte keine GPS-Koordinaten ermittelt werden, da sie im Luftbild nicht zweifelsfrei zu lokalisieren waren. Hier sind die Kilometer-Angaben dieser Objekte mit Vorsicht zu genießen. Über GPS-Koordinaten zu diesen Objekten, die nur vor Ort aufgenommen werden können, würde sich die Redaktion sehr freuen.

Zum **Auffinden eines Gewässers** werden mehrere Möglichkeiten angeboten. Ist der Name des Gewässers bekannt, genügt ein Blick auf das „Alphabetische Verzeichnis der Gewässer“, das man ab Seite **Fehler! Textmarke nicht definiert.** findet. Eine weitere Möglichkeit bieten die am Anfang eines Fahrtengebietes eingefügten Tabellen und Kartenskizzen. Hier sind für jedes beschriebene Gewässer die Kartennummer und die Seitenzahl der Beschreibung angegeben. Außerdem gibt es in der Tabelle Hinweise zur Charakteristik des Gewässers.

In der einzelnen Flussbeschreibung wird als Überschrift der **Flussname** genannt. Wenn der Name mehrfach existiert, ist er mit einer in Klammern gesetzten Ergänzung genauer definiert. Darunter folgen Angaben zur Charakteristik des Flusses und in welches Gewässer er mündet.

Seen

Die Fahrt geht fast ausschließlich über Seen oder seeähnliche Gewässer, z. b. Schären oder Fjorde.

Schwierigkeiten: bei ungünstiger Wetterlage kann die Fahrt sehr mühsam und auch gefährlich werden; kurze, meist leicht zu befahrende Fließstrecken zwischen den Seen; Umtragstellen an Wehren, Schleusen oder unfahrbaren Abfällen zwischen den Seen.

Wanderfluss

Die Fahrt geht über Seen, Stau- und längere Fließstrecken.

Schwierigkeiten: Im Allgemeinen leicht, bis WW I; einzelne schwierige Stellen sowie Wehre oder kurze unfahrbare Abschnitte müssen umtragen werden. Bei **Kleinflüssen** außerdem enge Kurven sowie Baum- und Strauchhindernisse.

Wildwasser

Längere WW-Strecken, Befahrung nur mit entsprechender Ausrüstung und Erfahrung sinnvoll.

Schwierigkeiten: zwischen WW I und WW VI, Einzelheiten sind den Beschreibungen zu entnehmen.

Wildwanderfluss

Es handelt sich dabei um Gewässer, die in buntem Wechsel alles bieten: Geruhsame Fahrten über Seen und Staustrecken; Fließgewässer und längere Wildwasserabschnitte. Mehrfache, z. T. recht mühsame Portagen sind unvermeidlich.

Es folgt nun eine textliche Beschreibung des Flusses. Hier gibt es, sofern bekannt, auch einen Hinweis zu den **Befahrungsregeln**. Diese sind meistens in die tabellarische Flussbeschreibung aufgenommen und dort *kursiv* hervorgehoben. Da die Befahrungsregeln stetigen Veränderungen unterliegen, sollte der Benutzer dieses Gewässerführers sich im aktuellen DKV-Sportprogramm informieren oder noch aktueller im Internet über www.kanu.de . Es soll hier auch darauf hingewiesen werden, dass im Berichtigungsdienst für diesen Gewässerführer auf der Internetseite des DKV-Verlags Änderungen der Befahrungsregeln nicht geführt werden.

Sofern vorhanden, werden für die Befahrbarkeit Hinweise auf **Pegel** gegeben.

Angaben zur **Begleitung** mit dem PKW und zum Versetzen der Fahrzeuge runden die textliche Beschreibung ab.

Die **tabellarische Flussbeschreibung** besteht aus 2 Spalten. Die linke Spalte beinhaltet die **Kilometerangabe**. Da hier (bis auf die km der unteren Rhône) auf amtliche Kilometerangaben nicht zurückgegriffen werden konnte, wurden die Kilometerangaben aus Luftbildern gemessen, wobei sich Abweichungen ergeben können, die jedoch kaum die Freude am Kanusport mindern. Grundsätzlich beginnt die Kilometrierung an der Mündung mit km 0,

Die rechte Spalte gibt Erläuterungen zur jeweiligen Kilometerangabe. Angaben zur **Orientierung** sind die **Ortsbezeichnungen**, die zum schnelleren Auffinden fett hervorgehoben wurden. Ebenfalls der Orientierung dienen **Brücken**, die am Symbol Ⅱ zu erkennen sind. Mit Zusätzen wie EB- Ⅱ, Fußg.- Ⅱ werden der Verwendungszweck oder auch der Name der Brücke gekennzeichnet. Wenn eine Straßennumerierung bekannt ist, wurde sie vermerkt

Flussverbauungen als Querbauten in den Fließgewässern sind im Allgemeinen ein Hindernis für die Befahrung. Sie gibt es als **Wehre** vom kleinen Abfall bis zur großen Staumauer. Die Bauformen sind vielfältig (z.B. Steil-, Stufen- Schräg-, Klappen-, Schützenwehre) und werden oftmals in den Flussbeschreibungen angegeben. Ebenso werden die verschiedenen Verwendungszwecke (Kraftwerk ϟ, Mühlenwehr, Bewässerungswehr, usw.) erwähnt. Die Wehre werden in den Flussbeschreibungen mit dem Symbol ■ angezeigt. Auch andere Querverbauungen, wie **Sohlabstürze**, **Sohlschwellen**, **Sohlgleiten** oder **Raue Rampen** (Aufschüttungen von Steinen, Pfahlreihen, Betonschwellen), werden mit diesem Symbol ■ gekennzeichnet. An unbefahrbaren Hindernissen ist unbedingt rechtzeitig auszusetzen. Die Unbefahrbarkeit ist am Symbol **X** zu erkennen. Das Boot und die Ausrüstung ist um das Hindernis ⩍ umzutragen. In einigen Fällen ist ein Befahren des Hindernisses möglich, erkennbar am Symbol ≈. Dabei sind etwaige Hinweise im Flussführer, die jeweiligen örtlichen Gegebenheiten (evtl. Hindernisse, wechselnde Wasserstände), das Bootsmaterial und das eigene Können zu beachten. Die bequemste Art ein Wehr zu überwinden, ist das Schleusen. Die **Schleuse** wird durch das Symbol ⌘ dargestellt. **Besondere Gefahren** werden extra beschrieben und mit ⚠ gekennzeichnet, z.B. durch das Tosbecken entstehende Walzen mit „gefährlicher Rücklauf!" Wenn keine Angaben zur Befahrbarkeit gemacht werden, muss erkundet werden, ob das jeweilige Hindernis befahrbar ist. Über Hinweise dazu würde sich die Redaktion freuen.

Weitere Angaben ergänzen die Beschreibung. Zum Zelten gibt es Hinweise auf **Campingplätze** ⛺ und Zeltmöglichkeiten ⛺. Ergänzend gibt es Verkehrshinweise (Bahnhöfe 🚂, Bushaltestellen 🚌 und 🅿 Parkmöglichkeiten) und Hinweise touristischer Art ⌘, die man jedoch aus speziellen Reiseführern ergänzen sollte.

Jeder Flussführer enthält zwangsläufig mehr oder minder viele Fehler. Sie ergeben sich aus mehreren Faktoren, wie z. B. Benutzung überholter Vorlagen, ungenaue Berichterstattung der Mitarbeiter, Änderungen der Schwierigkeiten bei unterschiedlichen Wasserständen, Änderungen im Flussverlauf durch Natur oder Menschenhand. Daher zunächst die grundsätzliche Bitte: Misstrauen Sie jeder Angabe im Flussführer! Er kann und will nicht mehr geben als Anregungen für die Planung einer Fahrt und Hinweise für deren Durchführung. Eigene Verantwortung steht über den Angaben im Flussführer.

Alle Angaben ohne Gewähr!

Zum Schluss noch eine weitere Bitte: Schimpfen Sie ruhig laut und deutlich, wenn Sie festgestellt haben, dass der Führer wieder einmal nicht stimmt. Bitte geben Sie aber anschließend Ihrem Herzen einen Stoß und teilen Sie uns mit, was im Führer falsch ist. Ohne diese Ihre Mitarbeit werden Fehler zwangsläufig noch viele Jahre weitergeschleppt. Wir tun diese Bitte um Ihre Mitarbeit im Interesse all der Sportfreundinnen und Sportfreunde, die nach Ihnen auf den Fluss gehen und ohne Ihre Mitarbeit Ihren eigenen Ärger wiederholen werden. Bitte denken Sie auch daran, dass Ihre Meldung vielleicht nicht nur helfen kann, Schwierigkeiten zu vermeiden, sondern auch Leben und Gesundheit zu bewahren.

Der Herausgeber und die Redaktion haften daher nicht für Schäden, die aufgrund der in diesem Gewässerführer enthaltenen Informationen entstehen können. Daraus folgt aber auch eine zweite Bitte: Notieren Sie sich bitte alles, was Ihnen an Unstimmigkeiten auffällt, und melden Sie es an die Bundesgeschäftsstelle des DKV (Anschrift: **Deutscher Kanu-Verband** – Bundesgeschäftsstelle – Bertaallee 8, 47055 Duisburg). Dazu steht Ihnen außer dem Postweg auch auf der Internetseite des DKV eine Eingabemaske zur Verfügung (www.kanu.de > Schnellsuche > Flussführer > Korrekturmeldung). Damit ist seit 2011auf digitaler Basis sichergestellt, dass alle Mitteilungen sorgfältig gesammelt und bei einer weiteren Neuauflage nutzbringend verwendet werden. Auch über GPS-Koordinaten zu Objekten, die bisher noch nicht mit Koordinaten versehen sind sind wir sehr dankbar.

Kanurevier Südfrankreich

Die Flüsse der französischen Alpen

Von der ligurischen Küste ziehen die französisch-italienischen Westalpen im großen Bogen zum Montblanc-Massiv. Sie sind in ihrem Bau, ihrer Gestalt und ihrem Klima äußerst unterschiedlich. Im Norden das Montblanc-Massiv mit den höchsten Bergen Europas und riesigen Gletscherzonen, die Vegetation ähnelt dabei weitgehend der der deutsch-österreichischen Alpen. Weiter nach Süden nimmt die Höhe der Berge ab, die Gletscher werden weniger, ganz im Süden herrscht ausgesprochen mediterranes Klima, d.h. Niederschläge vorwiegend nur im Winter, der Schnee bleibt kaum liegen, Berge sind im Sommer weitgehend trocken und verkarstet, die Vegetation spärlich. Die landschaftlich schönsten und großartigsten Schluchten finden sich in diesem Südteil der französischen Alpen (Var- und Verdonschlucht).

Die Konsequenzen für die Flüsse der französischen Alpen sind einleuchtend. Die Flüsse aus dem nördlichen Hochbereich der Alpen sind zum großen Teil Gletscherflüsse, mit reichlicher Wasserführung bis in den Hochsommer hinein. Die Flüsse aus dem nicht übergletscherten Teil der Hochalpen werden solange eine ausreichende Wasserführung bringen, bis der Winterschnee abgeschmolzen ist, das ist zumeist bis in den Juli hinein der Fall. Bei den Flüssen der Voralpen sowie der Seealpen im Bereich des Mittelmeeres, bei denen der Winterschnee keine erhebliche Rolle spielt, ist eine ausreichende Wasserführung Glückssache; je früher im Frühjahr desto besser. Ostern ist meist ein günstiger Zeitpunkt. Wenn man Pech hat, z.B. dass Ostern spät liegt oder dass es nur geringe Frühjahrsniederschläge gab, kann man evtl. auch schon an Ostern keinen ausreichenden Wasserstand antreffen.

Neben diesen naturgegebenen Voraussetzungen für die Flüsse der französischen Alpen spielen selbstverständlich auch Eingriffe des Menschen in den Wasserablauf eine entscheidende Rolle. Eine größere Zahl von Flüssen, die früher herrliche Wildflüsse waren, ist inzwischen der Energiegewinnung zum Opfer gefallen; dieser Prozess ist noch nicht beendet.

Trotz dieser für die einzelnen Flüsse des Alpengebietes so unterschiedlichen Voraussetzungen kann auch heute noch festgestellt werden, dass die Flüsse der französischen Alpen Wildwasser der verschiedensten Schwierigkeitsgrade in großer Anzahl darstellen, sodass jeder Kanute, je nach seinem Können und seinem Ehrgeiz, auf seine Rechnung kommen wird. Für den reinen Wanderpaddler sind die französischen Alpenflüsse allerdings, insbesondere seit der Verbauung der Rhône und der Durance, kein empfehlenswertes Urlaubsziel mehr. Bei der Urlaubsplanung sollte ferner berücksichtigt werden, dass in den Monaten Juli und August die französischen Alpen und die Provence Urlaubsziele Nr.1 der Franzosen darstellen. Es ist damit zu rechnen, dass in dieser Zeit sämtliche leidlich günstig gelegenen Zeltplätze hoffnungslos überfüllt sind.

Die französischen Kanäle

Es gibt in Frankreich ein sehr ausgedehntes Kanalsystem. Durch Verbindungskanäle zwischen den großen Strömen bestehen Verbindungen zwischen den Meeren. So kann man z.B. über Rhône, Saône, Mosel und Rhein vom Mittelmeer zur Nordsee fahren. Ähnliche Verbindungen gibt es auch zum Atlantik und zum Kanal. Ferner bestehen Querverbindungen zwischen kleineren Strömen und Seitenkanäle zu Flüssen, die in ihrem Urbett für die Schiffahrt ungeeignet sind. Die Mehrzahl dieser Kanäle wurde schon vor längerer Zeit gebaut, sie entspricht daher nicht den Anforderungen des modernen Verkehrs. Die Schleusen sind jedoch zumeist intakt. Der Schiffsverkehr auf den Kanälen ist gering.

Auf eine Beschreibung der einzelnen Kanäle wird im Rahmen des vorliegenden Flussführers verzichtet. Mit Benutzung der Kanäle sind vielfach Rundfahrten möglich: mit dem Fluss abwärts, mit dem Kanal wieder zurück.

Für den Unterhalt, den Betrieb und den Ausbau des größten Teils der 8.500km Kanäle und kanalisierter Wasserstraßen Frankreichs ist eine staatliche Körperschaft, und zwar Voies Navigables de France (VNF) zuständig. 1992 wurde eine Nutzungsgebühr eingeführt, um Bootstouristen ebenso wie alle anderen Nutzer der Wasserstraßen an den Kosten für Unterhalt und Betrieb des Wegenetzes zu beteiligen.

Dabei ist jedes Befahren von Wasserstraßen im Zuständigkeitsbereich von VNF gebührenpflichtig, worunter das Fortbewegen des Bootes verstanden wird, gleichgültig ob hierbei Schleusen passiert werden oder nicht. Hierunter fallen auch Flussabschnitte, die Bestandteil des kanalisierten Wasserstraßennetzes sind, wie z.B. Mosel, Saône, Seine, Aisne, Oisne, Marne, Dordogne und Loire. Der Rhein sowie der internationale Teil der Mosel unterhalb von Thionville sind gebührenfrei.

Die Fluss- bzw. Kanalgebühr ist von jedem Eigentümer eines Freizeitbootes zu entrichten. Gebührenfrei sind kleine Motorboote bis einschießlich 5m Länge und bis zu 9.9PS (7,20kw) sowie sämtliche durch Muskelkraft bewegten Boote. Diese Gebührenbefreiung für den Kanuten ist, obwohl in dem Merkblatt „Die Gebühren für die Freizeitschiffahrt 1994 unter Regelungen ausdrücklich ausgeführt, einigen Schleusenwärtern, aber auch Ordnungskräften der Kanalaufsicht noch unbekannt. Sofern ein problemloses Umtragen an den Schleusen möglich ist, sollte auch im Hinblick auf den Zeitaufwand von einer Schleusung abgesehen werden.

Die Flüsse des französischen Juras

Der französische Jura ist wie der benachbarte schweizer Jura und die Schwäbische und Fränkische Alb aus Kalken der Juraformation aufgebaut. Während in Süddeutschland und Teilen der Schweiz die Schichtung flach liegengeblieben ist (Tafeljura), sind die Schichten des französischen und des angrenzenden schweizer Teiles des Juras im Zusammenhang mit den Bewegungen der Alpenbildung in Wellen gelegt worden (Faltenjura). Die Gipfelhöhe dieser Falten liegt bei 1700m. Die Landschaft ist gekennzeichnet durch langgestreckte, bewaldete Ketten mit wenig gegliederten Hängen und breiten, baumlosen, aber hügeligen grünen Talmulden. Auf den Höhen ist der Wald dem Weideland gewichen. Das Klima ist rauh mit langen Wintern und reichlich Niederschlägen.

Die Flüsse verlaufen zumeist auf dem Boden der breiten Täler, ausgesprochene Schluchtbildungen sind selten. Die beste Wasserführung ist im Frühjahr, zumeist sind die Flüsse aber noch im Sommer befahrbar, zumal im gesamten Gebiet des Juras recht häufig mit stärkeren Regenfällen zu rechnen ist. Das Gefälle ist, entsprechend dem langgestreckten Verlauf der Talmulden, zumeist gering, mit Wehranlagen ist jedoch häufig zu rechnen.

Die Flüsse des benachbarten Schweizer Juras finden sich in dem DKV-Auslandsführer, Band 2 Südwesteuropa.

Gewässer zum Mittelmeer, Stromgebiet der Rhône

	See	Kleinfluss	Wanderfluss	Wildwasser (WW i-II)	Wildwasser (WW III-IV)	Wildwasser (WW V-VI)	Seite
Roya				•			27
Var				•	•	•	30
Esteron				•	•	•	33
Vésubie					•	•	35
Tinée					•	•	37
Coulomp			•				40
Loup					•	•	41
Siagne			•	•			42
Argens			•	•			43
Arc (Provence)		•		•			46
Rhône (Lyon-Mittelmeer)			•				51
Rhône (Genf-Lyon)			•	•			48
Gardon				•	•		57
Gardon de Saint Martin				•			58
Gardon de Mialet				•			58
Gardon d´ Anduze					•		59
Gard							60
Gardon de Saint Germain							61
Gardon de Saint Croix							62
Gardon de Saint Jean							62
Salindrenque					•	•	64
Durance				•	•	•	65
Jabron (Durance)				•			70
Verdon					•	•	71

	See	Kleinfluss	Wanderfluss	Wildwasser (WW i-II)	Wildwasser (WW III-IV)	Wildwasser (WW V-VI)	Seite
Jabron (Verdon)					•	•	77
Issole					•		78
Asse				•	•		78
Bléone				•	•		79
Bés (Bléone)				•	•	•	80
Grande Buëch				•			81
Petit Buëch				•			83
Méouge				•	•		85
Béoux					•		84
Avance				•	•		86
Blanche		•		•	•	•	86
Réallon					•	•	87
Ubaye				•	•	•	88
Blanche de Laverq					•		90
Bachelard					•	•	90
Ubayette					•	•	92
Vachères					•	•	92
Crévoux						•	93
Rabioux						•	93
Guil					•	•	94
Biaysse					•	•	97
Fournel					•	•	98
Gyronde					•	•	98
Onde					•		100
Cerveyrette					•	•	101

	See	Kleinfluss	Wanderfluss	Wildwasser (WW i-II)	Wildwasser (WW III-IV)	Wildwasser (WW V-VI)	Seite
Guisane				•	•	•	101
Clarée				•	•	•	104
Ouvèze				•	•	•	105
Sorgue				•			107
Toulourenc					•		108
Aygues				•	•		110
Oule				•			112
Cèze				•	•		113
Aiguillon						•	116
Luèch					•	•	116
Ganière					•	•	118
Claysse		•		•			119
Ardèche				•	•	•	120
Ibie				•			127
Chassezac				•	•		128
Sure						•	130
Thines						•	131
Altier					•	•	131
Borne					•	•	133
Beaume					•	•	134
Drobie					•	•	135
Ligne					•		137
Volane						•	137
Bezorgues					•	•	137
Fontolière					•	•	138

	See	Kleinfluss	Wanderfluss	Wildwasser (WW i-II)	Wildwasser (WW III-IV)	Wildwasser (WW V-VI)	Seite
Bourges						•	139
Lignon					•		139
Escoutay					•		141
Jabron (Roubion)					•		141
Drôme				•			143
Gervanne		•					145
Roanne					•		145
Bés (Drôme)					•		146
Archianne					•		148
Eyrieux				•	•	•	148
Dunière						•	152
Auzène						•	153
Glueyre					•	•	154
Talaron						•	154
Dorne					•	•	155
Sardige					•		156
Eysse					•	•	156
Saliouse					•		157
Rimande					•		157
Isère				•	•		157
Bourne			•				162
Drac				•	•		163
Romanche						•	165
Vénéon						•	166
Ferrand					•	•	167

	See	Kleinfluss	Wanderfluss	Wildwasser (WW i-II)	Wildwasser (WW III-IV)	Wildwasser (WW V-VI)	Seite
Ebron					•		168
Bonne				•	•	•	169
Roizonne					•	•	171
Malsanne					•	•	172
Souloise					•	•	173
Séveraisse					•	•	174
Séveraissette				•	•	•	175
Ancelle					•	•	176
Drac Blanc				•			177
Drac Noir					•		178
Arc (Isère)				•	•		178
Arly					•		183
Doron de Bozel					•	•	184
Doux				•	•	•	185
Duzon					•		187
Ay					•	•	188
Limony						•	188
Saône			•				189
Seille				•	•		189
Doubs			•	•	•		192
Loue			•	•	•		199
Cuisance		•					203
Lison		•					204
Cusancin				•			205
Dessoubre				•	•		206

	See	Kleinfluss	Wanderfluss	Wildwasser (WW i-II)	Wildwasser (WW III-IV)	Wildwasser (WW V-VI)	Seite
Reverotte		•		•	•		207
Ouche		•	•				208
Tille				•	•		210
Ognon			•	•	•		211
Rahin		•			•		217
Lanterne (Saône)		•					217
Semouse		•					219
Breuchin		•					219
Coney		•					221
Ain			•	•	•		221
Valouse				•	•		224
Bienne				•	•	•	224
Tacon					•		226
Flumen					•		227
Angillon					•		228
Saine					•	•	228
Lemme						•	230
Guiers				•			230
Guiers Vif				•			231
Guiers Mort						•	232
Fier				•	•		233
Chéran				•	•		236
Fillière				•	•		238
Nom				•	•		239
Usses		•		•			239

	See	Kleinfluss	Wanderfluss	Wildwasser (WW i-II)	Wildwasser (WW III-IV)	Wildwasser (WW V-VI)	Seite
Valserine				•	•	•	240
Semine					•	•	241
Arve				•	•		243
Menoge					•	•	247
Borne					•	•	248
Giffre				•	•		249
Bon Nant					•	•	251
Dranse					•	•	252
Dranse d´Abondance					•	•	253
Dranse de Morzine					•	•	254
Vidourle				•			255
Hérault				•	•		256
Vis				•	•		259
Orb				•	•		261
Jaur					•		265
Mare				•	•		267
Aude				•	•		267
Cesse				•	•	•	271
Briant					•	•	273
Agly				•	•		274
Verdouble				•			276
Têt				•	•		277
Boule					•		280
Tech				•	•	•	280

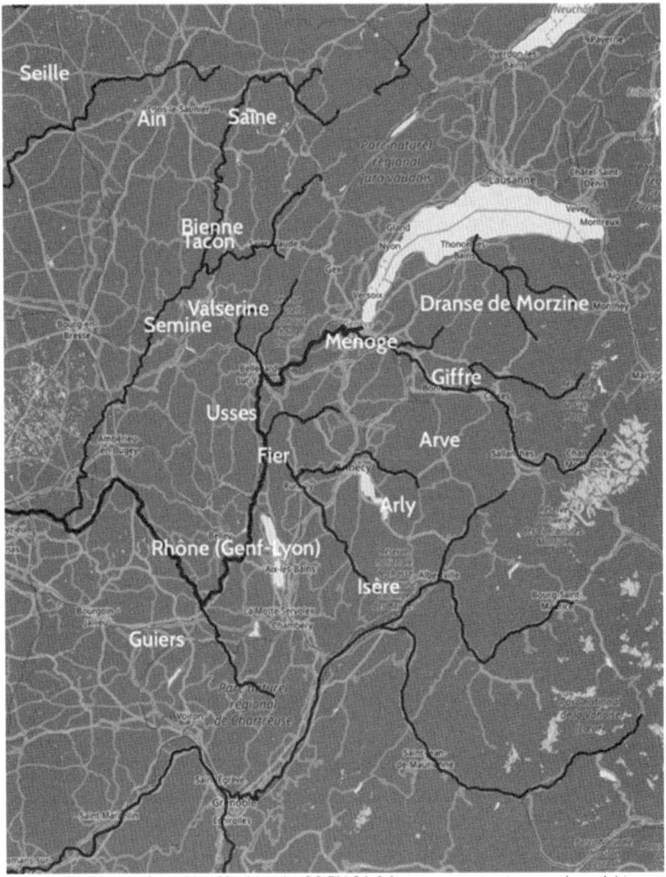
Seille
Ain
Saine
Bienne
Tacon
Valserine
Semine
Dranse de Morzine
Menoge
Giffre
Usses
Arve
Fier
Arly
Rhône (Genf-Lyon)
Isère
Guiers
Lausanne
Grenoble

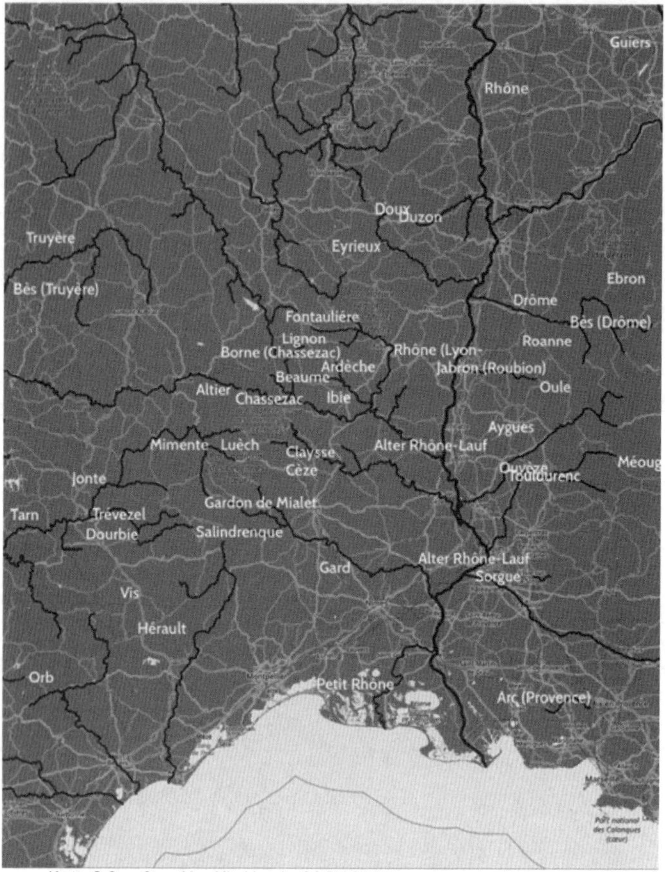
Guiers
Rhône
Doux
Duzon
Eyrieux
Truyère
Bès (Truyère)
Ebron
Drôme
Bès (Drôme)
Fontaulière
Lignon
Roanne
Borne (Chassezac)
Rhône (Lyon-
Ardèche
Jabron (Roubion)
Beaume
Oule
Altier
Chassezac
Ibie
Aygues
Mimente
Luèch
Claysse
Alter Rhône-Lauf
Méoug
Cèze
Ouvèze
Toulourenc
Jonte
Gardon de Mialet
Tarn
Trévezel
Dourbie
Salindrenque
Gard
Alter Rhône-Lauf
Sorgue
Vis
Hérault
Orb
Petit Rhône
Arc (Provence)

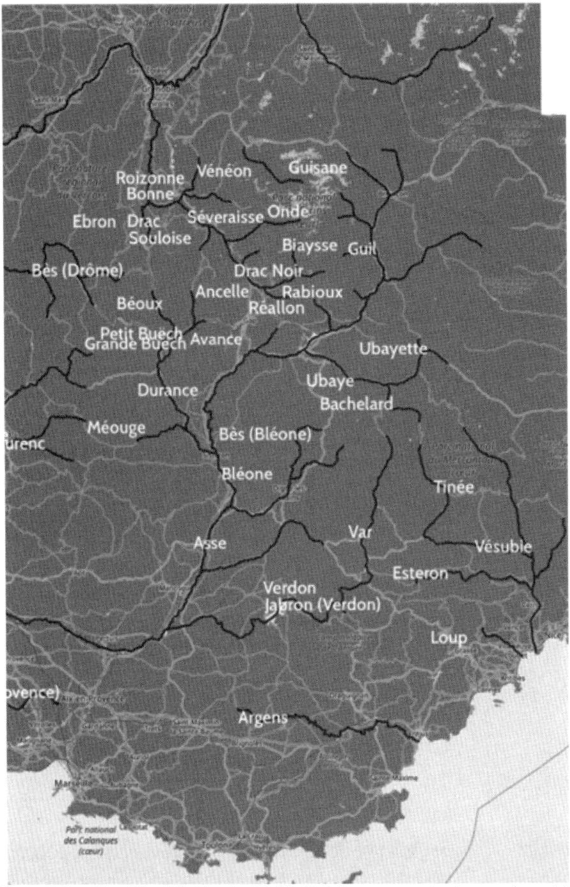

Karte: © OpenStreetMap-Mitwirkende. CC BY-SA 2.0. www.openstreetmap.org/copyright

Roya

Wildfluss (Gebirgsfluss) Gewässerkennzahl FR: Y66-0400

Mündung in Mittelmeer

Die Roya, der südöstlichste bisher befahrene Fluss Frankreichs, zählt gleichermaßen landschaftlich wie wassertechnisch zu den Leckerbissen Südfrankreichs.

Auf französischem Gebiet fließt die Roya auf 40 km durch ein enges Tal, das teilweise auch Schluchten und Klammabschnitte aufweist. Auf diesen Strecken ist die Roya ein ernst zu nehmendes Wildwasser.

Befahrungsregeln: Infolge einer Vereinbarung mit den Fischern ist eine Befahrung nur bis 17 Uhr gestattet.

Befahrbarkeit: da im Quellgebiet der Roya nur mit wenig Winterschnee zu rechnen ist, liegt die beste Zeit für die Befahrung im Mai bis Juni. In regnerischen Sommern kann mit guten Wasserständen bis in den August hinein gerechnet werden. Die Wassermenge auf den einzelnen Streckenabschnitten hängt außerdem auch erheblich von der Wasserabgabe mehrerer Kraftwerke ab, die sich im Bereich der Roya befinden.

Das Wasser steigt am Vormittag meist um 5–10 cm an, daher nicht zu früh starten.

Pegel: in den Gorges de Saorge, unterhalb einer Auto-Notrufsäule. Die nachstehend gemachten Angaben beziehen sich auf einen Pegel von 40 cm. Das entspricht einer (geschätzten) Wassermenge von 25 m³/s; Minimum 0 cm.

Schwierigkeiten: km 29,0–15,4 ▯
km 15,4–0 WW IV–III

Infrastruktur: Begleitung: Straße E74 paralell zum Fluss, Eisenbahnverbindung.

Kilometrierung: nach Kartenmaterial.

59,0 Ursprung am Col de Tende in etwa 1850m Höhe. Oberhalb Fontan befindet sich eine sehenswerte Schlucht, die jedoch meist wegen Wasserableitung **X** ist. Ein Befahrungsbericht ist nicht bekannt (44.1519, 7.5775)

39,8 mögliche ⬇ am Ende der Schlucht bei einem verfallenen Haus, ▤,

WW III
38,9 **F 06540 Fontan** von li kommt Zuschusswasser aus einem ↯, ⬇. (44.0045, 7.5551)
38,7 ▬, zumeist über einen Kanal am Ufer ≋, danach Str-II (44.0030, 7.5545)
38,1 Str-II. (43.9975, 7.5503)
37,5 Str-II D6204/E74. (43.9939, 7.5494)
37,0 Str-II D6204/E74. (43.9917, 7.5471);
li Reiterplatz, davor schöner Katarakt bis WWIV+. Nach der II klemmgefährlicher Felsen im Fluss, Todesfall!, unbedingt besichtigen, evtl. li ⏶. Es folgt wuchtiges und teilweise verblocktes WW
36,8 EB-II, ⚠, auf der folgenden Strecke befinden sich gefährliche Eisenträger im Fluss (43.9900, 7.5472)
35,9 Str-II, danach Doppelwalze, WW IV. Es folgen die „Gorges de Saorge“, die von der Straße aus gut eingesehen werden können. Es handelt sich dabei um eine imposante Klamm mit mehreren, teils sehr hohen Stufen und kräftigen Presswassern. Den Abschluss der Schluchtstrecke bildet eine außerordentlich hohe Walze (43.9847, 7.5499)
35,4 Str-II D138 (43.9818, 7.5460)
35,3 Str-II D6204/E74. (43.9809, 7.5452)
34,7 Str-II am Schluchtausgang, ⬇ für schwächere Fahrer. WW II–III (43.9767, 7.5412)
34,5 Str-II D6204/E74. (43.9752, 7.5404)
32,0 Str-II. (43.9590, 7.5222)
31,8 Str-II (43.9486, 7.5197)
30,7 Str-II. (43.9437, 7.5177)
30,3 Der gesamte Hauptstrom läuft auf der re Seite auf einen unterspülten Felsriegel. Im Anschluss 100 m langer Katarakt
29,6 Str-II D6204/E74, **F 06540 Breil-sur-Roya** ⛺ Camping "Azur et Merveilles", 650 promenade Georges Clémenceau, F 06540 Breil sur Roya, www.camping-azur-merveilles.com (43.9395, 7.5166);
Es ist ratsam, die Fahrt hier zu beenden.
29,3 Str-II. (43.9381, 7.5137)
29,0 Str-II D6204/E74 **F 06540 Breil-sur-Roya** ▬ (43.9360, 7.5138);
In der folgenden Schlucht nach kurzer Strecke WW IV–V, ▬, **X**, eine Weiterfahrt unterhalb des ▬ ist kaum möglich, da kurz danach ein weiteres ▬, **X**, folgt, vor dem ein ⬆ praktisch unmöglich ist. ⏶ der beiden ▬ sehr mühsam;

Eine Weiterfahrt ist kaum möglich, da unterhalb Fanghetto zwei weitere ■ folgen, die nur äußerst schwierig zu ≏ sind, evtl. Wasserableitung. Ein Fahrtenbericht liegt nicht vor

27,6 Ⅱ. (43.9310, 7.5188)
27,2 Str-Ⅱ. (43.9297, 7.5218)
26,2 Str-Ⅱ D6204/E74. (43.9220, 7.5191)
25,6 Str-Ⅱ D6204/E74. (43.9175, 7.5166)
25,0 Wege-Ⅱ, re ϟ.
24,6 ■.
24,0 Str-Ⅱ D6204/E74. (43.9100, 7.5238)
23,5 Str-Ⅱ D6204/E74. (43.9073, 7.5264)
20,0 Grenze Frankreich/Italien. (43.8905, 7.5338)
19,8 historische Bogen-Ⅱ. (43.8895, 7.5353)
19,7 Str-Ⅱ, li **I 18030 Fanghetto** (43.8891, 7.5355)
16,5 EB-Ⅱ. (43.8763, 7.5376)
15,4 Str-Ⅱ SR20/E74, ⬇ für die Befahrung der Reststrecke, nur bei ausreichender Wassergabe des von der Ⅱ aus sichtbaren ϟ. WWIV, abnehmend WWIII. Es existiert jedoch kein gesicherter Befahrungsbericht (43.8732, 7.5444)
14,7 ■. (43.8698, 7.5491)
14,3 Str-Ⅱ SR20/E74. (43.8679, 7.5537)
14,1 Str-Ⅱ, li **I 18030 Airole** (43.8690, 7.5545)
13,8 ■. (43.8709, 7.5568)
11,9 Str-Ⅱ (43.8650, 7.5693)
11,8 EB-Ⅱ. (43.8646, 7.5699)
10,1 Str-Ⅱ SR20/E74, danach Str-Ⅱ und EB-Ⅱ (43.8556, 7.5745)
8,9 EB-Ⅱ. (43.8501, 7.5764)
5,0 Str-Ⅱ, li **I 18039 Porra** re **I 18039 Bevera** (43.8258, 7.5832)
4,5 re ⇩ Bevera (43.8222, 7.5836)
3,2 Str-Ⅱ, re große EB-Anlage. (43.8124, 7.5909)
2,3 Str-Ⅱ E74. (43.8051, 7.5926)
1,7 Str-Ⅱ A10. (43.8010, 7.5970)
0,8 EB-Ⅱ. (43.7948, 7.6027)
0,6 2 Str-Ⅱ SR20/SS1, **I 18039 Ventimiglia** (43.7926, 7.6043)
0,2 Wege-Ⅱ. (43.7894, 7.6061)
0,0 ⇩ ins Mittelmeer (43.7880, 7.6063)

Var

Wildfluss (Gebirgsfluss) Gewässerkennzahl FR: Y6--0200

Mündung in Mittelmeer

Die Gorges de Daluis machen den Var zu einem Traumfluss aller Wildwasserkanuten. Sie bieten sehr interessantes Wildwasser in einer Schluchtstrecke aus rötlichem Bauxitgestein, das stellenweise bis zu 300 m hoch nahezu senkrecht aus dem Wasser aufsteigt. Die Schlucht ist absolut ungangbar, schwimmen ist der einzige Ausweg. Auch die weiter flussabwärts befindlichen Gorges de la Mescla sind, wenn auch weniger grandios, sehenswert. Dazwischen fließt der Var mit z. T. kräftigen und längeren Schwällen durch breite Schotterfelder. Oberhalb St. Martin bieten Teilstrecken extrem schweres Wildwasser.

Befahrungsregeln: Die Befahrung des Var ist mittwochs ganztägig, an den übrigen Tagen nur von 10-17 Uhr gestattet.

Befahrbarkeit: außerhalb der Schluchtstrecke nur bei sehr gutem Wasserstand; die Schlucht kann auch noch bei sommerlichem Niedrigwasser befahren werden.

Umwelt: Wasser: zunächst sauber, flussabwärts zunehmend leichte Verschmutzung.

Pegel Link: www.vigicrues.ecologie.gouv.fr

Schwierigkeiten: km 113,4–109,6 WW V–VI

km 109,6–103,8 WW IV–V

km 103,8–89,2 WW IV abnehmend bis II

km 89,2–86,0 Schluchtstrecke, bei sommerlichem NW WW II, bei gutem MW WW III, bei HW WW IV

km 86,0–69,7 WWII

km 69,7–Mündung WWI–II

Kilometrierung: nach Kartenmaterial

115,9 Ursprung am Col de la Cayolle in 1790 m Höhe. Ein Ausflug auf den Col und zur Quelle des Var ist sehr zu empfehlen. (44.2383,6.7517)

113,4 Str-II D2202 (Pont St. Roch). Unmittelbar nach den Abbrüchen, **X** (auf 200m Flussstrecke etwa 100m Höhenunterschied) beginnt eine offene sehr wuchtige WW-Strecke mit wenig Kehrwasser, WW V–VI. Straße in Fluss-Nähe (44.2190,6.7480)

109,6 Str-Ⅱ D2022 und weitere Str-Ⅱ nach 200 m **F 06470 Entraunes**, S-Kurve in Entraunes, vor Befahrung unbedingt besichtigen, WWVI. Danach nehmen die Schwierigkeiten allmählich ab (44.1875,6.7480)
108,8 Str-Ⅱ. (44.1828,6.7496)
103,8 re **F 06470 Saint-Martin-d'Entraunes** Mögliche ⬇ bei gutem Wasserstand, WWIII. Die folgenden 10 km können von der Straße aus weitgehend besichtigt werden
103,1 Str-Ⅱ D2202. (44.1369,6.7664)
100,2 Str-Ⅱ D77, La Grava. (44.1221,6.7905)
96,9 Wege-Ⅱ. (44.1105,6.8205)
93,2 Str-Ⅱ D76. (44.0938,6.8522)
92,8 Str-Ⅱ **F 06470 Guillaumes** (Rue du Dauphiné), übliche ⬇. Im Ortsbereich unübersichtliche Verblockung, WWIII+ (44.0901,6.8519)
92,6 li ⇩ Tuebi. (44.0880,6.8527)
91,1 Str-Ⅱ D2202, li **F 06470 Guillaumes-Les Roberts** ⬇ bei sommerlichem Niedrigwasser (mühsam!) (44.0756,6.8580)
89,2 Ⅱ von Marieé, Beginn der Schluchtstrecke Gorges de Daluis. Erhebliches Gefälle und starke Verblockung (44.0609,6.8552)
86,0 Ende der Gorges de Daluis. Das Tal weitet sich, der Var fließt in einem breiten Kiesbett mit immer noch erheblichem Gefälle und starken Schwallbildungen
84,5 Str-Ⅱ, hier bei sommerlichem NW die Fahrt abbrechen. Zufahrt auf kleiner Straße ab Daluis, Richtung Liou (44.0304,6.8267)
83,6 re **F 06470 Daluis**
82,3 Str-Ⅱ D316. (44.0178,6.8088)
75,0 Str-Ⅱ D4202 Pont de Gueydan. (43.9713,6.7603)
74,8 Werks-Ⅱ. (43.9707,6.7635)
74,6 re ⇩ Coulomp (s. Seite 42), ab hier auch bei sommerlichem NW meist ausreichender Wasserstand (43.9699,6.7661)
73,6 Str-Ⅱ D4202. (43.9702,6.7773)
69,7 Str-Ⅱ, **F 04320 Entrevaux** Mittelalterliche Stadt, ⌘, Besuch der Zitadelle sehr zu empfehlen. Gute Landemöglichkeit etwa 1km unterhalb der Brücke bei einer Tankstelle, vom Fluss aus schlecht zu erkennen. Von Entrevaux bis Nizza mehrmals täglich EB-Verbindung (43.9494,6.8102)
64,4 EB-Ⅱ. (43.9533,6.8732)
64,0 Str-Ⅱ D6202. (43.9523,6.8774)
62,5 Str-Ⅱ D2211A, li **F 06260 Puget-Théniers** (43.9547,6.8958)

51,9 Str-II, li **F 06710 Touët-sur-Var** re ⛺ "L'Amitié" (43.9457,7.0121)
46,6 Wege-II. (43.9335,7.0675)
44,5 li **F 06710 Villars-sur-Var**.
43,2 EB-II, Str-II D6202. (43.9280,7.0982)
41,1 Str-II D126. Beginn der Gorges de Ciaudan, weite Schlucht (43.9331,7.1193)
36,7 Str-II. (43.9219,7.1575)
35,9 Str-II, li ϟ, unterhalb davon Einleitung des Wassers der Tinée (43.9192,7.1651)
34,0 Wege-II, li ⇩ der Tinée (s. Seite 38), ab hier starker Stromzug, evtl. gefährliche Wirbelbildung (43.9117,7.1845)
33,9 Str-II M2205. (43.9110,7.1859)
33,6 Str-II M6202, Beginn der Gorges de la Mescla. Sofort nach der II ■ mit Wasserableitung re. Es ist je nach Wasserstand lebensgefährlich, ⌓ kaum möglich, evtl. ≈, unbedingt schon bei der Anfahrt besichtigen, ⚠! Bei ausreichendem Wasserstand kann die Fahrt durch die sehr schöne Schlucht fortgesetzt werden (43.9089,7.1879)
31,4 EB-II. (43.9010,7.1890)
31,2 Str-II M6102. (43.9007,7.1883)
31,0 Str-II M6102. (43.8982,7.1893)
30,5 Str-II M6102. (43.8947,7.1888)
29,1 Wege-II. (43.8830,7.1899)
26,2 li ⇩ Vésubie (s. Seite 36). Ab hier fließt der Var durch ein breites Tal mit vielen Kies- und Geröllbänken, viele Kieswerke (43.8598,7.1968)
25,4 Str-II. (43.8550,7.1963)
23,3 Str-II D901, re gute ↑. (43.8381,7.1929)
23,2 ■ mit Wasserableitung, **X**, li ⌓ (43.8371,7.1926)
21,2 re ⇩ Esteron (s. Seite 34). (43.8216,7.1866);
Es ist ratsam, die Befahrung des Var hier an geeigneter Stelle abzubrechen, da bis zur ⇩ eine Reihe **X** Wehre folgen. Beginn der Vororte von Nizza, starke Besiedlung
16,9 ■ Sohlschwelle.
15,7 ■.
14,6 ■. (43.7734,7.2125)
12,4 Str-II M2210, danach ■. (43.7648,7.2038)
12,3 ■. (43.7571,7.1961)
11,3 ■. (43.7499,7.1886)
10,2 ■. (43.7399,7.1823)

5,1 Str-II M6202bis, darunter ■. (43.6972,7.1871)
1,7 Str-II A8. (43.6682,7.1974)
1,2 EB-II und mehrspurige Str-II Pont Napoleon III, **F 06200 Nice** (dt. Nizza), alle Möglichkeiten (43.6641,7.1993)

Esteron

Gewässerkennzahl FR: Y64-0400

Mündung in Var bei km 21,2 (re Nebenfluss)

Der Esteron verläuft in einem abgelegenen, wildromantischen Tal in West-Ost-Richtung ca. 10 km südlich des Var. Zufahrt über St. Martin du Var auf einer schmalen Straße, die meist abseits vom Fluss verläuft. Weitere Zufahrtsmöglichkeiten von Puget-Théniers aus über den Col de St. Raphael und Clue de Riolan ins Esteron-Tal. Der Esteron durchfließt mehrere Schluchten, teils klammartig, stark verblockt, hohe Stufen, mit Teilstrecken absolut unfahrbar.

Befahrungsregeln: Ab Brücke Vascogne, km 29,5, ist eine Befahrung nur zwischen 10 und 16 Uhr gestattet.

Befahrbarkeit: bis Mai, evtl. Juni, später nur nach stärkeren Regenfällen. Bei HW ist von einer Befahrung dringend abzuraten!

Pegel: Hilfspegel: man findet idealen Wasserstand, wenn man in Roquesteron unterhalb der Brücke, km 20,9, nach der Mündung des von li kommenden Bächleins treideln muss oder eben noch herunterkratzen kann.

Pegel Link: www.vigicrues.ecologie.gouv.fr

Schwierigkeiten: mehrfach schneller Wechsel zwischen WW VI–**X**, V, IV, III und II.

Zeitbedarf für die durchgehende Befahrung der üblichen Strecke von km 29,5–⇩ ca. 9–11 Stunden. Es dürfte ratsam sein, sie auf zwei Tagesetappen aufzuteilen.

Kilometrierung: nach Kartenmaterial.

67,0 Ursprung
54,6 Str-II D2211, **F 06850 Saint-Auban** Bis km 29,5, Pont de Vascogne, fließt der Esteron fast völlig abseits der Zivilisation durch 3 Klammen von jeweils 1–2 km Länge, dazwischen leichtes bis mittelschweres Wildwasser (43.8445,6.7299);
Nach St. Auban Beginn der 1. Klamm (Clue de St. Auban). Ein Be-

fahrungsbericht liegt nicht vor. Nach Erkundung von der über der Klamm verlaufenden Straße aus auf 1,2 km Länge bei einem Gefälle von 125 ‰ WW VI+ mit bis zu 4 hochalpinen Umtragungen

54,0 Str-Ⅱ. (43.8490,6.7312)

52,9 li ⇩ eines Baches 200 m an diesem Bach stromauf eine Str-Ⅱ D2211, Pont de St. Pierre, mögliche ⬇ bei gutem Wasserstand (= nur wenig Bodenberührung). Man beginnt die Befahrung auf diesem Bach, etwa 200 m bis zur ⇩ in den Esteron. Auf etwa 4 km WW II–III; in Höhe von Brianconnet Anstieg der Schwierigkeiten bis zu einem Absturz, **X**, danach WW IV, abnehmend bis WW II

50,0 Wege-Ⅱ, links nach **F 06850 Briançonnet** (43.8589,6.7554)

45,0 Str-Ⅱ, li **F 06850 Gars** mögliche, bequeme ⬇. Auf 4 km WW II in einmaliger Landschaft (43.8635,6.8073)

41,0 Beginn der 2. Klamm, mögliche ⬆, jedoch sehr mühsam, 1,5 km bis zur Straße. Eingangsstufe WW V, re ⏏ möglich. Eine Beendigung der Fahrt in der folgenden Klamm ist unmöglich, Schwierigkeiten maximal WW IV;
Nach dem Klamm-Ausgang folgt das „Labyrinth“, ein sehr stark verblockter, unübersichtlicher Abschnitt, WW IV–V. Wenn der weitere Flussverlauf vom Boot aus nicht mehr einsehbar ist, unbedingt anlanden, ⚠. Sofort danach 1 m hoher Abfall, der in einen Syphon mündet, Lebensgefahr, ⚠, li ⏏

37,9 Ⅱ, letzter Ausstieg vor der 3. Klamm Auf Wanderweg (evtl. mit Allradantrieb fahrbar) mühsam zur Straße hochtragen. Bis zur Klamm WW I–II, jedoch kein Ausstieg möglich (43.8729,6.8685)

34,0 Beginn der 3. Klamm (Clue d'Aiglun), sie ist **X**. Bei einem Befahrungsversuch durch Dr. Diehl und Kameraden wurden für die 2 km lange Strecke 20 Stunden benötigt, mit mehrfachem Abseilen über 30 m hohe überhängende Wände

32,6 Str-Ⅱ D10 Ende der Clue, ab hier WW V (43.8625,6.9074)

31,4 Str-Ⅱ (43.8537,6.9137)

29,5 Str-Ⅱ Pont de Vascogne, übliche ⬇ bei gutem Wasserstand für die Befahrung des Esteron. Zunächst auf 3 km starke Verblockung, kleine Stufen, wenig wuchtig, WWIII (43.8534,6.9314)

26,3 Str-Ⅱ. Die Folgestrecke ist leichter, die Durchfahrten gut zu erkennen, WWII (43.8648,6.9562)

25,9 Str-Ⅱ Vieux Pont de Sigale. (43.8655,6.9597)

24,0 Es beginnt eine schöne WW-Strecke mit stark verblockten Stufen und unübersichtlichen Durchfahrten, WW III–IV

20,9 Str-Ⅱ D1, li **F 06910 Roquesteron** ⬇ bei NW (ca. 10 m³/s). Auf der folgenden Flussstrecke zunächst WW II–III, später nimmt die Verblockung zu, WWIII–IV (43.8728,7.0061)

20,7 Wege-Ⅱ. (43.8719,7.0060)

10,6 Auf der Höhe von Vescous starke Verblockung, die in eine hohe Stufe übergeht, je nach Wasserstand li Rinne ≋, WW V. Am besten in Flussmitte ⏏ und sofort nach dem Abfall wieder ⬇. Davor und danach WW III–IV

8,3 Str-Ⅱ Pont de la Cerisé (Bogen-Ⅱ). Hier hatten Bauarbeiten für einen großen Staudamm im Bereich der folgenden Schlucht begonnen; sie wurden 1992 eingestellt. (43.8536,7.1257);
Vor der Eingangsstufe zur folgenden Klamm unbedingt ↱, WW V, re ⏏ mit Alpinstart möglich. In der Klamm selbst ist das Wasser ruhig. Die 500 m lange Klamm ist flusslandschaftlich wohl das Großartigste, was Südfrankreich zu bieten hat

7,9 Der Klammausgang ist stark verblockt, hohe Stufen, teils kräftiges Presswasser, WW III–IV. Es folgen mehrere Katarakte und weitere hohe Stufen. Auf diesem Streckenabschnitt ist äußerste Vorsicht geboten, sofern man den Flussverlauf nicht überblickt, sollte man ihn erkunden;
Eine Beendigung der Fahrt in der Schlucht ist unmöglich. Wer am Klammeingang feststellt, dass er durch eine Weiterfahrt überfordert wird, kann die Boote hier am li Ufer noch unter größten Mühen auf steilen Pfaden zur etwa 1,5 km entfernten Straße hochtragen

6,3 Es folgt eine steile, unübersichtliche Blockstrecke, die direkt in einen Syphon übergeht, absolut **X**, li ⏏, sehr mühsam

4,3 Am Ende der Schlucht folgt noch eine weitere kritische Stufe mit unsauberem Unterwasser, evtl. ≋, besser ⏏. Danach WW II

2,3 Str-Ⅱ Pont de l'Estéron übliche ⬆ (43.8369,7.1735)

1,6 li ⛺ Moulin Nou. (43.8327,7.1770)

0,8 Str-Ⅱ M901 und alte Str-Ⅱ (43.8263,7.1823)

0,0 ⇩ in Var bei **06670 Saint-Martin-du-Var** (43.8183,7.1850)

Vésubie

Wildfluss (Gebirgsfluss) Gewässerkennzahl FR: Y63-0400
Mündung in Var bei km 26,2 (li Nebenfluss)

Die Vésubie fließt durch ein enges Tal, das sich an mehreren Stellen klammartig verengt. Die untere Klamm, die Gorges de la Vésubie, gehört zu den imposantesten Schluchten Südfrankreichs. Sie kann von der Straße aus weitgehend eingesehen werden. Die Vésubie bietet in ihrem ganzen Verlauf schweres, auf Teilstrecken sehr schweres Wildwasser, nur für Könner. Weitere Kraftwerksbauten scheinen geplant zu sein.

Befahrbarkeit:	März bis Juni, bei HW auf Befahrung verzichten.
Pegel Link:	www.vigicrues.ecologie.gouv.fr
Schwierigkeiten:	km 24,6–14,4 WW IV–V.
	km 14,4–19,3 im Sommer meist trocken.
	km 19,3–⇩ WW III–IV, abnehmend WW II+.
Kilometrierung:	nach Kartenmaterial.

45,0 Ursprung

24,6 Oberhalb ϟ-Einlauf von Roquesbillière. Durch ein neues ϟ wird oberhalb fast das ganze Wasser abgeleitet, eine Befahrung oberhalb km 24,6 dürfte daher kaum mehr in Frage kommen;
F 06450 Roquebillière übliche ⬇ bei einem ⛺. Sehr schönes WW, WW IV (44.0184,7.3099)

22,9 Str-Ⅱ M69. (44.0016,7.3099)

22,6 ϟ-Auslauf, Rückführung des abgeleiteten Wassers (43.9996,7.3114)

20,2 Str-Ⅱ M173. (43.9815,7.3164)

19,3 ■ mit teilweiser Wasserableitung, li ≈, auf Stahlseil achten! Auf etwa 1km WW III–IV (43.9744,7.3136)

19,2 Str-Ⅱ, **F 06450 Lantosque** Kurz danach Beginn der einmalig schönen 1. Klamm, WW V. Durch Bauarbeiten viel Geröll in der Schlucht. Nicht bei HW einfahren, Ausklettern aus der Klamm absolut unmöglich! Eingangskatarakt bei gutem Wasserstand re ≈, in der Klamm mehrere Zwangspassagen. Nach 500 m Katarakt mit 1–2 m hoher Ausgangsstufe (43.9737,7.3142);
Ende der Klamm, die folgende Strecke führt bald wieder in eine herrliche Schlucht, die größtenteils erneut zur reinen Klamm verengt ist, herrliches Wildwasser, WWIV. Eine Stelle nach einem scharfen re-Knick (WW V) sollte unbedingt besichtigt und evtl. re ⏏ werden; Fabrik am re Ufer, mögliche ⬇ genau am Schluchteingang, falls auf eine Befahrung der schweren Klamm verzichtet wird. In dem Ausgang der Klamm ist eine Zwangspassage durch einen Felssturz entstanden. Rechts ⏏, li evtl. ≈. Zur Besichtigung bzw. zum Überheben muss in der Hauptströmung am Felsblock angelegt werden.

Schon bei MW kritisch. Die Stelle ist von der re verlaufenden Straße nicht einzusehen. In der Klamm keine Aussetzmöglichkeit

18,6 Str-Ⅱ M73. (43.9697,7.3099)

14,4 Str-Ⅱ M2565, li **F 06450 Utelle-Suquet** Die Fahrt wird zumeist in dem kleinen Stausee kurz nach Ende der Schlucht beendet. re 🚐 (43.9417,7.2833)

14,2 Nach 200m ■, 6m hoch, im Sommer meist totale Wasserableitung. Bei genügendem Überwasser ist eine Weiterfahrt möglich. ⏏ des ■ sehr mühsam, re vom Überlauf abseilen und nachspringen; Unterwasser sehr flach, eine Befahrung daher kaum möglich. Es folgt sehr sportliches WW, WWIII–IV, bei HW bis WW V–**X** (43.9410,7.2816)

12,4 Str-Ⅱ M2565. (43.9345,7.2648)

12,2 Str-Ⅱ M2565. (43.9329,7.2656)

11,0 ■, li ≋, ⏏ sehr mühsam. Nach 50 m schwierige und bei HW gefährliche Stelle. Das Wasser wird durch eine Felsgasse gepresst. Dabei entsteht ein ca. 1,5 m hoher Abfall mit sehr starkem Rücklauf (43.9229,7.2640)

10,9 Str-Ⅱ. (43.9224,7.2645)

10,5 Str-Ⅱ M32, **F 06450 Utelle-Saint-Jean la Rivière** Rückführung eines Teiles des abgeleiteten Wassers, ⬇ für die Befahrung des Unterlaufs ca. 200 m unterhalb der Ⅱ an einem 🅿 (43.9195,7.2642)

9,5 Röhren-Ⅱ und kurz danach Str-Ⅱ M2565. Darunter ein etwa 1m hoher Abfall mit starkem Rücklauf, WW IV. Kurz danach Beginn der sehr schönen unteren Klamm, zumeist WW II und III (43.9116, 7.2619)

6,8 Steg, danach zieht das Wasser stark unter eine überhängende Felswand, WW IV, die Stelle kann vom aus eingesehen werden, li fahren

4,2 Etwa 100 m oberhalb eines Steges am Klammende liegt ein großer Felsklotz mitten in der Strömung, re oder li ≋, WW IV. Anschließend ist der Fluss weiterhin noch recht sportlich, aber abnehmend auf WWIII–II

0,2 Str-Ⅱ M6202, EB-Ⅱ Str-Ⅱ M6102, danach rechts gute ⬆ (43.8598, 7.1981)

Tinée

Wildfluss (Gebirgsfluss) Gewässerkennzahl FR: Y62-0400

Mündung in Var bei km 34,0 (re Nebenfluss)

Die Tinée ist ein urwüchsiger Wildbach in den französischen Seealpen. Sie durchfließt ein sehr enges Tal vom Charakter der Nordalpen. Die Schluchten der Tinée flussab von Isola bis zur Mündung in den Var sind besonders sehenswert, ein großer Teil ist je nach Wasserablass der verschiedenen Kraftwerke befahrbar, jedoch außerordentlich schwer, teils an der oberen Grenze von WW VI. Mit Baumhindernissen muss gerechnet werden.

Befahrbarkeit:	infolge Schmelzwassers kann noch bis Mitte Juni mit guter Wasserführung gerechnet werden.
Umwelt:	Wasser: sauber, sehr kalt.
Pegel:	Nach der Ⅱ von St. Etienne, km 53,5: MW 70 cm, NW 45 cm. Ab Pegel 75 steigern sich die Schwierigkeiten für die Strecke ab km 19 auf WW VI–**X**.
	▬ von Isola, km 39,2 (gilt nur für die Folgestrecke bis km 30,1): ideal 10 cm (entspricht etwa 20 m^3/sec.) wahrscheinlich bis Anfang Juli. Ab km 36 maximal 5 cm!
Pegel Link:	www.vigicrues.ecologie.gouv.fr
Schwierigkeiten:	km 58–56,3 WW IV
	km 53,6–48,6 WW III–IV
	km 48,6–39,2 WW IV–V
	km 39,2–24,7 WW V–VI und **X**
	km 24,7–0 WW II–IV (V).
	Die dazwischen liegenden Teilstrecken sind **X**.
Kilometrierung:	nach Kartenmaterial.

70,0 Ursprung nahe Col de la Bonette in ca. 2400 m Höhe (44.3299, 6.8126)

58,0 Str-Ⅱ, nach 200 m führt li ein Pfad zu einem Steg, günstige ⬇ für die Befahrung eines kurzen, jedoch sehr schönen Abschnittes, sehr schnelles Wasser, kaum Kehrwasser, WW IV–V

56,3 ⬆ bei einer kleinen Ⅱ; die folgenden Abfälle sind bei günstigem (also niedrigem) Wasserstand z.T. ≈, WW VI

53,6 Str-Ⅱ M2205 **F 06660 Saint-Étienne-de-Tinée** (44.2585,6.9258)

53,5 ▬, **X**, starke Strömung in das ▬, ⬆ schon bei der Anfahrt festlegen. Pegel, mögliche ⬇ daher erst bei (44.2577,6.9264)

53,2 Str-Ⅱ. Die folgenden 2 km weisen vielfach enorme Wasserwucht auf, bei Pegel 0,90 vergleichbar mit der unteren Ötz bei sommerlichen Wasserständen (44.2550,6.9280)

51,7 Ortsende von Saint-Etienne-de-Tinée Tunnel Lebensgefahr, △, bei MW und HW **X**, unbedingt vor Fahrtantritt besichtigen. Sofort danach folgt eine Röhren-Ⅱ, **X**, Lebensgefahr, △ (44.2508,6.9325)

49,9 Str-Ⅱ M2205C. Auf 2 km etwas leichter, WW III (44.2333,6.9501)

48,6 Str-Ⅱ, **F 06660 Saint-Étienne-de-Tinée-Le Bourget** Auf der folgenden Strecke Zunahme der Schwierigkeiten, steile Katarakte mit kräftigen Walzen, große Wasserwucht und mittelschwere Verblockung, WW IV–V. Das teilweise enorme Gefälle wird von der Straße aus leicht unterschätzt (44.2248,6.9612)

47,7 Str-Ⅱ. (44.2186,6.9682)

46,7 Str-Ⅱ. (44.2114,6.9746)

44,0 Wege-Ⅱ. (44.1993,6.9991)

41,5 Str-Ⅱ. (44.1889,7.0248)

39,2 Str-Ⅱ, li **F 06420 Isola** (44.1844,7.0517)

38,8 ■ mit Wasserableitung, li gute ⬆. Davor Moniereisen im Wasser! Eine Weiterfahrt ist bei ausreichendem Überlauf möglich (s. Pegel). ⬇ unterhalb des Wehres, nach 50 m Pegel, zunächst WWII (44.1834, 7.0561)

38,6 Str-Ⅱ. (44.1826,7.0581)

37,0 2 Str-Ⅱ M2205. (44.1759,7.0750)

36,2 Fußweg-Ⅱ, davor und danach sehr schwieriges WW V–VI. ⏏ sehr mühsam, danach auf 500 m wieder leicht

35,4 Wege-Ⅱ. Auf 400m erneut extrem schwieriger Katarakt WW V–VI. ⏏ re über die Straße möglich. Danach wieder leicht

33,5 Gefällbremse **X**, re ⏏; danach auf 500m WW II–IV, anschließend wieder leicht

31,8 Schwieriger Katarakt WW V–VI auf 300 m; ⏏ möglich. Kurz danach li ⇩ ein starker Nebenbach und es folgt

30,5 Stein-Ⅱ. Hier re ⬆. Es folgt ein ■, **X** mit Wasserableitung. Bei entsprechendem Überlauf, siehe Pegel, kann man an der folgenden Str-Ⅱ wieder einbooten (44.1285,7.0977)

30,1 Str-Ⅱ, ⬇ falls die nachfolgende Extremstrecke der Tinée befahren werden soll (s. Pegel!). Zunächst noch leicht WW II, allmähliche Zunahme der Schwierigkeiten (44.1269,7.0945)

29,5 Str-Ⅱ. (44.1213,7.0917)

28,0 li großes Kieswerk ⬆-Möglichkeit (die Zufahrt ist gesperrt)

27,0 li weiteres Kieswerk, letzte ⬆-Möglichkeit vor den folgenden beiden

Extremkilometern. Die nachfolgende Strecke bietet extremstes WW; ein ⏏ ist stets möglich, teilweise allerdings ziemlich mühsam

25,5 Ⅱ. (44.0907,7.1069)

25,3 Str-Ⅱ M30. (44.0887,7.1068)

25,0 Wege-Ⅱ. (44.0863,7.1045)

24,7 Str-Ⅱ **F 06420 Saint-Sauveur-sur-Tinée** Ende der Extremstrecke. Hier gute ⬇. Die Folgestrecke bietet herrliches WW II–IV mit zum Teil sehr anspruchsvollen Passagen. Der Fluss verläuft durch grandiose Schluchten, äußerst empfehlenswert (44.0846,7.1054)

20,7 re ⇩ eines kristallklaren Nebenbaches, eine kurze Wanderung ist sehr lohnend

19,5 Schwierigste Stellen der unteren Strecke; auf 1km WW IV-V, starkes Gefälle, eine gigantische Prallwand und starke Verblockung

18,7 Str-Ⅱ M59 nach Ilonse. Von dieser Brücke hat man einen guten Einblick in die oben erwähnte Prallwand. ⏏ ist jeweils gut möglich. Danach wieder leichter, WW III abnehmend (44.0439,7.1280)

16,8 Str-Ⅱ M2205, li gute ⬆, dadurch erspart man sich das ziemlich mühsame ⏏ des nachfolgenden Wehres (44.0291,7.1315)

14,1 Str-Ⅱ M2205. (44.0060,7.1365)

13,6 ■ mit Wasserableitung. Achtung unbedingt rechtsufrig, vor Beginn der Betonmauer ⬆ und mühsam ⏏. Besser ⬆ bei km 16,8 und diesen, auch wenig lohnenden Teil umfahren. Wieder ⬇ kann man unterhalb des Wehres. Hier führt ein asphaltierter Privatweg zum Fluss, dessen Benutzung geduldet wird. Die Folgestrecke bis zur Mündung in den Var ist nur noch WW II, landschaftlich allerdings sehr zu empfehlen (44.0019,7.1372)

10,2 Str-Ⅱ D26, li **F 06420 Clans** (43.9749,7.1392)

6,3 Alte Steinbogen-Ⅱ. (43.9480,7.1595)

4,7 Alte und neue Str-Ⅱ M2205 Pont de la Lune (43.9381,7.1651)

2,3 Riesiges Kieswerk, hier versperrt eine Röhren-Ⅱ den Fluss, ⏏ leicht (43.9278,7.1853)

2,0 Wege-Ⅱ. (43.9252,7.1877)

0,8 Alte und neue Str-Ⅱ M2205 , 300m unterhalb gibt es einen Feldweg, der zur Kiesbank und zum Fluss führt. Hier unbedingt ⬆. Nach weiteren 400 m mündet die Tinée in den Var. Auf dem Var folgt sogleich das lebensgefährliche ■, das nicht ⏏ werden kann. Es gibt hier auch keine ⬆-Möglichkeit mehr (43.9163,7.1888)

0,0 ⇩ in Var bei km 34,0 in ca. 179 m Höhe (43.9117,7.1848)

Coulomp

Wildfluss (Gebirgsfluss) Gewässerkennzahl FR: Y6030500
Mündung in Var bei km 74,6 (re Nebenfluss)

Der Coulomp ist ein sowohl landschaftlich wie sportlich reizvoller Fluss.

⬇ bei Ⅱ N 202 etwa 6 km unterhalb Annot. Hier ⇩ eines Seitenbaches und Wasser aus einem ϟ.

Die in vorhergehenden Auflagen beschriebenen Quellflüsse Galange und Bernarde wurden nicht wieder aufgenommen, da diese Beschreibungen einer Überprüfung im Kartenmaterial nicht standhalten konnten. Die Redaktion nimmt gerne eine neue Beschreibung entgegen.

Befahrungsregeln:	In der Zeit vom 1.6.-1.10. nur erlaubt zwischen 10 und 18 Uhr, übrige Zeit frei.
Pegel:	Hilfspegel Ⅱ N 202 an der ⬇; Minimum für eine Befahrung, wenn beim li Ⅱ-Pfeiler die unterste Steinreihe halb im Wasser steht.
Schwierigkeiten:	verblockter, schnell fließender Bach, im Sommer mit nur geringer Wasserwucht, ein Bach zum Spielen und Üben. Nach der ⬇ auf 300 m WWIII, danach WWII.
Quellen:	Unveränderte Übernahme.

Loup

Wildfluss (Gebirgsfluss) Gewässerkennzahl FR: Y5610500
Mündung in Mittelmeer

Der Loup, ein Hausfluss der Nizzaer Kanuten, ist ein Wildfluss sehr unterschiedlicher Schwierigkeiten. Die Nizzaer Kanuten führen zwar jährlich eine „Reinigung" des Flusses durch, trotzdem ist mit Behinderungen durch niedrige Büsche und Baumhindernisse zu rechnen.

Befahrbarkeit:	Februar bis Mitte Mai und nach Regenfällen.
Umwelt:	Wasser: die Ufer sind erheblich verunreinigt durch Reste von Abfällen.
Pegel:	km 19; Minimum 50 cm, Maximum 100 cm.

46,7 Ursprung in 1310 m Höhe (43.7623,6.7652)
23,7 Str-Ⅱ D6, **F 06620 Courmes**; eine Befahrung der folgenden Extremstrecke ist wegen Wasserableitung nicht mehr möglich (43.7199,

6.9921)

19,7 **F 06620 Tourrettes-sur-Loup Pont du Loup**, Pegel li. Auf 300 m WWIV–V, ⩠ wegen Privatgelände kaum möglich

18,6 Kleine Ⅱ **F 06620 Tourrettes-sur-Loup** (Chemin de la Papeterie), mögliche ⬇, dazu auf der D6 li abwärts fahren, ab hier leichter, zunächst WWII. (43.703302, 6.999450) (43.7026,6.9996)

16,0 –10,4 Ab hier Verblockung und kleine Stufen, WW II–III, 2 ▬, evtl. ≋

13,7 Wege-Ⅱ (43.6971,7.0505)

10,4 ⛺ Le Castellas (43.6884,7.0717)

9,7 Str-Ⅱ D6 (43.6851,7.0720)

8,6 Str-Ⅱ D6 (43.6802,7.0812)

7,8 Wege-Ⅱ (43.6814,7.0879)

7,6 Wege-Ⅱ (43.6814,7.0895);
F 06480 La Colle-sur-Loup-St. Donnat Slalom-Strecke, günstige ⬆, von der D6 aus zu erreichen. Ab hier weniger interessant, Müllverschmutzung der Ufer

3,5 Wege-Ⅱ (43.6584,7.1200)

3,4 Str-Ⅱ D2085 **F 06270 Villeneuve-Loubet** re weitere ⬆, ⛺ Le Pont (43.6569,7.1212)

3,1 Wege-Ⅱ (43.6561,7.1237)

2,5 Wege-Ⅱ (43.6562,7.1297)

1,0 Str-Ⅱ D6007 (43.6480,7.1380)

0,9 Str-Ⅱ A8 und EB-Ⅱ (43.6475,7.1388)

0,2 Str-Ⅱ D906B (43.6432,7.1443)

0,0 ⇩ in Mittelmeer (43.6419,7.1456)

Siagne

Wildfluss (Gebirgsfluss) Gewässerkennzahl FR: Y55-0400
Mündung in Mittelmeer

Ursprung: (43.723889, 6.809722) in ca. 650 m Höhe.

Mündung: (43.530833, 6.949444) in ca. 0 m Höhe.

Länge: ca. 44 km

Oberlauf von Straßen-Ⅱ D 96 - ▬ von Montauroux, 5,2 km. Die Strecke führt durch eine stark verblockte Schlucht mit Abfällen, zumeist WW IV, eine Stelle bis WW V. Vor dem ▬ rechtzeitig ↰. Die folgenden 16 km sind wegen Wasserableitung fast immer **X**.

Unterlauf von Ⅱ du Gabre bis ⇩ 13,5 km, WW II. Man erreicht die ⬇ auf der D9 von Pégomas Richtung Grasse, nach 2 km li abbiegen auf der D 509 Richtung Auribeau. 4 ■, meist ≋, und ein ■, **X**, ⏏ leicht. Nach Straßen-Ⅱ D 6007 bis ⇩ Motorbootverkehr.

Befahrbarkeit: Oberlauf Winter bis Mitte April, Mittellauf wegen Wasserableitung **X**, Unterlauf ganzjährig.

Schwierigkeiten: Oberlauf WW IV (V)

Unterlauf WW II (III)-I

Argens

Wildfluss, Wanderfluss (Gebirgsfluss) Gewässerkennzahl FR: Y5--0200
Mündung in Mittelmeer

Der Argens fließt bis Muy durch landschaftlich sehr schöne Schluchten, zerklüftete Gebirge und Weinanbaugebiete. Er ist in diesem Bereich auch wassermäßig interessant. Anschließend tritt er in die Ebene aus und wird zum Zahmwasser, bleibt aber bis zur Mündung lohnenswert. Der Fluss wird zwar von den örtlichen Kajakvereinen freigeschnitten, es ist jedoch jederzeit mit Baum- und Strauchhindernissen zu rechnen. Man kann am Fluss noch seltene Tiere, wie Wasserschildkröten, Eisvögel, Rohrdommeln und Sumpfbiber beobachten. Es ist sehr lohnend, den Argens in einer Drei-Tagesfahrt mit Gepäck und Zelt zu befahren.

Befahrbarkeit: April bis Juli, ab km 13,3 vermutlich ganzjährig.

Umwelt: Wasser: verhältnismäßig sauber, milchig trüb durch hohen Kalkgehalt.

Pegel Link: www.vigicrues.ecologie.gouv.fr

Schwierigkeiten: km 98,2–51,9 WWI–II (III, IV), streckenweise Zahmwasser.

km 51,9–13,3 Zahmwasser–WWI (II), die kurze Passage nach dem Wehr von Entraigues WWIV–V, aber meist zu wenig Wasser.

km 13,3–⇩: Zahmwasser.

Alle schwierigen Stellen lassen sich umtragen.

Infrastruktur: Zeltmöglichkeit: ⛺ in Vidauban, Roquebrune und Frejus; einzelne Plätze am Fluss.

Kilometrierung: nach Kartenmaterial.

116,0 Ursprung in ca. 292 m Höhe (43.5038,5.9071)
98,2 Über eine Befahrbarkeit oberhalb ist nichts bekannt. Es gibt nur wenige Möglichkeiten mit dem Pkw den Fluss zu erreichen; Str-Ⅱ D554, **F 83670 Chateauvert** übliche ⬇. Es folgt eine sehr schöne Schlucht (43.4999,6.0263)
94,0 Schräg-■, 10 Meter hoch, evtl. ≋, ⏏ möglich. Ende der Schlucht (43.4963,6.0561)
93,0 ■.
91,1 Str-Ⅱ D45, **Correns**, ✕ (43.4879,6.0815)
90,7 Str-Ⅱ. (43.4846,6.0812)
88,0 Schräg-■, 10m hoch, leicht ≋, ⏏ möglich. Es folgen zahlreiche Kalksinterstufen bis 1m hoch (43.4714,6.0986)
86,1 Str-Ⅱ D22, li **F 83570 Montfort-sur-Argens** (43.4672,6.1140)
84,7 Wege-Ⅱ.
80,1 Wege-Ⅱ. (43.4767,6.1757)
79,4 Str-Ⅱ. (43.4781,6.1829)
79,1 Str-Ⅱ D562, darunter ■ und Blockstrecke, ≋. **Carcès**, ✕, 🛒. (43.4776,6.1870)
78,0 re ⇩ Carmay.
75,4 ■ Naturstufe, 8m Höhenunterschied, ganz li evtl. ≋, WW IV, re ⏏ möglich. Ansehen! (43.4844,6.2248)
73,6 li ⇩ Bresque.
69,4 Str-Ⅱ D84, re **F 83570 Le Thoronet-Camails** mögliche ⬇⬆ (43.4785, 6.2664)
65,8 ■.
63,3 Str-Ⅱ D17, **F 83510 Lorgues** (Pont d'Argens) (43.4667,6.3122)
61,1 ■, zerfallen, re oder li Durchbruch evtl. ≋, anschauen! Rechte Durchfahrt ist verblockt, ein Teil der zerbrochenen Wehrmauer ragt in die Strömung, daher besser linken Durchbruch fahren: Stufe, 1,5m hoch, bei MW keine Probleme
59,5 ■.
59,4 ■.
56,9 Wege-Ⅱ. (43.4541,6.3349)
53,0 Beginn des Rückstaus des Kraftwerks Entraigues
51,9 Metall-Ⅱ, weiße Aufschrift „ARRIVEE" gute ⬆, li **F 83340 Le Thoronet-Les Bertrands** (43.4332,6.3643)
49,7 ϟ Entraigues, ■, **X**, 18 m Höhenunterschied, ⬆ am Wehr schwierig. ⏏ li über Waldweg, oder re durch Kraftwerksgelände bis km 49,2, schwierig (43.4257,6.3814);

Es ist jedoch sehr zu empfehlen, bereits ca. 50 m unterhalb des ▬ am re Ufer die Boote auf steilem Hang zum Fluss zu bringen (Seil empfehlenswert!) und die folgende kurze, aber landschaftlich außerordentlich beeindruckende Schlucht zu befahren. In dieser Schlucht durchbricht der Argens 2x die Felsen, ähnlich dem Pont d'Arc. Bis km 49,2 meist weitgehender Wasserentzug, dadurch überheben einiger Stellen nötig, mühsam. Bei ausreichendem Wasserablass starke Verblockung, verwinkelte Durchfahrten, unterspülte Felsen, Verklemmgefahr, ⚠. Auf 500 m WW IV–V. ⏏ in der Schlucht kaum möglich

49,2 ϟ-Auslauf, Rückführung des abgeleiteten Wassers, ⬇ falls die kurze Schlucht nicht befahren wird. Ab hier wird der Wasserstand durch den Wasserablass des Kraftwerks Entraigues bestimmt

42,9 Str-II D48, **F 83550 Vidauban** ✕, 🛒, ⛺, Kanuzentrum (43.4285, 6.4281)

41,2 EB-II, Naturstufe mit betonierter Wehrkrone, evtl. ≈ (43.4383, 6.4328)

37,5 Schräg-▬. (43.4469,6.4636)

36,8 Str-II DN7, **F 83460 Les Arcs** (Pont d'Argens), darunter ▬, **X**, re oder li ⏏. ⚠, der mittlere Brückenbogen ist durch die aufgerissene Unterkante des ▬ lebensgefährlich! Kanuzentrum (43.4465,6.4719)

35,6 Str-II A8. (43.4417,6.4821)

32,5 Str-II Pont de la Tournavelle. (43.4355,6.5112)

32,1 re ⇩ Aille.

23,6 Str-II D125, ⬇⬆ etwas mühsam wegen steiler Ufer, aber gute Abstellmöglichkeit für Pkw. Es folgt eine sehr schöne Schlucht, Zahmwasser (43.4528,6.5633)

22,3 Str-II D25, li nach **F 83490 Le Muy** Ende der Schlucht, re Kanuzentrum, gute ⬇⬆ (43.4619,6.5691)

22,0 Str-II A8. Vor der Autobahn-II Stufe, Mitte evtl. ≈ oder re ⏏, schwierig. Anschließend schöne Aussicht auf die „Rochers de Roquebrune", Felsformation (43.4645,6.5690)

21,1 li ⇩ Nartuby.

16,8 li ⇩ der Endre.

16,1 Str-II A8. (43.4622,6.6161)

15,5 Rohr-II. (43.4570,6.6149)

13,3 neue und alte Str-II D7, gute ⬇⬆, bis zur Mündung Zahmwasser, re **F 83520 Roquebrune-sur-Argens**, dort ⛺ "des Pêcheurs" camping-les-pecheurs.com (43.4498,6.6332)

12,7 ▬, zerfallen, evtl. ≈.
11,7 li ⇩ Blavet (Var).
11,2 ▬, X, überheben. (43.4515,6.6587)
6,7 ▬, evtl. ≈, re ⌂ möglich, schwierig. Bis hier leichter Bootsverkehr vom Mittelmeer her (43.4349,6.6840)
3,1 Str-Ⅱ D8, re mehrere ⛺. (43.4215,6.7047)
1,0 Str-Ⅱ D559, li nach der Brücke gute ⬆, re ⛺ (43.4112,6.7248)
0,3 li ⇩ des brutal kanalisierten Flusses Reyran, der durch den Staudammbruch von Malpasset zu trauriger Berühmtheit gelangte (43.4112,6.7327)
0,0 ⇩ in das Mittelmeer li nach **F 83600 Fréjus**. Zur Beendigung der Fahrt empfiehlt es sich, bis km 1,0 zurückzupaddeln. (43.4103, 6.7369)

Arc (Provence)

Wildfluss — Gewässerkennzahl FR: Y4--0200
Mündung in Mittelmeer

Von dem etwa 70 km langen Fluss ist lediglich die eine Befahrung des Unterlaufs bekannt. Er ist hier ein Wildfluss mit flotter Strömung und einer Reihe von Wehren, die zumeist fahrbar sind. Im Bereich eines kurzen Kataraktes wird WW IV erreicht. Er mündet in den Etang de Berre mit Verbindung zum Mittelmeer.

Befahrbarkeit: Frühjahr.

Pegel: www.vigicrues.ecologie.gouv.fr

Kilometrierung: nach Kartenmaterial.

83,0 Ursprung in ca. 490 m Höhe. (43.4456,5.8200)
26,7 Str-Ⅱ D65, gute ⬇. (43.5164,5.3135)
26,6 Aquäduc de Roquefavour, Wasserleitungs-Ⅱ, ⌘ (43.5154,5.3126)
25,7 ▬. (43.5165,5.3030)
25,6 EB-Ⅱ. (43.5171,5.3027)
24,7 Str-Ⅱ (behelfsmäßig), ⌂. (43.5193,5.2942)
24,0 Wege-Ⅱ. (43.5254,5.2918)
19,7 Katarakt mit mehreren Stufen; 1.Stufe X, li ⌂, die übrigen Stufen sind evtl. li ≈, je nach Wasserstand bis WW IV, Steckgefahr, unbedingt besichtigen (43.5406,5.2590)
19,6 Str-Ⅱ, D20 li **F 13880 Velaux** (Moulin de Pont) (43.5416,5.2582)

16,5 Str-Ⅱ A7. (43.5462,5.2286)
14,0 Str-Ⅱ D10 (43.5406,5.2137)
12,1 ■. (43.5326,5.1974)
11,8 3x Str-Ⅱ D10, davor ■ kurz danach re ⬆-Möglichkeit (43.5324, 5.1947)
6,3 EB-Ⅱ. (43.5069,5.1702)
4,0 Str-Ⅱ D21. (43.5000,5.1524)
1,8 Str-Ⅱ, re **F 13130 Berre-l'Étang-Mauran** (Chemin de Mauran) (43.5050,5.1326)
0,0 ⇩ in Etang de Berre. Das ist ein großer Binnensee mit einer Verbindung zum Mittelmeer. (43.5111,5.1142)

Rhône

Weitere Namen: Rotten [deu]

Gewässerkennzahl FR: V---0000

Mündung in Mittelmeer

Die Rhône gehört mit einer Gesamtlänge von 814 km (einschließlich Genfer See, Schweizer Ufer) zu den großen europäischen Strömen. Die Rhône ist nahezu in ihrem gesamten Verlauf fahrbar.

Sie ist das große Sammelbecken sämtlicher Flüsse der schweizer Walliser Alpen, des schweizensch-französischen Jura, des größten Teiles der französischen Alpen und der nach Osten fließenden Flüsse des Zentralmassivs. Die Rhône selbst wie zahlreiche ihrer Nebenflüsse stammen aus dem Gletscherbereich, daher auch im Hochsommer eine sehr große Wasserführung. Aus geographischen und wassertechnischen Gründen wird die Beschreibung der Rhone In drei Teile aufgegliedert:

1. Schweizer Teil vom Ursprung bis Genfer See 168 km (s. DKV-Auslandsführer Band 1 Österreich/Schweiz)

2. Genfer See bis Lyon (200 km).

3 Lyon bis Mündung (337 km).

Auf eine Beschreibung des von der Rhône durchflossenen Genfer Sees wird verzichtet, Einzelheiten siehe Karte.

Rhône (Genf-Lyon)

Die Strecke von Genf bis Seyssel wurde auch schon bisher wenig befahren, da sich hier die großen Stauanlagen von Genissiat und Seyssel befinden, Die Strecke von Seysse! bis Lyon wird in allen älteren Beschreibungen als ideale Wanderstrecke empfohlen. Seit 1981 wird dieser Abschnitt der Rhône durch insgesamt 7 Staustufen verbaut. Die Gestaltung dieser Werke ist recht einheitlich: längerer Stau, Staudamm mit Ableitung der Masse des Wassers in einen unfahrbaren Kanal, mühsames Umtragen in das alte Flussbett, in dem im Sommer nur eine geringe, für eine Befahrung jedoch angeblich ausreichende Wassermenge läuft, Rückführung des abgeleiteten Wassers erst nach mehreren Kilometern.

Im Bereich der unverbauten Strecken hat die Rhône sehr schnelle Strömung, mit erheblicher Wellenbildung und Preßwirbeln unter und hinter den Brückendurchfahrten. Bei HW läuft das Wasser vielfach über seitliche Leitdämme in Altwasserbereiche ab, daher nicht zu nahe am Ufer fahren!

Insgesamt gesehen ist eine Befahrung dieser Strecke wohl nur noch auf Teilabschnitten lohnend.

⚠ die vorliegende Beschreibung stammt von 1991, und wurde nur anhand von Luftbildern ergänzt. Die Angaben, insbesondere zu Gefahrenstellen und Beschilderung sind also sehr mit Vorsicht zu genießen. Für einen aktuellen Befahrungsbericht wäre die Redaktion sehr dankbar.

215,2 Str-Ⅱ **CH 1201 Genève** (Genf) (Rou du Mont-Blanc); Ausfluss aus dem Genfer See; es folgen 4 weitere Ⅱ Ⅱ im Stadtgebiet von Genf (46.2062,6.1485)
214,2 ▬ Barrage du Seujet reguliert Abfluss aus dem Genfer See (46.2043,6.1353)
213,9 Str-Ⅱ, **CH 1201 Genève** (Genf) (Rue de Sous-Terre) (46.2032, 6.1318)
213,1 li ⇩ in Arve (s. Seite 244) (46.2012,6.1217)
213,0 EB-Ⅱ (46.2010,6.1208)
212,2 Str-Ⅱ, re **CH 1219 Lancy** (Pont Butin) (46.2028,6.1106)
208,3 Fußg.-Ⅱ (46.2052,6.0918)
205,9 Autobahn-Ⅱ A1 davor Fußg-Ⅱ (46.2024,6.0761)
203,0 Str-Ⅱ, li **CH 1288 Aire-la-Ville** (46.1950,6.0449)
201,1 ↯ und ▬ Verbais, **X**, re 250 m ⌂ bewegtes Wasser an der ⬇ (46.1929,6.0286)
197,6 Str-Ⅱ, re **CH 1283 La Plaine** (46.1759,6.0006)
196,9 –190,2 Grenze zwischen Schweiz und Frankreich in der Flussmitte (46.1769,5.9916)–(46.1323,5.9559)

193,9 ▬ und ↯ Chancy-Pougna, X, li durch Werkgelände ⩡. Schlüssel für Tor zur ⬇ beim Betriebspersonal (46.1608,5.9756)
191,8 Ⅱ D948B, li **CH 1284 Chancy** (46.1443,5.9642)
185,5 Ⅱ D1206 (46.1203,5.9044)
183,9 EB-Ⅱ (46.1133,5.8890)
178,2 Weg-Ⅱ (46.0853,5.8610)
174,7 re ⇩ Valserine (s. Seite 241) (46.1070,5.8298)
173,9 Ⅱ D1508, re **F 01200 Bellegarde-sur-Valserine** (46.1042,5.8206)
173,8 Autobahn-Ⅱ A40 (46.1036,5.8195)
167,2 ↯ und ▬ Genissiat, X, re mühsam ⩡, durch Parkanlage, nach der Straße "piste Canoe" steiler Abstieg, Marschzeit 20 Minuten. Bei Bahnhaltestelle ✕ (46.0528,5.8127)
163,4 Str-Ⅱ D31 (46.0210,5.8107)
156,7 re ⇩ Usses (s. Seite 240) (45.9728,5.8353);
▬ und ↯ von Seyssel ⚠ 400 m vor dem ▬ ↱ und re ⩡, ca. 600 m (45.9712,5.8342)
155,2 Ⅱ D991, li **F 74910 Seyssel** (45.9585,5.8329)
154,6 Ⅱ D992 (45.9526,5.8343)
152,9 li ⇩ Fier (s. Seite 234) (45.9392,5.8309)
151,1 ▬ Staudamm ➔ Kanal, li ⩡ in die alte Rhône (45.9256,5.8244)
140,8 Ⅱ D904 2. Bogen von li fahren, in ca. 2 km Entfernung **F 01350 Culoz**, alle Möglichkeiten (45.8490,5.8024)
138,6 EB-Ⅱ 2. Bogen von re fahren (45.8310,5.7972)
135,8 ▬ Staudamm des Werkes Belley ➔ Kanal re ⩡ in alte Rhône (45.8087,5.7826)
132,9 ▬ Wehr (45.7836,5.7830)
129,4 Ⅱ D37A, li **F 73170 Lucey** 5 Betonbögen, m ≈ (45.7536,5.7834)
128,8 ▬ Wehr (45.7488,5.7840)
122,2 Ⅱ D37 (45.7060,5.7511)
121,2 ▬ Wehr (45.7089,5.7404)
120,1 Ⅱ D1504 landschaftlich herrliche Engstelle, danach li **F 73170 La Balme** (45.7090,5.7267)
106,6 ▬ Staudamm des Werkes Bregnier-Cordon ➔ Kanal, re ⩡ in alte Rhône li. Nur noch schwache Strömung, jedoch sehr schöne Altwasser. Über das Wehr: Str-Ⅱ D125 (45.6357,5.6545)
102,1 li ⇩ Guiers (s. Seite 231) (45.6125,5.6220)
100,7 Ⅱ D592/D992 (45.6246,5.6156)
97,9 ▬ Wehr (45.6449,5.6037)

93,9 Ⅱ D10/D33 (45.6704,5.5749)
87,8 Ⅱ D19B/D60 (45.7122,5.5484)
76,2 Ⅱ D19A (45.7835,5.4515)
67,2 re ▬ ↯ Staudamm von Sault-Brenaz ← Kanal; nichts bekannt über ⏢-Möglichkeit. Zwischen den beiden Armen befindet sich ein "Eiskanal" mit Slalomstrecke, sowie ein ⛺ Espace Eau Vive, espaceeauvive.fr (45.8454,5.4176)
66,0 Str-Ⅱ D52N, re **F 01150 Sault-Brénaz** im li Arm ▬ und ↯ (45.8538, 5.4072)
60,1 Ⅱ D1075 (45.8827,5.3476)
41,6 Ⅱ D18/D20, re **F 01360 Loyettes** (45.7720,5.2057)
40,2 re ⇩ in Boubre (45.7737,5.1874)
37,7 re ⇩ Ain (s. Seite 222) (45.7934,5.1780)
37,4 li **F 38280 Anthon** (45.7938,5.1753)
31,3 Pipeline-Ⅱ (45.8140,5.1048)
30,0 Str-Ⅱ D61 danach li ▬ Staustufe zur alten Rhône (45.8118,5.0890)
29,7 ← Canal de Jonge in diesen einfahren, und bei mit "U" gekennzeichnter Stelle 250 m in die alte Rhône ⏢, die Weiterfahrt im Canal de Jonge ist dann verboten (45.8119,5.0860)
27,7 Autobahn-Ⅱ A432 und EB-Ⅱ (45.8093,5.0631)
20,6 Autobahn-Ⅱ A42 (45.8170,4.9786)
18,0 Str-Ⅱ, re **F 01700 Miribel** (Pont de l'Île) (45.8195,4.9477)
16,8 ▬ Wehr (45.8132,4.9335)
15,9 ← in die alte Rhone einfahren (45.8081,4.9236)
15,7 Autobahn-Ⅱ A46 (45.8066,4.9226)
12,3 Str-Ⅱ (45.7955,4.8978)
11,2 li ⇩ Kanal von Jonange (45.7875,4.8911)
10,9 Str-Ⅱ (45.7892,4.8886)
9,9 Str-Ⅱ, **F 69100 Villeurbanne** (Boulevard Périphérique Nord) (45.7933,4.8798)
9,7 li ▬ Wehr mit starkem Rücklauf ⚠ mehrere tödliche Unfälle. Rechtzeitiges Erkennen vom Fluss aus kaum möglich. Entweder li vor der 1. Doppelbrücke anlegen und li ⏢, oder ganz re in den schmalen Graben einfahren und ganz re bleiben. Vor einem Schott anlegen und über die Straße und durch das Gelände des Club Nautique ⏢. Auf keinen Fall in Strommitte anfahren! Bis zur ⇩ der Saône folgen weitere 13 ⅡⅡ. Nach der letzten, Pant Pasteur, neue Kilometrierung. In Lyon besteht keine ⬆-Möglichkeit und sehr wenige Anlegemöglichkei-

ten. Es wird empfohlen, die Stelle zu meiden (45.7918,4.8784)

9,1 –0,0 **F 69000 Lyon** drittgroßte Stadt Frankreichs. ehemalige romische Kolonie, ⌘, Kathedrale, 12. Jahrhundert. Erzbischofsitz, Museen, Hochschule, bedeutende Textilstadt, Hafen.

0,0 ⇩ Saône (s. Seite 189) (45.7255,4.8187)

Rhône (Lyon-Mittelmeer)

Mündung in Mittelmeer

Ab Lyon ist die Rhône als Teil der Großschifffahrtsstraße Mittelmeer – Rhône – Saône – Mosel – Rhein – Nordsee voll ausgebaut, mit Kanälen und Schleusen für die Schifffahrt und Wehren und wenig Wasser im alten Flussbett.

Eine durchgehende Befahrung ab Lyon ist zwar im Prinzip möglich, wird jedoch kaum je durchgeführt. Von den verbleibenden Stromstrecken ist empehlenswert ein 35 km langer Abschnitt von Cité de Barrages bis St.Etienne unterhalb Mondragon, zumeist Zahmwasser mit Stellen bis WW I. Diese hindernisfreie Strecke soll ganzjährig ausreichend Wasser führen.

Sehr interessant ist folgendes: am orografisch re Ufer der Rhône liegt 22 km südlich von Vienne an der N86 der Ort St.Pierre de Bouef. Hier wurde der Höhenunterschied eines großen Staudammes zum Ausbau einer Slalomstrecke genutzt. Sie entspricht in ihren Schwierigkeiten etwa dem Augsburger Eiskanal, ist jedoch doppelt so lang, mit natürlich gestalteten Ufern. Es werden täglich (außer im Winter) 12 m³/s abgelassen. Die Benutzung ist gebührenpflichtig. Die Strecke eignet sich hervorragend zum Einfahren bevor man sich auf die weiter südlich gelegenen schweren Wildwasser begibt. Direkt an der Strecke befindet sich ein schöner Campingplatz.

Pegel: www.vigicrues.ecologie.gouv.fr

0,0 Beginn des schiffbaren Unterlaufs der Rhône. Links Mündung der Saône (s. Seite 189). **F 69000 Lyon**, die zweitgrößte Stadt Frankreichs. Ein- und Aussetzen in der Stadt kaum möglich (45.7274, 4.8178)–(45.7274,4.8178)

3,5 re zum alten Rohne-Lauf mit ■, li zum Schifffahrtskanal

3,7 ⯑ Pierre-Bénite. (45.7042,4.8421)

4,9 Str-II A9. (45.6942,4.8424)

8,0 Str-II, li **F 69320 Feyzin** (45.6650,4.8306)

10,9 Str-II D36, li **F 69390 Vernaison** re **F 69360 Solaize** (45.6455, 4.8167)

15,0 ⇩ des Schifffahrtskanals in die Rhône (45.6096,4.8018)

17,1 EB-Ⅱ. (45.5931,4.7848)
17,8 Str-Ⅱ A47. (45.5894,4.7774)
18,9 Str-Ⅱ D4A, re **Givors**. (45.5816,4.7800)
26,6 Str-Ⅱ A7. (45.5397,4.8557)
28,4 Str-Ⅱ D502, **F 38200 Vienne** (45.5284,4.8722)
29,0 Fußg-Ⅱ Pont de Sainte-Colombe. (45.5251,4.8701)
32,7 Str-Ⅱ A7. (45.4999,4.8393)
33,7 li ⇄ Vaugris, re ■, X, ↯ (45.4934,4.8278)
41,0 Str-Ⅱ D28, **F 69420 Condrieu**, davor re ⛺ (45.4570,4.7688)
47,3 Str-Ⅱ D7, re **F 42410 Chavanay** (45.4128,4.7426)
51,0 ← Schifffahrtskanal Sablons, rechts Abzweig alter Rhône-Lauf über ■, re Wildwasserkanal, ⛺ www.espaceeauxvives.com, re **Saint-Pierre-de-Bœuf**, ⛺ (45.3810,4.7596);
Weiterfahrt im alten Rhône-Lauf:

Nebenstrecke Schifffahrtskanal Sablons

11,2 Abzweig aus der Rhône (45.3833,4.7597)–(45.3833,4.7597)
5,8 Str-Ⅱ D4 (45.3403,4.7857)
3,2 Str-Ⅱ D1082. (45.3165,4.7907)
2,2 li ⇄ Sablons, re ■ X, ↯ (45.3070,4.7979)
1,4 EB-Ⅱ (45.3010,4.8023)
0,0 ⇩ in alte Rhône (45.2906,4.8092)

54,0 re ⇩ Limony (s. Seite 189) (45.3565,4.7682)
58,8 Str-Ⅱ D820/D1082, re **F 07340 Serrières** li **F 38550 Sablons** (45.3184,4.7672)
60,5 ■, keine Angaben. (45.3093,4.7839)
62,0 EB-Ⅱ. (45.2991,4.7991)
63,0 li ⇩ des Schifffahrtkanal Sablonss (45.2910,4.8092)
68,8 Str-Ⅱ D86B/D1, li **F 26140 Andancette** re **F 07340 Andance** (45.2423,4.8014)
74,0 re ⇩ Ay (s. Seite 188) (45.1899,4.8047)
75,4 Str-Ⅱ D86C/D886, li **F 26240 Saint-Vallier** re **F 07370 Sarra** (45.1841,4.8121)
82,9 li Schifffahrttskanal, re alter Rhône-Lauf, ■ Barrage d'Arras, X (45.1357,4.8103)
86,2 li ⇄ Gervans, re ■ und ↯, Str-Ⅱ D800 (45.1092,4.8211)
86,6 Zusammenfluss von altem Rhône-Lauf und Schifffahrtskanal

(45.1057,4.8238)

90,4 re ⇩ Doux (s. Seite 185) (45.0730,4.8278)

91,0 Fußg-Ⅱ. (45.0686,4.8353)

91,5 Str-Ⅱ D95/D95N, li **F 26600 Tain-l'Hermitage** re **F 07300 Tournon-sur-Rhône** (45.0668,4.8408)

98,0 li Schifffahrtskanal, re alter Rhône-Lauf mit ■ Barrage de la roche de Glun (45.0193,4.8466)

99,0 Str-Ⅱ D220A, re **F 26600 La Roche-de-Glun** (45.0147,4.8536)

102,0 li ⇩ der Isère (s. Seite 157) in den Schifffahrtskanal (44.9909,4.8679)

102,8 re Ausfluss der Isère über ein ■, X. Kurz danach mündet die Isère in den alten Rhône-Lauf (44.9838,4.8573)

106,0 li ⯐ Bourg-les-Valence, re ■, X, und ↯ (44.9621,4.8733)

108,5 Zusammenfluss von altem Rhône-Lauf und Schifffahrtskanal. (44.9443,4.8824)

109,8 Str-Ⅱ D553N, li **F 26000 Valence** re **F 07500 Guilherand-Granges** (44.9320,4.8830)

112,6 Str-Ⅱ D96/D534N. (44.9080,4.8670)

119,5 re Schifffahrtskanal, Str-Ⅱ D11, li alter Rhône-Lauf über ■, X (44.8540,4.8416)

124,0 re ⯐ Beauchastel, li ■ X und ↯, re **F 07800 Beauchastel** (44.8240,4.8097)

126,4 re ⇩ Eyrieux (s. Seite 149) (44.8078,4.8006); Zusammenfluss von altem Rhône-Lauf und Schifffahrtskanal

128,0 Str-Ⅱ D86F, re **F 07800 La Voulte-sur-Rhône** (44.8001,4.7845)

128,6 EB-Ⅱ. (44.7950,4.7803)

131,5 li ⇩ Drôme (s. Seite 143) (44.7712,4.7615)

133,3 Str-Ⅱ D104, re **F 07250 Le Pouzin** (44.7563,4.7530)

133,6 re ⇩ Ouvèze (s. Seite 105) (44.7527,4.7523)

135,3 li Schifffahrtskanal, re alter Rhône-Lauf mit ■ Barrage du Pouzin (44.7398,4.7642)

142,5 li ⯐ Logis-Neuf, re ■, X, und ↯ (44.6759,4.7866)

143,8 Zusammenfluss von altem Rhône-Lauf und Schifffahrtskanal (44.6645,4.7842)

153,0 li Schifffahrtskanal, re alter Rhône-Lauf mit ■ Barrage de Rochemaure (44.5928,4.7296)

154,8 Str-Ⅱ D11. (44.5763,4.7177)

157,2 Str-Ⅱ N102, li **F 26200 Montélimar**. (44.5551,4.7159)

159,6 Str-Ⅱ D 237. (44.5348,4.7258)

164,4 ⯐ Châteauneuf Str-Ⅱ D237, li **F 26780 Châteauneuf-du-Rhône**

(44.4994,4.7070)

165,0 re ⇩ Escoutay (s. Seite 141) in Schiffahrtskanal (44.4878,4.6933)

166,4 Zusammenfluss von altem Rhône-Lauf und Schifffahrtskanal Str-Ⅱ D86i/D73, re **F 07220 Viviers** (44.4816,4.6989)

169,6 Str-Ⅱ D86J/D486, li **F 26290 Donzère** (44.4523,4.6981)

170,8 ➔ Alter Rhône-Lauf bei Bourg Schifffahrtskanal, re alter Rhône-Lauf (44.4420,4.6938);
Weiterfahrt im Schifffahrtskanal:

Nebenstrecke Alter Rhône-Lauf bei Bourg

31,1 Abzweig aus der Rhône (44.4462,4.6961)

29,8 ■ Barrage de Donzère li unterhalb ⬇ für die Befahrung des Rhône-Altarmes (44.4385,4.6822)

20,8 Str-Ⅱ D59/D86K, re **F 07700 Bourg-Saint-Andéol** (44.3684, 4.6488)

9,2 re ⇩ Ardèche (s. Seite 120) (44.2643,4.6481)

8,3 Str-Ⅱ D994, re **F 30130 Pont-Saint-Esprit** gute Möglichkeit zur Beendigung der Fahrt (44.2592,4.6520)

7,7 Str.-Ⅱ N86. (44.2525,4.6561)

0,4 EB-Ⅱ. (44.2160,4.6998)

0,0 Zusammenfluss mit dem Schifffahrtskanal (44.2151,4.7050)

174,5 EB-Ⅱ, Str-Ⅱ N7. (44.4122,4.7093)

178,5 Str-Ⅱ D358. (44.3824,4.7283)

179,6 EB-Ⅱ. (44.3739,4.7296)

180,5 Str-Ⅱ D59, re **F 26700 Pierrelatte** (44.3650,4.7309)

185,2 Str-Ⅱ D204. (44.3233,4.7375)

186,5 li zur Schleuse, re zum Wehr (gesperrt). (44.3128,4.7418)

187,8 li ⇆ Bollène, re ■ und ϟ (44.3035,4.7443)

190,0 = 188,0 Kilometersprung.

192,2 Str-Ⅱ D994. (44.2849,4.7312)

195,3 EB-Ⅱ. (44.2598,4.7125)

196,0 Str-Ⅱ N7. (44.2539,4.7082)

197,2 Str-Ⅱ D44, li **F 84430 Mondragon** (44.2451,4.7016)

200,8 ⇩ Alter Rhône-Lauf bei Bourg in Schifffahrtskanal (44.2166,4.7032)

202,1 EB-Ⅱ. (44.2033,4.7062)

212,8 ➔ Alter Rhône-Lauf bei Caderousse (44.1119,4.7131)

Nebenstrecke Alter Rhône-Lauf bei Caderousse

6,0 Abzweig aus der Rhône (44.1130,4.7123)
5,7 ▬ Wehr und Str-⌶ D238 (44.1103,4.7104)
5,2 ⇩ Cèze (s. Seite 113) (44.1065,4.7087)
0,0 ⇩ in Rhône (Lyon-Mittelmeer) (s. Seite 52) ⇩ in Rhône (Lyon-Mittelmeer) (s. Seite 52) (44.0853,4.7437)

214,4 ➔ zur ⯐ (44.0995,4.7198)
214,8 re ⯐ Usine de Caderousse, li ▬ mit ↯ (44.0957,4.7220)
216,3 li ⇩ Aygues (s. Seite 110) (44.0893,4.7364)
217,0 re ⇩ alter Rhône Lauf (44.0857,4.7410)
219,4 EB-⌶, Autobahn-⌶ A9 und Str-⌶ D976 (44.0729,4.7655)
227,9 ← Alter Rhône-Lauf bei Avignon (44.0153,4.8208)

Nebenstrecke Alter Rhône-Lauf bei Avignon

13,7 Abzweig aus der Rhône (44.0158,4.8223)–(44.0158,4.8223)
13,5 ▬ Wehr (44.0138,4.8285)
9,4 li ⇩ Ouvèze (s. Seite 105) (43.9898,4.8525)
2,5 li ⌘ Pont d´Avingnon (43.9543,4.8045)
2,1 ⌶ N580 (43.9514,4.8002)
1,2 ⌶ N100, li **F 84000 Avignon** (43.9446,4.7948)
0,0 ⇩ in Rhône und EB-⌶ (43.9400,4.7816)

230,0 ← zur Schleuse fahren, ➔ ▬ mit ↯ (43.9963,4.8189)
230,2 Str-⌶ D780 (43.9953,4.8202)
230,7 re ⛺ auf der Insel zwischen ▬- und ⯐-Arm (43.9927,4.8173)
231,8 ➔ zur ⯐ (43.9806,4.8170)
232,3 re ⯐ Cnr Usine d´Avignon, li ▬ (43.9764,4.8161)
233,1 re ⇩ Wehrarm (43.9718,4.8144)
235,8 ⌶ D2/N580 (43.9538,4.7930)
236,5 ⌶ N100 li **F 84000 Avignon** (43.9475,4.7889)
237,4 li ⇩ alte Rhone (43.9414,4.7841)
237,5 EB-⌶ (43.9404,4.7813)
239,6 EB-⌶ (43.9346,4.7562)
241,6 li ⇩ Durance (s. Seite 66) (43.9237,4.7423)
245,8 ⌶ D402 (43.8979,4.7022)
255,7 ⇩ Gardon (s. Seite 58) unterhalb des ▬;
← fahren, re ▬ und ↯ (43.8278,4.6387)

257,8 ➔ zur ⯐ (43.8278,4.6387)
258,4 re ⯐ Usine Électrique de Beaucaire, re ■ mit ϟ (43.8239,4.6426)
260,8 Ⅱ D999 von re **F 30300 Beaucaire** nach li **F 13150 Tarascon** (43.8048,4.6531)
261,1 EB-Ⅱ (43.8016,4.6527)
262,4 ⇩ Wehrarm mit Gard (s. Seite 60) (43.7917,4.6501)
262,7 Ⅱ D90 (43.7873,4.6502)
272,6 ➔ Petit Rhône (43.7066,4.6159)

Nebenstrecke Petit Rhône

Kleiner Mündungsarm der Rhône
Mündung in Mittelmeer
Die Petit Rhône, ein Nebenarm der Rhône, ist ein breiter Fluss mit mäßiger Strömung, sehr einsam, Straße z.T. weitab, keine Verbauungen. Die Petit Rhône fließt im Naturschutzgebiet Camargue. Es besteht hier die Möglichkeit, eine einzigartige Vogelwelt zu beobachten wie Seidenreiher, Bienenfresser. Es gibt auch Biber. Eine Befahrung ist lohnend, auch unabhängig von einer Fahrt auf der Rhône. Das Ufer besteht insbesondere im Mittelteil, aus einem urwaldartig verwachsenen HW-Damm, Anlanden und Zelten hier sehr schwierig. Erst die letzten Kilometer lassen die typische Camargue-Landschaft erleben, hier allerdings auch eine viel befahrene Straße neben dem Fluss.

337,0 ⇩ in Mittelmeer, li ⛺ Sunêlia Le Clos du Rhône, Route d'Aigues Mortes, 13460 Saintes-Maries-de-la-Mer, Parkplatz (43.4495,4.3979) –(43.4495,4.3979);
Im Mündungsbereich oft hohe Wellen, evtl. Fahrt li vor der ⇩ beenden, zu erreichen über D38. Ab hier während der Saison Busverbindung nach Arles;
li nach 3 km **F 13460 Saintes-Maries-de-la-Mer** Auch ab hier Busverbindung;
334,0 re Schaugehege mit Wildpferden und Kampfstieren. Reger Bootsverkehr
330,0 Autofähre, Kiosk, mögiche ⬇⬆. Ab hier Fahrt in der offenen Landschaft der Camargue (43.4867,4.3837)
323,0 Str-Ⅱ D38C/D58 Pont de Sylvéréal. Bis zur ⇩ zunehmender Bootsverkehr vom Mittelmeer her (43.5464,4.3502)
308,0 li **F 13123 Arles-Albaron**

300,5	re ⌘ Abzweigung zum Canal de Saint-Gilles berührt den nördlichen Teil der Camargue, führt über Aigues-Mortes, zu einer Kanalverbindung zum Mittelmeer bei le-Grau-du Roi, Kanal nach Sète über mehrere Etangs (Strandseen) (43.6464,4.4375)
298,0	Str-II D572N/D6572, re Saint Gilles 2 km. Links Parkplatz, gute ⇅ (43.6657,4.4530)
294,5	EB-II. (43.6764,4.4786)
288,5	Str-II A54. (43.7051,4.5303)
282,0	Str-II D113/D6113. (43.6863,4.6059)
281,0	Str-II D15A/D35A, li **F 13200 Arles** re **F 30300 Fourques**, gute ↓ (43.6888,4.6138)
279,3	Abzweigung aus der Rhône. Bis km 300,5 sehr geringer Schiffsverkehr (43.7073,4.6152)
276,2	II D35A li **F 13200 Arles** (43.6789,4.6231)
276,7	II N113 (43.6759,4.6179)
310,9	← Kanal (43.4227,4.7442)
311,2	▃ D35B (43.4192,4.7453)
324,2	⇩ ins Mittelmeer (43.3342,4.8442)

Gardon

Wildfluss - Wanderfluss (Gebirgsfluss) Gewässerkennzahl FR: V71-0400
Mündung in Rhône bei amtl. km 255,7 (re Nebenfluss)

Der Gardon führt in seinem Lauf verschiedene Namen. Im Oberlauf der Flüsse wechseln schöne, tief eingeschnittene, teilweise schluchtartige Täler mit breitem Schotterbett.

Von km 87 bis 46,4 urwüchsige Schwemmlandschaft, mit breitem Schotterbett. In diesem Bereich fahrtechnisch und landschaftlich weniger lohnend. Ab km 46,4 durchfließt der Gard eine herrliche Kalkschlucht, ähnlich der Ardèche-Schlucht, jedoch bedeutend einsamer.

Befahrbarkeit:	bis Grotte la Baume, km 97, nur im Frühjahr bis spätestens Mitte Mai sowie nach starken Regenfällen,ab km 97 meist ganzjährig.
Pegel:	www.vigicrues.ecologie.gouv.fr
Schwierigkeiten:	km 118–95 WW II-III
	km 95–⇩ WW I-II
Kilometrierung:	nach Kartenmaterial

Gardon de Saint-Martin

Mündung in Gardon bei km 107,2

127,0 Ursprung: in ca. 1050 m Höhe. (44.2461,3.7308)

111,8 ⇩ des Gardon de Saint-Germain (s. Seite 62) Kiesbankschwälle, leichtere Verblockung, mittlere Abbrüche, überhängende Büsche oder Bäume, WW II–III (44.1860,3.8343)

109,4 Str-II, re **F 48330 Saint-Étienne-Vallée-Française** (44.1700,3.8394)

107,2 li ⇩ in Gardon de Mialet (s. Seite 59) bei km 107,2 Zusammenfluss mit dem Gardon de Sainte-Croix (s. Seite 62). Die Befahrung des Gard kann auf diesem Fluss in Le Martinet, 400 m oberhalb der ⇩ begonnen werden, hier gute ⬇. Verlauf in Schluchten (44.1581, 3.8462)

Gardon de Mialet

Mündung in Gardon bei km 86,0

107,2 ⇩ Zusammenfluss von Gardon de Saint-Martin (s. Seite 59) mit dem Gardon de Sainte-Croix (s. Seite 62) (44.1582,3.8461)

100,6 Str-II. (44.1355,3.8786)–(44.1355,3.8786)

99,0 Str-II. (44.1280,3.8913)

97,1 Str-II D50 Pont des Abarines. Davor und danach verblockte Passagen. Nach 300 m enger, verblockter Felskanal mit starkem Gefälle, kurz danach weiterer verblockter Abfall, bis WW III (44.1267,3.9035)

95,7 Str-II. (44.1118,3.9388)

95,6 Schräg-▬, li evtl. ≈. Danach li schöner ⛺ (44.1079,3.9466)

92,6 Str-II, li **30140 Mialet** im Ort ⛺ "la Berge Fleurie", campinglabergefleurie.com (44.0981,3.9466)

89,5 Str-II, gute ⬆, 🅿. (44.0940,3.9553)

88,5 ▬, evtl. ≈. (44.0873,3.9587)

87,4 ▬, 7m hoch, X kurz danach Versperrung des Flusses durch große Blöcke eines Felssturzes, ⏏ sehr mühsam. Es ist wohl besser, die Fahrt vorher zu beenden, oder im Obergraben des Wehres 300 m weit bis zu einer starken Links-Kurve treideln und hier 10 m herab zum Gard abseilen (44.0795,3.9663)

86,8 EB-II (44.0759,3.9706);
⇩ in den Gardon d´Anduze (s. Seite 60) bei km 86,0, Zusammenfluss mit Gardon de Saint-Jean (s. Seite 63)

Gardon d´Anduze

Mündung in Gardon bei km 70,1

86,0 ⇩ Zusammenfluss von Gardon de Mialet (s. Seite 59) mit dem Gardon de Saint-Jean (s. Seite 63) (44.0757,3.9704)
85,9 La Bambouseraie, ⌘ re ⛺ "de l'Arche", 1105 Chemin de Recoulin la Bahou, F 30140 Anduze, camping-arche.fr, ♪ +33 4 66 61 74 08 (44.0696,3.9730)–(44.0696,3.9730)
85,3 ▬. (44.0641,3.9788)
84,6 EB-⌶. (44.0601,3.9847)
84,0 Str-⌶ D910A, re **F 30140 Anduze** ⌘ Burgruine. Der Fluss fließt durch ein sehr breites Schotterbett, WW I–II (44.0558,3.9880)
83,7 Str-⌶. (44.0529,3.9884)
83,0 zerstörtes ▬.
79,9 ▬. (44.0355,4.0191)
79,1 ▬. (44.0329,4.0287)
76,9 Str-⌶ D24. (44.0259,4.0503)
76,8 ▬. (44.0263,4.0519)
74,7 ▬.
73,6 ▬.
72,8 EB-⌶, li **F 30720 Ribaute-les-Tavernes** (44.0314,4.0968)
72,2 ▬. (44.0306,4.1037)
71,6 Str-⌶ D6110. (44.0299,4.1115)
70,1 li ⇩ in Gard (s. Seite 60) bei km 70,1 Zusammenfluss mit dem Gardon d‘Alès.(Der Gardon d‘Alès ist von der Str-⌶ von Alès bis zum Zusammenfluss auf einer Strecke von 16 km befahrbar, WW I–II. Die Befahrung ist jedoch nicht lohnend, da das Wasser durch Industrieabwässer streckenweise stark verschmutzt ist.) (44.0325,4.1326)

Gard

Weitere Namen: Gardon, Gardons Réunis
Mündung in Rhône bei amtl. km 262,4

70,1 ⇩ Zusammenfluss von Gardon d´Anduze (s. Seite 60) mit dem Gardon d´Ales (44.0327,4.1322)
69,5 Str-⌶ D106. (44.0329,4.1367)
69,3 ▬. (44.0326,4.1396)
67,0 ▬, **X**, re **F 30350 Cassagnoles** (44.0172,4.1374)
65,1 Schräg-▬, darüber Str-⌶ N106. (44.0157,4.1534)

64,8 Str-Ⅱ D936, darunter ■. (44.0177,4.1566)
64,4 ■, li **F 30360 Ners** (44.0202,4.1606)
59,8 re **F 30190 Boucoiran-et-Nozières**
57,4 Str-Ⅱ D7, li **F 30190 Brignon** (43.9843,4.2137)
56,3 Wege-Ⅱ. (43.9784,4.2254)
56,0 ■ und Str-Ⅱ D 725 li **F 30190 Moussac**. Auf der Folgestrecke mehrere Wehre von etwa 1 m Höhe, nichts bekannt über Befahrbarkeit (43.9778,4.2283)
55,4 zerstörtes ■.
53,6 Schräg-■. (43.9641,4.2486)
51,6 Schräg-■ und Str-Ⅱ D114. (43.9539,4.2683)
47,8 Str-Ⅱ D22, re **F 30190 Dions** (43.9347,4.3047)
46,4 Str-Ⅱ D418, li **F 30190 Sainte-Anastasie-Russan** ⬇ li hinter Ⅱ, ⛺-Möglichkeit (43.9316,4.3202);
Ab hier beginnt der empfehlenswerte Teil des Gard mit der sehr schönen Schluchtstrecke, ab Frühsommer ist allerdings wegen der folgenden Versickerungen eine Befahrung ab hier nicht möglich. Die Schluchten befinden sich in einem Naturschutzgebiet, freies Zelten und Anmachen von Feuer verboten
44,4 Grotte de la Trone, die Höhle mit prähistorischen Wandmalereien ist für eine Besichtigung gesperrt
36,1 Str-Ⅱ D979, **F 30190 Sainte-Anastasie** (Pont St.Nicolas). Es müßte erkundet werden, ob im Sommer der Wasserstand ab hier für eine Befahrung ausreicht. ⬇. Es folgt eine lange Schwallstrecke, WW II, danach einmaliger Naturkanal (43.9418,4.3773)
29,5 Mühlen-■, bei MW nach Besichtigung im li Viertel evtl. ≈, starker Schwall; ⏏ re leicht. Die Zufahrtsstraße D127 ist mit einer Schranke versperrt. Wenn man hier ⬇ will, muss man mit Bootswagen etwa 1,5 km weit karren. Grotte La Baume, ⌘, erreichbar über Fußweg, Taschenlampe nicht vergessen
25,0 ■, ↰ unbedingt besichtigen, ⚠. Je nach Wasserstand starker Rücklauf, li im Durchlass Steine, evtl. ganz li ≈ (43.9511,4.4785)
24,6 Str-Ⅱ D3, li **F 30210 Collias** alle Möglichkeiten, gute ⬇ (43.9533, 4.4822)
23,1 li günstig gelegener 🚐 "Camping des Gorges du Gardon - Franceloc", 762 Chemin de la Barque Vieille, F 30210 Vers-Pont-du-Gard, franceloc.fr (43.9550,4.5138)
18,9 Ⅱ Pont-du-Gard, römisches Viadukt, ⌘, 🚐, Ende der Schlucht. Beendigung der Fahrt am besten 500m nach Pont du Gard re, hier

Parkplatz, gebührenpflichtig. Eine Weiterfahrt ist möglich, doch weniger interessant (43.9474,4.5350)

15,5 ■, im re Drittel ≈ (43.9387,4.5566);
Str-II D6086, **F 30210 Remoulins** alle Möglichkeiten, günstige ⬆. Von einer Weiterfahrt ist unbedingt abzuraten. Es folgen noch mehrere Wehre, alle **X**, ⌓ sehr mühsam (43.9387,4.5566)

14,9 EB-II. (43.9338,4.5606)

14,0 ■. (43.9287,4.5673)

12,3 Autobahn-II A9. (43.9207,4.5811)

10,3 Schräg-■. (43.9056,4.5846)

9,4 ■. (43.8978,4.5859)

6,7 li **F 30490 Montfrin**

6,1 Str-II D500. (43.8716,4.5889)

4,9 EB-II. (43.8625,4.5950)

2,1 re **F 30300 Comps**

1,0 Schräg-■. (43.8505,4.6155)

0,0 ⇩ in Rhône (s. Seite 48) bei amtl. km 262,4 Str-II D2 (43.8422, 4.6211)

Gardon de Saint-Germain

Wildfluss (Gebirgsfluss) Gewässerkennzahl FR: V7100520
Mündung in Gardon bei km 111,8 (li Nebenfluss)

Kilometrierung: nach Kartenmaterial

13,4 Ursprung (44.2634,3.7822)

2,5 **F 48330 Saint-Étienne-Vallée-Française** (Pont de Burjen), ⬇ nur bei HW. Recht schmales Flussbett, etwa 3–5 m breit. WW I–II, keine besonderen Schwierigkeiten, fallweise kleine Schwälle, bei stärkerem Hochwasser evtl. Baum- und Strauchhindernisse (44.1925,3.8418)

0,2 Str-II D984 (44.1869,3.8324)

0,0 ⇩ in Gardon de Saint-Martin (s. Seite 59) bei km 111,8 (44.1861, 3.8342)

Gardon de Sainte-Croix

Wildfluss (Gebirgsfluss) Gewässerkennzahl FR: V7110500
Mündung in Gardon bei km 107,2 (re Nebenfluss)

Der Gardon de Sainte-Croix ist bei sehr gutem Wasserstand von **F 48110**

Sainte-Croix-Vallée-Française bis ⇩ auf einer Strecke von 12 km ≈.

Schwierigkeiten: leichte Verblockung, WW II–III.

Quellen: Unveränderte Übernahme.

Gardon de Saint-Jean

Wildfluss (Gebirgsfluss) Gewässerkennzahl FR: V7130500
Mündung in Gardon bei km 86,0 (re Nebenfluss)

Der Gardon de Saint-Jean ist einer der landschaftlich sehr schönen und wassertechnisch interessanten Quellflüsse des Gardon.

Befahrbarkeit: März bis April oder nach stärkeren Regenfällen.

Pegel: www.vigicrues.ecologie.gouv.fr und am Ende der Klamm (siehe km 21,9) am li Ufer; Minimum 25 cm; MW 30 cm; HW ab 50 cm.

Schwierigkeiten: km 30,6–⇩ WW III und IV, unbefahrbarer, gefährlicher Wasserfall, ⚠.

Kilometrierung: nach Kartenmaterial.

49,0 Ursprung in ca. 1050 m Höhe (44.2058,3.6092)–(44.2058,3.6092)

30,6 Str-II D20, re ⇩ Borgne, mögliche ⬇. Die folgenden 8 km WW III, einzelne Stellen WW IV (44.1266,3.7627)

29,7 Str-II D907, **Saumane**. (44.1196,3.7616)

29,5 ▬. (44.1185,3.7639)

29,1 Str-II. (44.1151,3.7668)

27,7 Str-II. (44.1158,3.7746)

26,8 Str-II D907, **F 30124 L'Estréchure** (44.1118,3.7814)

25,7 ▬. (44.1062,3.7860)

25,5 Str-II D39. (44.1063,3.7882);
⚠ es folgt eine Engstelle unterhalb Estréchure. Es befindet sich hier ein völlig **X** Wasserfall, der nicht ⩍ werden kann. Absolute Lebensgefahr! Es ist unbedingt notwendig, sich vor der Befahrung des Flusses eine gute Stelle zum rechtzeitigen ⬆ zu merken. ⩍ sehr mühsam. Wieder-⬇ bei einem Steg unterhalb dieser **X** Stelle

21,9 Str-II **F 30124 L'Estréchure** (Le Bussas), gute ⬇, wenn man die vorausgehenden Schwierigkeiten vermeiden will. Es wird dringend gebeten, die Pkw zur Hauptstraße zurückzubringen (44.1078, 3.8123);

In der folgenden Klamm mit 2 verwinkelten Stufen, schon bei der Anfahrt von der Straße aus auf Baumhindernisse untersuchen. Am Ende der Klamm li ≣

21,9 –20,9 ⚠ es folgen auf 1 km 2 Extremstellen, unbedingt erkunden, Verklemmungsgefahr, ⏏ leicht

19,8 Str-II. (44.1043,3.8264)

18,0 Str-II. (44.1141,3.8398)

15,0 ■.

14,8 Str-II, re ⛺ Camping "mas de la cam" Nationalpark Cevennen, **F 30270 Saint-Jean-du-Gard**, camping-cevennes.info (44.1137, 3.8547)

13,1 Str-II, li **F 30270 Saint-Jean-du-Gard-Le Raset** (44.1123,3.8729)

12,0 ■, X, ⏏. (44.1052,3.8800)

11,9 Str-II. (44.1047,3.8807)

11,6 Str-II D44, **F 30270 Saint-Jean-du-Gard** bis zur Mündung WW III (44.1035,3.8838)

6,6 Str-II, davor eine Stufe mit starker Verblockung, WWIV, ansehen! (44.0823,3.9220)

6,0 Wege-II mit ■. (44.0786,3.9259)

5,0 ■. ■, X, ⏏.

4,0 re ⇩ Salindrenque (s. Seite 64), Str-II D907, die Fahrt wird zweckmäßigerweise hier beendet, da bis zur Mündung 5 ■ folgen, die kaum zu ⏏ sind (44.0747,3.9379)

2,8 EB-II. (44.0693,3.9479)

1,4 ■. (44.0728,3.9563)

0,8 ■ und Str-II **F 30140 Corbès** ✕ Le Moulin de Corbès (44.0749, 3.9618)

0,6 ■. (44.0750,3.9647)

0,0 ⇩ in Gardon (s. Seite 58) bei km 86,0 in 130 m Höhe (44.0755, 3.9706)

Salindrenque

Wildfluss (Gebirgsfluss) Gewässerkennzahl FR: V7130640
Mündung in Gardon de Saint-Jean bei km 4,0 (re Nebenfluss)

Die Salindrenque ist auf weite Strecken ein extrem schwerer Wildfluss: starkes Gefälle, meist in Stufen, verwinkelte, verklemmungsgefährdete Abfälle, extreme Verblockung, Wasserfälle und unfahrbare Stellen, ein Bach nur für Extremfahrer.

Alpinausrüstung und dauernde Erkundung unerlässlich. Landschaftlich ist sie hervorragend schön in einsamen Fels- und Waldschluchten.

Befahrbarkeit: die Wasserführung ist stark schwankend; am besten nach stärkeren Regenfällen.

Schwierigkeiten: km 18,4–13,0 WW IV–V–VI–X (je nach Wasserstand).
Km 13,0–10,6 WW II–III.
Km 10,6–8,0 WW IV–V–VI.
Km 8,8–0,0 WW II–III.

Kilometrierung: nach Kartenmaterial.

23,0 Ursprung in ca. 1130 m Höhe. (44.0725,3.7553)
18,4 Pont de la Laine unterhalb des kleinen Ortes **F 30460 Soudorgues-La Coste**, ⬇. Die Zufahrt erfolgt auf der re Seite des Flusses. Auf den folgenden 5,4km mehrere Stellen **X**, sowie 2 ▬, **X** (44.0611, 3.7974)
13,0 Str-Ⅱ D341, **F 30460 Soudorgues** (Pont de la Nougaréde), oberhalb Lasalle, Ⅱ für die Zufahrt zur ⬇ (44.0502,3.8412)
12,6 ▬, evtl. ≈. (44.0481,3.8443)
12,2 Str-Ⅱ D153, li **F 30460 Lasalle** Es folgen eine niedrige Ⅱ, **X**, und 2 ▬, verfallen, evtl. ≈ (44.0471,3.8491)
11,8 Str-Ⅱ (44.0445,3.8520)
11,5 Str-Ⅱ danach ▬ (44.0431,3.8546)
10,6 Str-Ⅱ, D39 **F 30460 Lasalle** (Le Baraquette), nach 100 m ▬, **X**, re ⛺, li 🚐 (44.0371,3.8612);
Es folgt die sehr schöne und sehr schwere Schlucht des Schlosses von St.Bonnet
9,3 Am Ende der Schlucht ▬, je nach Wasserstand evtl. li ≈ (44.0450, 3.8713)
8,8 ▬, **X**, re ⛺, kurz danach Str-Ⅱ, li **Calviac** (44.0449,3.8765);
Ende der sehr schweren WW-Strecke; ab hier bis ⇩ WWII–III, mehrere niedrige Stege, die meist nicht unterfahren werden können
7,2 ▬. (44.0436,3.8908)
6,6 Wege-Ⅱ. (44.0445,3.8972)
5,9 Str-Ⅱ. (44.0479,3.9034)
3,8 ▬. (44.0612,3.9155)
2,5 ▬, nach Besichtigung evtl. ≈, sofort danach Str-Ⅱ D258 (44.0615, 3.9234)

1,2 Str-II. (44.0662,3.9348)
0,6 Str-II D57. (44.0709,3.9349)
0,3 EB-II. (44.0729,3.9345)
0,0 ⇩ in Gardon de Saint-Jean (s. Seite 63) bei km 4,0 in ca. 150 m Höhe (44.0753,3.9367)

Durance

Wildfluss (Gebirgsfluss) Gewässerkennzahl FR: X---0000
Mündung in Rhône bei amtl. km 241,6 (li Nebenfluss)

Die Durance ist im Unterlauf durch mehrere große Stauanlagen weitgehend verbaut. Für diesen Unterlauf liegt uns kein Fahrtenbericht vor. Die Angaben beruhen nur auf Kartenmaterial. Wir würden uns über Beschreibungen dieser Strecke freuen.

Im Oberlauf ist die Durance ein Fluss mit reichlicher Wasserführung, schneller Strömung, streckenweise wuchtige Wellenbildung, umgeben von einer interessanten Landschaft. Auf der Durance werden in größerem Umfang kommerzielle Schlauchbootfahrten durchgeführt.

Befahrungsregeln: erlaubt nur in der Zeit 9–19 Uhr.

Pegel: www.vigicrues.ecologie.gouv.fr

Automatischer Anrufbeantworter von Embrun, ✆ (92) 430050.

HW: über 125cm; MW zwischen 100 und 125cm; NW unter 100cm.

Der Pegel gilt auch für die Nebenflüsse der Durance oberhalb des Stausees: Guil, Byaisse, Gyr, Onde, Gyronde, Guisane und Clarée. Die jeweils angegebenen Schwierigkeiten beziehen sich auf MW; bei HW (z.Z. der Schneeschmelze) liegen sie deutlich höher.

Schwierigkeiten: km 312,4–308,0 WW IV–V–VI–**X**

km 308,0–301,0 WW II

km 301,0–293,6 wegen Wasserableitung meist **X**,

Bei Wasserabgabe WW IV (VI) mit 2 **X** Teilstrecken.

km 293.6–274,3 WW I, Gefälle 2‰.

km 274,3–258,1 WW II (III), Gefälle 5‰.

Kilometrierung: nach Kartenmaterial.

325,4 Ursprung in ca. 2325 m Höhe. (44.8936,6.7214)
315,8 re ⇩ Clarée (s. Seite 104), Str-II. (44.9246,6.6795);
Zunahme der Schwierigkeiten, WW IV-V Wenn der Bach aus dem Wald austritt, zum Besichtigen der folgenden 600 m ↱. Es folgt der „Mala Fosse", eine Steilstrecke mit 100 ‰ Gefälle (das 6-fache der Griesenschlucht der Loisach), starke, verwinkelte Verblockung, WW VI. Der Abschnitt galt lange als **X**. Er wird jetzt jedoch (mit Kurzbooten!), vielfach befahren. Besichtigen unbedingt erforderlich, ⌂ sehr mühsam. Zweckmäßig ist ein niedriger Wasserstand (s. Pegel). Hier wird alljährlich im August die „Trophée de Malafosse" ausgetragen, ein Freudenfest der Kurzbootfahrer
314,9 Str-II, li ⛺ Les Gentianes, campinglesgentianes.com (44.9181, 6.6739)
314,8 Str-II, **F 05100 Val-des-Prés-La Vachette** mögliche ⬇ für die folgende Extremstrecke. Auf 1 km WW II (44.9170,6.6747)
314,4 Str-II N94. (44.9138,6.6738)
311,9 Abnahme des Gefälles, WW V, abnehmend IV. Fahrtbeginn hier möglich. Man kann die ⬇ von der Straße aus über einen Feldweg erreichen
311,5 Str-II. (44.8988,6.6474)
311,3 ▬, **X**, re ⌂ leicht. Teilweise Wasserableitung. Es folgt eine sehr schöne Klamm durch Briançon. Sie kann teilweise von einer alten Bogen-II hoch über dem Fluss eingesehen werden. Wegen der Wasserableitung ist ein Clairée-Pegel von mindestens 90 cm erforderlich; bei NW WW III
310,8 Klamm-Ende, teilweise Rückführung des abgeleiteten Wassers
310,5 **F 05100 Briançon**, neues Blockwurf-▬ halb re gut ≋, Str-II
310,4 Str-II. (44.8953,6.6368)
310,1 Str-II D136. (44.8943,6.6334)
309,8 re ⇩ Guisane (s. Seite 101) Falls die Befahrung hier begonnen wird, ⬇ am besten im Ortsbereich in die Guisane. WW I–II (44.8927, 6.6297)
309,0 li ⇩ Cerveyrette (s. Seite 101) (44.8867,6.6253)
308,3 Str-II D36B. (44.8810,6.6215)
305,7 EB-II. (44.8640,6.6031)
305,1 Str-II. (44.8621,6.5974);
303,4 ▬, **X**, re **F 05120 Saint-Martin-de-Queyrières-Prelles** (44.8519,

6.5830);
Das Wasser wird hier zumeist total abgeleitet. Eine Weiterfahrt ist nach ⏏ des Wehres nur selten bei ausreichender Wasserabgabe möglich. Günstig sind bis 10 m³/s. Es folgen die sehr eindrucksvollen „Gorges de la Durance". Der Wasserstand kann sich durch unterschiedliche Wasserabgabe des ϟ von Prelles schnell ändern. Zunächst auf 2 km WWIII–IV

303,2 Str-Ⅱ N94. (44.8507,6.5824)

301,3 In einer re-Kurve ein 300 m langer Abschnitt **X**, re ⏏ gut möglich, etwa 15 Minuten. Bei günstigem Wasserstand ist eine Weiterfahrt möglich, auf 200 m WW V, danach WWIII–IV. Nach einem ruhigen Stück folgt in einer li-Kurve eine Engstelle mit einer 2 m-Stufe, besichtigen, bei NW li evtl. ≋, WW IV, bei hohem Wasserstand **X**

295,9 re ⇩ Gyronde (s. Seite 99) (44.7969,6.5598)

295,7 Str-Ⅱ D994E, li **F 05120 L'Argentière-la-Bessée**. (44.7949,6.5598)

295,3 Str-Ⅱ. (44.7916,6.5608)

295,1 ▬ Wehr (44.7898,6.5601)

294,5 Rückführung des bei Prelles abgeleiteten Wassers (44.7853,6.5584)

294,3 re ⇩ Fournel (s. Seite 98) Danach künstliche Slalom-Strecke, gebührenpflichtig, Durchfahrt erlaubt; WW II–III. Kanu-Zentrum, übliche ⬇ für die Befahrung der Durance (44.7831,6.5586)

293,5 Str-Ⅱ D138A, re 🅿, ⬇, WW I–II (44.7766,6.5593)

293,0 EB-Ⅱ. (44.7721,6.5600)

290,7 Str-Ⅱ D38, danach auf 200 m verblockt, WW II (44.7540,6.5732)

288,3 re ⇩ Biaysse (s. Seite 97) (44.7353,6.5798)

284,0 Bogen-Ⅱ D138; re Flugplatz li **F 05600 Saint-Crepin**, ⛺ L'Île, camping.saintcrepin.com (44.7050,6.6010)

280,6 li ⛺ Camping du lac les Iscles **F 05600 Eygliers gare**, iscles.com (44.6780,6.6086)

279,5 Straßen- und EB-Ⅱ D37, li **F 05600 Mont-Dauphin** (44.6694,6.6052)

279,0 li ⇩ Guil (s. Seite 94) (44.6667,6.6011)

276,5 Str-Ⅱ N94 davor Slalomstrecke WW II, li Raft- und Kajakstation, re **F 05600 Saint-Clément-sur-Durance**. Ab hier langsame Zunahme der Schwierigkeiten (44.6505,6.5836)

276,0 li ⛺ "Les Mille Vents" **F 05600 Saint-Clément-sur-Durance**, camping-les-mille-vents.com (44.6463,6.5830)

271,1 re ⇩ Rabioux (s. Seite 93) Kurz danach re sehr schöner ⛺ Camping "Municipal St. James" / Le Rabioux, Nationalpark Écrins, Saint-James, **F 05380 Châteauroux-les-Alpes**, günstig gelegen für Befahrungen der Durance und ihrer Nebenflüsse (44.6220,6.5473)

270,9 Teilung in 3 Arme, bei HW alle Arme ≈, bei MW und NW li Arm fahren. (44.6205,6.5470)

270,6 Am Zusammenfluss Verengung mit wuchtiger Stufe mit Rücklauf und Verwirbelungen, der bekannte „Rabioux“, sehr schöne Übungsstelle, von 21–24 Uhr beleuchtet, Trainingsmöglichkeit für Unentwegte. Nach Flussveränderungen jedoch nicht mehr so interessant (44.6175,6.5451)

262,9 li ⇩ Crévoux (s. Seite 93) (44.5624,6.5136)

262,7 Str-II D994D. (44.5610,6.5124)

262,0 Str-II N94, re **F 05200 Embrun** davor li herrlicher, ruhiger ⛺, zur Ferienzeit allerdings zumeist von französischen Kanuten voll belegt (44.5578,6.5053)

261,0 li ⇩ Vachères (s. Seite 93) (44.5532,6.4938)

260,3 alter Brückenpfeiler. (44.5515,6.4859)

260,2 Str-II, re **F 05200 Embrun-La Clapière** (44.5504,6.4845); Zweckmäßige Stelle zur Beendigung der Fahrt re kurz vor Beginn des Stausees; hier 🅿, Supermarkt;
Die weitere Beschreibung beruht nur auf Kartenmaterial

260,2 –240,0 Großer Durance-Stausee Lac de Serre Ponçon. Der Stausee der Durance ist mit einer Länge von 22 km und einer Breite bis zu 10 km der größte künstliche See Frankreichs, von hervorragender landschaftlicher Schönheit. Da er mitten in den Bergen ohne natürlich entstandenes Ufer liegt, gibt es an dem See nur wenige Möglichkeiten zum Zelten und mit dem Wagen an ihn heranzukommen

252,4 re ⇩ Réallon (s. Seite 87) (44.5311,6.3959);
Str-II der N94 (Pont de Savines), über den Stausee, li **F 05160 Savines-le-Lac** (44.5311,6.3959)

242,0 li ⇩ Ubaye (s. Seite 88) in den Stausee (44.4746,6.2987)

240,0 ▬ Staudamm von Serre-Ponçon. (44.4718,6.2707)

237,8 li ⇩ Blanche (s. Seite 87) (44.4629,6.2469)

236,7 ▬ Wehr, **X**, ➔ Wasserableitung in einen Kanal. Über das Wehr verläuft die Straße D900B, re **F 05190 Rousset-Les Celliers** und **F 05190 Espinasses** (44.4639,6.2359)

233,5 Str-II D951. (44.4600,6.1985)

232,3 Schräg-▬. (44.4613,6.1831)

225,8 Str-II D4. (44.4758,6.1118)

224,3 re ⇩ Avance (s. Seite 86) (44.4758,6.0973)

219,6 Str-II D46, re **F 05130 Tallard** (44.4618,6.0607)

217,2 –215,1 Insel
215,6 re ⇩ Rousine. (44.4364,6.0312)
214,9 li ⇩ eines Kraftwerk-Kanals. Rückführung des abgeleiteten Wassers (44.4335,6.0262)
213,2 ▬, **X**, re Wasserableitung re **F 05110 La Saulce** (44.4211,6.0201)
204,9 Str-Ⅱ D12/D104, re **F 05110 Monêtier-Allemont** (44.3805,5.9453)
198,5 re ⇩ Beynon.
182,2 2 Str-Ⅱ D4, li ⇩ Sasse. (44.2483,5.9215)
175,6 Str-Ⅱ A51. (44.2042,5.9426)
175,4 re ⇩ Grande Buëch (s. Seite 82) (44.2017,5.9427)
175,0 Str-Ⅱ D951, **F 04200 Sisteron** (44.1995,5.9457)
172,1 ▬, **X**, li Wasserableitung. (44.1752,5.9523)
170,6 re ⇩ Jabron (s. Seite 71) (44.1620,5.9536)
168,9 Str-Ⅱ A51. (44.1531,5.9639)
166,6 ▬, danach li ⇩ eines Kraftwerk-Kanals. Rückführung des abgeleiteten Wassers (44.1367,5.9773)
162,3 Str-Ⅱ D404, li **F 04290 Volonne** (44.1086,6.0079)
158,8 ▬, **X**, li Wasserableitung. (44.0857,6.0118)
156,5 EB-Ⅱ. (44.0661,6.0074)
154,7 li ⇩ Bléone (s. Seite 80) (44.0528,5.9966)
151,2 Str-Ⅱ D4A, li **F 04190 Les Mées** (44.0357,5.9648)
136,1 ▬, **X**. (43.9365,5.8955)
134,7 Str-Ⅱ D4B. (43.9248,5.8992)
132,1 Ⅱ, auf der der Kraftwerks-Kanal die Durance von li nach re quert (43.9044,5.8875)
127,4 li ⇩ Asse (s. Seite 79) (43.8675,5.8777)
118,1 Str-Ⅱ D907. (43.8041,5.8253)
105,6 re ⇩ eines Kraftwerk-Kanals. Rückführung des abgeleiteten Wassers (43.7236,5.7494)
104,9 li ⇩ Verdon (s. Seite 72) (43.7188,5.7471);
li ▬ Wehr, **X**, ← Wasserableitung (43.7188,5.7471)
104,1 Str-Ⅱ A51. (43.7166,5.7365)
95,3 re Chapelle sainte Madeleine. (43.6918,5.6691)
95,0 Str-Ⅱ D96/D996, **F 13490 Jouques** (Pont de Mirebeau) (43.6897, 5.6672)
93,3 ▬, **X**. (43.6810,5.6526)
83,4 EB-Ⅱ, danach ▬ (keine Angaben). (43.6610,5.5438)
79,3 Str-Ⅱ D956/D556, danach ▬ (keine Angaben) (43.6674,5.4966)
79,1 ▬ (keine Angaben). (43.6670,5.4944)

76,6 ▬ (keine Angaben). (43.6744,5.4656)
75,2 ▬ (keine Angaben). (43.6795,5.4506)
74,4 Blockwurf-▬, **X**. (43.6820,5.4419)
66,6 Str-⌶ D543/D943 (43.7102,5.3649)
49,8 ▬ Wehr, **X**, ← Wasserableitung (43.7400,5.2011)
47,2 Str-⌶ D23E, li **F 13370 Mallemort**. (43.7376,5.1740)
35,3 EB-⌶. (43.7839,5.0619)
33,6 EB-⌶, li hinter A7 **F 13660 Orgon**. (43.7906,5.0468)
31,6 EB-⌶. (43.8050,5.0446)
29,7 Str-⌶ (43.8200,5.0347)
28,9 Str-⌶ D99/D938, re **F 84300 Cavaillon**. (43.8264,5.0300)
27,1 EB-⌶. (43.8359,5.0144)
16,0 ▬ Wehr, **X**, → Wasserableitung in den Canal Crillon (43.8884, 4.9235)
15,9 Str-⌶ A7. (43.8886,4.9222)
15,5 Str-⌶ D907. (43.8883,4.9166)
8,7 ▬ (keine Angaben). (43.9124,4.8483)
7,6 ▬ (keine Angaben). (43.9131,4.8341)
6,5 ▬ (keine Angaben). (43.9127,4.8213)
5,4 Str-⌶ N570, re **F 84000 Avignon**. (43.9148,4.8085)
4,2 EB-⌶. (43.9170,4.7948)
3,3 Str-⌶ N1007. (43.9184,4.7836)
2,7 ▬ (keine Angaben). (43.9196,4.7742)
0,0 ⇩ in Rhône (Lyon-Mittelmeer) (s. Seite 52) bei amtl. km 241,6 ⇩ in Rhône (Lyon-Mittelmeer) (s. Seite 52) bei amtl. km 241,6 (43.9236, 4.7429)

Jabron (Durance)

Wildfluss Gewässerkennzahl FR: X1100500
Mündung in Durance bei km 170,6 (re Nebenfluss)

Der Jabron ist ein leichter Wildfluss in hochalpiner Umrahmung. Fahrtstrecke: ⬇ St.Vincent, ⬆ nach 19 km bei der letzten ⌶ 300 m vor der ⇩.

Bei entsprechend gutem Wasserstand dürfte eine Befahrung noch etwa 10 km oberhalb von St.Vincent möglich sein. Der Fluss ist in diesem Bereich enger und kleiner. Einige niedrige ⌶ und ▬ behindern die Fahrt (nur erkundet).

Umwelt: Wasser: sehr sauber.

Verdon

Wildfluss (Gebirgsfluss) Gewässerkennzahl FR: X2--0200
Mündung in Durance bei km 104,9 (li Nebenfluss)

Der Verdon gehört zu den landschaftlich und wassertechnisch eindrucksvollsten Flüssen Europas. Absoluter Höhepunkt ist der „Grand Canyon“, eine 24 km lange Schluchtstrecke, in der die Felswände bis zu 600 m senkrecht ansteigen. Auch die flussabwärts folgenden Schluchten sind, wenn auch minder hoch, von hervorragender Schönheit. Allerdings finden sich hier mehrere große Stauwerke, die ein schwieriges Umtragen erfordern, sodass der untere Teil des Verdon nur selten befahren wird.

Die Befahrung des Grand Canyon ist nur für absolute Könner möglich, WW V. Ideal ist eine Gruppe von 3–4 Personen. Für die Befahrung des Grand Canyon müssen etwa 6–10 Stunden vorgesehen werden. Sie wird vielfach auf zwei Tage aufgeteilt, mit Unterbrechung bei km 75,5. Allerdings ist dabei zu bedenken, dass der Ausstieg aus der Schlucht viel Kraft kostet und dass auch schon am Fluss abgelegte Boote gestohlen wurden.

Befahrungsregeln: Es bestehen folgende Einschränkungen:

Eine Befahrung ist verboten:

-In der Zeit vom 01.03.-30-09. zwischen 18 und 10 Uhr

-In der Zeit vom 01.10.-30.11. nach Sonnenuntergnag und vor Sonnenaufgang

-In der Zeit vom 01.12.-30.02. komplett

-Am ersten Samstag, Sonntag und Montag der Fischsaison

-Am letzten Freitag, Samstag, und Sonntag der Fischsaison

-Bei weniger als 5 m³/s Abfluss

-für Nebenarme

-für Holzflöße

Befahrbarkeit: ab Allos bis Ende Juni, in regenreichen Sommern und nach schneereichen Wintern sogar bis Ende Juli.

Ab Castellane abhängig vom Wasserablass des ↯ von Castillon, doch meist ausreichend. In trockenen Sommern erfolgt allerdings zum Wochenende vielfach keine Wasserabgabe, gelegentlich ist sogar mit einer längeren Sperrung zu rechnen. Auskunft über die Wasserabgabe bekommt man am besten bei örtlichen Raftingunternehmen. Als Idealmenge für die Befahrung des Grand Canyon wird von vielen Befahrern 15–18 m^3/s angegeben. Minimum 13 m^3/s, Maximum 30 m^3/s. Die Flutwelle des Kraftwerk erreicht den Beginn des Canyons etwa gegen 12 Uhr, Fahrtbeginn wegen der höheren Eigengeschwindigkeit vielfach erst ab 13 Uhr sinnvoll. Kritisch kann noch folgender Umstand werden: Wegen nicht vollem Stausee von Castillon kann selbst nach Gewittern die Einfahrt in den Canyon unter Normalwasserbedingungen stattfinden, der bei km 72 mündende Nebenfluss Artuby wird dann aber in der Regel ein mehrfaches an Wassermenge bringen. Es besteht dann Lebensgefahr. In diesem Fall sollte die Fahrt an der Passerelle unter- oder abgebrochen werden. Neben der üblichen WW-Ausrüstung wird empfohlen, mit Kurzbooten zu fahren, Seil und teilbares Reservepaddel mitzuführen.

Auf den aufgestauten Schluchtstrecken des Verdon sind bei gutem Wetter viele Leihbootfahrer unterwegs.

Pegel: Vinon-sur-Verdon (nur Unterlauf)
www.vigicrues.ecologie.gouv.fr

Schwierigkeiten: km 153,5–145,3 WW III–IV (V–VI)

Km 145,3–114,2 WW III–II

Km 114,2–104,2 Stausee

Km 97,4–84,4 WW III (IV)

Km 84,4–60,5 (Grand Canyon) WWIII–IV, mit Stellen WW V bis **X**.

Es folgen bis zur Mündung drei Stauseen mit schwierig zu umtragenden Wehren und kurzen dazwischen liegenden Fließstrecken (WW II).

Infrastruktur: mehrere sehr schöne am Verdon-Stausee oberhalb Castellane, mehrere Plätze bei Castellane und sehr empfehlenswerte Plätze linksufrig am Stausee St.Croix. Freies Zelten verboten.

Kilometrierung: nach Kartenmaterial.

Quellen: Ergänzungen: Reinhard Löbbecke (04/2015)

166,0 Ursprung in ca. 2460 m Höhe (44.3217,6.5475)
153,5 Str-Ⅱ oberhalb Allos (zu erreichen auf der Abzweigung von der D908 nach Seignus), ⬇ 150 m oberhalb der Ⅱ. Zunächst durchweg WW IV mit 3 Stellen WW V–VI, die unbedingt erkundet werden müssen. Mit Baumversperrungen ist zu rechnen. (44.2444,6.6154)
153,5 –145,3 auf dieser Strecke liegt kein Fahrbericht vor
152,9 Wege-Ⅱ, li **F 04260 Allos** (44.2423,6.6207)
148,1 Str-Ⅱ, re **F 04370 Colmars-Chaumie Bas** (44.2023,6.6353)
146,0 Wege-Ⅱ Le Pont Haut. (44.1867,6.6317)
145,3 Str-Ⅱ, li **F 04370 Colmars** ⬇. Sehr lohnend bis zum Stausee, anfangs breites Tal, später niedrige Schluchten. Schnelles Wasser, mäßige Verblockung, auf rund 5 km WW III, dann abnehmend II–III (44.1826,6.6267)
144,9 Str-Ⅱ. (44.1803,6.6237)
144,8 Str-Ⅱ D908 am Ortsende von **F 04370 Colmars** ⬇ (44.1801,6.6237)
144,7 li ⇩ Lance. (44.1789,6.6238)
143,9 Str-Ⅱ. (44.1740,6.6178)
142,6 re ⇩ Chasse. (44.1654,6.6106)
141,8 re ⛺ Camping Le Haut Verdon **F 04370 Villars-Colmars** (44.1593, 6.6061)
139,6 Str-Ⅱ D252, re **F 04370 Beauvezer** ⬇⬆ (44.1429,6.5950)
139,0 re ⛺ Camping les Relarguiers **F 04370 Beauvezer** (44.1374,6.5913)
135,6 Str-Ⅱ. (44.1131,6.5801)
133,7 Wege-Ⅱ Pont du Moulin. (44.1003,6.5694)
133,1 Str-Ⅱ D908, re **F 04170 Thorame-Haute**. (44.0960,6.5650)
130,6 Str-Ⅱ D52. (44.0763,6.5688)
127,5 Str-Ⅱ. (44.0539,6.5721)
127,4 EB-Ⅱ. (44.0528,6.5723)
126,2 EB-Ⅱ, li 🚂 **F 04170 Thorame-Haute** (44.0439,6.5650)
125,2 Str-Ⅱ D955. (44.0373,6.5627)
121,4 Str-Ⅱ D52, li 🚂 Arêtt d'Allons-Argens. Hier re Möglichkeit zur Beendigung der Fahrt (44.0085,6.5607)
121,2 re ⛺ L'Adrech **F 04170 La Mure-Argens**
117,9 EB-Ⅱ. (43.9858,6.5362)
114,8 re ⇩ Issole (s. Seite 78) (43.9665,6.5154)
114,2 Str-Ⅱ darunter Einlass-▬ in den Stausee von Castillon. ⚠ Vorher ansehen! Bei NW und HW ≈, bei MW lebensgefährliche Deckwalze (43.9615,6.5140);

re **F 04170 Saint-André-les-Alpes** (in 500 m Entfernung), alle Möglichkeiten. Beginn des Stausees von Castillon

114,1 eine Stelle WW III

111,0 Str-II N202. (43.9382,6.5281)

108,2 li **F 04170 Saint-Julien-du-Verdon** li ⛟ Camping du lac, camping-lac-verdon.fr

104,2 ▬ Staumauer von Castillon, Verdon bis Castellane **X** (43.8785, 6.5372)

99,9 ▬ Staudamm von Chaudanne. (43.8484,6.5440)

97,4 alte Str-II bei Castellane, danach Slalomstrecke, am Ende künstlich angelegter, steiler Schwall, WW III (43.8456,6.5166)

97,2 Str-II D4085, re **F 04120 Castellane** alle Möglichkeiten, Touristenzentrum. Einsetz-Möglichkeit am li Ufer (43.8456,6.5143)

97,2 –81,8 WW I-II; zwei schwere Stellen, re ⏏ möglich (43.8456,6.5143)

95,2 re großer ⛟ La Salaou **F 04120 Castellane**

90,7 Str-II **F 04120 Castellane** (Pont de Taloire) (43.8302,6.4550)

89,8 ⚠ Barre Saint-Jean große Felsblöcke im Stromzug, WW IV, vorher erkunden. Evtl. re ⏏

86,8 re ⛟ Les Gorges du Verdon **F 04120 Castellane** (43.8231,6.4317)

84,8 verblockte Passage WW III, etwa 300 m lang, re ⏏ möglich

84,4 Str-II D955, **F 04120 Castellane** (Pont du Soleil) gute ⬇ zur Befahrung des Canyon (43.8056,6.4412)

81,9 li ⇩ Jabron (s. Seite 77)

81,8 –78,1 Bei Weiterfahrt: WW II–III (43.7918,6.4321)

78,1 re ⇩ Baou, re mögliche ⬆, Boote können mühsam zum Parkplatz „Point Sublime" hochgetragen (ca. 100 Höhenmeter) werden. Wer hier die Fahrt beenden will, sollte die Aussetzmöglichkeit vor Fahrtbeginn besichtigen (43.7894,6.3964);
Beginn des Grand Canyon nach ca. 200 m: „Schlüsselloch", Engstelle, li anfahren, WW IV, es folgen: „Kleiner Lulli" und „Tor ohne Wiederkehr". Möglichkeit, die Boote liegenzulassen, um am nächsten Tag weiterzufahren. Es folgt der Couloir Samson, ca. 1,5 km lang, mit einigen sehr engen unübersichtlichen Passagen, die vorher erkundet werden müssen, je nach Wasserstand WW III mit Stellen WW IV, bei mittlerem Wasserstand (18–24 m³/s) durchgehend ≈, jedoch Achtung auf Schwemmholz, darunter der „Schlitz", ca. 60 cm breit. Danach leichteres Wildwasser, WW I–II, in herrlicher Landschaft

72,0 li ⇩ Artuby. (43.7397,6.3788)

68,0 Hänge-II Passerelle mit mächtigem Verhau. Die letzten Meter des

Verhaus sind bei NW immer **X**, da das Wasser unter den Blöcken hindurch fließt. Bei höherem Wasserstand evtl. ≈, WW IV–V oder links ⩟, ca. 200 m. Möglichkeit, hier die Boote bis zur Weiterfahrt am nächsten Tag liegenzulassen. 1 Stunde Fußweg bis zum ✕ Chalet de la Maline – Verdon, (Route des Crêtes **F 04120 La Palud Sur Verdon**) an der D23 (rechtsufrig) oder ca. 20 Min. Fußweg bis zum ✕ Hôtel Du Grand Canyon du Verdon, Falaise des Cavaliers, D71, **F 83630 Aiguines**, ☎ +33 4 94 76 91 31 (linksufrig). Von der Passerelle bis zum Siphon führt linksufrig ein Wanderpfad, teils in den Fels gehauen (Vorsicht, Kinder sollten rechtzeitig angeseilt werden). Diese Wanderung - am besten Abstieg von des Cavaliers - ist sehr zu empfehlen, dem Wildwasserfahrer zur Erkundung, dem Nichtfahrer als ein ganz besonderes Schluchterlebnis! (43.7430,6.3415);

⚠ Ab der Passerelle beginnt der großartigste und schwierigste Teil des Canyon. Es folgt der „Irrgarten" mit evtl. 1–2 ⩟-Stellen, der im „Styx" endet: Der Verdon verschwindet in einem Schlund, danach ruhiges Wasser. Der „Styx" geht in die „Große Höhle" über, Einfahrt schwierig, Ausfahrt **X**, ⩟, danach „Schräge Wand", re fahren. ;

Nach 200 m Einfahrt zum „Siphon" ⚠ sehr schwierig, li Prallhang. !! unbedingt li auf Kiesbank landen und Einfahrt besichtigen, da evtl. durch Treibholz **X**. Nach ca. 50 m tritt der Verdon wieder zu Tage. Im „Siphon" keine Strömung und 2 Felsbarrieren, die überhoben werden müssen, an der 2. müssen die Boote ca. 5 m abgeseilt werden, die Fahrer müssen nachspringen;

Es folgen die „Totenkopfstraße", li fahren und der „Hick-Hack", tückischer Verhau, WW IV–V, Rettungsposten aufstellen, evtl. li ⩟, sehr mühsam

68,0 –65,0 Es folgt eine ca. 3 km lange Strecke mit verblockten Stellen, je nach Wasserstand einige ⩟-Stellen. „Faules Loch", unterspülter Felsen, Landemöglichkeit für nur ein Boot, re ⩟, danach Boot abseilen und bis zur „Sprungschanze" nachschwimmen oder mühsam ⩟ und von dort starten und nach 10 m li landen.

60,5 Ende des schwierigen Teils und Beginn des Stausees von Sainte-Croix

56,3 Str-II D957, Pont de Galetas, ⬆. Danach am Stausee mehrere ⛺ (43.8018,6.2495)

54,4 li **F 83630 Aiguines-Hameau de Pont** Der Stausee wird breiter, Vorsicht bei Wind und Wellengang

50,3 li **F 83630 Les Salles-sur-Verdon** mehrere ⛺ (43.7752,6.2072)

44,5 Str-Ⅱ D111. (43.7374,6.1395)
44,0 ▬, Staudamm von Sainte-Croix. ⏏-Möglichkeit nicht bekannt. Es folgt die kleine Schlucht von Baudinard (43.7368,6.1342)
40,7 Str-Ⅱ D211, bis zum Staudamm folgen schluchtähnliche Abschnitte im Wechsel mit 2 kleinen Seen (43.7451,6.1011)
35,9 Str-Ⅱ D 411. (43.7174,6.0870)
32,1 ▬ Wehr Quinson, **X**, ↯, li ⏏ durch einen Felsentunnel, sehr mühsam. Danach Beginn des Staus vom ↯ Gréoux (43.6988,6.0529)
30,5 Str-Ⅱ D11, re **F 04500 Quinson** alle Möglichkeiten. Links gute ⬇⬆, 🅿. Beginn der unteren Verdonschlucht (Basses Gorges du Verdon), landschaftlich reizvoll. Stau, deshalb auch Befahrung von Esparron bzw. zurück möglich (43.6942,6.0349)
21,6 re **F 04800 Esparron-de-Verdon ⬇⬆** für untere Verdonschlucht, 🅿, ✕, ⛺
17,2 ▬ Staudamm ↯ Gréaux, ⏏-Möglichkeit unbekannt. (43.7506, 5.9273)
16,1 re ⇩ Colostre. (43.7577,5.9227)
13,3 Str-Ⅱ D8, re **F 04800 Gréoux-les-Bains** ✕ (43.7538,5.8900)
12,7 ▬ Wehr, **X**, li ⛺ Camping "Le Verseau", 113 Chemin Gaspard de Besse, F 04800 Gréoux-les-Bains, camping-le-verseau.com (43.7525,5.8827)
12,1 ▬, re ⛺ Camping Regain, Route de Saint-Pierre, F 04800 Gréoux-les-Bains (43.7495,5.8773)
6,9 ▬. (43.7299,5.8247)
6,2 ▬. (43.7285,5.8166)
5,9 Str-Ⅱ D952, **F 83560 Vinon-sur-Verdon** Beginn des Staus der Barrage de Cadarache (43.7280,5.8130)
0,0 ⇩ in Durance (s. Seite 66) bei km 104,9 (43.7185,5.7469)

Jabron (Verdon)

Wildbach (Gebirgsfluss) Gewässerkennzahl FR: X2500500
Mündung in Verdon bei km 81,9 (li Nebenfluss)

Nicht verwechseln mit dem Fluss gleichen Namens, der in die Durance mündet. Der Jabron fließt durch eine völlig unzugängliche Schlucht, die nur wenige Kilometer von der bekannten Verdon-Schlucht entfernt ist. In der oberen Schlucht extrem schweres Wildwasser, eine Befahrung sollte nur von Kanuten durchgeführt werden, die sich auf WW V sicher fühlen. Eine optimale, expeditionsmäßige Ausrüstung ist unerlässlich.

Befahrbarkeit: nur bei NW. Der Wasserstand ist günstig, wenn man an der ⬇ nur noch mit Gerumpel im breiten Kiesbett fahren kann. Bei HW wird die obere Klamm völlig unbefahrbar. Es besteht dann höchste Lebensgefahr! Eine Vorbesichtigung der Klamm ist zwar äußerst schwierig, jedoch unbedingt erforderlich.

Kilometrierung: nach Kartenmaterial.

31,0 Ursprung in ca. 1110 m Höhe (43.8103,6.6592)–(43.8103,6.6592)

4,9 Str-Ⅱ D90 , li **F 83840 Trigance ⬇**. Zunächst Fahrt in offenem Kiesbett, evtl. treideln (43.7632,6.4488)

4,1 ▬ Geschiebebremse Beginn der Grande Gorge du Jabron (Obere Klamm). Auf etwa 1,5 km sehr schweres Wildwasser, je nach Wasserstand im oberen Bereich WWIV und V, mehrere Abfälle bis 3 m Höhe, ≈, sowie einige Stellen **X**, ⏏ schwer

3,4 Steinverhau, **X**, Ende der oberen Klamm, mögliche ⬆- oder ⬇-Stelle, falls nur der untere, leichtere Teil befahren wird. Ab hier ist eine Befahrung auch bei etwas höherem Wasserstand möglich. Es folgt eine offene Fahrtstrecke bis zur unteren Schlucht

2,8 Beginn der unteren Jabron-Schlucht. Ⅱ Pont du Sautet. Auf 500 m je nach Wasserstand WW III und IV mit bis zu drei Umtragstellen (43.7729,6.4420)

2,6 Ende der 2.Schlucht. Bis zur ⇩ erneut offenes Wasser

0,0 ⇩ in Verdon (s. Seite 72) bei km 81,9 in ca. 634 m Höhe (43.7913, 6.4335)

Issole

Wildfluss (Gebirgsfluss) Gewässerkennzahl FR: X21-0400

Mündung in Verdon bei km 114,8 (re Nebenfluss)

Die Issole ist ein sehr interessanter, erheblich verblockter Wildfluss. Schwierigkeit zunächst WW II, später zunehmend WW III. Achtung auf umgestürzte Bäume und niedrige Brücken! Einlass-▬ in den Stausee des Verdon je nach Wasserdurchlauf und Füllungszustand des Sees gefährlich, unbedingt ansehen.

Fahrbare Strecke: von La Bâtie bis ⇩, 14 km.

Befahrbarkeit: März bis April, evtl. bis Mitte Mai.

Quellen: Unveränderte Übernahme

Asse

Wildfluss (Gebirgsfluss) Gewässerkennzahl FR: X14-0400

Mündung in Durance bei km 127,4 (li Nebenfluss)

Die Asse und ihre Quellflüsse sind Flüsse der französischen Seealpen. Bei Barrême nimmt sie zwei weitere Quellflüsse auf, ab hier wird sie befahrbar. Sie fließt durch enge Täler, auf einer Strecke von 1 km durch eine ganz enge Schlucht. Erkundung des Flusses von der Straße aus auf der ganzen Strecke möglich.

Befahrbarkeit: März bis April sehr gut, Mai meist noch möglich, ab Juni Wasser zumeist nicht ausreichend.

Pegel: Clue de Chabrières, MW 80 cm, Minimum 60 cm.

Schwierigkeiten: km 54,9–40,8 WWII–III

km 40,8–0,0 WW I

Kilometrierung: nach Kartenmaterial.

75,0 Ursprung in ca. 1650 m Höhe (44.1067,6.3847)

54,9 **F 04330 Barrême** Zusammenfluss der Asse de Clumanc und der Asse de Blieux übliche ⬇. Die Asse fließt auf der folgenden Strecke durch ein enges Tal, WW II (43.9510,6.3635)

50,1 Ⅱ Verrosteter Eisen-Steg nach 30 m ▬, 1 m hoch, evtl. li ≈. ⚠, Stahlseile und scharfkantige Steine, li ⌂ leicht (43.9662,6.3182)

48,4 re **F 04330 Chaudon-Norante**, ab hier WW II mit Stellen knapp WW III

41,9 Str-Ⅱ, re **F 04000 Entrages-Chabrières** Es folgt auf einer Strecke von 1 km eine sehr enge Schlucht (44.0097,6.2600)

40,8 Clue de Chabrières, ≣ Ende der Schlucht. Das Tal weitet sich und nimmt einen typisch provençalischen Charakter an. Die Asse läuft in einem breiten Kiesbett teilweise in mehrere Arme auseinander. Im Sommer reicht das Wasser meist nicht aus. Bis zur ⇩ WW I

34,4 Str-Ⅱ D907, re **F 04270 Mezel** (43.9905,6.1972)

31,9 li ⛺ La Célestine, **F 04270 Beynes**, www.camping-lacelestine.fr, ☎ +33 4 92 35 52 54 (43.9709,6.1907)

23,6 Str-Ⅱ D907, re **F 04270 Bras-d'Asse** (43.9230,6.1298)

13,9 Str-Ⅱ D108, li **F 04210 Brunet** (43.8990,6.0275)

3,1 Str-Ⅱ D4. (43.8792,5.9096)

0,0 ⇩ in Durance (s. Seite 66) bei km 127,4 in ca. 320 m Höhe (43.8676,

5.8777)

Bléone

Wildfluss Gewässerkennzahl FR: X12-0400
Mündung in Durance bei km 154,7 (li Nebenfluss)

Die Bléone verläuft durch ein ansprechendes Tal mit kleinen Schluchten. Die Landschaft trägt schon Mittelmeer-Charakter, Vegetation und Ackerbau spärlich. Sie verläuft als ein nur mäßig schwerer Wildfluss meist in guter Strömung durch ein breites Kiesbett in einem unverbauten Tal, mit Baum- und Strauchhindernissen muss gerechnet werden.

Befahrbarkeit: Zeit der Schneeschmelze (Mai bis Juni) und nach Regenfällen. Im Sommer trocken.

Umwelt: Wasser: sehr sauber

Schwierigkeiten: km 55,8–0,0 WW II–I.

Kilometrierung: nach Kartenmaterial.

68,0 Ursprung in ca. 2253 m Höhe (44.2772,6.5214)
55,8 Str-Ⅱ, **F 04420 Prads-Haute-Bléone** gute ⬇. (44.2179,6.4437)
55,8 –43,0 Die Straße D107 begleitet den Fluss sodass das Ein- und Aussetzen an vielen Stellen möglich ist
50,6 Str-Ⅱ. (44.1846,6.4223)
48,0 Str-Ⅱ D807, ▬ Wehr mit geringer Wasserableitung, **X**, starker Stromzug in das ▬, ⚠, li ≏ (44.1665,6.4049)
43,0 Str-Ⅱ D900, re **F 04420 La Javie**. (44.1714,6.3497)
37,6 Str-Ⅱ. (44.1674,6.2956)
32,6 Str-Ⅱ D322, li **F 04420 Marcoux**, gute ⬇⬆ (44.1330,6.2726)
29,4 re ⇩ Bès (s. Seite 81). (44.1299,6.2372)
27,0 Str-Ⅱ D900A, li Beginn von **F 04000 Digne-les-Bains** re **F 04000 Digne-les-Bains-Champourcin** (44.1105,6.2329)
24,5 Str-Ⅱ **F 04000 Digne-les-Bains** (Grand Pont), darunter Blockwurf-▬, bei NW ≏, bei HW ansehen (44.0911,6.2299)
24,3 Str-Ⅱ **F 04000 Digne-les-Bains** (Pont Beau de Rochas) (44.0894, 6.2291)
24,2 Blockwurf-▬, bei NW ≏, bei HW ansehen. (44.0888,6.2282)
23,0 Str-Ⅱ N85. (44.0816,6.2175)
21,9 EB-Ⅱ, danach Blockwurf-▬. (44.0780,6.2059)
19,2 Blockwurf-▬. (44.0675,6.1789)

14,5 Kieswerk mit Rohr-Ⅱ, **X**, li ⩡ (44.0401,6.1431)
14,4 Str-Ⅱ D17, gute ⬆ re **F 04510 Mallemoisson** (44.0399,6.1425)
4,3 Str-Ⅱ D4. (44.0427,6.0407)
3,9 ▬ mit Wasserableitung li, **X** (44.0435,6.0356)
3,5 Str-Ⅱ mit Blockwurf-▬ **F 04190 Malijai** (44.0438,6.0306)
2,6 Wege-Ⅱ, Befahrbarkeit ? (44.0483,6.0225)
2,2 Unterquerung eines Kanals (44.0508,6.0181)
0,0 ⇩ in Durance (s. Seite 66) bei km 154,7 in ca. 410 m Höhe (44.0529, 5.9966)

Bès (Bléone)

Wildbach (Gebirgsbach) Gewässerkennzahl FR: X1220500
Mündung in Bléone bei km 29,4 (re Nebenfluss)

Der Bès ist in seinem lohnenden Mittelteil ein außerordentlich verwinkelter, gefällstarker Wildbach in bizarrer Felslandschaft enger Schluchten der Seealpen.

Vorsicht bei höherem Wasserstand, mehrere Extremstellen werden dann **X**, sie sind gefährlich, weil davor kaum Kehrwasser bestehen und damit das Anlanden zum Problem wird.

Befahrbarkeit: Mai bis Juni, abschätzen in der Clue de Barles.

Umwelt: Wasser: sehr sauber

38,7 Ursprung in den Montagnes de la Blanches (Seealpen) in etwa 2200 m Höhe (44.3099,6.4552)–(44.3099,6.4552)
27,8 Ⅱ D900 bei der Straßengabelung Dignes-Barles, mögliche ⬇ bei ausreichendem Wasserstand, zunächst WW II. (44.2631,6.3595)
27,2 Wege-Ⅱ (44.2618,6.3521)
26,6 Wege-Ⅱ re **F 04140 Verdaches** (44.2626,6.3451)
25,2 Wege-Ⅱ (44.2645,6.3296)
24,2 Wege-Ⅱ (44.2682,6.3203)
23,0 Wege-Ⅱ re ⛟ Le Pont du Martinet (44.2733,6.3057)
22,6 Ⅱ D900A, Straße wechselt von re nach li, Wasserfall, 5 m hoch, schwere Anfahrt. Der Fall ist evtl. ganz li ≈, WWVI. re ragt eine Felsplatte weit ins Unterwasser
21,8 Ⅱ D900A
19,2 Wege-Ⅱ **F 04140 Barles** (44.2638,6.2692)
17,5 Wege-Ⅱ (44.2521,6.2613)

15,0 Ⅱ D900A Beginn der 2. Schluchtstrecke „Clue de Barles“, die ersten Stellen am Schluchteingang unbedingt besichtigen. Nach ca. 1 km Wasserfall (5 m), **X**, re ⏏ (44.2326,6.2556)
14,7 Ⅱ D900A (44.2317,6.2575)
14,5 Ⅱ D900A (44.2308,6.2586)
13,9 Ⅱ D900A (44.2283,6.2654)
13,5 Ⅱ D900A (44.2256,6.2685)
12,5 Ⅱ D900A (44.2189,6.2739)
12,4 Ⅱ D900A (44.2176,6.2755)
9,4 Ⅱ D900A **F 04420 La Javie-Esclangon** bei NW hier ⬆ (44.1947, 6.2763)
9,4 –0,0 Auf der Reststrecke bis zur ⇩ durchfließt der Bès ein weites Geröllfeld, weniger lohnend, WW II, Weiterfahrt nur bei ausreichendem Wasserstand möglich
4,4 Fußg-Ⅱ (44.1641,6.2422)
0,1 Ⅱ D322 (44.1309,6.2382)
0,0 ⇩ in Bléone (s. Seite 80) bei km 29,4 (44.1299,6.2372)

Grande Buëch

Wildfluss (Gebirgsfluss) Gewässerkennzahl FR: X10-0400
Mündung in Durance bei km 175,4 (re Nebenfluss)

Der Grand Buech ist ein Fluss der französischen Seealpen. Die Landschaft trägt schon ausgesprochenen Mittelmeer-Charakter. Das Tal ist nur auf Teilstrecken eng, vielfach weitet sich das Tal, der Fluss läuft dann in mehreren Armen auseinander, sodass im Sommer das Wasser knapp wird. Der Grand Buech wird auf seinem ganzen Verlauf von Straße und Eisenbahn begleitet.

Schwierigkeiten: WW I-II, mit Stellen WW II+

Infrastruktur: Zeltmöglichkeit: ungünstig

85,2 Ursprung: Crête des Aiguilles in 2400 m Höhe (44.7028,5.8031)–(44.7028,5.8031)
72,4 ⬇ bei Ⅱ D1075 (44.6387,5.6957)
72,3 EB-Ⅱ (44.6383,5.6948)
70,7 Ⅱ D510 (44.6264,5.6976)
69,3 Ⅱ D511 **F 05140 Saint-Julien-en-Beauchêne** mögliche ⬇ (44.6176, 5.7057)
69,1 EB-Ⅱ (44.6163,5.7077)
68,6 Ⅱ (44.6123,5.7078)

68,5 Ⅱ D1075 (44.6117,5.7078)
67,0 Ⅱ (44.5991,5.7094)
65,2 Ⅱ D1075 (44.5883,5.7207)
65,1 EB-Ⅱ (44.5880,5.7207)
62,3 Ⅱ D28 **F 05140 La Faurie** (44.5677,5.7371)
61,5 Ⅱ D428 (44.5639,5.7443)
61,2 li 🚐 (44.5652,5.7479)
57,8 EB-Ⅱ (44.5517,5.7744)
57,7 Ⅱ D1075 (44.5514,5.7760)
54,8 Ⅱ (44.5289,5.7700)
52,8 EB-Ⅱ (44.5156,5.7562);
Str-Ⅱ D994A, re **F 05140 Aspres-sur-Buëch** das Tal weitet sich, viele Büsche (44.5155,5.7561)
48,6 Ⅱ D1075 **F 05140 Aspremont** (44.4914,5.7283)
42,7 li ⇩ Petit Buëch (s. Seite 84) (44.4490,5.7219)
41,4 zerfallenes ■, evtl. m ≋, ansehen, bei HW starke Deckwalze (44.4412,5.7128)
40,2 1. Str-Ⅱ D1075 **F 05700 Serres** (44.4322,5.7133);
verfallene Flussablenkung, li ≋;
anschließend in Rechtskurve verfallenes ■, ≋. ⚠ Vorsicht bei höherem Wasserstand, da Eisenstangen nicht sichtbar sein können
39,5 2. StraßenⅡ D1075 **F 05700 Serres** (44.4289,5.7176);
■ 1,5m hohe Stufe, ≋. (44.4288,5.7172);
Nach Serres wird das Tal wieder breiter, der Fluss läuft stellenweise in mehrere Arme auseinander, wassertechnisch und landschaftlich ab Serres weniger interessant
36,7 Beginn eines Stausees
35,4 ■ Staumauer mit li Wasserableitung; Weiterfahrt im Sommer wahrscheinlich nicht möglich (44.3972,5.7309)
27,8 Ⅱ D949 (44.3446,5.7699)
20,8 Ⅱ D942, li **F 05300 Laragne-Montéglin** (44.3081,5.8207)
13,9 li ⇩ Méouge (s. Seite 85) (44.2627,5.8263)
8,8 Str-Ⅱ D552/D24 (44.2342,5.8624)
0,3 EB-Ⅱ (44.2010,5.9382)
0,2 Str-Ⅱ D4085 (44.2013,5.9397)
0,0 ⇩ in Durance (s. Seite 66) bei km 175,4 bei **F 04200 Sisteron** (44.2016,5.9429)

Petit Buëch

Wildfluss (Gebirgsfluss) Gewässerkennzahl FR: X1020500
Mündung in Grande Buëch bei km 42,7 (li Nebenfluss)

Der Petit Buech ist ein Fluss der französischen Seealpen. Die Landschaft trägt schon ausgesprochenen Mittelmeer-Charakter. Das Tal ist nur auf Teilstrecken eng, vielfach weitet sich das Tal, der Fluss läuft dann in mehreren Armen auseinander, sodass im Sommer das Wasser knapp wird.

Schwierigkeiten: WW I-II, mit Stellen WW II+

Infrastruktur: Zeltmöglichkeit: ungünstig

44,5 Ursprung (44.6482,6.0457)–(44.6482,6.0457)
18,2 re ⇩ Béoux (s. Seite 84) (44.5457,5.8626)
16,8 Ⅱ D20, ■, X, ⌂. Der Fluss läuft anschließend vielfach in mehrere Arme auseinander, Buschhindernisse (44.5397,5.8499)
14,4 Ⅱ li **F 05400 Veynes** (44.5282,5.8252)
13,0 Ⅱ D48 (44.5216,5.8100)
10,7 Ⅱ (44.5120,5.7860)
6,2 Ⅱ D49 **F 05400 Chabestan** (Pont de Chabestan). Ab hier wird der Petit Buech interessanter, WW II+, vielfach wird nur dieser 2.Teil des Flusses befahren (44.4824,5.7641)
4,4 Ⅱ (44.4679,5.7602)
3,6 Ⅱ D148 (44.4633,5.7534)
0,2 Ⅱ D1075 und EB-Ⅱ (44.4481,5.7236)
0,0 ⇩ in Grande Buëch (s. Seite 82) bei km 42,7 (44.4489,5.7219)

Béoux

Wildfluss Gewässerkennzahl FR: X1020620
Mündung in Petit Buëch bei km 18,2 (re Nebenfluss)

Der Béoux ist ein interessanter Wildbach der Seealpen. Er verläuft durch ein offenes, nur wenig besiedeltes Tal. Die Ufer sind immer begehbar, sodass umtragen jederzeit gut möglich ist.

Befahrbarkeit: Zeit der Schneeschmelze und nach Regenfällen.

Umwelt: Wasser: sauber

Infrastruktur: Pkw: Straße stets in Flussnähe.

17,3 Ursprung am Col de Festre in etwa 1500 m Höhe

11,5 Ⅱ D937B **F 05250 Dévoluy-La Cluse** ⬇ (44.6379,5.8486)
10,9 Ⅱ D937 (44.6334,5.8505)
9,1 Ⅱ (44.6183,5.8562)
8,3 Défilée de Potrachon hier bis WWIV, bei HW auch darüber
7,8 Ⅱ D937 Abnahme der Schwierigkeiten, bis zur ⬇ WW II bis maximal WW III. Verlauf meist in offenem Kiesbett (44.6082,5.8573)
7,7 Ⅱ (44.6077,5.8571)
3,7 Ⅱ D937E (44.5759,5.8554)
0,5 Ⅱ D994 und EB-Ⅱ (44.5492,5.8582)
0,0 ⇩ in Petit Buëch (s. Seite 84) bei km 18,2 (44.5458,5.8624)

Méouge

Wildfluss (Gebirgsfluss) Gewässerkennzahl FR: X1050500
Mündung in Grande Buëch bei km 13,9 (re Nebenfluss)

Die Méouge ist ein Voralpenfluss. In dem fahrbaren Teil fließt sie zunächst durch ein breites Tal mit lebhafter Strömung, ab Pont de St.Pierre Avez durch sehr schöne Schluchten; sie ist in diesem Bereich ein anspruchsvoller Wildfluss.

Schwierigkeiten: km 24,5—9,9 WW I-II
km 9,9—2,0 WW III-IV (**X**)

39,6 Ursprung: Mgne de Bergies Die Méouge fließt auf der folgenden Strecke durch kleinere Schluchten (44.1660,5.5297)–(44.1660, 5.5297)
24,5 Ⅱ D201 von **F 26560 Lachau** übliche ⬇, breites Tal, lebhafte Strömung (44.2336,5.6326)
16,6 Ⅱ D24 **F 05300 Salérans** (44.2479,5.7035)
16,6 –12,3 ⛔ Befahrungsverbot
12,3 Ⅱ D506L **F 05300 Barret-sur-Méouge** (44.2586,5.7359)
9,9 Ⅱ D124A von **F 05300 Saint-Pierre-Avez** Beginn der „Gorges de la Méouge". Zunahme der Schwierigkeiten, WW II-III, unübersichtliche Verblockung. Ein Felssturz WW III+, ⚠ scharfkantige Felsen, evtl. li ⏏, leicht (44.2662,5.7578);
Bei einem ▬ mit sofort danach folgendem Wasserfall **X**, von der Straße aus gut sichtbar, ↰, zur Straße hochtragen und, wenn möglich, direkt am Fuß des Wasserfalles wieder ⬇. Der folgende Felsverhau muss besichtigt werden, bei NW ist er **X**;
Danach starke Verblockung, mehrere Stufen bis 1m Höhe, Schwie-

rigkeiten ähnlich Loisach-Schlucht, landschaftlich sehr schön. In diesem Bereich befindet sich ein Pegel. Minimum 50cm, Maximum 80cm

4,7 Ⅱ (44.2792,5.7879)

3,8 ■ 2 Stufen, besichtigen

3,6 Ⅱ alte römische Bogenbrücke (44.2776,5.7930)

2,0 Ⅱ D124, re **F 05300 Antonaves** Ende der Gorges de la Méouge. An dieser Ⅱ wird zweckmäßigerweise die Fahrt abgebrochen (44.2703, 5.8095)

0,3 Ⅱ D948 (44.2633,5.8220)

0,0 ⇩ in Grand Buëch (44.2626,5.8264)

Avance

Wildfluss Gewässerkennzahl FR: X0510600

Mündung in Durance bei km 224,3 (re Nebenfluss)

Die Avance ist ein zumeist leichter und nur im Unterlauf, in kurzer Schlucht, ein mäßig schwerer Wildfluss.

Schwierigkeiten: km 12,9-3,6 WW I-II

km 3,6-⇩ WW II-III (WW IV-V)

20,6 Ursprung in etwa 2500 m Höhe (44.5522,6.2672)

12,9 Ⅱ D942 **F 05230 Avançon-la Plaine** übliche ⬇, zahlreiche Kurven in engem Flussbett, 2 kleine Rutschen, ≈, und ein Steil-■, **X** (44.5367,6.1895)

10,6 Ⅱ (44.5249,6.1751)

9,3 Ⅱ D111 (44.5193,6.1688)

7,0 Ⅱ D242 (44.5055,6.1582)

6,6 Ⅱ **F 05130 Saint-Étienne-le-Laus** (44.5026,6.1550)

6,0 Ⅱ (44.4986,6.1510)

5,3 Ⅱ D942 (44.4951,6.1449)

3,6 Ⅱ D942A bei **F 05130 Valserres** Beginn einer Schlucht, Zunahme der Schwierigkeiten. Kurz nach Valserres sehr enge Passage bei verfallener Mühle, vor evtl. Befahrung unbedingt besichtigen. Es folgen noch weitere technisch interessante Abschnitte (44.4907,6.1277)

0,9 Ⅱ D900B (44.4777,6.1071)

0,0 ⇩ in Durance (s. Seite 66) bei km 224,3 Weiterfahrt auf der Durance noch etwa 3 km. Kurz bevor die D900 nach Norden Richtung Gap abzweigt, führt li ein Fahrweg zu einem günstigen ⬆ an der Durance (44.4758,6.0973)

Blanche

Wildfluss Gewässerkennzahl FR: X0500640

Mündung in Durance bei km 237,8 (li Nebenfluss)

Die Blanche kann nur auf einer Teilstrecke befahren werden. Sie verläuft zunächst mit nur geringen Schwierigkeiten durch ein sehr schönes Hochtal, um sich später in Schluchten mit Steigerung bis zu extremen Schwierigkeiten einzugraben.

Fahrtstrecke: ⬇ bei Ⅱ Seyne, zunächst nur mäßige Schwierigkeiten, Kleinflusscharakter mit stark bewachsenen Ufern, 4 km, WW II. Ab der Ⅱ bei Selonet Beginn von 2 Schluchten, hier zunächst mittlere Schwierigkeiten; in der 2.Schlucht weitere Zunahme der Schwierigkeiten, mehrere hohe Stufen in klammartiger Schlucht, kaum Kehrwasser zum Anhalten oder besichtigen, WW IV-V+. ⬆ nach insgesamt 8 km bei der Ⅱ D1. Die folgende Schlucht ist total **X**

Réallon

Wildfluss Gewässerkennzahl FR: X0500540

Mündung in Durance bei km 252,4 (li Nebenfluss)

Der Réallon ist ein Wildfluss der Alpen mit Schwierigkeiten, die von mäßig schwer bis extrem schwer reichen.

Schwierigkeiten: km 13-9,3 WW II-III (IV)
km 9,3-7,4 WW IV (V)
km 7,4-5,1 WW V-VI-**X**
km 5,1-⇩: WW IV+/III

19,8 Ursprung in etwa 3000 m Höhe an der Pointe de Serre (44.6359, 6.3865)–(44.6359,6.3865)

13,0 Ⅱ D241 **F 05160 Réallon- Gournier** oberste mögliche ⬇. (44.6149, 6.3344);
Zunächst verhältnismäßig leicht mit mäßiger Verblockung

12,0 Ⅱ re ⛺ Les Iscles (44.6060,6.3369)

11,1 Ⅱ (44.5998,6.3431)

9,3 Ⅱ **F 05160 Réallon** man erreicht den Fluss ab Ortsmitte. Beginn der bis zur ⇩ durchgehenden Schlucht, Zunahme von Gefälle und Schwierigkeiten, Baumversperrungen möglich (44.5935,6.3604)

7,4 Ⅱ D9 Beginn der Extremstrecke mit der üblichen Angabe, WW VI ist sie unterbewertet. Enormes Gefälle, dicht aufeinander folgende Höchstschwierigkeiten, zahlreiche Stellen **X**. Man braucht für diesen Abschnitt viel Zeit, für Erkundungen und ⩠. Dies ist auf der re Seite stets möglich, wenn auch meist mühsam. Die Straße verläuft weit abseits, ein Fahrtabbruch daher kaum möglich (44.5861,6.3744)

5,1 li ⇩ von 2 Bächen, damit Zunahme der Wasserwucht, jedoch Abnahme von Gefälle und Schwierigkeiten

0,4 Ⅱ D641 (44.5371,6.3946)

0,2 EB-Ⅱ (44.5361,6.3953)

0,0 ⇩ in Stausee Serre-Ponçon der Durance (s. Seite 66) bei km 252,4 (44.5347,6.3970)

Ubaye

Wildfluss (Gebirgsfluss) Gewässerkennzahl FR: X04-0400
Mündung in Durance bei km 242,0 (li Nebenfluss)

Die Ubaye ist ein in ihrem ganzen Verlauf landschaftlich hervorragend schöner, in ihrem Unterlauf durch eine imposante Schlucht führender Wildfluss. Die Schwierigkeiten wechseln stark.

Auf der Ubaye werden kommerzielle Schlauchbootfahrten und Wildwasserschwimmen durchgeführt.

Befahrungsregeln:	bis km 53,9 Befahrungsverbot
	GKZ: X04-0400
Schwierigkeiten:	km 53,9-48,6 WW III-IV
	km 48,6-43,8 WW III (IV)
	km 43,8-36,1 WW II (III)
	km 36,1-27,4 WW III (IV)
	km 27,4-22,1 WW III und IV
	km 22,1-19,5 WW IV-V (VI)
	km 19,5-13 WW II-IV (V)
	km 13-8 WW V-VI, Gefälle 25‰

82,7 Ursprung am Col de Longet in etwa 2700 m Höhe (44.6254,6.9614)–(44.6254,6.9614)

82,7 –53,9 ⛔ Befahrungsverbot

53,9 Ende der Sperrstrecke, re großer 🅿 empfohlene ⬇. Offener Flusscharakter, schnelle Strömung WW II-III (44.4948,6.7417)

51,9 Ⅱ D902 (44.4805,6.7537)

50,6 re ⇩ Ubayette (s. Seite 92) (44.4707,6.7605)

49,8 Ⅱ D900 (44.4650,6.7556)

48,6 Ⅱ **F 04530 La Condamine-Châtelard** ab hier Befahrung meist auch im Hochsommer möglich. Die folgende 22 km lange Strecke bietet nur mäßige Schwierigkeiten (44.4557,6.7469)

45,0 Ⅱ (44.4331,6.7430)

44,3 Ⅱ (44.4248,6.7388)

43,8 Ⅱ C4 **F 04850 Jausiers** re hinter der Ⅱ einfacher ⛺ der Gemeinde (44.4201,6.7386)

43,5 Ⅱ (44.4179,6.7369)

42,7 Ⅱ (44.4133,6.7297)

41,2 Ⅱ (44.4046,6.7203)

37,9 Ⅱ **F 04400 Faucon-de-Barcelonnette** (44.3914,6.6881)

36,1 Ⅱ D209 (44.3892,6.6680)

35,1 Ⅱ (44.3838,6.6580)

34,6 Ⅱ (44.3842,6.6514)

34,3 Ⅱ D902 **F 04400 Barcelonnette** 🚐. Fluss im Bereich der Stadt weitgehend reguliert (44.3847,6.6485)

31,8 li ⇩ Bachelard (s. Seite 90) (44.3847,6.6189)

27,4 Ⅱ D109 **F 04400 Les Thulies** Beginn der schweren WW-Strecke, zunächst lange Schwallstrecken mit kataraktartigen Abfällen, starke Verblockung, unübersichtliche Durchfahrten, Wasserwucht (44.3918, 6.5712);
re guter 🚐 , loisirsubaye.com (44.3961,6.5455)

22,1 Ⅱ D27, **F 04340 Méolans** Bei Anblick der Ⅱ sofort ↱, noch vor der Ⅱ starke Zunahme der Schwierigkeiten. Der Abschnitt sofort nach der Ⅱ hat sich erheblich verändert, WW V, unbedingt besichtigen! Es folgt weiterhin extremes Wasser mit Katarakten und Abstürzen, Besichtigung mehrerer Stellen unbedingt erforderlich. Die schwierigste Stelle befindet sich etwa 1 km nach der Ⅱ (44.4003,6.5121)

20,0 Ⅱ, re 🚐, Raftstation , camping-river.eu (44.3968,6.4869)

19,5 li ⇩ Blanche de Laverq (s. Seite 90), leichter Rückgang der Schwierigkeiten (44.3965,6.4821)

19,4 Ⅱ D900 **F 04340 Méolans-Revel-Le Martinet** (44.3972,6.4818)

13,0 2 ⅡⅡ **F 04340 Le-Lauzet-Ubaye** verfallener Pegel! Die Fahrt wird vielfach hier beendet (44.4313,6.4345);

Es beginnt die untere Schlucht, die lange Zeit als unfahrbar galt.

Bei einer Wasserführung von etwa 12-15 m³/sec wird sie jetzt jedoch vielfach befahren. Die Schwierigkeiten sind vergleichbar mit der Lofer-Schlucht der Saalach und der mittleren Ötz. Die Hauptschwierigkeiten (Moulinette, Labyrinth, mit jeweils WW V) liegen am Anfang der Strecke, ⏏ zwar meist möglich, jedoch sehr mühsam. Auf halber Strecke besteht bei höheren Wasserständen eine Zwangspassage. Bis Schluchtende WW IV. Bei höherem Wasserstand wird die gesamte Strecke unfahrbar und lebensgefährlich (s. Pegel). Fahrtzeit für die Schlucht mit Sicherungen 1-2 Stunden

12,0 2 II II (44.4365,6.4243)

8,5 ⇩ in den Stausee Serre- Ponçon der Durance (s. Seite 66) bei km 242,0 (44.4513,6.3939)

8,0 II D954 Barcelonette-Embrun , mögliche ⬆ (44.4531,6.3864)

0,0 ehemalige ⇩ in die Durance (s. Seite 66) bei km 242,0 (44.4803, 6.2939)

Blanche de Laverq

Weitere Namen: Grand Riou de la Blanche
Wildbach (Gebirgsbach) Gewässerkennzahl FR: X0450500
Mündung in Ubaye bei km 19,5 (li Nebenfluss)

Die Blanche de Laverq (in einigen Veröffentlichungen heißt sie auch „Grand Riou de la Blanche") ist ein sehr schwerer, nur auf kurzer Strecke befahrbarer Wildbach.

Fahrtstrecke: ⬇ beim Sägewerk. 4 km bis ⇩. Beendigung der Fahrt an geeigneter Stelle an der Ubaye (s. Seite 88).

Bachelard

Wildfluss Gewässerkennzahl FR: X0430640
Mündung in Ubaye bei km 31,8 (li Nebenfluss)

Der Bachelard ist ein in Deutschland bisher kaum bekannter sehr schwerer Wildfluss, der mit starkem Gefälle durch malerische Schluchten und Klammen der französischen Seealpen schießt (Gorges du Bachelard). Achtung auf Baumhindernisse. Die Tatsache, dass der Fluss nur selten befahren wird, bringt es mit sich, dass der Redaktion bisher nur wenige Befahrungsberichte vorliegen, die zudem nicht ganz übereinstimmen, also Vorsicht bei einer Befahrung. Man sollte daher auch für eine Befahrung des ganzen Flusses mindestens 2 Tage einplanen, die möglichen Etappen ergeben sich durch die nachstehend angegebenen Einsatzstellen.

Befahrungsregeln: Vom 1.6. bis 1.10. nur zwischen 10 und 18 Uhr erlaubt.
Umwelt: Wasser: sauber
Schwierigkeiten: km 23,8-21,5: WW V-VI-IV, Gefälle 45‰
km 8,1-⇩: WW IV, Gefälle 25‰
Infrastruktur: Pkw: Straße teilweise neben dem Fluss

27,0 Ursprung am Mont Pelat in etwa 2800 m Höhe (44.2601,6.7241)–(44.2601,6.7241)

23,8 II D902 oberste Mögliche ⬇ (etwa 400 m hinter dem Kilometerstein 39). Es folgt eine etwa 500 m lange Schlucht mit schnell aufeinander folgenden Abfällen und Stufen bis 4 m Höhe, sehr wuchtiges Wasser, kaum Kehrwasser. Die gesamte Schlucht muss vor einer Befahrung unbedingt vorher besichtigt und abgesichert werden, WW V-VI (44.2836,6.7433)

23,3 Ende der Schlucht, zunächst noch WWIV, später Abnahme auf WWIII

19,6 II D902 **F 04400 Uvernet-Fours-Bayasse** Haas schreibt dazu: „⬇ unterhalb von Wasserfällen", die Beschreiber des Oberlaufes vermerken allerdings keine Wasserfälle, also Vorsicht. Bei sehr starkem Gefälle viele enge Passagen und zahlreiche hohe Stufen, Unterwasser manchmal nicht frei, Besichtigung vielfach unerlässlich (44.3110, 6.7395)

12,6 **F 04400 Uvernet-Fours-Le Villard d´Abbas** Mögliche ⬇ hinter den letzten Häusern bei einer Kapelle, Boote 200 m weit über Wiese zum Fluss tragen (44.3221,6.6637);
Die Fahrt beginnt mit sehr starker Verblockung, extremem Gefälle, engen Durchfahrten, die in steile Katarakte übergehen

10,1 Holz-Steg (?), danach mehrere steile Abfälle, die unter einem Felsdach enden, WWV+

9,1 3 m hoher Wasserfall, von der Straße nicht einzusehen, da der Ausblick von der in den Fels gesprengten Straße durch einen Felsturm versperrt ist, WW V+

8,1 1. II D902, kurz davor weiterer schwerer Abfall, ⬇ falls auf eine Befahrung der vorausgehenden Strecke verzichtet wird. Die Schwierigkeiten lassen etwas nach (44.3223,6.6159)

7,6 2. II D902 (44.3264,6.6133)

6,7 3. II D902 Straße wechselt von li nach re, danach kurzer Katarakt (44.3335,6.6144)

3,1 4. II D902 **F 04400 Uvernet-Fours** vor der II gute ⬆, danach Katarakt WW IV+ (44.3606,6.6252)

1,4 ⌶ D908, re gute ⬆ **F 04400 Uvernet-Fours-Le Pied de la Maure** (44.3752,6.6263)

0,0 ⇩ in Ubaye (s. Seite 88) bei km 31,8 (44.3847,6.6189)

Ubayette

Wildfluss Gewässerkennzahl FR: X0410560

Mündung in Ubaye bei km 50,6 (li Nebenfluss)

Die Ubayette fließt in ihrem Oberlauf als nur mäßig schwerer Wildfluss durch ein sehr schönes Hochtal der Alpen; im Unterlauf, in enger Schlucht, wird sie zum sehr schweren Wildwasser.

Schwierigkeiten: km 10-6,7: WW III (IV)

km 6,7-2,0: WW V-VI

km 2,0-⇩: WW II-III

20,0 Ursprung aus einem Quellsee in etwa 1500 m Höhe (44.3678,6.8727) –(44.3678,6.8727)

10,0 Übliche ⬇ man erreicht sie, indem man von der D900 hinter dem ehemaligen französischen Zoll re zu einer den Fluss begleitenden kleinen Straße abbiegt. Die Befahrbarkeit beginnt bei einer Bach-⇩ li mit reichlich Wasserzuschuss. Technisch interessantes Wildwasser, erhebliche Verblockung, Kurvenschwälle, keine Wasserwucht, WW III-IV (44.4417,6.8578)

9,4 ⌶, re ⛺ Les Marmottes, http://www.camping-marmottes.fr (44.4452, 6.8523)

8,7 ⌶ re **F 04530 Larche** (44.4489,6.8462)

8,5 ⌶ (44.4501,6.8435)

6,7 ⌶, ▬ vor **F 04530 Meyronnes-Certamussat**, **X**, re ⏏. Danach, Durchfahrt evtl. problematisch, evtl. re ⏏, mühsam. Beginn einer großen Schlucht. Unzählige Stufen mit sehr starker Verblockung, die Höchstschwierigkeiten folgen zumeist kurz nacheinander, mit Baumhindernissen ist zu rechnen, WW V-VI (44.4589,6.8271)

3,8 ⌶ bei **F 04530 Meyronnes** (44.4728,6.8014)

1,6 Ende der Schlucht, nur noch mäßige Schwierigkeiten

0,3 ⌶ D900 (44.4717,6.7635)

0,0 ⇩ in Ubaye (s. Seite 88) bei km 50,6 , ⬆ re vor der kurz danach folgenden ⌶ **F 04530 Baraques-La Condamine-Châtelard**

(44.4710,6.7604)

Vachères

Wildfluss Gewässerkennzahl FR: X0320500
Mündung in Durance bei km 261,0 (li Nebenfluss)

Der Vachères ist ein kurzer, schwerer Wildfluss.

Fahrtstrecke: mögliche oberste ⬇ unterhalb der letzten sehr hohen Gefällebremse, zu sehen von der D 40 aus. Sehr starkes Gefälle und große Verblockung in einer kleinen Schlucht, WW V. Nach 1,5 km kleine Ⅱ, übliche ⬇,zu erreichen oberhalb von Baratier auf einem Fahrweg zu einem ⛟ und weiter zur Ⅱ. Kurz oberhalb Zuführung des höher oben abgeleiteten Wassers, ab hier leichter, Gefälle geringer, WW III+/WW IV. ⇩ in Durance nach weiteren 3 km, ⬆ re oder li bei der Ⅱ N94 am Beginn des Stausees.

Befahrbarkeit: Frühjahr bis Frühsommer

Crévoux

Wildbach Gewässerkennzahl FR: X0310540
Mündung in Durance bei km 262,9 (li Nebenfluss)

Der Crévoux ist ein sehr schwerer bis extrem schwerer Wildbach.

Mögliche ⬇: von der D39 unterhalb von Le Villard über steile Wiesenhänge in die Schlucht. 5.5 km bis ⇩ in Durance (s. Seite 66).

Nach Ende der Schlucht Ⅱ, darunter ▬, re ♒.

⬆ am besten bei der Ⅱ N94 am Beginn des Stausees.

Schwierigkeiten: Zunächst auf 1,5 km höchste Schwierigkeiten in tiefer Schlucht, kaum Kehrwasser, Baumhindernisse, WW V - VI. Danach Abnahme von Gefälle und Schwierigkeiten, WW IV – V.

Rabioux

Wildfluss Gewässerkennzahl FR: X0300540
Mündung in Durance bei km 271,1 (re Nebenfluss)

Der Rabioux ist ein kurzer, extrem schwerer Wildbach der Alpen.

Befahrbarkeit: bis Juni und nach Regenfällen.

Schwierigkeiten: 6,8-3,9: WW V-VI
3,9-3,0: WW VI-**X**
3,0-1,3: WW V-VI
1,3-⇩: WW VI+

15,5 Ursprung (44.6229,6.4076)–(44.6229,6.4076)
6,8 Oberste mögliche ⬇ bei einer Ⅱ zu erreichen über einen re-ufrig verlaufenden Fahrweg, ausgehend von **F 05380 Châteauroux-les-Alpes**, 3,5 km oberhalb der Ⅱ N94 (44.6394,6.4912)
6,8 –5,3 extrem schwer, Gefälle von 100‰ WW V und VI. Je nach Wasserstand kann alles befahren werden oder muss ein Siphon ⌂ werden; evtl. 2 weitere ⌂-Stellen. Vorsicht bei den Resten einer zerstörten Wasserleitung. Für die Befahrung dieser Strecke sollten etwa 3 Stunden eingeplant werden
3,9 ■ größerer Absturz (44.6237,6.5118)
3,7 ■ 1. Gefällebremse (44.6222,6.5130)
3,7 –3,0 es folgen 4 ■ Gefällebremsen **X**, wegen jeweils schwierigem ⬆, ist es sinnvoll, diese Strecke „en bloc" zu umtragen
3,5 ■ 2. Gefällebremse (44.6216,6.5153)
3,3 ■ 3. Gefällebremse (44.6209,6.5173)
3,0 ■ 4. Gefällebremse, danach übliche ⬇ (44.6195,6.5196)
2,6 Ⅱ D994H **F 05380 Châteauroux-les-Alpes** (44.6166,6.5211)
1,3 Ⅱ N94 und EB-Ⅱ weitere gute ⬇ Der Charakter des Flusses ändert sich, im ganzen etwas leichter WW IV+, jedoch rasante Strömung ohne Kehrwasser. (44.6201,6.5340)
0,0 ⇩ in Durance (s. Seite 66) bei km 271,1, etwas oberhalb: „New Rabioux" http://www.camping-newrabioux.com/ (44.6220,6.5473)

Guil

Wildfluss (Gebirgsfluss) Gewässerkennzahl FR: X02-0400
Mündung in Durance bei km 279,0 (li Nebenfluss)

Der Guil bricht in mehreren kurzen Schluchtabschnitten durch die Alpen ins Tal der Durance durch. Er ist im Bereich der Schluchten ein landschaftlich außerordentlich eindrucksvolles und wassermäßig sehr schweres Wildwasser. Der Guil ist stark verblockt, mit schwierigen Engstellen und starker Wasserwucht. Das Gefälle verläuft stark schwankend in Stufen. Mehrere Umtragstellen, je nach Wasserstand und Können. Die Straße führt teilweise neben dem Fluss her.

51,5 Ursprung am Col de Vallante in 2900 m Höhe (44.6875,7.0646)–(44.6875,7.0646)

41,5 Ⅱ **F 05460 Ristolas-L´Echalp** Bei gutem Wasserstand kann die Befahrung oberhalb l´Echalp begonnen werden, zahllose Geröll- und Kiesbankschnellen, sehr schnelle Strömung, wenig Kehrwasser, WW II-III mit Stellen bis WW IV: Im Bereich der Ortschaften können durch lokale Um- und Ableitungen unfahrbare Passagen entstehen, z.B. niedrige Stege, Strauchhindernisse. Daher sind die Ortsdurchfahrten, insbesondere bei Ristolas, bereits bei der Anfahrt zu besichtigen (44.7572,6.9917)

40,2 Ⅱ, re ⛺ „Muncipal du Chardonnet", www.camping-queyras.com (44.7647,6.9839)

39,1 Ⅱ (44.7707,6.9723)

37,8 1. Ⅱ li **F 05460 Ristolas**, nach der Ⅱ re ⬆ und das ▬ unter der 2. Ⅱ ⏏ (44.7740,6.9573)

37,4 2. Ⅱ, **F 05460 Ristolas** (L'Oratoire), darunter ▬ (44.7753,6.9540)

36,4 Ⅱ, niedrig (44.7788,6.9430)

35,1 Ⅱ, niedrig vor Abries (44.7865,6.9319)

34,4 Ⅱ **F 05460 Abries**, re ⛺ Queyras Caravaneige, Zunahme der Wasserwucht, weiterhin WW III mit Stellen WW IV. Kurz danach ▬, **X**, mit teilweiser Wasserableitung, queyras-caravaneige.com (44.7912,6.9272)

34,1 ⇩ Bouchet mit großer Wasserzufuhr (44.7922,6.9234)

32,8 Ⅱ (44.7932,6.9079)

30,7 Ⅱ (44.7875,6.8836)

30,6 ▬ Sohlrampe (44.7872,6.8822)

29,9 Ⅱ vor Aiguilles (44.7844,6.8746)

29,5 li ⇩ Torrent du Lombard (44.7822,6.8720);
▬ Große Rutsche mit abschließender Stufe ist mittig gut ≈ (44.7818,6.8719)

29,3 2. Ⅱ **F 05470 Aiguilles** gute ⬇, falls nur die folgenden Schluchten befahren werden.. (44.7806,6.8697);
Es folgt mittelschweres WW (WW III, je nach Wasserstand mit 2 Engstellen WW IV)

28,8 Wege-Ⅱ (44.7779,6.8657)

28,7 Fußg-Ⅱ (44.7775,6.8643)

28,3 Ⅱ (44.7779,6.8598)

26,5 Ⅱ (44.7705,6.8395)

24,6 Ⅱ D5 **F 05350 Ville Vieille** (44.7622,6.8210)

22,2 Ⅱ **F 05350 Château-Queyras** Beginn der Schlucht von Château-Queyras. Sie ist sehr eng, an allen schwierigen Stellen befinden sich Kehrwasser. Wegen der Gefahr von Baumversperrungen muss die Schlucht vor der Befahrung unbedingt auf einer li-ufrigen Straße erkundet werden, WWIV. (44.7559,6.7923)

21,7 Bis zum Beginn der nächsten Schlucht leicht verblockt, bis WW II

21,5 Ⅱ nach **F 05350 Château-Queyras** (44.7541,6.7853)

20,2 Beginn der Schlucht von Mont l´Ange Gardien. Sehr schönes, erheblich verblocktes WW mit hohen Abfällen, Unterspülungen und, je nach Wasserstand, Sifonen; etwa in der Mitte der Schlucht befindet sich ein schwerer Katarakt, dessen Ausgang durch einen quer liegenden Baum extrem verklemmungsgefährlich ist, unbedingt besichtigen (Stand 1997), ⏏ immer möglich, z.T. recht mühsam, WW IV, bei HW WW V und darüber

19,0 Picknickplatz, gute ↓.

18,0 Ⅱ D902, Ende der Schlucht Nach einigen hundert Metern Beginn der Schlucht von Combe du Queyras, WW IV-V (44.7296,6.7640)

16,7 1. Ⅱ D902 danach eine sehr schwere Stelle, WW V-VI, ⏏ gut möglich. Bis zur 2. Ⅱ folgt eine Serie von kleineren Abfällen und unübersichtlichen Katarakten, bei den Schleierfälen re eine kritische Unterspülung. Kurz davor eine Stelle WWV, oft mit Holz verlegt, re ⏏ mühsam (44.7194,6.7616)

16,0 Talverengung, Katarakt, erneut WW IV-V Straße wieder am Fluss

14,8 Ⅱ, re nach **F 05600 Guillestre-Bramousse** Danach vorübergehend Öffnung der Schlucht, WW II-III (44.7118,6.7429)

12,0 Engstelle vor einem Straßentunnel, wohl schwerste Stelle des Guil, ein nur 1,5 m breiter, verklemmungsgefährdeter Schlitz, unbedingt schon bei der Anfahrt besichtigen, WW VI, re ⏏ über Felsen; Danach bis zum Stausee sehr schöne Slalomstrecke, WW III-IV.

8,9 Ⅱ D902, ↑ , Beginn Stausee; eine Weiterfahrt bis zu Staumauer soll verboten sein (44.6785,6.6950)

8,4 ■ Staumauer mit Wasserableitung. Bis etwa Ende Juni reicht das Überwasser der Staumauer gerade noch für eine Befahrung der folgenden unteren Schlucht. Schwierigkeiten bei diesem NW zumeist WW IV. Bei einem stärkeren Wasserablass des ■ (selten, meist nur zur Zeit der Schneeschmelze) wird die gesamte Schlucht sehr schwer, WW V-VI, auf eine Befahrung sollte dann am besten verzichtet werden. Achtung, im Sommer gelegentlich plötzlicher Wasserablass zur Spülung der Schlucht; sie wird dann total **X** und lebensgefährlich. Es sollen hier schon mehrere Kanuten tödlich verunglückt sein (44.6758,6.6912)

7,9 Extremstelle, meist **X**, li etwa 40 m weit ⏢

4,2 ⌶ **F 05600 Guillestre** (Chemin des Barnières) Man erreicht diese ⌶, indem man in Ortsmitte von Guillestre auf schmaler Straße in Richtung Gendarmerie zum Fluss fährt. Es besteht die Möglichkeit, ab hier den leichteren, aber landschaftlich hervorragend schönen unteren Teil der Schlucht zu befahren, WW II (44.6718,6.6453); Rückführung des abgeleiteten Wassers (44.6718,6.6453)

2,2 ⌶ (44.6639,6.6257)

2,0 ⇩ Chagne (44.6632,6.6232)

1,3 ⌶ N94 mögliche ⬆ (44.6667,6.6166)

0,0 ⇩ in Durance (s. Seite 66) bei km 279,0 (44.6667,6.6010)

Biaysse

Wildfluss (Gebirgsfluss) Gewässerkennzahl FR: X0130560
Mündung in Durance bei km 288,3 (re Nebenfluss)

Die Byaisse ist ein, auch in Frankreich, nur wenig bekannter, sehr schwerer Wildfluss in einem abgelegenen, landschaftlich hervorragend schönen Hochtal der französischen Alpen.

Befahrungsregeln: Die Byaisse ist für Rafter total gesperrt.

Umwelt: Wasser: glasklar, kalt.

Infrastruktur: Zeltmöglichkeit: ⛺, km 2,1.

17,4 Ursprung in etwa 3000 m Höhe (44.7223,6.4139)–(44.7223,6.4139)

12,3 Fußg.-⌶ **F 05310 Freissinières-Dormillouse** Ende der Straße, 🅿 für Wanderungen im Parc National des Ecrins, ⬇ am Fuß von 2 Wasserfällen. Zunächst WW III-IV, starkes Gefälle, Wasserwucht, erhebliche Verblockung, Baumhindernisse, wenig Kehrwasser (44.7336, 6.4494)

10,7 ⌶

10,4 ⌶ D238 die Straße wechselt von re nach li. Die Schwierigkeiten nehmen erheblich zu. WW IV-V, mehrere Stellen WW VI oder **X**, mehrfache Besichtigungen unerlässlich (44.7396,6.4710)

9,9 Abfall, **X**, bei der Anfahrt von der Straße aus gut zu sehen. Markantes Kehrwasser zum Anhalten. Unmittelbar danach ein etwa 3,5m hoher Abfall, WW V-VI, Verklemmungsgefahr, besser ⏏. Es folgt abwechslungsreiches Wildwasser, WW II-IV

7,9 Ⅱ

6,8 Hölzerne Fußg.-Ⅱ **F 05310 Freissinières-Les Violins** erneute Steigerung der Schwierigkeiten, WW IV und V (44.7481,6.5096)

5,5 Ⅱ

5,1 Ⅱ vor **F 05310 Freissinières** danach Katarakt. WW V-VI, li ⏏ gut möglich. Dieser Katarakt kann ebenfalls bei der Anfahrt besichtigt werden. Gefälle hier 28‰ (44.7518,6.5292)

4,3 Ⅱ, kleiner Steg?, die Schwierigkeiten nehmen ab

3,6 Ⅱ, li **F 05310 Freissinières-Le Plan** WW II-III (IV)

2,6 Ⅱ

2,1 Ⅱ, re ⛺ „de Allouviers“, www.camping-freissinieres.fr

1,8 Ⅱ D38B **F 05310 Freissinières-Pallon** Beendigung der Fahrt 100 m vor der Ⅱ, festlegen der ↑ bei der Anfahrt, ⛺. Weiterfahrt nicht möglich, da kurz danach Wasserableitung, Überwindung des Restgefälles in Wasserfällen, **X** (44.7401,6.5639)

1,6 Ⅱ D38

0,0 ⇩ in Durance (s. Seite 66) bei km 288,3 bei Chapelle de Rame (44.7353,6.5798)

Fournel

Wildfluss Gewässerkennzahl FR: X0130500

Mündung in Durance bei km 294,3 (re Nebenfluss)

Der Fournel ist ein kehrwasserarmer ruppiger Steinbach mit schneller Strömung, überall Baumhindernisse möglich, Kurzboote ratsam.

Zufahrt: auf enger und teilweise abenteuerlicher Straße ab Argentière, ausgeschildert. Das landschaftlich hervorragend schöne Hochtal des Fournel ist gut für Wanderungen geeignet.

Fahrtstrecke: Talschluss bei La Salce (hier Parkplatz) bis zur 1. Ⅱ (= 4. Ⅱ bei der Fahrt in das Tal), insgesamt 5 km. Zunächst auf 1 km WW III, nach einer Stufe Beginn einer etwa 2 km langen Gefällestrecke, WW V; die beiden letzten km WW IV abnehmend WW III. Auf den letzten 500 m vor der Ⅱ 4 Kunststufen, nach Besichtigung ≈ Eine Weiterfahrt ist sinnlos, da nach weiteren Kunststufen ein ■ mit totaler Wasserableitung folgt.

Gyronde

Wildfluss – Gletscherfluss Gewässerkennzahl FR: X0120500
Mündung in Durance bei km 295,9 (re Nebenfluss)

Die Gyronde ist ein sehr schwerer Gletscherfluss der Alpen mit unheimlicher Wasserwucht, starkem Gefälle, schwerer Verblockung, mit Baumhindernissen muss gerechnet werden.

Befahrbarkeit: Sommer, nicht bei HW (Zeit der Schneeschmelze).

Umwelt: Wasser: naturtrübes Gletscherwasser.

23,6 Ursprung aus dem Blanc-Gletscher. Der Fluss heißt hier zunächst St.Pierre. (44.9412,6.4107)
18,1 Mögliche ⬇ für ein kurzes Teilstück, nur für starke Fahrer, WW IV und V; Zugang von der D204T (44.9026,6.4391)
16,2 Ⅱ D994T **F 05340 Pelvoux-Ailefroide** (44.8887,6.4461)
16,1 ▬ Wehr, mit Wasserableitung die folgende Schlucht ist **X** (44.8882, 6.4466)
14,8 re ⇩ Celse Nière, ab hier Name des Flusses Gyr (44.8831,6.4585)
14,3 Ⅱ (44.8814,6.4640)
13,1 Ⅱ D994T (44.8772,6.4773)
12,8 li ⇩ des abgeleiteten Wassers übliche ⬇ entweder gegenüber dem ▬ oder 100 m abwärts li, hier 🅿 (44.8757,6.4791)
12,1 Ⅱ, **F 05340 Pelvoux** (Freissinet du Milieu) (44.8709,6.4850)
12,0 ▬, evtl. ≈; re ⛺ „Freyssinet“
11,6 Ⅱ,li **F 05340 Pelvoux-Le Fangeas** (La Route) (44.8666,6.4872)
10,7 Ⅱ, li **F 05340 Pelvoux-Le Sarret** Zunahme der Schwierigkeiten, sehr schwere, wuchtige Stromschnellen in ununterbrochener Folge, WWIV+/V (44.8592,6.4896)
10,0 Kataraktstrecke, besichtigen
9,1 Ⅱ, **F 05290 Vallouise** (Ville Vallouise), ab hier leichter, WWII (44.8461,6.4892)
9,0 Ⅱ (44.8453,6.4897)
8,6 re ⛺ Les Chambonnettes (44.8426,6.4912)
8,4 re ⇩ Onde (s. Seite 100) ab hier Name des Flusses: Gyronde (44.8405,6.4932);
▬ mit weitgehender Wasserableitung, **X**, ⚠ Vorsicht, kein Kehrwasser vor dem ▬, rechtzeitig anlegen, Lebensgefahr, insbesondere bei Gruppen! re ⏏, Eine Weiterfahrt ist nur bei ausreichendem Überwasser möglich, meist bis August. Zunächst leicht, WW I-II

(44.8405,6.4936)

8,2 Ⅱ D4 (44.8396,6.4947)

7,7 ▬ evtl. li ≋, bei HW starker Rücklauf, dann sehr gefährlich, re ⌂. Der Fluss wurde hier anscheinend weitgehend begradigt, nur streckenweise interessantes Wildwasser, im übrigen zumeist nur noch WWII (44.8366,6.4996)

6,5 Ⅱ **F 05290 Vallouise** (Pont Haut) (44.8308,6.5087)

4,6 Ⅱ **F 05120 Les Vigneaux** (Courounba) (44.8247,6.5296)

4,1 Ⅱ D4, li **F 05120 Les Vigneaux** unbedingt rechtzeitig ↰, bei HW wegen der starken Strömung, insbesondere für Gruppen, schwierig. Es folgt ein gut 800 m langer Katarakt, galt lange Zeit als **X**, wird jedoch in letzter Zeit häufig befahren, zunächst auf 150 m WW VI, dann WW V, Besichtigung unerlässlich. Umfahren mit Pkw auf Straße am li Ufer ist anzuraten (44.8221,6.5347)

3,0 Ⅱ, Ende des Katarakts re ⛺ „Campéole“, gute ⬇, falls nur der leichtere Unterlauf der Gyronde befahren wird, WW II-III. Es folgt noch eine Schlucht, danach ein ▬, bei HW gefährlich, starker Rücklauf, Anhalten vor dem ▬ schwierig, nur 2 kleine Kehrwasser, lesvaudois (44.8194,6.5475)

2,6 kleiner Steg

2,2 Ⅱ (44.8152,6.5543)

0,9 ▬ Sohlstufe

0,3 EB-Ⅱ (44.7989,6.5578)

0,1 Ⅱ D994E (44.7974,6.5594)

0,0 ⇩ in die Durance (s. Seite 66) bei km 295,9 bei **F 05120 Argentière**, Beendigung der Fahrt direkt an der ⇩ re gut möglich (44.7969, 6.5598)

Onde

Wildfluss — Gewässerkennzahl FR: X0120600

Mündung in Gyronde bei km 8,4 (re Nebenfluss)

Die Onde ist ein zwar nur kurzer, trotzdem lohnender Wildfluss.

13,0 Ursprung in etwa 2500m Höhe (44.8340,6.3433)–(44.8340,6.3433)

5,5 Ⅱ Mögliche ⬇ die Straße steigt hier steil an, zu erreichen auf schlechter Straße Richtung **F 05290 Vallouise-Béassac**; sofort danach eine Stelle WW IV+, danach WW III-WW III+ (44.8348,6.4297)

3,2 Ⅱ (44.8394,6.4553)

1,5 Ⅱ (44.8392,6.4753)
1,1 Ⅱ (44.8397,6.4803)
0,6 Ⅱ **F 05290 Vallouise** li ⛟, www.gcu.asso.fr (44.8396,6.4856)
0,1 Ⅱ und ▬? re durch Naturlehrpfad ⌓, ⬇ in die Gyronde (44.8406, 6.4920)
0,0 ⇩ in Gyronde (s. Seite 99) bei km 8,4 (44.8405,6.4932)

Cerveyrette

Wildfluss Gewässerkennzahl FR: X0100500
Mündung in Durance bei km 309,0 (re Nebenfluss)

Die Cerveyrette ist nur auf kurzer Teilstrecke fahrbar; sie ist hier ein sehr schwerer Wildfluss.

Fahrtstrecke: ⬇ am Ortsende von Cervières unterhalb des ▬, nur bei genügendem Überlauf. Der Fluss schneidet sich sofort danach in die 1.Schlucht ein, mittleres bis starkes Gefälle, dichte Verblockung, Stufen, enge Durchfahrten, WW IV. Diese Strecke kann von einem Fahrweg aus eingesehen werden, der am Ende der Schlucht zum Bach führt. Nach 1,5 km läßt das Gefälle nach, breiteres Bachbett, WW III bis zur Ⅱ bei Terre Rouge.

Kurz danach, nach erneuter Verengung des Baches, befindet man sich auf Höhe eines Parkplatzes, 3 km nach Start. ⬆ schwierig. Anschließend Beginn der 2.Schlucht, sie kann nur an wenigen Stellen eingesehen werden, Steigerung der Schwierigkeiten, ⬆ nach insgesamt 6 km bei Staumauer evtl. schwierig, schon bei Anfahrt besichtigen. Bei ausreichendem Überwasser ist auf 2,5 km eine Weiterfahrt zur Durance (s. Seite 66) möglich, WW II--III.

Befahrungsregeln: für Rafter gesperrt

Befahrbarkeit: bis Frühsommer

Schwierigkeiten: obere Schlucht WW IV, abnehmend WW III

Guisane

Wildfluss (Gletscherfluss) Gewässerkennzahl FR: X0010500
Mündung in Durance bei km 309,8 (re Nebenfluss)

Die Guisane ist ein Gletscherfluss der Alpen, in Abhängigkeit von der Tageszeit und der Sonneneinstrahlung ändert sich daher der Wasserstand tagsüber; sie fließt zunächst durch ein weites Tal und bricht später in einer Waldschlucht ins Durance-Tal durch.

Befahrungsregeln: Eine Befahrung oberhalb von Casset, km 17,7, scheint verboten zu sein.

Befahrbarkeit: als Gletscherfluss beste Wasserführung an heißen Tagen im Sommer ab Mittag, wenn das Schmelzwasser kommt.

Umwelt: Wasser und Ufer: unterhalb Chantemerle erheblich verschmutzt.

Pegel: Ⅱ Le Casset, km 17,7; Minimum 50 cm.

Schwierigkeiten: km 25-21 WW IV (V+)
km 21-17,7 WW III+ (IV-V?)
km 17,7-6,4 WW II--III (eine Stelle WW III+)
km 6,4-⇩ WW IV+, Gefälle 24‰.

27,7 Ursprung am Col du Lautaret in etwa 2000 m Höhe. (45.0278,6.4076)

27,7 –21,0 teilweise Klamm mit Wasserfällen.

25,0 Mögliche ⬇ bei sehr gutem Wasserstand. Auf 4 km kurze steile Rinnen und Stufen, Baumversperrungen möglich, mehrere Stellen müssen besichtigt werden, bis WWV

24,0 Ⅱ

22,4 Ⅱ

21,0 Ⅱ **F 05220 Le Monêtier-les-Bains- Les Boussardes** weitere mögliche ⬇. Der Fluss ist auf den folgenden 4 km sehr schmal, starkes Gefälle und Verblockung, WW IV-V. Zusätzlich ist mit quer liegenden Bäumen und Büschen im Stromzug zu rechnen. Es hat hier schon zahlreiche Kenterungen mit Bootsverlust gegeben. Zeitweise scheinen diese Hindernisse geräumt zu sein; dann ist eine Befahrung möglich. Unerlässlich ist jedoch auf alle Fälle eine vorherige Besichtigung, insbesondere der etwa 1 km langen Kernstrecke, die 500 m nach dem Start bei einer Ⅱ beginnt (45.0111,6.4658)

20,4 Ⅱ Beginn der Kernstrecke (45.0075,6.4700)

19,0 Ⅱ (44.9982,6.4768)

17,7 Ⅱ **F 05220 Le Monêtier-les-Bains-Le Casset** (Planches), ≣, übliche ⬇ ab hier wohl immer ≋, auch wenn das Schmelzwasser ausbleibt (44.9874,6.4810)

17,6 re ⇩ Petit Tabuc (44.9866,6.4821)

17,5 Fußg-Ⅱ am Ortsende von Le Lauzet (44.9865,6.4826)

16,0 Ⅱ (44.9783,6.4964)

15,2 –14,2 Ortsgbiet von **F 05220 Le Monêtier-les-Bains**

15,1 Ⅱ **F 05220 Le Monêtier-les-Bains** (Route du Club) (44.9744,6.5037)

14,9 Ⅱ **F 05220 Le Monêtier-les-Bains** (44.9739,6.5056)
14,7 Ⅱ **F 05220 Le Monêtier-les-Bains** (44.9735,6.5078)
14,3 Ⅱ **F 05220 Le Monêtier-les-Bains** S-förmiger Durchbruch nach Monêtier-les-Bains, je nach Wasserstand bis WWIII+. Diese 100m lange Stelle ist dadurch erkennbar, dass der sonst glatte Flusslauf plötzlich in eine Blockstrecke übergeht. Besichtigung ist zu empfehlen. Straße li neben dem Fluss (44.9714,6.5125)
12,6 Ⅱ re **F 05220 Le Monêtier-les-Bains-Guibertes** (Les Guibertes) (44.9663,6.5318)
12,1 Ⅱ, li **F 05220 Le Monêtier-les-Bains-Le Freyssinet** (Prés Vieux) (44.9629,6.5360)
11,2 ▬ Sohlstufe, evtl. ≋ (44.9577,6.5417)
11,1 Ⅱ (44.9567,6.5438)
10,0 Fußg-Ⅱ (Les Îles) (44.9498,6.5531)
9,7 Ⅱ, **F 05240 La Salle-les-Alpes** (Chemin des Charrières) (44.9482, 6.5562)
9,4 Ⅱ D1091 (44.9469,6.5593)
9,3 Fußg-Ⅱ (44.9462,6.5605)
9,0 Ⅱ **F 05240 La Salle-les-Alpes** (Le Mail) (44.9449,6.5634)
8,9 Ⅱ **F 05240 La Salle-les-Alpes** (Pont Saint-Luce) (44.9446,6.5645)
8,5 Ⅱ D1091 (44.9427,6.5680)
8,0 Ⅱ **F 05240 Le Moulin Baron** (44.9384,6.5712)
6,9 Ⅱ (44.9362,6.5829)
6,8 Ⅱ (44.9357,6.5840)
6,5 Ⅱ (44.9325,6.5865)
6,4 Ⅱ li **F 05330 Saint-Chaffrey-Chantmerle** (44.9316,6.5887)
6,2 Ⅱ re **F 05330 Saint-Chaffrey-Chantmerle** (Route Neuve), darunter ▬, nach Besichtigung meist ≋, Eisenteile im Unterwasser. Weiteres ▬ unterhalb Chantemerle, **X**, re ⏏
4,8 Ⅱ, **F 05330 Saint-Chaffrey** (Route de Pont Carles) günstigee ⬇ für die Befahrung der folgenden Waldschlucht. Der Fluss ist in diesem Bereich stark verblockt, starkes Gefälle, schwierige Engstellen mit teilweise starker Wasserwucht, wenig Kehrwasser, WWIV. (44.924647, 6.601066) (44.9246,6.6011)
2,3 Ⅱ **F 05100 Briançon** (Le Tours) am Ortsanfang von Briançon, eingebrochen, li ≋. Es folgt eine Slalomstrecke. Zur Beendigung der Fahrt ↱ und die Boote über die Ⅱ nach li tragen. Hier Parkmöglichkeit. Der Parkplatz am re Ufer darf auch kurzfristig nicht benutzt werden (44.9100,6.6213)

1,8 ⌶ D402 **F 05100 Briançon-Le Chabas** (44.9068,6.6254)
0,8 ⌶ N94 **F 05100 Briançon** (44.8985,6.6287)
0,5 ⌶ (44.8968,6.6303)
0,4 ⌶ (44.8959,6.6303)
0,3 ⌶ D2 **F 05100 Briançon** (44.8951,6.6307)
0,0 ⇩ in Durance (s. Seite 66) bei km 309,8 Auf der Durance kann noch etwa 4 km weitergefahren werden bis Prelles, hier wird das Wasser der Durance entzogen (44.8927,6.6298)

Clarée

Weitere Namen: Clairée
Wildfluss (Gebirgsfluss) Gewässerkennzahl FR: X0000500
Mündung in Durance bei km 315,8 (re Nebenfluss)

Die Clarée ist ein Gebirgsfluss der Alpen mit glasklarem, sehr kaltem Wasser. In ihrem Oberlauf ist sie ein schweres Wildwasser. Danach verläuft die Clarée in einem breiten Tal, sie ist hier verhältnismäßig leichtes, mäßig verblocktes Wildwasser.

Befahrbarkeit:	am besten Mai bis Anfang Juli, später wird das Wasser knapp.
Pegel:	2. Holz-⌶ oberhalb La Vachette; Minimum 90 cm, MW = 100 cm. (km 1,4?)
Schwierigkeiten:	km 15,2-14,1 WW I km 14,1-13,1 WW IV und V km 13,1-10,3 WW III und IV km 10,3-⇩ WW II (III)
Infrastruktur:	Zeltmöglichkeit: mehrere ⛺

31,8 Ursprung in etwa 2900 m Höhe. (45.0930,6.4843)
31,8 –15,2 ⛔ Befahrungsverbot
15,2 ⌶ , li **F 05100 Névache-Le Cros** mögliche ⬇. Zunächst leicht (45.0183,6.6148)
15,0 ⌶ (45.0180,6.6175)
14,5 Fußg-⌶ (45.0173,6.6239)
14,3 Fußg-⌶ (45.0163,6.6261)
14,1 ⌶, li ⛺ **F 05100 Névache-Roubion** empfohlene ⬇ (45.0166, 6.6288);
Sofort danach Beginn einer Waldschlucht mit sehr schwerem WW
13,1 Wege-⌶ (45.0158,6.6390)

12,4 Müllhalde, ab hier etwas leichter.
11,7 ⌶ D994G , gute ⬇ für die Befahrung des leichteren Abschnittes der Clarée (45.0140,6.6556)
10,3 ⌶ D994G, li **F 05100 Névache-Plampinet**, gute ⬇, re 🅿 (45.0028, 6.6607)
9,4 Wege-⌶ (44.9957,6.6631)
8,3 Wege-⌶ (44.9868,6.6656)
6,6 Fußg-⌶ (44.9742,6.6686)
4,0 ⌶ D994G (44.9556,6.6779)
3,2 ⌶, re **F 05100 Val-des-Prés** (Le Vivier) (44.9494,6.6788)
2,0 ⌶ D201, **F 05100 Val-des-Prés-Le Rosier** re ⛺ „de la Clarée" camping-la-claree.com (44.9402,6.6828)
1,4 Fußg-⌶ (44.9348,6.6851)
0,0 ⇩ in die wesentlich kleinere Durance (s. Seite 66) bei km 315,8 nach 1 km ⬆ an der N94 (Hochbrücke) (44.9247,6.6796)

Ouvèze

Wildfluss (Gebirgsfluss) Gewässerkennzahl FR: V6--0200
Mündung in Rhône bei amtl. km 133,6 (li Nebenfluss)

Die Ouvèze ist ein Fluss der französischen Voralpen. Sie ist in ihrem Oberlauf auf Teilstrecken ein extrem schwerer Wildfluss. Anschließend bietet sie, landschaftlich sehr ansprechend, nur mäßig schweres Wildwasser. In ihrem Unterlauf tritt sie in die Rhône-Ebene aus und wird hier weniger interessant.

Befahrbarkeit:	Frühjahr und Herbst sowie nach Regenfällen. Das Wasser steigt schnell an, verläuft sich aber auch wieder rasch.
Pegel:	⌶ D5 bei km 56,6; Minimum für Unterlauf 10 cm.
Schwierigkeiten:	km 85,5-76,0 WW II-III
	km 76,0-70,3 WW IV-VI (**X**)
	km 70,3-68,5 WW II-III
	km 68,5-28,5 WW II-I
Infrastruktur:	Zeltmöglichkeit: am Fluss gelegener ⛺ bei Vaison la Romaine.

93,3 Ursprung am Mgne. de Chamouse in 1500 m Höhe (44.2702,5.5364) –(44.2702,5.5364)
85,5 ⌶ D546, **F 26170 Saint-Auban-sur-l'Ouvèze** ⬇. Das Wasser ist

ausreichend, wenn man hier ohne großen Bodenkontakt fahren kann. Zunächst Kleinflusscharakter, eng, Strauch- und Baumhindernisse, gelegentlich niedrige Ⅱ, je nach Wasserstand überfahrbar oder überheben (44.2892,5.4222)

76,0 alte Stein-Ⅱ mögliche ⬇, falls nur die folgende Durchbruchstrecke befahren werden soll. Es folgt auf 2,5 km sehr schweres Wildwasser, WW IV-VI, je nach Wasserstand auch Abschnitte **X**. Auf eine Detailbeschreibung wird verzichtet. (44.2984,5.3365)

75,2 Wege-Ⅱ (44.2997,5.3273)

74,4 Wege-Ⅱ (44.2995,5.3195)

73,4 Tunnel der Straße N546, 5km aufwärts von Buis les Baronnies, empfohlene ⬇. Die Boote können hier am Ende einer Geröllhalde am Ausgang des Tunnels in das Wasser gebracht werden. Der Fluss bleibt weiterhin sehr schwierig. Es befindet sich hier ein gefährlicher Siphon, das meiste Wasser verschwindet li unter einem riesigen Felsen, der meist mit Holz verrammelt ist. Die Schwierigkeiten lassen dann allmählich nach (44.2986,5.3086)

70,3 Ⅱ Doppelbrücke D546 kurz danach ▬, hier li gute Gelegenheit zur Beendigung der Fahrt. Ab hier WW III. Der Fluss ist immer noch erheblich verblockt. (44.2948,5.2816)

68,5 Ⅱ, **F 26170 Buis-les-Baronnies** (Traverse du Pont Neuf) (44.2806, 5.2797)

68,4 Ⅱ D546 (44.2801,5.2797)

67,9 Ⅱ **F 26170 Buis-les-Baronnies** darunter ▬, **X** ⬇, falls der schwierige obere Teil des Flusses nicht befahren wird (44.2758,5.2766)

67,9 –28,5 Die Ouvèze ist ein schnell fließender Fluss mit interessanten Schwallstrecken, Baum- und Strauchhindernissen, im allgemeinen WW II.

66,8 li ⛺ „Les Ephélides“ , ephelides.com (44.2683,5.2679)

64,5 Ⅱ D72 **F 26170 Buis-les-Baronnies-Cost** (44.2532,5.2549)

64,0 li ⇩ Derbous (44.2488,5.2546)

63,8 Wege-Ⅱ (44.2485,5.2522)

59,9 Ⅱ, **F 26170 Pierrelongue** (Rue du Pont Adhémar), ⌘ Kirche (44.2449,5.2188)

57,1 Ⅱ, **F 26170 Mollans-sur-Ouvèze** (Place de la Fontaine) (44.2362, 5.1907)

56,6 Ⅱ D5, ≣, davor Blockwurf-▬, **X**, re ⏏. Ab hier WW I-II (44.2388, 5.1854)

53,4 li ⇩ Toulourenc (s. Seite 109) (44.2382,5.1519)

51,3 ⌶, **F 84340 Entrechaux** (Route de Faucon) (44.2292,5.1366); Blockwurf-▬, X, re ⏏. (44.2287,5.1363)
50,6 ▬ Felsrippe quer über den Fluss, ansehen, evtl. re ⏏ (44.2259, 5.1272)
50,4 re 🚐 „du bon Crozet" , du.bon.crouzet.free.fr (44.2265,5.1276)
46,7 Doppel-⌶ D938 (44.2293,5.0886)
46,1 re 🚐 „Carpe-Diem" , camping-carpe-diem.com
45,0 Römer-⌶ über sehr schöner Schlucht (44.2389,5.0746)
44,6 ⌶, **F 84110 Vaison-la-Romaine** (Rue René Cassin), ⌘ Ausgrabungen aus der Römerzeit (44.2400,5.0682)
43,3 ▬
41,4 Wege-⌶ (44.2440,5.0420)
40,8 Neues Blockwurf-▬, X, re ⏏. Danach schöne Schwallstrecken
38,8 ⌶ D7, re **F 84110 Roaix** (44.2426,5.0171)
38,2 ▬ Wehr, X, li ⏏ ⚠ bei HW Lebensgefahr, da kein Rückstau! Rechtzeitig anlegen! (44.2402,5.0116)
35,2 re **F 84110 Rasteau**
32,2 ⌶ D977 (44.1944,4.9841)
30,0 Wege-⌶ (44.1780,4.9711)
28,6 Wege-⌶ (44.1687,4.9666)
28,5 ⌶ D8, re **F 84150 Violes-La Bégude** Die Fahrt wird zumeist hier beendet. Die Ouvèze tritt anschließend in die Rhône-Ebene aus, die Verzweigungen nehmen zu, vielfach Wasser für die Weiterfahrt nicht ausreichend (44.1684,4.9661)
19,3 EB-⌶ (44.1090,4.9192)
19,1 ⌶ D950 (44.1072,4.9188)
8,2 ⌶ **F 84370 Bédarrides** (Boulevard du Bouquimard) (44.0391,4.9002)
8,1 li ⇩ Sorgue (s. Seite 108) (44.0386,4.8986)
7,9 Fussgänger-⌶ (44.0391,4.8962)
7,6 EB-⌶ (44.0401,4.8927)
7,3 ⌶ D183A **F 84370 Bédarrides** (44.0396,4.8895)
6,7 ⌶ A7 (44.0359,4.8841)
4,5 ▬ kleine Sohlstufe, evtl. ≈ (44.0202,4.8738)
3,6 ⌶, **F 84700 Sorgues** (Avenue d'Orange) (44.0137,4.8717)
2,2 ⌶ D907 (44.0053,4.8633)
1,0 2x Wege-⌶ (43.9986,4.8523)
0,2 Fußg-⌶ (43.9913,4.8528)
0,0 ⇩ in Rhône (s. Seite 48) bei amtl. km 133,6 ▬ Sohlstufe (43.9898, 4.8523)

Sorgue

Wildfluss – Kleinfluss Gewässerkennzahl FR: V6150500
Mündung in Ouvèze bei km 8,1 (li Nebenfluss)

Die Sorgue entspringt aus einer sehenswerten Karstquelle, Schüttung im Sommer etwa 8 m^3/s, daher ganzjährig befahrbar.

Befahrbarkeit: freiwillige Selbstbeschränkung, Befahrung erst ab 3. Wochenende im April.

Schwierigkeiten: WW I, viele Baumleichen, oft Aufteilung in mehrere Arme, die beste Fahrtroute ist durch blaue Hinweisschilder gekennzeichnet.
Im Sommer Befahrung durch Leihboote.

30,4 Quelle „Fontaine de Vaucluse“ , ⌘ Karstquelle (43.9179,5.1324)
29,7 Ⅱ D24 **F 84800 Fontaine-de-Vaucluse**, Mögliche ⬇ (43.9220, 5.1278);
▬ Sohlstufe, evtl. ≈
29,4 ▬ Sohlstufe evtl. ≈
29,0 ▬ Sohlstufe evtl. ≈
28,4 ▬ Sohlstufe evtl. ≈
28,3 Fussgänger-Ⅱ (43.9186,5.1159);
▬ (43.9180,5.1157)
27,8 Ⅱ Kanal-Brücke (43.9154,5.1128);
▬ (43.9153,5.1125)
27,3 Ⅱ D57, li **F 84800 Fontaine-de-Vaucluse-Galas** empfohlene ⬇. Die Sorgue fließt mit guter Strömung und leichten Schwällen durch eine sehr schöne, parkartige Landschaft. (43.9120,5.1074)
27,0 li ⛺ „La Coutelièr“ , camping-la-couteliere.com (43.9112,5.1066)
26,1 ▬ Wehr, **X**, re ⌓ (43.9060,5.0977)
25,1 ▬ Wehr, evtl. re ≈ (43.9089,5.0876)
23,6 li ⇩ Wehrarm (43.9168,5.0732)
23,5 Flussteilung vor **F 84800 L'Isle-sur-la-Sorgue** ➔ Sourge de Velleron, am Ort vorbei zu einer ⬆ für Leihboote; ⬅ Hauptarm zum Ortszentrum mit Kanuverein, günstige ⬆ an einer Seitenstraße (43.9169, 5.0726);
Eine Weiterfahrt ist auf beiden Armen unmöglich
0,0 ⇩ in Ouvèze (s. Seite 105) bei km 8,1 (44.0386,4.8986)

Toulourenc

Wildfluss Gewässerkennzahl FR: V6030500

Mündung in Ouvèze bei km 53,4 (re Nebenfluss)

Der in Deutschland bisher wohl unbekannte Toulourenc verläuft durch eine 17 km lange Klamm der Alpen. Sie wird vom Beschreiber für eine der schönsten Schluchten Europas gehalten, vergleichbar mit den Schluchten von Tara, Verdon und Var. Die Schwierigkeiten liegen im mittleren Bereich, allerdings müssen zwei Siphons in der Klamm umtragen werden.

Die Kilometrierung der alten Beschreibung war sehr ungenau. Insebsondere im Bereich der Klamm sind die angegebenen km-Angaben daher mit Vorsicht zu genießen, da die beschriebenen Stellen im Luftbild nicht zu erkennen waren. Über eine neue Beschreibung würde sich die Redaktion sehe freuen.

Befahrbarkeit: solange der Mont Ventoux eine Schneekappe trägt, meist bis April, später nach Regenfällen. Bei HW ist von einer Befahrung dringend abzuraten. Die beiden Siphons können dann nicht mehr über die Uferfelsen umtragen werden.

Pegel: an der ∏ der D40A Richtung Veaux. Durch Umbau der Brücke haben sich die Pegelwerte geändert. NW (= Minimum) 60 cm; MW = 80-100 cm; HW ab 100 cm

Schwierigkeiten: zumeist WW II-III, mit Stellen um WW IV.

39,0 Ursprung in etwa 1400 m Höhe

24,2 ∏ D40A **F 84390 Savoillan** mögliche ⬇ bei sehr gutem Wasserstand. auf 8 km WW I-III, Busch- und Baumhindernisse, Straßen neben dem Fluss (44.1810,5.3751)

22,9 ∏ (44.1820,5.3611)

21,5 ∏ (44.1859,5.3476)

20,7 ∏ (44.1880,5.3403)

19,7 ∏ (44.1902,5.3316)

19,5 ∏ D164TER (44.1916,5.3303)

16,8 ∏ D40 vor **F 84390 Saint-Léger-du-Ventoux** Gute ⛺-Möglichkeit, übliche ⬇ (44.1993,5.3021)

15,8 Beginn der Klamm, außerordentlich beeindruckend. Zunächst leicht

14,5 ∏ D40 (44.2092,5.2789)

13,9 Fußg-∏ Zunahme der Schwierigkeiten, unübersichtliche Verblockung. ↱ und die folgenden 300 m besichtigen. Diese Strecke WW III-IV geht ohne Vorankündigung in einen Siphon über, absolut **X**. re ⏏ der gesamten Strecke möglich (44.2125,5.2734)

13,6 Siphon re ⏏, mühsam, nicht zu früh ⬆

13,4 Es folgt der 2.Siphon, re ⏏ über große Steine im Flussbett. Bei HW ist das ⏏ nicht mehr möglich. Es gibt keinen Ausweg aus der Klamm

13,2 Letzte schwere Stelle WW IV, bei HW bis WW V, ⏏ nicht möglich

12,9 Ende der Schwierigkeiten.

12,4 Ⅱ bei **F 84390 Saint-Léger-du-Ventoux** ≡ danach ■, ≈. Auf 1km Talweitung (44.2131,5.2556)

11,4 Es folgt der landschaftlich schönste Teil des Flusses, auf 800m eine nur 2m breite Klamm. An der Einfahrt sind Baumversperrungen möglich! Keine Schwierigkeiten

10,8 Ende der engen Klamm, re Höhle, ⌘, Taschenlampe mitnehmen. Weiterhin leicht in etwas breiterer Klamm, WW I-II

7,8 Ⅱ D40A/D242, li nach **F 84340 Malaucène-Veaux**, darunter ≡ (44.2150,5.2139)

3,6 Ⅱ Alte Stein-Ⅱ, hier sehr schöne ⛺- und ⬆-Möglichkeit (44.2216, 5.1739)

2,4 Ⅱ D5/D13, li ⬆; eine Weiterfahrt zur Ouvèze ist wenig lohnend. (44.2270,5.1635)

0,2 Ⅱ, li 🚐 „Les Trois Rivieres“ **F 84340 Entrechaux**, camping-les3rivieres.com (44.2364,5.1504)

0,0 ⇩ in Ouvèze (s. Seite 105) bei km 53,4 (44.2386,5.1517)

Aygues

Weitere Namen: Eygues [fre], Aigues [fre]

Wildfluss (Gebirgsfluss) Gewässerkennzahl FR: V53-0400

Mündung in Rhône bei amtl. km 216,3 (li Nebenfluss)

Der Aygues durchfließt ein breites, sehr ansprechendes Tal, das schon Mittelmeercharakter trägt. Es wird im Norden und Süden von hohen Bergen begrenzt. Ab Nyons tritt der Aygues in die Ebene aus, er verteilt sich hier in einem breiten Kiesbett.

Befahrbarkeit: März bis April, evtl. auch noch Mai.

Ab Nyons dürfte die Befahrung wegen des Auseinanderlaufens in einem breiten Kiesbett nur im März, evtl. noch April möglich sein.

Pegel:	⌶ bei Sahune, km 73,8; Minimum für Oberlauf 90 cm, Minimum ab ⇩ Oule 75 cm.
	⌶ D61, km 85,7, direkt oberhalb der ⇩ der Oule; Minimum 20 cm.
Schwierigkeiten:	km 94,5—85,7 WW I-II.
	km 85,7—57,0 zunächst WW IV, abnehmend III-II
	km 57,0-⇩: WW I
Infrastruktur:	Zeltmöglichkeiten am Fluss und in Flussnähe: sehr zahlreich.

114,2 Ursprung: Ausläufer der Hochalpen in 1500 m Höhe (44.3256, 5.5755)–(44.3256,5.5755)
94,5 ⌶ D94 **F 26510 Verclause** mögliche ⬇ (44.3800,5.4259)
85,7 ⌶ D61, re **F 26510 Rémuzat,** ≣ (44.4101,5.3491)
85,5 re ⇩ Oule (s. Seite 112) (44.4118,5.3482);
Die folgende, sogenannte „Tunnelstrecke“ ist nach Ausbaggerungen und Geschiebeveränderungen wesentlich leichter geworden, zumeist WW II+, eine Stelle (Prallwand re, bei der Anfahrt zu besichtigen) WW III
85,5 –57,0 2 ⌶ und 3 Blockwurf-▬ folgen nach Besichtigung ≈
81,9 ⌶ D562 **F 26510 Saint-May** (44.4257,5.3174)
79,1 ⌶ D94 (44.4345,5.2977)
73,8 ⌶ D205 **F 26510 Sahune** (44.4135,5.2676)
69,1 ⌶ D64 (44.3881,5.2335)
64,3 ⌶ D185 **F 26110 Les Pilles** (44.3787,5.1908)
61,1 ⌶ **F 26110 Aubres**, danach re ⛺ „L´Or Vert“ camping-or-vert.com (44.3741,5.1706)
58,7 re ⛺ „Les Clos“ campinglesclos.com (44.3644,5.1550)
58,3 ⌶ D94 (44.3637,5.1523)
57,3 alte römische Bogen-⌶ ⌘ (44.3598,5.1441)
57,0 ⌶ D94 **F 26110 Nyons** übliche ⬆ (44.3583,5.1412)
54,9 ⌶ D94C nach Nyons (44.3474,5.1203)
50,9 ⌶ D4, re **F 26110 Vinsobres**, re ⛺ „Domain Du Sagittaire“ le-sagittaire.com, 100 m vom Fluss. Unter der ⌶ Blockwurf-▬, nach Besichtigung ≈, Pfähle im Unterwasser! (44.3268,5.0850)
40,8 ⌶ D20, re nach **F 84110 Buisson** (44.2858,4.9897)
37,3 ⌶ D75/D51A, li nach **F 84290 Saint-Roman-de-Malegarde** (44.2726,4.9552)

35,1 re ⛺ „Les Rives de l´Aygues“ lesrivesdelaygues.com chemin des rives l'aygues, F 26790 Tulette (44.2647,4.9337)
30,0 ⌶ D8, li **F 84290 Cairanne** (44.2299,4.9226)
29,5 ▬ Wehr (44.2266,4.9216)
26,1 ▬ Wehr (44.2070,4.9092)
23,6 ⌶ D154 (44.1894,4.8905)
20,1 ⌶ re nach **F 84850 Camaret-sur-Aigues** darunter ▬ (44.1754, 4.8592)
19,9 ⌶ D43 (44.1748,4.8565)
14,4 EB-⌶ (44.1593,4.8012)
14,0 ⌶ N7 (44.1582,4.7985)
13,1 ⌶ (44.1511,4.7895)
11,6 Autobahn-⌶ A7 (44.1499,4.7740)
10,0 EB-⌶ (44.1453,4.7568)
9,3 ▬ Wehr (44.1473,4.7489)
7,8 ⌶, darunter ▬ (44.1458,4.7316)
1,3 ⌶ D238 (44.0968,4.7268)
0,0 ⇩ in Rhône (s. Seite 52) bei amtl. km 216,3 (44.0891,4.7367)

Oule

Wildfluss (Gebirgsfluss) Gewässerkennzahl FR: V5310500
Mündung in Aygues bei km 85,5 (re Nebenfluss)

Der Oule ist ein verhältnismäßig leichter Wildfluss in einem landschaftlich sehr schönen Tal, mit kurzer Schluchtstrecke.

Befahrbarkeit: Frühjahr bis Ende April.

Umwelt: Wasser: sehr sauber.

Schwierigkeiten: km 17,6-⇩: WW II-I (III+)

Infrastruktur: Zeltmöglichkeit: schöner ⛺ bei la Motte.

32,7 Ursprung am Serre de la Bouisse in etwa 1500 m Höhe (44.4575, 5.5973)
17,6 ⌶ D338 **F 26470 La Charce** ⇩ von 2 Seitenbächen, ab hier ≈ bei gutem Wasserstand. Enges Flussbett, Baum- und Strauchhindernisse, WW II (44.4693,5.4513)
17,4 ⌶ (44.4694,5.4490)
14,1 ⌶ (44.4714,5.4145)
12,0 ⌶ Es folgen auf 200 m kurz nacheinander mehrere erheblich verb-

lockte Gefällestufen mit versetzten Durchfahrten, WW III+, Vorsicht bei HW! Diese Stelle kann schon bei der Anfahrt 1 km oberhalb La Motte oberhalb einer alten Lavendeldestillerie angesehen werden (44.4804,5.3953)

11,1 ⌶ **F 26470 La Motte-Chalancon** (La Costa) (44.4839,5.3867)

10,6 Fußg-⌶ (44.4817,5.3816)

9,9 ⌶ am Ortsende von **F 26470 La Motte-Chalancon** (44.4787,5.3741)

9,3 ⛺ „La Pribourre" mögliche ⬇, camping-lapiboure.com (44.4741, 5.3725)

8,1 ⌶ D61 (44.4652,5.3681)

7,9 Blockstrecke, kann als Hilfspegel dienen: wenn sie gut ≈ ist, ist auch eine Befahrung der folgenden landschaftlich hervorragend schönen Schlucht möglich, WW II

5,8 Alte Stein-⌶ D61B, re nach **F 26510 Cornillon-sur-l'Oule**, Ende der Schlucht, Blockstein-■, **X**, re ⌂. Weiterer Verlauf durch offenes Kiesbett, immer noch lohnend, WWI (44.4553,5.3651)

0,8 ⌶ D61B **F 26510 Rémuzat** (44.4144,5.3557)

0,0 ⇩ in Aygues (s. Seite 110) bei km 85,5 (44.4119,5.3480)

Cèze

Wildfluss, Wanderfluss (Gebirgsfluss) Gewässerkennzahl FR: V54-0400
Mündung in Alter Rhône-Lauf bei Caderousse bei km 5,2 (re Nebenfluss)

In ihrem Oberlauf ist die Cèze ein schweres Wildwasser, das durch großartige Schluchten des Zentralmassivs fließt. Im Mittellauf ist die Cèze landschaftlich immer noch sehr schön, dabei ein leichter Wildfluss. Über den Unterlauf liegen Berichte nicht vor.

Befahrbarkeit:	Oberlauf Frühjahr oder nach Regenfällen, Mittellauf bis Mitte Juni.
Pegel:	⌶ bei km 63,4, Minimum 0,6 m
Schwierigkeiten:	km 119–111,9 WW III.
	km 111,9–106 WW II-IV (Teilstrecken WW V).
	km 101,4–92,1 WW II-III.
	km 92,1–15,2 WW I
	km 15,2–⇩, nichts bekannt.
Kilometrierung:	nach Kartenmaterial.

128,0 Ursprung: in ca. 895 m Höhe (44.4267,3.9692)

119,0 Str-Ⅱ D 155, li **F 30450 Concoules-Le Martinet** re Schloss von Bresis, ⬇. Die folgende Strecke WW III (44.3839,3.9801)

118,5 Niedrige Stein-Ⅱ bei HW **X**, dann li ⏏

113,9 Weg-Ⅱ, li 🚐 Le Moulin du Pistou **F 30450 Aujac** (44.3614,4.0023)

111,9 Str-Ⅱ D 134, li in 2,5 km **F 30450 Aujac** ab hier durchweg III–IV. Sehr starkes Gefälle, erhebliche Verblockung, mehrere Flussstellen müssen unbedingt vor der Befahrung erkundet werden, herrliche, einsame Schlucht (44.3569,3.9963)

107,1 Stein-Ⅱ in re-Kurve, schlecht einsehbar, li verfallenes Gehöft, WW III–IV, evtl. li ⏏

106,0 –102,5 Stausee

102,5 ■ Staumauer, **X**. Am re Ufer des Stausees führt eine alte Straße bis zum Wasser, dort gute ⬆ (44.3188,4.0480)

101,4 ■, danach Wasserfall, **X** ↰, ⏏ sehr mühsam (44.3119,4.0546)

100,1 Str-Ⅱ re **F 30160 Peyremale-Le Mas Herm** (44.3048,4.0609)

99,8 re ⇩ Luèch (s. Seite 117) Die folgende große Flussschleife bis km 92 ist landschaftlich sehr schön und bringt unter der Voraussetzung ausreichender Wasserabgabe des neuen Staudammes, reizvolles Wildwasser (WW II) (44.3031,4.0631)

97,0 Str-Ⅱ.

96,1 ■ Wehr, li **F 30160 Peyremale-Les Drouilhèdes**

94,8 ■ Wehr

94,7 Str-Ⅱ (44.2968,4.0680)

93,6 ■ mit Weg-Ⅱ, re **F 30160 Bessèges-Le Plo**. (44.2960,4.0738)

92,9 ■ und danach Weg-Ⅱ, li **F 30160 Bordezac-Les Sabottes** (44.2983,4.0916)

92,1 Str-Ⅱ D17.**F 30160 Bessèges**

92,1 –64,6 herrliche Urwaldlandschaft (44.2918,4.0948)

91,5 Str-Ⅱ D51A, **F 30160 Bessèges** (44.2894,4.1010)

90,3 Weg-Ⅱ.

89,9 EB-Ⅱ. (44.2835,4.1134)

89,1 li ⇩ Ganière (s. Seite 118) (44.2820,4.1276)

88,8 Str-Ⅱ D746, li **F 30160 Robiac-Rochessadoule** (44.2791,4.1278)

86,3 ■ Wehr

85,3 Str-Ⅱ D 130, re **F 30410 Molières-sur-Cèze-Gammal** (44.2668, 4.1528)

84,4 Weg-Ⅱ, re **F 30410 Molières-sur-Cèze**. (44.2619,4.1582)

80,9 ▬ Wehr (44.2702,4.1922)
79,7 Str-II D904, **F 30500 Saint-Ambroix** (44.2625,4.2000)
76,5 ▬ Wehr (44.2527,4.2168)
76,2 Str-II D 51; gute ⬇. (44.2517,4.2131)
74,4 ▬ Wehr (44.2436,4.1977)
73,7 ⛺ Camping Beau Rivage, 130 Chemin Beaurivage, F 30500 Saint-Ambroix, camping-beau-rivage.fr (44.2388,4.2024)
67,3 re ⇩ Auzon (44.2308,4.2667)
66,5 Str-II D 187A, re gute ⬇ re nach **F 30430 Rivieres**. Danach li ⛺ Camping Universal, Chemin de Belbuis, F 30430 Rochegude, camping-universal.com (44.2351,4.2732)
64,6 Str-II D187C, re **F 30430 Rochegude,** ⬇ (44.2406,4.2864)
64,4 li ⇩ Claysse (s. Seite 119) (44.2417,4.2883)
63,4 Str-II D979, ≣. (44.2438,4.2997)
61,7 re Grotte mit Quelle, ⌘. Anschließend Gorges de la Cèze, sehr schöne Cevennenschlucht
57,6 li Erimetage de Saint-Ferréol.
55,7 li ⛺ Camp Naturiste de la Sablière (FKK), F 30430 Saint-Privat-de-Champclos
54,2 li und re ⛺.
48,5 ▬ Wehr, evtl. ≈, ⚠ Rücklauf bei HW! (44.2730,4.4135)
47,6 II (44.2659,4.4203)
46,9 Str-II, li **F 30630 Montclus** Vor der Brücke li ⬆ (44.2624,4.4197)
42,3 ▬ Wehr, nach Besichtigung evtl. re ≈, Steine im Unterwasser (44.2496,4.4469)
42,1 Str-II D167, re gute ⬇⬆ Ruhige Weiterfahrt durch eine unberührte Waldlandschaft (44.2482,4.4494)
41,5 li ⛺ La Plage ▬, evtl. ≈, li **F 30630 Saint-André-de-Roquepertuis**, campinglaplage-gard.com (44.2437,4.4498)
40,4 re **30630 Goudargues-Frigoulet**
36,7 Str-II D23, li ⛺ Les Amarines li **F 30630 Cornillon**, gute ⬇⬆, campinglesamarines.com (44.2187,4.4770)
35,1 niedrige Str-II, ⚠ bei HW, re **F 30630 Gourdargues**, ⛺ Camping La Gambionne, danach ▬, evtl. ≈ oder re treideln, Route Uzès, 30630 Goudargues, campingretro.com (44.2096,4.4695)
33,0 ▬ Moulin Bès. (44.1952,4.4812)
32,8 re ⇩ Aiguillon (s. Seite 116) (44.1951,4.4841)
28,4 li ▬ Wehr Cazernau nach Besichtigung evt. ≈ (44.2106,4.5095)
25,2 Str-II D166, re **F 30200 La Roque-sur-Cèze** (44.1934,4.5237)

24,8 Cascade du Sautadet. Die Fahrt hier am li Ufer beenden. Die Kaskaden sind eine Sehenswürdigkeit. Die Cèze ist auf einer Strecke von 300 m **X**, li ⩮ 1 km weit (44.1899,4.5268);
li ⛟ Camping les Cascades, Route de Donnât, F 30200 La Roque-sur-Cèze, campinglescascades.com (44.1883,4.5258)

15,9 verfallenes ■ mit großen Felsblöcken, nach Besichtigung evtl. ≈ (44.1694,4.6117)

15,2 Str-Ⅱ N86, re **F 30200 Bagnols-sur-Cèze**, li ⬆-Möglichkeit. Über eine Weiterfahrt bis zur Rhône ist nichts bekannt (44.1702,4.6199)

14,9 EB-Ⅱ. (44.1715,4.6225)

13,3 ⛟ Les Genêts d'Or, 1840 Chemin Carmignan, F 30200 Bagnols-sur-Cèze, camping-genets-dor.com (44.1738,4.6362)

12,4 Str-Ⅱ D 165. (44.1647,4.6333)

6,2 Str-Ⅱ D 138, li **F 30200 Chusclan**. (44.1472,4.6789)

6,0 ■. (44.1467,4.6817)

4,0 Str-Ⅱ D 765A. (44.1342,4.6881)

2,5 Str-Ⅱ D 765. (44.1222,4.6871)

0,0 ⇩ in Rhône (s. Seite 56) bei km 5,2 in ca. 30 m Höhe. (44.1083, 4.7041)

Aiguillon

Wildfluss — Gewässerkennzahl FR: V5460580

Mündung in Cèze bei km 32,8 (re Nebenfluss)

Der Aiguillon ist ein extremer Wildfluss in einer sehenswerten Schlucht. Ein Wanderpfad führt durch die Schlucht.

Fahrtstrecke: Ⅱ D787 - Pont de Goussargues, 7 km

Befahrbarkeit: Oktober bis April nach Regenfällen, eine Befahrung bei HW ist unmöglich.

Schwierigkeiten: enge Verblockung, verwinkelte Abfälle, enge Durchfahrten mit Verklemmungsgefahr, WW III und IV mit Stellen WW VI bis **X**, je nach Wasserstand und Risikobereitschaft. Das ⩮ kann sehr mühsam sein. Für Erkundung und Befahrung sollte man einen vollen Tag einplanen. Alpinausrüstung!

Luèch

Wildfluss (Gebirgsfluss) Gewässerkennzahl FR: V5410500
Mündung in Cèze bei km 99,8 (re Nebenfluss)

Die Luèch ist ein kleiner, jedoch wassermässig sehr interessanter und landschaftlich außerordentlich schöner Fluss der Cevennen.

Befahrbarkeit:	Frühjahr und nach Regenfällen, jedoch keinesfalls bei HW. Ein günstiger Wasserstand liegt vor, wenn die Kante des Wehres von km 15,4, Pont du Rastel, eben angespült ist.
Schwierigkeiten:	km 26,4-23,6 WW V und VI.
	km 23,6-15,5 WW IV (VI)
	km 15,5-⇩ WW III.
Infrastruktur:	Zeltmöglichkeit: im Tal der Gagnière oberhalb von Chavagnac.

32,8 Ursprung bei Vialasse in 1300 m Höhe. (44.3264,3.8177)–(44.3264, 3.8177)

26,4 ⌶ **F 48220 Vialas-La Planche** Mögliche ⬇ für Extremfahrer. Gefälle bei 50‰, meist in Stufen, bis zu 8 m hoch, Alpinausrüstung erforderlich, mehrfache Erkundungen unerlässlich, WW V und VI mit Abschnitten **X**, ⩡ möglich doch sehr mühsam (44.3276,3.8896)

24,1 ⌶ es folgen eine Stelle **X**, eine Doppelstufe, WW VI und ein weiterer Wasserfall, WW V (44.3262,3.9096)

23,6 Ende der Extremstrecke mögliche ⬇ für die etwas leichtere Folgestrecke. Man zweigt dazu beim Weiler Le Travers von der D998 ab, zum Fluss, die Straße etwa 500 m weit flussab fahren. In der ersten scharfen re-Kurve (die Straße ist bereits hoch über dem Fluss) zweigt li ein Trampelpfad zur ⬇ ab. Die Schwierigkeiten der folgenden 6 km betragen WW III-IV (VI). Starke Verblockung, sehr starkes Gefälle. Die Fahrt geht durch eine wilde Schlucht (44.3265,3.9136)

21,9 Fußg-⌶

17,9 ▬ (44.3288,3.9563)

17,6 ⌶ (44.3276,3.9599)

17,0 Ein Schwall, der leicht beginnt und in einen Felsgraben läuft, endet, vom Boot aus nicht einsehbar, in einer hohen Stufe mit Verklemmungsgefahr, ⚠ Lebensgefahr!, WW VI-**X**. Rechtzeitig vor Einfahrt in den Felsgraben ↱

16,9 ⌶ (44.3243,3.9611)

15,7 Ⅱ (44.3156,3.9651)
15,5 Ⅱ **F 30530 Chamborigaud-Pont du Rastel** (44.3139,3.9670)
15,4 ▬ Wehr, evtl. li ≋, doch unsauberes Unterwasser. Die folgende Flussstrecke führt durch eine aus Schiefergestein gebildete sehr malerische Schlucht (44.3134,3.9672)
14,7 ▬ Wehr (44.3081,3.9676)
14,5 li ⛺ „La Châtaigneraie" camping-chataigneraie-cevennes.com (44.3082,3.9701)
14,3 Ⅱ D906 **F 30530 Chamborigaud** Unter der Ⅱ befindet sich ein Felsgraben mit Stufe und Felsrippe. Unbedingt re in den Graben einfahren, li von der Rippe besteht im Abfall erhebliche Steckgefahr (44.3075,3.9715)
13,9 ▬ Wehr (44.3059,3.9758)
12,9 EB-Ⅱ unterhalb Chamborigaud, ⬇ oberhalb der Ⅱ. Kurz danach sehr enger Klamm-Eingang, danach wasserfallartige Stufe, WW IV-V. Weiterhin schwer in schwer begehbarer Klamm, evtl. ⌓ schwierig. Die Klamm kann mit Pkw gut umfahren werden (44.3055,3.9876)
12,6 Ⅱ D29 (44.3048,3.9901)
11,1 ▬ Wehr (44.2996,3.9957)
10,7 ▬ Wehr (44.3009,3.9990)
9,5 Ⅱ D243A, gute ⬇, li ⛺ „Municipal" camping-municipal.org (44.3046, 4.0055)
9,2 Ⅱ D29 (44.3054,4.0088)
8,5 ▬ Wehr (44.3043,4.0136)
8,3 Ⅱ D29A und Weg-Ⅱ **F 30450 Chambon** (44.3021,4.0177)
7,1 ▬ Wehr (44.3017,4.0233)
6,8 ▬ Wehr (44.3019,4.0282)
6,7 Ⅱ, ⬇-Möglichkeit bei geringer Wasserführung (44.3011,4.0281)
3,3 Ⅱ (44.3068,4.0438)
2,7 re ⛺ „Perrin Jacques" (44.3025,4.0460)
0,4 ▬ Wehr, wenn offen ≋, bei HW starker Rücklauf, dann re ⌓, re ⛺ „Le Vieux Moulin" (44.3030,4.0587)
0,3 Ⅱ D17, re **F 30160 Peyremale** (44.3025,4.0598)
0,0 ⇩ in Cèze (s. Seite 113) bei km 99,8 Weiterfahrt auf der Cèze bis Bessièges etwa 4km (44.3032,4.0630)

Ganière

Wildbach (Gebirgsbach) Gewässerkennzahl FR: V5420520

Mündung in Cèze bei km 89,1 (li Nebenfluss)

Die Gagnière ist ein landschaftlich reizvoller Wildbach der Cevennen. Der Wasserstand ist allerdings nur selten ausreichend. Die 5 km lange Strecke von Le Frontal bis ⌶ D216 wurde bisher nur erkundet. Die Gagnière fließt hier mit sehr starkem Gefälle durch eine herrliche Felsschlucht, WW IV-VI, wahrscheinlich keine Verbauungen. Bei höherer Wasserführung (etwa über 12 m^3/s) wird der Bach mit Sicherheit **X**. Empfohlene Fahrtstrecke von ⌶ D216 bis Chavagnac, 8 km. WW III. Eine Weiterfahrt zur Cèze ist unschwierig möglich, wegen Begradigung des Flusses und Verschmutzung durch Industrieabwässer allerdings nicht lohnend.

Claysse

Kleinfluss (Gebirgsfluss) Gewässerkennzahl FR: V5450500
Mündung in Cèze bei km 64,4 (li Nebenfluss)

Die Claysse ist für das Zentralmassiv eher untypisch: ein nicht ganz bequemer, doch lohnender Kleinfluss in ruhiger Wald- und Wiesenlandschaft, teilweise flotte Strömung, dabei Baum- und Strauchhindernisse, Dornen!

Befahrbarkeit:	Frühjahr und nach ergiebigen Regenfällen.
Schwierigkeiten:	km 13,5-⇩: WW I
Infrastruktur:	Pkw: Straße verläuft stets in der Nähe des Flusses.

21,9 Ursprung in etwa 300 m Höhe. (44.3226,4.1621)–(44.3226,4.1621)
13,5 ⌶, li, **F 07460 Saint-André-de-Cruzières-Chadouiller** mögliche ⬇ bei gutem Wasserstand (44.3173,4.2023)
12,8 ⌶ (44.3144,4.2107)
12,5 ▬ Wehr, **X**, li ⏢
12,3 ⌶ D225 (44.3124,4.2141)
11,7 ⌶ (44.3098,4.2196)
11,3 ⌶ (44.3076,4.2231)
11,1 ⌶ , ⬇ ab hier normalerweise bis Anfang Mai ≈. (44.3068,4.2258)
8,9 li ⛺ „de la Claysse“ , campingdelaclaysse.com (44.3009,4.2486)
8,5 ▬ Wehr, **X** (44.2994,4.2518);
Röhren-⌶, li **F 07460 Saint-Sauveur-de-Cruzières** (44.2987,4.2528)
8,3 Röhren-⌶ (44.2979,4.2537)
8,3 –2,4 Nette Fahrt durch ein stilles Tal Es folgen ein ▬, ≈, und mehrere Röhren-⌶, ≈
7,9 ⌶ D255 (44.2945,4.2561)

7,3 Ⅱ (44.2912,4.2599)
6,8 Ⅱ (44.2875,4.2614)
6,3 Ⅱ li **F 07460 Saint-Sauveur-de-Cruzières** (La Varbe) (44.2840, 4.2624)
5,2 Ⅱ (44.2787,4.2651)
4,8 Ⅱ (44.2754,4.2678)
3,8 Ⅱ (44.2700,4.2742)
2,4 Ⅱ D350A, li **F 30430 Saint-Jean-de-Maruéjols-et-Avéjan** (44.2594, 4.2796)
1,2 Ⅱ (44.2503,4.2843)
0,7 Ⅱ D51 (44.2470,4.2861)
0,0 ⇩ in Cèze (s. Seite 113) bei km 64,4 bei Rochegude. Es empfiehlt sich, auf der Cèze etwa 1 km weit bis zur Ⅱ D979 zwischen Rochegude und St. Jean-de-Maruéjols weiterzufahren, hier ↱. Am ⬆ altes, verfallenes ▬, ≈ (44.2417,4.2883)

Ardèche

Wildfluss-Wanderfluss (Gebirgsfluss) Gewässerkennzahl FR: V50-0400
Mündung in Alter Rhône-Lauf bei Bourg bei km 9,2 (re Nebenfluss)

Die Ardèche mit ihrer 30 km langen landschaftlich hervorragend schönen Schlucht des Zentralmassivs gehört zu den beliebtesten Kanuflüssen Europas. Die Ardèche wird zumindest ab Vallon als Wanderfluss betrachtet, der mit Booten jeglicher Bauart befahren werden kann, es ist jedoch auch bei einem Schwierigkeitsgrad von WW II eine gewisse Bootsbeherrschung, zumal bei einem jederzeit möglichen höheren Wasserstand, erforderlich; speziell für Faltboote wird die Mitnahme von Reparaturmaterial empfohlen. Bei HW ist die Ardèche auch in der Schlucht ein durchaus ernst zu nehmender Wildfluss.

Wenn auch die Ardèche vorwiegend wegen ihrer einmaligen Schluchtstrecke befahren wird, so sei doch daran erinnert, dass sie bei ausreichendem Wasserstand schon weit oberhalb Vallon befahren werden kann und auch hier ein landschaftlich und wassertechnisch sehr interessantes Gewässer darstellt.

Ein oberster Abschnitt der Ardèche stellt extrem schweres Wildwasser dar.

Die Ardèche-Schlucht ist seit 1980 Naturschutzgebiet. Das freie Zelten (auch nur Übernachten), das Anmachen von Feuern, das Verschmutzen der Lagerplätze ist verboten. Die Verbote werden kontrolliert; es ist mit hohen Strafen zu rechnen. Zelten innerhalb der Schlucht daher nur an den in der Beschreibung genannten Plätzen möglich. Es werden dafür Gebühren erhoben, die schon vor Beginn der Befahrung bezahlt werden sollten. Diese Plätze dürften allerdings zur Zeit der französischen Schulferien überfüllt sein.

Die Befahrung der Ardèche-Schlucht ist ein Touristikunternehmen 1. Ranges. Pro Jahr fahren etwa 250 000 Boote durch die Schlucht. Entsprechend groß ist der Rummel, an den einzelnen Stromschnellen kommt es infolge von Kenterungen zu gefährlichen Verstopfungen. Um diesem Trubel zu entgehen ist es sinnvoll, die Befahrung möglichst früh zu beginnen und die Ardèche an Sonn- und Feiertagen sowie während der französischen Schulferien (Juli–August) völlig zu meiden.

Befahrungsregeln: 1. Strecke km 72,6–40,9: maßgebend der Farbpegel bei km 72,6.

rot (= mehr als 1 m) Befahrung verboten

orange (= 0,7–1 m) Befahrung nur erlaubt für qualifizierte Sportler oder mit qualifizierter Begleitung

grün (unter 70 cm) Befahrung erlaubt.

2. Strecke km 40,9–⇩ (Schluchtstrecke); maßgebend der Farbpegel bei km 40,9.

rot (mehr als 2,5 m) Befahrung verboten.

rot (1,3–2,5m) nur für qualifizierte Kanuten.

orange (0,8–1,3 m) erlaubt nur für qualifizierte Fahrer oder mit qualifizierter Begleitung.

grün (unter 0,8 m) Befahrung uneingeschränkt erlaubt.

Eine Einfahrt in die Schluchtstrecke nach 18 Uhr ist generell verboten.

Befahrbarkeit: ab km 119,5 nur sehr selten zur Zeit der Schneeschmelze, ab km 101,1 nur im Frühjahr (März bis April), ab km 72,6 bis Juni, ab Vallon-Pont-d'Arc ganzjährig, bei sommerlichem NW kann eine Befahrung jedoch recht mühsam werden.

Pegel: http://www.rdbrmc.com/hydroreel2/listestation.php
http://www.eauxvives.org/fr/niveaux/en-direct
http://www.vigicrues.ecologie.gouv.fr/index.php

Pegel Sauze, km 12; günstiges MW bei 285 cm, entspricht etwa 40 m³/s.

	Dieser für eine Befahrung günstige Wasserstand ist noch im Frühsommer anzutreffen. Nach starken Regenfällen kann das Wasser in der Schlucht innerhalb von Stunden bis zu 10 m ansteigen, entsprechend einer Durchflussmenge um 2000 m³/s.
Schwierigkeiten:	km 119,5–101,1 WW IV mit längeren Abschnitten WW V und VI. km 101,1–79,7 WW III–IV. km 79,7–72,6 WWII, Gefälle 3‰ km 72,6–Mündung WW I--II, Gefälle 1,7‰
Kilometrierung:	nach Kartenmaterial.
Quellen:	Ergänzungen: Timo Weickenmeier (04/13) Michael Marschewski (10/16) (04/17).

125,0 Ursprung in ca. 1430 m Höhe (44.7003,4.0444)

119,5 Str-II, **F 07330 Astet** mögliche ⬇ für die Befahrung der obersten Ardèche (785 m). Die Folgestrecke wurde bisher nur sehr selten befahren; sie stellt extrem schweres Wildwasser dar. Da auch nur selten ein ausreichender Wasserstand anzutreffen ist, wird auf eine Detailbeschreibung verzichtet. Eine ausführliche Schilderung dieser Strecke findet sich in der französischen Zeitschrift „Canöe Kajak Magazine" Nr.68/1984 (44.6796,4.0660)

101,1 Str-II D26 bei **F 07380 Meyras** ⬇ bei ausreichendem Wasserstand. Zunächst enge Basalt-Waldschlucht, WW III–IV, mit Abbrüchen, die teilweise **X** sind und ⏏ werden müssen, zum Teil stark verblockt sind. Links ⛺ Camping le Barutel (44.6701,4.2696)

99,1 re ⇩ Lignon (s. Seite 140) (309 m), das Tal wird breiter (44.6677, 4.2760)

98,4 ▬, li Kanuzentrum, **X**, da viel Eisen im Unterwasser; bei MW nicht mehr zu sehen. Bei viel Wasser gefährlicher Rücklauf; ⏏ li einfach, ⛺ Le Ventadour, Pont de Rolandy, 07380 Meyras. (44.6677,4.2844)

98,3 Str-II N 102. (44.6685,4.2859)

98,1 li ⇩ Fontauliére (s. Seite 138) (300 m) (44.6692,4.2887);
Es folgt spritziges, verblocktes Wildwasser, Kiesbankschwälle, WW IV, bei höherem Wasserstand erhebliche Wasserwucht, vorherige Besichtigung einiger Stellen dringend zu empfehlen. Mehrere bis 3 m hohe Steil-▬, bei NW alle ≈, vorherige Besichtigung unbedingt er-

forderlich. Allmähliches Nachlassen der Schwierigkeiten (WW III)
97,7 Str-II, re **F 07380 Pont-de-Labeaume** danach re gute ⬇⬆; 🅿 mit WC (44.6663,4.2905)
95,7 ▬, Weg-II. (44.6571,4.3052)
95,6 ▬ mit re Wasserableitung zum ϟ (44.6580,4.3062)
95,2 re ⇩ Kraftwerkskanal.
94,4 ▬. (44.6574,4.3168)
93,5 Str-II, re **F 07380 Lavelade-d'Ardèche**. (44.6524,4.3248)
92,4 ▬ Wehr (44.6456,4.3338)
92,3 ehem. EB-II. (44.6449,4.3356)
91,4 ▬ Wehr, re Wasserableitung. (44.6439,4.3454)
90,4 ehem. EB.-II (44.6476,4.3547)
90,0 ▬, li Wasserableitung. (44.6479,4.3580)
89,5 ▬ Wehr (44.6495,4.3624)
89,1 Str-II D 578, **F 07200 Labégude** (44.6517,4.3654)
89,0 li ⇩ Volane (s. Seite 137) (230 m) (44.6522,4.3665)
88,7 ▬ Wehr (44.6508,4.3707)
87,1 ▬ Wehr, re Wasserableitung. (44.6405,4.3798)
86,0 ▬ Wehr (44.6362,4.3902)
84,9 Str-II D 578BIS, re **F 07200 Aubenas**, interessanter Blick auf hochgelegene Stadt, Kiesbankschwälle (44.6269,4.3946)
84,7 Steil-▬, 0,8m hoch Rücklauf, evtl. re ≈ (44.6257,4.3962)
82,8 Str-II D 104. (44.6239,4.4177)
79,7 Str-II N102, re **F 07200 Saint-Didier-sous-Aubenas** (44.6040, 4.4194)
72,6 II N579, Farb-≣ li **F 07200 Vogüé** alte Burg und Schloss. Auf der Folgestrecke bis Vallon befinden sich mehrere Wehre. In früheren Beschreibungen der Ardèche wurde daher, zumindest ab Ruoms, von einer Weiterfahrt abgeraten. Inzwischen wurden jedoch bis auf ein ▬ alle ▬ mit Bootsgassen ausgestattet. Diese Bootsgassen sind, zumindest bei NW und MW, gut ≈. Bei HW können sie **X** werden (44.5501,4.4125)
71,9 ▬, zerfallen, ≈, kein Hindernis, und EB-II (44.5454,4.4137)
71,4 Str-II D 579 (44.5423,4.4098)
69,7 Str-II, re **F 07200 Lanas** (44.5291,4.3998)
68,9 Beton-▬ Bootsgasse in der Mitte, ≈ oder re ⏏, li ⬇-Möglichkeit (44.5222,4.3944)
66,3 Str-II D 294, li **F 07120 Balazuc** alte malerische Stadt. ⬇⬆ am li Ufer möglich; dieser Bereich kann über eine steile und enge Zufahrt direkt

vor der Brücke erreicht werden. Er gehört jedoch zu einem Bootsverleiher; Befahren und Laden wird nur geduldet, keine P-Möglichkeit! Parken nur auf einem gebührenpflichtigen P oberhalb der Ⅱ möglich (44.5118,4.3716)

62,1 li ⛺ Camping La Digue, camping-la-digue.fr

60,2 li ⛺ L'International, **F 07120 Pradons**, camping-international-07.fr

59,8 li ⛺ Camping les Coudoulets, Chemin de l'Ardèche, 07120 Pradons, coudoulets.com

59,1 Str-Ⅱ D308, li **F 07120 Pradons**, bis Ruoms hohe Felsenschlucht (44.4748,4.3519)

58,5 Cirque de Chauzon.

57,0 re ⇩ Ligne (s. Seite 137) (108 m) (44.4750,4.3372)

55,0 Str-Ⅱ D4, li **F 07120 Ruoms** alle Möglichkeiten (44.4568,4.3341)

54,9 Steil-▬, **X**, Es hat hier schon mehrere tödliche Unfälle gegeben. Die re befindliche Bootsgasse ist gut ≈ (44.4559,4.3337)

54,5 li ⬆- und Parkmöglichkeit, zu erreichen über Rue du Bac (44.4531, 4.3352);

li ⛺ Camping Municipal Ruoms, 9 Allée du Stade, F 07120 Ruoms, campingmunicipalruoms.com

53,9 re ⛺ Camping de Peyroche, Route de Saint-Alban, F 07120 Labeaume, camping-peyroche.com

52,3 re ⇩ Beaume (s. Seite 134) (99 m) (44.4370,4.3334)

51,7 li ⛺ La Chapouliere, Chapoulière, Chapoulière,F 07120 Ruoms, lachapouliere.com

50,8 re ⇩ Chassezac (s. Seite 128) (96 m) (44.4277,4.3205)

50,4 EB-Ⅱ (außer Betrieb). (44.4256,4.3251)

50,3 Str-Ⅱ D111 (44.4253,4.3256);

li ⛺ Camping le Carpenty, Fay et Carpenti, F 07120 Ruoms, camping-ruoms-ardeche.com;

re ⛺ Camping RCN la Bastide en Ardeche, D111,F 07120 Sampzon, rcn.nl

49,6 li ⛺ Camping La Grand'terre, La Grand Terre,07120 Ruoms, campinglagrandterre.com

49,1 li ⛺ La Plaine, La Grand Terre, F 07120 Ruoms, yellohvillage.fr

47,9 re ⛺ Katina, **F 07120 Sampzon** (44.4301,4.3495)

47,7 re gute ⬆ vor dem ▬ Sampzon Zufahrt: Von der den Fluss begleitenden D 587 über die Brücke nach Sampzon fahren (D 161) und hinter dem ersten Campingplatz (Yello - Camping Le Soleil Vivarais) rechts in die Anliegerstraße abbiegen und bis zum Wehr durchfahren;

hier 🅿-Möglichkeiten (44.4309,4.3515);
Steil-▬ mittig Bootsgasse, ≈ (44.4315,4.3515)

47,0 Str-Ⅱ D 161, re **F 07120 Sampzon** ⛺ Soleil Vivarais, und ⛺ Camping le Riviera;
⬇⬆ an den Kiesstränden rechts ist nicht möglich, da Campingplatzgelände, li langgezogene hohe Ufermauer, 3319 Route du rocher, F 07120 Sampzon, soleil-vivarais.com; campingleriviera.com (44.4296, 4.3573);
li ⬇⬆ bei **F 07120 Sampzon** kurz hinter der Brücke li über einen kleinen und die Straße unterquerenden Bach möglich, ca. 50 Meter vor der Einmündung in die Ardèche am rechten Bachufer eine Rampe mit 🅿-Möglichkeiten; diese wird von Bootsverleihern mitgenutzt (44.4294,4.3584)

46,4 re ⛺ Camping Aloha Plage, Gadonnes,F 07120 Sampzon, campingalohaplage.fr, ☎ 04 75 39 67 62 (44.4254,4.3535)

45,8 re ⛺ Camping Le Mas De La Source, Les Trouilleres, F 07120 Sampzon, campingmasdelasource.com (44.4224,4.3472)

45,2 Steil-▬ Bootsgasse, ≈, Str-Ⅱ (44.4170,4.3465)

44,6 li ⛺ Arc en Ciel, Les Mazes, F 07150 Vallon-Pont-d'Arc, ardeche-camping-07.com (44.4117,4.3482)

43,9 li ⛺ La Plage Fleurie, Les Mazes, Les Mazes, F 07150 Vallon-Pont-d'Arc, laplagefleurie.com (44.4073,4.3526)

43,0 li ⛺ Beau Rivage, Les Mazes, F 07150 Vallon-Pont-d'Arc, beaurivage-camping.fr (44.4049,4.3635)

42,5 ▬ Wehr, Bootsgasse , in der Mitte ≈ (44.4043,4.3698)

41,6 ▬ Wehr, **X**, li Bootsgasse, ≈, sonst li ⏏ (44.4032,4.3802)

41,0 ▬ Wehr, li künstliche Slalom-Strecke, **X**, Bootgasse re ≈. Am Ende der Slalomstrecke steht eine herrliche Spiel-Walze. Es kam hier allerdings schon zu einem dramatischen Klemm-Unfall, die Stelle soll entschärft werden, trotzdem Vorsicht!, sonst li ⏏, re ⛺ International Camping Ardèche, Impasse de la Plaine, F 07150 Salavas, internationalcamping07.com (44.3993,4.3845)

40,9 Str-Ⅱ D579, li **F 07150 Vallon-Pont-d'Arc** Farb-▤, übliche ⬇ für die Befahrung der Schluchtstrecke der Ardèche. Im Hochsommer fahren täglich bis zu 2500 Boote durch die Schlucht. Um Schwierigkeiten an den Stromschnellen zu vermeiden, wird empfohlen, die Befahrung früh zu beginnen (44.3986,4.3850)

39,7 li ⛺ Le Provençal, Route des Gorges, F 07150 Vallon-Pont-d'Arc, camping-le-provencal.fr

39,4 li ⇩ Ibie (s. Seite 127) (78 m) Beginn der großen Ardèche-Schlucht; li CAMPING DE L'ILE, Route des Gorges, F 07150 Vallon-Pont-d'Arc, camping-delile.com (44.3933,4.3999)

38,7 li camping des tunnels, Route des Gorges, F 07150 Vallon-Pont-d'Arc, ardeche-vacance.com

38,2 Großer Felsen im Fluss „Le Claire Creyt“, li fahren, re Quelle „Goule de Fonssoubie“

37,2 li günstige ⬇⬆ vor dem Pont d´Arc an einem Sandstrand direkt vor dem Felsdurchbruch, die bisher günstige Abladestelle an der D 290 unweit des Strandes existiert nicht mehr, Auf - und Abladen sowie Parken nur noch am ca. 200 Meter vom Strand entfernten Großparkplatz (bis jetzt April 2017 gebührenfrei) möglich (44.3818,4.4144)

37,0 Große Felsformation „Charlemagne“ oder „Moine“. Der Fluss durchströmt die natürliche Steinbrücke „Pont d'Arc“ (44.3819,4.4161)

35,8 li La Rouvière, Route Des Gorges,Quartier Chame, F 07150 Vallon-Pont-d'Arc, campinglarouviere.com

35,4 li Camp des Gorges, Route Touristique, F 07150 Vallon-Pont-d'Arc, camping-camp-des-gorges.com (44.3755,4.4251)

30,6 Der „Schwarze Zahn“.

23,8 li Gournier, Biwakplatz, .

21,4 li „La Cathédrale“ besondere Felsformation.

20,9 Felsen „La Pastiere“.

20,2 li Plage de Templiers FKK- Camping Naturiste les Templiers, re Maladrerie des Templiers, mittelalterliche Leprastation, Le Bas Lavis,La Madeleine, F 07700 Saint-Remèze, camping-templiers-ardeche.com, ☎ +33 4 75 04 28 58;

- Überhängender Felsen „Castel Vieil“.
- Grotte „Saint Marcel“, 40m über dem Wasser.
- „Grotte du Mammouth“.

12,0 Ende der Schlucht, li **F 07700 Saint-Martin-d'Ardèche-Sauze** gute ⬆, ▤, li oberhalb Les Gorges. Die Bootsverleiher nehmen (ungern) die Boote, lieber nur die Fahrer gegen Gebühr nach Vallon zurück. 🅿 gegen Gebühr möglich (Tagespauschale "Forfait" April 2017 3 €), camping-des-gorges.com

10,9 re **F 30760 Aiguèze**

9,9 Str-II D141, li **F 07700 Saint-Martin-d'Ardèche** Günstige Stelle zur Beendigung der Ardèche-Fahrt und zum Nachholen der Pkw (44.3002,4.5671)

9,8 ▬ Wehr, evtl. ≈ (44.2996,4.5686)

7,6 ■ Wehr, re ⛺ Le Peyrolais, Route de Barjac, F 30760 Saint-Julien-de-Peyrolas, camping-lepeyrolais.com (44.2904,4.5922)
4,9 li ⛺ Camping des ponts, Le Bourdelet, F 07700 Saint-Just-d'Ardèche, fr-fr.facebook.com (44.2819,4.6151)
4,3 Reste einer alten Π, ⚠ Pfähle, je nach Wasserstand evtl. wehrartig (44.2787,4.6182)
4,1 Str-Π D 86/D 6086. (44.2797,4.6201)
3,9 EB-Π. (44.2812,4.6230)
0,1 ■. (44.2652,4.6473)
0,0 ⇩ in die Rhône (s. Seite 55) bei km 9,2 re **F 30130 Pont-Saint-Esprit** in ca. 45 m Höhe (44.2644,4.6478)

Ibie

Wildfluss (Gebirgsfluss) Gewässerkennzahl FR: V5050540
Mündung in Ardèche bei km 39,4 (li Nebenfluss)

Die Ibie ist ein landschaftlich schöner und fahrtechnisch reizvoller kleiner Wildfluss. Behinderungen durch Büsche und niedrige Brücken, bei HW gefährlich, es hat schon einen Todesfall gegeben.

Befahrbarkeit: Zeit der Schneeschmelze und im Frühjahr nach stärkeren Regenfällen, im Sommer völlig trocken.

Umwelt: Wasser: sehr sauber.

Schwierigkeiten: WWII (III).

Kilometrierung: nach Kartenmaterial.

33,0 Quelle in ca.387 m Höhe (44.5672,4.5381);
Die Ibie wurde bei sehr gutem Wasserstand schon oberhalb Saint-Maurice-d'Ibie befahren. Ein Fahrtbericht liegt jedoch nicht vor
20,3 Str-Π, li **F 07170 Saint-Maurice-d'Ibie** 🅿, gute ⬇ hinter der Kirche. Oberhalb 3 m hohes Steil-■, gefährlich, ⏏ (44.5002,4.4822)
15,9 Str-Π, li **07170 Saint-Maurice-d'Ibie-Les Sallèles**. Ab hier Befahrung auch bei etwas niedrigerem Wasserstand möglich. Flotte Fahrt mit kleinen Stufen, WW I–II (44.4715,4.4585)
12,6 Str-Π D 558. (44.4613,4.4438)
11,9 ■ Wehr 2 m hoher Steilabfall mit Durchlass in der Mitte, evtl. ≈, bei HW re ⏏. Ab hier landschaftlich sehr reizvoll, WW II–II+ (44.4574, 4.4431)
11,8 Str-Π D 558. (44.4572,4.4427);

Es folgt ein leichtes Zwischenstück, WW I, auch landschaftlich weniger interessant

6,6 Ⅱ D558 (44.4346,4.4281)

4,9 Ⅱ (44.4214,4.4240)

2,4 Ⅱ D4, einige Naturstufen, gut ≋, Buschhindernisse. Der Fluss wird wieder etwas schwieriger (44.4039,4.4143)

0,6 ⚠, niedrige Bogen-Ⅱ, meist durch Treibholz versperrt, gefährlich, da voll im Stromzug, kein Kehrwasser, Kanutenfalle, ↱ und ⏏ (44.3956, 4.4062)

0,4 Str-Ⅱ D290, darunter schwerste Stelle der Ibie, WW III (44.3949, 4.4035)

0,0 ⇩ in Ardèche (s. Seite 120) bei km 39,4 in ca. 78 m Höhe. (44.3933, 4.3997)

Chassezac

Wildfluss (Gebirgsfluss) Gewässerkennzahl FR: V5040500

Mündung in Ardèche bei km 50,8 (re Nebenfluss)

Der Chassezac durchfliesst herrliche, einsame Täler, die teilweise denen der Ardèche ähneln. Die Schwierigkeiten wechseln stark.

Über die Möglichkeit einer Befahrung des Oberlaufs (oberhalb km 45,9) ist nichts bekannt. Die Folgestrecke stellt sehr schweres Wildwasser dar. Danach lassen die Schwierigkeiten nach. Ab km 26,8 sind sie nur noch gering, sodass eine Befahrung auch WW-Anfängern empfohlen werden kann. Vorsicht bei unterspülten Prallwänden in den Schluchten. Es bleibt jedoch fast stets genügend Platz zum Manövrieren. Notfalls können diese Prallwände leicht an den Kiesbänken der Innenkurven umtragen werden.

Befahrbarkeit: Die Wasserführung des Chassezac ist abhängig von der Wasserabgabe der Werke von Pieds de Borne, km 45,9; Malarce, km 36,1; Gravière, km 30,1 und Marvignes, km 26,8. Im Sommer ist mit einer Wasserabgabe der oberen Werke nicht zu rechnen, sodass eine Befahrung oberhalb von km 26,8 dann unmöglich ist. Das Werk Marvignes gibt im Sommer an Werktagen meist in der Zeit von 10–12 Uhr ausreichend Wasser ab, allerdings kann man sich darauf nicht unbedingt verlassen. Pegelangaben sind unzuverlässig, da sie durch den Werksbetrieb starken Schwankungen unterworfen sind. Im Frühjahr, zur Zeit der Schneeschmelze, sind die Aussichten, einen ausreichenden Wasserstand auch im Oberlauf und auch außerhalb der angegebenen Zeit zu finden, günstig. Selbst wenn bei Niedrigwasser die Schluchtstrecken gut befahrbar sind, besteht die Möglichkeit, dass unterhalb davon im breiter werdenden Tal mit Schwierigkeiten zu rechnen ist.

Schwierigkeiten: km 45,9–36,1 WW IV–V–IV

km 36,1–30,5 WWII–III (IV)

km 30,5–0 WWI–II, bei HW auch darüber, Gefälle 1,5‰.

85,0 Ursprung in ca. 1410 m Höhe (44.5867,3.7828)–(44.5867,3.7828); ▬ Staumauer mit totaler Wasserableitung die folgende Schlucht ist **X** (44.5299,3.8869)

46,9 re ⇩ Altier (s. Seite 132) (320 m) (44.4755,3.9798)

46,5 Str-II D51, **F 48800 Pied-de-Borne** (44.4764,3.9855)

46,4 li ⇩ Borne (s. Seite 133), dort ↯ mit Rückführung des abgeleiteten Wassers, direkt danach Stausee (44.4764,3.9864)

45,9 ▬ Staumauer meist totale Wasserableitung. Bei Überwasser folgt eine herrliche WW-Strecke. Mögliche ⬇ re unterhalb der Staumauer. Es folgen kataraktartige Schwälle WW IV und V (44.4720,3.9887)

45,2 Verblockter Abfall, WW VI-**X** Alle schweren Stellen sollten vor Befahrung besichtigt werden, ⏏ jeweils gut möglich

43,7 Verfallenes ▬, **X**, li ⏏

43,2 Mögliche ⬇ bei einem einzelnen Bauernhof, zu erreichen über einen Fahrweg, der etwa 1km unterhalb von Pieds de Borne von der D113 abzweigt. Ab hier etwas leichter, durchweg WW IV mit Stellen, je nach Wasserstand auch darüber

42,7 Eine Stelle knapp WW V.

39,8 Weitere sehr schwere Stelle.

38,8 li ↯ mit Rückführung des bei km 45,9 abgeleiteten Wassers. Kurz danach Beginn des Stausees von Malarce (44.4474,4.0381)

37,9 li ⇩ Thines (s. Seite 131) (220 m) (44.4510,4.0508)

36,1 Staumauer von Malarce, evtl. Weiterfahrt s. Befahrbarkeit (44.4444, 4.0641)

33,1 Felsblock in Flussmitte „Rapide de Fruilasses“, WW IV

33,0 Str-II, re **07140 Gravières-Le Eynés** (44.4355,4.0755)

30,5 Str-II D 113, re **07140 Gravières** (44.4266,4.0903)

30,1 ▬ Wehr, **X**, weitere Wasserableitung (44.4252,4.0947)

27,2 Str-II, li **F 07140 Les Salelles** re **F 07140 Les Salelles-Marvignes**, Badestelle, übliche ⬇ für die Befahrung des Chassezac (44.4234, 4.1094)

26,8 ↯ Marvignes mit Wasserabgabe (s. Befahrbarkeit). Man erreicht die ⬇ von Les Vans zur II D 10 nach Chambonas. Vor der II abbiegen und auf dem re Ufer flussaufwärts fahren durch Marvignes bis zur II (44.4264,4.1099)

25,5 Altes Bewässerungs-■, evtl. ≋ (44.4183,4.1197)

24,6 Str-II D 10, li **F 07140 Chambonas**, re **F 07140 Les Vans**, etwas abseits. Es folgen mehrere ■, evtl. ≋ (44.4136,4.1264)

23,9 ■ Wehr, evtl. ≋ (44.4135,4.1336)

23,4 ■ Wehr, evtl. ≋ (44.4178,4.1349)

22,3 li ⇩ Sure (s. Seite 131) (44.4237,4.1362)

20,4 Str-II D 104A, re **F 07140 Chambonas-Vompdes** (44.4163,4.1557); Bis zum Beginn der Schlucht bei HW WW II.

18,1 Bei HW kurze Schwallstrecke mit plötzlichem Schrägabfall und starkem Rücklauf in Flussmitte, li schwächere Walze, unbedingt ansehen und evtl. absichern. Bei MW schöne Trainingswalze, bei NW kaum bemerkbar. Danach Beginn der Gorges de la Païolive mit hohen Felswänden, in denen sich viele große ausgewaschene Löcher befinden. Bis km 62,5 WW II

14,7 Str-II, danach re Camping Mazet Plage **F 07460 Berrias-et-Casteljau**, laut, immer stark belegt. Nach 400 m re unterspülte Felswand, gut kenntlich an 2 großen Auswaschungen. Man fährt in einer leichten Schwallstrecke gerade darauf zu. Bei HW scharf li fahren, Lebensgefahr! Es ist zwar eine Warntafel angebracht. Sie ist jedoch sehr schlecht sichtbar und zudem sehr kurz vor der Gefahrenstelle. Also äußerste Vorsicht! Bei NW und MW ergeben sich hier kaum Probleme (44.3962,4.1983)

14,2 Camping Chaulet Village, F 07460 Berrias-et-Casteljau (44.4055, 4.2180)

11,9 Einfacher, ruhiger Camping La Vignasse F 07460 Berrias-et-Casteljau bei Tournayres, 200 m zum Fluss, vom Wasser aus jedoch nicht zu sehen. Ende der Schlucht

11,8 „Labyrinth", Felsplatten im Fluss, bei HW überspült, bei MW enge Durchfahrten zwischen unterspülten Platten

9,0 Str-II D 104, li ⬆ **F 07230 Chandolas-Maison-Neuve** Ab hier im Sommer sehr wenig Wasser, Weiterfahrt nur lohnend bei Fahrt auf der Ardèche (44.3918,4.2341)

3,5 Str-Ⅱ D 246. (44.4152,4.2867)
0,0 ⇩ in Ardèche (s. Seite 120) bei km 50,8 in ca. 96 m Höhe. (44.4275, 4.3203)

Sure

Wildbach Gewässerkennzahl FR: V5040820
Mündung in Chassezac bei km 22,3 (li Nebenfluss)

Die Sure ist ein kurzer, extrem schwerer Wildbach.

Befahrbarkeit: Frühjahr und nach Regenfällen. Günstig ist ein Durchlauf von etwa 3-5 m³/s. Auf keinen Fall bei HW fahren, die Extremstellen können dann nicht mehr ⩍ werden.

Fahrtstrecke: zur ⬇ fährt man von Les Vands auf der D350 Richtung St.Pierre de Déchausselat; kurz vor dem Ort führt re ein Feldweg zum Fluss.

Schwierigkeiten: sehr starkes Gefälle, Busch- und Baumhindernisse, WW V-VI. ⇩ in Chassezac nach 5 km. ⬆ nach weiteren 2 km bei der Ⅱ D104 bei Vompdes.

Thines

Wildfluss Gewässerkennzahl FR: V5040780
Mündung in Chassezac bei km 37,9 (li Nebenfluss)

Der Thines ist ein extrem schwerer Wildfluss in einem landschaftlich hervorragend schönen Engtal.

Befahrbarkeit: Frühjahr und nach Regenfällen. Günstig ist ein Durchlauf von etwa 3-5 m³/s. Auf keinen Fall bei HW fahren, da dann ein ⩍ der Extremstellen unmöglich wird.

Schwierigkeiten: WW V-VI mit mehreren Stellen **X**. ⩍ dieser Stellen möglich, doch z.T. recht mühsam. Die Straße verläuft meist neben dem Fluss, sodass eine Besichtigung schon bei der Anfahrt sowie ein evtl. Fahrtabbruch gut möglich sind.

Fahrtstrecke: ⬇ Ⅱ bei Thines, ⬆ nach etwa 6 km im Malarce-Stausee des Chassezac.

Altier

Wildfluss (Gebirgsfluss) Gewässerkennzahl FR: V5040660
Mündung in Chassezac bei km 46,9 (re Nebenfluss)

Der Altier ist ein sehr interessanter Wildfluss, der sich von der Einsetzstelle zunehmend tiefer in landschaftlich äußerst reizvolle Waldschluchten des Zentralmassivs eingräbt.

Befahrbarkeit: Frühjahr und nach starken Regenfällen. Ein idealer Wasserstand ist gegeben, wenn die einsehbare Strecke bei der Ⅱ km 32,4 eben gut ohne Grundberührung fahrbar ist.

Umwelt: Wasser: sauber

Pegel: bei km 12,1; 65cm = MW, ausreichend für eine Befahrung ab km 21,4.

Schwierigkeiten: km 32,4—10,6 WW IV-V-IV-III-II (**X**)

streckenweise Behinderung durch Strauch- und Baumhindernisse. Bei höheren Wasserständen erhebliche Wasserwucht im unteren Teil des Flusses.

39,0 Ursprung in etwa 1400 m Höhe (44.4293,3.7515)–(44.4293,3.7515)

32,4 Ⅱ, **F 48190 Cubières** (La Volte) Zusammenfluss mehrerer Bäche, mögliche ↓. Kurzboote ratsam (44.4763,3.7844)

32,0 Schlucht mit mehreren schweren Abfällen bis WW V, Achtung auf Baumversperrungen

28,5 Ⅱ, **F 48190 Cubières** (Villes Basses) direkt neben der D901. Gute ↓, WW II-III (44.4858,3.8042)

26,7 Steil-■, 2 m hoch, ≋, ⚠ bei HW

25,8 Steil-■, 3 m hoch evtl. li mit schräg gestelltem Boot ≋

24,4 Steil-■, **X**.

24,0 Wasserfall, 5 m hoch, **X**, Vorsicht bei der Anfahrt, der von der Straße aus nicht sichtbare Fall wird erst kurz vor dem Abfall sichtbar. Li ⏏

21,4 Ⅱ **F 48800 Altier** (Rochettes Basses) Steigerung der Schwierigkeiten auf WW III-IV. Bei Pegel ab 65 gute ↓, oberhalb ist das Wasser dann knapp (44.4742,3.8397)

19,1 Ⅱ **F 48800 Altier** (Le Champ) (44.4695,3.8518)

18,5 Ⅱ (44.4684,3.8580)

17,9 ■ Wehr, nach Besichtigung evtl. ≋, flaches Unterwasser (44.4729, 3.8602);
Ⅱ **F 48800 Altier** (La Chazé) (44.4731,3.8603)

17,2 Ⅱ **F 48800 Altier** niedrige Ⅱ, **X** (44.4773,3.8631)

16,2 In einer li-Kurve schwere Stufe, WW IV+ Es folgen längere Blockstrecken bis WW IV bei zunehmender Wasserwucht

14,5 ▬ Wehr

12,1 li ≣;
Schräg-▬ mit Abfall, unbedingt ansehen, halb-re oder ganz li ≋, Moniereisen in der ▬-Tenne (44.4598,3.8897)

10,6 Ⅱ, re **F 48800 Pourcharesses-Castanet** (44.4518,3.8930)

10,6 –6,5 Stausee Lac de Villefort

7,9 EB-Ⅱ (44.4472,3.9171)

7,4 Ⅱ D901 über den Stausee (44.4501,3.9221)

6,5 ▬ Staumauer, darüber Ⅱ D906; totale Wasserableitung, die folgende Schlucht ist daher meist **X** (44.4540,3.9315);
Bei ausreichendem Überlauf (ganz selten) ist eine Weiterfahrt durch die Mündungsschlucht möglich, schwerer als der oberste Altier, WW V-VI-**X**. Fahrtabbruch jederzeit möglich, die D51 ist direkt neben dem Fluss

2,6 Ⅱ (44.4643,3.9709)

0,0 ⇩ in Chassezac (s. Seite 128) bei km 46,9 (44.4756,3.9800)

Borne (Chassezac)

Wildfluss — Gewässerkennzahl FR: V5040580

Mündung in Chassezac bei km 46,4

Die Borne wird in einer französischen Beschreibung als „einer der schönsten Flüsse unseres Landes“ bezeichnet. Sie ist ein sehr schwerer Wildfluss im Bereich der landschaftlich hervorragend schönen, völlig einsamen Gorges de la Borne im Zentralmassiv.

Befahrbarkeit:	Zeit der Schneeschmelze bis Ende April sowie nach Regenfällen
Umwelt:	Wasser: sehr sauber
Schwierigkeiten:	km 27,4—26,4 WW VI-**X**
	km 26,4—21,0 WW IV-V-VI
	km 21,0—14,2 WW III (III+)

35,5 Ursprung (44.6391,4.0975)–(44.6391,4.0975)

27,4 Steg etwa 1 km oberhalb Borne, mögliche ⬇ Mehrere schwere Stufen und wasserfallähnliche Abfälle, der schwerste kurz oberhalb der Ⅱ von Borne, WW VI, vergleichbar dem oberen Travo. Dieser Abschnitt sollte nur bei einem Minimalwasserstand befahren werden

26,4 Ⅱ **F 07590 Borne** ⬇ falls auf die Befahrung der vorausgehenden Extremstrecke verzichtet wird. Die Folgestrecke bietet herrliches Wildwasser, zahlreiche Stufen und Abfälle, schwere Verblockung, durchweg mindestens WW IV, mit Stellen WW V, 2 Abfälle WW VI-**X**, man sollte diese Stellen ⌓ (44.6141,4.0199)

24,3 Ⅱ

22,8 Ⅱ (44.5992,3.9927)

21,0 Ⅱ D4 **F 07590 Saint-Laurent-les-Bains** die Folgestrecke ist deutlich leichter. WW III-III+ (44.6005,3.9826)

20,5 re ⛺ „Le Ceytrou" (44.5992,3.9794)

18,0 Ⅱ kleiner Steg

14,2 Ⅱ D573 **F 07590 Laval-d'Aurelle** (Nicolaud), darunter ▬, Ende der Fahrt (44.5742,3.9489)

13,5 –9,5 Stausee

9,4 ▬ Staumauer, totale Wasserableitung (44.5374,3.9660)

0,4 Ⅱ D51 (44.4788,3.9869)

0,2 re ϟ, Rückführung des abgeleiteten Wassers (44.4781,3.9858)

0,0 ⇩ in Chassezac (s. Seite 128) bei km 46,4 bei **F 48800 Pied-de-Borne** (44.4758,3.9865)

Beaume

Wildfluss (Gebirgsfluss) Gewässerkennzahl FR: V5030500
Mündung in Ardèche bei km 52,3 (re Nebenfluss)

Die Beaume ist ein landschaftlich sehr schöner Wildfluss der Cevennen, der auf größeren Teilstrecken durch Schluchten fließt. Im Oberlauf sehr schweres Wildwasser.

Befahrbarkeit:	März bis April oder nach Regenfällen (Wasserführung sehr unregelmäßig).
Umwelt:	sehr sauber
Schwierigkeiten:	km 31–27 WW IV und V (VI), Gefälle 40‰
	km 27–⇩ WW III–IV–II.
Kilometrierung:	nach Kartenmaterial.

44,0 Ursprung in 1280 m Höhe (44.6039,4.0531)

31,0 ⬇ für die Befahrung des oberen Teiles der „Gorges de la Beaume".

Man fährt dazu vom Zusammentreffen der Straßen D203 und D24 etwa 1 km flussaufwärts. Zunächst WWIII–IV. Ein richtiger Wasserstand für die Weiterfahrt ist gegeben, wenn das Wasser hier knapp erscheint

29,0 Beginn der Schlucht, Eingangsstufe bei extremem NW evtl. ≋, WW VI, meist jedoch absolut **X**, Besichtigung bei der Anfahrt auf dem li Ufer auf Fußweg zum Bach. ⌓ mühsam, evtl. mit Alpinstart, rechtzeitig ↱. Kurz danach hängen nach einer re-Kurve in einer uneinsehbaren Engstelle mit Stufe die Reste einer weggeschwemmten Stahl-Ⅱ, li im Kehrwasser ⬆ und erkunden (Stand 1998). Die Straße verläuft im gesamten Schluchtbereich hoch über dem Fluss. Sie ist kaum je zu erreichen;
Die Schwierigkeiten der folgenden Schlucht liegen bei WW III/IV+, einige Stellen sollten besichtigt werden

27,2 Str-Ⅱ. (44.5424,4.1907)

26,8 li **F 07110 Sanilhac-Le Gua** an der Straße D203 Ende der sehr schweren oberen Schlucht, ⬇⬆. Die Beaume fließt anschließend durch weitere Granitschluchten, die sich in die Ebene von Joyeuse öffnen. Durch ein schweres HW haben die Schwierigkeiten gegenüber früheren Beschreibungen deutlich zugenommen, 2 Stellen WW IV, bei HW darüber, erhebliche Verblockung (44.5393,4.1922)

22,8 Str-Ⅱ D 220, **F 07110 Sanilhac-Les Deux Aygues** (44.5159,4.1972)

22,6 re ⇩ Drobie (s. Seite 136) Es folgt bis Joyeuse auf 10 km eine sehr ansprechende WW-Strecke, WW II und III. Dank der Wasserzufuhr durch die Drobie ist ab hier vielfach eine Befahrung auch möglich, wenn der Wasserstand für die obere Beaume nicht ausreichend ist (44.5142,4.1962)

21,3 Str-Ⅱ D203. (44.5158,4.2084)

17,5 Beton-Ⅱ ohne Geländer, auf Felsriegel gebaut, re Joch evtl. ≋, Schrägwalze (44.4992,4.2259)

14,2 Eisensteg, re **F 07260 Joyeuse** li und re mehrere ⛺

13,5 ▬, bei HW lebensgefährlicher Rücklauf, dann **X**, Zustand bei NW nicht bekannt. re Fischtreppe, ≋ (44.4860,4.2373)

13,1 Str-Ⅱ D104, re **F 07260 Joyeuse**, li **F 07260 Rosière**. Nach 500 m niedriger Steg, bei HW **X**. Auf den folgenden 1,5 km ist die Befahrung bei NW mühsam, Kiesbankschwälle (44.4813,4.2511)

12,0 re ⛺, bei wenig Wasser ist es ratsam, die Fahrt erst an der Zufahrtsstraße zum Platz zu beginnen

11,1 Schwall, ungefähr 200 m lang mit einer Walze quer über den Fluss, bei HW starker Rücklauf, WW III

10,6 li ⛟, Beginn der Gorges de la Beaume, WW I–II (44.4641,4.2709)

9,6 li ⛟. (44.4566,4.2777)

4,9 Str-Ⅱ, li **F 07120 Labeaume** (44.4487,4.3086)

2,5 li unterspülte Felswand, re fahren, je nach Wasserstand re über Kiesbank ⏏

1,8 li **F 07120 Labeaume-Peyroche**

1,5 Str-Ⅱ D208, Ende der Gorges. (44.4489,4.3286)

0,0 ⇩ in Ardèche (s. Seite 120) bei km 52,3 in ca. 99 m Höhe (44.4370, 4.3334)

Drobie

Wildfluss (Gebirgsfluss) Gewässerkennzahl FR: V5030620

Mündung in Beaume bei km 22,6 (re Nebenfluss)

Die Drobie ist im Oberlauf ein sehr schwerer, später ein mäßig schwerer Wildbach des Zentralmassivs, landschaftlich hervorragend schön. Das Gefälle erfolgt zumeist in Stufen, nach jedem Katarakt ruhiges Wasser, bei HW ist mit gefährlichem Rücklauf in den Stufen zu rechnen.

Befahrbarkeit: Frühjahr und nach Regenfällen, abschätzen an der Mündung in die Beaume; günstig sind etwa 10-15 m³/s, NW bei 5 m³/s.

Schwierigkeiten: km 16,9—15,6 WW IV-V (VI, **X**)
km 15,6—9,5 WW IV (V-)
km 9,5-⇩ WW II-III (IV)

22,8 Ursprung (44.5697,4.0250)

16,9 oberste ⬇ Man erreicht sie auf der Straße D220 von Sabières Richtung Le Mas bis zur Ⅱ über einen kleinen Bach; auf dessen re Ufer auf schlechtem Weg 300 m (44.5322,4.0587)

16,9 –14,9 Auf 2 km sehr starkes Gefälle zahlreiche Buschhindernisse, WW IV-V, ≈ nur bei NW und MW (bis etwa 12 m³/s). Kurzboote ratsam

15,6 li **F 07260 Sablières** hoch über dem Fluss; es folgen kurz nacheinander ein Blockverhau, WWVI, eine Felsstufe, WWV und direkt dahinter im Bereich der ⇩ eines li Nebenbaches eine Rutsche, **X**

15,2 li **F 07260 Sablières** (La Croix des Bancs), evtl. Boote von hier zum Fluss hinunter tragen, mögliche ⬇. Der Flusscharakter ändert sich,

	Rutschen und Stufen, dazwischen lange Gumpen, WW IV (V-), ⏏ der schweren Stellen möglich (44.5284,4.0766)
12,9	alte Bogen-Ⅱ die Abstände zwische n den schweren Stellen werden größer (44.5255,4.0969)
11,0	alte Bogen-Ⅱ, li nach **F 07260 Saint-Mélany** (44.5250,4.1125)
10,2	Kleine Klamm, bei MW WW IV bei HW besser ⏏. Danach WW III-IV
9,5	li mögliche ⬇ bei **F 07260 Saint-Mélany-Séraillon** die Straße D220 kommt nahe an den Fluss, re kleiner 🅿 (vor einer Hang-Ⅱ). li Fußweg zum Fluss, gute ⬇. Ab hier nur noch wenige Stellen bis WW IV (44.5265,4.1280)
0,0	⇩ in Beaume (s. Seite 134) bei km 22,6 (44.5141,4.1967)

Ligne

Wildbach (Gebirgsbach) Gewässerkennzahl FR: V5020640
Mündung in Ardèche bei km 57,0 (re Nebenfluss)

Der Ligne ist ein kurzer, jedoch interessanter Wildbach der Cevennen. Er ist nur im Frühjahr (spätestens April) auf einer etwa 9 km langen Strecke ≈. ⬇ Ⅱ D5 (bei Uzer), zunächst auf 3 km WW III. Es folgt eine tief eingeschnittene, landschaftlich sehr schöne Schlucht, mit Schwierigkeiten, die bis zur ⇩ laufend abnehmen.

Auf der Strecke befinden sich 2 Steil-▬, je etwa 1,2 m hoch, je nach Wasserstand nach Besichtigung evtl. ≈. 1.▬ etwa 1 km, 2.▬ etwa 6 km nach dem Start.

Volane

Wildbach Gewässerkennzahl FR: V5010520
Mündung in Ardèche bei km 89,0 (li Nebenfluss)

Die Volanne ist nach Ansicht des Beschreibers einer der extremsten Bäche des ganzen Ardèche-Gebietes.

Fahrtstrecke: ⬇ etwa 4 km vor Antraigues, die ⬇ kann von der begleitenden Straße aus frei gewählt werden. Die Extemstrecke endet etwa 1 km oberhalb von Vals de Bains. Die restlichen 9 km bis zur ⇩ sind deutlich leichter, zumeist WW IV mit einem wuchtigen Felskanal mitten in Bals de Bains, WW V.

Befahrbarkeit: Frühjahr und nach Regenfällen. Günstig ist ein Durchfluss von etwa 3-5 m³/s. Nicht bei HW fahren, da sonst die Zwangspassagen im Bereich der oberen Klamm kritisch werden.

Schwierigkeiten: bei einem extremen Gefälle (z.T. 70 ‰) durchweg WW V-VI mit mehreren Zwangspassagen und zahlreichen Abschnitten, **X**. Man kann fast alle Extremstellen von der Straße aus ansehen. Die obere, gut einzusehende Klamm kann auch als Kriterium für die Schwierigkeiten und den Wasserstand gelten.

Bezorgues

Wildfluss Gewässerkennzahl FR: V5010580

Mündung in Volane (re Nebenfluss)

Die Bezorgues ist, wie ihr Stammfluss, die Volane, ein Fluss der Extreme. Hohes meist in Stufen verlaufendes Gefälle, mehrere verblockte Abfälle, nach den Stufen meistens ruhiges Wasser, unfahrbare Stellen, WW IV-V-VI-**X**. Technisch und landschaftlich sehr lohnend.

Fahrtstrecke: Freyssenet-⇩ 14 km.

Weitere ⬇: Ⅱ des Weilers Cayres, ab hier bei unveränderten Schwierigkeiten 5 km bis ⇩.

NW 2-3 m³/s; MW 6-8 m³/s

Befahrbarkeit: Frühjahr und nach Regenfällen

Fontauliére

Wildfluss Gewässerkennzahl FR: V5000620

Mündung in Ardèche bei km 98,1 (li Nebenfluss)

Über einen Stollen erhält die oberste Fontaulière Wasser aus der Loire zugeleitet. Es wird in zwei Stauseen gestaut. Die Wasserabgabe der E-Werke bestimmt die Befahrbarkeit des Flusses.

Schwierigkeiten: sehr unregelmäßig, mit großen Schwankungen und entsprechend großen Unterschieden der Schwierigkeiten. Bei Volllast steigen die Schwierigkeiten stark an und erreichen dann in der Stufe von km 0,4 WW V+

20,9 Ursprung in etwa 1100 m Höhe. Es folgt eine tief unter der Straße D536 liegende Schlucht, über deren Befahrbarkeit nichts bekannt ist (44.7424,4.1695)–(44.7424,4.1695)

9,5 ▬ Montpezat mit Wasserabgabe (44.7047,4.2145);
Ⅱ D536 bei **F 07560 Montpezat-Sous-Bauzon** ⬇ für die Befahrung des Oberlaufs. Auf km 6 etwa WW IV, Basaltabbrüche und 3 ▬ können Rücklauf verursachen. (44.7048,4.2165)

8,1 Ⅱ Stollen der Wasserableitung (44.7039,4.2304)

8,0 Fußg.-Ⅱ (44.7037,4.2320)

6,7 Fußg.-Ⅱ (44.6998,4.2458)

5,6 Ⅱ D26 (44.6954,4.2552)

5,2 li ⇩ Bourges (s. Seite 139) ⬆ die Fahrt wird hier unterbrochen (44.6962,4.2585)

4,7 li Zuleitung von abgeleitetem Wasser

3,6 ▬ Staumauer des Stausee von Veyrières geringer Pflichtablaß, dazu werktags ab 11 Uhr oft kräftige Wasserfluten. Der Wasserstand sollte schon bei der Anfahrt beurteilt werden. ⬇ re nach dem Stausee. Zunächst recht leichte Fahrt. dann mehrere ▬, **X**, ⩡, nach Besichtigung evtl. ≈. Die Schwierigkeiten nehmen zu. (44.6903,4.2722)

2,7 ▬ (44.6878,4.2825)

2,6 Ⅱ D253 **F 07380 Meyras-Pont de Veyrières** davor Zunahme des Gefälles. Sofort nach der Ⅱ läuft die Hauptströmung durch einen Schlitz mit einer von 2 großen Felsen gebildeten Stufe. Bei hohem Wasserstand gefährlicher Rücklauf (44.6874,4.2836)

2,2 ▬ Stufe, m ≈, evtl. starker Rücklauf (44.6843,4.2831)

1,6 ▬ Wehr, evtl. ≈, ansehen! (44.6801,4.2843)

0,5 re ↯, Einleitung des abgeleiteten Wassers (44.6726,4.2853)

0,4 Stufe von Ventadour, schwerste Stelle des Flusses, 3m hoch, mit starker Deckwalze, je nach Wasserstand WWIV+/V+. Wenn sich die Straße wieder dem Fluss nähert, im Eingangskatarakt schon li fahren. Die Stufe muss li gefahren werden, re erhebliche Steckgefahr!. Besichtigung schon bei der Anfahrt von der Straße aus. Gute ⬇ für die Befahrung der oberen Ardèche (44.6714,4.2860)

0,1 Ⅱ, **F 07380 Pont-de-Labeaume** (Les Goudons) (44.6701,4.2887)

0,0 ⇩ in die Ardèche (s. Seite **Fehler! Textmarke nicht definiert.**) (44.6691,4.2888)

Bourges

Wildfluss Gewässerkennzahl FR: V5000680

Mündung in Fontauliére bei km 5,2

Die Bourges ist ein landschaftlich sehr schöner Extremfluss, mehrere Stellen

WW V und VI, ein Wasserfall, 9 m hoch, gut ≈, eine absolut **X** Stelle bei einem Gehöft sowie mehrere ▬ können gut ⩯ werden.

Fahrtstrecke: ⬇ an der ⌶ in Burzet, Beendigung der Fahrt nach 5nkm kurz vor der ⇩ in die Fontaulière.

Befahrbarkeit: Frühjahr und nach Regenfällen, günstige Wasserführung 3-5 m³/s, bei stärkerem Durchlauf wird die Bourges schnell **X**

Lignon

Wildfluss (Gebirgsfluss) Gewässerkennzahl FR: V5000580

Mündung in Ardèche bei km 99,1 (re Nebenfluss)

Der Lignon ist ein kleiner, sowohl landschaftlich wie als WW sehr interessanter Wildbach der Cevennen.

Befahrbarkeit: Frühjahr und nach Regenfällen

Pegel: Hilfspegel: ⌶ D14, km 10; MW, wenn der Sockel des re ⌶-Pfeilers leicht überspült ist.

Schwierigkeiten: km 11,7-⇩ WW III und IV.

20,7 Ursprung in etwa 1300 m Höhe (44.6296,4.0902)–(44.6296,4.0902); Ab Zusammenfluss der Quellbäche tiefe Schlucht abseits der Straße mit unbekanntem MW

11,7 ⌶ D19 oberhalb von **F 07380 La Souche ⬇**; auf 3 km starkes Gefälle, einige Passagen sollten erkundet werden, Baumversperrungen möglich, WW IV (44.6312,4.1928)

11,2 ▬ kleiner Stausee (44.6308,4.1987);
⌶, **F 07380 La Souche** (Le Gachet) (44.6309,4.1990)

8,6 ⌶ D19 etwas leichter zahlreiche Büsche WW III (44.6197,4.2250)

7,2 re ⛺ „Chasselouve“ , camping-chasselouve.com

6,3 ⌶ D19 (44.6301,4.2403)

4,8 ⌶ **F 07380 Jaujac** (Pont de Chastelas) (44.6375,4.2547);
▬ Wehr, **X**, es gibt verschiedene Möglichkeiten: bei NW li über die Felsen überheben; bei günstigem Wasserstand evtl. li von der Mitte ≈; bei HW ⬆ gefährlich. Die Situation schon bei der Anfahrt besichtigen. Gute ⬇, Pkw nicht in der engen Straße bei der ⌶ sondern im Ort parken (44.6377,4.2550);
Danach Europas längste sehr schöne, enge Basaltschlucht mit

mehreren Naturstufen, je nach Wasserstand bis WWIII+
4,6 Engstelle, vielfach durch Treibholz versperrt, ansehen, WWIV, evtl. re ⩠
2,7 alte Bogen-II, **F 07380 Jaujac** (Chemin de la Brousse) (44.6499, 4.2649)
0,1 kleinere Felsstufen, WW III;
alte römische Stein-II (44.6676,4.2742);
II D26, als ⬆ ungeeignet (44.6678,4.2744)
0,0 ⇩ in Ardèche (s. Seite 120) bei km 99,1 ⬆ nach ca. 1 km, li Kanuzentrum (44.6679,4.2761)

Escoutay

Wildfluss (Gebirgsfluss) Gewässerkennzahl FR: V45-0400
Mündung in Rhône bei amtl. km 165,0 (re Nebenfluss)

Der Escoutay ist ein interessanter Wildfluss der Ostabdachung des Zentralmassivs.

Fahrtstrecke: im Oberlauf ist eine 2 km lange Strecke ≈, man beginnt etwa 4 km oberhalb der oberen II von Alba. Der nach 2 km folgende, ebenfalls 2 km lange Abschnitt ist **X**.

Übliche ⬇ bei der 1. II von Alba, 12 km bis zur üblichen ⬆ bei einer römischen II, ⌘, oberhalb der N 86. Zunächst WW III mit Stellen III+. Vorsicht 150 m oberhalb der römischen II von St. Thomé, der große Abfall ist nach Besichtigung ganz re ≈, ⩠ schwierig. Danach lassen die Schwierigkeiten nach, WW II-III, bei höherem Wasserstand Achtung auf gefährlichen Rücklauf bei mehreren Stufen.

Sehenswert: die mittelalterliche Stadt Alba mit Burg und Schloss.

Befahrbarkeit:	Frühjahr und Herbst sowie nach Regenfällen. Nicht fahren bei ausgesprochenem HW.
Schwierigkeiten:	vorwiegend technischer Art, zahlreiche kleine Abfälle, Behinderungen durch Strauchhindernisse in engem Flussbett, bei HW Anhalten vielfach unmöglich. WW II-III (III+).

Jabron (Roubion)

Wildfluss Gewässerkennzahl FR: V4450500
Mündung in Roubion (li Nebenfluss)

Der Roubion, ein nicht beschriebener Fluss, mündet bei Montélimar in die Rhône.

Der Jabron ist ein sehr interessanter, in Deutschland bisher kaum bekannter Wildfluss in der reizvollen Voralpenlandschaft.

Befahrbarkeit: Frühjahr und Herbst sowie nach stärkeren Regenfällen.

Pegel: Ⅱ von Bridon, li Ufer, günstig 120 cm.

Schwierigkeiten: schnelle Strömung, bei HW recht wuchtig, einzelne Stufen und Steil-■, **X**, zumeist WW II-III (VI), Baumversperrungen möglich.

38,8 Ursprung in etwa 1000 m Höhe (44.5581,5.1143)–(44.5581,5.1143)

33,0 Ⅱ D540 **F 26220 Dieulefit** übliche ↓. Es folgen Stufen und ein ■, **X** (44.5231,5.0638)

31,2 Beton-Ⅱ (44.5222,5.0461)

30,1 Niedrige Ⅱ ≏ (44.5239,5.0336);
es folgt ein Eisen-Steg und sofort danach ■, **X**

28,8 Ⅱ, re **F 26160 Le Poët-Laval** (Chambaillard) (44.5287,5.0200)

28,0 Fußg-Ⅱ (44.5294,5.0113)

27,6 Ⅱ **F 26160 Le Poët-Laval** (Rue Etienne Gougne) (44.5297,5.0054)

25,0 Ⅱ es folgt ein sehr sportlicher Abschnitt mit wuchtigen Schwällen ohne Kehrwasser (44.5236,4.9795)

23,7 Ⅱ **F 26160 Souspierre** (Jabron d'Espuy et Faucon), sofort danach sehr gefährlicher Abfall, WW VI-**X**. Rechtzeitig vor der Ⅱ ↑. Man sollte die Stelle schon bei der Anfahrt besichtigen (44.5305,4.9675)

22,5 Ⅱ, **F 26160 Souspierre** (Route de Combemont) (44.5385,4.9595)

22,3 ■ Wehr, ≈

20,9 ■ Steil-Wehr, **X**

19,9 Ⅱ D9 **F 26160 La Bégude-de-Mazenc** die Fahrt wird zumeist vor der Ⅱ re beendet. Eine Weiterfahrt soll möglich, doch uninteressant sein, Einzelheiten sind nicht bekannt (44.5434,4.9348);
■ Wehr

16,1 Ⅱ D127A (44.5464,4.9057)

13,1 Ⅱ D210 re nach **F 26160 La Bâtie-Rolland** (44.5480,4.8754)

9,1 Ⅱ D126 li nach **F 26160 Puygiron** (44.5457,4.8446)

8,1 Ⅱ und ■, **F 26160 Puygiron** (Chemin de la Tuilière), über Wehrkrone heben (44.5468,4.8341)

6,2 EB-Ⅱ (44.5421,4.8185)

5,2 Autobahn-Ⅱ A7 (44.5455,4.8081)

5,1 Ⅱ D169, re nach **F 26740 Montboucher-sur-Jabron** (44.5457, 4.8068)
4,2 Fußg-Ⅱ (44.5442,4.7968)
3,6 –0,0 Stadtgebiet von **F 26200 Montélimar**
2,2 Ⅱ (Boulevard du Président Georges Pompidou) (44.5463,4.7731)
0,8 Ⅱ (Boulevard de l'Europe) (44.5502,4.7571)
0,3 Fußg-Ⅱ (44.5508,4.7505)
0,0 Ⅱ D540A in (44.5518,4.7479);
⇩ in Roubion Dieser Fluss mündet nach weiteren 10 km in die Rhône (s. Seite 48) bei Montélimar (44.5522,4.7471)

Drôme

Wildfluss (Gebirgsfluss) Gewässerkennzahl FR: V42-0400
Mündung in Rhône bei amtl. km 131,5 (li Nebenfluss)

Die Drôme fließt durch ein landschaftlich sehr schönes Tal im Bereich der Ausläufer der Seealpen. Im Frühjahr sind die Gipfel noch mit Schnee bedeckt, die Temperatur ist dabei meist schon südlich warm.

Flusscharakter: zur Zeit der Schneeschmelze (Frühjahr bis Mai) sehr starke Wasserführung mit rasanter Strömung und erheblicher Wellenbildung, kaum Verblockung. Im Sommer mäßige Strömung, Behinderungen durch Baum- und Strauchhindernisse.

Befahrbarkeit: ab Luc en Diois Frühjahr bis Mai; ab ⇩ Bez meist ganzjährig. Bei einer Befahrung im Sommer ist bei der Beurteilung zu berücksichtigen, dass das Wasser auf größeren Strecken in einem weiten Kiesbankbett in vielen Armen auseinanderläuft.

Schwierigkeiten: km 85,4-⇩ WW II und I (III)

Infrastruktur: Zeltmöglichkeit: mehrere ⛺, am Fluss gelegen.

110,0 Ursprung mit mehreren Quellflüssen in 1600 m Höhe (44.5014, 5.6528)–(44.5014,5.6528)
87,3 „Claps du Luc“ riesige Bergsturzzone, ⌘. Die Befahrung kann theoretisch am Fuß der Steilzone begonnen werden, es folgen jedoch mehrere Stufen, nur teilweise ≈. (44.6030,5.4568);
EB-Ⅱ (44.6030,5.4564)
87,1 ▬ Stufe (44.6041,5.4549)
85,4 Ⅱ D61A re **F 26310 Luc-en-Diois**, li ⛺ „Les Foulons“ camping-luc-

en-diois.com (44.6148,5.4466)
85,0 Ⅱ D93, darunter ■ Stufe (44.6188,5.4445)
84,2 ⬇ unterhalb der letzten Stufe. Ein gut fahrbarer Weg führt an einem Sportplatz vorbei zum Fluss. Nur geringe Schwierigkeiten (44.6247, 5.4424)
79,4 Ⅱ D140 (44.6588,5.4185)
76,2 re ⇩ Bès (Drôme) (s. Seite 147) ⇩ Bès (Drôme) (s. Seite 147) (44.6789,5.3995);
Ab hier ist die Drôme zumeist ganzjährig ≈. Vorsicht vor Baumleichen im Fluss
72,4 Ⅱ D93, **F 26150 Aix-en-Diois** (Pont-de-Quart), li gute ⬇ (44.7081, 5.4007)
66,5 Ⅱ D244 **F 26150 Die** gute ⬇. (44.7483,5.3760)
65,7 Fußg-Ⅱ (44.7492,5.3671)
64,2 li ⛺ „la Pinède", camping-pinede.com (44.7572,5.3555)
63,8 Ⅱ (44.7594,5.3514)
63,4 EB-Ⅱ (44.7613,5.3474)
63,3 re ⛺ „Chamarges" , camping-chamarges-die.fr (44.7621,5.3461)
62,5 Ⅱ D93 (44.7649,5.3383)
59,5 Schluchtstrecke mit großen Felsen im Fluss, die jedoch gut zu umfahren sind, erhebliche Wellenbildung, WWII+
58,0 Ⅱ D129 re **F 26150 Sainte-Croix** (44.7636,5.2867)
54,3 Ⅱ **F 26150 Pontaix** (44.7507,5.2648)
54,1 Fußg-Ⅱ (44.7495,5.2637);
Ⅱ D93 **F 26150 Pontaix** (44.7490,5.2635)
54,0 EB-Ⅱ (44.7477,5.2641)
48,1 Ⅱ Förderband
47,7 Ⅱ D357 (44.6984,5.2609)
47,2 li ⇩ Roanne (s. Seite 146) (44.6977,5.2582)
46,5 EB-Ⅱ (44.6962,5.2465)
45,4 Ⅱ D135 (44.6898,5.2380)
43,7 re ⛺ „de la Clairette" campingdelaclairette.com gut geeignet als Standquartier für die Befahrung der Drôme, danach Engstelle (44.6891,5.2212)
41,8 Ⅱ D93 (44.6932,5.2045)
40,4 Ⅱ D156 **F 26340 Saillans** gute ⬇ bei Kanu-Club (44.6955,5.1972)
40,3 Das Gefälle und die Strömung lassen etwas nach, jedoch im Frühjahr weiterhin sehr wuchtiges WW.
38,8 Ⅱ D93 (44.6929,5.1735)

32,1 ⌶ D164 (44.7039,5.1112)
30,2 ⌶ D164A (44.7076,5.0899)
29,9 re ⇩ Gervanne (s. Seite 145)- (44.7089,5.0866)
26,8 ⌶ D70 **F 26400 Aouste-sur-Sye** unter der ⌶ befindet sich ein Abfall aus grobkantigen Felsbrocken; er ändert seine Form und Höhe von Jahr zu Jahr, meist ≈, WW III, ansehen! (44.7147,5.0572)
25,0 –21,0 Stadtgebiet von **F 26400 Crest**
23,6 ⌶ D888 darunter Abfall. Danach oft Aufteilung in mehrere Arme in breitem Kiesbett, leichtere Fahrt, Baumleichen (44.7271,5.0214)
23,3 EB- und Fußg-⌶ (44.7276,5.0179)
22,9 ⌶ (Pont en Bois) (44.7280,5.0126)
21,6 ⌶ D538 (44.7308,4.9971)
20,7 ▬ Stufe aus Steinschüttung evtl. ≈ (44.7318,4.9864)
20,5 EB-⌶ (44.7321,4.9827)
19,1 ▬ Stufe aus Steinschüttung evtl. ≈ (44.7324,4.9686)
18,0 ▬ Weitere Stufe, bei ausreichendem Wasserstand gut ≈. (44.7355, 4.9570)
14,4 ⌶ D125 von re **F 26400 Allex** nach li **F 26400 Grane**, darunter ▬ Steinschüttung; gute Gelegenheit zur Beendigung der Fahrt. Für die Reststrecke liegt eine gesicherte Beschreibung nicht vor. (44.7479, 4.9193)
11,8 ▬ Steinschüttung (44.7551,4.8898)
7,1 ⌶ N7 **F 26270 Loriol-sur-Drôme** (Rhônetalstr.), darunter ▬ Steinschüttung (44.7659,4.8400)
5,8 EB-⌶ (44.7694,4.8244)
3,4 Autobahn-⌶ A7 (44.7674,4.7996)
2,4 ▬ Steinschüttung (44.7695,4.7874)
0,7 Fußg-⌶ (44.7716,4.7690)
0,0 ⇩ in Rhône (s. Seite 48) bei amtl. km 131,5 (44.7714,4.7597)

Gervanne

Kleinfluss (Gebirgsfluss) Gewässerkennzahl FR: V4270500
Mündung in Drôme bei km 29,9 (re Nebenfluss)

Die Gervanne ist ein reizvoller Kleinfluss der Süd-West-Abdachung der Alpen. Sie ist ≈ im Frühjahr und nach Regenfällen von der Straßen-⌶ Beaufort bis zur ⇩ auf einer Strecke von 13 km. Schnelle Strömung, zahlreiche Baum- und Strauchhindernisse, 1 ▬, **X**, recht lohnend.

Roanne

Wildfluss (Gebirgsfluss) Gewässerkennzahl FR: V4250500
Mündung in Drôme bei km 47,2 (li Nebenfluss)

Die Roanne fließt durch ein sehr schönes, auf größeren Strecken schluchtartig verengtes Alpental. Sie ist ein kleiner, sehr empfehlenswerter Wildbach, etwa vergleichbar mit der obersten Isar, allerdings mit stärkerer Verblockung.

Befahrbarkeit:	März bis April, evtl. Mai
Umwelt:	Wasser: glasklar
Schwierigkeiten:	km 22,1-⇩ WW II und III
Infrastruktur:	Zeltmöglichkeiten: in dem engen Flusstal sehr schlecht, evtl. bei Pradelle, Erlaubnis des Besitzers einholen, oder im Drômetal am re Ufer in Höhe der Ⅱ von Vercheny.

33,9 Ursprung: Montagne d´Angèle in 1600m Höhe. (44.4916,5.2811)
22,1 Ⅱ D135 **F 26340 Saint-Nazaire-le-Désert** übliche ⬇ bei gutem Wasserstand. WW III, viele Baum- und Strauchhindernisse (44.5704, 5.2753)
19,3 Ⅱ D135 (44.5939,5.2797)
17,9 Ⅱ D135 (44.6022,5.2871)
17,0 li **F 26340 Pradelle** Beginn der Gorges de Pradelle, sehr enge und wilde Schlucht, weiterhin WW III
13,3 Ⅱ D140 (44.6232,5.3076)
11,9 Ⅱ D135, Einfahrt in die Gorges de l´Escharis, malerische Felsschlucht mit steil aufsteigenden Felswänden (44.6290,5.3024)
10,1 Ⅱ, **F 26340 Pradelle** (Les Gleyzolles) (44.6379,5.2908)
8,0 Der Fluss ist durch zimmergroße Felsblöcke verbaut die Strecke gilt als **X**, ⩍ re über eine Wiese und ein Stück Straße etwa 200m weit. (Nach einer anderen Beschreibung kann diese Strecke bei günstigem Wasserstand evtl. doch gefahren werden, allerdings WW VI.) Nach dem Wieder-⬇ WW III+ (44.6500,5.2871)
7,7 Ⅱ D135 (44.6531,5.2866)
5,7 Ⅱ, li **F 26340 Saint-Benoit-en-Diois** malerischer Ort (44.6638, 5.2766)
5,1 Ⅱ, li **F 26340 Saint-Benoit-en-Diois** (44.6661,5.2719)
3,0 li Forsthaus, ab hier nur noch WW II
0,6 Ⅱ D157 (44.6952,5.2601)

0,0 ⇩ in Drôme (s. Seite 143) bei km 47,2 bei Vercheny, gegenüber der Mündung auf dem re Flussufer ⅄-Möglichkeit (44.6978,5.2548)

Bès (Drôme)

Wildfluss (Gebirgsfluss) Gewässerkennzahl FR: V4220500
Mündung in Drôme bei km 76,2

Der Bez ist ein Alpenfluss, der aus verschiedenen Seitentälern mehrere Nebenflüsse aufnimmt. Die Wasserführung des Bez nimmt daher schnell zu, er liefert die Hauptwassermenge für die Drôme.

Befahrbarkeit:	April bis Mai.
Umwelt:	Wasser: sehr sauber
Pegel:	Chatillon. Sehr günstige Wasserverhältnisse bei Pegel 80
Schwierigkeiten:	km 14,6 - ⇩ WW III, 1 Stelle **X**, 2 Stellen WW IV.
Infrastruktur:	Zeltmöglichkeit: 🚐 bei Chatillon.

25,4 Ursprung: In den franz. Seealpen in 2000 m Höhe (44.6528,5.6397)–(44.6528,5.6397)

25,4 –14,6 bei gutem Wasserstand dürfte eine Befahrung schon beträchtlich weiter oben, also im Bereich der Gorges des Gats, möglich sein, nach Besichtigung WW III, Achtung auf Baumhindernisse, ein Befahrungsbericht ist nicht bekannt

14,6 ⬇ bei der ⇩ des Buolc in den Bés am Ausgang der Gorges des Gats. Die Fahrt beginnt in Höhe des Tunnels, hier können auch Pkw gut abgestellt werden. Die folgende Flussstrecke WW III. (44.6665, 5.5463)

12,1 20 m lange kleine Klamm mit verwinkelter, sehr enger Eingangsstufe. Es geht in einer re-Kurve überraschend ohne Kehrwasser in die Engstelle, Verklemmungsgefahr, WW V - **X**, schon bei der Anfahrt besichtigen. 500 m oberhalb der folgenden Ⅱ führt ein Fußweg zum Fluss. re ⌓ über Wiese möglich

11,6 Ⅱ D539 (44.6811,5.5221)

11,2 Ⅱ

10,7 Wege-Ⅱ gute ⬇, danach starke Verblockung, evtl. re ⌓. (44.6866, 5.5164)

10,5 re ⇩ Archiane (s. Seite 148) Sie bringt im Frühjahr mit ihrem Schmelzwasser ein Mehrfaches an Wasserzufuhr. Der Bés wird damit schlagartig zum rasanten Wildfluss mit schneller Strömung, gro-

ßen Wellen und Wasserwucht, WW III- (44.6878,5.5148)
8,4 Ⅱ D539, direkt darunter ▬ evtl. re ≈, in der Mitte Steilabfall mit gefährlichem Rücklauf, ansehen! (44.6931,5.4906)
8,2 ▬ Wehr m gut ≈, ansehen, weiterhin WW III- (44.6931,5.4873)
8,0 Ⅱ, **F 26410 Châtillon-en-Diois** (Chemin du Bez) (44.6931,5.4853)
6,3 Ⅱ D69 (44.6855,5.4707)
5,3 1. Katarakt Merkmal: der Bés hat sich vor dem Katarakt hohlwegartig in das Kiesbett eingegraben, nach Besichtigung re ≈, WW III-IV, li enormer Rücklauf. Die Fahrt kann hier beendet werden, Pkw-Zufahrt auf Feldweg zum Fluss. Ab hier WW II, landschaftlich weniger interessant
4,2 Ⅱ D140 (44.6823,5.4465)
3,7 2. Katarakt schwerer als der 1, vor Befahrung besichtigen, WW IV+, ⌂ möglich. Danach tritt der Bés in ein Kiesbett aus. Vorsicht, man muss nach jeder Biegung damit rechnen, dass der Fluss durch Baumleichen total verrammelt ist. Die Weiterfahrt bis zur Drôme kann dadurch recht mühsam und nervig werden
1,0 EB-Ⅱ (44.6797,5.4104)
0,0 ⇩ in Drôme (s. Seite 143) bei km 76,2 (44.6790,5.3992)

Archiane

Wildfluss (Gebirgsfluss) Gewässerkennzahl FR: V4220600
Mündung in Bès (Drôme) bei km 10,5 (re Nebenfluss)

Die Archiane ist ein landschaftlich und sportlich sehr interessanter Wildbach der Seealpen.

Fahrbare Strecke: Archiane - ⇩, 8 km

Bei schneller Strömung und starkem Gefälle (10-19‰) ist die Archiane stark verblockt, zunächst WW IV+, nach 4 km abnehmend WW III.

Ihre Befahrung dürfte allerdings nicht jedermanns Sache sein. Sie schießt in einem grabenartig verengten Flussbett fast ohne Kehrwasser dahin, mit Buschhindernissen ist stets zu rechnen. Ein vorheriges Abgehen der gesamten Strecke scheint dringend erforderlich zu sein. 1 ▬ in der oberen Hälfte, X, ein weiteres ▬ im unteren Abschnitt, wahrscheinlich ≈.

Befahrbarkeit: April, evtl. Mai

Eyrieux

Wildfluss (Gebirgsfluss) Gewässerkennzahl FR: V41-0400
Mündung in Rhône bei amtl. km 126,4 (re Nebenfluss)

Der Eyrieux bietet zwei landschaftlich und sportlich völlig verschiedene Abschnitte: In seinem Oberlauf durchbricht er in eindrucksvollen Schluchten (Gorges de l´Eyrieux) die östlichen Ausläufer der Cevennen; er ist in diesem Bereich sehr schweres bis schwerstes Wildwasser mit starkem, in Stufen erfolgendem Gefälle, sehr engen Durchfahrten, unübersichtlichen Katarakten, starker Verblockung bei sehr schneller Strömung, nur für wirkliche Könner. Die schwersten Stellen müssen unbedingt vor Befahrung besichtigt werden; sie können allerdings notfalls umtragen werden. Es werden hier alljährlich internationale WW-Rennen veranstaltet. Von einer Befahrung dieser Strecke bei HW muss dringend abgeraten werden.

Im Unterlauf, landschaftlich immer noch sehr reizvoll, weitet sich das Tal, nur noch geringe Schwierigkeiten, vorwiegend Kiesbankschwälle, auch für WW-Anfänger.

Die Nebenflüsse des Eyrieux sind durchweg kurze, extrem schwierige Wildbäche.

Befahrbarkeit:	März bis April und nach Regenfällen.
	Infolge der unterschiedlichen und stark schwankenden Wasserabgaben verschiedener Kraftwerke ist mit schnell wechselnden Wasserständen zu rechnen.
Umwelt:	Wasser: sauber, relativ warm. Der Oberlauf des Flusses ist durch große, in den Fluss reichende Müllhalden stark verunreinigt.
Pegel:	II les Ollières, km 21,7, am li Ufer. NW = 50 cm; MW 60-80 cm; HW über 100 cm.
	Automatischer Pegel mit Anrufbeantworter. ♪ Chalançon-Beauvène, Nr.13; gefährliches HW bei mehr als 1 m
Schwierigkeiten:	km 76,7—67,7 WW V-VI-**X**
	km 67,7—59,6 WW V
	km 59,6—51,2 WW IV-V
	km 51,2—25,8 WW III und IV, bei HW einzelne Stellen bis WW V. Gefälle:15 ‰
	km 25,8—21,7 WW II-III

km 21,7-⇩ WW I-II, Gefälle 4‰.

Infrastruktur: Zeltmöglichkeit: unterhalb Cheylard, bei Ollières und St. Fortunat. Pkw-Begleitung nur streckenweise möglich.

83,4 Ursprung in etwa 1200 m Höhe (45.0619,4.3903)

76,7 Ⅱ D120 bei **F 07320 Saint-Agrève**, oberste mögliche ⬇, nur bei HW (Pegel Ollières 2m): Zunächst leicht; nach Erreichen des Waldes Beginn der oberen Schlucht. WWV und VI mit Stellen **X**. Man erhält einen Eindruck bei der Ⅱ oberhalb Intras. (45.018940, 4.391975) (45.0189,4.3920)

76,4 Weg-Ⅱ (45.0199,4.3866)

76,2 Ⅱ (45.0183,4.3840)

75,6 Wege-Ⅱ (45.0169,4.3806)

74,6 Wege-Ⅱ (45.0107,4.3778)

69,4 Ⅱ D120 (44.9883,4.3569)

67,7 Ⅱ D296 **F 07310 Intres**, mögliche ⬇. Es folgt eine offene Schluchtstrecke, WW IV und V; Baumhindernisse möglich. ⚠ auf alte ■! (44.9817,4.3617)

67,0 Wege-Ⅱ (44.9775,4.3592)

66,7 Fußg.-Ⅱ **F 07310 Saint-Julien-Boutières** gute ⬇ ab hier nur noch WW IV-V. (44.9746,4.3545)

65,8 Ⅱ D101A (44.9711,4.3536)

65,4 li ⇩ Rimande (s. Seite 157) (44.9692,4.3506)

64,6 Wege-Ⅱ (44.9648,4.3507)

62,1 Wege-Ⅱ (44.9513,4.3619)

61,2 Ⅱ D478 (44.9469,4.3692)

60,7 Ⅱ **F 07310 Saint-Martin-de-Valamas** (La Fenstres) (44.9437, 4.3663)

60,6 re ⇩ Saliouse (s. Seite 157) (44.9425,4.3673)

59,6 Ⅱ **F 07310 Saint-Martin-de-Valamas** (La Gare) weitere mögliche ⬇. Weiterhin hohes Gefälle, starke Verblockung, Stufen, WW IV-V (44.9360,4.3713)

59,5 re ⇩ Eysse (s. Seite 156) (44.9354,4.3720)

57,4 Wege-Ⅱ (44.9378,4.3931)

51,3 re ⇩ Dorne (s. Seite 155) (44.9137,4.4303)

51,2 Ⅱ D578 **F 07160 Le Cheylard** mögliche ⬇. Die folgenden 13 km sind nur von mäßigem Interesse, da die früher interessanten „Gorges de l´Eyrieux“ in einem Stausee verschwunden sind. Zunächst WW III. (44.9120,4.4273)

48,4 –47,1 Stausee von Cheylard

47,1 ▬ Staudamm, **X**, bei ausreichendem Überlauf kann der Staudamm „mit Mut“ evtl. an der li Seite befahren werden, unbedingt ansehen (44.9078,4.4733)

46,4 Ⅱ D241A, **F 07160 Saint-Michel-d'Aurance** (Pailhès) (44.9048, 4.4794)

43,8 ▬ Staumauer mit Durchlauf-↯, **X**, li ⌂ auf beschilderten Wegen gut möglich. (44.8933,4.4945)

42,3 Wege-Ⅱ (44.8893,4.5043)

40,1 Wege-Ⅱ Steg von **F 07160 Saint-Julien-Labrousse-Moins** Die folgenden 7 km WW IV-V, bei höherem Wasserstand (mehr als 1m des automatischen Pegels) wird von der Befahrung dieser Flussstrecke abgeraten. Sehr starkes Gefälle, starke Verblockung (44.8828, 4.5156)

39,2 ▬ Staumauer, **X**, starker Rücklauf, ⌂.Bootsgasse? und li Wasserableitung (44.8810,4.5225)

38,4 ▬ Staumauer mit Bootsgasse?, ansehen, re Wasserableitung (44.8821,4.5296)

37,9 re ⇩ Talaron (s. Seite 154) (44.8782,4.5334)

37,0 Ⅱ D346, empfohlene ⬆ (44.8744,4.5391)

35,4 ▬ Staumauer, **X**, ↯, ⌂ meist nicht möglich. ⬇ für die Weiterfahrt etwa 300 m unterhalb. Von der Leitplanke der Kurve führt ein Weg zum Fluss. Parken der Pkw 200 m unterhalb auf breitem Seitenstreifen. Die folgende Strecke bietet sehr schönes WW, erheblich verblockt bei starkem Gefälle, WW III-IV, bei HW bis WW V. Hier werden alljährlich am Ostersonntag WW-Rennen abgehalten. (44.8698, 4.5532)

31,8 Ⅱ D120 (44.8530,4.5618)

31,5 Wege-Ⅱ (44.8527,4.5650)

30,2 Wege-Ⅱ (44.8448,4.5714)

29,6 Ⅱ D120 Pont de la Roche, ▬, mit Bootsgasse, ≋. 200 m nach der Ⅱ führt re ein Pfad zu einem kleine Kiesplatz, hier 🅿-Möglichkeit, gute ⬇/⬆. (44.8400,4.5748)

28,8 ▬ Wehr, **X**, 8 m hoch; herrliche, 20 m lange Bootsgasse, ≋. Danach auf 300 m Wasser evtl. knapp (44.8361,4.5783)

28,5 Rückführung des abgeleiteten Wassers. (44.8328,4.5764)

27,4 ▬ Wehr (44.8247,4.5783)

27,3 Ⅱ, **F 07190 Saint-Sauveur-de-Montagut** (Route de l'Ancienne Gare) (44.8235,4.5799)

27,2 re ⇩ Glueyre (s. Seite 154); ab hier WW II mit Stellen WW III (44.8226,4.5810)

27,0 ■ in der re Flusshälfte, Befahrung wegen starker Deckwalze gefährlich, li umfahren möglich. (44.8221,4.5826)

26,6 ⌂ der Kanuten von St.Sauveur, günstige ⬇ für die Befahrung des leichten Unterlaufs am li Ufer. (44.8214,4.5872)

26,1 ■ Wehr 4 m hoch, mit herrlicher, etwa 20 m langer Bootsgasse (44.8195,4.5930)

25,8 Ⅱ, **F 07190 Saint-Sauveur-de-Montagut** (Le Moulinon) auf 7 km leicht verblockt, teilweise wuchtige Schwälle, WW II-III (44.8184, 4.5968);
re ⇩ Auzène (s. Seite 153) (44.8175,4.5985)

23,2 Schräg-■ 2,5 m hoch, gut ≈, bei HW kräftige Deckwalze, evtl. li ⩡. (44.8165,4.6191)

22,5 Steil-■ 3 m hoch, sehr schöne Bootsgasse. Steine im Unterwasser, re fahren. (44.8106,4.6162)

21,7 Ⅱ D120, **F 07360 Les Ollières-sur-Eyrieux** li ≣, ab hier weitere Abnahme der Schwierigkeiten, gute ⬇ für die Befahrung des Unterlaufs. (44.8046,4.6152)

21,6 Steil-■ Bootsgasse, gut ≈ (44.8043,4.6161)

21,2 Schräg-■ ≈, Vorsicht bei HW. (44.8030,4.6199)

18,8 Ⅱ, **F 07360 Saint-Vincent-de-Durfort** (La Gare) (44.8138,4.6414)

16,3 li ⇩ Dunière (s. Seite 152) (44.8210,4.6608)

14,8 Ⅱ D265 **F 07360 Saint-Fortunat-sur-Eyrieux**, bis zur ⇩ WWI+, einzelne Kiesbankschwälle (44.8275,4.6770)

4,7 Ⅱ D120 **F 07800 Saint-Laurent-du-Pape**, ■ Stufe, re ≈, ⚠, Pfähle! (44.8215,4.7663)

1,9 Ⅱ D86E, **F 07800 Beauchastel** die Fahrt wird am besten hier beendet. (44.8245,4.7993)

1,8 EB-Ⅱ (44.8239,4.8003)

0,6 Ⅱ D86 (44.8131,4.8020)

0,0 ⇩ in Rhône (s. Seite 48) bei amtl. km 126,4 (44.8085,4.8010)

Dunière

Wildfluss Gewässerkennzahl FR: V4160500
Mündung in Eyrieux bei km 16,3 (li Nebenfluss)

Die Dunière ist ein Wildfluss im Extrembereich.

1. Etappe: Vernoux-Ⅱ der enge Straße, die von Roumezoux nach La Faurie

führt, 8 km, WW IV-V-VI-**X**. Günstig ist ein relativ hoher Wasserstand, 5-6 m^3/s. Es können dann alle Extremstellen befahren werden. Bei geringerer Wasserführung wird der gesamte Abschnitt zunehmend gefährlich, Steckgefahr, mit zunehmender Zahl unfahrbarer Stellen.

2. Etappe: ⬆-Stelle von 1. Ⅱ D233, 3,2 km, WW IV-V-VI-**X**. Erforderlich ist ein Wasserstand deutlich niedriger als für 1., günstig etwa 4 m^3/s. Eine Stelle absolut **X**, je nach Wasserstand kann es aber auch 4 oder 5 Stellen **X** geben.

3. Etappe: ⬆ von 2. Ⅱ Pont de Dunières, 2,2 km, WW V-**X**. Dieser Abschnitt kann nur bei NW befahren werden, günstig 1,5-2 m^3/s, schwierigster Abschnitt des ganzen Flusses, ⏏ kann sehr schwierig werden. Es hat hier den Tod eines sehr bekannten französischen WW-Kanuten gegeben.

Auf 1 km leichtes WW mit Strauchhindernissen. Es folgt nach einer leichten Linksbiegung die untere Schlucht. Sobald die Felsen ans Ufer treten rechts anlanden und die folgenden Stufen besichtigen. Die erste Stufe ist extrem steckgefährdet (Tafel zum Gedenken an François Cirotteau (Autor des Buches Wildwasser)). Umtragen rechts möglich. Die folgende Doppelstufe geht in ihrem zweiten Teil in einen bootsbreiten Durchlass, der in einem zweistufigen Wasserfall endet. Das Unterwasser zieht leicht unter eine Felswand. Danach einige Meter in ruhiger Gumpe. Der Ablauf der Gumpe hat rechts einen starken Syphon. Danach folgt der Höhepunkt der unteren Dunière, der ca. 8 m hohe Wasserfall. Nach einigen kleinen Stufen weitet sich das Bachbett und es geht auf leichtem Wildwasser zum Ausstieg. Die Stufen können auf einem Fahrweg am rechten Ufer erreicht werden. Umtragen und Abbrechen der Fahrt sind schwierig. Die Ufer sind mit Schwarzdorn, Robinien, Rosen und Brombeeren bewachsen. Bei HW wird das Aussteigen vor dem Katarakt nahezu unmöglich, die Befahrung lebensgefährlich.

Befahrbarkeit: Herbst bis Frühjahr und nach Regenfällen. Eine durchgehende Befahrung ist unmöglich, da die nachstehend angeführten Etappen für ihre Befahrung unterschiedliche Wasserstände erfordern.

Auzène

Wildfluss — Gewässerkennzahl FR: V4150500

Mündung in Eyrieux bei km 25,8 (re Nebenfluss)

Die Auzène wird vom Befahrer als großartiger Fluss beschrieben, bei dem die

Landschaft und die Schwierigkeiten in seltenem Einklang stehen. Er verläuft großenteils in engen Felsrinnen und kleinen Klammen.

Wasserführung: günstig ist ein Durchlauf von etwa 3-5 m^3/s, bei HW gefährlich.

Empfohlene Fahrtstrecke: Pont d´Auzène - ⇩ bei St. Sauveur, 6 km.

Laut einem französischen Führer soll noch eine etwa 10 km lange Strecke von einem Sägewerk bis Le Serret machbar sein. Schwierigkeiten im Extrembereich WW V und VI, Einzelheiten sind nicht bekannt.

Befahrbarkeit:	Zeit der Schneeschmelze März-Mai
Schwierigkeiten:	sehr eng, viele Schlitze und Stufen, teils klammartig verengt, WW III-V

Glueyre

Wildfluss — Gewässerkennzahl FR: V4140520

Mündung in Eyrieux bei km 27,2 (re Nebenfluss)

Die Glueyre ist ein Fluss der Superlative: starkes Gefälle, hohe, z.T. verwinkelte Stufen und Abfälle, durchweg WW IV mit mehreren Stellen WW V, bei günstigem Wasserstand alles befahrbar.

Fahrtstrecke: ⬇ bei der 1. Ⅱ der D102 oder 2 km oberhalb bei der 2. Ⅱ am Ende des 🚗. ⬆ nach 5 bzw. 7 km oberhalb von St. Sauveur im Stau eines kleinen ■ mit dem Schild "baignade interdit".

Befahrbarkeit:	März-Mai; günstig ist ein niedriger Wasserstand (etwa 3 m^3/s). Man kann dies abschätzen bei dem Badeplatz oberhalb St. Sauveur. Hier befindet sich ein kleines Wehr mit einer Wasserableitung von 3 m^3/s. Der erwähnte günstige Wasserstand ist erreicht, wenn der Stau vor dem Wehr voll und das Unterwasser trocken ist. Bei höheren Wasserständen wird der Fluss extrem schwer und in den Stufen mit Rücklauf lebensgefährlich.
Infrastruktur:	Die Straße D102 verläuft fast immer neben dem Fluss.

Talaron

Wildfluss — Gewässerkennzahl FR: V4130600

Mündung in Eyrieux bei km 37,9 (re Nebenfluss)

Befahren und beschrieben wurde eine 5 km lange Teilstrecke zwischen Le Mounard und Pranouvet. Die Abschnitte oberhalb und unterhalb davon müssten erkundet werden.

Nach Beginn Ausgangsstufe einer Niedrigklamm, 1,5 m hoch, Steckgefahr. Danach 3 schwere Katarakte, WW V-VI.

Unter einem Holzsteg eine Stelle **X**, li ⏏. 1. ■, evtl. ≋ oder li ⏏. Bootsbreiter Schlitz, danach 2. ■, gut ≋. Danach schwerer Katarakt, evtl. li ⏏. Nach 3. ■, **X**, re ⏏, wird der Fluss leichter, WW IV. 2 weitere ■ gut ≋. Nach 5. ■ li ↑ und Schlußklamm besichtigen, letzte Stufe versetzt vor einem Schlitz, Klemmgefahr, WW V-VI. Danach leichter. Alle schweren Stellen können gesichert und bei MW gut ⏏ werden.

Befahrbarkeit:	März-Mai und im Herbst
Pegel:	Eyrieux Les Ollieres; NW = 150 cm; MW = 180 cm. Günstig ist ein Durchfluss von etwa 15 m³/s
Schwierigkeiten:	WW V und VI; evtl. ⏏ schwierig durch starken Uferbewuchs.
Infrastruktur:	Zufahrt: Straße D264 bis St. Bertélemy, hier li nach Le Mounard (kleine Schilder).

Dorne

Wildfluss Gewässerkennzahl FR: V4120520

Mündung in Eyrieux bei km 51,3 (re Nebenfluss)

Die Dorne ist ein sehr schwerer Wildfluss.

1. Etappe (nur besichtigt) Béléac-Mairie in Dornas, 5 km, WW IV-V. Wechsel zwischen klammartigen Abschnitten und offenem Bachbett; nach 2 km treppenartige Stufenkombination mit kräftigem Rücklauf, kurz danach re ⇩ Sardige (s. Seite 156). Bis Noirol teilweise tief eingeschnitten, vor dem Ort kleine Klamm, WW V, von der Straße aus einzusehen. Bis Dornas offenes Bachbett, gut einzusehen; Gefälle: 22‰.

2. Etappe: Parkplatz der Mairie von Dornas-La Fabrique, 5 km, WW III-IV (V), Gefälle 17‰.Nach Beginn hinter li-Kurve ■, verfallen, li gut ≋. Anschließend sehr schönes WW mit teilweise stark rückläufigen Stufen, WW III-IV. In La Chaise ■, von der Straße aus zu sehen, evtl. ≋ oder re ⏏. In La Grange niedrige Ⅱ, **X**, li ⏏. Kurz danach ■, **X**; li ⏏ nur bei NW und MW möglich, unbedingt bei der Anfahrt besichtigen und Wasserstand be-

urteilen. Im Ort Le Pont des Fromentières re Sportplatz, ⬆ möglich; li Betonmauer, an deren Ende verfallenes ▬, etwa 2 m hoch, gut ≈, Achtung Rücklauf! Davor kein Rückstau!

3. Etappe: Ⅱ La Fabrique-⇩, nur besichtigt, 5 km. 8 ▬, meist X, ⌂ z.T. sehr schwierig. Von einer Befahrung dieser Strecke ist abzuraten. Mögliche ⬆ am Parkplatz von Cheylard.

Befahrbarkeit:	Frühjahr und Herbst und nach Regenfällen.
Pegel:	Bezugspegel: Eyrieux, Les Ollières; Minimum 150 cm. Günstig etwa 25 m³/s.

Sardige

Wildfluss (Gebirgsfluss) Gewässerkennzahl FR: V4120540
Mündung in Dorne (re Nebenfluss)

Die Sardige wurden ebenfalls nur besichtigt.

Mögliche Fahrtstrecke (evtl. als Vorfahrt zu Dorne): Ort Sardige-⇩, 3 km. WW III-IV, Strauchhindernisse. Kurz vor der ⇩ unter Ⅱ verwinkelte Stufe, WW V. Günstiger Durchfluss etwa 5 m³/s.

Eysse

Wildfluss Gewässerkennzahl FR: V4110500
Mündung in Eyrieux bei km 59,5 (re Nebenfluss)

Die Eysse ist ein sehr schöner, bisher unbekannter und nicht beschriebener Wildfluss des Zentralmassivs. Verlauf in Stufen, mit jeweils nachfolgendem ruhigem Abschnitt.

Fahrtstrecke: mögliche ⬇ an der Abzweigung D337-D323. Hier Zusammenfluss der beiden Quellbäche. Günstiger Wasserstand, wenn die Boote an der ⬇ frei schwimmen. Es folgt die obere Schlucht in breitem Flussbett, Straße hoch über dem Fluss. Nach 1,5 km Katarakt mit schwieriger Durchfahrt, von der Straße aus zu sehen. Vor der Ⅱ von Les Allayaudes ▬, nach Besichtigung re ≈.

2. ▬ bei der Getränkefabrik, evtl. ≈ oder re ⌂. Es folgen zwei Katarakte, der 2. mit starkem Rücklauf, WW VI.

Nach 5 km ⛺ Arcanes gute ⬇⬆. Es folgt die untere Schlucht, zumeist WW III-IV. Die Strecke ist von der Straße aus meist einzusehen. Vorsicht beim Kraftwerkskatarakt und bei der letzten Klamm vor Valamas, von der Straße nicht einzusehen. Vor der Klamm ■, ≋; vor dem ■ li ⬆ und 1. Teil der Klamm besichtigen, Treibholzversperrungen möglich. Vor dem Ende der Klamm re ⬆ und Klamm-Ausgang besichtigen, WW IV-V. Es folgen noch zwei weitere ■, je nach Wasserstand ≋.

Gesamtstrecke etwa 12 km.

Befahrbarkeit: Zeit der Schneeschmelze - zeitig im Frühjahr - und nach Regenfällen.

Schwierigkeiten: Stufen, Katarakte, Wehre, WW IV-V-VI

Saliouse

Wildbach Gewässerkennzahl FR: V4100540
Mündung in Eyrieux bei km 60,6

Der Saliouse ist ein kurzer, interessanter Wildbach, der in einer niedrigen Klamm mit einer Vielzahl verwinkelter Stufen fließt, WW IV und darüber, Kurzboote vorteilhaft, Besichtigung gut möglich. Vorsicht bei teilweise verfallenen ■ und Stufen ohne Stauwasser.

Fahrtstrecke: La Chapelle-⌶ D120 bei Champchiroux, etwa 5 km.

Befahrbarkeit: Frühjahr und nach Regenfällen; günstig etwa 5-8 m³/s. Nicht bei HW fahren!

Rimande

Wildfluss Gewässerkennzahl FR: V4100520
Mündung in Eyrieux bei km 65,4

Die Rimande ist ein kurzer, doch interessanter Wildbach, vergleichbar etwa mit der benachbarten Saliouse.

Fahrtstrecke: Rimande-⇩, etwa 5 km

Befahrbarkeit: günstig etwa 3-5 m³/s, nicht bei HW fahren!

Schwierigkeiten: teilweise verfallene ■, Stufen ohne Kehrwasser, Steckgefahr in einigen engen Stufen, Kurzboote notwendig, WW IV.

Isère

Wildfluss, Wanderfluss (Gebirgsfluss) Gewässerkennzahl FR: W---0000

Mündung in Rhône bei amtl. km 102,0 (li Nebenfluss)

Die Isère ist zwar Gletscherfluss der Alpen, ihre Wasserführung wird jedoch durch den Stausee von Tignes reguliert. Der Oberlauf ist schweres Wildwasser, hier fanden mehrfach Wettkämpfe, unter anderem Weltmeisterschaft statt. Zwischen Moutiers und Albertville ist das Wasser abgeleitet, eine Befahrung nur bei starkem HW möglich. Ab Albertville ist die Isère Wanderfluss. Allerdings verlaufen Straßen und Autobahn fast stets neben dem Fluss, die Ufer sind weitgehend verbaut, es ist daher sehr fraglich, ob die folgende Strecke noch als Wanderfluss empfehlenswert ist. Ab St.Romans beginnt eine Kette von Stauseen, eine Weiterfahrt bis zur Rhône kommt daher kaum in Frage.

Befahrbarkeit:	ab km 245,3 am besten bei sommerlichem NW, ab Albertville ganzjährig.
Umwelt:	Wasser: Oberlauf sauber, ab Albertville, vor allem im Sommer starke, übelriechende Verschmutzung.
Pegel:	Ⅱ km 238,4, MW = 50 cm.
Schwierigkeiten:	km 250,2—247,9 WW II-III
	km 245,3—226,9 WW II; mit Abschnitten bis WW IV Gefälle 13‰
	km 215,7—190,8 Wasserableitung
	km 190,8—50,8 WW I, Gefälle 1‰
	km 50,8-⇩ Kette von Stauseen.
Infrastruktur:	Zeltmöglichkeit: ⛺ in Bourg-St.Maurice und ⛺ in Albertville (nicht am Fluss gelegen), am Fluss oberhalb Moutier, im Übrigen ungünstig.

286,0 Ursprung am Gletscher der Isère-Quelle in 2800 m Höhe (45.4458, 7.0964)–(45.4458,7.0964)

250,2 Kleine Ⅱ D84B bei **F 73700 Séez-Longefoy** ⬇ für Befahrung einer kurzen, doch lohnenden Teilstrecke, WW II-III mit erheblicher Verblockung. Das Hauptwasser ist abgeleitet, der Fluss führt daher nur wenig Wasser (45.6132,6.8227)

249,1 Wege-Ⅱ (45.6148,6.8097)

247,9 Ⅱ, re **F 73700 Séez** Hier ⬆, Weiterfahrt bis zum Stausee unmöglich (45.6183,6.7951)

247,4 Ⅱ D119, danach Sohlstufe (wahrscheinlich **X**) und Beginn des Stausees (45.6185,6.7891)

246,0 EB-Ⅱ (45.6119,6.7746)
245,9 Ⅱ D84C, re **F 73700 Bourg-Saint-Maurice** (45.6114,6.7738)
245,8 ■ Staumauer (45.6106,6.7727)
245,3 –244,8 Eisenbahnbrückenstrecke bei Bourg-St. Maurice WW IV, sehr starkes Gefälle, starke Verblockung; hier werden Slalom-Rennen durchgeführt
244,9 EB-Ⅱ (45.6036,6.7673)
244,8 Ⅱ D220 ⌂; ⛺-Möglichkeit. Hier Anzeigetafel mit Angabe der Durchflussmenge für den ganzen Tag. Übliche ⬇. Die folgenden 8 km sind WW III, starke Strömung, erhebliche Wasserwucht (45.6028,6.7665)
240,3 Ⅱ D87 (45.5767,6.7336)
238,4 Ⅱ D86B, li **F 73210 Bellentre**, ▤. Durch Bauarbeiten ist ein kleiner See entstanden, danach steigern sich die Schwierigkeiten, bei NW WW III-IV, bei MW bis IV+, sehr wuchtig und schnell (45.5668, 6.7151)
236,6 Fußg-Ⅱ (45.5640,6.6951)
234,7 Fußg-Ⅱ (45.5616,6.6758)
233,7 Wege-Ⅱ, davor re Rafting-Center (45.5572,6.6639)
233,3 Ⅱ D220, re **F 73210 Aime**, li **F 73210 Mâcot-la-Plagne** (45.5563, 6.6601)
232,9 EB-Ⅱ (45.5547,6.6555)
229,7 Wege-Ⅱ (45.5485,6.6225)
227,4 Ⅱ N90 (45.5356,6.6028)
226,9 Ⅱ, re **F 73210 Montgirod-Centron** An dieser Ⅱ wird zweckmäßigerweise die Befahrung der oberen Isère abgebrochen. Über die Möglichkeit einer Befahrung der folgenden Schlucht ist nichts bekannt. (45.5323,6.5993)
226,0 Ⅱ (45.5295,6.5897)
225,9 Ⅱ N90 (45.5288,6.5881)
225,2 EB-Ⅱ (45.5250,6.5828)
225,0 ■ Staumauer (45.5242,6.5809)
223,1 EB-Ⅱ (45.5109,6.5711)
222,5 Ⅱ D88 **F 73600 Notre-Dame-du-Pré-Les Plaines** (45.5060,6.5673)
220,9 Ⅱ (45.4947,6.5599)
220,7 Fußg-Ⅱ (45.4947,6.5579)
219,3 Wege-Ⅱ (45.4876,6.5458)
219,0 –217,0 Ortsgebiet von **F 73600 Moutiers**
218,3 Ⅱ (Rue de la Centrale) (45.4824,6.5356)
218,2 Ⅱ N90 (45.4825,6.5341)

218,0 Ⅱ (45.4832,6.5326)
217,9 Fußg-Ⅱ (Passage de l'Isère) (45.4837,6.5315)
217,8 Ⅱ (Avenue de la Libération) (45.4844,6.5305)
217,3 Ⅱ (Rue des Érables) (45.4877,6.5251)
217,2 li ⇩ Doron de Bozel (s. Seite 185) (45.4870,6.5228)
216,8 Ⅱ N90, Beginn des Stausees von Moutiers (45.4876,6.5205)
215,7 ▬ Staumauer Eine Weiterfahrt auf der Isère ist zumeist unmöglich, da bei Normalwasser das gesamte Wasser abgeleitet wird (45.4963, 6.5130)
214,8 Ⅱ D94 **F 73260 Aigueblanche** (45.5021,6.5066)
212,3 Ⅱ D97 (45.5143,6.4860)
211,9 Fußg-Ⅱ (45.5179,6.4834)
211,6 Ⅱ D97 (45.5201,6.4831)
210,5 ▬ Wehr
210,0 Ⅱ D97C (45.5321,6.4743)
209,0 Ⅱ D213, re **F 73260 La Léchère** (45.5392,6.4665)
207,1 Ⅱ D990, re **F 73260 Feissons-sur-Isère** (45.5547,6.4674)
206,2 EB-Ⅱ (45.5624,6.4674)
203,4 EB-Ⅱ (45.5826,6.4540)
201,9 Ⅱ D66A (45.5944,6.4466)
197,7 Ⅱ D66 (45.6272,6.4351)
194,9 Ⅱ D122, re **F 73790 Tours-en-Savoie** (45.6509,6.4347)
192,1 Fußg-Ⅱ, davor Schwall (45.6620,6.4073)
190,8 re ⇩ Arly (s. Seite 183) **F 73200 Albertville** Ab hier dürfte eine Weiterfahrt auf der Isère immer möglich sein. Bei guten Wasserverhältnissen kann die Fahrt schon oberhalb Albertville wieder begonnen werden, eine günstigste ⬇ müsste erkundet werden. Die folgenden 138 km bieten keine besonderen Schwierigkeiten. Schnell fließender Wanderfluss, leichte Kiesbankschwälle, richtige Durchfahrten immer leicht zu erkennen. Die Isère durchfließt ein breites, landschaftlich sehr schönes Tal mit steil aufragenden Waldhängen gegen den Hintergrund schneebedeckter Berge (45.6620,6.3903)
190,2 Ⅱ D925, danach Schwall (45.6584,6.3858)
187,9 Ⅱ D64, re **F 73200 Gilly-sur-Isère** (45.6525,6.3570)
185,8 Ⅱ A430 (45.6438,6.3340)
183,3 Ⅱ D69, re **F 73460 Frontenex** (45.6258,6.3207)
176,9 Ⅱ D222 (45.5841,6.2699)
171,0 li ⇩ Arc (Isère) (s. Seite 179) ⇩ Arc (Isère) (s. Seite 179) (45.5630, 6.2025)

170,7 II D1006 (45.5620,6.1986)
170,5 EB-II (45.5613,6.1967)
167,5 II D202 (45.5513,6.1607)
163,3 II D33 (45.5292,6.1185)
161,9 alte II (45.5213,6.1056)
157,5 Fußg-II, re **F 73800 Montmélian** (45.4984,6.0603)
157,0 II D923 darunter ▬ Wehr, **X**, ⚠ starker Rücklauf, Lebensgefahr! Starker Stromzug zum ▬, rechtzeitig ↰, ⏏ über Schottersteinböschung (45.4959,6.0559)
155,7 Alte II D923, gesprengt, Trümmer im Fluss, nach Besichtigung bei NW und MW li ≋, starker Schwall
155,5 EB-II (45.4870,6.0412)
154,6 II A43 (45.4818,6.0325)
149,8 li gute ⬇ (45.4438,6.0058)
148,8 II D523A **F 38530 Pontcharra** (45.4354,6.0044)
144,1 II D166 bei **F 38570 Le Cheylas**, darunter ▬, **X**, gefährlicher Rücklauf!, rechtzeitig ↱ und ⏏. (45.3954,5.9919)
138,8 ▬ Stufe nach Besichtigung evtl. ≋ (45.3527,5.9721)
138,2 II D29 **F 38570 Goncelin** (45.3466,5.9701)
134,2 II D30, li **F 38570 Tencin**, re **F 38660 La Terrasse**, davor re ⛺ „inter-communal de la terasse“ le-gresivaudan.fr vom Wasser aus nicht zu sehen, ⬆ mühsam (45.3160,5.9452)
126,8 II D10, li **F 38190 Villard-Bonnot** (45.2652,5.8993)
120,4 II D165 (45.2302,5.8545)
117,5 II D11, li **F 38420 Domène** (45.2118,5.8299)
109,2 II N87 (45.1914,5.7821)
107,4 Fußg-II (45.1986,5.7699)
106,0 EB-II (45.1965,5.7541)
104,5 II D1090 **F 38000 Grenoble** (45.1900,5.7429)
104,5 –96,5 Stadtgebiet von **F 38000 Grenoble** Seilbahn zur Festung mit herrlichem Blick auf Grenoble, die Isère und die Alpen
104,3 II (Pont du Sablon) (45.1916,5.7420)
103,3 II D590 (45.2006,5.7412)
102,2 II (Pont de MSP) (45.1974,5.7331)
101,9 II D590 (45.1951,5.7303)
101,8 Fußg-II (Pont Saint-Laurent) (45.1944,5.7292)
101,3 II (Pont Marius Gontard) (45.1931,5.7240)
101,0 II D1075 (45.1928,5.7201)
99,1 EB-II (45.2055,5.7078)

98,6 Ⅱ D531C (45.2075,5.7021)
97,1 Ⅱ A480 (45.2117,5.6852)
96,3 li ⇩ Drac (s. Seite 163) (45.2155,5.6748)
93,7 ■ Staumauer, mit Ⅱ D105f, re **F 38120 Saint-Egrève** (45.2361, 5.6581)
88,8 Ⅱ D3, li **F 38340 Voreppe** (45.2711,5.6216)
85,3 ■ Sohlschwelle, ansehen. (45.3001,5.6106)
78,0 Ⅱ D45 re **F 38210 Tullins**, etwas abgelegen vom Fluss (45.2863, 5.5276)
67,5 Ⅱ D35 (45.2081,5.4669)
63,7 Ⅱ D22 (45.1951,5.4244)
56,6 Str-Ⅱ D32 (45.1546,5.3640)
51,8 Ⅱ D518 (45.1248,5.3303)
50,8 ■ Staumauer von St.Romans. Eine Weiterfahrt auf der Isère ist wegen der folgenden Kette von Kraftwerksbauten nicht sinnvoll. Beendigung der Fahrt am besten bei der Str-Ⅱ D518 (45.1203,5.3186)
47,8 Ⅱ, re **F 38840 La Sône** (45.1112,5.2802)
40,8 li ⇩ Bourne (s. Seite 163) (45.0665,5.2448)
40,6 Ⅱ D76 (45.0672,5.2432)
38,9 ■ Staumauer mit ↯ (45.0763,5.2280)
37,6 Ⅱ A49 (45.0823,5.2146)
35,1 Ⅱ D325, li **F 26730 Eymeux**, re **F 38840 Saint-Lattier** (45.0848, 5.1834)
24,0 ■ Staudamm (45.0404,5.0868)
23,8 Ⅱ D92N (45.0400,5.0837)
21,6 Ⅱ D2092N **F 26100 Romans-sur-Isère** (45.0413,5.0563)
21,0 Ⅱ, **F 26100 Romans-sur-Isère** (Pont Vieux) (45.0417,5.0485)
17,8 EB-Ⅱ (45.0283,5.0267)
14,2 ■ Staumauer, ↯ (45.0359,4.9841)
12,3 EB-Ⅱ (45.0415,4.9615)
7,5 li ■ Staumauer im re Arm nach 1,5 km ebenfalls Staumauer (45.0199,4.9428)
7,0 Ⅱ D67, li **F 26300 Châteauneuf-sur-Isère** re **F 26600 Beaumont-Monteux** (45.0173,4.9379)
1,1 Ⅱ A7 (44.9985,4.8769)
0,9 Ⅱ N7 (44.9983,4.8742)
0,4 EB-Ⅱ (44.9948,4.8702)
0,0 ⇩ in Rhône (s. Seite 52) bei amtl. km 102,0 (44.9912,4.8681)

Bourne

Wanderfluss Gewässerkennzahl FR: W33-0400
Mündung in Isère bei km 40,8

Die Bourne ist ein leichter Wildfluss bzw. Wanderfluss, WW I-Zahmwasser in einsamer, ansprechender Landschaft, sehr lohnend. Sie Mündet in den Stausee der Isère von St. Nazaire bei der Ortschaft St.Nazaire

Fahrtstrecke: ⬇ beim ϟ-Ausfluss kurz unterhalb der Ortschaft Pont en Royans, die Zufahrt ist gesperrt, Abladen der Boote wird jedoch geduldet. Auf einem kurzen, steilen Anglerpfad zum Fluss. ⬆ nach etwa 10 km in der Ortschaft St.Nazaire en Royans. Der letzte Kilometer liegt im Rückstau des Stausees, gute Rampe zum ⬆ bei der Anlegestelle für Ausflugsschiffe.

Befahrbarkeit: wahrscheinlich ganzjährig

Umwelt: Wasser: sehr sauber

Infrastruktur: 🚐 kurz vor der ⇩ in die Isère

Drac

Wildfluss (Gebirgsfluss) Gewässerkennzahl FR: W2--0200
Mündung in Isère bei km 96,3 (li Nebenfluss)

Der Drac fließt durch ein landschaftlich außerordentlich schönes Alpenhochtal. Die tiefen Schluchten des Drac, die früher als eine besondere Sehenswürdigkeit der französischen Alpen galten, sind allerdings inzwischen in einer Kette von Stauseen ertrunken. Für die Befahrung verbleiben daher im wesentlichen Teilstrecken des Oberlaufs. Der Drac ist hier ein schönes Wildwasser.

Der ebenfalls fahrbare Abschnitt unterhalb der Stauseen ist landschaftlich und sportlich weniger interessant.

Befahrbarkeit: Frühjahr bis Juli. Da das Wasser des Drac zur Bewässerung abgeleitet wird, besteht die Möglichkeit, dass im Hochsommer Teilstrecken trocken liegen.

Pegel: etwa 50 m unterhalb der ⌶ N85, km 83,4, am li Ufer in der Felswand; für Befahrung ab km 112,8 erforderlich 85 cm; ab km 93,0 Minimum 40 cm; gutes MW bei 60 cm

Schwierigkeiten: km 112,8—93,0 WW II-III

km 93,0—78,0 WW III

km 78,0—28,4 Kette von Stauseen

	km 28,4—7,4 WW I
Infrastruktur:	Zeltmöglichkeit: im Oberlauf in dem engen Tal sehr schlecht.
	Pkw: abgesehen von dem Bereich der Stauseen verläuft stets eine Straße neben dem Fluss.

130,2 Ursprung Drac Noir

112,8 ⇩ Zusammenfluss von Drac blanc (s. Seite 177) und Drac noir (s. Seite 178), mögliche ⬇ bei ausreichendem Wasserstand (Pegel Minimum 85 cm) (44.6853,6.2632)

112,5 ▬, Ab hier Weiterfahrt möglich, leichtes WW, Kiesbankschwälle, einsames Flusstal, landschaftlich sehr schön, WW I-II, maximal WW III (44.6834,6.2603)

111,9 Str-II (44.6798,6.2567)

109,6 Nach einer li-Kurve Röhren im Wasser, bei HW evtl. überfahrbar, sonst ⩯

108,6 II D944 **F 05260 Saint-Jean-Saint-Nicolas** (Pont du Fossé), ▬, m gut ≋ (44.6666,6.2280)

103,4 Str-II D945, li nach **F 05260 Chabottes** (44.6497,6.1733)

100,4 re ⇩ Ancelle (s. Seite 176) (44.6501,6.1385)

100,1 II D215, re nach **F 05500 Forest-Saint-Julien** (44.6498,6.1353)

93,0 II D945 **F 05500 Saint-Bonnet-en-Champsaur** 2 Steinwurf-▬, **X**, re oder li ⩯. Übliche ⬇ unterhalb des 2.▬. Ab hier ≋ ab Pegel-Minimum 40 cm (44.6760,6.0739)

89,2 re ⇩ Séveraissette (s. Seite 176) (44.7018,6.0537)

83,4 II N85, ▤ (44.7352,6.0040)

78,0 re ⇩ Séveraisse (s. Seite 174) (44.7761,5.9851)

76,1 li ⬆ beim Kieswerk von **F 05800 Saint-Firmin- Le Motty** (44.7912, 5.9780)

75,6 II D57L, Eingang einer kleinen Schlucht, Beginn des Rückstaus des Stausees von Sautet (44.7931,5.9729)

75,2 II D217 Bei tiefem Wasserstand des Sees befindet sich hier ein ▬ mit Abfall 10-15 m hoch, **X**, ⩯ unmöglich (44.7947,5.9684)

70,6 re ⛺ „Lac du Sautet" campingdusautet.fr (44.8162,5.9278); li in einer Seitenbucht ⇩ Souloise (s. Seite 173) (44.8128,5.9202)

69,4 ▬ Staudamm von Sautet. Es folgt eine Stauseenkette (44.8175, 5.9083)

69,3 II D537 (44.8172,5.9080)

63,7 Str-Ⅱ, danach Rückleitung von abgeleitetem Wasser (44.8341, 5.8565)
56,5 ■ Staudamm (44.8764,5.8038)
55,7 re ⇩ Bonne (s. Seite 169) (44.8810,5.7953)
55,5 Ⅱ D526 (44.8810,5.7935)
53,3 Ⅱ D168 (44.8728,5.7734)
47,7 Hänge-Ⅱ (44.8687,5.7085)
44,7 li ⇩ Ebron (s. Seite 168) (44.8827,5.6789)
34,5 ■ Staumauer (44.9611,5.6887)
34,1 Str-Ⅱ (44.9650,5.6855)
28,4 ■ Staudamm des letzten Stausees, ab hier ist eine Weiterfahrt auf dem Drac möglich. Er verläuft jetzt in einem breiten Tal mit Verzweigungen in breitem Kiesbett und Kiesbankschwällen. Bis zur ⇩ mindestens 6 Stufen aus groben Gesteinsbrocken, nach Besichtigung meist ≋. (45.0068,5.6892)
23,4 EB-Ⅱ und Ⅱ D63 gute ⬇ zur Weiterfahrt (45.0439,5.6953)
16,8 re ⇩ Romanche (s. Seite 165) (45.0904,5.7251)
16,5 ■ Wehr mit ↯ (45.0923,5.7220)
12,3 Ⅱ, re **F 38800 Le Pont-de-Claix** (45.1192,5.6970)
12,2 Ⅱ D1075 Unter der Ⅱ Steinwurf-■, evtl. ≋, Besichtigung erforderlich, ⏏ mühsam (45.1207,5.6964)
11,5 Ⅱ A480 (45.1254,5.6903)
7,4 –1,5 Stadtgebiet von **F 38100 Grenoble** der Drac ist hier kanalisiert
7,3 Ⅱ D6 (45.1590,5.6992)
7,2 Fußg-Ⅱ (45.1600,5.6996)
4,9 Ⅱ D1532 (45.1800,5.7012)
3,9 EB-Ⅱ (45.1891,5.7016)
3,8 Ⅱ D531 (45.1897,5.7016)
3,5 Ⅱ D106 (45.1924,5.7018)
2,0 ■ Sohlstufe (45.2038,5.6908)
1,3 Ⅱ D531, re **F 38360 Sassenage** (45.2081,5.6843)
0,0 ⇩ in Isère (s. Seite 157) bei km 96,3 (45.2161,5.6738)

Romanche

Wildfluss – Gletscherfluss Gewässerkennzahl FR: W27-0400
Mündung in Drac bei km 16,8 (re Nebenfluss)

Für eine Befahrung der Romanche kommen nur zwei Teilstrecken in Frage. Sie gehen zwar räumlich ineinander über, müssen jedoch zeitlich getrennt befahren werden.

1.Teilstrecke: La Grave bis nach dem Straßentunnel, 6 km, WW IV (V-)als Gletscherbach mit Ursprung im Bereich der Gletscher der Barre des Ecrins in 4000 m Höhe sehr hohe Wasserführung von Frühsommer bis Ende August.

In La Grave gibt es 2 Ⅱ; nach dem ⬇ bei der 1. Ⅱ (bei einem Picknickplatz) auf knapp 600 m WW IV mit einer Stelle WW VI, stark verblockt, Klemmgefahr! Die Befahrung wird daher meist erst bei der 2. Ⅱ begonnen.

Sehr schnelle Strömung, erhebliches Gefälle, Wasserwucht, WW IV (V-). Vor dem Straßentunnel ▬, X, am besten hier re ⬆. Auf den folgenden 900 m nach Bauarbeiten viele scharfkantige Blöcke in starkem Stromzug. Die mögliche ⬆ nach dem Straßentunnel darf auf keinen Fall verpasst werden.

2.Teilstrecke: vom ⬆ der 1.Etappe unterhalb des Straßentunnels bis zum Stausee Lac du Chambon, 5 km.

nur bei NW, wenn das Wasser klar geworden ist (Spätsommer und Herbst). sehr starkes Gefälle, Verblockungen, Stufen und enge Abfälle, mit Baumhindernissen ist stets zu rechnen, mehrfache Erkundungen und ⩍ sind unerlässlich, insgesamt enorme Schwierigkeiten, WW V+. Die Fahrt wird im Stausee re bei einem Fahrweg beendet, der zur Straße führt.

Der weitere, noch etwa 50 km lange Lauf der Romanche bis zur ⇩ in den Drac (s. Seite 163) oberhalb Grenoble ist durch mehrere ϟ so weitgehend verbaut, dass eine Befahrung nicht möglich ist.

Umwelt: Eine Befahrung oberhalb von La Grave ist verboten.

Vénéon

Wildfluss – Gletscherfluss Gewässerkennzahl FR: W2730500
Mündung in Romanche (li Nebenfluss)

Der Vénéon ist ein Fluss der Superlative: landschaftlich hervorragend schön inmitten von Eisriesen mit Höhen bei 3500 m. Entsprechend sind auch die Schwierigkeiten, kaum je unter WW V, meist WW VI mit mehreren Stellen im obersten Bereich des gerade noch machbaren.

Befahrbarkeit: Oberlauf (km 26,1—10,7) nur bei NW bis Frühherbst. Unterlauf (km 10,7—4,7) nur bei HW (Zeit der Schneeschmelze bis Ende Juli).

Pegel: les Etages, km 13,8; günstig für Oberlauf 1-1,1 m.

33,5 Ursprung im Gletscherbereich in etwa 3500 m Höhe (44.8722, 6.3355)

26,1 Fußg.-Ⅱ **F 38520 Saint-Christophe-en-Oisans** (La Bérarde) ↓ für die Befahrung des Oberlaufs. Sehr wuchtiges Wasser, WW IV+ mit Zunahme der Schwierigkeiten, gegen Ende der Strecke WW V-VI, 2 Stellen evtl. **X** (44.9320,6.2906)

25,7 Wege-Ⅱ (44.9336,6.2875)

25,1 Wege-Ⅱ (44.9353,6.2815)

22,9 Weg-Ⅱ **F 38520 Saint-Christophe-en-Oisans** (Les Étages), ≣ (44.9365,6.2559)

19,1 Beginn einer niedrigen Klamm, darüber Steg unbedingt ↱ und die Boote nach Champorent hochtragen. Es folgen Abbrüche und Siphone, **X** und auch nicht am Fluss zu ⩡

18,5 römische Ⅱ (44.9316,6.2054)

17,2 Steg, **F 38520 Saint-Christophe-en-Oisans** (Le Clôt) erreichbar auf Fußweg von der Straße, ↓↑ für die Weiterfahrt. Es beginnt die große Schlucht des Vénéon, wuchtige Katarakte, Stufen und Blockstrecken, WW VI+, keine Stelle total **X** (44.9372,6.1930)

15,1 Wege-Ⅱ (44.9509,6.1775)

12,4 Fußg.-Ⅱ darunter gefährlicher Rücklauf (44.9672,6.1558)

10,8 Ⅱ D530 (44.9783,6.1457)

10,7 Kurzer Stau vor einem ▬ Wehr mit Wasserableitung, ↱. Eine Weiterfahrt ist nur bei ausreichendem Überwasser möglich (s. „Befahrbarkeit“. Ein ⩡ des ▬ kommt daher nicht in Frage. ↓ für die Befahrung des Unterlaufs unterhalb der Staumauer. Zunächst WW VI+ (44.9791,6.1454);
Die Staustufe lässt unregelmäßig Wasser ab der Wasserstand in der Schlucht kann dann drastisch ansteigen, einige Stellen werden dann **X**

10,3 Hinter einer nicht einsehbaren Flussbiegung taucht unverhofft eine etwa 70 m lange Stelle mit 3 Siphons auf, das Wasser wird total abgesogen. Die Stelle ist von der hochgelegenen Straße teilweise einzusehen, ⩡ möglich

8,5 Ⅱ D530 (44.9853,6.1231)

8,2 li ⛺ „Caravaneige Le Champ Du Moulin“ champ-du-moulin.com (44.9856,6.1198)

7,8 Ⅱ bei **F 38520 Vénosc** leichtes Nachlassen der Schwierigkeiten, aber immer noch WW V-VI (44.9858,6.1146)

6,6 Wege-Ⅱ (44.9891,6.1022)

5,0 Wege-Ⅱ (44.9917,6.0843)

4,7 Ⅱ D214C bei **F 38520 Vénosc** (les Ougiers), ↱, eine Weiterfahrt ist

wegen der folgenden Steilabbrüche nicht möglich (44.9932,6.0810)
0,0 ⇩ in Romanche (s. Seite 165) (45.0268,6.0627)

Ferrand

Wildfluss—Gletscherfluss Gewässerkennzahl FR: W2720500
Mündung in Romanche (re Nebenfluss)

Der Ferrand ist ein nur kurzer, doch recht interessanter Wildbach. Seine Befahrung bietet sich an in Zusammenhang mit Befahrungen der Romanche. Fahrtstrecke: ⬇ bei Clavans d´en haut. li von der Kapelle des Ortes führt ein Weg flussaufwärts zu einer alten Ⅱ. Die Fahrt geht zunächst durch ein recht breites Flussbett, WW III+. Nach gut 2 km, auf der Höhe von Clavens d´en bas, etwa 400 m vor der erwähnten Ⅱ, nehmen die Schwierigkeiten stark zu, WW IV+-WW V. Eine weitere V-er Stelle etwa 100 m nach der Ⅱ. Weiterhin WW IV-V, 1997 wurden 2 Stellen als **X** gefunden. ⬆ nach insgesamt etwa 5 km bei der 1. Ⅱ oberhalb von Mizoën, die Reststrecke ist **X**.

Befahrbarkeit: als Gletscherfluss führt der Ferrand HW nicht nur nach Regenfällen und zur Zeit der Schneeschmelze, sondern auch am Nachmittag von heißen Sommertagen; diese Zeiten sollten gemieden werden. Am besten gewinnt man einen Eindruck schon bei der Anfahrt bei der Ⅱ der Straße, die von der Talstraße nch Besse en Oisans abzweigt. Unterhalb der Ⅱ kann man sich auch ein Bild von den Schwierigkeiten machen.

Ebron

Wildfluss (Gebirgsfluss) Gewässerkennzahl FR: W25-0400
Mündung in Drac bei km 44,7 (li Nebenfluss)

Der Ebron fließt auf der gesamten fahrbaren Flussstrecke durch mehrere, z.T. tiefeingeschnittene Alpen-Schluchten und ist nur an ganz wenigen Stellen zugängig.

Achtung, es gibt einige sehr enge Stellen, die total mit Holz versperrt sein können.

Befahrbarkeit: zur Zeit der Schneeschmelze (März bis April) sowie bis Juni nach Regenfällen, die zu dieser Jahreszeit recht häufig sind.

32,1 Ursprung: Grd. Ferrand in 2700 m Höhe (44.7643,5.8199)
20,7 Ⅱ D66 von re **F 38930 Lalley** nach li **F 38710 Prébois** ⬇. Der Ebron

fließt während der folgenden 8 km durch mehrere kleine Schluchten, WW II-III, das Gefälle ist unregelmäßig. Eine Befahrung dieser Strecke ist wegen mehrerer recht nerviger Baumhindernisse nur bedingt zu empfehlen (44.7720,5.7114)

17,3 Ⅱ D253 (44.7853,5.6817)

11,6 Ⅱ D13, **F 38930 Percy-Sandon** (44.8216,5.6734)

11,5 ■ Wehr **X** mit Wasserableitung, ⚠ (44.8222,5.6726)

10,9 Ⅱ D526 gute ⬇ man muss evtl. noch 300 m weit treideln, bis zur Rückführung des bei km 11,5 abgeleiteten Wassers. Der Ebron fließt anschließend durch wilde, tief in schwarzes Liasgestein eingeschnittene Schluchten, wunderschöne Fahrt, starkes Gefälle, mäßige Verblockung, WW I-II-III, bei höherem Wasserstand 2 Stellen WW IV, häufig durch Holz verlegt (44.8260,5.6690)

10,6 Rückleitung des abgeleiteten Wassers (44.8281,5.6706)

2,3 Ⅱ D34 Je nach Füllungszustand des Stausees beginnt der Rückstau schon oberhalb der Ⅱ. Beendigung der Fahrt li nach der Ⅱ möglich, die Boote müssen jedoch sehr mühsam zur Straße hochgeseilt werden (44.8681,5.6710)

1,5 Fußg-Ⅱ (44.8719,5.6767)

0,0 ⇩ in Drac (s. Seite 163) bei km 44,7 Stausee von Monteynard; Wenn man das mühsame ⬆ vermeiden will, ist es einfacher, entlang dem W-Ufer des Sees etwa 3 km weit nach Norden bis Herbelon zu fahren. Hier Straßenzufahrt über die D110B. Auch am Ostufer des Sees gegenüber der ⇩ ⛺ mit Straßenzufahrt und ⬆ (44.8842,5.6786)

Bonne

Wildfluss (Gebirgsfluss) Gewässerkennzahl FR: W23-0400
Mündung in Drac bei km 55,7 (re Nebenfluss)

Die Bonne verläuft durch ein landschaftlich hervorragend schönes Hochtal der Alpen der Dauphiné. Sie ist ein sehr sportlicher, streckenweise schwerer Wildfluss.

Viele Stellen sind vom Boot aus nicht einsehbar, außerdem ist in den engen Schluchten stets mit Baumversperrungen zu rechnen. Ein Umtragen von versperrten oder schwierigen Stellen kann wegen der klammartigen Felswände sehr zeitaufwendig und mühsam werden. Für die schwierige Strecke von km 8,8—3,4 sollte man daher reichlich Zeit einplanen (4-6 Stunden).

Befahrbarkeit: die Bonne und ihre Quellflüsse haben ihren Ursprung im Hochgebirgs- und z.T. im Gletscherbereich, Wasserführung daher auch im Sommer ausreichend. Von einer Befahrung bei HW (Schneeschmelze) ist abzuraten.

Pegel: Ⅱ von Prêtre, km 8,8; günstig 70-80 cm; Minimum 60-65 cm; Maximum 85 cm. Der Fluss wurde jedoch auch schon bei einem Pegel von 110 cm befahren.

km 21,7: günstig: 10 cm

Schwierigkeiten: km 22,7—18,6 WW II-V

km 15,8—9,4 WW II (III)

km 9,4—3,4 WW IV

km 3,4—⇩ WW III-IV+

40,1 Ursprung am Pic d´Olan in etwa 3000 m Höhe. (44.8733,6.1919)

22,7 Ⅱ , Oberste mögliche ⬇ unterhalb der unfahrbaren Flussabschnitte bei la Chalp. Zunächst WW III-IV (44.8782,6.0090)

21,7 ▬ Wehr, ≋, danach re ≣. Günstig für diese obere Teilstrecke sind 10 cm. Auf 2,4 km WW II

20,1 Ⅱ D117 (44.8817,5.9797)

19,3 Ⅱ, **F 38740 Entraigues** (Gragnolet), ab hier WW III-IV (44.8849, 5.9725)

18,6 Ⅱ D117 weitere Steigerung der Schwierigkeiten, WW IV-V mit einer Stelle **X**, von der Straße aus einzusehen, ⏏ re möglich. Nach 500m folgt ein neues ▬ von Entraigues, **X**. Am besten ⬆ in Höhe des ⛺ (44.8886,5.9665)

16,4 Wege-Ⅱ, **F 38740 Entraigues** (La Drayre) (44.8991,5.9499)

15,9 Ⅱ D526 (44.9003,5.9445)

15,8 Wege-Ⅱ am Ortsende von **F 38740 Entraigues** Übliche ⬇ zur Befahrung der Bonne. Auf keinen Fall höher flussaufwärts ⬇, da sich kurz vor dem Steg, unter der Str-Ⅱ eine **X** Stelle befindet, bei höherem Wasserstand keine Möglichkeit zum Anhalten (44.9004,5.9430); Unter der ersten Ⅱ neu eingebauter Brückenschutz, re ≋. Zunächst meist offenes Kiesbett, WW II

15,0 re ⇩ Malsanne (s. Seite 173). (44.9031,5.9363)

13,8 Ⅱ D526 (Pont des Fayettes), darunter Stufe (44.8974,5.9250)

12,2 Ⅱ, **F 38740 Valbonnais** (Les Verneys) (44.8908,5.9081)

9,4 ▬ Wehr bei ausreichendem Wasserstand ≋, sonst li ⏏. Mögliche ⬆ 100 m vorher re. Übliche ⬇ für die Befahrung der folgenden sehr schönen Strecke. Bei NW (Pegel 65 cm) muss auf 200 m bis zur

Rückführung des zur Mühle abgeleiteten Wassers getreidelt werden (44.8911,5.8747)

8,8 ⵊ D526 (Pont du Prêtre). Der 1.Schwall unterhalb der ⵊ endet in einer kleinen Klamm. Es besteht die Gefahr, dass der Eingang durch Treibholz total versperrt ist, dann ⚠ Lebensgefahr, unbedingt vorher erkunden. Falls frei, kann der Eingangsschwall gut befahren werden, WW IV+. Die folgenden 6 km WW IV, starke Verblockung, starkes Gefälle (44.8945,5.8688);

Bei HW ist von einer Befahrung dieser Strecke abzuraten. In der engen Schlucht gibt es dann kaum Kehrwasser, sodass ein Anhalten und ⬆ kaum möglich ist

7,5 ⵊ D26A hoch über dem Fluss. (44.8961,5.8584)

6,5 es folgt nach einer unübersichtlichen li-Kurve eine gefährliche Stelle. Das Wasser stürzt hier li in einem 0,7 m breiten Spalt etwa 1,5 m tief ab. Bei HW starker Rücklauf, aus dem man sich in dem schmalen Spalt nicht befreien kann. Es besteht große Wahrscheinlichkeit, unter unterspülte Felswände gezogen zu werden. Annäherung an diese Stelle nur mit größter Vorsicht, da bei Einsicht in den Abfall ein ⬆ li unmöglich und re (überspülte Rippen ohne Kehrwasser) nur mit viel Glück zu schaffen ist;

Zum rechtzeitigen Erkennen dieser Stelle folgende Hinweise: Unter der ⵊ verläuft der Fluss zunächst in einem Felsbett. Dann kommt eine kurze, offene S-Kurve (zuerst li,dann re) in einem etwas breiteren Kiesbett, darauf erneute Verengung zu einem Felsbett. Hier sollte angelandet, die Situation erkundet und die ⬆-Stelle vor dem Spalt festgelegt werden. WW VI/**X**, re ⏏ möglich

6,0 ⵊ **F 38350 Saint-Laurent-en-Beaumont-Malbuisson** (alte Bogen-Brücke) (44.8950,5.8429)

3,8 re ⇩ Roizonne (s. Seite 172) (44.9029,5.8207)

3,4 ⵊ N85 (Route Napoléon) darunter ▬ Stauwerk mit Wasserableitung, ↰ bei einer kleinen Kiesstraße 100 m unterhalb des Werkes. Die Fahrt muss meist hier beendet werden. Bei ausreichend Überwasser (soll im Frühjahr häufig sein) ist eine Weiterfahrt möglich, das ▬ kann dann evtl. befahren werden. WW III-IV, kurz vor der ⇩ eine etwa 200 m lange Klamm, gut ≋. Vorsicht, das ▬ lässt häufig ganz plötzlich Wasser ab, was zu einer HW-Welle führen kann (44.9018, 5.8171)

0,0 ⇩ in Drac (s. Seite 163) bei km 55,7 (44.8810,5.7951)

Roizonne

Wildfluss Gewässerkennzahl FR: W2330520

Mündung in Bonne bei km 3,8 (re Nebenfluss)

Die Roizonne ist ein sehr schwerer, z.T. in Schluchten verlaufender Wildbach in einem landschaftlich hervorragend schönen Hochtal der französischen Hochalpen.

Befahrbarkeit: Frühjahr bis Frühsommer. Durch mehrere Nebenflüsse nimmt die Wasserführung des Oberlaufs schnell zu; da die Straße neben dem Fluss verläuft, kann die ⬇ je nach Wasserführung frei gewählt werden. Die untere Schlucht, unterhalb des ▬ bei km 6,3 nur selten bei ausreichendem Wasserablaß.

Schwierigkeiten: km 15,3-6,3 WW III-IV (IV)

km 6,3-⇩ WW IV+

22,4 Ursprung in etwa 2500 m Höhe (44.9913,5.9464)–(44.9913,5.9464)

15,3 Oberste mögliche ⬇ bei der ⇩ eines re Nebenbaches etwa 1km oberhalb Les Mazoirs. Die Folgestrecke ist WW III-IV (44.9974, 5.8801)

14,7 Wege-⌶ **F 38350 Lavaldens** (Hameau des Mazoirs)

13,6 Wege-⌶

13,4 li Bach-⇩ , weitere mögliche ⬇. (44.9816,5.8827)

12,8 ⌶ **F 38350 Lavaldens** (Les Fréaux)

12,5 ⌶ D114

11,9 Wege-⌶ **F 38350 Lavaldens** (Chemin du Moulin)

10,8 Wege-⌶ **F 38350 Lavaldens** (Le Mollard)

10,5 li ⇩ eines größeren Baches

8,3 Wege-⌶

7,9 ⌶ D114A **F 38350 La Valette** Beginn einer sehr schönen Schlucht

6,3 Wege-⌶, darunter ▬ Wehr mit Wasserableitung, die Fahrt muss zumeist hier beendet werden, die ⬆ ist re auf einem Fahrweg zu erreichen. Weiterfahrt nur bei ausreichendem Überwasser möglich. In der folgenden, immer tiefer werdenden Schlucht deutliche Zunahme der Schwierigkeiten, WW IV+ (44.9200,5.8604)

4,6 Wege-⌶

1,8 ⌶ D26 sehr hoch über dem Fluss, darunter Felsgewirr, **X**, re ⛺

0,0 ⇩ in Bonne (s. Seite 169) bei km 3,8 in den Stau des ▬ Wehr, bei der ⌶, der N85 (44.9030,5.8207)

Malsanne

Wildbach Gewässerkennzahl FR: W2320500
Mündung in Bonne bei km 15,0 (re Nebenfluss)

Die nachfolgende Beschreibung beruht auf Erkundungen, ein Befahrungsbericht liegt nicht vor.

Mögliche Fahrtstrecke: ⬇ beim Zusammenfluss der beiden Quellbäche bei Périer, besonders schwer (WW VI) die Klamm etwa 1,5 km vor der ⇩. Fahrtstrecke insgesamt 9 km.

Befahrbarkeit: Mai bis Juni.

Pegel: Vergleichspegel: Bonne, km 8,8; Minimum etwa 90 cm, die Schlucht kann auch bei einem niedrigeren Pegel befahren werden.

Schwierigkeiten: starkes Gefälle, schnelle Strömung in engem Bachbett, Wechsel zwischen leichtem und extrem schwerem Wildwasser, WW II-VI-**X**. Baumhindernisse!

Souloise

Wildfluss Gewässerkennzahl FR: W2210500
Mündung in Drac bei km 70,6 (li Nebenfluss)

Die Souloise ist ein sehr abwechslungsreicher, kurzer Wildfluss im Bereich enger Schluchten.

⚠ Die alte Beschreibung konnte im Luftbild nicht genau nachvollzogen werden. Daher sind insbesondere die km Angaben mit Vorsicht zu genießen. Über eine neue Beschreibung würden wir uns freuen.

Befahrungsregeln: Für Rafter gesperrt

Befahrbarkeit: Frühjahr und nach Regenfällen

25,6 Ursprung in etwa 1800 m Höhe Über die Folgestrecke ist nichts bekannt (44.6445,5.9803)

9,2 Sources des Gillard Großquelle mit starker Wasserzufuhr (bis 30 m^3/s), mögliche ⬇. Zunächst auf 500 m WW V-VI, bei höherem Wasserstand absolut **X**

8,6 Ⅱ D217 Übliche ⬇ zu erreichen auf dem re Ufer, hier sehr schöne ⛺-Möglichkeit. Die folgende Strecke WW II-III in einer einsamen

Waldschlucht. (44.7583,5.8877)

8,5 –4,2 *die Gefahrenstellen konnten im Luftbild nicht genau lokalisiert werden*

Es folgt nach ca. 1 km ein Holz-Steg, danach Wasserfall, absolut **X**. Nach Durchfahren der Ⅱ wird man unentrinnbar in den Fall gezogen, höchste Lebensgefahr! Daher beim Erblicken der Ⅱ sofort ↰. Man sollte die Stelle schon bei der Anfahrt besichtigen, von der Straße auf dem re Ufer führt ein Pfad zur Ⅱ. li ⏏ recht mühsam. Danach weiterhin WW II-III. es folgt nach ca. 1 km: Stark verblockte li-Kurve, Zunahme der Schwierigkeiten in einer Felsschlucht mit starkem Gefälle, WW IV, Wasserwucht

4,2 Ⅱ D217B über die Stauwurzel des Stausees von Sautet, bei Vollstau ruhiges Wasser, bei Teilfüllung nochmals unterschiedlich schwerer Schlußkatarakt. ↰, Beendigung der Fahrt. Man befindet sich hier in einer großen Seitenbucht des Stausees

0,0 ⇩ in Drac (s. Seite 163) bei km 70,6 (Stausee Sautet) (44.8147, 5.9197)

Séveraisse

Wildfluss (Gebirgsfluss) Gewässerkennzahl FR: W21-0400
Mündung in Drac bei km 78,0 (li Nebenfluss)

Die Séveraisse ist ein schwerer Wildfluss in einem landschaftlich hervorragend schönen Hochtal der Alpen der Dauphiné.

Befahrungsregeln: Nach einer nicht bestätigten Meldung ist die Befahrung oberhalb von Le Casset verboten.

Befahrbarkeit: höchster Wasserstand im Mai, guter Wasserstand auch im Juni und Juli. Im August kann das Wasser evtl. knapp werden.

Pegel: Ⅱ km 16,0; 30 cm= Minimum; 45 cm = Normalwasser; 55 cm = guter Wasserstand; 65 cm=HW.

Ab Pegel 55 cm wird das Bergen von Schwimmern und Material bei den ununterbrochenen Schwällen recht problematisch.

Schwierigkeiten: km 27,4—23,8 WW V-VI-IV

km 23,8-⇩ WW III-II (IV)

32,9 Ursprung im Gletscherbereich in etwa 3500 m Höhe (44.8084,

6.3273)–(44.8084,6.3273)
27,4 ⇩ Torrente du Gioberney mögliche ⬇ (44.8298,6.2797)
25,8 Steg sofort danach folgt eine Serie von Katarakten, WW VI, Gefälle 200 ‰, 2 Stellen **X**, Verklemmungsgefahr. (44.8252,6.2623)
25,3 Auf 500 m etwas leichter, dann erneut WW V-VI
24,7 Eine Stelle bei NW evtl. ≈, zumeist **X**, danach WW IV-V, abnehmend WW III
23,8 Von Le Bourg führt re-ufrig ein Kiesweg zum Fluss, mögliche ⬇
23,2 II **F 05800 La Chapelle-en-Valgaudémar** (Le Bourg) (44.8244, 6.2331)
21,9 Alte Bogen-II **F 05800 La Chapelle-en-Valgaudémar** (le Casset), sofort danach auf 300 m WW IV, Besichtigung vom li Ufer aus gut möglich (44.8200,6.2190)
20,7 Von der Straße führt ein unscheinbarer Feldweg hinunter zum Fluss; gute ⬇, wenn die vorausgehenden Schwierigkeiten vermieden werden
20,1 II D480 (44.8198,6.1962)
19,4 Weg-II (44.8195,6.1876)
18,1 Weg-II (44.8210,6.1730)
17,2 II D985A (44.8213,6.1622)
16,0 II **F 05800 Villar-Loubière** li ⛺ „Les Gravières“, ▤, re 🅿, hier ⬆ vor dem folgenden ▬ (44.8246,6.1490)
15,2 ▬ Wehr und ↯ Ableitung des meisten Wassers, Weiterfahrt nach ⏏ erst bei einem ▤ > 60 cm möglich. WW III
14,4 Weg-II (44.8204,6.1279)
14,0 Im re Arm Mühlen-▬ mit starkem Rücklauf, li Arm frei
11,7 II D16 (44.8083,6.1062)
8,7 ↯ und Wehr ▬ von St.Maurice das ▬ hat einen starken Rücklauf, vor evtl. Befahrung unbedingt ansehen! Folgestrecke WW I-II, landschaftlich sehr lohnend, Vorsicht auf Baumhindernisse
6,9 II D116 (44.7838,6.0621)
4,3 II D216 (44.7763,6.0348)
3,1 ▬ Wehr mit Wasserableitung, rechtzeitig ↱, scharfer Stromzug zu den Turbinen (44.7743,6.0203)
2,9 II N85, die Fahrt wird meist hier beendet (44.7741,6.0179)
0,5 re **F 05800 Saint-Firmin** (La Trinité), ↯ (44.7762,5.9920)
0,0 ⇩ in Drac (s. Seite 163) bei km 78,0 Weiterfahrt bis zum Kieswerk von le Moity möglich (44.7762,5.9851)

Séveraissette

Wildfluss Gewässerkennzahl FR: W2030620

Mündung in Drac bei km 89,2 (re Nebenfluss)

Die Séveraissette ist in ihrem Oberlauf ein leichter Wildfluss in einem breiten Hochtal; in ihrem Unterlauf, in enger Waldschlucht mit kurzer Klamm, wird sie zum sehr schweren Wildfluss.

Befahrungsregeln: Der Abschnitt oberhalb von La Motte, km 4,7, ist anscheinend ganzjährig gesperrt.

Befahrbarkeit: Oberlauf nur bei gutem Wasser, Unterlauf und insbesondere die Klamm nur bei NW.

Schwierigkeiten: km 9,0—4,7 WW II

km 4,7-⇩ WW IV-V-VI-**X**

14,0 Ursprung in etwa 3000 m Höhe (44.7630,6.1592)

9,0 **F 05500 Molines en Champsaur** ⬇ bei gutem Wasser. In breitem Flussbett Verzweigung in viele Arme, WW II (44.7458,6.1170)

4,7 Ⅱ D123 **F 05500 La Motte-en-Champsaur** mögliche ⬆, falls auf die Befahrung der folgenden Schlucht verzichtet wird, bzw. ⬇ bei NW, falls nur der Unterlauf befahren wird. Es beginnt eine kurvenreiche Waldschlucht, Baumversperrungen sind häufig, bei sehr schneller Strömung Anhalten oft schwierig, WW IV (44.7306,6.0691)

3,1 Ⅱ D23 (44.7227,6.0595)

1,9 Str-Ⅱ danach Übergang der Waldschlucht zu steilen Felswänden. Hier unbedingt vor Beginn einer gefährlichen Klamm ↰. Man sollte die ⬆ schon vor der Befahrung erkunden, Zufahrt auf kleiner Straße von St.Bonnet her zum Rand der Klamm. Die Klamm gilt als WW VI-**X**. Eine evtl. Befahrung der Klamm kommt nur, wenn überhaupt, bei NW in Frage. ⌓ der gesamten Klamm li,mühsam, wieder ⬇ am Ende der Klamm. (44.7154,6.0559)

0,0 ⇩ in Drac (s. Seite 163) bei km 89,2 (44.7018,6.0540)

Ancelle

Wildfluss Gewässerkennzahl FR: W2020580

Mündung in Drac bei km 100,4 (re Nebenfluss)

Schwierigkeiten: km 10,9—8,7 WW II

km 8,7-⇩ WW III-IV (IV+)

16,5 Ursprung in 2600 m Höhe (44.6157,6.2894)
10,9 ⬇, bei ⌶ zu erreichen auf einem Fahrweg etwa 2,5 km oberhalb Ancelle. (44.6217,6.2358)
8,7 Wege-⌶ **F 05260 Ancelle** (44.6225,6.2094)
8,1 ⌶ D13, **F 05260 Ancelle** danach ■ besichtigen, seichtes Unterwasser, Baumversperrungen möglich, evtl. li ⏏; Danach Zunahme der Schwierigkeiten (44.6213,6.2025)
7,7 Wege-⌶ (44.6201,6.1986)
7,3 Wege-⌶ (44.6202,6.1942)
5,8 Wege-⌶ (44.6215,6.1777)
3,2 Wege-⌶ danach Schutthalde Autowracks im Fluss möglich. Danach Beginn einer sehr schönen Waldschlucht, enges Flussbett, Achtung auf Baumversperrungen, zumeist WW III-IV. Unbedingt erkundet werden muss ein 3 m hoher Abfall, entstanden durch die Fundamente des Canal du Gap (44.6319,6.1561)
2,2 Weg-⌶ (44.6340,6.1456)
1,6 Str-⌶ D944 Schlucht-Ende (44.6386,6.1432)
0,0 ⇩ in Drac (s. Seite 163) bei km 100,4 ⬆ nach 300 m bei der ⌶ D15 (44.6502,6.1384)

Drac Blanc

Wildbach Gewässerkennzahl FR: W2010500
Mündung in Drac bei km 112,8 (re Nebenfluss)

Der Drac Blanc verläuft in einem breiten, landschaftlich hervorragend schönen Hochtal, häufig Aufteilung in mehrere Arme. Empfehlenswert als Vorfahrt zum Drac.

Befahrbarkeit: nur bei gutem Wasserstand bis Frühjahr

Pegel: Bezugspegel: Drac, km 83,4; Minimum 90 cm

17,2 Ursprung (44.7625,6.3491)
10,9 Weg-⌶ Talschluß, Parkplatz ⬇ bei sehr gutem Wasserstand. Das Wasser läuft auf den folgenden 6 km in breitem Kiesbett oft weit auseinander, Achtung auf Baumversperrungen. WW II-III (44.7618, 6.2866)
6,6 Weg-⌶ (44.7398,6.2509)
5,4 ⌶ **F 05260 Champoléon** (Les Gondoins) (44.7293,6.2515)
4,8 ⌶ D472 (44.7251,6.2553)

4,2 Wege-⌶ D944A bei **F 05260 Champoléon** (Les Borels) empfohlene ⬇ bei minder gutem Wasserstand. Kurz danach re ⇩ eines Baches; Beginn eines schweren, etwa 700 m langen Kataraktes, WW III+. Er sollte schon vor Beginn der Fahrt besichtigt werden, Baumversperrungen möglich. Danach leichter, WW II-III (44.7205,6.2584)
1,5 Weg-⌶ (44.6984,6.2657)
0,4 ⌶ D944 gute ⬆ oder Weiterfahrt zum Drac (s. Seite 163) (44.6891, 6.2638)
0,0 ⇩ in Drac (s. Seite 163) bei km 112,8 (44.6853,6.2632)

Drac Noir

Wildfluss Gewässerkennzahl FR: W2â€"0200
Mündung in Drac bei km 112,8 (li Nebenfluss)

Der Drac Noir ist ein interessanter Wildfluss, wobei verhältnismäßig leichte Geröllfelder mehrfach mit landschaftlich sehr schönen, schweren Schluchtstrecken abwechseln.

Befahrungsregeln: bis km 118,5 anscheinend gesperrt

Befahrbarkeit: Frühjahr bis Frühsommer

Schwierigkeiten: Wechsel zwischen WW III und IV+

130,2 Ursprung im Bereich des Tête des Maitz in 2000 m Höhe, keine Gletscherzuflüsse (44.6551 6.4158)
122,7 Oberste mögliche ⬇ bei **F 05170 Orcières-Prapic** am Ende von Steilabbrüchen, **X**. Die Boote müssen etwa 400 m weit über terrassenartige Wiesen zum Fluss getragen werden. Die Strecke bis km 118,8 scheint allerdings gesperrt zu sein. Zunächst leicht. (44.6930, 6.3719)
121,7 Beginn der 1. Schlucht; zunächst noch übersichtliche Verblockung, nach einer markanten r-Kurve folgt eine kataraktartige Gefällestrecke, auf 500 m WWIV+
119,6 Wege-⌶ (44.6855,6.3376)
118,8 ⌶ D475 **F 05170 Orcières** mögliche ⬇, Talweitung (44.6826,6.3303)
118,5 Wege-⌶ (44.6818,6.3278)
117,9 Wege-⌶ (44.6794,6.3212)
116,3 2. Schlucht, WW III-IV
115,1 Wege-⌶ (44.6808,6.2885)
114,8 Nach einer langen „Kiesbankgeraden“ Steinwurf-▬, 2,5 m hoch, evtl. li ≋

113,6 Röhren-Ⅱ, je nach Wasserstand nach Besichtigung ≈ (44.6855, 6.2731)

112,9 Wege-Ⅱ (44.6853,6.2640)

112,8 ⇩ in Drac (s. Seite 163) bei km 112,8 kurz danach ■, gute ⬆, oder Weiterfahrt auf dem Drac (44.6854,6.2632)

Arc (Isère)

Wildfluss (Gebirgsfluss) Gewässerkennzahl FR: W10-0400

Mündung in Isère bei km 171,0 (li Nebenfluss)

Der Arc durchfließt mit seiner Gesamtflusslänge von 127,5 km eines der größten Hochalpentäler Frankreichs. Die landschaftliche Schönheit des Tales wird dadurch beeinträchtigt, dass Straße und Eisenbahn immer neben dem Fluss einhergehen und dass ab Modane mehrere Industriebetriebe im Tal angesiedelt sind.

Im Oberlauf des Arc finden sich mehrere unfahrbare Schluchten, Steilabbrüche sowie Wasserableitungen, dazwischen jeweils WW-Strecken von unterschiedlicher Länge und Schwierigkeit. Erst ab St.Jean de Maurienne ist eine durchgehende Befahrung bei nur mäßigen Schwierigkeiten möglich.

Befahrbarkeit: die Teilstrecken des Oberlaufs meist bis Ende Juli, Unterlauf ganzjährig.

Schwierigkeiten: km 115,8—107,9 (1.Teilstrecke) WW II

km 104,9—103,4 (2.Teilstrecke) WW IV

km 99,0—94,8 (3.Teilstrecke) WW II/II+

km 91,2-82,6 (4.Teilstrecke) WW II und III

km 76,8—73,0 (5.Teilstrecke) WW II (IV)

km 73,0—42,4 unbekannt

km 42,4-⇩ WW I-II (III+)

Infrastruktur: Zeltmöglichkeit: schlecht

Pkw: Straße verläuft stets neben dem Fluss

127,5 Ursprung Gletscher der Arc-Quellen in 3000 m Höhe (45.4055, 7.1533)

115,8 Ⅱ D902, unterhalb von **F 73480 Bonneval-sur-Arc** ⬇ für die 1.Teilstrecke. Schmaler Fluss mit Kiesbankschwällen, WW II (45.3688,7.0421)

114,1 Wege-Ⅱ (45.3319,7.0156)
110,8 Wege-Ⅱ (45.3218,6.9933)
108,1 1. Ⅱ von **F 73480 Bessans** (45.3211,6.9923)
107,9 2. Ⅱ von **F 73480 Bessans** hier ⬆, es folgen die Gorges da la Madeleine, völlig **X**. (45.3209,6.9891)
106,0 Str-Ⅱ D902 (45.3088,6.9742)
105,5 Weg-Ⅱ (45.3057,6.9650)
104,9 Ab Ausgang der Gorges de la Madeleine ist eine kurze Teilstrecke ≈, WW IV
103,4 Hier unbedingt ↰ es folgt ein weiterer Abschnitt, **X**
100,0 Str-Ⅱ D115 (45.2900,6.9127)
99,9 Ⅱ D902 (45.2904,6.9114)
99,0 Str-Ⅱ am Ortsende von **F 73480 Lanslevillard**, ⬇ für die Befahrung der 3.Teilstrecke am re Ufer. WW II/II+, je nach Wasserstand. (45.2884,6.9020)
98,2 Ⅱ D902 (45.2863,6.8952)
97,6 Wege-Ⅱ (45.2857,6.8884)
97,2 Str-Ⅱ D1006 (45.2851,6.8828)
96,8 Str-Ⅱ **F 73480 Lanslebourg-Mont-Cenis** (Rue de la Ramasse) (45.2846,6.8772)
96,5 Str-Ⅱ, **F 73480 Lanslebourg-Mont-Cenis** (Chemin des Balmasses), li ⛺ „Les Balmasses", camping-les-balmasses.com (45.2845,6.8738)
95,8 Weg-Ⅱ (45.2845,6.8649)
94,8 Beginn der Gorges de Termignon, ebenfalls völlig **X**. Man sollte die beste ⬆ schon bei der Anfahrt festlegen, es sind dann nur wenige Meter zur Straße
91,8 1. Str-Ⅱ **F 73500 Termignon** (45.2768,6.8199)
91,4 2. Str-Ⅱ von **F 73500 Termignon** ⬇ für die Befahrung der 4.Teilstrecke;Die folgende Fahrt auf dem Arc stellt den schönsten Abschnitt des Flusses dar, WW II und III, teilweise erheblich verblockt. (45.2754,6.8164)
91,2 re ⇩ Doron de Termignon (man kann die Befahrung der Folgestrecke des Arc schon auf dem Doron beginnen, ausreichende Wasserführung allerdings nur an heißen Nachmittagen im Juli oder August durch Schmelzwasser der Gletscher. Fahrtbeginn auf dem Doron 2-3 km oberhalb der ⇩. Stark verblockt, erhebliches Gefälle, WW IV, abnehmend WW III) (45.2761,6.8142)
89,0 Str-Ⅱ von **F 73500 Sollières-Sardières** (45.2622,6.8080)
86,5 Weg-Ⅱ (45.2447,6.7968)

84,9 Str-Ⅱ D1006 (45.2357,6.7883)

82,6 Str-Ⅱ ⬆ am Beginn eines Stausees unterhalb von Bramans (45.2255,6.7668)

81,6 ■ Staumauer mit Wasserableitung (45.2202,6.7608)

79,4 Weg-Ⅱ (45.2103,6.7389)

78,0 Str-Ⅱ D215, **F 73500 Avrieux** (45.2131,6.7238)

77,8 Str-Ⅱ, **F 73500 Avrieux** (Quartier du Pont) (45.2135,6.7212)

76,9 ↯ von Avieux

76,8 Weg-Ⅱ, ⬇ für die 5.Etappe Sehr starke Wasserführung infolge der Wasserabgabe des ↯, WW II (45.2145,6.7100)

76,0 Weg-Ⅱ (45.2098,6.7019)

75,3 Weg-Ⅱ (45.2106,6.6943)

74,2 Weg-Ⅱ (45.2072,6.6830)

73,3 Schwerer Schwall, WW IV, ganz li fahren

73,0 Str-Ⅱ D215, **F 73500 Modane** davor ⬆

73,0 –42,4 über die Folgestrecke ist wenig bekannt. Die Beschreibung erfolgt nur nach Luftbild (45.2028,6.6704)

72,2 Str-Ⅱ **F 73500 Modane** (Avenue Emile Charvoz) (45.1975,6.6633)

71,6 Str-Ⅱ, **F 73500 Modane** (Chemin Ferdinand Buisson) (45.1938, 6.6573)

71,2 ■ Wehr (45.1925,6.6525)

70,8 Str-Ⅱ **F 73500 Fourneaux** (Route du Replaton) (45.1920,6.6480)

69,6 ■ Staumauer (45.1938,6.6336)

69,2 Str-Ⅱ D215 **F 73500 Freney** (45.1953,6.6295)

68,3 Str-Ⅱ (Autobahn-Rampe) (45.1967,6.6209)

68,2 Autobahn-Ⅱ A43 (45.1965,6.6203)

68,1 ■ Wehr (45.1963,6.6190)

67,6 Autobahn-Ⅱ A43 (45.1986,6.6134)

66,7 Autobahn-Ⅱ A43 (45.1993,6.6033)

66,4 Autobahn-Ⅱ A43 (45.1998,6.6006)

66,2 Autobahn-Ⅱ A43 (45.2006,6.5982)

65,8 Autobahn-Ⅱ A43 (45.2014,6.5939)

65,7 Str-Ⅱ D215 **F 73500 Freney** (45.2022,6.5930)

64,4 ■ Wehr am Beginn eines Stausees (45.2059,6.5785)

63,4 ■ Staumauer mit Wasserableitung danach Str-Ⅱ D1006 (45.2077, 6.5662)

61,7 Str-Ⅱ, re **F 73140 Orelle** (45.2067,6.5444)

61,5 Weg-Ⅱ (45.2068,6.5421)

61,0 EB-Ⅱ (45.2074,6.5354)

60,6 EB-II und Wege-II (45.2074,6.5314)
59,5 Str-II D1006 (45.2093,6.5177)
59,2 ■ Wehr (45.2101,6.5146)
57,0 EB-II (45.2110,6.4871)
56,8 Str-II D1006 (45.2104,6.4859)
56,6 ■ Sohlstufe (45.2102,6.4832)
55,6 Str-II von **F 73140 Saint-Michel-de-Maurienne** (45.2100,6.4795)
55,4 Weg-II (45.2151,6.4742)
54,6 Str-II (Autobahnzubringer zur A43) (45.2195,6.4622)
53,9 Autobahn-II A43 (45.2208,6.4543)
52,5 Weg-II (45.2311,6.4464)
51,9 ■ Staumauer, **X** (45.2355,6.4413)
51,2 Weg-II (45.2362,6.4343)
50,9 ■ Wehr (45.2386,6.4315)
50,6 EB-II (45.2405,6.4314)
50,1 EB-II (45.2433,6.4278)
49,0 Str-II D81A (45.2459,6.4144)
46,8 EB-II (45.2519,6.3910)
45,0 Str-II D1006 (45.2664,6.3826)
44,8 Autobahn-II A43 (45.2682,6.3807)
43,1 Str-II D77 (45.2765,6.3633)
42,4 Autobahn-II A43 und D1006 re **F 73300 Saint-Jean-de-Maurienne** (45.2797,6.3577)
41,7 EB-II (45.2863,6.3535)
40,8 Str-II D906 **F 73300 Hermillon** (45.2939,6.3536)
40,5 ■ Wehr von Hermillon, **X**, ⏏ (45.2974,6.3542)
39,8 Autobahn-II A43 (45.3025,6.3505)
38,1 Str-II D74 **F 73300 Pontamafrey-Montpascal** (45.3137,6.3355)
33,4 Str-II D927 **F 73130 Sainte-Marie-de-Cuines** (45.3478,6.3055)
32,8 Str-II D927A **F 73130 Saint-Avre** (45.3525,6.3027)
28,0 Str-II D75E, re **F 73660 Saint-Rémy-de-Maurienne** gute ⬇ (45.3872,6.2754)
26,0 Blockstrecke mit starkem Gefälle und Wasserwucht, WW III+, vor Befahrung unbedingt besichtigen, re ⏏ auf Straße möglich
19,3 Str-II D207 (45.4603,6.2920)
13,4 Röhren-II bei NW nach Besichtigung evtl. ≈, bei höherem Wasserstand **X**, bei HW gefährlich, kaum Kehrwasser vor der II, anlanden schwierig, li ⏏
12,4 ■ Wehr, **X**, ⏏ kaum möglich, empfohlene ⬆ (45.5131,6.3120)

12,3 Str-Ⅱ D1006 und EB-Ⅱ (45.5184,6.3135)
10,3 re ⇩ eines ϟ-Kanals mit zeitweise starker Wasserzufuhr (45.5357, 6.3139)
9,3 Str-Ⅱ D72C **F 73220 Aiguebelle** Unmittelbar unter der Ⅱ auf 300 m eine Gefällestrecke mit starker Verblockung aus scharfkantigen Steinen, WW III+, ⬆ und evtl. ⏏ schwierig (45.5442,6.3088)
4,3 Str-Ⅱ D925 (45.5562,6.2553)
4,2 Autobahn-Ⅱ A43 (45.5554,6.2545)
0,3 Weg-Ⅱ (45.5625,6.2061)
0,2 Autobahn-Ⅱ A43 (45.5628,6.2046)
0,0 ⇩ in Isère (s. Seite 157) bei km 171,0 (45.5630,6.2033)

Arly

Wildfluss (Gebirgsfluss) Gewässerkennzahl FR: W04-0400
Mündung in Isère bei km 190,8 (re Nebenfluss)

Der Arly verläuft durch ein landschaftlich sehr schönes Tal der französischen Hochalpen. Eine Befahrung kommt nur auf Teilstrecken in Frage; er bietet dabei mäßig schweres Wildwasser.

Befahrbarkeit:	Oberlauf nur im Frühjahr und nach starken Regenfällen, ab km 11,0 bis Frühsommer
Pegel:	oberhalb ■ von Mortet, km 11,0. Günstig etwa 65 cm
Schwierigkeiten:	km 34,5—24,2 WW III (IV), Gefälle 18‰
	km 24,2—11,0 **X**
	km 11,0-⇩ WW III und II
Infrastruktur:	Zeltmöglichkeit: ⛺ Flumet und Albertville
	Pkw: Begleitung stets möglich

34,5 Ursprung aus mehreren Quellflüssen am Mt. Joly in etwa 2500 m Höhe östlich von **F 74120 Megève** (45.8542,6.6081)
34,5 –28,0 Ortsgebiet von **F 74120 Megève** mögliche ⬇. Bei hohem Gefälle sehr schneller Fluss fast ohne Kehrwasser, Achtung auf Baumhindernisse. Auf beiden Seiten des Flusses befinden sich auf längeren Abschnitten Pfahlreihen, Anlanden sehr gefährlich. Mehrere ■ aus Pfahlreihen mit Bruchsteinen, bei HW lebensgefährlich
30,5 Wege-Ⅱ (45.8495,6.6023)
30,3 Wege-Ⅱ (45.8485,6.6005)

29,7 Wege-⌶ (Route de Cassioz) (45.8417,6.5886)
28,2 Wege-⌶ **F 74120 Praz-sur-Arly** (Route des Varins) (45.8359, 6.5743)
27,9 Wege-⌶, re nach **F 74120 Praz-sur-Arly** (Route du Crystal d'Arly) (45.8349,6.5705)
27,2 Wege-⌶ (45.8332,6.5624)
24,4 ▬ Wehr 4 m hoch, ⏏. Nach 150 m Engstelle, je nach Wasserstand ≈, WW IV (45.8220,6.5338)
24,2 Str-⌶ D1212 letzte mögliche ⬆ Beginn der sehenswerten „Gorges de l'Arly" (45.8217,6.5316)
23,9 Str-⌶ D1212 (45.8209,6.5274)
22,8 Str-⌶ D218B **F 73590 Flumet** (45.8183,6.5164)
20,1 Staumauer mit totaler Wasserableitung. Auch bei Überwasser dürfte eine Weiterfahrt unmöglich sein (45.8015,6.4969)
11,0 ▬ Wehr und ϟ Mortet, **X**, ▯ oberhalb vom ▬. ⬇ bei ⌶ D71 unterhalb ▬, mühsam (45.7511,6.4347);
Fahrt zunächst vorbei an Industrieanlagen mit erheblicher Verblockung sowie Industriemüll (Beton und Eisen), WW III
9,5 Wege-⌶ (45.7413,6.4275)
9,2 re ⇩ Chaise (Die Befahrung des Arly kann auf der Chaise in **F 73400 Ugine** begonnen werden; 2 km bis ⇩, schmal, Strauch- und Betonhindernisse, Eisenträger) (45.7380,6.4238);
Ab hier abnehmende Verblockung, aber weiterhin Schwälle mit z.T. starker Wellenbildung, WWII
9,0 Str-⌶ D67 (45.7373,6.4240)
8,2 Str-⌶ D67 (45.7307,6.4202)
4,9 Str-⌶ D118 (45.7035,6.4070)
3,7 ⚠ Starke Treibholzansammlungen auf Kiesbänken und vor ⌶, bei flotter Strömung Durchfahrten oft schwierig zu finden;
li ⇩ Doron de Beuufort (45.6936,6.4027)
3,6 Str-⌶ D118 (45.6931,6.4024)
2,0 li ⛺ „De Adoubes" , camping-albertville.fr (45.6798,6.3961)
1,6 Str-⌶ D990 **F 73200 Albertville** (Ortsanfang) (45.6763,6.3944)
0,7 Str-⌶ D1212A hier ⬆, falls nicht auf der Isère weitergefahren werden soll. (45.6686,6.3923)
0,5 EB-⌶ (45.6662,6.3917)
0,1 Str-⌶ N90 Zwischen den ⌶-Pfeilern ▬ Wehr aus Felsbrocken, 2 m hoch, nach Besichtigung evtl. ≈ oder li in Isère ⏏ (45.6630,6.3905)
0,0 ⇩ in Isère (s. Seite 157) bei km 190,8 (45.6617,6.3904)

Doron de Bozel

Wildfluss – Gletscherfluss Gewässerkennzahl FR: W02-0400
Mündung in Isère bei km 217,2 (li Nebenfluss)

Als Gletscherfluss der französischen Hochalpen ist die Wasserführung abhängig vom Schmelzwasser. Der höchste Wasserstand findet sich am Nachmittag von heißen Sommertagen, von Mai bis September ist aber wohl immer ausreichend Wasser anzutreffen.

Fahrtstrecke: ⬇ bei der ⬇-Stelle der Rafter in Ortsmitte von Brides les Bains. Die größten Schwierigkeiten (je nach Wasserstand bis WW V) finden sich sofort nach dem Start. Wenn man bei der Ⅱ am Ortsende von Brides einsetzt, sind die Schwierigkeiten etwas geringer. Die folgende kleine Schlucht ist gut zu befahren. ⬆ nach etwa 5,5 km auf der Höhe des Stadions von Moutiers.

Auch oberhalb von Brides können noch Teilstrecken des Flusses befahren werden. Nach französischen Unterlagen ist er hier der "gefährlichste Fluss Frankreichs". Auf eine Beschreibung wird verzichtet.

Befahrungsregeln: Befahrung nur zwischen 8 und 17 Uhr gestattet

Schwierigkeiten: stark abhängig von der Wasserführung, III-IV-V. Bei höheren Wasserständen enorme Wasserwucht, bei sehr starkem Gefälle, gefährlicher Rücklauf in den Stufen. zwei ■ jeweils am Anfang und am Ende der Fahrt müssen erkundet werden, sind aber zumeist ≈. Der Fluss wird sehr viel von Raftern befahren.

Doux

Wildfluss (Gebirgsfluss) Gewässerkennzahl FR: V37-0400
Mündung in Rhône bei amtl. km 90,4 (re Nebenfluss)

Der Doux ist ein Fluss, der nach einem wildwassermäßig nur mittelschweren Oberlauf sich in einer großartigen, vielfach gewundenen Schlucht des mit schwerem Wildwasser den Durchbruch durch die Randberge der Cevennen in das Rhônetal sucht.

Anzahl der Umtragstellen: 2 ϟ und je nach Wasserstand 1-2 unfahrbare Flussstellen, ⌂ z.T. recht mühsam.

Befahrbarkeit: Zeit nach der Schneeschmelze (April bis Mai), Befahrbarkeit der Schluchtstrecke ist außerdem abhängig von der

Wasserabgabe des dort befindlichen ϟ, jedoch anscheinend auch bei mäßigem Wasserstand möglich.

Pegel: Ⅱ D234, km 16,3; MW bei 45-50 cm

Schwierigkeiten: km 47,4—16,3 WW III

km 16,3—4,1 WW III-IV-V

km 4,1-⇩ WW II

Infrastruktur: Zeltmöglichkeiten: flussabwärts von Lamastre, oder bei der Ⅱ der Straße D234 bei Colombier le Vieux

Pkw: im Oberlauf Begleitung möglich, im Bereich der Schlucht verläuft die Straße weitab vom Fluss.

70,1 Ursprung in den Bergen von Vivarais in etwa 1000 m Höhe (45.1369, 4.4351)

47,4 Str-Ⅱ **F 07570 Désaignes** (Le Massoir) mögliche ⬇ bei sehr gutem Wasserstand (44.9985,4.5161)

45,7 Str-Ⅱ, **F 07570 Désaignes** (Pré de la Grange) (44.9921,4.5291)

41,4 ■ Staumauer (44.9893,4.5628)

41,2 Str-Ⅱ **F 07270 Lamastre** (Rue de Retourtour) (44.9893,4.5644)

40,3 re ⇩ Sumène, daher ab hier bessere Wasserführung (44.9846, 4.5726)

39,7 Str-Ⅱ D236 **F 07270 Lamastre**, Mögliche ⬇ (44.9878,4.5778)

32,9 Str-Ⅱ D578 **F 07270 Empurany** (Pont du Plat) übliche ⬇. Es folgt sehr schönes WW mit Schwierigkeiten vorwiegend technischer Art. WW III. Der Abfall bei dem verfallenen ■ von Arlebosc, etwa nach 7 km, sollte erkundet werden, WW IV (45.0086,4.6166)

30,9 Wege-Ⅱ (45.0206,4.6258)

29,7 EB-Ⅱ (45.0212,4.6324)

26,0 EB-Ⅱ (45.0269,4.6496)

24,5 Wege-Ⅱ (45.0282,4.6580)

22,5 Ⅱ D209 **F 07270 Boucieu-le-Roi** die folgenden 4,5 km keine besonderen Schwierigkeiten, WW II (45.0362,4.6764)

20,2 Wege-Ⅱ (45.0411,4.6938)

18,0 Beginn einer schweren WW-Strecke, mit sehr starkem Gefälle, ununterbrochenen Naturstufen und schwerer Verblockung, WW III-IV mit Stellen bis WW V;

Bei einem Pegel von mehr als 50 cm wird diese Strecke sehr gefährlich und sollte dann nicht mehr befahren werden

16,8 Wege-Ⅱ (45.0588,4.7261)

16,3 Str-Ⅱ D234 ≣, darunter ▬ Wehr. Beginn der „Gorges du Doux“, sehr enge, vielfach gewundene Schlucht, z.T. weitab der Straße, ↯ in Schlucht-Mitte. Bei NW ist eine Weiterfahrt nicht möglich. Bei MW-HW Boote li über ▬-Krone abseilen. Bei MW ist die Folgestrecke durchgehend ≋, bei höherem Wasserstand muss mit 2-3 Umtragstellen gerechnet werden. Ferner noch ein ▬, **X**, ⛺ (45.0585,4.7326)

14,6 Wege-Ⅱ (45.0641,4.7433)

14,4 Wege-Ⅱ, davor ▬ Staumauer (45.0652,4.7434)

14,0 Wege-Ⅱ (45.0658,4.7450)

6,3 ▬ Staumauer (45.0585,4.7744)

6,0 EB-Ⅱ (45.0602,4.7767)

5,4 re ⇩ Duzon (s. Seite 187) (45.0591,4.7838)

4,5 ▬ Staumauer (45.0639,4.7811)

4,1 Str-Ⅱ D532 Ende der Schluchtstrecke Austritt in die Rhôneebene. Bis zur ⇩ in die Rhône WW II. Es folgen noch 2 ▬, **X** (45.0667, 4.7811)

1,2 EB-Ⅱ (45.0743,4.8151)

1,0 Str-Ⅱ D86 **F 07300 Saint-Jean-de-Muzols** (45.0746,4.8169)

0,0 ⇩ in Rhône (s. Seite 48) bei amtl. km 90,4 bei **F 07300 Tournon-sur-Rhône** (45.0730,4.8276)

Duzon

Wildfluss — Gewässerkennzahl FR: V3740520

Mündung in Doux bei km 5,4 (re Nebenfluss)

Der Duzon ist ein sehr interessanter, in Deutschland bisher wohl unbekannter Wildbach. Er verläuft auf der gesamten Strecke ohne künstliches Hindernis, weitab von jeder Straße, zunächst durch hügeliges Gelände, später durch tiefe Wald- und zuletzt durch Granitschluchten.

Befahrbarkeit: die Wasserführung ist stark von Niederschlägen abhängig, am besten zeitig im Frühjahr und Spätherbst.

Schwierigkeiten: km 23,7—19,9 WW II-III, Baumhindernisse
km 19,9-⇩ WW III und IV (VI)

32,2 Ursprung bei Vernoux in etwa 400 m Höhe. (44.9167,4.6716)

23,7 Str-Ⅱ D513 **F 07440 Alboussière** mögliche ⬇. Der Duzon verläuft zunächst durch ein hügeliges Weideland (44.9416,4.7403)

19,9 Str-Ⅱ D269 bei **F 07440 Champis** Eintritt in eine tiefe Waldschlucht, WW III, der Katarakt von St. Sylvestre kann je nach Wasserstand bis

WW V gehen (44.9571,4.7545)

14,8 Str-Ⅱ D219 **F 07440 Saint-Sylvestre** weiterhin schöne Waldschluchten, Gefälle in Stufen, wenig Kehrwasser, WW III-IV (44.9852,4.7486)

12,6 Str-Ⅱ **F 07440 Saint-Sylvestre** (Le Grand Moulin) (44.9881,4.7529)

9,5 Str-Ⅱ **F 07300 Plats** Wechsel zwischen hohen Stufen und ruhigen Stellen in niedrigen Granitschluchten, Gefälle 20 ‰, WW III und IV (45.0110,4.7558)

3,5 Nach einer Stromschnelle und einer Stufentreppe (evtl. re ⏏) folgt eine kurze Strecke ruhiges Wasser (Kennzeichen: Felsnadel am re Ufer), hier ↱ und den folgenden Wasserfall (Cascade des Cuves) re ⏏. Ende der Granitschlucht, jedoch weiterhin bemerkenswerte Landschaft, zumeist WW II-III mit einer kurzen Stelle **X**

0,2 Str-Ⅱ D534 **F 07300 Saint-Barthélémy-le-Plain** (Pont de Duzon), die Fahrt wird zumeist hier beendet (45.0566,4.7836)

0,1 Wege-Ⅱ (45.0579,4.7835)

0,0 ⇩ in Doux (s. Seite 185) bei km 5,4 (45.0592,4.7837)

Ay

Wildfluss Gewässerkennzahl FR: V3530500

Mündung in Rhône bei amtl. km 74,0 (re Nebenfluss)

Der Ay ist ein interessanter, auf kurzer Strecke extrem schwerer Wildfluss der Ostabdachung des Zentralmassivs.

Fahrtstrecke:

1.) Satillieu-Ⅱ unterhalb Fouramy, 18 km, WW III (IV). Diese Strecke ist wesentlich weniger interessant als die Folgestrecke, etwa 20 ■, mehr oder minder ≋.

2.) Ⅱ unterhalb Fouramy (Abzweibung von der D221) - Sarras, 4 km. Zunächst WW III. Nach 1,5 km Ⅱ D221, kurz oberhalb davon ein 10 m hoher Abfall, total **X**. Die ⬆ sollte schon bei der Anfahrt festgelegt werden. Die folgenden 1000 m sind extrem schwer, hohe, verblockte und verwinkelte Abfälle, durchweg WW IV mit 5 Stellen WW V-V+. Dieser Abschnitt sollte nur bei wenig Wasser befahren werden. Nach der letzten V-er Stelle wird der Fluss etwas leichter, aber immer noch WW IV. Nach etwa 3 km nach Start wird der Fluss breiter und leichter, WW II-III.

Befahrbarkeit: März bis Mai; die Extremstrecke sollte nur bei NW befahren werden

Limony

Wildfluss Gewässerkennzahl FR: V3310660
Mündung in Rhône bei amtl. km 54,0 (re Nebenfluss)

Der Limony ist ein Extremfluss. Auf 7 km in einer engen Schlucht findet sich alles, was das Herz eines WW-Freaks höher schlagen lässt: enge, verwinkelte und steile Stufen, enorme Verblockung, Wasserfälle, der 2. Fall mit knapp 10 m Höhe soll der höchste fahrbare Fall Frankreichs sein. Mit Baumversperrungen ist zu rechnen. WW IV und V, 2 Stellen (darunter der erwähnte Wasserfall) gelten als **X**, wurden aber bei entsprechendem Wasserstand schon mehrfach befahren.

Alpinausrüstung erforderlich, Kurzboote zweckmäßig.

Günstig ist eine Wasserführung von 2-3 m³/s, bei höherem Wasserstand wird die gesamte Strecke sehr gefährlich bzw. **X**.

Fahrtstrecke: Ⅱ D19-Limony, 7 km

Saône

Wanderfluss (Flachlandfluss) – Kanal Gewässerkennzahl FR: U---0000
Mündung in Rhône bei km 0,0 (re Nebenfluss)

Die Saône ist bei einer Gesamtlänge von etwa 380 km auf 360 km befahrbar. Bedingt empfehlenswert die Strecke von Monthueux bis Corre. Die Saône ist in diesem Bereich ein ruhiger in großen Windungen verlaufender einsamer Wald- und Wiesenfluss, kaum Strömung, hohe Böschungen, etwa 35 km, Zahmwasser, 9 ▬, durchweg ≈. Die übrigen 325 km bis zur ⇩ in die Rhône sind kanalisiert, mit 25 Schleusen. Eine Befahrung dieser Strecke kann bedingt empfohlen werden. Die Landschaft ist recht reizvoll, die ⌗ sind zumeist elektrisch betrieben, der Schiffsverkehr ist gering, das ⏏ der ⌗ soll meist einfach sein. Auf eine ausführliche Beschreibung wird verzichtet. Alle erforderlichen Unterlagen können aus den Landkarten entnommen werden.

Seille

Wildfluss - Wanderfluss - Kanal Gewässerkennzahl FR: U34-0400
Mündung in Saône (li Nebenfluss)

Die Seille ist im Oberlauf ein mäßig schwerer Wildfluss, im Unterlauf Wanderfluss bzw. Kanal.

Befahrbarkeit:	Oberlauf zur Zeit der Schneeschmelze und nach starken Regenfällen, ab km 88,9 meist ganzjährig.

102,0 Ursprung nord-östlich von Lons le Saunier (46.7645,5.6919)–(46.7645,5.6919)

101,4 Str-II **F 39210 Ladoye-sur-Seille** Mögliche ⬇ (46.7612,5.6850)

99,2 Wege-II (46.7493,5.6724)

98,9 Wege-II **F 39210 Blois-sur-Seille** (46.7485,5.6702)

98,6 Wege-II (46.7475,5.6674)

97,2 Wege-II (46.7411,5.6541)

94,8 Str-II D70 (46.7365,5.6349)

94,5 li ⇩ Bach Es besteht die Möglichkeit, auf diesem Bach ab **F 39570 Baume-les-Messieurs** 6 km weit bis zur ⇩ in die Seille zu fahren. Diese Zufahrt ist mit WW II-III etwas leichter als der Fahrtbeginn in Ladoye. Seille ab Nevy WW II-III, weiterhin Strauch- und Stacheldrahthindernisse und kleine ▬ mit Rücklauf bei HW (46.7365, 5.6316)

94,3 Str-II **F 39210 Nevy-sur-Seille** (46.7375,5.6292)

93,5 Str-II **F 39210 Nevy-sur-Seille** (46.7438,5.6259)

92,5 Str-II D70 (46.7495,5.6202)

91,3 Fußg.-II (46.7559,5.6138)

91,0 Str-II D5, **F 39210 Voiteur** (46.7578,5.6154)

88,9 Str-II D57, **F 39210 Domblans** die Seille ist ab hier ein Fluss der Ebene, zumeist WW I mit Stufen WW II unterhalb von Arlay (46.7665, 5.5998);
EB-II, danach ▬ Wehr (46.7669,5.5991)

88,6 Fußg.-II (46.7682,5.5972)

87,5 Str-II D193 (46.7729,5.5875)

84,7 ▬ Wehr (46.7724,5.5606)

84,1 Str-II D120E und D1083 (46.7691,5.5569)

82,0 Str-II, danach ▬ Wehr (46.7613,5.5357)

81,5 Str-II (46.7617,5.5291)

81,3 ▬ Wehr (46.7610,5.5266)

81,0 Str-II D120 **F 39140 Arlay** (46.7609,5.5230)

79,0 Autobahn-II A39 (46.7487,5.5101)

77,6 Str-II D38, **F 39140 Ruffey-sur-Seille** (46.7449,5.4950)

77,4 Fußg.-II (46.7444,5.4928)

74,8 Fußg.-II (46.7467,5.4634)

74,4 Str-II D120 (46.7471,5.4582)

74,2 Str-𝍦 D33, **F 39140 Bletterans** (46.7475,5.4560)
73,9 2x Fußg.-𝍦 (46.7467,5.4522)
73,7 Str-𝍦 D470 **F 39140 Bletterans** (46.7455,5.4511)
73,6 Fußg.-𝍦 (46.7445,5.4513)
71,5 Str-𝍦 D58 **F 39140 Nance** (46.7367,5.4313)
70,6 Str-𝍦 (46.7386,5.4220);
▬ Wehr (46.7385,5.4218)
68,9 Str-𝍦 (46.7398,5.4044)
67,5 ▬ Wehr (46.7399,5.3895)
67,3 Str-𝍦 (46.7387,5.3880)
66,7 Weg-𝍦 (46.7388,5.3826)
66,2 ▬ Wehr (46.7385,5.3779)
65,7 Str-𝍦 (46.7380,5.3719)
63,5 Str-𝍦 (46.7383,5.3511)
62,3 Str-𝍦 D23, li **F 71330 Frangy-en-Bresse** (46.7375,5.3382)
61,5 li ⇩ Seillette (46.7360,5.3338)
60,9 ▬ Wehr, danach 𝍦 (46.7365,5.3255)
59,7 Str-𝍦 (46.7335,5.3151)
57,5 Str-𝍦 (46.7286,5.2955)
56,8 re ⇩ Brenne (46.7283,5.2898)
56,6 Str-𝍦 D87 (46.7266,5.2892)
55,3 ▬ Wehr (46.7230,5.2815)
55,1 Str-𝍦 (46.7213,5.2796)
50,6 ▬ Wehr (46.6929,5.2774)
50,4 Str-𝍦 (46.6922,5.2755)
47,8 Str-𝍦 D178, li **F 71500 Saint-Usuge** (46.6741,5.2586)
43,4 ▬ Wehr (46.6557,5.2349)
43,1 Str-𝍦 D13, re **F 71500 Vincelles** (46.6555,5.2325)
39,3 ▬ Wehr (46.6349,5.2202)
39,0 Str-𝍦 (46.6326,5.2217)
38,6 Str-𝍦 D678 und EB-𝍦, **F 71500 Louhans** ab hier kanalisiert, aber immer noch reizvoll (46.6299,5.2193);
li ⇩ Solnan (46.6292,5.2182)
35,1 li ⇄, ➔ Flusschleife mit 2 ▬-Armen, **F 71500 Branges** (46.6377, 5.1784)
35,0 Str-𝍦 D167 (46.6399,5.1778)
22,9 Str-𝍦 D475, re **F 71290 Huilly-sur-Seille** (46.6018,5.0679)
17,8 re ▬ Wehr, li ⇄, re **F 71290 Loisy** (46.5804,5.0330)
13,4 Str-𝍦 D975 re **F 71290 Cuisery** (46.5617,5.0067)

13,2 re ▬ Wehr, li ⯐ (46.5608,5.0076)
8,9 Str-II (46.5280,5.0187)
8,5 Str-II D37, re **F 71290 Ratenelle** (46.5250,5.0211)
3,7 Str-II D933 (46.5152,4.9795)
0,8 ← Kanal zur ⯐ (46.5141,4.9449)
0,7 Str-II, re **F 71290 La Truchère**, darunter ▬ Wehr (46.5147,4.9439)
0,0 ⇩ in Saône (s. Seite 189) (46.5201,4.9406)

Doubs

Wildfluss, Wanderfluss, Schifffahrtsstraße

Gewässerkennzahl FR: U2--0200

Mündung in Saône (li Nebenfluss)

Der Doubs ist ein landschaftlich hervorragend schöner Fluss des Französisch-Schweizer Jura. Er ist ein im allgemeinen leichter Wanderfluss, kurze Teilstrecken sind jedoch mittelschweres bzw. sehr schweres Wildwasser. Der Doubs weist zahlreiche Wehre auf, wobei es sich überwiegend um Schrägwehre handelt, die je nach Bootstyp, Wasserstand und Fahrkönnen fahrbar sind. Einige sind aber recht schwierig zu umtragen. Scheut man sich nicht vor längeren Staustrecken und Umtragestellen, so bietet der Mittellauf von km 390,6-302,5 die landschaftlich absolut lohnendste Etappe. Im Unterlauf ist der Doubs kanalisiert mit Schleusen und Schiffsverkehr. Die Freude an einer Befahrung wird gemindert durch häufige Regenfälle und eine lästige Bremsenplage.

Befahrungsregeln: über den Oberlauf, bis km 331,3, ist nichts genaues bekannt; es soll hier streckenweise Befahrungsbeschränkungen geben.

Für die Reststrecke gilt folgendes (Canoë-Kajak-Magazine Nr.92/1989): km 331,3-321,9 Befahrung nur gestattet vom 1.10.-28.2. In der übrigen Zeit nur mit spezieller Genehmigung.

km 321,9-291,7 Befahrung gestattet vom 1.3.-15.10. nur in einer Zeit von 10-18 Uhr, in der übrigen Zeit keine Beschränkung. Ab km 291,7 keinerlei Einschränkungen. An den üblichen Einsetzstellen stehen Tafeln mit entsprechenden Hinweisen.

Befahrbarkeit: Oberlauf im Frühjahr und nach sehr häufigen Regenfällen. Im Mittellauf abhängig von der Wasserabgabe der Kraft-

	werke.
Pegel:	günstige Pegelstände: Ausfluss Lac de St.Point 30 cm, St. Ursanne 1,8 bis 2,4 m
Schwierigkeiten:	km 453,9-391,4 Zahmwasser bis WW II (IV)
	km 391,4-361,6 Zahmwasser (**X**)
	km 361,6-357,5 WW II (Wasserableitung)
	km 357,5-346,2 Zahmwasser
	km 346,2-343,3 WW IV (Wasserableitung)
	km 343,3-337,3 Zahmwasser (III)
	km 337,3-336,6 WW V (Wasserableitung)
	km 336,6-302,5 Zahmwasser mit einzelnen Stellen WW II (III)
	km 302,5-274,8 Zahmwasser
	km 274,8-268,6 WW II (Wasserableitung)
	km 268,6-231,4 Zahmwasser
	km 231,4-65,7 Kanalstrecke (s. Text)
	km 65,7-⇩ Zahmwasser
Infrastruktur:	Zeltmöglichkeiten sind am Fluss ausreichend vorhanden.
Quellen:	Ergänzungen: Dieter Schröer (07/2013)

453,9 Ursprung als Großquelle in einer Höhle bei Mouthe in 937 m Höhe. Direkt unterhalb mögliche ⬇ (46.7050,6.2094)
453,7 Str-⊓, re ⛟ Municipal de la Source du Doubs (46.7058,6.2077)
452,1 Str-⊓ (46.7086,6.1947)
451,8 Str-⊓, **F 25240 Mouthe** (46.7106,6.1933)
451,7 ▬ Wehr (46.7116,6.1940)
451,6 Str-⊓ (46.7122,6.1945)
451,3 ▬ Wehr (46.7143,6.1965)
450,0 Weg-⊓ (46.7193,6.2084)
449,2 Weg-⊓, li **F 25240 Sarrageois** (46.7236,6.2160)
448,3 Weg-⊓ (46.7258,6.2251)
446,4 Str-⊓ D254, re **F 25240 Les Villedieu** (46.7296,6.2410)
441,4 Str-⊓, li **F 25370 Rochejean** (46.7418,6.2896)
440,9 ▬ Wehr, **X**, durch den Ort ca. 500 m ⏶ (46.7443,6.2951)

440,8 ■ Wehr, **X**, gemeinsam mit vorherigem ■ ⏶ (46.7451,6.2960)
440,6 Weg-II (46.7461,6.2974)
440,5 Str-II D45 (46.7467,6.2984)
439,4 EB-II und Weg-II (46.7529,6.3044)
438,1 EB-II (46.7611,6.2960)
437,8 ■ Wehr Anschließend auf 1,2 km tief eingeschnittene Schlucht mit ca. zehn Rutschen, bis zu 8 m hoch, z.T. Zwangspassagen, WW IV. Die ganze Schlucht kann linksufrig über die Straße ⏶ werden (46.7628,6.2931)
435,5 ■ Wehr (46.7704,6.2803)
435,2 Str-II D437 (46.7727,6.2800)
432,8 EB-II (46.7858,6.2748)
432,4 Str-II D9, re **F 25160 Labergement-Sainte-Marie** (46.7868,6.2796)
431,3 –424,8 Rückstau des Lac du St.Point (46.7923,6.2879)
424,7 Fußg.-II; Seeabfluss Lac de Saint Point (46.8404,6.3345)
424,2 ■ Wehr (46.8451,6.3325)
423,8 Str-II D437 (46.8482,6.3340)
423,1 ■ Wehr (46.8536,6.3377)
422,9 Str-II, li **F 25160 Oye-et-Pallet** (46.8552,6.3384)
417,7 Str-II D437 und EB-II Darunter wuchtige Schwälle, WW II (46.8816, 6.3643)
416,8 Weg-II (46.8895,6.3642)
416,2 –413,1 Stadtgebiet von **F 25300 Pontarlier** es folgen 4 ■■, beim 3. und 4. Wehr ist das anlanden schwierig, vorher ansehen!
416,1 ■ 1. Wehr (46.8954,6.3620)
415,7 EB-II (46.8981,6.3592)
415,4 ■ 2. Wehr (46.8997,6.3585);
Str-II N57 (46.9000,6.3583)
415,3 ■ 3. Wehr (46.9012,6.3586)
415,2 Str-II D74 (46.9021,6.3588)
415,0 ■ 4. Wehr (46.9034,6.3592)
414,9 Fußg.-II (46.9044,6.3591)
414,7 Str-II D437 (46.9054,6.3575)
414,4 Str-II, (Impasse du Canal) (46.9074,6.3553)
414,0 Str-II, **25300 Pontarlier** (Rue des Abattoirs) (46.9107,6.3517)
413,4 Weg-II (46.9144,6.3467)
413,2 Str-II, (Rue du Lycée), es folgen 4 ■■, beim 3. und 4. Wehr ist das anlanden schwierig, vorher ansehen! (46.9163,6.3460)
412,3 ■ Wehr (46.9230,6.3487)

411,9 Weg-II (46.9264,6.3486)
411,8 Str-II D130, **F 25300 Doubs** (46.9277,6.3481)
407,8 Weg-II (46.9372,6.3664)
407,0 ■ Wehr (46.9401,6.3757)
406,0 Str-II D437 **F 25300 Arçon** (46.9462,6.3845)
402,4 ■ Wehr (46.9638,6.4214)
402,1 Str-II, li **F 25650 Maisons-du-Bois-Lièvremont** (46.9647,6.4241)
401,7 ■ Wehr (46.9679,6.4278)
400,5 Str-II D320 (46.9753,6.4387)
398,6 Weg-II, li **F 25650 Montbenoit** (46.9852,6.4553)
398,1 Weg-II (46.9893,6.4578)
395,6 Str-II, li **F 25650 Ville-du-Pont** gute ↓ (47.0030,6.4802)
391,4 Grotte du Tresor und Capelle neben dem Fluss. (47.0261,6.4933)
390,6 –388,6 Schlucht d´Entre-Roches tief eingeschnittenes Tal, landschaftlich hervorragend schön. Es ist schwierig, die Straße zu erreichen. Stärkeres Gefälle, kleine Stufen und Schwälle, WW II, bei HW wesentlich schwerer
389,4 Str-II, **F 25500 Les Combes-Remont** ■ Wehr, Beginn der 6 km langen Schlucht Défilé du Coin de la Roche. Landschaftlich sehr schön, ohne Schwierigkeiten (47.0345,6.5100)
383,1 Str-II D47 (47.0383,6.5768)
380,0 Str-II D48, **F 25500 Morteau** darunter ■ Wehr; Kanuclub und "le cul de la lune", gute ↑, pays-horloger.com (47.0535,6.5996)
375,1 EB-II (47.0474,6.6404)
372,6 Str-II D461 (47.0526,6.6685)
372,4 ■ Wehr (47.0540,6.6702)
371,7 Str-II D2E1 **F 25130 Villers-le-Lac** (47.0597,6.6719)
369,6 –365,8 See von Villers le lac Es handelt sich um einen hervorragend schönen, natürlichen Stau, der mit Fahrgastschiffen befahren wird. Ab hier Grenzfluss zur Schweiz (47.0844,6.7091)–(47.0844,6.7091)
365,8 Endstation der Fahrgastschifffahrt Es folgt auf 500 m WW V, welches unmittelbar in einen 27 m hohen Wasserfall (Saut du Doubs) übergeht. re Ufer Schweizer Grenze. Auf den folgenden 30 km mehrere Stauanlagen und **X** Teilstrecken. Es wird empfohlen, bei der Endstation der Fahrgastschiffe ↑ und bis km 333,8 zu umfahren. Bei Weiterfahrt knapp 1 km weit ≏. Es folgt ein einsamer, schön gelegener Stausee
365,3 Saut du Doubs: 27 m hoher Wasserfall (47.0871,6.7140)
361,6 ■ Hohe Staumauer mit fast völligem Wasserentzug (ca. 1 m³/s

Durchlauf). re durch den Stollen ca. 500 m weit zu ⩍. Ab hier WW II, Steine rutschig, oft treideln. Das Gepäck kann notfalls auf re-ufrigem Wanderweg entlanggetragen werden (47.1010,6.7449)

357,5 re ϟ mit Wasserzurückleitung Es folgt eine einsame, sehr schöne Schlucht, zuerst mit Strömung, allmählich nachlassend (47.1211, 6.7732)

351,0 re **CH 2300 La Chaux-de-Fonds** ✕ Maison-Monsieur, idyllisches Dorf, maisonmonsieur.ch (47.1503,6.8397)

350,4 ▬ Wehr (47.1545,6.8431)

350,3 Weg-II, li **F 25140 Fournet-Blancheroche-La Rasse** (47.1550, 6.8444)–(47.1550,6.8444)

350,2 ▬ Wehr (47.1551,6.8451)

348,7 Str-II D464 (47.1642,6.8581)

346,2 ▬ Stauanlage mit Wasserableitung Falls genügend Wasser abgelassen wird, folgt eine 3 km lange, schwere WW-Strecke. WW IV, evtl. li über Asphaltstraße ⩍ (47.1737,6.8461)

343,3 li ϟ Les Echelles de la Mort mit Wasserzurückführung; Es folgt eine schöne einsame Schlucht. Bei einer verfallenen Mühle WW III, ansonsten Zahmwasser. re zwei Höhleneingänge sichtbar (47.1874, 6.8732)

337,3 ▬ Stauanlage bei la Goule mit Wasserableitung. Falls genügend Wasser abgelassen wird, auf 500 m WW V. Von der hoch oben führenden Straße einzusehen. re-ufrig über Asphaltstraße ⩍ (47.2239, 6.9254)

336,6 re ϟ mit Wasserzurückführung (47.2289,6.9285)

333,8 ▬ Wehr, bei le Theusserat Kanuzentrum, mögliche ⬇ für die Weiterfahrt; Die Grenze befindet sich auf dem re Ufer (47.2426,6.9545)

333,8 –333,4 WW II-III (Slalomstrecke) kann re ⩍ werden

331,3 Str-II D437A, re **F 25470 Goumois** li **CH 2354 Goumois**; ⅄, und ✕ auf beiden Ufern, ⬇ für schwächere Fahrer (47.2617,6.9512)

331,3 –317,0 Naturschutzgebiet. Zelten verboten

327,2 ▬ Wehr, verfallen, Moulin Jeannotal, ≋, ✕ (47.2921,6.9507)

321,9 Beide Ufer Schweizer Gebiet (47.3011,7.0077)

321,1 Fußg.-II (47.3039,7.0151)

317,0 Str-II **CH 2887 Soubey** (47.3077,7.0481)

315,0 Kurz aufeinanderfolgend zwei kräftige Schwälle, WW II. Bis St. Ursanne hübsche offene Schlucht mit einem verfallenen ▬ und vielen Schwällen, WW I

312,4 Fußg.-II (47.3194,7.1013)

304,5 Str-II **CH 2883 Montmelon** (47.3536,7.1707)
302,9 Str-II **CH 2882 Saint-Ursanne** re ⛺, chandelier.ch (47.3656, 7.1659)
302,5 ■ Wehr St. Ursanne li treideln (47.3665,7.1619)
301,9 Weg-II **CH 2882 Saint-Ursanne** (47.3640,7.1547)
301,0 Str-II **CH 2882 Saint-Ursanne** (47.3598,7.1455)
297,7 ■ Wehr Belle Fontaine li ⩯ (47.3566,7.1052)
296,0 ■ Wehr, ≈, oder treideln (47.3499,7.0910)
294,7 Str-II, re **CH 2889 Ocourt** (47.3506,7.0759)
291,7 Grenzen Schweiz-Frankreich (47.3479,7.0499)
291,5 Str-II D437C, li **F 25190 Montancy-Brémoncourt** (47.3482,7.0483)
287,0 Str-II D437C **F 25190 Glère** (47.3439,6.9957)
280,7 ■ Wehr Vaufrey, **X**, li ⩯ 300 m weit, schwierig, nach 2 km Beginn des nächsten Staus (47.3389,6.9302)
279,6 Str-II D437C **F 25190 Vaufrey** (47.3464,6.9226)
278,0 Str-II D383 **F 25190 Montjoie-le-Château** (47.3468,6.9027)
274,8 ■ Wehr von Grosbois, **X**, li ⩯, bei Wassermangel bis zum ↯ Liebvillers auf km 267,3 umfahren (47.3346,6.8678)
272,7 Str-II, **F 25190 Soulce-Cernay** (47.3261,6.8585)
268,6 Str-II D437 **F 25190 Saint-Hippolyte** (47.3185,6.8128)
268,5 li ⇩ Dessoubre (s. Seite 206) (47.3188,6.8112)
268,1 ■ Wehr, **X**, li ⩯ (47.3220,6.8122)
267,3 ■ Wehr Liebvillers ↓, falls eine Weiterfahrt nach dem ■ von Grosbois nicht möglich ist (47.3243,6.8053)
266,5 Weg-II (47.3223,6.7963)
264,4 Str-II D294, **F 25190 Bief** (47.3270,6.7714)
262,5 ■ Wehr von Dampjoux, **X**, li ⩯ (47.3384,6.7576)
261,2 Weg-II (47.3485,6.7591)
261,0 Str-II D36 **F 25190 Villars-sous-Dampjoux** (47.3500,6.7600)
256,8 ■ Wehr Befahrung verboten, vor der Fabrik re 500m ⩯ (47.3803, 6.7722)
256,6 Str-II D437, **F 25150 Pont-de-Roide** (47.3822,6.7725)
256,3 ■ Wehr (47.3846,6.7721)
255,4 Fußg.-II (47.3926,6.7736)
254,2 ■ Wehr (47.4018,6.7681)
253,0 Str-II, li **F 25150 Bourguignon** (Rue du Pont) (47.4102,6.7773)
249,8 ■ Wehr (47.4297,6.7885)
246,9 Str-II D437, re **F 25350 Mandeure** (47.4521,6.7917)
246,2 ■ Wehr (47.4571,6.7972)

245,1 ■ Wehr (47.4553,6.8091)
242,5 ■ Wehr (47.4501,6.8361)
242,2 Str-Ⅱ, re **F 25700 Valentigney** (Rue Villedieu) (47.4524,6.8384)
241,6 ■ Wehr (47.4574,6.8388)
241,0 Str-Ⅱ D38E1, li **F 25700 Valentigney** (47.4626,6.8406)
239,5 Str-Ⅱ, re **F 25400 Audincourt** (Rue de Valentigney) (47.4757, 6.8372)
239,2 ■ Wehr (47.4783,6.8366)
238,7 Str-Ⅱ D126 **F 25400 Audincourt** (47.4821,6.8378)
237,8 ■ Wehr (47.4852,6.8273)
236,9 Str-Ⅱ D34A, re **F 25400 Audincourt** (47.4837,6.8164)
236,2 Autobahn-Ⅱ A35 (47.4847,6.8064)
235,7 ■ Wehr (47.4864,6.8010)
233,2 ■ Wehr (47.4823,6.7729)
232,5 Weg-Ⅱ (47.4764,6.7707)
231,9 Str-Ⅱ D438, li **F 25420 Voujeaucourt** (47.4748,6.7656)
231,8 EB-Ⅱ (47.4756,6.7644)
231,5 Weg-Ⅱ (47.4774,6.7618)
231,4 re ⇩ des Rhein-Rhône-Kanals (Der Ausbau des Rhein-Rhône-Kanals zur Großschifffahrtsstraße ist zwar fest geplant; wegen Geldmangels ist aber mit einer Verwirklichung in absehbarer Zeit nicht zu rechnen.) Die Folgestrecke des Doubs bis km369 ist kanalisiert. Es finden sich in kurzen Abständen alte, meist handbetriebene ⌗ für die Schifffahrt und daneben Überlauf-■, insgesamt etwa 50. Das Überwinden dieser Hindernisse ist sehr mühsam. Im Prinzip kann geschleust werden, bei dem sehr spärlichen Schiffsverkehr ist ein Mitschleusen außerordentlich zeitaufwendig. Einzelschleusungen, auch von Kanus, sind möglich, es besteht jedoch kaum eine Möglichkeit, sich dem Schleusenwärter vom Wasser aus bemerkbar zu machen. Bei NW kann ein Teil der ■ befahren oder überhoben werden, bei HW mit Wanderboot meist unmöglich, auch das Anlegen zur Besichtigung oder zur Kontaktaufnahme mit dem Schleusenwärter wird dann sehr schwierig bis unmöglich. Aus all diesen Gründen muss von einer Befahrung der Kanalstrecke des Doubs abgeraten werden, auf eine Detailbeschreibung wird verzichtet (47.4777,6.7614)
178,3 li ⇩ Cusancin (s. Seite 206) (47.3418,6.3723)
71,3 Ⅱ D244 (47.0938,5.5353)
68,1 ■ Wehr, ➔ Canal Charles-Quint (47.0858,5.5085)
67,4 EB-Ⅱ Mögliche ⬇ zur Befahrung des Unterlaufs (47.0880,5.5010)

67,2 Fußg.-II (47.0887,5.4986);
➔ Graben zum ⛺ du Pasquier, camping-du-pasquier.com (47.0888, 5.4994)
67,1 Schräg-■, ≈ (47.0888,5.4971)
66,9 Str-II, **F 39100 Dole** (Grande Rue), li Kanuclub von Dole (47.0881, 5.4949)
65,7 ➔ Schifffahrtsweg zur Saône Ab hier kein Schiffsverkehr, der Doubs ist weitgehend naturbelassen, eine Befahrung bis zur ⇩ ist lohnend. Die Berge bleiben zurück (47.0815,5.4820)
65,5 II D405 (47.0796,5.4824)
64,8 re ■ Wehr, evtl. ≈ oder ⌂, Bei Weiterfahrt nach 600m ϟ mit ■, X (47.0748,5.4844)
60,7 II, re **F 39100 Choisey** (47.0550,5.4639)
58,3 Autobahn-II A39 (47.0412,5.4533)
57,7 II D905, re **F 39100 Gevry** kleine ■ Stufe, ≈ (47.0354,5.4535)
55,6 li ⇩ Seitenkanal von der Loue (47.0198,5.4477)
54,9 li ⇩ Loue (s. Seite 199) (47.0128,5.4481)
51,0 ehem. EB.-II (47.0131,5.4148)
50,9 Str-II (47.0131,5.4134)
48,0 II D332 (47.0018,5.3899)
44,1 II D468, Blaue Brücke (46.9789,5.3759)
44,0 EB-II (46.9782,5.3754)
41,1 II D11, re **F 39120 Longwy-sur-le-Doubs** (46.9539,5.3812)
36,0 II D13 re **F 39120 Petit-Noir** ⛺ mit ⬇⬆ (46.9225,5.3504)
26,0 II D203 (46.9308,5.2446)
13,7 II N73, li **F 71270 Navilly** (46.9390,5.1497)
13,0 EB-II (46.9405,5.1419)
6,0 II D454, re **F 71350 Saunières** (46.9034,5.0849)
0,8 II D154, re **F 71350 Verdun-sur-le-Doubs** (46.8945,5.0260)
⇩ in Saône (s. Seite 189) (46.9011,5.0237)–(46.9011,5.0237)

Loue (Doubs)

Wildfluss (Gebirgsfluss), Wanderfluss (Flachlandfluss)

Gewässerkennzahl FR: U26-0400

Mündung in Doubs bei km 54,9 (li Nebenfluss)

Die Loue durchfließt in ihrem Oberlauf ein grandioses Tal des französischen Jura mit senkrecht aufsteigenden Kalkfelsen, ab Ornans einsames Waldtal. Im Unterlauf tritt die Loue in die Ebene aus. Diese Strecke wird zumeist nicht befahren.

Die Loue ist sportlich interessant durch viele meist bemooste kleine Naturstufen, die häufig kurz nacheinander folgen und sämtlich leicht befahren werden können.

Befahrungsregeln:	bis km 119,3 komplett verboten
	die folgenden Beschränkungen gelten für die Loue bis km 79,6
	Befahrung verboten: vom 10.4.-10.5.
	Ganzjährig am Dienstag
	Samstag und Sonntag bei der Eröffnung der Fangzeit für Forellen und Äschen (Termin ist örtlich zu erfragen).
	Gebote: Befahrung nur mit Kajaks und Kanus, nur zwischen 10 und 18 Uhr. Zum Ein- und Aussetzen benutzen nur der gekennzeichneten Stellen. Hier befinden sich auch mehrsprachige Tafeln mit den Befahrungsregelungen.
	Für den Abschnitt km 33-44 besteht ein Renaturierungsprojekt. 1996 bestand hier ein Befahrungsverbot. Es ist nicht bekannt, ob dieses Verbot inzwischen wieder aufgehoben wurde.
Befahrbarkeit:	abgesehen von extrem trockenen Sommern ganzjährig. Wasser sehr sauber.
	Günstiger Wasserstand meist bis Pfingsten. Bei HW lebensgefährlicher Rücklauf mehrerer ■, dann unbedingt ⩍!
Pegel:	Steg von Ornans; sehr günstig 60 cm, es können dann alle Wehre befahren werden.
Schwierigkeiten:	km 119,3-117,8 WW III
	km 117,8-41,8 WW II-I, anschließend bis zur ⇩ Zahmwasser.
Infrastruktur:	Zeltmöglichkeit: ⛺ in Lods, Vuillafans, Montgesoye und Mouthier, am Fluss gelegen. Der ebenfalls am Fluss liegende ⛺ von Qingey ist erst ab 15.6. geöffnet.
Quellen:	Ergänzungen: Peter Heil

123,3 Ursprung, Großquelle aus einer Grotte mit 60m großer Öffnung, sehenswert. Das Wasser wird total abgeleitet (47.0115,6.2989)–(47.0115,6.2989)

123,3 –119,3 Die folgenden 4 km wurden bei Wasserablass schon befahren, WW V und VI mit Wasserfällen, **X**, Befahrung verboten

119,3 ϟ **F 25920 Mouthier-Haute-Pierre** ab hier WWIII. Die Zufahrt zum ϟ ist jedoch verboten, unterhalb davon ist es schwierig zum Fluss zu kommen (47.0284,6.2853)

117,8 Ⅱ **F 25920 Mouthier-Haute-Pierre** ab hier bei ausreichendem Wasserstand Befahrung möglich. ↓ am li Ufer beim Sportplatz oder am re Ufer 400 m oberhalb der Ⅱ; hier können Pkw gut abgestellt werden (47.0373,6.2756)

116,8 Stufe, li ≋.

116,5 **F 25930 Lods**, 🚐 im Ortsbereich 6 ▬, evtl. ≋, Vorsicht beim letzten ▬ (beim 🚐), evtl. starker Rücklauf! (47.0402,6.2606)

111,9 ▬ Wehr, Bootsgasse, ≋ (47.0622,6.2233)

111,5 re **F 25840 Vuillafans** Schräg-▬, li gut ≋. Nach dem ▬ li 🚐 in Verbindung mit Sportplatz. Es folgen mehrere Stufen, ≋ (47.0639, 6.2189)

111,2 Ⅱ. (47.0644,6.2159)

111,1 Ⅱ D27 (47.0649,6.2141)

110,9 ▬ Wehr danach 2 Stufen aus Steinblöcken und weiteres, ≋ (47.0656,6.2121)

109,2 Mehrere Steinschüttungen, je nach Wasserstand ≋

108,0 Ⅱ, re **F 25111 Montgesoye** ▬, gut ≋, li 🚐 (47.0807,6.1867)

103,7 **F 25290 Ornans** ehem. EB-Ⅱ und 2 Ⅱ alle Möglichkeiten, 2 🚐, nicht direkt am Fluss (47.1040,6.1576)

103,2 1. ϟ-▬ Wehr ≋ oder li ⌓ (47.1022,6.1535)

103,0 2. ▬ Wehr ≋ oder li treideln (abseilen) (47.1031,6.1506)

101,8 3. ▬ Wehr, zerfallen re bildet der ehemalige Mühlengraben eine Floßgasse (47.1050,6.1382)

100,9 4. ▬ Wehr, **X**, entweder re an gekennzeichneter Aussetzstelle ↑ und 150 m ⌓ oder direkt vor dem ▬ re etwa 50 m ⌓ (47.1021, 6.1282)

100,9 –81,8 Auf den folgenden 20 km etwa 10 Steinwurf-▬ mit Bootsgassen. Gut ≋. Zahlreiche Leihboote

98,3 re Eremitage ⛺, ↓, danach ▬, zerfallen, ≋, danach Schräg-▬, ≋

94,9 re **F 25290 Scey-Maisières**. Schräg-▬, bei MW gut ≋, bei NW (wenn Grundberührung) Befahrung verboten, oder li ⌓ (47.1001, 6.0791)

94,4 II (47.0983,6.0757)
92,0 II (47.0886,6.0591)
91,9 II D9, **F 25330 Cléron** danach ▬, ≋, re Ufer betreten verboten! (47.0883,6.0584)
81,8 li ⇩ Lison (s. Seite 205) (47.0724,5.9872)
79,6 II D101, danach ▬, meist trocken, überheben. Falls ≋ !, da im Unterwasser kurz danach Steinbarriere (47.0866,5.9858)
75,4 Steinwurf-▬, 1,5m hoch, evtl. re ≋, Achtung auf Steine im Unterwasser! evtl. ⌂ li (47.1050,5.9695)
70,9 ▬ Wehr, ≋ (47.1324,5.9666)
69,8 II D110 **F 25440 Chenecey-Buillon** davor re Sportplatz mit ⛺-Möglichkeit, danach re ✕ (Dienstag geschlossen) (47.1394,5.9572)
68,2 ▬ Wehr ≋ oder li überheben (47.1498,5.9656)
67,7 ▬ Wehr 30 cm hoch, ≋, bei höherem Wasserstand erheblicher Rücklauf, direkt vor dem ▬ an Betonstufen ↱, evtl. re ⌂ (47.1515, 5.9600)
60,0 II N83 (47.1070,5.9035)
58,4 II D13, re **F 25440 Quingey** davor li ⛺ "les Promenades", Einkaufsmöglichkeit (47.1026,5.8846);
▬ Wehr Die ▬-Krone ist mit Eisenspitzen besetzt, bei MW nicht zu sehen; re Bootsgasse, bei NW und MW gut ≋, bei HW Anfahrt schwierig, da im Strömungsbereich des Wassereinlasses der alten Fabrik. Links neben dem Klappenwehr befindet sich ein Durchlass, der von geübten K1-Fahrern ggf. auch als Bootsrutsche genutzt werden kann. Wegen Anfahrt, Gefälle und Strömungen im Ober- und Unterwasser ist jedoch eine Besichtigung unerlässlich. Auf der folgenden Strecke werden die Naturstufen seltener. 4 teilweise zerfallene Mühlen-▬ sind ≋ oder leicht zu treideln (47.1021,5.8843)
52,0 II D15E3, li **F 25440 Brères** (47.0598,5.8576)
49,5 II, re **F 25440 Chay** (47.0379,5.8570)
46,5 II **F 25440 Rennes-sur-Loue** li guter ⛺ "de la Ferme Chez Claudine", chez-claudine.fr (47.0147,5.8531)
41,8 II D48 **F 39600 Port-Lesney**, ⛺ Es folgen 3▬, verfallen, ≋ oder leicht ⌂ (47.0042,5.8235)
37,1 ▬ Wehr, verfallen 3 Stufen, evtl. m ≋ oder li ⌂ (47.0379,5.8162)
36,8 re großer Bauernhof, ▬, ≋, spritzige Bootsgasse li
36,3 II D274, li **F 39600 Champagne-sur-Loue** gute Gelegenheit zur Beendigung der Fahrt. Gute 🚆-Verbindung nach Besançon, von dort Autobus nach Ornans und Mouthier. Eine Weiterfahrt bis ⇩ ist mög-

lich, Zahmwasser, leichte Wanderstrecke, Flachlandfluss, naturbelassen, reizvoll, einige ▬ mit Bootsgassen, leicht ≋. ▬, X (47.0436,5.8152)

35,6 ▬ Wehr (47.0458,5.8071)

34,2 ▬ Wehr (47.0384,5.7975)

31,8 Ⅱ D17E, li **F 39600 Cramans** danach EB-Ⅱ (47.0205,5.7863)

30,3 ▬ Wehr, X (47.0187,5.7683)

26,2 ▬, Steinschüttung, evtl. ≋ (47.0159,5.7324)

25,8 Ⅱ D93, re **F 39380 Chissey-sur-Loue** ▬ Stufe, ≋ (47.0155, 5.7281)

23,4 ▬ Wehr re Bootsgasse teilweise verfallen, führt bei entsprechendem Wasserstand unter überhängendem Baum durch eine Walze. Vor Befahrung unbedingt ansehen! (47.0034,5.7062)

23,2 Ⅱ D53, li **F 39380 Chamblay** (47.0032,5.7040)

22,9 ▬ Wehr, ≋ (47.0028,5.6999)

20,8 ▬ Wehr re Bootsgasse, nach Besichtigung evtl. ≋ (47.0035,5.6757)

20,1 Ⅱ D71, li **F 39380 Ounans-Le Coin d´Amont** Val d´amour, Kanuverein. Nach 100 m re 🚐 "La Plage Blanche", paddlerfreundlich. Stufe, ≋, es folgen 2 weitere ▬, ≋, camping-indigo.com (47.0028,5.6674)

16,9 Ⅱ D11, re **F 39380 Montbarrey** (47.0112,5.6304)

16,6 ▬ Wehr, ≋ (47.0127,5.6277)

15,8 ▬ mit Bootsgasse, ≋ (47.0153,5.6181)

14,3 ▬ Wehr, ≋ (47.0119,5.6018)

13,8 Ⅱ D91, re **F 39380 Belmont** (47.0099,5.5955)

13,4 li 🚐.

12,3 ▬ Wehr, ≋

10,3 li ⇩ Cuisance (s. Seite 204) (47.0064,5.5534)

8,8 ▬ Wehr, ≋

7,7 ▬ Wehr, ≋

6,5 ➔ Canal d´amenée. (47.0167,5.5185);
Steil-▬ mit Eisenstangen, X, ⏏. Es folgen 3 Stufen, ≋ (47.0164, 5.5190)

3,8 EB-Ⅱ. (47.0153,5.4958)

3,7 Ⅱ D905, darunter ▬ Wehr, li ≋,. Parcey, 🚐 direkt am Fluss (47.0150,5.4947)

3,6 Kiosk mit ✕, gute ⬆.

1,7 Autobahn-Ⅱ A39 (47.0165,5.4694)

1,1 Stufe, evtl. ≋. (47.0168,5.4609)

0,0 ⇩ in Doubs (s. Seite 192) bei km 54,9 (47.0128,5.4481)

Cuisance

Kleinfluss (Gebirgsfluss) Gewässerkennzahl FR: U2650500
Mündung in Loue (Doubs) bei km 10,3 (li Nebenfluss)

Die Cuisance ist ein dichtbewachsener Kleinfluss des Juras mit zahlreichen Strauch- und Baumhindernissen. Sehr kurvenreich, viele Wehre, überwiegend befahrbar. Nur für Einer geeignet, Sturzhelm empfehlenswert.

Befahrbarkeit: Mai bis Mitte Juli oder nach Regenfällen.

32,2 Ursprung: Cirque du Fer à Cheval. (46.8699,5.8073)
22,2 Str-II D469E4, re **F 39600 Villette-lès-Arbois** li nach **F 39600 Arbois**; ⬇ unterhalb eines ▬ Wehr (46.9217,5.7500)
18,2 ▬ Wehr (46.9227,5.7106)
17,5 Str-II D9, re **F 39600 Vadans** (46.9247,5.7024)
16,1 ▬ kleiner Abfall (46.9283,5.6867)
15,5 Str-II D275, li **F 39600 Mathenay** (46.9318,5.6807)
14,9 ▬ Wehr (46.9348,5.6757)
13,0 Str-II D71, li **F 39600 La Ferté** (46.9455,5.6601)
11,4 Weg-II, **F 39600 La Ferté** (Chemin de la Rosière), darunter ▬ Wehr (46.9567,5.6496)
11,0 ▬ Wehr (46.9602,5.6493)
8,8 Weg-II (46.9745,5.6325)
8,1 Weg-II, **F 39380 Vaudrey** (Rue du Dessus) (46.9786,5.6260)
8,0 ▬ Wehr die Cuisance durchfliesst hier einen Privatpark, nach Möglichkeit zügig re ⏏ (46.9794,5.6255)
7,6 Str-II D346, li **F 39380 Vaudrey** (46.9810,5.6222)
6,9 Str-II D472 (46.9839,5.6147)
6,2 Str-II D91, li **F 39380 Mont-sous-Vaudrey** (46.9844,5.6060); ▬ Wehr, evtl. ≈, ⚠ im Unterwasser versteckte Holzpfähle (46.9845,5.6057)
6,0 Weg-II (46.9855,5.6045)
5,3 ▬ Wehr (46.9890,5.5975)
4,4 Weg-II (46.9927,5.5886)
1,2 Str-II, li nach **F 39380 Souvans** (Rue du Moulin) (46.9985,5.5607)
0,0 ⇩ in Loue (Doubs) (s. Seite 199) bei km 10,3 ⇩ in Loue (Doubs) (s. Seite 199) bei km 10,3 (47.0064,5.5535)–(47.0064,5.5535)

Lison

Weitere Namen: Lizon [fre]
Kleinfluss, Gebirgsfluss Gewässerkennzahl FR: U2610580
Mündung in Loue (Doubs) bei km 81,8 (li Nebenfluss)

Der Lison ist ein sehr empfehlenswerter, landschaftlich hervorragend schöner Kleinfluss des französischen Jura.

Befahrungsregeln: Befahrung nur erlaubt zwischen 10-17 Uhr und wenn am Pegel „rot“ nicht mehr zu sehen ist.

Befahrbarkeit: März bis April und nach Regenperioden

Umwelt: Wasser: sehr sauber

Pegel: bei der kleinen Brücke 200 m nach der Quelle

25,6 Ursprung des Lizon aus einer Grotte mit 30 m großer Öffnung. ≣, ↓. Bis Nans leichte Verblockung, kleine Schwallstrecken (46.9653, 6.0116)–(46.9653,6.0116)
25,5 Fußg.-II (46.9668,6.0106)
23,8 Str-II D492, **F 25330 Nans-Sous-Sainte-Anne** (46.9763,5.9988)
23,5 Fußg.-II (46.9788,5.9975)
22,9 ▬ Wehr evtl. nach Besichtigung ≈ oder ⏏. Es folgt eine wildromantische Schluchtstrecke mit kleinen Schwällen, keine Möglichkeit, die Straße zu erreichen (46.9839,5.9965)
22,5 Str-II D139 (46.9866,5.9985)
13,6 Mühle von Chiprey, ▬ Wehr, verfallen Durchfahrt leicht verblockt oder ⏏. 2 Stufen, ≈ (47.0309,5.9843);
Str-II D139 (47.0306,5.9832)
12,6 Weg-II (47.0291,5.9715)
11,0 Str-II D15 Es folgt eine schöne Wald- und Wiesenstrecke mit mäßigem Gefälle, die ▬ Wehre sind bei Pegel 60 alle ≈. Evtl. ⏏ einfach (47.0315,5.9568)
10,3 Weg-II, re **F 25440 Myon** (Entre Lison) (47.0274,5.9502)
10,2 ▬ Wehr (47.0274,5.9490)
9,2 ▬ Wehr (47.0339,5.9473)
8,3 Str-II, re **F 25440 Échay** (La Chanette) (47.0404,5.9469)
4,0 ▬ Wehr (47.0566,5.9706)
3,7 Weg-II (47.0548,5.9725)
0,2 Str-IID135 (47.0716,5.9884)
⇩ in Loue (Doubs) (s. Seite 199) bei km 81,8 ⇩ in Loue (Doubs) (s. Seite 199) bei km 81,8 (47.0724,5.9866)

Cusancin

Kleinfluss Gewässerkennzahl FR: U2420520

Mündung in Doubs bei km 178,3 (li Nebenfluss)

Der Cusancin ist ein landschaftlich sehr reizvoller, naturbelassener Wiesenbach im Jura.

Fahrtstrecke: ↓ etwa 200 m unterhalb 🅿 "Blauer Quelle" am Zusammenfluss beider Quellflüsse, bei NW weiter unterhalb.

Bis Cusance 2 kleine ■, ≋, in Gouillon les Bains 2 ■. 1. ■ ganz re in einer Felsrinne hinunterrutschen, danach schnell fließend, WW I.; 2. ■ hohes Schräg-■, re ≋, mit dahinter kurzer Blockstrecke, WW II. Beide ■ nur sehr schlecht zu ⏏ und von der Straße aus nicht einzusehen. Weiteres ■ in Pont les Moulins, li ≋. Insgesamt etwa 11 km bis zur ⇩.

Befahrbarkeit: Frühjahr und Frühsommer, nur für Einer oder Duo-Topo. Befahrung nur in kleinen Gruppen.

Umwelt: viele Vögel, z.B. Eisvögel.

Schwierigkeiten: zahlreiche natürliche Stufen und kleine Schwälle, im Oberlauf schnelle Strömung mit Baum- und Strauchhindernissen, Wehre! Gute Einsicht von der begleitenden Straße.

Dessoubre

Wildfluss (Gebirgsfluss) Gewässerkennzahl FR: U2210500

Mündung in Doubs bei km 268,5 (li Nebenfluss)

Der Dessoubre ist einer der schönsten Wildbäche des Juras. Allerdings ist er auch der wohl schönste Forellenbach.

Empfohlene Fahrtstrecke: ↓ unterhalb der beiden ■, **X**, der Sägerei von Girardot (D39, etwa 1,2 km oberhalb der Abzweigung der D20 nach Pierrefontaine). Die Befahrung kann auch auf der Reverotte (s. Seite 207) begonnen werden.

Beendigung der Fahrt bei dem ■ des Sägewerks von Neuf Gouffres, etwa 2 km oberhalb St. Hypolyte. Insgesamt etwa 26 km.

Befahrbarkeit: von der Wasserführung her ist eine Befahrung von September bis April und außerdem nach hier recht häufigen, stärkeren Regenfällen möglich.

In der Zeit vom 19.3.-5.10. wird hier in größerem Ausmass Forellenfischerei betrieben. In dieser Zeit ist mit erheblichen Schwierigkeiten durch Angler zu rechnen. Die Ufer sind zudem meist Privatbesitz. Wenn man den Dessoubre trotzdem während der Fischereisaison befahren will, sollte man sich unbedingt an folgende Beschränkungen halten: Auf keinen Fall am ersten Wochenende nach dem Beginn und dem letzten Wochenende vor Schluss der Saison fahren; die Wochenenden möglichst ganz meiden; im übrigen sollte man sich stets rücksichtsvoll und höflich verhalten.

Schwierigkeiten: verblockter Wildbach mit erheblichem Gefälle und guter Strömung, durchweg WW I-II (III), insgesamt etwa 9 ▬, je nach Wasserstand dürfte die Mehrzahl davon ≈ sein.

Vorsicht beim ▬ von Rosureux, erkennbar an einem langen See-artigen Rückstau, **X**, ➔ in ϟ-Kanal mit starkem Stromzug, **X**, rechtzeitig li über steiles Ufer ⬆ und etwa 300 m weit ⏏. Bei ausreichendem Überlauf ist die folgende 300 m lange Schlucht evtl. ≈, WW IV-V, ein Befahrungsbericht liegt nicht vor. Beim ▬ vor der Möbelfabrik Bonhard besteht bei wenig Wasser Steckgefahr, besser bei Bach-⇩ ausbooten und 300 m weit ⏏.

Reverotte

Wildfluss - Kleinfluss — Gewässerkennzahl FR: U2210520
Mündung in Dessoubre (li Nebenfluss)

Die Reverotte ist ein hervorragend schöner Fluss des französischen Juras.

Schwierigkeiten: eine Mischung von Kleinfluss und Wildfluss, d.h. als Wildfluss zumeist leicht mit nur wenigen, schweren Passagen. Als Kleinfluss ist mit Baum- und Strauchhindernissen zu rechnen.

12,3 Ursprung (47.1750,6.4928)

6,3 Str-Ⅱ, re nach **F 25390 Plaimbois-Vennes** ⬇, zunächst in herrlicher Schlucht, später durch einen kleinen Tannenwald, WW I-II (47.1973, 6.5450)

4,9 Weg-Ⅱ (47.1988,6.5585)

4,5 Kurze Kaskadenstrecke WW III, von der Straße gut einzusehen
3,6 Weg-II (47.1977,6.5747)
3,5 Durchbruchsstrecke WW III-IV unbedingt vor Befahrung besichtigen. Dieser enge und steile Abschnitt kann leicht durch Bäume verlegt sein. Die Schlüsselstelle befindet sich in einer Kurve der Straße. Evtl. ⏏ leicht
0,2 Str-II D20, **F 25210 Plaimbois-du-Miroir-Gigot** (47.2020,6.6158)
0,0 ⇩ in Dessoubre (s. Seite 206) (47.2024,6.6179)

Ouche

Kleinfluss, Wanderfluss Gewässerkennzahl FR: U13-0400
Mündung in Saône (re Nebenfluss)

Die Ouche ist oberhalb von Dijon ein Kleinfluss mit entsprechenden Schwierigkeiten. Die Fahrt durch Dijon soll sehr reizvoll sein. Unterhalb Dijon wird sie zum Wanderfluss, keine besonderen Schwierigkeiten.

In Verbindung mit dem Canal de Bourgogne ist eine große Rundfahrt über etwa 140km möglich, allerdings müssen bei der Bergfahrt etwa 5 Schleusen des Kanals überwunden, meist umtragen werden.

Befahrbarkeit: Oberlauf Frühjahr und nach Regenfällen, Unterlauf meist auch noch im Sommer.

Umwelt: Wasser: Oberlauf und Unterlauf sehr sauber, mäßige kurzfristige Verschmutzung unterhalb von Dijon.

95,4 Ursprung bei Somberon in etwa 500 m Höhe (47.0649,4.6895)
60,1 Str-II D905 **F 21410 Sainte-Marie-sur-Ouche** (Pont de Pany) mögliche ⬇. Die folgenden 4 km werden nur selten befahren, Baum- und Strauchhindernisse. In diesem Bereich verläuft der Canal der Bourgogne ganz in der Nähe des Flusses, geeignete ⏏-Stelle für die erwähnte Rundtour müsste erkundet werden (47.2968,4.8134)
59,9 Autobahn-II A38 (47.2980,4.8132)
55,1 Str-II D104, **F 21410 Fleurey-sur-Ouche** (47.3149,4.8590)
54,6 ▬ Mühlenwehr evtl. ≈, Vorsicht! (47.3137,4.8646)
50,5 Str-II D10, **F 21370 Velars-sur-Ouche** die Folgestrecke wird sehr oft befahren (47.3185,4.9092)
49,4 ▬ Wehr (47.3225,4.9178)
48,7 Weg-II (47.3209,4.9238)
45,3 Flussteilung, ▬ Wehr, li fahren (47.3347,4.9467)

43,3 Fußg.-Ⅱ (47.3383,4.9689)
43,2 Str-Ⅱ D905, re **F 21370 Plombières-lès-Dijon** (47.3378,4.9703)
43,1 Weg-Ⅱ (47.3368,4.9716)
42,3 Autobahn-Ⅱ A38 (47.3327,4.9800)
41,4 Weg-Ⅱ (47.3279,4.9886)
39,8 ■ Staustufe Dijon, **X**, ≏ (47.3240,5.0073)
39,8 –35,0 Stadtgebiet von **F 21000 Dijon** schöne Stadtdurchfahrt
39,7 Fußg.-Ⅱ (47.3233,5.0075)
39,4 ■ Wehr (47.3213,5.0099);
Str-Ⅱ, (Boulevard Chanoine Kir), re ⛺ du Lac Kir, camping-du-lac-dijon.com (47.3212,5.0101)
39,0 Fußg.-Ⅱ (47.3182,5.0127)
38,9 ■ Wehr (47.3180,5.0135)
38,2 Str-Ⅱ, (Rue Hoche) (47.3188,5.0222)
37,8 Str-Ⅱ, (Avenue de l'Ouche) (47.3171,5.0260)
37,5 Str-Ⅱ Kreuzung D974 mit D108G (47.3152,5.0295)
37,3 Fußg.-Ⅱ (47.3136,5.0294)
36,8 EB-Ⅱ (47.3102,5.0317)
36,6 Str-Ⅱ, (Boulevard du Castel) (47.3097,5.0333)
36,3 Str-Ⅱ, (Boulevard John Kennedy) (47.3088,5.0365)
36,0 Str-Ⅱ, (Rue des Rotondes) (47.3060,5.0358)
35,6 Str-Ⅱ, (Rue des Rotondes) (47.3026,5.0365)
35,0 Str-Ⅱ, **F 21000 Longvic** (Chemin de la Colombière) (47.2984, 5.0394)
34,2 2x EB-Ⅱ (47.2939,5.0472)
33,7 ■ Wehr (47.2918,5.0491)
33,2 Str-Ⅱ D124 (47.2899,5.0534)
33,0 Fußg.-Ⅱ (47.2889,5.0551)
32,9 Str-Ⅱ N274 (47.2880,5.0567)
32,3 Str-Ⅱ D996, **F 21600 Longvic** (47.2850,5.0631)
32,3 –18,0 Beschreibung nur nach Luftbild Laut französischer Gewässerkarte ist eine Weiterfahrt ohne besondere Schwierigkeiten möglich
32,1 ■ Wehr (47.2849,5.0659)
30,4 Weg-Ⅱ danach ■ Wehr (47.2869,5.0808)
28,0 Str-Ⅱ, li **F 21800 Neuilly-lès-Dijon** darunter ■ Wehr (47.2782, 5.1046)
26,4 Weg-Ⅱ (47.2664,5.1176)
25,4 Autobahn-Ⅱ A38 (47.2585,5.1216)
24,3 ■ Sohlstufe (47.2562,5.1342)

23,3 Str-II D109 (47.2523,5.1447)
18,0 Str-II D25, re **F 21110 Varanges** ab hier neuere Beschreibung (47.2335,5.1995)
17,1 ■ Wehr (47.2259,5.2021)
16,5 Weg-II (47.2220,5.2055)
13,8 Str-II D116, re **F 21110 Tart-le-Bas** gute ⬇ (47.2048,5.2285)
11,6 ■ Wehr, **X**, aus dem Mühlengraben in Fluss ⌓ (47.1889,5.2439)
10,6 Str-II D110 darunter ■ Wehr aus Steinschüttung, 50 cm hoch, ≈ (47.1821,5.2519)
8,0 Weg-II darunter ■ Wehr, ≈ (47.1650,5.2724)
5,7 Str-II D976, **F 21170 Trouhans** (47.1483,5.2775)
5,1 ehem. EB.-II (47.1441,5.2769)
3,2 Flussteilung, li Arm fahren, hier ■ Wehr, **X**, li ⌓ (47.1275,5.2766)
2,4 Str-II, **F 21170 Échenon** (Rue du Chaignot) (47.1212,5.2816)
1,6 ⇩ des re Arms (47.1146,5.2810)
1,5 Str-II D20 **F 21170 Échenon** Zunahme der Wasserverschmutzung (47.1141,5.2801)
0,0 ⇩ in Saône (s. Seite 189) Hier keine ⬆-Möglichkeit. Weiterfahrt auf der Saône 2 km bis St. Jean de Losne, dort einfacher ⛺ mit Bootssteg und Kanuclub (47.1034,5.2860)

Tille

Wildfluss – Wanderfluss Gewässerkennzahl FR: U12-0400
Mündung in Saône (re Nebenfluss)

Die Tille ist in ihrem Oberlauf ein leichter Wildfluss; nach einem Zwischenstück, von dessen Befahrung abgeraten wird, wird sie zum Wanderfluss.

Befahrbarkeit: Frühjahr und nach Regenfällen.

Umwelt: Wasser: sauber

82,7 Ursprung in etwa 450 m Höhe (47.6157,4.9178)
43,1 Str-II D112, **F 21120 Spoy** ⬇ für die Befahrung der WW-Strecke. Kurz danach ■ Wehr, **X**. Auf 8 km kleine Stufen und Wehre, zumeist WW I-II, mit einer Stelle kurz vor Arcelot bis WW III (47.4472, 5.1932)
42,5 Weg-II (47.4431,5.1899)
39,3 Weg-II (47.4204,5.2054)
38,3 Weg-II, li **F 21310 Beire-le-Châtel** (47.4137,5.2031)
38,1 Weg-II, li **F 21310 Beire-le-Châtel** (47.4117,5.2034)
37,5 Str-II D28A (47.4069,5.1992)

35,8 Weg-II (47.3969,5.1936)
34,2 Str-II, li **F 21310 Arceau** (47.3855,5.1891)
32,1 Str-II D960, **F 21310 Arceau-Arcelot** von einer Weiterfahrt ist abzuraten (47.3684,5.1910)
29,7 Str-II D70, **F 21560 Arc-sur-Tille** (47.3469,5.1938)
29,3 ▬ Wehr (47.3443,5.1950)
29,1 Weg-II (47.3427,5.1963)
28,5 Weg-II (47.3375,5.1975)
26,4 ▬ Wehr (47.3205,5.2071)
26,0 Str-II D34, **F 21560 Remilly-sur-Tille** empfohlene ⬇ für die Befahrung des Unterlaufs als Wanderfluss. Unter jeder II sind Steinschüttungen, nach Besichtigung ≈. Mit Baumleichen muss gerechnet werden, sonst keine wesentlichen Schwierigkeiten (47.3172,5.2070)
25,1 Weg-II (47.3091,5.2102)
22,4 ▬ Wehr, **X** (47.2854,5.2167)
21,8 Str-II D109, li **F 21110 Cessey-sur-Tille** (47.2803,5.2175)
21,1 Str-II D34 (47.2741,5.2188)
19,5 ▬ Wehr (47.2599,5.2214)
19,2 Autobahn-II A39 (47.2579,5.2225)
17,9 Str-II D25, re **F 21110 Genlis** (47.2472,5.2308)
16,5 EB-II (47.2362,5.2387)
16,0 Str-II D116F (47.2318,5.2417)
14,6 Str-II D905, **F 21110 Longeault** (47.2206,5.2493)
12,9 Str-II D116 ⬇, li 1 km entfernt **F 21110 Pluvault** (47.2069,5.2499)
12,6 re ⇩ Norge Solle (47.2045,5.2479)
11,0 Str-II D110 (47.1951,5.2622)
9,5 Str-II D110A, li **F 21130 Tréclun** (47.1903,5.2810)
8,9 Weg-II (47.1877,5.2873)
8,3 ▬ Wehr, **X**, re ⏶, nicht in Mühlengraben einfahren (47.1852, 5.2941)
7,4 Str-II D976, **F 21130 Champdôtre** ▬ Steinschüttung, starker Sog, nach Besichtigung evtl. ≈ (47.1786,5.3002)
6,9 ehem. EB.-II (47.1759,5.3048)
5,2 Weg-II (47.1681,5.3235)
4,5 ▬ Wehr, **X**, re ⏶ Über einen Feldweg 300m bis zur Straße D31 (47.1642,5.3293)
1,4 Str-II D20, **F 21130 Les Maillys** (47.1381,5.3427)
0,0 ⇩ in Saône (s. Seite 189) Hier keine ⬆. Auf der Saône 8 km weiterfahren bis St.Jean de Losne, hier einfacher ⛺ mit Bootssteg und

Kanuclub (47.1267,5.3456)

Ognon

Wildfluss - Wanderfluss Gewässerkennzahl FR: U10-0400
Mündung in Saône (li Nebenfluss)

Der Ognon ist ein hübscher Wald- und Wiesenfluss mit mäßiger bis flotter Strömung, der sich in seinem Mittellauf in zahlreichen Haarnadelkurven durch eine liebliche Hügellandschaft schlängelt. Nur im Oberlauf am Westhang der Vogesen z.T. WW IV, im weiteren Verlauf streckenweise WW I. Viele Wehre, die meist fahrbar, mitunter auch unfahrbar, vielfach leicht, manchmal auch schwierig zu umtragen sind. Juni 84 konnten bei leichtem HW sämtliche Wehre zwischen Villersexel und Cirey befahren werden. Bis Bonnal liegen die Schwierigkeiten meist darin, dass umgestürzte Bäume, Sträucher oder Treibholz in die flotte Strömung ragen oder den Fluss sperren. Er fließt z.T. noch unreguliert, oft unberechenbar durch Auen- und Urwaldstrecken. Daher als Wanderfluss nur für Tagesfahrten ohne Gepäck geeignet, bedingt auch für F2 ab Villersexel. Ungeübte Fahrer sollten sich auch die als fahrbar bezeichneten Wehre vorher ansehen, da immer mit Treibholzhindernissen gerechnet werden muss.

Fahrtechnisch und landschaftlich schönste Strecken: Lure-Bonnal, ca. 35 km und Avilley-Rigney, ca. 22 km.

Befahrbarkeit:	Oberlauf bis Anfang Juni, ab Les Aynans ganzjährig.
Umwelt:	Wasser: sehr sauber.
Schwierigkeiten:	km 205,1 - 199,4 WW IV
	km 199,4 - ⇩ WW I und Zahmwasser
Infrastruktur:	Zeltmöglichkeit: zahlreiche schöne Plätze am Fluss, mehrere ⛟, s.Text.
Quellen:	Ergänzungen: Hajo Popken (05/2014)

214,2 (47.8500,6.7725)
205,1 Str-II D486, **F 70440 Servance** Zusammenfluss mehrerer Quellbäche, mögliche ⬇, hier 🅿. Auf 1 km WW I-II. re Klärwerk mit erheblicher Verschmutzung des Wassers (47.8117,6.6806)
204,5 Saut de'l Ognon 15 m hoher Wasserfall, **X**, li ⩍. Auf 1 km WW I-II. (47.8087,6.6766)
203,5 Katarakt, WW IV re ⩍ leicht

203,4 Weg-Ⅱ gute ⬇. Auf der Folgestrecke Schwallstrecken, WW II, und einige ▬, gut ≋. (47.8027,6.6676)
201,4 Weg-Ⅱ (47.7984,6.6462)
199,4 Str-Ⅱ D486, **F 70270 Ternuay** mögliche ⬇, ab hier leicht. Bis Lure folgen 21 Wiesen-▬ und Stufen, 0,5-0,8 m hoch, alle ≋ (47.7871, 6.6344)
198,9 Fußg.-Ⅱ (47.7844,6.6300)
197,1 Weg-Ⅱ (47.7726,6.6219)
195,4 Str-Ⅱ D97 (47.7630,6.6084)
194,2 Weg-Ⅱ (47.7558,6.6014)
192,4 Str-Ⅱ D73, re **F 70270 Mélisey** (47.7512,6.5831)
189,6 Str-Ⅱ D131 (47.7402,6.5609)
186,5 Str-Ⅱ D132, **F 70200 La Neuvelle-lès-Lure** (47.7172,6.5534)
184,7 Weg-Ⅱ (47.7123,6.5363)
183,8 Str-Ⅱ, li **F 70200 Froideterre** (47.7060,6.5335)
180,8 EB-Ⅱ darunter ▬ Wehr (47.6874,6.5268)
179,8 Weg-Ⅱ, niedrig nicht unterfahrbar, li ⏏ (47.6810,6.5221)
179,4 Str-Ⅱ (47.6792,6.5180)
179,3 Str-Ⅱ N19 (47.6792,6.5174)
178,4 Str-Ⅱ D64, **F 70200 Lure** darunter ▬ Wehr, hier gute ⬇ li Ufer; es folgen einige fahrbare kleine Geröllstufen bzw. Wiesenwehre, die bei Normalwasser alle gut fahrbar sind. (nicht alle aufgeführt) (47.6740, 6.5088)
176,9 ▬ Wehr (47.6649,6.4960)
175,9 ▬ Wehr (47.6624,6.4905)
175,2 ▬ Wehr (47.6589,6.4842)
174,5 Str-Ⅱ D217 **F 70200 Vouhenans** (47.6550,6.4808)
174,4 ▬ Wehr (47.6542,6.4808)
174,1 Weg-Ⅱ und ▬ Wehr (47.6520,6.4805)
173,7 ▬ Wehr (47.6492,6.4763)
171,4 EB-Ⅱ (47.6365,6.4731)
171,2 ▬ Wehr Petenieuf bei Normalwasser über eine schräge Rutsche im li Drittel. ≋ oder li ⏏ (47.6358,6.4699)
168,9 ▬ Wehr und ϟ Les Aynans (47.6261,6.4615)
168,5 Str-Ⅱ D122, **F 70200 Les Aynans** (47.6233,6.4572)
168,4 li ▬ Wehr am Ortsende; **X**, re leicht und kurz ⏏. ⚠ Nicht geradeaus weiterfahren: niedrige Brücke und ϟ Ab hier immer ≋ (47.6224, 6.4570)
168,2 re ⛺ Camp Municipal Le Patis gute ⬇ bei einer Furt nach dem ⛺

(47.6213,6.4554)

167,5 li ⇩ Rahin (s. Seite 218) (47.6156,6.4569)

167,3 Weg-Ⅱ (47.6137,6.4557)

162,4 ■ Wehr Longevelle **X**, li oder re ⌓ (47.5878,6.4367)

162,2 Str-Ⅱ D123, li **F 70110 Longevelle** (47.5869,6.4375)

160,5 EB-Ⅱ (47.5723,6.4382)

157,4 ■ Wehr beim 🚐 Le Chapeau Chinois eingebrochen, Bootsgasse in der Mitte; Villersexel, hübsches Städtchen mit großem Schloss, ⌘, und sauberem städt. 🚐 am Ognon. Gut geeignet als Standplatz für Tagesfahrten, camping-villersexel.eu (47.5572,6.4376)

157,0 Str-Ⅱ **F 70110 Villersexel** (Place de la Fontaine) mit ■ Stufe darunter; beide Joche mit Bootsgasse ≋ (47.5550,6.4350)

156,2 ■ Wehr, li ≋ (47.5535,6.4245)

155,8 Fußg.-Ⅱ (47.5511,6.4225)

155,1 Fußg.-Ⅱ (47.5478,6.4134)

155,0 Str-Ⅱ D486 (47.5477,6.4130)

153,5 Str-Ⅱ D9 danach Waldstrecke mit zahlreichen Windungen und häufigen Baum- und Strauchhindernissen bis Bonnal (47.5361, 6.4028)

150,0 ehem. EB.-Ⅱ (47.5241,6.3872)

149,9 ■ Wehr Pont-sur-l´Ognon re ≋ oder re ⌓ (47.5241,6.3859)

149,6 Weg-Ⅱ (47.5241,6.3821)

149,5 Str-Ⅱ D89, **F 70110 Pont-sur-l'Ognon** (47.5241,6.3808)

148,5 ■ Wehr (47.5203,6.3747)

148,2 ■ Wehr (47.5179,6.3748)

146,6 Weg-Ⅱ (47.5091,6.3591)

146,5 ■ Wehr Bonnal langgezogenes Seiten-■, re Durchlaß am oberen Ende, etwa 2 m breit, für geübte Kanuten mit K1 fahrbar; sonst ca. 150 m weiter am ■-Ende über ■-Krone übertragen (47.5084, 6.3575)

146,2 Str-Ⅱ D87/D18, li **F 25680 Bonnal** 🚐 Du Val de Bonnal, camping-valdebonnal.com (47.5079,6.3544)

144,1 ■ Wehr Tressandans, **X**, vorher Staustrecke; über ■-Krone überheben oder treideln (47.5035,6.3316)

143,4 Str-Ⅱ D25, li **F 25680 Tressandans** (47.4984,6.3287)

143,0 EB-Ⅱ (47.4948,6.3279)

140,9 ■ Wehr, **X**, re oder li ⌓, kurz danach li einfacher 🚐 (47.4820, 6.3287)

140,3 Str-Ⅱ D29 (47.4791,6.3329)

140,2 ehem. EB.-Ⅱ (47.4783,6.3330)

137,7 Str-Ⅱ D302, **F 25680 Montagney-Servigney** (47.4833,6.3084)

137,3 ▬ Wehr La Forge evtl. ≈ oder li ⏢. 🚐 „La Forge“ Bootsverleih (47.4849,6.3041)

133,6 ▬ Wehr Montroz ≈ für geübte Fahrer, sonst li ⏢ (47.4604,6.2864)

130,1 ▬ Wehr Montbozon ≈ in der Bootsgasse in der re Hälfte (47.4645, 6.2665)

130,0 🚐 auf Insel am ▬-Ende, gut geeignet als Standplatz für Tagesfahrten. Kanuschule am Mühlengraben (47.4642,6.2650)

129,9 Str-Ⅱ D26, re **F 70230 Montbozon** hübsches altes Städtchen (47.4636,6.2642)

125,7 Str-Ⅱ D31 (47.4294,6.2612)

125,6 ▬ Wehr evtl. ≈, halblinks eine Art Bootsrutsche mit einer Felsstufe im Unterwasser (47.4292,6.2609)

121,2 Str-Ⅱ D15/D23, li **F 25640 Ollans** Schlößchen (47.4183,6.2417)

120,1 ▬ Wehr Larians Bootsgasse in der Mitte, ≈ oder re überheben (47.4144,6.2362)

118,4 ▬ Wehr evtl. ≈; man kann auch den li abgehenden Seitenarm befahren, er mündet nach 1 km mit flotter Strömung wieder in den Hauptarm (47.4224,6.2213)

116,6 ehem. EB.-Ⅱ (47.4306,6.2072)

115,4 Str-Ⅱ, re **F 70230 Cenans** (47.4287,6.1964)

111,7 Str-Ⅱ D31A/D14, li **F 70190 Beaumotte-Aubertans** (47.4159, 6.1811)

111,3 ▬ Wehr gut ≈, ⏢ kaum möglich (47.4168,6.1757)

107,7 ▬ Wehr, evtl. ≈ oder treideln (47.4043,6.1948)

104,7 Str-Ⅱ D24/D14E2, li **F 25640 Rigney** (47.3922,6.1719)

100,5 ▬ Wehr (47.4001,6.1378)

100,0 Str-Ⅱ D84, re **F 70190 Cirey** (47.3961,6.1386)

99,0 ▬ Wehr, ≈, Es folgt eine Reihe von Baggerseen, li halten (47.3936, 6.1268)

93,7 ▬ Wehr mit Bootsgasse, m ≈ (47.3653,6.1183)

93,1 Str-Ⅱ D30, **F 25870 Moncey** re 🚐 De la Valée, campingdelavallee.chez.com (47.3621,6.1155)

88,0 ▬ Wehr, li ≈ (47.3609,6.0823)

87,6 Str-Ⅱ D276/D412, re **F 70190 Cromary** 🚐 Verte-rive, verte-rive.fr (47.3574,6.0818)

83,0 Str-Ⅱ, re **F 70190 Buthiers** (Rue de l'Église) (47.3452,6.0361)

81,1 Str-Ⅱ D15B, **F 70190 Voray-sur-l'Ognon** danach re ⌂, ⛺

(47.3375,6.0169)

81,0 –0,0 Auch die nur selten befahrene Reststrecke bis zur ⇩ führt durch eine ansprechende Landschaft. In Abständen von etwa 5 km befinden sich Schräg-■, die alle gefahren, getreidelt oder leicht ⏏ werden können. Wasserqualität weiterhin gut

80,9 ■ Wehr (47.3373,6.0154)

80,1 Str-II N57 (47.3367,6.0074)

80,0 EB-II (47.3376,6.0062)

78,7 ■ Wehr (47.3364,5.9944)

74,9 ■ Wehr (47.3311,5.9714)

74,3 Str-II D367/D208, re **F 70190 Bussières** (47.3355,5.9685)

70,8 ■ Wehr (47.3421,5.9400)

70,7 Str-II D3/D1, re **F 70150 Étuz** li **F 25870 Cussey-sur-l'Ognon**, danach ■ Wehr (47.3424,5.9387)

65,1 Str-II D188/D205, re **F 70150 Chambornay-lès-Pin**

60,9 ■ Wehr (47.3111,5.8934)

57,6 ■ Wehr (47.3144,5.8709)

57,2 Str-II D11/D8, li **F 25170 Emagny** danach ■ Wehr (47.3166, 5.8665)

56,3 ehem. EB.-II (47.3122,5.8600)

50,4 ■ Wehr (47.2941,5.8080)

47,6 ■ Wehr re ⛺ Vert Lagon, camping-vertlagon.com (47.2908,5.7762)

47,5 Str-II D29, **F 70150 Marnay** Es folgt ein etwa 1 km langer See mit Inseln, re halten (47.2898,5.7760)

46,1 Str-II D67 (47.2796,5.7723)

42,4 ■ Wehr, **X**, re ⏏; man kann auch im li Arm weiterfahren, hier nach 400 m ■ Wehr, ≈ (47.2669,5.7445)

37,4 ■ Wehr (47.2701,5.7144)

36,5 Str-II D187/D458,re **F 70150 Sornay-Banne** (47.2668,5.7051)

30,2 ■ Wehr (47.2651,5.6616)

29,4 Weg-II, li Kloster Acey (47.2647,5.6527)

28,5 Str-II D21/D12, re **F 70140 Bresilley** (47.2587,5.6463)

28,3 ■ Wehr, ≈ (47.2576,5.6442)

23,4 Str-II, **F 70140 Malans** (Sur la Morte) (47.2620,5.5985)

23,3 ■ Wehr, ≈ (47.2619,5.5966)

21,3 ■ Wehr nicht in den li Arm einfahren hier keine ⏏-Möglichkeiten (47.2551,5.5838)

19,9 Str-II (47.2583,5.5722)

17,0 ■ Wehr (47.2771,5.5700)

16,7 Str-Ⅱ D475, **F 70140 Pesmes** 🚐 an lauter Straße (47.2776,5.5655)
14,2 Weg-Ⅱ (47.2878,5.5500)
14,1 ▬ Wehr, ≈, danach re auf Insel Kinderspielplatz, gute ⬆ (47.2882, 5.5495)
7,1 Str-Ⅱ D20 (47.3108,5.5048)
2,9 ▬ Wehr (47.3167,5.4726)
0,0 ⇩ in Saône (s. Seite 189) (47.3294,5.4710)

Rahin

Wildfluss - Kleinfluss Gewässerkennzahl FR: U1020500
Mündung in Ognon bei km 167,5 (li Nebenfluss)

Bisher ist nur die Befahrung von 2 Teilstrecken bekannt geworden.

1.Oberlauf. Schöne Wildwasserstrecke in einem landschaftlich hervorragend schönen Waldtal der Vogesen.

Fahrstrecke: ⬇, wenn die von Plancher les Mines kommende Straße den Fluss verläßt. Es folgt mittelschweres WW, WW II-III. Nach 2,5 km Wasserfall, **X**, danach kurze Schlucht mit stärkerem Gefälle. Ende der WW-Strecke, ⬆ nach insgesamt 5 km in Plancher les Mines.

2.Unterlauf.

Der Rahin verläuft hier durch Wiesen und Wälder. Schnelle Strömung, enge Kurven, zahlreiche Baum- und Strauchhindernisse sowie Versperrungen durch Schwemmgut. vier Stufen und kleine ▬ sind gut ≈. Nur für Einer. Bei einer Befahrung im Juni 84 musste bei sehr gutem Wasserstand und trotz guter Kleinflusstechnik fünf mal mühsam ⩍ werden. Für die 18 km wurden über fünf Stunden benötigt.

Fahrbare Strecke: von la Côte bis ⇩, 18 km

Befahrbarkeit: Oberlauf: Zeit der Schneeschmelze und nach Regenfällen. Unterlauf: bis Frühsommer.

Lanterne (Saône)

Kleinfluss, Gebirgsfluss Gewässerkennzahl FR: U04-0400
Mündung in Saône (li Nebenfluss)

Die Lanterne ist ein Fluss am Nordrand des Juras. Sie fließt mit mäßiger Strömung durch eine anheimelnde, teilweise bewaldete Landschaft und ist ohne größere Schwierigkeiten zu befahren.

Befahrbarkeit: Oberlauf, bis km 33,7 nur im Frühjahr, Reststrecke bis Frühsommer und nach Regenfällen.

Infrastruktur: Zeltmöglichkeiten am Fluss: reichlich vorhanden, Zustimmung des Eigentümers wünschenswert.

64,3 Ursprung am Grand Bois in etwa 450 m Höhe Bei sehr gutem Wasserstand kann die Befahrung an einer der folgenden Ⅱ begonnen werden. Der Fluss ist jedoch abschnittsweise sehr eng, mit Aufteilun-

gen und Verwachsungen (47.7964,6.5367)
54,9 Str-II D134, **F 70200 Franchevelle** (47.7404,6.4610)
54,4 Weg-II (47.7390,6.4558)
53,2 Str-II D134 (47.7374,6.4404)
52,8 Str-II D64 (47.7379,6.4355)
51,4 EB-II Ab hier ist mit Aufteilungen zu rechnen, der Fluss ist streckenweise nur noch 1,5 m breit (47.7436,6.4252)
51,1 Str-II (47.7449,6.4232)
50,4 Str-II D71 (47.7498,6.4184)
47,3 li Str-II, li nach **F 70300 Ailloncourt** empfohlene ⬇, der Fluss ist ab hier etwa 6m breit und offen (47.7643,6.3930)
44,3 Str-II D32, re **F 70300 La Chapelle-lès-Luxeuil** gute ⬇ (47.7680, 6.3647)
43,1 Str-II N57 (47.7723,6.3564)
42,3 ▬ Schrägwehr , ≈ (47.7764,6.3493)
41,9 Str-II D142 **F 70300 Baudoncourt** (47.7770,6.3450)
40,7 Weg-II (47.7776,6.3340)
40,0 ▬ Schrägwehr , ≈
38,7 Weg-II (47.7793,6.3162)
38,3 niedrige Str-II re ⌓ (47.7798,6.3109)
38,0 ▬ Schrägwehr mit Steg re ⌓ (47.7815,6.3091)
37,3 ▬ Wehr, ≈
37,1 Str-II D6 (47.7873,6.3078)
34,1 Weg-II (47.8024,6.2970)
33,7 re ⇩ in Breuchin (s. Seite 220) mit starker Wasserzufuhr (47.8062, 6.2977)
33,1 Straße D28 verläuft auf 400 m neben dem Fluss, gute ⬇/⬆ Bis Conflans idyllisch, einsam, etwa 10 ▬, je nach Wasserstand meist ≈
30,0 Weg-II (47.8228,6.2791)
27,9 Str-II, re **F 70800 Briaucourt** gute ⬇⬆ (47.8199,6.2573)
24,6 ▬ Wehr (47.8112,6.2250)
23,1 re ⌂ Kanuclub von Conflans Base Nautique mit ⛺-Möglichkeit
22,9 Str-II D10, **F 70800 Conflans-sur-Lanterne** darunter ▬, evtl. ≈ oder re ⌓ in den Slalom-Kanal (47.8137,6.2098)
22,1 ehem. EB.-II (47.8128,6.2014)
21,4 re ⇩ Semouse (s. Seite 220) (47.8177,6.1950)
19,8 Str-II, re **F 70800 Bassigney** (47.8149,6.1823);
▬ Wehr, evtl. ≈ (47.8145,6.1817)
18,9 Steinwurf-▬, m ≈ (47.8075,6.1776)

17,5 Str-II D54, re **F 70800 Bourguignon-lès-Conflans** nach 500m Stufen-■, X (47.8044,6.1636)
14,3 ■ Wehr (47.7857,6.1398)
13,5 Str-II D28, li **F 70160 Mersuay** gute Gelegenheit zur Beendigung der Fahrt. ■ aus Betonbrocken, X. Es beginnt ein etwa 1 km langer Kiessee, dessen Ausfahrt bei einem Bootsschuppen am re Ufer nur schwer zu finden ist (47.7808,6.1341)
11,1 Weg-II (47.7708,6.1159)
9,4 ehem. EB.-II (47.7650,6.1076)
8,7 Str-II D434, li **F 70160 Faverney** die Fahrt sollte hier beendet werden, wenig Strömung, zunehmende Verschmutzung des Wassers. ■, X (47.7606,6.1041)
8,6 ■ Wehr (47.7604,6.1037)
4,0 Weg-II (47.7484,6.0763)
3,7 Str-II D271 (47.7459,6.0760)
1,6 Str-II D20, li **F 70170 Amoncourt** (47.7380,6.0592)
0,9 EB-II (47.7356,6.0531);
■ Wehr (47.7356,6.0525)
0,0 ⇩ in Saône (s. Seite 189) (47.7327,6.0441)

Semouse

Kleinfluss Gewässerkennzahl FR: U04-0430
Mündung in Lanterne (Saône) bei km 21,4 (re Nebenfluss)

Die Semouse ist ein sehr reizvoller Kleinfluss, der, abgesehen von kurzen Ortsdurchfahrten, zumeist einsam durch Wälder und Wiesen fließt. Mäßige Schwierigkeiten durch leichte Verblockung, kleine Stufen, Baum- und Asthindernisse. Wenig ■, meist ≈ oder gutes ⏏.

Empfohlene Fahrtstrecke: Ortschaft Semouse - ⇩ in Lanterne, 30 km; ⬆ nach etwa 2 km bei Bassigney.

Befahrbarkeit: Frühjahr

Breuchin

Kleinfluss Gewässerkennzahl FR: U0410500
Mündung in Lanterne (Saône) bei km 33,7 (re Nebenfluss)

Der Breuchin ist ein quirliger Kleinfluss in einem offenen Wiesen- und Waldtal.

Empfohlene Strecke: Faucogney bis St. Sauveur.

Befahrbarkeit: Frühjahr

Schwierigkeiten: leichte Verblockung, enge Kurven, etwa ein Dutzend natürlicher Hindernisse, alle gut zu überwinden.

44,2 Ursprung am Mont de Fourche in etwa 600 m Höhe (47.8765,6.6953)

39,0 Str-Ⅱ, re **F 70310 Corravillers** mögliche ⬇ bei starkem HW beim Zusammenfluss der Quellbäche. Auf den folgenden 8 km flotte Fahrt mit 2 ▬, ≈ (47.8917,6.6235)

36,8 Weg-Ⅱ (47.8838,6.6007)

36,1 Weg-Ⅱ (47.8824,6.5934)

33,6 Weg-Ⅱ (47.8700,6.5732)

32,4 Weg-Ⅱ (47.8611,6.5686)

30,1 Str-Ⅱ D72, **F 70310 Faucogney-et-la-Mer** (47.8446,6.5638)

29,2 Weg-Ⅱ am Ende von **F 70310 Faucogney-et-la-Mer** empfohlene ⬇ bei gutem Wasserstand (47.8384,6.5566)

28,4 Mühlen-▬ ≈; es folgt eine Walddurchfahrt mit mehreren Armen (47.8324,6.5510)

27,8 ➔ eines Nebenarms, ≈, mit mehreren niedrigen Ⅱ und Stacheldraht (47.8297,6.5472)

26,4 Weg-Ⅱ (47.8244,6.5382)

24,9 Weg-Ⅱ (47.8257,6.5220)

24,3 re ⇩ des Nebenarms durch eine Röhren-Ⅱ. Danach ▬, ≈

23,8 Weg-Ⅱ (47.8312,6.5165)

22,5 Str-Ⅱ D139, **F 70310 La Proiselière-et-Langle** danach Mühlen-▬, ≈ (47.8272,6.5011)

21,0 ▬ Wehr (47.8342,6.4896)

19,2 Schräg-▬, ≈ (47.8344,6.4705)

19,1 Str-Ⅱ D18, **F 70280 Raddon-et-Chapendu** li gute ⬇. Es folgen 2 ▬, ≈ (47.8357,6.4692)

12,7 Str-Ⅱ D370, re **F 70300 Froideconche** hohes Steil-▬, nass ≈

10,8 Str-Ⅱ N57 (47.8129,6.3989)

9,1 Str-Ⅱ, **F 70300 Saint-Sauveur** (Rue Edouard Herriot) empfohlene ⬆. Eine Weiterfahrt ist möglich, jedoch zahlreiche neue Blockwurfstufen und eine Wasserableitung (47.8073,6.3836)

8,1 EB-Ⅱ (47.8043,6.3779)

5,9 Weg-Ⅱ (47.8002,6.3594)

2,9 Str-Ⅱ D6, li **F 70300 Breuches** (47.8009,6.3298)

0,0 ⇩ in Lanterne (s. Seite 218) bei km 33,7 (47.8061,6.2974)

Coney

Kleinfluss Gewässerkennzahl FR: U01-0400
Mündung in Saône (li Nebenfluss)

Der Coney ist ein ohne Schwierigkeiten zu befahrender Kleinfluss durch ein reizvolles Waldtal. Er verläuft parallel zum Canal de l´Est und dient auf Teilstrecken zu dessen Ergänzung.

Empfohlene Fahrtstrecke: ⌶ N64, Bains les Bains, bis ⌶ bei Selles, 20 km. In diesem Bereich 8 ▬, davon 6 ≈, ein ▬ erfordert ⌓ 300 m weit.

Befahrbarkeit: zeitig im Frühjahr

Ain

Wildfluss, Wanderfluss Gewässerkennzahl FR: V2--0200
Mündung in Rhône bei km 37,7 (re Nebenfluss)

Der Ain durchfließt in seinem Oberlauf (bis km 134,5) ein wildromantisches Tal des französischen Juras, er ist hier ein interessantes Wildwasser. Der Mittellauf (km 134,5 - 51,1) ist ebenfalls landschaftlich außerordentlich bemerkenswert, jedoch durch eine Reihe von Stauseen total verbaut, Befahrung dieser Strecke nicht empfehlenswert. Der Unterlauf (ab km 51,1) des Ain ist wieder befahrbar, er führt durch eine ansprechende hügelige Landschaft, ohne besondere Schwierigkeiten. Im folgenden werden ausschließlich der Ober- und der Unterlauf des Ain beschrieben.

Abgesehen von den schwer zu umtragenden Wehren der großen Stauseen ist die Mehrzahl der übrigen Wehre entweder befahrbar oder leicht zu umtragen.

Befahrbarkeit: Oberlauf bis Juni und nach, hier recht häufigen, Regenfällen, Unterlauf meist ganzjährig.

Pegel: ⌶ Marigny, automatischer Anrufbeantworter, ✆ (84)257178. Maßgebend für den Oberlauf; ab km 189,9 erforderlich 2,30-2,4 0m , ab km 187,9 günstig 1,8-2,1 m. ⌶ N75, Pont d´Ain, km 40,8. Gute Wasserführung für die Befahrung des Unterlaufs ab Pegel 0.

Schwierigkeiten: km 189,9-173,3 WW IV-III-II (X)

km 173,3-161,7 WW I-II (III)

km 161,7-146,1 WW I

km 146,1-51,1 Kette von Stauseen

km 51,-⇩ WW I - Zahmwasser.

Infrastruktur: Zeltmöglichkeit: im Unterlauf sehr gut.

189,9 Source de l´Ain in etwa 750 m Höhe, Schrägrutsche, mögliche ⬇ bei günstigem Wasserstand (Pegel 2,30-2,40); sehr schönes WW, WW III-IV (46.7497,6.0233)
189,2 re ⇩ Serpentine (46.7572,6.0174)
188,7 2 Wasserfälle „Saut de Maillys" **X**, etwa 200 m vor dem 1. Fall re ⏏
188,2 Moulin des Chaudières hier wieder ⬇, auf 4 km WW II, einige Tuffstufen WWIII
187,4 Weg-Ⅱ (46.7578,5.9980)
186,9 ▬ Wehr (46.7542,5.9961)
184,1 Str-Ⅱ, re nach **F 39300 Bourg-de-Sirod** Auf 4 km WW II-III, einige ▬, nach Erkundung ≈ (46.7382,5.9855)
183,6 ▬ Wehr (46.7349,5.9810)
183,5 Str-Ⅱ D84 (46.7350,5.9797);
▬ Stufe (46.7351,5.9793)
183,1 ▬ Wehr (46.7342,5.9748)
182,9 Weg-Ⅱ (46.7332,5.9727)
182,7 ▬ Wehr (46.7324,5.9714)
182,5 ▬ Wehr (46.7319,5.9697)
181,8 ▬ Stufe nach Erkundung ≈, WW IV (46.7276,5.9648)
181,6 ▬ Wehr mit Wasserableitung, **X**, li ⏏, mühsam. Nach etwa 200 m re ⬆. Es folgt die Klamm „Perte de l´Ain", **X**, auf Pfad bis zum ↯ ⏏, etwa 3,5 km (46.7254,5.9637)
180,8 ⇩ Rückleitung des abgeleiteten Wassers ⬇, Folgestrecke bis Cize WW II (46.7245,5.9563)
178,4 ▬ Wehr, ↯ **X**, danach Slalom-Strecke (46.7075,5.9437)
178,3 Str-Ⅱ D127 (46.7070,5.9434)
177,9 li ⇩ Saine (s. Seite 229) (46.7090,5.9397)
177,3 EB-Ⅱ (46.7139,5.9374)
176,2 ▬ Wehr re 🚐 und Kanuzentrum; Günstige Stelle zur Beendigung der Fahrt. Von einer Weiterfahrt ist wegen der bei km 173,3 folgenden ▬ dringend abzuraten (46.7218,5.9288)
175,5 Str-Ⅱ N5, li **F 39300 Cize** (46.7247,5.9223)
173,3 ▬ Wehr **X**, ⏏ extrem mühsam über Felsen und Felsspalten. (46.7405,5.9124)
173,2 Str-Ⅱ D471, **F 39300 Champagnole** (46.7410,5.9120)
173,1 Str-Ⅱ **F 39300 Champagnole** (Rue du Pont de l'Épée); Mögliche ⬇ für die Weiterfahrt am re Ufer am Ortsende. Bis La Praz WW I-II, ru-

hige Stellen wechseln ab mit Stromschnellen. (46.7419,5.9110)

173,0 ▬ Wehr evtl. über Fischtreppe ≈, Einfahrt schwierig, besser re ⏢. Danach li Arm fahren, re Arm gesperrt für Angler (46.7426,5.9101)

168,7 Rapide Jean Mathieu 300 m, 9‰ Gefälle, WW III

163,8 re ⇩ Angillon (s. Seite 229) davor und danach Schwälle (46.7408, 5.8348)

161,7 re **F 39300 Crotenay-La Praz** ab hier nur noch WW I

158,1 Str-Ⅱ D471, re **F 39300 Pont-du-Navoy** (46.7271,5.7838)

157,7 ▬ Wehr re ⏢, ⛺ le Bivouac (EURL), gute ⬆ und ⬇, idealer Standort, location-chalet-jura.net (46.7244,5.7829)

151,8 Weg-Ⅱ ▤, li in einiger Entfernung **F 39130 Marigny** (46.6857,5.7671)

146,1 Str-Ⅱ D39, re in 2 km **F 39130 Chatillon** Gute Gelegenheit zur Beendigung der Fahrt. Der folgende erste Stausee von Blye ist noch verhältnismäßig klein (46.6543,5.7408)

144,4 ⛺ Jura - Domaine de l'Epinette paddlerfreundlich, domaine-epinette.com (46.6514,5.7223)

143,3 li ⇩ Hérisson (der Hérisson ist von Doncier bis ⇩ auf 10 km ≈, WW II, einige ▬, Baumhindernisse) (46.6449,5.7281)

140,6 ▬ Wehr von Blye **X**, li ⏢, ausgeschildert (46.6270,5.7146)

135,0 li ⇩ Drouvenat (≈ von Clairvaux bis ⇩ in Ain, 5 km, WW II-III, Baumhindernisse) (46.5885,5.6985)

134,5 Str-Ⅱ D678 und ▬. Fahrt am besten hier unterbrechen. Es folgt eine Kette von Stauseen (46.5850,5.7005)

92,9 li ⇩ Bienne (s. Seite 225) (46.3358,5.6314)

78,6 re ⇩ Valouse (s. Seite 225) (46.2628,5.5097)

51,1 Str-Ⅱ D81, li **F 01450 Poncin** mögliche ⬇ für die Weiterfahrt, alle Möglichkeiten, Schloss ⌘ (46.0899,5.4033)

48,9 ▬ Wehr, ϟ **X**, ⏢, bei NW überheben (46.0818,5.3807)

48,4 Str-Ⅱ D984 li Bogen fahren! ⬇ für Befahrung des Unterlaufs. li ⛺. Nach Ⅱ verfallenes ▬, gut ≈. Bei HW gefährlich, WW III-IV, unbedingt vor Ⅱ ⬆ und besichtigen! (46.0792,5.3772)

46,1 ▬ Wehr, ϟ halblinks ≈ (46.0605,5.3774)

42,1 ▬ Wehr 30m vom re Ufer ≈ oder ⏢ (46.0518,5.3513)

41,5 li ⛺ l'Oiselon, campingpontdain.e-monsite.com (46.0481,5.3441)

40,8 Str-Ⅱ D1075, re **F 01160 Pont-d'Ain** ▤, alle Möglichkeiten. Der Wasserstand schwankt durch Wasserabgabe des ϟ erheblich, guter Wasserstand ab Pegel 0,30 (46.0468,5.3361)

40,6 EB-Ⅱ Blockwurf-▬, re ≈ (46.0462,5.3343)

39,7 Autobahn-ⅠⅠ A42 (46.0419,5.3237)
34,0 Str-ⅠⅠ D12, re **F 01160 Priay** (46.0034,5.2949)
27,5 li ⇩ Albarine (45.9651,5.2572);
Str-ⅠⅠ D904, re **F 01320 Châtillon-la-Palud** (45.9645,5.2565)
21,6 EB-ⅠⅠ li fahren (45.9198,5.2412)
19,8 Str-ⅠⅠ D1084 (45.9070,5.2336)
19,6 Autobahn-ⅠⅠ A42 (45.9051,5.2339)
17,5 li **F 01150 Chazey-sur-Ain** leicht verblockt
12,8 re **F 01800 Charnoz-sur-Ain**
11,4 Str-ⅠⅠ D124 (45.8565,5.2292)
4,7 Str-ⅠⅠ D65, re **F 01800 Saint-Maurice-de-Gourdans** (45.8165, 5.2128)
2,1 ⛺ les Plages de l'Ain guter Standort für Befahrung des Ain-Unterlaufs, camping-plage-ain.fr (45.8071,5.1863)
0,0 ⇩ in Rhône (s. Seite 48) bei km 37,7 Beendigung der Fahrt am li Ufer der Rhône beim Ort Anthon oder nach 7km bei der ⅠⅠ von Jons

Valouse

Wildfluss Gewässerkennzahl FR: V26-0400
Mündung in Ain bei km 78,6 (re Nebenfluss)

Die Valouse ist ein kleiner, unterhaltsamer Wildfluss. Sie mündet in den Stausee Ceze Bolzon des Ain bei Conflans.

Fahrtstrecke: ⬇ ⅠⅠ Chatonne, 22 km bis ⇩. Bei minder gutem Wasserstand kann die Befahrung auch erst bei der ⅠⅠ unterhalb von Arinthod begonnen werden, 19 km bis ⇩

Befahrbarkeit: Frühjahr und nach Regenfällen. Wasserführung: günstig ist ein Durchfluss von etwa 3 m^3/s.

Schwierigkeiten: zahlreiche Stufen, gut ≈, bei höherem Wasserstand evtl. gefährlicher Rücklauf, Baum- und Strauchhindernisse, vor allem ebenfalls bei HW. WW II-III.

Bienne

Wildfluss (Gebirgsfluss) Gewässerkennzahl FR: V24-0400
Mündung in Ain bei km 92,9 (li Nebenfluss)

Die Bienne fließt in ihrem Oberlauf durch die wohl eindrucksvollsten Schluchten des französischen Juras (Gorges de la Bienne); sie ist in diesem Bereich schweres Wildwasser. Auch die Reststrecke, in engen Waldtälern, bietet noch interessantes Wildwasser; Teilstrecken sind unfahrbar.

Befahrungsregeln:	km 60-53,5 Befahrung verboten (reserviert für Angler)
Befahrbarkeit:	Oberlauf Frühjahr, oft bis Juli, ab St.Claude meist bis Frühsommer.
Umwelt:	Wasser: sehr sauber.
Schwierigkeiten:	km 53,5-50,0 WW V
	km 50,0-34,2 WW III
	km 34,2-⇩ WW I—II
Infrastruktur:	Zeltmöglichkeit: städt. ⛺ St.Claude le Martinet geöffnet ab 1.6., Schlüssel im Rathaus holen oder die kleine Mauer umklettern.

68,8 Ursprung in der Nähe des Sees von Les Rousses in etwas 1100 m Höhe (46.4576,6.0040)

60,0 **F 39400 Morez**

60,0 –53,5 ⛔ Befahrungsverbot

53,5 ⅱ, ⬇ es folgen bis km 50,0 „Les Etroits", eine sehr schöne Schluchtstrecke, sie bietet extrem schweres Wildwasser. Wenn keine Bäume im Fluss liegen, gibt es keine unfahrbare Stelle, WW V. ⏜ der schwierigen Stellen stets möglich, s. „Pegel"!

50,0 re **F 39400 Lezat** mögliche ⬇. Zur ⬇ fährt man, von Tancua kommend nach Lézat in den Ort hinein. Im Ort auf den ersten (flussaufwärtigen) Bahnübergang zufahren. Hier nur Boote abladen, keine Parkmöglichkeit. Nach dem Übergang den Weg li in Richtung zur Schlucht „Les Etroites" gehen (flussaufwärts). Auf 5 km WW III, bei höherem Wasserstand bis WW IV

47,8 Insel „Ile du Serpin"

45,2 Weg-ⅱ hier keine Zufahrt zum Fluss. re **F 39200 Villard-sur-Bienne**, schöner Rundblick, kurz vorher re ⛺ (46.4701,5.9048)

42,7 Weg-ⅱ, re **F 39200 La Rixouse** über steilen Fahrweg Zufahrt zur ⅱ. Danach ▬, bei HW evtl. li ≈ oder li ⏜ (46.4550,5.8906)

39,8 Weg-ⅱ (46.4411,5.8712)

39,5 ▬ Wehr re ⏜ oder treideln (46.4399,5.8680)

36,6 Weg-ⅱ nach 900 m Engstelle, danach ▬ Stufe (46.4167,5.8678)

34,2 ▬ Wehr li **F 39200 Saint-Claude**, Post, Bank, Einkaufsmöglichkeiten, ⛺. Auf 2 km X. Vor dem 1.kleinen ▬ ↱, 100 m bis 🅿. Die

Fahrt wird zumeist hier beendet (46.3988,5.8655)

32,5 li ⇩ Tacon (s. Seite 227) Eine Weiterfahrt ab hier ist zwar möglich, jedoch viele ▬, Ärger mit Anglern und eine belanglose Landschaft, WW II (46.3851,5.8597)

32,2 Str-II, **F 39200 Saint-Claude** (Rue du Miroir) (46.3828,5.8584)

29,8 Str-II (46.3824,5.8310)

28,9 ▬ Wehr Barrage d´Etables 20 m hoch, **X**. ↰ und entweder bis „Pont de Lizon", 1,3 km oder bis zu km 24,4 bei einem Werk li umsetzen. Dazwischen ▬, evtl. ≈ (46.3818,5.8203)

27,4 Str-II D470 Pont de Lizon (46.3812,5.8038)

24,4 li Einleitung von abgeleitetem Wasser (46.3664,5.8023)

22,9 Str-II D63E1 darunter ▬ Wehr, überheben oder li ⌓ (46.3598, 5.7862)

22,0 ▬ Wehr re ⌓ (46.3558,5.7775)

21,5 EB-II (46.3565,5.7707)

21,0 ▬ Wehr, 4 m hoch **X**, re ⬆ und li ⬇, li **F 39360 Molinges** (46.3590, 5.7679)

20,7 Str-II D63E1 (46.3579,5.7652)

18,1 Str-II, li **F 39360 Vaux-lès-Saint-Claude** (46.3567,5.7417)

13,6 Str-II D27E5, re **F 39360 Jeurre** (46.3668,5.7110)

13,0 Str-II D27 (46.3627,5.7067)

8,6 ▬ Wehr re ⌓ (46.3364,5.6851)

7,9 Str-II D357, **F 01590 Lavancia-Epercy** (46.3325,5.6780)

6,4 Weg-II (46.3279,5.6685)

1,8 ▬ Wehr re ⌓

1,7 Str-II D31H, re **F 01590 Chancia** (46.3433,5.6465)

0,0 ⇩ in Ain (s. Seite 222) bei km 92,9 (46.3357,5.6316)

Tacon

Wildfluss (Gebirgsfluss) Gewässerkennzahl FR: V2420560
Mündung in Bienne bei km 32,5 (li Nebenfluss)

Der Tacon ist ein zwar nur kurzer, jedoch sowohl landschaftlich wie auch als Wildwasser sehr lohnender Fluss. Starkes Gefälle, enges Flussbett, verblockte Abfälle, gelegentlich Baum- und Strauchhindernisse, fahrbar ab der ⇩ Flumen. Schwierigkeiten je nach Wasserstand bis WW III.

Befahrbarkeit: Zeit der Schneeschmelze und nach stärkeren Regenfällen, die im Jura recht häufig sind.

Umwelt:	Wasser: glasklar
Pegel:	Bezugspegel: automatischer Anrufbeantworter des Pegels der Bienne. ☎ (84) 450221; Minimum 90 cm.

17,4	Ursprung des Tacon (46.2704,5.8173)
2,7	⇩ Flumen (s. Seite 228) re ⛺ du Martinet Ville de St Claude, camping-saint-claude.fr (46.3717,5.8710)
2,1	Str-Ⅱ D206 (46.3766,5.8711)
1,7	▬ Wehr in 2 Stufen, je nach Wasserstand ≈ oder ⌂ (46.3784, 5.8734)
0,9	–0,0 Ortsgebiet von **F 39200 Saint-Claude**
0,8	Fußg.-Ⅱ (46.3838,5.8690)
0,7	Str-Ⅱ, (Rue de l'Hôpital) (46.3845,5.8670)
0,4	Str-Ⅱ D436, (46.3855,5.8642)
0,3	Weg-Ⅱ (46.3858,5.8625)
0,1	Str-Ⅱ,, (Pont du Faubourg Marcel) (46.3856,5.8604)
0,0	⇩ in Bienne (s. Seite 225) bei km 32,5 Weiterfahrt bis zur Ⅱ, hier ⬆ (46.3851,5.8596)

Flumen

Wildfluss (Gebirgsfluss) Gewässerkennzahl FR: V2420500
Mündung in Tacon bei km 2,7 (re Nebenfluss)

Der Flumen ist ein zwar nur kurzer, jedoch sowohl landschaftlich wie auch als Wildwasser sehr lohnender Fluss. Starkes Gefälle, enges Flussbett, verblockte Abfälle, gelegentlich Baum- und Strauchhindernisse. Schwierigkeiten je nach Wasserstand bis WW V.

Befahrbarkeit:	Zeit der Schneeschmelze und nach stärkeren Regenfällen, die im Jura recht häufig sind.
Umwelt:	Wasser: glasklar
Pegel:	Bezugspegel: automatischer Anrufbeantworter des Pegels der Bienne. ☎ (84) 450221; Minimum 90 cm.
Infrastruktur:	Zeltmöglichkeit: s. Bienne (s. Seite 225) Zufahrt zur ⬇: in St.Claude folgen den Schildern „Camping Municipal du Martinet“, weiterfahren bis Martinet. Nach der Ⅱ auf dem „Place de la Fontaine“ li fahren, Richtung „Gorges du Flumen“ und „Saut du Chien“ an der Straßenkreuzung re weiter und höher auf einem Weg bis zu dessen Ende.

4,1 Ursprung des Flumen (46.3506,5.9073)
2,8 ⬇ re unter dem „Saut du Chien“ einem 50 m hohen Wasserfall, ⌘. Es folgt auf 3 km WW IV, bei HW WW V (46.3582,5.8964)
2,5 ▬ Wehr 2 m hoch, ≈, 🅿, alte Wasserableitung
1,8 ▬ Wehr 0,4 m hoch, starker Rücklauf, nach Besichtigung evtl. ≈
0,9 ▬ Wehr 3 m hoch, **X**; ganz re Fischleiter und Bootsgasse, ≈
0,1 Str-Ⅱ D290 (46.3708,5.8721)
0,0 ⇩ in Tacon (s. Seite 227) bei km 2,7 (46.3716,5.8710)

Angillon

Wildfluss (Gebirgsfluss) Gewässerkennzahl FR: V21-0400
Mündung in Ain bei km 163,8 (re Nebenfluss)

Der Angillon verläuft weitab der Straße, in Ruhe durch eine schöne Waldschlucht.

Beginn der Befahrung in Ardon hinter der Fabrik unterhalb eines ▬ (etwa 800 m unterhalb der Pont de Gratteroche). Zunächst auf 500 m WW I, dann ein ▬, ganz li ≈. Beginn der Tuffstufen, Vorsicht, das Wasser zieht ohne Stau in die Stufen, anhalten davor stets schwierig. Die Stufen können alle gut ⏏ werden. Nach der Ⅱ D5 folgt die 4. große Stufe, danach Rückstau eines großen ▬, **X**, re ⏏, Wasserableitung. Es folgt die letzte, schwerste Stufe, WW IV-V, ganz li fahren. Die Stufe besteht aus einer Eingangsrutsche von 4 m Höhe und 10 m Länge. Nach kurzem Zwischenstück 2. Rutsche von 10 m Höhe und 50 m Länge. Diese Rutsche endet in einem kleinen, an der li Wand entlang ziehenden Kanal. Danach re ⇩ des abgeleiteten Wassers. Weiterfahrt bis zum Ain ist möglich, keine besonderen Schwierigkeiten, Fahrtstrecke insgesamt etwa 10 km. Auf dem Ain weiter bis La Praz.

Befahrbarkeit: wahrscheinlich bis Mai und nach stärkeren Regenfällen, die hier häufig sind.

Pegel: Ⅱ D5 zwischen Champagnole und Crotenay; Minimum 170 cm.

Schwierigkeiten: insgesamt 5 Tuffstufen, bis WW V, dazwischen stets leichte Fahrt.

Saine

Wildfluss (Gebirgsfluss) Gewässerkennzahl FR: V20-0400
Mündung in Ain bei km 177,9 (li Nebenfluss)

Die Saine ist die schönste Perle im „Land der 3 Flüsse“ (Ain, Saine, Lemme) des Hochjuras. Diese sowohl landschaftlich wie als Wildwasser sehr schönen Flüsse werden bisher nur selten befahren.

Befahrbarkeit:	Frühjahr und nach stärkeren Regenfällen (hier im Jura recht häufig).
Pegel:	km 3,1; Minimum und Maximum liegen sehr eng beieinander. Für den Oberlauf sind günstig 15-20 cm, die Schlucht unterhalb Les Planches wird schon ab 21 cm extrem schwer bzw. **X**.
Schwierigkeiten:	km 19,1-13,6 WW III (IV) km 13,6-9,6 WW V km 9,6-3,1 WW V (VI, **X**) km 3,1-⇩ WW I-II
Infrastruktur:	Zeltmöglichkeit: gut im Unterlauf

19,1 Quelle Foncine le Haut ⬇ oberhalb des Dorfes an der Quelle. WW III (46.6693,6.0769)

17,8 Str-Ⅱ D437, **F 39460 Foncine-le-Haut** (46.6598,6.0752)

16,6 Weg-Ⅱ (46.6536,6.0645)

16,4 ■ Wehr (46.6525,6.0625)

15,2 Weg-Ⅱ die Fahrt wird zweckmäßigerweise hier unterbrochen. Weiterfahren ist möglich, auf 400 m WW IV (46.6458,6.0506)

13,6 Str-Ⅱ D437 vor **F 39520 Foncine-le-Bas** vor dem Ort unbedingt ↱, Tragen der Boote bis zur Straße mühsam, eine Weiterfahrt ist nicht möglich (46.6407,6.0362)

10,2 Str-Ⅱ D127 (46.6533,6.0094)

9,7 Str-Ⅱ D127E1 unterhalb **F 39150 Les Planches-en-Montagne** Ab hier Weiterfahrt möglich, gutes ⬇. Die Saine verläuft anschließend durch eine landschaftlich hervorragend schöne Schlucht, diese Schlucht gilt als die schönste Flussstrecke des Juras. In der Schlucht erhebliche Schwierigkeiten, bis WW VI, mehrfache Besichtigungen und Absichern und evtl. ⏏ unerlässlich (46.6558,6.0050)

7,6 Z-förmige Durchfahrt 1. Stufe etwa 2,5 m hoch mit Prallwand nach 7 m; nach 10 m nach re versetzt 2.Stufe, 3 m hoch mit Querströmung im Unterwasser, Absichern sehr schwierig, WW V. Baumversperrungen möglich, am besten werden dann beide Stufen zusammen ⏏; bei höherem Wasserstand ist ein ⏏ der beiden Stufen wegen glatter

Felswände kaum möglich
5,6 Gefällestrecke auf 150 m etwa 10 m Höhenunterschied, WW IV
3,1 Str-⌶ D279, nach re **F 39300 Syam** ▤; ab hier nur noch WW I-II (46.6897,5.9472)
2,6 re ⇩ Lemme (s. Seite 231) (46.6900,5.9426)
0,6 Weg-⌶ (46.7041,5.9403)
0,0 ⇩ in Ain (s. Seite 222) bei km 177,9 (46.7088,5.9400)

Lemme

Wildfluss Gewässerkennzahl FR: V2030500
Mündung in Saine bei km 2,6 (re Nebenfluss)

Die Befahrung der Lemme kommt nur auf einer kurzen Teilstrecke in Frage, sie ist hier ein sehr bemerkenswerter Wildfluss mit mehreren z.T. extrem schweren Stufen, WW V, ein Abfall gilt als **X**, mit Baumhindernissen ist zu rechnen.

Fahrtstrecke: ⬇ bei einem kleinen Parkplatz etwa 100 m unterhalb der Pont de la Chaux an der N5 am Fuß eines 20 m hohen Wasserfalles. Nach kurzem leichtem Abschnitt beginnen die Stufen, z.T. in kurzen Schluchten, die von der Straße aus nur teilweise einzusehen sind. Besonders erwähnenswert sind ein etwa 6 m hoher Wasserfall und eine Stufe unter der Straßen-⌶ mit befestigten Ufern und Betonwänden, die im Unterwasser auf eine Steinplatte zuströmt. Die Fahrt muss rechtzeitig vor der Touristenattraktion „Cascade de la Billaude" beendet werden, einem 20m hohen Wasserfall ohne Unterwasser, **X**.

Gesamtstrecke etwa 5 km

Befahrbarkeit: Zeit der Schneeschmelze und nach starken Regenfällen.

Guiers

Wildfluss (Gebirgsfluss) Gewässerkennzahl FR: V15-0400
Mündung in Rhône bei km 102,1 (li Nebenfluss)

Die Fortsetzung des Guiers-Vif heißt nach dem Zusammenfluss mit dem Guiers-Mort „Guiers".

Der der Guiers fließt in seinem Oberlauf durch sehenswerte Schluchten. Infolge der landschaftlichen Schönheit werden diese Täler stark von Touristen besucht. Im Unterlauf des Guiers weitet sich das Tal.

Abgesehen von einem unfahrbaren Teilstück ist er ein verhältnismäßig leichter Wildfluss.

Befahrbarkeit: März bis April und nach stärkeren Regenfällen

Schwierigkeiten: km 28,8-⇩ WW II-I (unfahrbare Teilstrecke)

Infrastruktur: Zeltmöglichkeiten: im Schluchtbereich wenig, unterhalb St.Béron reichlich vorhanden.

28,8 ⇩ Zusammenfluss von Guiers Mort (s. Seite 233) und Guiers Vif (s. Seite 232) (45.4368,5.7402)
26,6 Weg-II (45.4543,5.7326)
26,0 Beginn der Gorges des Chailles
24,0 ▬ Wehr mit Wasserableitung, eine Weiterfahrt ist nicht möglich (45.4751,5.7332)
21,5 Weg-II (45.4912,5.7149)
20,3 Str-II D82A/D203 Ende der Schlucht, Rückführung des abgeleiteten Wassers, mögliche ⬇ für die Weiterfahrt. Die Reststrecke bis zur ⇩ ist landschaftlich reizvoll, WW I. Ufer zeitweise durch Müll verunreinigt, Wasser relativ sauber (45.4988,5.7139)
15,5 EB-II (45.5246,5.6924)
14,4 ▬ Wehr, **X**, re ⏢, sehr mühsam (45.5290,5.6824)
14,2 Str-II D82M (45.5292,5.6808)
13,5 Weg-II (45.5337,5.6745)
13,1 Str-II D1006, **F 38480 Le Pont-de-Beauvoisin** (45.5361,5.6725)
12,9 ▬ Wehr, ganz li ≈ (45.5377,5.6704)
6,5 ▬ Wehr, **X**, re ⏢ (45.5663,5.6609)
5,6 ▬ Naturstufe evtl. ≈ oder re ⏢ (45.5715,5.6527)
5,4 Autobahn-II A43 darunter ▬ Naturstufe, li ≈, Achtung auf Schwemmholz (45.5731,5.6514)
1,9 Str-II D1516, **F 73240 Saint-Genix-sur-Guiers** ▬, **X**, da Hindernisse im Unterwasser, li ⏢ (45.5981,5.6313)
0,1 ▬ Sohlstufe (45.6121,5.6219)
0,0 ⇩ in Rhône (s. Seite 48) bei km 102,1 (45.6127,5.6219)

Guiers Vif

Wildfluss (Gebirgsfluss) Gewässerkennzahl FR: V1510500
Mündung in Guiers bei km 28,8 (li Nebenfluss)

Der Guiers Vif ist neben dem Guiers Mort der zweite Quellfluss des Guiers.

Der Guiers Vif fließt durch interessante Schluchten. Abgesehen von einem unfahrbaren Teilstück ist er ein verhältnismäßig leichter Wildfluss.

Befahrbarkeit: März bis April und nach stärkeren Regenfällen.

Schwierigkeiten: km 4,4-⇩ WW II-I (unfahrbare Teilstrecke)

Infrastruktur: Zeltmöglichkeiten: im Schluchtbereich wenig

21,2 Ursprung des Guiers Vif im Cirque de St.Même (45.3906,5.8915)
12,0 Str-Ⅱ D512/D912, **F 73670 Saint-Pierre-d'Entremont** (45.4165, 5.8544)
11,7 Str-Ⅱ **F 73670 Saint-Pierre-d'Entremont** (Le Bourg); unterhalb dieses Ortes die sehenswerten Gorges du Guiers Vif (45.4167, 5.8521)
11,6 Fußg.-Ⅱ (45.4170,5.8502)
4,4 Str-Ⅱ D102/D46, re **F 73360 Saint-Christophe-la-Grotte** (Pont Saint-Martin); übliche ⬇. Es folgen einige kleine ▬, die zu befahren oder leicht zu ⏏ sind, sowie ein ▬ von 5 m Höhe, **X**, ⏏ (45.4423, 5.7827)
2,6 Str-Ⅱ D520 (45.4416,5.7647)
1,2 Str-Ⅱ D920, re **F 73360 Les Échelles** li **F 38380 Entre-Deux-Guiers** (45.4350,5.7547)
1,0 Str-Ⅱ D102C/D921 (45.4349,5.7526)
0,0 ⇩ in Guiers (s. Seite 231) bei km 28,8 (45.4367,5.7403)

Guiers Mort

Wildfluss (Gebirgsfluss) Gewässerkennzahl FR: V15-0400
Mündung in Guiers bei km 28,8 (li Nebenfluss)

Der Guiers Mort widerspricht seinem Namen: er ist ein äußerst lebendiger, sehr schwerer Wildfluss, der mit rasanter Strömung durch Wald- und Felsschluchten läuft.

A: ⬇ am Ortsende von La Diat, ⬆ nach 4,7 km kurz vor einem 5 m hohen Wasserfall vor der Pont Péran. Dieser Abschnitt wird nur selten befahren, wegen mehrerer Abfälle, **X**, ist längeres ⏏ erforderlich, dazwischen WW III-IV-V. Eingehende Besichtigung erfordlich.

B: ⬇ bei einer Ⅱ etwa 300 m unterhalb der ⬆ von A. ⬆ nach 4 km im Stau des ▬ vor Fourvoiné. Dieser Abschnitt stellt noch immer sehr schweres WW dar, WW III und IV mit Stellen bis WW V, 3 ▬. Abfälle in Stufen, wenig Kehrwasser.

Befahrbarkeit: Mitte März bis Ende Mai und nach Regenfällen

Pegel: bei einem Wehr kurz oberhalb St. Laurent du Pont am li Ufer. Für den Abschnitt A sind günstig 30-40 cm, für den

	Abschnitt B 35-55 cm.
Infrastruktur:	Pkw: die Straße D520B verläuft neben dem Fluss.

Fier

Wildfluss (Gebirgsfluss) Gewässerkennzahl FR: V12-0400
Mündung in Rhône bei km 152,9 (li Nebenfluss)

Der Fier durchfließt auf weiten Strecken ein breites Tal, das von hohen, häufig mit Schnee bedeckten Bergen umgeben ist. Nach St.Clair dringt er in die Schluchten des „Défilé de Dingy" ein. Die weiter flussabwärts liegenden „Gorges du Fier" sind **X**.

Der Fier bietet auf der gesamten Strecke interessantes, nicht allzu schweres Wildwasser.

Befahrbarkeit:	Mai bis Juni, im Hochsommer zumeist zu wenig Wasser, bei Hochwasser können einzelne Stellen sehr gefährlich werden.
Pegel:	unterhalb II von St.Clair; Minimum 90 cm
Schwierigkeiten:	km 59,0-47,2 WW II (VI)
	km 47,2-27,9 WW III (IV)
	km 27,9-23,8 unfahrbar (Gefälle 30‰)
	km 23,8-9,6 WW III
	km 9,6-⇩ WW I-II
Infrastruktur:	Zeltmöglichkeit: schöne Plätze im Oberlauf, unterhalb Chavaroche schlecht.

71,9 Ursprung am Mt. Charvin in 2400 m Höhe (45.8065,6.4157)
59,0 –56,0 Ortsgebiet von **F 74230 Thônes** mögliche ⬇. Bei unzureichendem Wasserstand kann evtl. 1-2 km weiter flussabwärts nach Zufluss von 2 kleinen Nebenflüssen ⬇ werden. Bis km 47,2 folgen 6 Blockwurf-■, nur teilweise unter Materialeinsatz ≈. Bis km 55,8 durchfließt der Fier ein schönes Tal, mit vielen Armen und Kiesbankschwällen
58,1 Str-II, (Rue Louis Haase) (45.8820,6.3214)
58,0 re ⇩ Nom (s. Seite 240) (45.8834,6.3208)
57,6 Str-II, (Rue Saint-Blaise) (45.8852,6.3177)
56,2 Str-II, (Rue de la Balmette) (45.8927,6.3041)

55,3 ▬ Blockwurf-Stufe (45.8951,6.2945)
54,8 Str-Ⅱ D909, empfohlene ⬇ (45.8994,6.2918)
53,2 ▬ Naturwehr 6 m hoch, evtl. ≈, sehr gefährlich, WW VI. Der Abfall taucht überraschend auf; Merkmal: die Straße ist li direkt neben dem Fluss, der Wasserspiegel scheint wie abgeschnitten, re oben sind Häuser sichtbar. Bei HW kaum Anlandemöglichkeit, bei MW li leicht über trocken liegenden Teil des Flusses ⌓ (45.8975,6.2742)
48,5 ▬ Blockwurf-Stufe **X**, re ⌓. Danach unverbaute, schöne Flussstrecke (45.8998,6.2231)
47,2 Str-Ⅱ D216, re **F 74230 Dingy-Saint-Clair** hier ≣. Bei höherem Wasserstand Blockstrecke unterhalb Pegel, unbedingt besichtigen, da erhebliche Wasserwucht! WW IV. Anschließend Beginn der Schluchtstrecke „Défilé de Dingy". Ab hier WW III mit zahlreichen Schwallstrecken in einer schönen Felsschlucht (45.9033,6.2102)
46,9 Str-Ⅱ D216A (45.9051,6.2071)
42,7 Str-Ⅱ D5 (45.9284,6.1795)
40,3 Str-Ⅱ D275 (45.9401,6.1644)
39,5 re ⇩ Fillière (s. Seite 239) (45.9390,6.1557)
38,8 Str-Ⅱ D916 (45.9377,6.1498)
36,8 EB-Ⅱ (45.9329,6.1295)
36,7 Str-Ⅱ D2203 (45.9329,6.1279)
36,6 ▬ Wehr **X**, ⌓ oder re überheben. Bei HW bei Auftauchen der beiden Ⅱ re auf Kiesbank ⬆, da dann im Bereich des ▬ keine Möglichkeit zum Landen besteht. Der Fier durchfließt anschließend wieder eine breitere Ebene. Vorsicht auf Schürfbagger (45.9329,6.1273)
35,8 Str-Ⅱ D1201 und EB-Ⅱ, li **F 74940 Annecy-le-Vieux** (45.9296, 6.1206)
34,7 Weg-Ⅱ (45.9211,6.1166)
33,5 Str-Ⅱ, li **F 74960 Cran-Gevrier** (Rue des Terrasses) (45.9140, 6.1058)
32,6 Str-Ⅱ li **F 74960 Cran-Gevrier** (Avenue de la République) (45.9088, 6.0973)
32,3 Autobahn-Ⅱ A41 (45.9075,6.0947)
31,7 Str-Ⅱ D3508, li **F 74960 Cran-Gevrier** li in 3 km Entfernung **F 74000 Annecy** (45.9081,6.0867)
31,6 EB-Ⅱ Vorsicht bei HW! 30 m nach der EB-Ⅱ etwa 4 m vom li Ufer entfernt noch vor der ▬-Kante trichterförmiger, ungesicherter ▬-Überlauf mit starkem Sog, ⚠ Lebensgefahr! (45.9080,6.0852)
31,4 ▬ Wehr des ϟ von Brassily **X**, li umheben oder treideln (45.9065,

6.0844)
28,9 Schwallstrecke „Falais boulée“ ⚠ vorher ↰ und ansehen. 2 Stufen mit dazwischenliegendem ruhigerem Wasser, evtl. je nach Wasserstand ≈ oder 1.Stufe treideln und 2.Stufe überheben
27,9 ▬ Wehr, re ϟ Brassily Beginn des Staus des ϟ Chavaroche, die anschließenden „Gorges du Fier“ sind völlig **X**, evtl. Besichtigung zu Fuß lohnend. Fahrt hier abbrechen und die Boote bis km 23,8 umfahren (45.9046,6.0613)
23,8 ⇩ des ϟ-Kanals ⬇ schwierig. WWIII (45.8960,6.0242)
22,1 EB-Ⅱ (45.9041,6.0109)
21,7 EB-Ⅱ (45.9049,6.0071)
21,2 EB-Ⅱ Unmittelbar darunter 2 m hohe Felsstufe, **X**, vorherige Besichtigung nicht möglich. Bei NW und MW an der Kiesbank vor der Ⅱ anhalten und im li Ⅱ-bogen treideln (schwierig), bei Hochwasser evtl. ganz li ≈. Im Zweifelsfall steigt man in Chavaroche aus und geht längs der Schienen bis zur 3.Ⅱ zur Erkundung. Weg hin und zurück ca. 5 km (45.9039,6.0025)
20,0 EB-Ⅱ (45.8981,5.9914)
19,5 Teilung in 2 Arme re Arm fahren, starker Schwall
18,5 Str-Ⅱ D3, re **F 74150 Hauteville-sur-Fier** Da die interessante Wildwasserstrecke hier zu Ende ist und bis zur ⇩ noch 2 Staustufen und mühsam zu ⌓ ▬ folgen, ist zu überlegen, die Fahrt hier abzubrechen (45.9015,5.9731)
15,5 Beginn des Staus des ▬ Vallières
13,6 Weg-Ⅱ (45.8895,5.9389)
12,5 Str-Ⅱ D910 (45.8850,5.9369)
12,2 li ⇩ Chéran (s. Seite 237) (45.8858,5.9338)
9,6 ▬ Wehr von Vallières 30 m hoch, re im Fabrikhof anlegen und ⌓, vorher um Erlaubnis fragen. Bis zur Mündung WW I-II. Nach einigen Schwällen Beginn des Staus des ▬ „Val du Fier“ (45.9017,5.9205)
5,6 Str-Ⅱ D31, re **F 74150 Val-de-Fier** (Saint-André) (45.9292,5.8932)
2,9 ▬ Wehr „Val du Fier“, **X**, li ⌓, vorher um Erlaubnis fragen
2,2 Weg-Ⅱ (45.9328,5.8515)
0,9 Str-Ⅱ D991 (45.9325,5.8365)
0,0 ⇩ in Rhône (s. Seite 48) bei km 152,9 (45.9390,5.8309)

Chéran

Wildfluss (Gebirgsfluss) Gewässerkennzahl FR: V1250500
Mündung in Fier bei km 12,2 (li Nebenfluss)

Das Tal des Chéran ist mit seinen großartigen Schluchten eines der schönsten Täler der französischen Alpen.

Der Chéran ist in seinem ganzen Verlauf ein sehr interessantes Wildwasser.

Befahrbarkeit: die Wasserführung des Chéran ist stark abhängig von der Schneeschmelze und Regenfällen. Sie kann schwanken zwischen 2 m^3/s und 80 m^3/s. Empfehlenswerte Wassermenge für die Befahrung der Strecke km 28,0-24,5 etwa 5 m^3/s. Dieser Wasserstand ist am besten von April bis Mai anzutreffen. Bei Hochwasser ist von einer Befahrung des Chéran unbedingt abzuraten. Es wird dann unmöglich, die Umtragungen an den unfahrbaren Stellen durchzuführen. Für den Abschnitt km 24,5-15,2 sind günstig 10-15 m^3/s. Ab Alby ganzjährig.

Pegel: am Beginn der Gorges de Pré-Rouge, km 31,9. MW = 110 cm; HW ab 140 cm; NW = 90 cm. Man findet den Pegel nach der Abzeigung von der D911 auf der D10 flussaufwärts fahrend re in einer S-Kurve nach einem Restaurant. Der Weg zum Pegel geht etwa 1 m li neben dem einzigen Telefonmasten mit Verteilerkasten ins Unterholz.

Schwierigkeiten: km 53,7-46,2 WW IV-

km 46,2-32,9 WW II

km 32,9-28,0 WW II-III (IV)

km 28,0-24,5 WW II-IV+ (**X**), Gefälle 20‰

km 24,5-15,2 WW III und IV

km 15,2-⇩ WW I-II

Infrastruktur: Zeltmöglichkeit: ⛺ km 22,5, Moulin Collomb sowie bei Les Cheraines, km 32,9. Pkw: eine Straße verläuft meist in der Nähe des Flusses.

53,7 Ursprung mit verschiedenen Quellflüssen in etwa 1900 m Höhe (45.6802,6.2574)

46,2 Mögliche ⬇ bei sehr gutem Wasserstand unter Abbrüchen, **X**. Bis Ecole rasantes Wildwasser fast ohne Kehrwasser, WW IV-

45,2 Weg-Ⅱ (45.6422,6.1874)

43,7 Str-Ⅱ D60, li **F 73630 École** weitere mögliche ⬇. Es folgen einige Gefällebremsen, **X**. Die folgenden 10 km führen durch ein mit hohen bewaldeten Bergen begrenztes Tal, WW II (45.6497,6.1740)

42,1 ▬ Blockwurf-Stufe, **X** (45.6597,6.1635)

41,8 ▬ Blockwurf-Stufe, **X** (45.6624,6.1611)

41,3 ▬ Blockwurf-Stufe, **X** (45.6661,6.1591)

41,1 Str-Ⅱ D60A, re **F 73630 La Compôte** empfohlene ⬇ (45.6672, 6.1576)

39,6 Str-Ⅱ D911, re nach **F 73630 Le Chatelard** (45.6742,6.1437)

38,4 Weg-Ⅱ (45.6797,6.1331)

36,7 Weg-Ⅱ (45.6885,6.1205)

36,5 li ⇩ Aillon (45.6903,6.1194)

33,9 Verfallenes ▬ Wehr, ≋

32,9 Str-Ⅱ D912, li **F 73340 Lescheraines** darunter ▬ Wehr, evtl. ≋. ⛺-Möglichkeit. Bei Niedrigwasser empfehlenswerter ⬇ unterhalb der Ⅱ. Ab hier nehmen die Strömungsgeschwindigkeit und die Schwierigkeit des Chéran zu. WW II-III (45.7141,6.1059)

31,9 ≣. Beginn der herrlichen Schlucht „Gorges Pré-Rouge“ mit kräftigem Eingangsschwall, in der Schlucht ruhigeres Wasser

31,3 wuchtiger 1 m hoher ▬ Abfall, WW IV; er sollte schon bei der Anfahrt von der folgenden Ⅱ aus besichtigt werden

31,2 Weg-Ⅱ (45.7246,6.0944)

30,0 500 m nach Ende der Schlucht Felskanal, 1,5 m hohe Stufe mit sehr starkem Rücklauf, bei HW lebensgefährlich. Die Stufe folgt unvermutet nach einer re-Kurve, li Wassermühle

28,9 ▬ Wehr mit anschließender Felsstufe, 8 m hoch, absolut **X**. re etwa 200 m weit ⌓, ⬇ nach der folgenden Ⅱ (45.7440,6.0952)

28,8 Str-Ⅱ D911 (Pont de Bauges) Die Fahrt wird zumeist hier unterbrochen und die Folgestrecke bis km 24,5 mit Pkw umfahren. Die folgende Schlucht ist landschaftlich hervorragend schön, eine Befahrung ist möglich bei NW (5-6 m^3/s). WW II-III, (IV+), 5 Stellen absolut **X**, z.T. Siphons, ⌓ z.T. sehr schwierig, bei HW Lebensgefahr! (45.7447,6.0940)

24,5 Str-Ⅱ D31 (Pont de l´Abîme) mögliche Stelle zur Fortsetzung der Fahrt. ⬇ li-ufrig auf einem Fischersteig zum Fluss, mühsam. Sehr schönes WW, bis Moulin Collomb WW III (45.7646,6.0569)

22,5 Weg-Ⅱ Moulin Collomb ⛟, Zufahrt ab **F 74540 Cusy**; übliche ⬇ für die Weiterfahrt (45.7744,6.0388)

20,2 Erhebliche Verblockung, Schluchtverengung, WW III-IV
18,2 Am Ende der Schlucht hoher Abfall in Schlitz ⚠ oft Holzversperrung, dann lebensgefährlich. Unbedingt li in kleinem Kehrwaser ⬆ und li ⩲. Nach 500 m weitere Felsenge, ≈, wenn nicht verlegt
17,2 Rue à Bernard, große Blöcke versperren die Sicht zur Besichtigung ↱, Baumversperrungen möglich, WW III-IV
15,2 Str-⌶, **F 74540 Alby-sur-Chéran** sehenswerte Stadt (45.8172, 6.0223)
15,1 Steil-▬ 6 m hoch, bis Pegel 100 ist evtl. eine Befahrung möglich, ⩲ jedoch ratsam. Zum ⩲ 20 m vor der ⌶ ↱, auf Anglerpfad hoch zur ⌶, nach etwa 80 m auf Anglerpfad zurück zum Wasser. Es folgt eine landschaftlich hervorragend schöne Schlucht ohne wesentliche Schwierigkeiten, WW I-II, hoher Wasserfall von li in die Schlucht, **X** (45.8176,6.0212)
14,7 Str-⌶ D263A (45.8193,6.0240)
14,5 Str-⌶ D1201 (45.8201,6.0255)
14,1 Autobahn-⌶ A41 (45.8227,6.0226)
7,3 ▬ Wehr (45.8449,5.9725)
4,0 Schräg-▬, ≈, Gute ⛺-Möglichkeit, empfohlene ⬆. Man fährt dazu auf der D3 Richtung Rumilly. In Höhe der Baggerseen re auf asphaltierte Straße abbiegen. Nach 100 m re auf einem Feldweg zum Fluss. Eine Weiterfahrt ist kaum möglich, eine gesicherte Beschreibung ist nicht bekannt (45.8665,5.9556)
2,6 EB-⌶ (45.8689,5.9455)
2,5 Str-⌶ (45.8692,5.9439)
2,1 Str-⌶ D910G, **F 74150 Rumilly** (45.8712,5.9413)
0,0 ⇩ in Fier (s. Seite 234) bei km 12,2 (45.8863,5.9333)

Fillière

Wildfluss — Gewässerkennzahl FR: V1220500
Mündung in Fier bei km 39,5 (li Nebenfluss)

Die Fillière ist ein zumeist verhältnismäßig leichter Wildbach.

Fahrtstrecke: bei gutem Wasserstand ≈ ab Thorens-Glières, 16 km bis ⇩; bei minder guter Wasserführung ab ⌶ D74 Croisy-les Ollières, 8 km bis ⇩. Weiterfahrt auf dem Fier bis Pont de Brogny.

Befahrbarkeit: Frühjahr und nach Regenfällen

Pegel: ⌶ D175, Villaz; NW = 70 cm, HW = 110 cm

Schwierigkeiten: zumeist WW II, zahlreiche Blockwurf-■, meist ≈. Bei Mercier etwa 500 m lange Klamm mit mehreren Felsrippen, z.T. unterspült, Baumversperrungen möglich. Unter der Ⅱ D174 bei Mercier enger, verblockter Abfall, WW IV. Am Ende der Klamm ■, X, re ⌂.

Nom

Wildfluss Gewässerkennzahl FR: V1200560

Mündung in Fier bei km 58,0 (re Nebenfluss)

Der Nom ist ein extrem schwerer Wildfluss.

Mögliche Fahrtstrecke: St. Jean de Sixt - Ⅱ oberhalb Thones, 7 km, WW IV und V (VI).

Befahrbarkeit: Zeit der Schneeschmelze und nach starken Regenfällen März-Mai.

Usses

Wildfluss - Kleinfluss Gewässerkennzahl FR: V11-0400

Mündung in Rhône bei km 156,7 (li Nebenfluss)

Die Usses ist nur im Oberlauf ein leichter Wildfluss, später wird sie zum Kleinfluss mit Strauchhindernissen.

Befahrbarkeit: Frühjahr und nach Regenfällen

46,1 Ursprung in etwas 1400 m Höhe Über eine Möglichkeit der Befahrung bis km 19,7 ist nichts bekannt (46.0838,6.1934)

19,8 Str-Ⅱ D123, re **F 74270 Contamine-Sarzin** empfohlene ↓, leichtes Wildwasser, landschaftlich sehr schön bis etwa km 13,4 (46.0117, 5.9778)

18,7 Beginn einer Engstelle, S-Kurve von der Ⅱ D1508 einsehbar

18,4 Str-Ⅱ D1508 (46.0066,5.9647)

17,6 ■ Wehr (46.0047,5.9592)

17,2 Str-Ⅱ D197A, re **F 74270 Musièges-Serrasson** Schlitz von Serrasson, evtl. Baumversperrungen, re ⌂ mühsam (46.0058,5.9551)

16,7 Weg-Ⅱ (46.0095,5.9534)

15,3 ■ Blockwurf-Stufe (46.0162,5.9414)

14,8 Str-Ⅱ D1508 (46.0164,5.9375)

13,6 Weg-Ⅱ (46.0177,5.9223)

13,5 Str-II D1508, re **F 74270 Frangy** (46.0181,5.9210)
9,4 Weg-II (46.0254,5.8872)
7,1 Str-II D992 danach ■, **X**, Eisen im Unterwasser! (46.0172,5.8699)
2,9 Str-II D331 darunter ■ Wehr (45.9921,5.8516)
2,0 –0,0 Rückstau des Rhône-Stausees von Seyssel
0,6 Str-II D14 re gute ⬆, li ✕ (45.9767,5.8380)
0,0 ⇩ in Rhône (s. Seite 48) bei km 156,7-Stausee (45.9722,5.8340)

Valserine

Wildfluss (Gebirgsfluss) Gewässerkennzahl FR: V1010500
Mündung in Rhône bei km 174,7 (re Nebenfluss)

Die Valserine ist einer der schwierigsten Flüsse des Juras. Man braucht viel Zeit für Erkundungen und Umtragen, ein Fluss für Kenner und Könner!

Befahrbarkeit: März-Juni, später nach Regenfällen

Pegel: km 20,6; günstig für die Strecke ab km 20,6 sind 50 cm; dies wirkt an der ⬇ etwas dürftig.

Schwierigkeiten: mehrfacher Wechsel zwischen WW II bis WW V, mehrere Stellen unfahrbar.

Infrastruktur: Zeltmöglichkeiten am Fluss: Pont du Coq, les Isles, ⛺ von Chézérie.

47,6 Ursprung in etwa 1000 m Höhe am la Dôle (46.4176,6.0604)
29,8 Str-II, li **F 01410 Lélex** (En Chapelon) mögliche ⬇, zunächst leicht WW I-II. Auf der gesamten folgenden Strecke bis km 12,5 muss mit Baumhindernissen gerechnet werden, anhalten wegen der starken Strömung z.T. schwierig (46.3043,5.9379)
29,1 Str-II, li **F 01410 Lélex** (La Pellière) (46.3000,5.9330)
28,2 Weg-II (46.2945,5.9276)
26,4 Weg-II, li **F 01410 Lélex-Le Niazet** Beginn der Schwierigkeiten, auf 6 km meist WW III, jedoch mehrere Stellen WW IV und V, 2 Stellen **X**, li ⏏, 100 m. Gefälle 28‰ (46.2820,5.9231)
20,6 li **F 01410 Chézery-Forens-La Rivière** empfohlene ⬇, ▤; auf 4 km sehr schönes Wildwasser, starke Verblockung, WW IV, Gefälle 20‰, 2 Wasserfälle, **X**. Der 1.Fall kann li mit Alpinstart ⏏ werden. Der 2. Fall befindet sich im 2.Teil der Klamm und ist von oben nicht zu sehen, sehr gefährlich, ⬆ in der Klamm vor dem Fall sehr schwierig. Es ist deshalb am besten, die ganze Klamm li auf einem schmalen Pfad

etwa 100 m weit zu ⏏

19,2 Fußg.-Ⅱ (46.2356,5.8855)

16,9 Str-Ⅱ D14, **F 01410 Chézery-Forens** ⬇/⬆-Möglichkeit neben dem folgenden ⛺ Le Valserine am li Ufer. Ab hier WW II-III, camping-valserine.fr (46.2218,5.8656)

12,5 ▬ Wehr von Sous-Roche, **X**, hier Unterbrechung der Befahrung. Das ⬆ beim ▬ ist mühsam. Man muss die Boote über umgestürzte Bäume hinwegzerren. Es empfiehlt sich daher, schon einige 100 m oberhalb des ▬ bei einem Platz aufzuhören, der les Isles genannt wird. Hier auch ⛺-Möglichkeit. Eine Weiterfahrt unterhalb des ▬ ist wegen Wasserableitung nur selten möglich, auf 1 km WW IV-V, eine Stelle **X**, ⏏ sehr mühsam (46.1945,5.8361)

11,5 Übliche ⬇ für die Weiterfahrt unterhalb des ↯. Man erreicht diese Stelle auf einem Forstweg, der von der Straße D991 (Chézérie-Confort) 3 km nach Chézérie re abzweigt. Es folgt auf 6 km schweres Wildwasser, WW IV-V. 2 Stellen sind **X**: „Pertes de la Namphée" und „Felsenmeer". Vorsicht beim „Rapide de la cable"

8,2 Str-Ⅱ D14A (46.1650,5.8106)

6,1 Weg-Ⅱ, li **F 01200 Confort** (Pont de Confort), hier ⬆ möglich (46.1503,5.8040)

5,9 re ⇩ Semine (s. Seite 242) Man kann diesen Fluss aufwärts fahren und bei der Ⅱ von Coz anhalten. Weiterfahrt nach Bellegard ist möglich, auf 5 km WW II-III, jedoch 2 Stellen **X**, Pertes de la Valserine, bei schneller Strömung sieht man den Absturz sehr spät, anhalten ist dann schwierig. li ⏏ sehr weit, re bis zur Straße 10 Minuten Fußweg (46.1492,5.8032)

1,9 ▬ Wehr (46.1205,5.8247)

1,1 Str-Ⅱ D991 (46.1147,5.8249)

0,5 EB-Ⅱ (46.1100,5.8290)

0,3 ▬ Wehr, **X**

0,2 Str-Ⅱ D1206, **F 01200 Bellegarde-sur-Valserine** (46.1083,5.8301)

0,1 Fußg.-Ⅱ (46.1074,5.8298)

0,0 ⇩ in Rhône (s. Seite 48) bei km 174,7 bei Bellegarde (46.1062, 5.8292)

Semine

Wildfluss (Gebirgsfluss) Gewässerkennzahl FR: V1010580

Mündung in Valserine bei km 5,9 (re Nebenfluss)

Die Semine ist ein sowohl landschaftlich wie auch als Wildwasser sehr abwechslungsreicher Fluss des Hochjuras. Im Oberlauf Schwierigkeiten durch Baumversperrungen und niedrige Büsche.

Befahrbarkeit:	bis Ende Juni und nach Regenfällen; infolge der Kalkkarstlandschaft steigt und fällt der Wasserstand sehr schnell.
Umwelt:	bis Trebillet klar
Pegel:	automatischer Anrufbeantworter der Valserine von Bellegard ☎ (50)480546; Minimum 70 cm
Schwierigkeiten:	km 22,0-14,1 WW IV-V
	km 14,1-7,2 WW III
	km 7,2-3,6 **X** - nicht ratsam
	km 3,6-0,3 WW II-IV (V)

25,8 Ursprung bei la Pesse in 1200 m Höhe (46.2835,5.8528)
22,0 li **F 01410 Champfromier-Combe d'Évuaz** (Combe d'Evuaz Nord), mögliche ⬇ bei sehr gutem Wasserstand. Auf den folgenden 4 km sehr schweres WW, mehrere Wasserfälle, Achtung auf verklemmte Bäume, Gefälle 35‰, dauernde Erkundungen notwendig, WW IV-V, nur für sehr gute Fahrer mit entsprechender Ausrüstung (46.2513, 5.8362)
17,8 Str-Ⅱ D48 (46.2449,5.7917)
14,1 Weg-Ⅱ Sägewerk Martinet Zufahrt abzweigend von der D33 auf schmaler Straße (Abfahrt schlecht zu finden). Übliche ⬇ bei kleiner Steinbogen-Ⅱ 200 m nach dem Bauernhof. Es folgt eine sehr schöne Waldschlucht, WW II-III, 4 ■.
1.■, 2 m hoch in Stufen, ≋
2.■, 1 m hoch, ≋
3.■, 3 m hoch, nur bei HW re ≋, sonst re ⏜
4.■, 10 m hoch am Ende der Waldschlucht, **X**, li ⏜
13,9 ■ Wehr (46.2286,5.7567)
13,4 Weg-Ⅱ
10,9 Weg-Ⅱ (46.2074,5.7531)
9,9 Str-Ⅱ D33 (46.2001,5.7459)
9,3 ■ Wehr (46.1961,5.7428)
9,1 Weg-Ⅱ (46.1949,5.7410)
7,9 ■ Wehr 10 m hoch am Ende der Waldschlucht, **X**, li ⏜ (46.1879, 5.7388)

7,2 Str-Ⅱ D33, **F 01130 Saint-Germain-de-Joux** Beginn der Stadt. Unbedingt vor der Ⅱ ↰, re Sägewerk. Kurz nach der Ⅱ mehrere ▬, **X** und gefährlich! ⬆ bei der Anfahrt erkunden! Die Fahrt muss hier unterbrochen werden, eine Weiterfahrt ist nicht möglich. ⬇ am Stadt-Ende von St.Germain zwar möglich, jedoch nicht ratsam (46.1824, 5.7384)

3,6 Str-Ⅱ D14 Pont de Trebillet Richtung li **F 01200 Montanges**. Übliche ⬇ am li Ufer neben der großen Käserei Roybier. Der Fluss ist hier breiter, keine Behinderungen durch Büsche, WW II (46.1645,5.7684)

2,6 Pertes de la Semine, total **X** Anhalten re genau vor dem Felsentor in einem kleinen Kehrwasser, ⌓ li (△)100 m. Es beginnt erneut eine reizvolle Waldschlucht, Gefälle 15‰, teilweise sehr starke Verblockung, slalomartige Passagen, WW IV, bei HW bis WW V, eine klassische WW-Strecke des Juras!

0,3 Str-Ⅱ, li nach **F 01200 Montanges** (Pont de Coz)übliche ⬆ (auch ⬇ für Befahrung der Valserine). Zufahrt zur Ⅱ auf einem gut fahrbaren Weg, der bei Chatillon de Michaille nach Kreuzen der Eisenbahn zum Fluss führt (46.1499,5.7990)

0,0 ⇩ in Valserine (s. Seite 241) bei km 5,9 (46.1493,5.8034)

Arve

Wildfluss (Gebirgsfluss) Gewässerkennzahl FR: V0--0200
Mündung in Rhône bei km 213,1 (li Nebenfluss)

Die Arve ist in ihrem Oberlauf einer der landschaftlich schönsten Flüsse Frankreichs mit Blick auf die Gletscher des Montblanc-Massivs.

Die Arve ist ein nur mäßig schwerer Wildfluss.

Befahrbarkeit: als Gletscherfluss führt die Arve stets reichlich Wasser, es wird jedoch empfohlen, die Arve in den Zeiten nach der Hauptschmelze, also in den Monaten Juli-August-September zu befahren.

Umwelt: Wasser: natur-trübes Gletscherwasser, sehr kalt, Kälteschutzkleidung unentbehrlich.

Pegel: Ⅱ Aiguille du Midi. Bester Pegelstand für die Befahrung der Strecke von Argentière-les Grassonets, 1 m bis 1,30 m, bei höherem Wasserstand ist die Befahrung dieser Strecke nicht zu empfehlen.

Schwierigkeiten: Bei der recht gleichmäßigen Uferverbauung der Arve gibt es kaum Kehrwasser; da zudem die Strömung sehr schnell ist, wird das Anhalten vor Hindernissen zum Problem. Dies gilt insbesondere für die an mehreren Stellen, insbesondere ab km47, befindlichen Schürfbagger. Das unkontrollierte Über- oder Unterfahren ihrer quer über den Fluss verlaufenden Stahlseile kann lebensgefährlich sein! Aber auch vor den Wehren kann das Anhalten schwierig sein.

km 102,0-100,8 WW III

km 100,8-97,7 **X**

km 97,7-88,3 WW I-II

km 88,3-74,3 **X**

km 74,3-⇩ WW II-I

Infrastruktur: Zeltmöglichkeit: das Tal der Arve ist touristisch sehr überlaufen, freie Zeltplätze daher nur sehr schwer zu finden. Es empfiehlt sich, auf einen der zahlreichen offiziellen Campingplätze zu gehen.

108,1 Ursprung: Gletscher der französischen Hochalpen des Massivs von Charmoix (46.0217,6.9716)
102,0 Str-II Argentière ⬇, WW III. Die Schwierigkeiten liegen in der starken Wasserwucht des Gletscherflusses (45.9841,6.9278)
101,7 EB-II und Str-II (45.9824,6.9286)
101,4 Str-II (45.9798,6.9256)
100,8 Str-II D1506, li Le Grassonet hier ⬆, die folgenden 3 km gelten als **X**. Nach einer allerdings nur oberflächlichen Erkundung von der Straße aus müßten zumindest Teilstrecken ≈ sein (45.9759,6.9209)
97,7 Weg-II, li Les Thines hier wieder ⬇. Auf der folgenden Strecke von etwa 13km bis les Houches betragen die Schwierigkeiten WW III-II. Die II am Ortseingang von Chamonix liegt sehr niedrig, Durchfahrt evtl. nicht möglich. ⏏ oder Eskimorolle! Der Tunnel von Chamonix ist fahrbar (45.9550,6.9003)
97,3 Weg-II (45.9522,6.8963)
96,2 Weg-II es folgen 3 weitere Weg-II (45.9461,6.8892)
96,0 –89,0 Ortsgebiet von **F 74400 Chamonix-Mont-Blanc**
95,8 Str-II, (Promenade des Mouillés des Praz) (45.9421,6.8852)
95,4 Str-II, (Route des Praz) (45.9399,6.8812)
95,1 Str-II, (Route des Ilettes) (45.9379,6.8790)

94,9 Str-Ⅱ, (Chemin de la Rosière) (45.9357,6.8773)
94,6 Str-Ⅱ, (Route des Praz) (45.9337,6.8758)
94,5 Str-Ⅱ, (Route des Rosières) (45.9329,6.8749)
94,3 Str-Ⅱ, (45.9315,6.8734)
94,2 li ⇩ Arveyron (45.9309,6.8731)
94,1 Fußg.-Ⅱ (45.9297,6.8725)
93,9 Str-Ⅱ, (Avenue de la Plage) (45.9278,6.8718)
93,6 Str-Ⅱ, (Place du Mont Blanc) (45.9251,6.8710)
93,5 Fußg.-Ⅱ (45.9245,6.8709)
93,4 Ⅱ Tunnel, ≈ (45.9237,6.8706)
93,1 Str-Ⅱ, (Chemin René Payot) (45.9215,6.8691);
EB-Ⅱ (45.9208,6.8689)
92,9 Str-Ⅱ, (Avenue de l'Aiguille du Midi) (45.9199,6.8682)
92,7 Str-Ⅱ, (Avenue de Courmayeur) (45.9183,6.8660)
92,1 Str-Ⅱ, li 🚆 Route Couttet Champion (45.9157,6.8592)
91,1 Str-Ⅱ, li 🚆 Les Pélerins (45.9122,6.8474)
90,6 Str-Ⅱ D243 und EB-Ⅱ (45.9096,6.8435)
90,1 Weg-Ⅱ, li 🚆 Les Bossons (45.9072,6.8376)
89,7 Fußg.-Ⅱ, li ⛺ Camping Les Marmottes, camping-lesmarmottes.com (45.9052,6.8331)
88,8 Weg-Ⅱ (45.9006,6.8254)
88,4 EB-Ⅱ danach bei einem Kieswerk kurz hintereinander 2 ■, ein weiteres ■ im Ort, **X**, ⏏ jeweils sehr mühsam. (45.9002,6.8195)
86,4 ■ Wehr, **F 74310 Les Houches** Die folgende Flussstrecke bis le Fayet ist wegen Wasserableitung **X**. Es wird daher dringend empfohlen, die Fahrt schon vor dem 1.■ bei dem Kieswerk zu unterbrechen und die Folgestrecke mit Pkw zu umfahren (45.8940,6.7986)
74,3 Str-Ⅱ D43 und EB-Ⅱ, li **F 74170 Saint-Gervais-les-Bains** (45.9112, 6.7071);
■ Wehr **X**; danach ⬇ zur Weiterfahrt (45.9114,6.7063)
73,8 li ⇩ Bon Nant (s. Seite 252) (45.9122,6.7007)
73,1 Str-Ⅱ D339, re **F 74190 Passy** (45.9148,6.6924)
71,5 Str-Ⅱ D199 es folgen einige Sohlschwellen (45.9202,6.6734)
70,1 Fußg.-Ⅱ (45.9251,6.6567)
67,9 Str-Ⅱ D13, li **F 74700 Sallanches** danach 2 weitere Str.-Ⅱ; das Tal wird breiter, Kiesbankschwälle, Stromverzweigungen. Auf der ganzen folgenden Strecke der Arve ist Vorsicht vor den Drahtseilen der verschiedenen Schürfbagger geboten! Auf der Folgestrecke bis Clusses 6 Gefällebremsen, je nach Wasserstand nach Besichtigung ≈

(45.9387,6.6432)

64,7 Str-Ⅱ, **F 74700 Sallanches** (Route de Luzier) (45.9677,6.6309)

63,0 Str-Ⅱ D1205 und EB-Ⅱ (45.9806,6.6306)

62,8 Autobahn-Ⅱ A40 (45.9821,6.6286)

59,0 Str-Ⅱ, **F 74300 Magland** (Route de Gravin) (46.0107,6.6217)

58,3 Str-Ⅱ, **F 74300 Magland** (Route du Crétet) (46.0155,6.6150)

57,0 Str-Ⅱ, **F 74300 Magland** (Route du Pont Rouge) (46.0240,6.6122)

56,3 Autobahn-Ⅱ A40 danach ▬ Blockwurf-Wehr (46.0288,6.6146)

54,7 Autobahn-Ⅱ A40 (46.0371,6.6093)

51,7 ▬ Blockwurf-Stufe (46.0516,6.5823)

51,3 Autobahn-Ⅱ A40 danach ▬ Blockwurf-Wehr (46.0546,6.5803)

51,1 Weg-Ⅱ (46.0565,6.5795)

51,0 Str-Ⅱ D1205 (46.0570,6.5790)

50,6 Str-Ⅱ, **F 74300 Cluses** (Rue des Buttes) (46.0597,6.5748)

49,7 Fußg.-Ⅱ (46.0647,6.5675)

49,1 Str-Ⅱ D304, re **F 74300 Cluses** (46.0682,6.5608)

47,7 2x ▬ Blockwurf-Stufe (46.0736,6.5442)

46,2 Str-Ⅱ (46.0751,6.5259)

43,4 Str-Ⅱ D26 darunter ▬ Blockwurf-Stufe (46.0705,6.4970)

42,9 re ⇩ Giffre (s. Seite 250) (46.0685,6.4911)

41,8 ▬ Blockwurf-Stufe (46.0712,6.4773)

37,9 Str-Ⅱ D19 (46.0758,6.4277)

36,7 EB-Ⅱ (46.0751,6.4121)

36,2 Str-Ⅱ D1205, **F 74130 Bonneville** danach ▬ Wehr (46.0759, 6.4063)

35,8 Fußg.-Ⅱ (46.0791,6.4038)

35,6 Str-Ⅱ, **F 74130 Bonneville** (Quai d'Arve) (46.0807,6.4025)

35,0 li ⇩ Borne (s. Seite 249) (46.0839,6.3979)

34,7 ▬ Blockwurf-Stufe (46.0853,6.3932)

33,1 Weg-Ⅱ (46.0864,6.3738)

27,9 ▬ Blockwurf-Stufe (46.1197,6.3388)

25,4 ▬ Blockwurf-Stufe (46.1367,6.3202)

25,3 Autobahn-Ⅱ A40 (46.1373,6.3181)

24,7 Str-Ⅱ D903 (46.1342,6.3123)

19,9 Str-Ⅱ D202, re **F 74380 Arthaz-Pont-Notre-Dame** ▬ Wehr, **X**, ⏏. Bei Arthaz befindet sich die schweizer Grenze, Grenzpapiere sind mitzuführen. Da bis ⇩ in die Rhône noch 3 weitere ▬ folgen, wird dringend empfohlen, die Fahrt in Arthaz abzubrechen (46.1504, 6.2708)

16,6 ■ Wehr (46.1632,6.2437)
15,9 Autobahn-⌶ A40 (46.1682,6.2445)
15,7 re ⇩ Menoge (s. Seite 248) bis Genf folgt ein ϟ, ■ Wehr, **X**. Bei sehr starker Strömung besteht keine Möglichkeit, vor dem ■ auszusetzen, ⚠ Lebensgefahr! (46.1695,6.2463)
13,6 Str-⌶ D1206, **F 74100 Annemasse** (46.1832,6.2308)
13,5 EB-⌶ (46.1836,6.2293)
12,8 Autobahn-⌶ A411 (46.1832,6.2220)
11,3 Str-⌶ D46 (46.1743,6.2123)
9,0 Grenze Schweiz-Frankreich (46.1783,6.1864)
8,7 Str-⌶, re nach **F 1226 Thônex** (46.1793,6.1827)
7,4 ■ Wehr (46.1766,6.1691)
7,1 Weg-⌶ (46.1785,6.1712)
5,0 –0,0 Stadtgebiet von **CH 1205 Genève** (Genf)
4,9 Str-⌶ (Route de Vessy) (46.1809,6.1598)
3,8 ■ Blockwurf-Stufe (46.1812,6.1538)
3,6 Str-⌶ (Pont du Val-d'Arve) (46.1831,6.1542)
2,9 ■ Blockwurf-Stufe (46.1867,6.1493)
2,7 Str-⌶ (Pont de la Fontenette) (46.1867,6.1467)
2,3 Str-⌶ (Pont de Carouge) (46.1880,6.1420)
1,7 Str-⌶ (Pont des Acacias) (46.1932,6.1393)
1,4 Fußg.-⌶ (46.1952,6.1360)
0,6 Str-⌶ (Pont de Saint-Georges) (46.1995,6.1284)
0,4 Fußg.-⌶ (46.2006,6.1256)
⇩ inRhône (s. Seite 48) bei km 213,1 im Stadtgebiet von Genf (46.2010,6.1208)

Menoge

Wildfluss Gewässerkennzahl FR: V0230500
Mündung in Arve bei km 15,7 (re Nebenfluss)

Die Menoge ist ein landschaftlich sehr schöner und auf dem empfohlenen Abschnitt ein nur mäßig schwerer Wildfluss. Seine Befahrung ist sehr zu empfehlen, wenn die benachbarten Flüsse zu viel Wasser haben.

Befahrbarkeit: März-Mai

Schwierigkeiten: km 12,5-10,8 WW IV-V
km 10,8-⇩ WW II-III

29,8 Ursprung in etwa 1500 m Höhe (46.2748,6.4667)

12,5 Weg-Ⅱ, **F 74250 Fillinges-Chez les Bourguignons** (Route de Boisinges) Die folgenden 3 km bieten sehr schweres Wildwasser, vor Befahrung erkunden, quer liegende Bäume! (46.1648,6.3714)

10,9 Str-Ⅱ D907, li **F 74250 Fillinges** (Pont de Fillinges), darunter **X**. Empfohlene ⬇ für die Befahrung des leichteren Abschnittes, Auf den folgenden 2,5 km finden sich verbaute Ufer, kurz vor Bonne 3 Steil-■ in Abständen von jeweils 50 m (46.1621,6.3531)

8,1 li ⇩ Foron (46.1655,6.3217)

8,0 Str-Ⅱ D198, re **F 74380 Bonne** weitere gute ⬇. Es folgt der schönste Teil des Flusses, enges Flussbett, z.T. in schöner Schlucht. Kleine Stufen und verblockte Schwälle, WW II-III (46.1659,6.3209)

7,5 Str-Ⅱ D903 (46.1676,6.3168)

5,0 Ende der Schlucht, weiterhin WW II-III

2,9 Str-Ⅱ D1205 Viadukt (46.1682,6.2724)

1,0 re **F 74100 Vétraz-Monthoux** gute ⬆

0,1 Fußg.-Ⅱ (46.1694,6.2466)

0,0 ⇩ in Arve (s. Seite 244) bei km 15,7 oberhalb von Annemasse (46.1697,6.2458)

Borne (Arve)

Wildfluss — Gewässerkennzahl FR: V0200540
Mündung in Arve bei km 35,0 (li Nebenfluss)

Die Borne ist ein schwerer, in Teilbereichen extrem schwerer Wildfluss; eine durchgehende Befahrung ist unmöglich. Sie mündet bei Benneville in die Arve.

1. Etappe: ⬇ am Steg nach Terret bei Grand Bernard, ⬆ nach 4 km am Beginn der Etroits, etwa 500 m nach der Ⅱ D12. Es folgen Abfälle, **X**.

2. Etappe: ⬇ bei der Pont du Diable (kleine Straßen-Ⅱ) unterhalb der Abbrüche, **X**. ⬆ oberhalb der Ⅱ von Essert nach 6,5 km; WW III mit Stellen WW IV und **X** (einige Röhren-Ⅱ, je nach Wasserstand **X** oder überfahrbar). Kurz nach der ⬆ wird der Fluss auf 300 m **X**. Die Straße verläuft meist neben dem Fluss.

3. Etappe: ⬇ unterhalb der Ⅱ von Essert, 4 km bis 200 m oberhalb der Ⅱ von Beffay. Der Fluss veräuft in einer Schlucht abseits der Straße, WW IV mit Stellen WW V. Die Folgestrecke ist wegen Wasserableitung zumeist trocken.

4. Etappe: ⬇ Saint Pierre de Faucigny, ⇩ in die Arve nach 3km. Dieser Abschnitt ist leicht, WW II mit Stellen WW III.

Befahrbarkeit: März bis Juni und nach starken Regenfällen.

Giffre

Wildfluss (Gebirgsfluss) Gewässerkennzahl FR: V01-0400
Mündung in Arve bei km 42,9 (re Nebenfluss)

Der Giffre ist ein interessanter Wildfluss der französischen Alpen. Die vom Wasser eigenartig geformten Schluchten von Tines und von Mieussy sind besondere Sehenswürdigkeiten Savoyens, die nur von Kanufahrern bewundert werden können. Eine weitere Sehenswürdigkeit ist der Cirque du Fer à Cheval.

Eine durchgehende Befahrung ist wegen unfahrbarer Abschnitte nicht möglich.

Befahrbarkeit: Mai-Juli, ab km 28,8 auch noch August.

Schwierigkeiten: km 42,4-36,0 WW II-IV-VI
km 36,0-35,1 X
km 35,1-28,8 WW III
km 28,8-17,6 WW I und II
km 17,6-16,4 X
km 16,4-9,3 WW II-III-I
km 9,3-6,8 X
km 6,8-2,4 WW I-II

Infrastruktur: Zeltmöglichkeit: nur außerhalb der Schluchten möglich. km 28,8 und 25,2

46,3 Ursprung im Bereich verschiedener Gletscher in etwa 2500 m Höhe. Es folgen die sehenswerten Wasserfälle des Cirque du Fer à Cheval (46.1088,6.8854)
42,4 Mögliche ⬇ bei günstigem Wasserstand allerdings nur mit Bootswagen zu erreichen. Zunächst WW II, langsame Steigerung bis WW IV
40,4 Eisen-Steg, Ende Fer à Cheval ab hier WW V-VI (46.0787,6.8371)
39,9 Weg-II (46.0757,6.8320)
39,0 Str-II D907 günstige ⬇, ab hier rassiges WW bei starkem Gefälle und mäßiger Verblockung (46.0737,6.8221)
38,5 ▬ Blockwurf-Stufe, ≈
37,5 Weg-II (46.0681,6.8058)
36,3 Weg-II (46.0628,6.7940)
36,2 ▬ Wehr, X, ↱ und das folgende „Chaos de Courtet“ ⩡. Es gilt als X (WW VI?) (46.0615,6.7937)

35,1 Str-II, vor **F 74740 Sixt-Fer-à-Cheval** (Route du Vivier), gute ⬇, WW III, abnehmend WW II (46.0580,6.7829)
34,6 Weg-II (46.0558,6.7776)
34,4 Str-II D29, **F 74740 Sixt-Fer-à-Cheval** alle Möglichkeiten, es folgt eine weitere II (46.0551,6.7757)
34,0 Weg-II (46.0551,6.7699)
33,5 Weg-II (46.0550,6.7641)
33,4 Klammeingang der „Gorges de Tines" hufeisenförmiges Blockwurf-▬ bei Kieswerk, evtl. nach Besichtigung ≈ oder li ⏏, Sicherung durch Stahlseil vorhanden. In der folgenden herrlichen Klamm von Tines meist WW II-III. In der Mitte der Klamm Abfall mit starkem Rücklauf, danach eng und starkes Preßwasser. Einen Großteil der Klamm kann man von einem Steig in Klamm-Mitte sowie von einer Fußg-II am Klamm-Ende einsehen. Nach der Klamm weiterhin WW II-III
32,8 Weg-II (46.0556,6.7560)
31,9 Weg-II (46.0591,6.7457)
30,8 Fußg.-II (46.0662,6.7368)
29,1 ▬ Blockwurf-Stufe, evtl. ≈
28,8 Str-II D4, re **F 74340 Samoëns** re ⛺ Caravaneige Le Giffre. Die Fahrt wird vielfach hier beendet. Ab hier WW I und II. Es folgen 4 Blockwurf-▬, die vor einer evtl. Befahrung unbedingt besichtigt werden müssen, camping-samoens.com (46.0763,6.7187)
27,6 Weg-II (46.0802,6.7054)
25,2 Str-II D54, re **F 74440 Verchaix** darunter kräftiger Schwall, WW III, li fahren! re gefährlicher Bauschutt, erkunden! ⛺ (46.0876,6.6789)
24,9 ▬ Blockwurf-Stufe (46.0880,6.6750)
20,2 Fußg.-II (46.0997,6.6208)
17,6 Str-II D902, re nach **F 74440 Taninges** Wegen des folgenden Stausees wird die Befahrung des Giffres meist hier abgebrochen (46.0972,6.5899)
16,4 ▬ Staudamm Meist fast totale Wasserableitung. ↱ 500 m vor dem ▬ an der ⇩ des Forron. Zufahrt von der D907 über ✕ Cremaillère (Hinweisschild) an einem See entlang. Weiterfahrt nur selten möglich. Man erreicht die ⬇ auf der Straße von Taninges nach Annemasse, li Abzweigung (Hinweis „la Crémaillère") bis zu einem Steinbruch. Zunächst WW I-II (46.0996,6.5760)
13,6 Weg-II danach WW II-III (46.1143,6.5518)
9,9 Str-II, re **F 74440 Mieussy** (Voie Communale N°4), und ⇩ des

gleichnamigen Baches (46.1288,6.5188)
9,6 Beginn der Gorges de Mieussy diese Engschlucht ist der landschaftliche Höhepunkt des Giffre. Bei sommerlichem NW nur geringe Strömung, keine Schwierigkeiten. Bei höherem Wasserstand geht der Fluss nach einer Schwallstrecke, WW II-III, unvermittelt in die Klamm über, hier dann evtl. starke Strömung, Verwirbelungen und Preßwasser, WW II-III
9,3 ▬ Wehr **X**, das Wasser wird abgeleitet. Ab hier ist der Giffre bis km 6,8 völlig **X**, 300 m oberhalb ↱ im Staubereich (46.1290,6.5128)
7,9 Weg-Ⲡ (46.1247,6.4959)
7,7 Weg-Ⲡ (46.1240,6.4941)
7,5 Str-Ⲡ D26 (46.1226,6.4924)
6,8 Weg-Ⲡ Pont du Giffre Eine Weiterfahrt unterhalb des ↯ ist allerdings nur mäßig lohnend, das Wasser ist verschmutzt, WW I-II (46.1183, 6.4975)
4,4 ▬ Wehr, **X**, überheben oder ⏏
3,4 Str-Ⲡ D6, **F 74970 Marignier** alle Möglichkeiten (46.0940,6.5069)
3,1 ▬ Wehr, **X**, überheben oder ⏏ (46.0919,6.5052)
2,7 EB-Ⲡ und Str-Ⲡ D19 danach ▬ Stufe (46.0892,6.5022)
0,0 ⇩ in Arve (s. Seite 244) bei km 42,9 (46.0682,6.4893)

Bon Nant

Wildfluss, Gletscherfluss Gewässerkennzahl FR: V0020560
Mündung in Arve bei km 73,8 (li Nebenfluss)

Der Bon Nant bezieht seine Wasser aus den Gletschern des Mont-Blanc Massivs, er mündet bei Fayet in die Arve. Seine Wasserführung ist im Frühjahr abhängig von der Schneeschmelze, im Sommer von der Schmelze der Gletscher, durchweg sehr stark. Seine Befahrung ist nur in 2 Etappen möglich.

1. Abschnitt: Notre Dame de la Gorge - Steg oberhalb von Contamines. 3 km, WW II und III. Man sollte die ⬆ bei dem Steg schon bei der Anfahrt erkunden; eine Durchfahrt durch Contamines ist nicht möglich.

2. Abschnitt: Contamines - ▬ von Boinnay, 6 km, WW IV und V. Die ⬆ ist an der Stelle der D902, an der von re ein Gletscherbach in den kleinen Stau des ▬ mündet. Der Fluss verläuft in einer niedrigen Waldschlucht. Sehr starkes Gefälle, schnelle Strömung, erhebliche Verblockung, Baumhindernisse möglich, das Wasser ist verschmutzt, WWIV und V Von La Chapelle führt am li Ufer ein Karrenweg flussaufwärts. Man sollte vor der Befahrung von diesem

Weg aus den Fluss erkunden. Für die Befahrung ist ein niedriger Wasserstand günstig.

Dranse

Weitere Namen: Dranse de Savoie
Wildfluss, Gebirgsfluss — Gewässerkennzahl FR: V03-0400
Mündung in Genfer See

Sie entsteht durch die Wasserabgabe des ↯ von Bioge nach der Vereinigung der Dranse de Morzine und Dranse d´Abondance.

Die Dranse wird im Sommer von hunderten von Kanuten und Raftern bevölkert.

Die nachfolgend angegebenen Schwierigkeiten beziehen sich auf einen mittleren Durchfluss von etwa 10 m³/s.

Befahrungsregeln: totales Befahrungsverbot von November bis Mitte März. In der übrigen Zeit ist eine Befahrung zwischen 9 Uhr und 18 Uhr gestattet bei einem Minimum von 6 m³/s für Kanus und Kajaks sowie von 12 m³/s für Rafts und Schwimmer.

Befahrbarkeit: das ↯ am Zusammenfluss der beiden Quellbäche gibt täglich zwischen 8-13 Uhr eine ausreichende Wassermenge ab, je nach Jahreszeit zwischen 8-25 m³/s. Dazu kommen im Frühjahr noch die Überlaufmengen der beiden Quellbäche, die Wasserführung ist daher sehr unregelmäßig, möglich sind bis 150 m³/s.

14,0 ⇩ Zusammenfluss von Dranse de Morzine (s. Seite 255) und Dranse d´Abdondance (s. Seite 254) (46.3249,6.5969)
13,9 Mögliche ⬇ am Ausfluss des ↯. (46.3247,6.5957)
13,7 Str-II übliche ⬇; sehr schnelles und wuchtiges Wildwasser, WW III-IV (46.3247,6.5926)
13,4 Str-II D22 (46.3251,6.5886)
13,2 li ⇩ Brevon danach II (46.3259,6.5861)
12,0 Weg-II hier ↰ und über die II ⏶. Die folgenden 200 m sind **X**; (sie wurden anscheinend schon befahren, eingehende Besichtigung unerläßlich) (46.3336,6.5793)
11,9 Str-II D902 (46.3341,6.5774)
11,8 Wieder-⬇ ab hier WW V, wegen zahlreicher Unterspülungen recht gefährlich

10,1 Übliche ⬇ nach dem letzten Absturz der vorausgehenden schwierigen Strecke, li 🅿, Achtung Autoknacker!, ab hier WW III, bei höherem Wasserstand bis WW IV (46.3400,6.5583)
9,8 Fußg.-⌶ (46.3414,6.5551)
6,7 Weg-⌶ (46.3558,6.5258)
5,4 Str-⌶ D902 gute ⬆, Abnahme der Schwierigkeiten, WW II-I (III) (46.3643,6.5154)
2,9 Str-⌶ D1005 übliche Stelle zur Beendigung der Fahrt (46.3802, 6.5076)
2,6 Str-⌶, li **F 74200 Thonon-les-Bains** danach ▬ Blockwurf-Wehr evtl. nach Ansehen ≈. (46.3829,6.5077)
2,5 EB-⌶ (46.3838,6.5078)
2,5 –0,0 STOP Befahrungsverbot NSG Dranse-Delta
0,0 ⇩ in Genfer See (46.4044,6.5193)

Dranse d´Abdondance

Wildfluss (Gebirgsfluss) Gewässerkennzahl FR: V03-0400
Mündung in Dranse bei km 14,0 (re Nebenfluss)

Die Dranse de Morzine ist ein schwerer Wildfluss der Alpen. Eine durchgehende Befahrung ist wegen verschiedener ϟ-Bauten unmöglich.

Befahrbarkeit: April bis Juli, günstiger Pegel 0,30 bis 0,80 m an der ⌶ von Abondance. Auf der gesamten Strecke mehrere ▬, die zumeist ⏏ werden müssen.

35,1 Ursprung (46.2193,6.7782)
27,9 Weg-⌶, re **F 74390 Châtel** üblicher ⬇. Die folgenden 4 km WW IV (46.2675,6.8348)
27,3 Str-⌶ D230 (46.2707,6.8321)
22,2 Weg-⌶ (46.2921,6.7835)
21,9 Weg-⌶, re **F 74360 La Chapelle-d'Abondance** ab hier WW II-III, schnelle Strömung, Busch- und Baumhindernisse. Bis Abondance folgen 10 Wege-⌶⌶ (46.2932,6.7808)
15,8 Str-⌶, **F 74360 Abondance** (46.2804,6.7199)
15,5 Str-⌶ D22 (46.2810,6.7155)
14,7 Str-⌶ D22 (46.2819,6.7062)
14,6 Weg-⌶ (46.2825,6.7046)
14,0 ▬ Wehr mit Wasserableitung Weiterfahrt nur möglich bei genügend Überwasser, meist im Frühjahr bis Juni. Zunahme des Gefälles und

der Schwierigkeiten, WW III-IV (46.2841,6.6983)

13,8 Weg-Ⅱ (46.2850,6.6963)

11,3 Str-Ⅱ D22 (46.2985,6.6742)

10,0 Weg-Ⅱ (46.3073,6.6776)

9,4 Str-Ⅱ D22 danach Rückführung des abgeleiteten Wassers. Die Folgestrecke bis km 5,0 ist landschaftlich und fahrtechnisch der Höhepunkt des Flusses. Zumeist WW III-IV. Eine Stelle sollte man besichtigen. Sie folgt nach einer recht ruhigen Strecke in einer li-Kurve. Unbedingt zur Besichtigung re ⬆. In der folgenden re-Kurve steht eine riesige Walze quer über den Fluss, je nach Wasserstand **X**, re ⏏ (46.3113,6.6782)

8,8 Str-Ⅱ D222 (46.3155,6.6741)

7,3 Str-Ⅱ, re **F 74360 Vacheresse** (46.3266,6.6669)

5,1 Altes Sägewerk oberhalb der Ⅱ D222 Hier ⬆! Danach steigern sich die Schwierigkeiten schnell bis **X** (46.3344,6.6463)

4,8 Str-Ⅱ D222 (46.3351,6.6436)

0,0 ⇩ Zusammenfluss mit der Dranse de Morzine (s. Seite 255) zur Dranse (s. Seite 253) bei km 14,0 (46.3248,6.5968)

Dranse de Morzine

Wildfluss (Gebirgsfluss) Gewässerkennzahl FR: V0320500
Mündung in Dranse bei km 14,0 (li Nebenfluss)

Die Dranse de Morzine ist ein schwerer Wildfluss der Alpen. Eine durchgehende Befahrung ist wegen verschiedener ϟ-Bauten unmöglich.

Befahrbarkeit: April bis Juli, im August nach Regenfällen.

Pegel: Ⅱ km 11,3; ideal 70-80 cm; Minimum 60 cm; ab 80 cm sehr schneller Fluss fast ohne Kehrwasser.

26,4 Ursprung der Dranse de Morzine (46.1871,6.7731)

20,5 Weg-Ⅱ, **F 74110 Morzine** Oberste mögliche ⬇ am Ortsende von Morzine; zunächst leicht (46.1840,6.7042)

19,5 Fußg.-Ⅱ (46.1899,6.6967)

18,1 Fußg.-Ⅱ, re **F 74110 Montriond** (46.1987,6.6870)

17,7 Str-Ⅱ D902 (46.2017,6.6832)

15,3 Str-Ⅱ D328 Auf 1 km WW IV, starkes Gefälle, schnelle Strömung, starke Verblockung (46.2170,6.6672)

14,3 Str-Ⅱ D293 ab hier wieder leichter (46.2247,6.6611)

13,6 Str-Ⅱ **F 74430 Saint-Jean-d'Aulps** erneut erhebliche Steigerung der

Schwierigkeiten. Der Fluss verläuft in einer Klamm, ⌂ unmöglich. Die schwierigste Stelle befindet sich etwa 100 m oberhalb einer Ⅱ am Ortsende, man kann sie auf einem Anglerpfad am re Ufer erreichen, WW IV (46.2298,6.6566)

13,0 Str-Ⅱ Übliche ⬇ unterhalb dieser Ⅱ. Schönes Tal mit ansprechendem Wildwasser, WW III-IV, Baum- und Strauchhindernisse sind möglich (46.2347,6.6546)

12,5 Str-Ⅱ D293 (46.2371,6.6522)

11,3 Str-Ⅱ D193 li ≣. Weiterhin sehr schönes WW, z.T. in Klammen, danach Beginn des Défilé de Tines, Klamm, gilt als **X**, wurde jedoch anscheinend schon befahren, WW V-VI, ⬆ in Höhe eines Straßentunnels schon bei Anfahrt genau merken, re durch Tunnel 200 m weit ⌂ (46.2434,6.6419)

10,5 Wieder ⬇ weiterhin WW III, Bis zum nächsten Stausee folgen zwei Betonstufen, bei HW mit Rücklauf, auf jeden Fall ansehen

9,1 Str-Ⅱ D294 (46.2568,6.6251)

7,9 Weg-Ⅱ, li nach **F 74430 Le Biot** (46.2651,6.6203)

5,7 Str-Ⅱ D902, li **F 74430 La Baume** Beginn des Rückstaus des Stausees, ⬆ li nach der Ⅱ bei Kieswerk (46.2834,6.6163)

3,8 ▬ Staudamm Wasserableitung, ⬆ am li Ufer möglich. Es folgen die „Gorges du Diable“, eine enge Klamm. Sie gilt als **X**, wurde aber ebenfalls schon befahren, WW V-VI, 2 Stellen **X**. Eine Befahrung ist nur bei Überwasser des Stausees möglich, günstig etwa 5 m³/s, meist nur im Frühjahr zur Zeit der Schneeschmelze. Die Strecke kann von einem Steig durch die Schlucht eingesehen werden, unbedingt erforderlich, wegen der Gefahr von Baumversperrungen. (46.2998,6.6172)

0,0 ⇩ in Dranse (s. Seite 253) bei km 14,0, Zusammenfluss mit der Dranse d´Abondance (46.3248,6.5968)

Vidourle

Wildfluss — Gewässerkennzahl FR: Y34-0400

Mündung in Mittelmeer

Der Vidourle ist auf der empfohlenen Strecke ein leichter, recht unterhaltsamer Wildfluss. Er wird sehr viel mit Leihbooten befahren.

Fahrtstrecke: Quissac-Sommières, 25 km. ⬆ in Sommières li vor einem Fußgängersteg. Achtung! kurz nach der folgenden Straßen-Ⅱ befindet sich ein ▬ mit lebensgefährlichem Rücklauf bei jedem Wasserstand. Eine Weiterfahrt bis zur ⇩ scheint möglich zu sein, ist jedoch uninteressant.

Befahrbarkeit: Frühjahr und nach Regenfällen

Umwelt: erheblich verschmutzt

Schwierigkeiten: mehrere Wehre, im Prinzip alle ≈, Vorsicht bei HW!, zahlreiche Baum- und Strauchhindernisse, 3 Röhren-Ⅱ, X.

Hérault

Wildfluss (Gebirgsfluss) Gewässerkennzahl FR: Y2--0200
Mündung in Mittelmeer

Der Hérault durchfließt in seinem Oberlauf im Bereich des Südabfalls der Cevennen ein landschaftlich sehr reizvolles Tal unterschiedlicher Breite; er ist hier leichtes Wildwasser, auch für Anfänger geeignet. Am Ende dieses Abschnittes vollzieht der Hérault in der sogenannten „Teufelsschlucht" mit sehr schwerem Wildwasser seinen Durchbruch zu der dem Mittelmeer vorgelagerten Schwemmebene. Auf dieser letzten Strecke seines abwechslungsreichen Laufes ist der Hérault schließlich Zahmwasser, landschaftlich nur wenig interessant.

Fahrbare Flusslänge: 121 km

Befahrbarkeit: April bis Mai, ab Mitte Juni wird das Wasser knapp, ab km 87,8 ganzjährig.

Umwelt: leidlich sauber

Pegel: Ⅱ km 68,3; ideal für Schluchtstrecke 160-180 cm

Lattenpegel bei km 101,9; Minimum 35 cm

Schwierigkeiten: km 121,3-73,0 WW I und II (III)

km 73,0-68,3 WW IV (V)

km 68,3-⇩ WW I - Zahmwasser.

Schwieriges Umtragen: bei den Staudämmen von Bertrand und Cabrié.

Infrastruktur: Zeltmöglichkeiten am Fluss: ausreichend vorhanden, ⛟ bei km 95,6.

Pkw: Begleitung nur streckenweise möglich

147,6 Ursprung an den Abhängen des Mont Aigoual in etwa 1400 m Höhe.

Über eine Befahrung der folgenden 39 km liegen keine Berichte vor, es müssten jedoch wahrscheinlich Teilstrecken befahrbar sein (44.1151,3.5439)

121,3 re ⇩ Arre **F 30440 Sumène-Pont d'Hérault**, übliche ⬇ (43.9946, 3.6759)

120,4 Str-Ⅱ D291 (43.9919,3.6842)

116,7 ▬ Wehr 1 m hoch, evtl. ≋, sonst ⌓ (43.9726,3.6861)

115,4 Str-Ⅱ D349 Röhren-Brücke, meist **X**, dann li ⌓ (43.9655,3.6875)

115,1 ▬ Wehr 2 m hoch, li ⌓, bei HW evtl. ≋ (43.9623,3.6879)

112,0 re ⇩ Vis (s. Seite 260) (43.9394,3.6897)

111,7 ▬ Wehr 3 m hoch, re Bootsgasse, ≋ (43.9379,3.6926)

110,6 Weg-Ⅱ, **F 34190 Ganges** mögliche ⬇ (43.9321,3.7021)

110,5 Str-Ⅱ D4 (43.9307,3.7030)

109,4 li 🚐 Le Tivoli paddlerfreundlich, laroqueaynier.free.fr (43.9253, 3.7148)

108,4 ▬ Wehr, li **F 34190 Laroque** mit Floßgasse; Einfahrt in die Gasse wegen Schrägströmung evtl. gefährlich. Dann besser das ▬ mittig ≋; danach auf 2 km schöne Schlucht, mehrere Stellen WW II-III (43.9217,3.7237)

103,9 ▬ Blockwurf-Stufe nach Besichtigung ≋ (43.8925,3.7310)

103,7 Str-Ⅱ D108, li **F 34190 Saint-Bauzille-de-Putois** (43.8904,3.7316)

96,7 Verfallenes ▬ Wehr evtl. li ≋, auf jeden Fall ansehen; sonst li ⌓ (43.8545,3.7083)

95,6 re 🚐 Le Val d'Hérault 200m vom Fluss entfernt, vom Wasser aus nicht zu sehen, camping-levaldherault.com

94,6 Str-Ⅱ D1 gesperrt, Einsturzgefahr. li St.Etienne, davor und danach ⛺, li gute ⬆, 🅿-Möglichkeit (43.8441,3.7010)

92,4 Beginn des Rückstaus des ▬ von Bertrand keine ⛺-Möglichkeit

87,8 ▬ Wehr des ↯ Bertrand 15 m hoch, **X**, re ⌓, schwierig, danach Ⅱ D122, 100 m vor der Ⅱ re Weg zum Fluss, günstige Stelle zum ⬇ für die Befahrung der folgenden einsamen und landschaftlich besonders ansprechenden Strecke. Bis km 82,0 viele kleine Stromschnellen, WW I-II. Buschhindernisse (43.8074,3.6653)

87,5 Str-Ⅱ D122 (43.8048,3.6648)

82,5 re drei Quellen, darüber ⛺-Möglichkeit.

82,0 S-Stufe, verblockt, WW II

79,5 Verfallenes ▬ Wehr durch Durchlass gut ≋

76,5 ▬ Wehr Befahrung soll verboten sein, starker Rücklauf! re gute ⬆-Stelle. Es beginnt der Rückstau des Staudamms von Cabrié: Der

Stausee, der lange Zeit ausgelaufen war, ist jetzt wieder gefüllt. 1997 war der Stausee erneut ausgelaufen, Durchfahrt durch die Staumauer unmöglich, Lebensgefahr! Der jeweilige Zustand muss erkundet werden (43.7490,3.5990)

73,0 ▬ Staudamm 200 m davor an einer ⚓ mit ⛺-Möglichkeit re ⬆ und bis 100 m nach dem Staudamm bis zu einer Bach-⇩ ⏏. Über die Wasserabgabe aus dem Stausee und damit die Möglichkeit einer Befahrung der folgenden Teufelsschlucht ist nichts bekannt (43.7439, 3.5641)

71,5 re **F 34150 Saint-Guilhem-le-Désert** Möglichkeit zum ⬆/⬇, sehr mühsam. Beginn der Teufelsschlucht!! Landschaftlich hervorragend schön, Schwierigkeiten im allgemeinen WW III und IV. Bei höherem Wasserstand nehmen die Schwierigkeiten zu. ⬆ in der Schlucht ist kaum möglich. re Sarazenenturm: verblocktes Oberwasser mit 2 bootsbreiten Durchfahrten, re fahren, anschließend 2 bis 2,5 m hoher Abfall, bei MW ≋, WW V, oder re ⏏. „Korkenzieher": Spiralwalze, nur bei NW ≋, sonst li überheben. Enge Durchfahrt mit starkem Rücksog, evtl. li überheben. „Schleierfälle": von überhängenden Felsen fällt Wasser in die Schlucht. Nach einer S-Kurve: „Kleiner Lulli", WW IV, danach verblockte Stelle mit Unterspülungen, schwer zu sichern. Ende der Schwierigkeiten (43.7332,3.5544)

68,6 Kanal-⩍ (43.7092,3.5558)

68,4 Str-⩍ D27 (43.7080,3.5572);
Weg-⩍ Pont du Diable alte Bogen-⩍, ≣, Ende des WW. Bis zum Mittelmeer einsame Gegend, die Ufer sind streckenweise urwaldähnlich verwachsen. Bis ⇩ etwa 14 ▬, davon etwa 5 ≋, bei den übrigen leichtes ⏏. Beschreibung nur nach Luftbild (43.7076,3.5574)

62,2 ▬ Wehr (43.6637,3.5575)

60,5 Str-⩍ D9 (43.6638,3.5377)

58,7 Str-⩍ N109 Pont du Gignac (43.6537,3.5358)

58,5 Autobahn-⩍ A750 (43.6519,3.5349)

57,8 ▬ Wehr (43.6472,3.5313)

55,9 ▬ Wehr (43.6350,3.5153)

53,6 ⩍ (43.6215,3.4958)

50,3 Str-⩍ D2 (43.5974,3.4931)

43,7 ▬ Wehr (43.5683,3.4712)

41,5 ▬ Wehr (43.5530,3.4845)

40,5 ehem. EB.-⩍ (43.5457,3.4797)

39,7 Str-⩍ D30 (43.5382,3.4787)

39,0 ▬ Wehr (43.5326,3.4778)
37,7 ▬ Wehr (43.5207,3.4790)
34,3 ▬ Wehr (43.4954,3.4651)
31,2 Str-Ⅱ D613 (43.4747,3.4455)
31,0 ▬ Wehr (43.4727,3.4444)
28,0 ▬ Wehr (43.4505,3.4409)
27,6 Str-Ⅱ D32E5 (43.4493,3.4364)
25,5 ▬ Wehr (43.4346,3.4250)
20,6 Fußg.-Ⅱ (43.3984,3.4230)
19,6 ▬ Wehr (43.3934,3.4323)
17,7 Str-Ⅱ D18 (43.3841,3.4468)
16,5 Autobahn-Ⅱ A9 (43.3773,3.4378)
14,7 ▬ Wehr re ⩍, mühsam (43.3629,3.4450)
12,5 Str-Ⅱ D28, re **F 34550 Bessan** (43.3594,3.4354)
5,4 EB-Ⅱ (43.3183,3.4730)
5,2 ▬ Wehr, re ≈, oder li ⩍ leicht (43.3171,3.4726)
4,9 Str-Ⅱ D912, li **F 34300 Agde** (43.3149,3.4693)
3,1 Str-Ⅱ D612 (43.3004,3.4633)
0,0 ⇩ ins Mittelmeer (43.2807,3.4437)

Vis

Wildfluss (Gebirgsfluss) Gewässerkennzahl FR: Y2030500
Mündung in Hérault bei km 112,0 (re Nebenfluss)

Mündung in Hérault (re Nebenfluss)

Die Vis ist ein landschaftlich hervorragend schöner Fluss, der auf weiten Strecken seines Laufes durch tiefeingeschnittene Schluchten fließt.

Besonders sehenswert ist der „Cirque de Navacelles", ein riesiger, nahezu runder Felskessel, der Vis stürzt hier mit einem 15 m hohen Wasserfall in den Talgrund.

Befahrungsregeln: An den üblichen Einsetzstellen befanden sich Schilder mit dem Hinweis, dass das Kajakfahren verboten ist. Nach letzten Meldungen wurden diese Schilder wieder abmontiert, ihre Rechtskraft war ohnehin fraglich, da sie anscheinend von den örtlichen Anglern angebracht waren. Mit Schwierigkeiten durch Angler und evtl. Verwarnungen durch die Polizei ist jedoch zu rechnen.

Befahrbarkeit: März bis April; bei NW kann eine Befahrung recht mühsam werden.

Pegel: Wasserführung: Minimum 5 m³/s, Maximum 15-20 m³/s. Der Wasserstand ist sehr unregelmäßig und stark abhängig von örtlichen Niederschlägen. In der oberen Schlucht führen zwei kräftige Karstquellen sowie ein ↯-Auslauf kurz vor Madières zu einer deutlichen Anhebung des Wasserstandes.

Schwierigkeiten: km 35,0-30,0 WW II

km 30,0-17,1 WW II und III

km 17,1-3,2 WW II

Infrastruktur: Zeltmöglichkeit: am „Cirque de Navacelles“ oberhalb des Wasserfalls, hier ✕, oder etwa 3 km flussabwärts von Madières kostenloser einfacher ⛺ der Forstverwaltung, li neben der Straße, 100 m vom Fluss, vom Wasser aus nicht zu sehen. Pkw: Begleitung unterhalb Madières möglich.

57,8 Ursprung am Col de l´Homme Mort in etwa 1000 m Höhe, Flusslauf stellenweise unterirdisch. Die Vis dürfte schon oberhalb km 35,0 zumindest auf Teilstrecken ≈ sein, Unterlagen darüber sind jedoch nicht bekannt (44.0188,3.4745)

35,0 Mögliche ⬇ man erreicht sie, wenn man vom Wasserfall die Serpentinen Richtung Blandas aufwärts fährt. In einer scharfen r-Kurve geht li ein steiler, schlechter Weg (mit Pkw ≈) zum Fluss hinunter. Verlauf in schöner Schlucht, WWII, leichtes ⏏ bei einer Röhren-Π und einem ↯, Baumhindernisse

30,0 „Cirque de Navacelles“ 15 m hoher Wasserfall, ⬆ direkt vor dem Wasserfall li; ⏏ zunächst über Steinplatten entlang dem Ufer, danach führt neben der Abbruchkante ein Trampelpfad direkt zum Tosbecken. Übliche ⬇ unterhalb des Falles. Der Fluss verläuft auf der ganzen folgenden Strecke durch eine tiefe Schlucht, mit Baumhindernissen ist stets zu rechnen, je nach Wasserstand knifflige Engstellen, bis WW III+ (43.8948,3.5118)

21,8 Eisen-Π am re Ufer kurz danach stürzen li die beiden Karstquellen in den Vis

18,6 Weg-Π Niedrige Röhren-Π, evtl. überheben (43.8516,3.5534)

17,7 re ↯ mit zeitweise erheblicher Wasserzufuhr. (43.8564,3.5589)

17,3 Str-Π D25, **F 34520 Saint-Maurice-Navacelles-Madières** davor

Schräg-▬, re gut ≈ (43.8539,3.5637)
14,3 li ⊥ li neben der Straße 100 m vom Fluss, gute Gelegenheit zur Beendigung der Befahrung des interessanteren Teiles des Vis. Weiterfahrt problematisch wegen Belästigung durch die Besitzer der Forellenzuchtanstalten in diesem Abschnitt
13,3 Weg-Ⅱ Forellenzuchtanstalt bei Le Claux darunter ▬ Wehr, li ≈ (43.8684,3.6006)
12,8 ▬ Wehr (43.8720,3.6048)
12,3 ▬ Wehr (43.8750,3.6078)
11,3 ▬ Wehr, ≈ (43.8826,3.6141)
10,9 Steil-▬ bei **F 34190 Gorniès** 3 m hoch, senkrechter Abfall, evtl. nach Besichtigung ≈. Das Unterwasser ist nur auf 2 m Breite frei, diese Stelle muss genau getroffen werden. re ⌂ möglich (43.8852, 3.6175);
Weg-Ⅱ (43.8854,3.6177)
9,7 Str-Ⅱ D25 (43.8905,3.6261)
8,8 Weg-Ⅱ (43.8908,3.6345)
6,8 Weg-Ⅱ (43.8978,3.6533)
5,0 ▬ Blockwurf-Stufe (43.9110,3.6558)
4,9 Fußg.-Ⅱ (43.9116,3.6559)
4,8 Fußg.-Ⅱ (43.9130,3.6562)
3,3 ▬ Wehr **X**, ↱. Da auf der folgenden Strecke bis zur Mündung noch ein Wasserfall von 15 m Höhe und 2 schwierig zu umtragende **X** ▬ folgen, wird dringend empfohlen, die Fahrt hier abzubrechen. Bis zur ⇩ WW II (43.9247,3.6625)
3,2 Str-Ⅱ D110 nach re **F 30440 Saint-Laurent-le-Minier** (43.9257, 3.6629)
0,0 ⇩ in Hérault (s. Seite 257) bei km 112,0 (43.9396,3.6897)

Orb

Wildfluss (Gebirgsfluss) Gewässerkennzahl FR: Y25-0400
Mündung in Mittelmeer

Der Orb ist ein bei uns bisher wenig bekannter, sehr reizvoller Fluss der Südabdachung des Zentralmassivs, in seinem Oberlauf ein verhältnismäßig leichter Wildfluss in herrlicher landschaftlicher Umrahmung, in seinem Unterlauf ein reizvoller Wanderfluss mit starkem Waldbewuchs und interessanter Vogelwelt.

Befahrbarkeit: die Wasserführung ist abhängig von der Wasserabgabe des Stausees von Avène; mit ausreichender Wasserführung ist bis Anfang August zu rechnen.

Schwierigkeiten: Oberlauf zumeist WW II-I mit einzelnen Stellen WW III und IV; im Unterlauf Zahmwasser.

Infrastruktur: Zeltmöglichkeit: neben ⛺🚐 auch vielfach Gelegenheit, sehr schön frei zu zelten. Pkw: die Straße verläuft parallel zum Fluss, allerdings teilweise hoch darüber, oder etwas abseits.

135,4 Ursprung Causse de Larzac in etwa 900 m Höhe (43.8297,3.2484)
121,0 –115,8 Stausee oberhalb von **F 34260 Avène** die folgenden „Gorges de l´Orb“ sind wegen Wasserableitung **X** (43.7655,3.0931)
102,6 Weg-Ⅱ oberhalb Serieys, ⬇ bei gutem Wasserstand (43.7241, 3.1476)
101,2 ▬ Wehr **X**, li ⏏; bei NW ist eine Weiterfahrt evtl. nicht möglich, dann umfahren bis Pont d´Orb (km 98,0). Der re abgehende Kanal ist **X** (43.7147,3.1568)
101,0 Str-Ⅱ D8 (43.7152,3.1594)
98,0 Str-Ⅱ D35, re **F 34260 Le Bousquet-d'Orb** (Pont d´Orb), ✕, 🛒, am Ortsende 🚐 am Fluss (43.6997,3.1684)
97,5 EB-Ⅱ (43.6951,3.1683)
97,3 ▬ Wehr, **X** (43.6940,3.1696)
96,2 Str-Ⅱ D8E15, re **F 34260 Le Bousquet-d'Orb** (43.6860,3.1768)
93,6 ▬ Wehr (43.6675,3.1715)
92,8 Str-Ⅱ D35E20 ▬ Wehr, ≈ (43.6651,3.1638)
91,8 ▬ Wehr und kurz danach ein Katarakt Ein schmaler Felskanal teilt sich in 2 Arme. li Arm verwinkelt, nur für Kurzboote, WW IV, re Arm WW III. Danach ▬, Moulin de Mirande, **X**, bei Anfahrt besichtigen (43.6599,3.1545)
91,2 Weg-Ⅱ, re **F 34260 La Tour-sur-Orb** (43.6549,3.1513)
89,5 ▬ Wehr, **X**, re ⏏ (43.6479,3.1657)
89,3 Str-Ⅱ D157 (43.6465,3.1684)
87,9 Niedrige Ⅱ (43.6369,3.1638)
87,7 ▬ Wehr, evtl. li ≈, re ⏏ (43.6354,3.1633)
86,8 ▬ Wehr, evtl. ≈ (43.6271,3.1656)
86,1 ehem. EB.-Ⅱ (43.6217,3.1639)
85,4 Str-Ⅱ D908, **F 34600 Bédarieux** 🚐, Gute ⬇- und ⬆-Stelle. Bis Tarassac folgen 12 ▬. Bei gutem Wasserstand und etwas Wildwassererfahrung sind nach Besichtigung sämtliche ▬, evtl. unter Mate-

rialeinsatz ≈. Dies gilt auch für die folgenden ▬ bis Réals (43.6190, 3.1567)

85,1 Str-Ⅱ D35E33, **F 34600 Bédarieux** (43.6162,3.1569)

84,7 Fußg.-Ⅱ (43.6134,3.1548)

83,4 ▬ Wehr (43.6031,3.1509)

82,2 ▬ Wehr (43.5963,3.1413);
Str-Ⅱ (43.5962,3.1408)

81,6 ▬ Wehr (43.5931,3.1362)

81,3 EB-Ⅱ (43.5917,3.1335)

80,3 re ⇩ Mare (s. Seite 267) (43.5913,3.1223)

80,1 Str-Ⅱ D909A, re **F 34600 Hérépian** mögliche ⬇ (43.5895,3.1199)

76,8 Str-Ⅱ D22E1, re **F 34240 Lamalou-les-Bains** sehr niedrige Ⅱ, darunter ▬ Wehr, nach Besichtigung evtl. ≈ (43.5852,3.0835)

74,5 Str-Ⅱ D160E3, re **F 34600 Le Poujol-sur-Orb** kurz davor ⛺, li über die Straße (43.5752,3.0636)

68,9 **F 34390 Colombières-sur-Orb** Gute ⬇ nördlich vor Colombières, Richtung Aire-Vielle, unter der EB-Ⅱ hindurch zum Fluss. Die Folgestrecke wird am häufigsten befahren, sie führt durch ein tiefes, einsames Tal, Straße und Ortschaften liegen hoch über dem Fluss. Es folgen zahlreiche sehr schöne Schwälle und Stufen ohne Wasserwucht, dazwischen ruhiges Wasser, WW I-II (III)

68,6 ▬ Wehr mit 6 m Höhe Mitte Bootsgasse, gut ≈ (43.5722,3.0035)

68,3 Weg-Ⅱ, niedrig evtl. li ⏏ (43.5731,3.0003)

66,1 Verblockung, slalom-artige Passage WW III

65,1 Str-Ⅱ D14, **F 34390 Mons la Trivalle-Tarassac** sehr schöner ⛺ "municipal Le Claps" re nach der Ⅱ hoch über dem Fluss. Man kann am re Ufer an der Base Nautique ⬇; hier führt ein steiler Weg zum Fluss, monslatrivalle.fr (43.5643,2.9749)

64,2 re ⇩ Jaur (s. Seite 266) mit oft starker Wasserzufuhr. Es folgt eine sehr schöne Schlucht, zumeist Zahmwasser, mit einigen Stellen bis WW II (43.5589,2.9739)

61,4 Weg-Ⅱ niedrig, je nach Wasserstand gut zu unterfahren (43.5469, 2.9772)

58,6 Str-Ⅱ D177, li **F 34390 Vieussan** niedrig, je nach Wasserstand gut zu unterfahren (43.5374,2.9755)

54,3 re Str-Ⅱ D14E28, **F 34460 Roquebrun-Ceps** die Berge werden niedriger (43.5145,2.9916)

49,1 Str-Ⅱ D14, li **F 34460 Roquebrun** mittelalterliche Stadt, ⛺ vor der Stadt re; unter der Ⅱ befindet sich ein ▬ Wehr, Durchlass mit kleiner Stufe, ≋, Büsche! (43.4993,3.0283)

48,1 Verfallenes ■ Wehr Durchfahrt zeitweise durch Baumhindernisse versperrt, vor Befahrung besichtigen

45,2 ■ Wehr, Maynard Bootsgasse li von der Fischtreppe, gut ≋; danach auf 200 m Felsstufen, slalomartige Passage, WW III, evtl. treideln oder re ⏏ (43.4791,3.0427)

41,7 ■ Wehr, verfallen, ≋, Das Tal wird breiter (43.4589,3.0282)

39,7 Hänge-Ⅱ D136, re **F 34460 Cessenon-sur-Orb** (43.4512,3.0469)

37,3 ■ Wehr von Moulin Neuf mit schmaler bogenförmiger Bootsrutsche, je nach Wasserstand gut ≋ oder li ⏏ (43.4489,3.0680)

36,1 Es beginnen die Stromschnellen von Réals starkes Gefälle, Verblockung, bis WW IV. Zufahrt mit Pkw am Beginn der Stromschnellen möglich, Slalomstrecke, Kanuzentrum, evtl. hier ↑, wenn die Schnellen nicht befahren werden. Am re Ufer verläuft ein Plattenweg neben den Schnellen, gute Möglichkeit zu deren Besichtigung

34,1 ■ Wehr re ≋, Ende der Stromschnellen, 🚐 (43.4383,3.1003)

33,9 Str-Ⅱ D36, **F 34460 Cessenon-sur-Orb-Reals** die Fahrt wird vielfach hier beendet. Der Orb wird zum Zahmwasser in einem breiten Tal. Weiterfahrt bis Mittelmeer möglich, reizvolle Fahrt, starker Baumbewuchs, man kann seltene Wasservögel beobachten (43.4369,3.1016)

28,9 Str-Ⅱ D16 (43.4121,3.1320);
■ Wehr li oder re ⏏; ⚠ auf Querverkehr von Lkw und Baggern (43.4117,3.1317)

27,1 ■ Wehr (43.4007,3.1384)

25,3 ■ Wehr, **X**, ⏏ (43.3936,3.1540)

24,3 li **F 34490 Lignan-sur-Orb**

22,3 ■ Wehr, ≋ (43.3728,3.1701)

21,8 Str-Ⅱ, li **F 34370 Maraussan** (Route de Béziers) (43.3702,3.1753)

21,1 Str-Ⅱ D612 (43.3653,3.1789)

17,2 ■ Wehr ≋ oder ⏏ (43.3456,3.2059)

16,5 Str-Ⅱ, **F 34500 Béziers** (Pont Vieux), alte Bogenbrücke (43.3393, 3.2082)

16,4 Str-Ⅱ D612B (43.3385,3.2091)

16,2 EB-Ⅱ (43.3369,3.2106)

16,0 Str-Ⅱ, **F 34500 Béziers** (Pont d'Occitanie) (43.3353,3.2124)

15,9 Kanal-Ⅱ Canal du Midi (43.3346,3.2129)

15,3 ■ Wehr, **X**, li ⏏ (43.3315,3.2186)

12,3 ■ Wehr li Mühle, re ϟ, **X**, ⏏ mühsam (43.3165,3.2436)

11,3 Autobahn-Ⅱ A9 (43.3121,3.2534)
7,1 Str-Ⅱ D37, re **F 34410 Sérignan** (43.2850,3.2813)
7,0 Fußg.-Ⅱ (43.2835,3.2825)
6,5 Str-Ⅱ D64 (43.2810,3.2867)
1,0 **F 34350 Valras-Plage**
0,0 ⇩ in Mittelmeer (43.2451,3.3000)

Jaur

Wildfluss (Gebirgsfluss) Gewässerkennzahl FR: Y2540500
Mündung in Orb bei km 64,2 (re Nebenfluss)

Der Jaur, ein Fluss der Südabdachung des Zentralmassivs, verläuft in einem engen, landschaftlich sehr reizvollen Tal, das schon unter dem Einfluss des nahen Mittelmeers steht. Die stets neben dem Fluss verlaufende Eisenbahn sowie Straße stören wegen der üppigen Vegetation der Ufer kaum.

Befahrbarkeit: für eine Befahrung ab km8 ist ein Mindestpegel von 0.9 m erforderlich. Dies ist zumeist nur im Frühjahr und Herbst anzutreffen. Ab km 5,7 ganzjährig. Eine Weiterfahrt bei km 1,7 ist allerdings nur möglich, wenn das ϟ bei km21 unter Volllast arbeitet. Dies ist am ehesten im Frühjahr zu erwarten.

Pegel: Ⅱ km 20,9, Hilfspegel für die Strecke ab km 1,7: der re Arm des ▬ von km 5,7 muss ohne Grundberührung ≈ sein.

Schwierigkeiten: km 21,0-5,7 WW II (III)
km 5,7-⇩ WW III

30,0 Ursprung am Col de Fenille in etwa 500 m Höhe (43.4870,2.7562)
21,0 günstige ⬇ nach einem 3 m hohen Steil-▬, zu erreichen auf einem Fußweg, der von 2 🅿 oben an der Straße zum Fluss führt (43.5233, 2.8287)
20,9 Str-Ⅱ D176E11, **F 34390 Prémian** re ≡ (43.5229,2.8296)
20,5 ▬ Wehr nach Besichtigung halb-re ≈
19,7 Weg-Ⅱ Ortsende von Prémian (43.5268,2.8356)
18,9 ▬ Wehr, ganz li ≈ (43.5223,2.8416)
18,2 Weg-Ⅱ (43.5248,2.8468)
17,7 Kleine Furt mit Röhren bei Pegel 0,9 m knapp überfahrbar
17,4 ▬ Schrägwehr gut ≈

17,2 Str-ⅠⅠ D176E3, **F 34390 Saint-Étienne-d'Albagnan** weitere gute ⬇ unter der ⅠⅠ re. Der Jaur ist hier schmal, Strauchhindernisse. 3 ▬, ≈, kleine Kiesbankschwälle und Stufen, gut ≈ (43.5306,2.8544)

16,8 Fußg.-ⅠⅠ (43.5318,2.8578)

13,5 ehem. EB.-ⅠⅠ (43.5429,2.8757)

12,6 ▬ Wehr (43.5475,2.8834)

12,5 EB-ⅠⅠ (43.5473,2.8843)

12,4 Weg-ⅠⅠ (43.5472,2.8857)

10,9 ehem. EB.-ⅠⅠ (43.5482,2.8982)

9,5 Str-ⅠⅠ D14 (43.5542,2.9104)

9,2 ▬ Wehr (43.5562,2.9111)

9,1 Weg-ⅠⅠ, niedrig (43.5570,2.9116)

8,2 Str-ⅠⅠ D14, **F 34390 Olargues** (43.5580,2.9152)

7,8 ehem. EB.-ⅠⅠ (43.5571,2.9195)

6,0 Weg-ⅠⅠ, niedrig **X**, spät zu erkennen, kleines Kehrwasser re ⏜ (43.5624,2.9363)

5,7 li ⇩ Auslauf des ↯ von Montahut mit reichlicher Wasserzufuhr (das Wasser stammt aus dem nördlich gelegenen Agout) (43.5640, 2.9398)

5,5 ▬ Wehr der Fischzuchtanstalt „Napoléon" Eine Befahrung des ▬ ist gefährlich, man fährt besser einen re abgehenden Seitenarm, der allerdings auch recht steinig ist (s. Hilfspegel); dieser Arm ist die schwerste Stelle des Jaur, WW III. ⬇ am ▬, falls der Oberlauf nicht befahren wird. ⛺-Möglichkeit. Man kommt zur ⬇ auf einem Feldweg etwa 2 km oberhalb Trivalle. Durch die Wasserzufuhr ändert sich der Flusscharakter völlig: Wasserwucht, hohe Wellen, WW III (43.5634, 2.9415)

3,8 Str-ⅠⅠ D14E22 (43.5633,2.9557)

1,7 ▬ Wehr von La Voulte Das ▬ wurde umgebaut, es wird jetzt fast das ganze Wasser durch einen Stollen zum ↯ geleitet. Für gute Weiterfahrt s. „Hilfspegel". Die beiden Floßgassen an der re Seite der ▬-Mauer führen dann Wasser. Man sollte die li der beiden Gassen befahren. Bei unzureichender Wasserabgabe kann man die folgende Flussschleife entweder 1 km weit die Boote von Tümpel zu Tümpel tragen oder über den Bergrücken ⏜, beides sehr mühsam (43.5576, 2.9675)

0,5 Rückführung von abgeleitetem Wasser (43.5575,2.9685)

0,0 ⇩ in Orb (s. Seite 262) bei km 64,2 li 🚐, gut geeignet als Standquartier für Befahrungen von Orb und Jaur (43.5590,2.9736)

Mare

Wildfluss Gewässerkennzahl FR: Y2520500
Mündung in Orb bei km 80,3 (re Nebenfluss)

Die Mare ist ein sehr ansprechender Fluss der Südabdachung des Zentralmassivs. Mit ihrem kristallklaren Wasser, ihren nur mäßigen Schwierigkeiten und zahlreichen Spielstellen ist sie eine Freude für jeden Kanuten.

Fahrtstrecke: ⬇ bei niedriger Π von St.Maurice, Abzweigung der D22E.

⇩ in Orb nach etwa 17 km. ⬆ kurz nach der ⇩ re vor der Π von Hérépian.

Befahrbarkeit: Frühjahr und Herbst und nach Regenfällen.

Pegel: Wasserführung: ideal ist ein Durchfluss von etwa 15 m³/s. Dies wird erreicht wenn an der Π der Einsetzstelle zwischen Π-Unterkante und Wasser etwa 20 cm frei sind.

Schwierigkeiten: WW I-III. In einem offenen Tal wenige Buschhindernisse einige Felsrippen mit z.T. starkem Gefälle, evtl. ⏏ jeweils gut möglich. Unterhalb St.Etienne einige ▬, etwa 3 sind X.

Aude

Wildfluss - Wanderfluss (Gebirgsfluss - Flachlandfluss)
Gewässerkennzahl FR: Y1--0200
Mündung in Mittelmeer

Die Aude entspringt in den Hochpyrenäen. Sie ist in ihrem Oberlauf einer der landschaftlich schönsten Flüsse Südfrankreichs. Als Wildwasser bietet sie fast durchgehend interessantes, mäßig schweres Wasser; auf kurzer Strecke ist sie sehr schwer. In Carcassone befindet sich eine der größten und besterhaltenen Burganlagen Europas, deren Besichtigung unbedingt zu empfehlen ist. Im Unterlauf wird die Aude zum Flachlandfluss.

Befahrbarkeit: die Wasserführung ist abhängig von der Wasserabgabe des Werkes von Nentilla, jedoch fast immer ausreichend. Im Unterlauf werden allerdings größere Wassermengen zur Bewässerung abgeleitet, sodass dann eine Befahrung im Sommer nicht mehr möglich ist.

Umwelt: Wasser: Oberlauf (bis km 156,0) sauber, ab hier zunehmend Verschmutzung durch Abfälle.

Pegel: ↯ von St.Georges, km 171,0, maßgebend für das „Défilé de Pierre Lys“. Minimum 30 cm, WW III-IV. 35-50 cm = optimal WW IV (IV+). Mehr als 70 cm = mehr als 25 m³/s = WW V-**X**

Schwierigkeiten: km 173,3-164,4 WW III, abnehmend WW II

km 164,4-162,0 s. Pegel

km 162,0-125,5 WW II-III

Infrastruktur: Zeltmöglichkeiten: am Oberlauf des Flusses wird empfohlen, auf die öffentlichen Zeltplätze zu gehen. Im Unterlauf des Flusses zahlreiche Möglichkeiten zum Zelten.

223,6 Ursprung am Puits des Carlettes in 2920 m Höhe Über eine Befahrbarkeit der folgenden 50 km ist nichts bekannt (42.5727,2.0199)

173,3 ↯ von Nentilla die Wasserabgabe des Werkes ist bestimmend für die Schwierigkeiten der folgenden Strecke. ⬇ unterhalb des ↯ (42.7720, 2.2129)

172,4 Str-II D118 (Pont Baira), weitere mögliche ⬇, 🅿 (42.7775,2.2184)

171,5 Beginn der “Gorges de St.Georges“

171,0 ▬ Wehr li ↯, Steg, ≣, gefährlicher Rücklauf bei HW (42.7880,2.2225)

170,1 Str-II D118 (42.7950,2.2252)

169,7 EB-II (42.7982,2.2275)

168,9 Weg-II (42.8039,2.2318)

168,6 Str-II, **F 11140 Axat** Slalomstrecke, gute ⬇⬆-Stelle; es folgen zwei weitere II (42.8045,2.2347)

168,2 EB-II (42.8073,2.2369)

167,9 EB-II (42.8099,2.2361)

167,6 Str-II D117 (Pont d'Aliès) li ⛺ "Le Moulin Du Pont D'Alies", gute ⬆ vor der II, alies.fr (42.8119,2.2391)

166,7 EB-II (42.8146,2.2317)

166,1 Weg-II (42.8170,2.2293)

165,1 ehem. EB.-II (42.8223,2.2279)

164,4 Str-II, **F 11500 Saint Martin de Lys** Gute ⬆-Stelle vor der folgenden schweren WW-Strecke (42.8273,2.2260)

163,5 –162,0 „Défilé de Pierre-Lys“ je nach Wasserstand bis WW V. Die Strecke sollte vor einer Befahrung unbedingt besichtigt werden

162,8 Weg-II (42.8316,2.2102)

160,5 Str-II D78, **F 11500 Belvianes-et-Cavirac** Die Befahrung der Aude wird zumeist hier unterbrochen. Auf der kurzen Strecke bis Quillan folgen 4 ▬, **X** (42.8495,2.2041)

156,0 Str-II, **F 11500 Quillan** gute ⬇ für die Fortführung der Befahrung der Aude. ⛺, abseits vom Fluss. Die Aude fließt nachfolgend durch ein schönes Pyrenäental, leichtes Wildwasser, WW II-III. Stellenweise Verschmutzung der Ufer durch Müll. Außer den beschriebenen ■ gibt es noch einige natürliche und künstliche Stufen, durchweg ≋, evtl. ⏏ leicht (42.8729,2.1847)

155,8 Weg-II (42.8746,2.1858)

155,5 Str-II D118, **F 11500 Quillan** (42.8776,2.1851)

155,4 ■ Wehr (42.8782,2.1852)

152,5 Gefällstufe, WW IV re ⏏ leicht

150,5 ■ Wehr, ϟ, **X**, re ⏏ (42.9133,2.1974)

149,4 Str-II D2, li **F 11260 Campagne-sur-Aude** mittleres Joch fahren, bei NW Gefahr durch schlecht zu erkennenden Eisenträger! re Durchfahrt führt in den Mühlengraben! (42.9158,2.2081)

147,5 ■ Wehr, ϟ **X**, li ⏏ (42.9280,2.2184)

146,3 Str-II D46 (42.9339,2.2184)

146,2 Str-II, **F 11260 Espéraza** Abnahme des Gefälles, zwischen den WW-Strecken oft wenig Strömung (42.9337,2.2200)

146,1 Fußg.-II danach li ⛺ "La Salle" (42.9332,2.2214)

145,3 ■ Stufe, 2 m hoch mit kantigen Blöcken, bei HW evtl. ≋ oder re ⏏

142,9 Str-II D12 (42.9408,2.2482)

142,4 Str-II, **F 11190 Couiza** (42.9438,2.2518)

136,8 ■ Wehr und ϟ evtl. li über Rutsche ≋ oder li ⏏ (42.9826,2.2639)

136,0 Str-II D118 (42.9898,2.2609)

135,8 kurze, schöne Schlucht

134,8 Str-II D2118, re **F 11580 Alet-les-Bains** ■, ≋, zum Kanuzentrum mit ⌂ re Flussarm fahren, Slalomstrecke, weiterhin schöne Schlucht (42.9971,2.2535)

133,6 EB-II (43.0064,2.2486)

130,7 Felsbarriere ≋ oder li ⏏

129,1 ■ Wehr, **X**, li ⏏ (43.0385,2.2503)

127,7 ■ Wehr, **X**, li ⏏ (43.0457,2.2393)

125,8 ■ Wehr, **X**, li ⏏ (43.0486,2.2220)

125,5 Str-II, **F 11300 Limoux** die Fahrt wird zumeist hier beendet. re ⛺ (43.0515,2.2213)

125,1 Weg-II (43.0541,2.2195)

124,8 Str-II D620, **F 11300 Limoux** Eine Weiterfahrt bis Carcasson ist jedoch noch lohnend. re ⛺. Es folgen zahlreiche Naturstufen, ≋ (43.0566,2.2172)

124,4 ▬ Wehr (43.0595,2.2147)
123,7 EB-Π (43.0642,2.2197)
122,7 Str-Π D5118 (43.0719,2.2240)
116,3 ▬ Wehr Moulin de Fourmenis **X**, re ⏏ bis hinter EB-Π (43.1069, 2.2686)
116,0 EB-Π (43.1089,2.2698)
114,5 Weg-Π (43.1170,2.2842)
114,4 Str-Π D43, re **F 11250 Pomas** (43.1174,2.2857)
110,2 Röhren-Π meist **X**, überheben. Bei Cornèze und Couffoulens keine Möglichkeit an den Fluss zu kommen
105,7 EB-Π (43.1702,2.3045)
102,0 –94,0 Stadtgebiet von **F 11000 Carcassonne**
101,8 ▬ Wehr nach Besichtigung evtl. ≋ (43.1912,2.3280)
101,2 Autobahn-Π A61 (43.1947,2.3327)
100,4 ▬ Wehr, **X**, re ⏏ (43.2001,2.3299)
99,9 Str-Π, (Pont Garigliano) (43.2036,2.3342)
98,3 ▬ Wehr **X**, li ⏏. Geradeaus Sicht auf die Burganlage von Carcassonne (la Cité). Gute Möglichkeit, die Fahrt zu beenden. Für eine evtl. Weiterfahrt ist es ratsam, etwa 500 m weit bis zu einem Steg zu ⏏, da im Sommer flach (43.2047,2.3511)
97,8 Fußg.-Π (43.2072,2.3556)
97,4 Fußg.-Π, (Pont Vieux) (43.2104,2.3585)
97,2 Str-Π N113 große Burg-Anlage, ⌘. Weiterfahrt nur bei ausreichendem Wasserstand. Es besteht die Möglichkeit, die Fahrt auf dem Kanal du Midi fortzusetzen. Man muss dazu bei km 90,5 die Böschung hinauf ⏏, mühsam, oder am Ortsende von Carcassonne li zum Kanal umkarren. ⛺ in Trèbes, ist auch vom Kanal aus zu erreichen. Bis zur ⇩ folgen noch einige ▬-Anlagen, die z.T. mühsam ⏏ werden müssen (43.2115,2.3595)
96,7 Str-Π,, (Pont de l'Avenir) (43.2162,2.3613)
96,4 EB-Π (43.2187,2.3624)
95,6 ▬ Wehr (43.2239,2.3681)
94,7 Str-Π D6113 (43.2256,2.3783)
90,6 ▬ Wehr hier re über Böschung Möglichkeit zum ⏏ zum Canal du Midi, mühsam (43.2303,2.4124)
85,3 Str-Π D610, **F 11800 Trèbes** li ⛺ A l'ombre des micocouliers, audecamping.com (43.2093,2.4407)
84,5 ▬ Wehr (43.2047,2.4468)
80,4 ▬ Wehr (43.1890,2.4909)

76,5 ■ Wehr (43.2009,2.5229)
75,1 Str-II D57, li **F 11800 Marseillette** (43.1997,2.5400)
69,2 Str-II D357 (43.1985,2.5996)
63,9 ehem. EB.-II (43.2178,2.6243)
63,4 Str-II D111, li **F 11700 Puichéric** (43.2218,2.6270)
63,0 ■ Wehr (43.2243,2.6295)
58,2 Str-II D72 (43.2432,2.6650)
52,9 ■ Wehr (43.2612,2.7210)
51,5 ■ Wehr (43.2631,2.7360);
Str-II D611, re **F 34210 Olonzac** (43.2633,2.7365)
47,4 Str-II D424, li **F 11200 Argens-Minervois** (43.2388,2.7628)
44,0 Str-II D67 (43.2386,2.7983)
37,7 Str-II D26 (43.2399,2.8554)
34,6 ■ Wehr (43.2435,2.8842)
30,3 Str-II D607 (43.2341,2.9264)
28,5 ■ Wehr (43.2440,2.9350)
27,0 re ⇩ Cesse (s. Seite 272) (43.2470,2.9510)
26,7 li ⇩ Kanal (43.2458,2.9555)
26,5 EB-II (43.2450,2.9573)
26,4 ■ Wehr ➔ Canal de la Robine mit ⇄ (43.2452,2.9583)
22,6 Str-II D13, li **F 11590 Cuxac-d'Aude** (43.2406,2.9992)
17,2 EB-II (43.2360,3.0533)
16,9 Str-II D6009, **F 11110 Coursan** (43.2356,3.0572)
12,3 Str-II D31 (43.2473,3.1109)
11,1 Str-II (43.2485,3.1251)
8,9 Autobahn-II A9 (43.2457,3.1514)
8,8 Str-II D618/D14 (43.2443,3.1528)
2,8 ■ Wehr und ⇄ (43.2263,3.2111)
⇩ ins Mittelmeer (43.2126,3.2403)

Cesse

Wildfluss — Gewässerkennzahl FR: Y1600500
Mündung in Aude bei km 27,0 (li Nebenfluss)

Die Cesse wird von ihren Befahrern als "ein Juwel unter den Flüssen Südfrankreichs" bezeichnet. Sie ist bisher in Deutschland nur wenig bekannt; dabei fließt sie durch einen grandios zerklüfteten Canyon mit hoch aufsteigenden Kalkwänden. Sie ist hier ein sehr schwerer Wildfluss. Besonders interessant ist in diesem Bereich die Durchfahrt durch 2 lange Höhlen. Im weiteren

Verlauf wird die Cesse leichter in einer interessanten Park- und Waldlandschaft. Sie bietet hier mit zahlreichen natürlichen Hindernissen weiterhin mäßige Schwierigkeiten. Im Unterlauf wird sie zum ruhigen Wanderfluss im Bereich der Mittelmeerebene.

Befahrbarkeit:	zeitig im Frühjahr und nach Regenfällen.
Pegel:	km 43,7 Minimum 50 cm
Schwierigkeiten:	km 44,5-36,7 WW IV-V-VI-**X**
	km 36,7-12,5 WW II-III

53,5 Ursprung (43.4285,2.6008)

44,5 Str-II D12E6 bei **F 34210 La Livinière-Cantignergues** empfohlene ⬇ für die Befahrung der Extremstrecke; Zufahrt: von der Ortschaft St.Julien des Molières über die D12, dann abbiegen auf die D12E6, Richtung Cantignergues. Zunächst geringe Schwierigkeiten, Kurven, niedrige Büsche und Baumversperrungen (43.3757,2.6439)

44,0 li Bach-⇩ mit reichlich Wasserzufuhr

43,7 Betonierte Schrägrutsche gut ≈, ≡

43,3 Markante li-Kurve, ▬ Wehr, **X**, li ⏏. Ab hier gräbt sich die Cesse in ihre tiefe Schlucht. Es folgen etliche sehr schwierige und knifflige Stellen, die je nach Wasserstand und Können sehr sorgfältig zu beurteilen sind. Auf alle Fälle sehr vorsichtig fahren, viele der Extremstellen tauchen völlig überraschend auf und können durch Bäume total verrammelt sein. Ein ⏏ ist jeweils möglich, teilweise mit erheblichem Aufwand

36,7 Ende des Canyons, mögliche ⬇, falls die vorausgehenden Schwierigkeiten vermieden werden; zu erreichen bei einem kleinen 🅿 etwa 5 km oberhalb von Minerve, kurz bevor die Straße in einer li-Kurve Richtung Fauzan den Fluss verlässt. Buschwaldhindernisse und einzelne Versperrungen

32,7 re Müllkippe Im weiteren Verluaf mehrere tiefe Unterspülungen

31,7 –31,6 1. Höhle, etwa 120 m lang leichte Durchfahrt (43.3530,2.7380)

31,0 –30,7 2. Höhle 300 m lang. Die Durchfahrt ist recht dunkel, in der Mitte der Höhle li Prallwand, re fahren. Am Ende der Höhle gute ⬆ (43.3539,2.7420)

30,6 Str-II D147E6, **F 34210 Minerve** ⌘ Am Ortsende kleines ▬, gut ≈ (43.3540,2.7452)

30,3 li ⇩ Briant (s. Seite 274) mit starker Wasserzufuhr (43.3532,2.7480)

29,3 Röhren-II (43.3507,2.7545)

28,9 Str-Ⅱ (43.3536,2.7570)
26,8 Str-Ⅱ D10 (43.3534,2.7741)
26,4 Str-Ⅱ, **F 34210 La Caunette** Röhren-Ⅱ, **X** (43.3523,2.7781)
25,2 Str-Ⅱ D907 sofort danach ■ Blockstufe, 1,5 m hoch, Verklemmungsgefahr, unbedingt besichtigen. Weiterhin einige enge Durchfahrten in rascher Strömung (43.3464,2.7895)
23,1 Weg-Ⅱ (43.3420,2.8144)
22,5 Weg-Ⅱ (43.3407,2.8209)
21,7 Str-Ⅱ D20, li **F 34210 Aigues-Vives** Röhren-Ⅱ, **X**, überheben (43.3373,2.8287)
19,5 Schräg-■ steinig, ≈
19,1 Str-Ⅱ, **F 34210 Agel** (43.3366,2.8534)
18,8 Steil-■ 5 m hoch, **X**, li ⌓
18,3 Schräg-■ re ≈
17,1 Schräg-■, ≈, steinig (43.3429,2.8672)
17,0 Weg-Ⅱ (43.3425,2.8692)
15,8 50 m lange Gefällestrecke die unvermitelt in einen Felssturz, **X** übergeht. Unbedingt rechtzeitig vorher bei kleiner Bach-⇩ li ⬆ und ⌓, mühsam
14,3 Steil-■ 1 m hoch, ≈. Danach niedrige Ⅱ, **X**, ⌓ (43.3220,2.8794)
13,4 Weg-Ⅱ (43.3173,2.8724)
13,2 Str-Ⅱ D67, **F 11120 Bize-Minervois** (43.3173,2.8704)
12,5 Steil-■ 1,5 m hoch, nach Besichtigung ≈
10,8 Str-Ⅱ D5 Béziers-Carcasonne, gute ⬆. Die Cesse tritt in die Mittelmeerebene aus, eine Weiterfahrt ist möglich, doch kaum lohnend (43.2974,2.8702)
8,2 ■ Wehr (43.2861,2.8922)
7,8 Weg-Ⅱ (43.2861,2.8963)
7,2 Str-Ⅱ D326, **F 11120 Mirepeisset** (43.2842,2.9006)
6,1 ■ Wehr (43.2831,2.9130)
5,7 Kanal-Ⅱ (43.2801,2.9155)
2,1 Str-Ⅱ D1118, li **F 11590 Sallèles-d'Aude** (43.2563,2.9378)
0,0 ⇩ in Aude (s. Seite 268) bei km 27,0 etwa 20 km unterhalb von Carcassonne (43.2467,2.9511)

Briant

Weitere Namen: Riu Sec
Wildfluss Gewässerkennzahl FR: Y1600540

Mündung in Cesse bei km 30,3 (li Nebenfluss)

Trotz der kurzen Strecke ist die Befahrung des Flusses als überraschend interessantes WW in einer beeindruckenden Landschaft sehr zu empfehlen.

Fahrtstrecke: ⬇ bei einer Pumpstation; zu erreichen von Minerve über die D147. Nach etwa 3 km re ab ein Feldweg zur ⬇. Man sollte nicht versäumen, sein Boot noch 500 m flussauf zu tragen und die folgende kleine Klamm zu befahren. Die Folgestrecke bietet gefällstarkes WW mit kräftiger Verblockung, Busch- und Baumhindernisse, WW III-IV. 300 m oberhalb der ⇩ im Bereich einer alten Stein-Π eine Extremstelle, WW VI, schon bei der Anfahrt besichtigen und die ⬆ zum evtl. ⏏ festlegen. Insgesamt 500 m + 4 km ab Pumpstation.

Befahrbarkeit:	wie Cesse
Umwelt:	Wasser: extrem sauber

Agly

Wildfluss Gewässerkennzahl FR: Y06-0400
Mündung in Mittelmeer

Der Agly ist ein kleiner Wildbach des Pyrenäenvorlandes. Er bietet Schwierigkeiten unterschiedlicher Art.

Befahrbarkeit:	Oberlauf Frühjahr bis April sowie Oktober-November und nach Regenfällen. Unterhalb des Stausees abhängig von dessen Wasserabgabe, am besten wohl an Werktagen. Ab Mündung der Verdouble auch später möglich.
Umwelt:	Wasser: sehr sauber
Pegel:	in der Klamm Clue de la Fou am re Ufer; Minimum für den Oberlauf 110 cm
Schwierigkeiten:	km 64,6-49,7 WW II-III (IV)
	km 49,7-⇩ WW II-I abnehmend (IV)
Infrastruktur:	Zeltmöglichkeit: mehrere schöne Plätze im Tal, Besitzer fragen.

81,7 Ursprung am Fuß des Pic Bugarach in etwa 1000 m Höhe Es folgen die „Gorges de Galamus“, sehenswert, doch **X** (42.8751,2.3846)

64,6 Str-Π D117, **F 66220 Saint-Paul-de-Fenouillet** ⬇. Im Ortsbereich 2 ▬, ≈ (42.8092,2.5020)

64,1 ▬ Wehr, ≈

63,6 ▬ Wehr (42.8032,2.4979)

63,5 re ⇩ Boulzane es folgt die enge Schlucht „La Clue de Fou“, künstliche Eingangs- und Ausgangsstufe, besichtigen. (42.8021,2.4973)

63,3 Weg-II (42.8009,2.4976)

63,2 Str-II D619 (42.7994,2.4972)

60,3 ▬ Wehr, ≈ nach Besichtigung, Auf den folgenden 2,5 km mehrere verblockte Stromschnellen, WW III (42.7882,2.5250)

59,8 Str-II D77 (42.7853,2.5215)

58,3 2 ▬ Wehr in 300 m Abstand, ≈. Strauchhindernisse. Die Schwälle werden leichter

55,6 II Aquädukt von **F 66220 Ansignan** (42.7648,2.5144)

54,7 Str-II (42.7592,2.5226)

54,1 re ⇩ Desix (42.7585,2.5283)

53,5 Str-II D9 (42.7575,2.5328)

49,7 Str-II D21, re **F 66720 Caramany** über den Stausee, hier ⬆ (42.7424,2.5712)

47,4 ▬ Staudamm die neue Straße, die um den Stausee herumführt, geht wieder zum Fluss hinuntern, ⬇ an geeigneter Stelle (42.7459, 2.5900)

45,4 ▬ Wehr Durchlass in der Mitte, evtl. ≈, unsauberes Unterwasser

44,0 ▬ Wehr, re **F 66720 Rasiguères** re ≈ (42.7609,2.6084)

43,0 Str-II, **F 66720 Planèzes** (Rue du Lavoir) (42.7649,2.6172)

42,1 ▬ Wehr (42.7615,2.6244)

39,6 Str-II D79, **F 66720 Latour-de-France** ⌘ (42.7693,2.6511)

38,6 Röhren-II, **F 66720 Latour-de-France** (La Capeillette) (42.7701, 2.6584)

35,4 li ⇩ Maura das Tal wird breiter, Aufteilung auf mehrere Arme (42.7811,2.6882)

34,6 Str-II D117, **F 66310 Estagel** (42.7768,2.6964)

34,2 Str-II, **F 66310 Estagel** (Boulevard Jean Jaurès), gute ⬆ (42.7751, 2.7007)

32,9 EB-II (42.7774,2.7149)

32,5 li ⇩ in Verdouble (s. Seite 277) mit starker Wasserzufuhr (42.7790, 2.7190)

31,5 Kleiner Katarakt, WW IV re ⏏

26,5 Röhren-II D59A ⏏ (42.7819,2.7797)

25,8 EB-II (42.7760,2.7816)

25,2 ▬ Wehr, **X**, li ⏏ (42.7732,2.7853)

24,8 EB-ℶ (42.7765,2.7880)
24,6 Str-ℶ D59, **F 66600 Cases-de-Pêne** Katarakt unter der ℶ, **X** (42.7787,2.7886)
20,3 Str-ℶ D18, re **F 66600 Espira-de-l'Agly** der Agly wird zum Flachlandfluss (42.7821,2.8283)
19,4 Röhren-ℶ (42.7817,2.8389)
18,1 Röhren-ℶ (42.7727,2.8470)
16,4 EB-ℶ (42.7749,2.8664)
15,9 Str-ℶ D5, **F 66600 Rivesaltes** gute ⬆ zur Beendigung der Fahrt. Keine Unterlagen über die Reststrecke (42.7719,2.8714)
15,1 ■ Wehr (42.7737,2.8798)
14,0 Autobahn-ℶ A9 (42.7725,2.8931)
13,4 Str-ℶ D900 (42.7724,2.9013)
8,0 Str-ℶ D1 (42.7523,2.9531)
4,8 Str-ℶ D11 (42.7638,2.9869)
2,2 Str-ℶ D81 (42.7706,3.0174)
0,0 ⇩ ins Mittelmeer (42.7790,3.0388)

Verdouble

Wildfluss Gewässerkennzahl FR: Y0650500
Mündung in Agly bei km 32,5 (li Nebenfluss)

Die Verdouble ist ein nur mäßig schwerer Wildfluss, der durch landschaftlich hervorragend schöne Schluchten fließt.

Befahrbarkeit: Frühjahr und Herbst

Schwierigkeiten: km 26,8-24,8 WW II (III), Strauchhindernisse, niedrige Brücken.

46,7 Ursprung am Pech de Guillaumt in etwa 550 m Höhe (42.8889, 2.4685)
16,8 Str-ℶ D611, re **F 11350 Paziols** mögliche ⬇ (42.8601,2.7189)
15,0 Es folgt auf 5 km eine wunderschöne, völlig unzugängliche Schlucht (Gorges de Verdouble). In der Schlucht kleine Schwälle, bis WW II
12,5 Niedrige ℶ, **X**, ⛺, Die Schlucht weitet sich für einige hundert Meter (42.8448,2.7479)
11,1 Niedrige ℶ (42.8366,2.7555)
10,2 Katarakt am Ende der Schlucht WW III. Die Felswände treten hier sehr eng zusammen
9,7 ■ Wehr mit Wasserableitung, **X**, ⛺. Der Fluss wird breiter, das

Wasser später im Jahr evtl. knapp

8,2 Niedrige II, **X**, li ≏ (42.8158,2.7431)

8,1 Str-II D9, **F 66720 Tautavel** Es beginnt eine weitere, nicht ganz so enge Schlucht (42.8151,2.7426)

7,4 ▬ Wehr **X**, re ≏ (42.8089,2.7443)

4,6 kleines ▬ Wehr ≋. Die Schlucht wird wieder enger, die Straße geht vom Fluss weg

0,6 Furt mit Stufe, ≋ (42.7795,2.7121)

0,2 Weg-II (42.7792,2.7164)

0,0 ⇩ in Agly (s. Seite 275) bei km 32,5 Im Mündungsbereich erhebliche Baum- und Strauchhindernisse. Mögliche ⬆ auf dem Agly nach etwa 2 km re (42.7788,2.7190)

Têt

Wildfluss — Gewässerkennzahl FR: Y04-0500

Mündung in Mittelmeer

Der Têt ist ein sehr abwechslungsreicher Wildfluss, landschaftlich in mehreren Schluchten sehr schön, die Schwierigkeiten wechseln stark.

Befahrbarkeit: Wasserführung: schon wenige Kilometer nach seinem Ursprung wird der Fluss in einigen kleinen Stauseen gefaßt, deren unterschiedliche Wasserabgabe vom jeweiligen Füllungszustand abhängt. Außerdem befinden sich im Verlauf des Flusses mehrere Wasserableitungen, Regenfälle und Schneeschmelze spielen ebenfalls eine erhebliche Rolle für die Wasserführung. Bei einer Befahrung Anfang April wurde ein niedriger, jedoch ausreichender Wasserstand angetroffen, bei einer Befahrung im Mai (Zeit der Schneeschmelze) war der Wasserstand recht hoch und die Schwierigkeiten entsprechend höher. Am günstigsten dürfte wohl die Zeit von Mitte April bis Anfang Juni sein.

Schwierigkeiten: km 74,5-14,7 WW III-IV (V)

105,8 Ursprung am Pic Carlit in etwa 2900 m Höhe Die Folgestrecke bis km 74,5 dürfte **X** sein (42.6162,1.9564)

74,5 Weg-II, li **F 66360 Olette** Rückführung des oberhalb abgeleiteten Wassers, mögliche ⬇. Zunächst spritziges WW in ansprechender Landschaft, WW III (42.5549,2.2738)

73,8 EB-II (42.5569,2.2821)

72,6 Weg-Ⅱ (42.5609,2.2926)
71,9 Neues ■ Wehr **X**, Wasserableitung, re ⏏ leicht. Bei unzureichender Wasserführung muss auf etwa 400 m getreidelt werden (42.5609, 2.3006)
71,5 re Rückführung des abgeleiteten Wassers Beginn einer sehr schönen kleinen Schlucht, WW III-IV
70,9 Str-Ⅱ D27 (42.5623,2.3109)
69,8 Str-Ⅱ D27E, **F 66360 Serdinya** Ende der Schlucht, weiteres ■ mit Wasserableitung, re Bootsrutsche, gut ≋, Weiterfahrt nur bei ausreichendem Überwasser möglich. Die Folgestrecke ist etwas leichter (42.5672,2.3207)
67,0 Weg-Ⅱ (42.5790,2.3478)
66,9 EB-Ⅱ (42.5788,2.3484)
65,6 Str-Ⅱ N116 (42.5841,2.3612)
65,3 Weg-Ⅱ (42.5856,2.3634)
64,7 ↯ mit Rückführung des abgeleiteten Wassers **F 66820 Villefranche-de-Conflent**, mittelalterliche Stadt, ⌘. Auf 200 m WW IV
64,3 Weg-Ⅱ, **F 66820 Villefranche-de-Conflent** (42.5907,2.3710)
64,0 ■ Wehr mit Wasserableitung, ⏏ sehr schwierig. Es wird daher empfohlen, schon am Staubeginn ⬆ und bis km 63,7 ⏏ (42.5930, 2.3727)
63,7 EB-Ⅱ empfohlene ⬇ (42.5956,2.3746)
63,6 ■ Wehr, gut ≋, Es folgt eine Schlucht, streckenweise enge Klamm, sehr eindrucksvoll mit rosa Marmorwänden. Die Ufer sind hier nicht begehbar, bei NW WW III+, die Kataraktstrecken lassen sich dann nur mit reichlich Felskontakt bewältigen. Bei höheren Wasserständen wird die Schlucht sehr schwer, evtl. bis WW V ohne die Möglichkeit zur Besichtigung oder zum ⬆ (42.5960,2.3750)
63,2 Weg-Ⅱ (42.5984,2.3782)
62,7 Str-Ⅱ (42.6017,2.3818)
61,1 Str-Ⅱ D26, **F 66500 Ria-Sirach** hier befinden sich die schwersten Stellen, man sollte sich von der Ⅱ aus Eindruck von den Schwierigkeiten machen (42.6069,2.3984)
60,6 Str-Ⅱ, **F 66500 Ria-Sirach** (Mas Lacroix), Rückführung des abgeleiteten Wassers, der Fluss wird jetzt, auch bei NW sehr wuchtig (42.6087,2.4041)
59,8 ■ Wehr, m ≋, ⚠ Moniereisen!
58,8 Str-Ⅱ D619, re **F 66500 Prades** große Stadt mit allen Möglichkeiten. Ab hier leichter, WW II-III, zunächst schöne Schlucht, später Kies-

bänke mit kräftigen Schwällen (42.6208,2.4145)

54,5 Str-Ⅱ D35, li **F 66500 Eus** darunter eine Stelle **X**, ⛺ (42.6382, 2.4488)

51,2 Slalom-Strecke

51,1 Str-Ⅱ D35A, re **F 66320 Marquixanes** hier ⬆; es folgt der große Stausee von Vinca (42.6442,2.4841)

48,5 Str-Ⅱ D13, re **F 66320 Vinça** (42.6499,2.5130)

45,7 ■ Staudamm Nach nicht bestätigten Berichten französischer Kanuten soll nach dem Stausee auf 2 km eine sehr schöne Schlucht sein, WW IV-V (VI). ⬇ aus einem kleinen Weg gleich nach der Staumauer (42.6576,2.5441)

44,1 Str-Ⅱ, re **F 66320 Rodes** ⬇ für die Weiterfahrt. Der Têt verläuft nun in einem offenen Tal; er ist von der Straße aus weitgehend einzusehen. Eine Reihe von kleineren Stufen insbesondere im Bereich der Ⅱ sowie einige ■ erfordern Aufmerksamkeit (42.6600,2.5604)

38,5 Str-Ⅱ D2, re **F 66130 Ille-sur-Têt** (42.6752,2.6158)

36,9 ■ Wehr (42.6834,2.6299)

35,0 ■ Wehr (42.6950,2.6456)

33,3 Str-Ⅱ, re **F 66170 Néfiach** darunter ■ Wehr (42.6968,2.6646)

31,9 ■ Wehr (42.6996,2.6798)

30,4 Str-Ⅱ D612, re **F 66170 Millas** (42.6968,2.6969)

28,9 ■ Wehr (42.6928,2.7143)

27,6 ■ Wehr (42.6899,2.7284)

25,5 Str-Ⅱ D16A (42.6842,2.7518)

23,2 ■ Wehr (42.6822,2.7784)

22,2 Str-Ⅱ D39, re **F 66270 Le Soler** danach ■ Blockwurf-Wehr (42.6849,2.7906)

21,0 ■ Wehr (42.6866,2.8040)

19,2 ■ Wehr danach Röhren-Ⅱ (42.6908,2.8263)

18,6 Str-Ⅱ D616A (42.6920,2.8325)

17,1 li ⇩ Boule (s. Seite 280) (42.6965,2.8483)

15,9 Autobahn-Ⅱ A9 (42.6988,2.8633)

15,7 Str-Ⅱ D900 (42.6990,2.8660)

14,7 EB-Ⅱ am Ortsanfang von **F 66000 Perpignan** es wird empfohlen, die Fahrt hier zu beenden (42.7002,2.8776)

0,0 ⇩ ins Mittelmeer bei **F 66140 Canet-en-Roussillon** (42.7149,3.0397)

Boule

Wildfluss Gewässerkennzahl FR: Y0470520
Mündung in Têt bei km 17,1 (re Nebenfluss)

Die Boule ist ein kleiner Wildbach aus der Nordabdachung der Pyrenäen mit einer sehr schönen Schluchtstrecke.

Fahrtstrecke: ⬇ Abzweigung der D84. ⬆ nach etwa 8 km II D16 bei der Ortschaft Bouleternère, sehr lohnend.

Tech

Wildfluss (Gebirgsfluss) Gewässerkennzahl FR: Y02-0400
Mündung in Mittelmeer

Der Tech ist in seinem Oberlauf ein extrem schwerer Wildbach. Er gehört zum Schönsten und gleichzeitig zum Schwierigsten was Frankreich zu bieten hat. In den Extremstellen hat er einen Charakter ähnlich dem oberen Tarn, in einer klammartigen Schlucht. Bei entsprechendem Wasserstand können alle Extremstellen umtragen werden, bei höherem Wasserstand kann dies jedoch schwierig bis unmöglich werden.

Befahrbarkeit:	Zeit der Schneeschmelze März-Mai, evtl. Juni.
Schwierigkeiten:	km 66,7-63,4 WW II-III
	km 63,4-57,7 WW IV-V
	km 57,7-48,5 WW V-VI-**X**
	km 48,5-40,5 WW II-IV
	km 40,5-26,4 WW II-III, abnehmend WW I-II
Infrastruktur:	Zeltmöglichkeit: viele schöne Plätze, vor allem im Unterlauf.

84,1 Ursprung am Roc Colom in etwa 2500 m Höhe. (42.4235,2.3195)
66,7 Str-II D115, **F 66230 Prats-de-Mollo-la-Preste** oberste mögliche ⬇ in der Ortschaft bei einer niedrigen Beton-II. Zunächst offenes Kiesbett, WW II-III (42.4031,2.4797)
65,6 Weg-II (42.4026,2.4918)
63,7 Str-II D115 (42.4086,2.5110)
63,4 ▬ Wehr mit Wasserableitung **X**, re ⏏ leicht. Weiterfahrt nur bei ausreichendem Überlauf möglich. Es folgt die sehr schwere Défilé de Baillanouse, WW IV-V (42.4105,2.5114)

62,1 Str-II D115 (42.4073,2.5213)
59,2 Str-II, **F 66230 Le Tech** li ⇩ eines wasserreichen Nebenbaches, mögliche ⬇ bei wenig Wasser. Die Schwierigkeiten lassen etwas nach (42.4101,2.5445)
57,7 Str-II D44 Zunahme der Schwierigkeiten, es beginnt die Extremstrecke, WW V-VI mit Stellen **X**. Man sollte diesen Abschnitt nur bei NW befahren (etwa 5 m³/s). In dieser Strecke ein ▬ mit Wasserableitung, von der Straße aus zu sehen. re ⏏ gut möglich, Weiterfahrt nur bei ausreichendem Überwasser (42.4128,2.5572)
51,5 Str-II D3 (42.4348,2.5959)
50,2 Weg-II (42.4418,2.6021)
48,5 ↯ Pas du Loup mit Rückführung des abgeleiteten Wassers. Es folgt bis 40,5 eine sehr zu empfehlende, schöne WW-Strecke, WW III-IV
46,3 Str-II (42.4528,2.6224)
45,7 Weg-II darunter ▬ Wehr (42.4534,2.6298)
44,4 Weg-II (42.4587,2.6389)
43,3 Str-II D115 (42.4639,2.6450);
Str-II D115
41,1 Str-II D53A (42.4750,2.6643)
40,5 Str-II D618, **F 66110 Amélie-les-Bains-Palalda** ▬ Wehr in Ortsmitte, **X**, li ⏏ (42.4738,2.6703)
39,9 Str-II, **F 66110 Amélie-les-Bains-Palalda** (Promenade des Chênes Verts); Die Schwierigkeiten nehmen ab, WW II-III, in einem sehr schönen Tal (42.4766,2.6739)
39,7 ⚠ In einer markanten li-Kurve befindet sich eine aus großen Blöcken gebildete Passage **X**, rechtzeitig li ⬆ und ⏏
37,0 Weg-II (42.4853,2.6970)
34,2 Str-II D15 (42.4949,2.7181)
31,8 EB-II (42.4957,2.7431)
31,7 Str-II D115 (42.4955,2.7439);
Weg-II, **F 66400 Céret** (Pont du Diable); Bei wenig Wasser sollte man die Befahrung hier beenden. Der Tech wird zum breiten Flachlandfluss und verläuft sich in Kiesbänken, WW I-II (42.4954,2.7444)
31,6 ▬ Wehr (42.4953,2.7450)
30,8 Röhren-II, **X** (42.4962,2.7547)
26,4 Str-II D13, li **F 66490 Saint-Jean-Pla-de-Corts** gute ⬆-Möglichkeit, die Fahrt sollte spätestens hier beendet werden (42.5076,2.7931)
23,9 Autobahn-II A9 (42.5174,2.8189)
23,1 Str-II D618A (42.5190,2.8276)

22,7 Str-II D900, li **F 66160 Le Boulou** (42.5187,2.8319)
21,9 ▬ Blockwurf-Stufe (42.5235,2.8366)
19,5 ▬ Blockwurf-Stufe (42.5341,2.8503)
19,0 EB-II (42.5356,2.8563)
18,2 ▬ Blockwurf-Stufe (42.5403,2.8623)
13,9 Str-II D2 (42.5616,2.9032)
10,3 ▬ Blockwurf-Stufe (42.5721,2.9318)
9,6 Weg-II darunter ▬ Wehr (42.5773,2.9362)
7,2 EB-II (42.5830,2.9616)
6,8 ▬ Blockwurf-Stufe (42.5838,2.9658)
5,2 Str-II D914 danach ▬ Blockwurf-Wehr (42.5855,2.9851)
1,3 Str-II D81 (42.5861,3.0300)
0,0 ⇩ ins Mittelmeer (42.5894,3.0457)

Kanusport auf Korsika

Wenn man sich die geographische Formation Korsikas klarmachen will, stellt man sich am besten ein 183km langes in Nord-Süd-Richtung verlaufendes Nur-Dach-Haus vor, dessen nach Westen abfallende Dachseite direkt in das Meer gebaut ist (Steilküste) und dessen nach Osten abfallende Seite etwas flacher geneigt ist und in einen terrassenartigen Vorbau übergeht (vorgelagerte Schwemmebene mit sehr schönen Sandstränden). Gipfelhöhe des Dachfirstes 2700m Höhe, größte Breite des Hauses einschließlich Terrasse 84km. Dieser gewaltige in Nord-Süd-Richtung verlaufende Gebirgsstock wirkt als Bremse auf die im Winter und Frühjahr vorherrschenden feuchten Westwinde, mit der Folge, dass es in dieser Jahreszeit auf Korsika viel regnet, bzw. in höheren Lagen schneit. Ab Mai herrscht in Korsika jedoch das übliche Mittelmeerklima: heiß, trocken, niederschlagsarm. Dieser Wechsel von reichlich Feuchtigkeit im Winter und Frühjahr und Trockenheit im Sommer führt zur Vegetationsform der Macchia, die jedem Durchkommen außerhalb gebahnter Wege einen fast unüberwindlichen Widerstand entgegensetzt. Diese Macchia ist ein großes Hindernis bei der Erkundung von Flüssen sowie bei einem unvorhergesehenen Abbruch von Bootsfahrten abseits von Straßen und Brücken.

Die vorwiegend italienisch klingenden Orts- und Flussnamen erinnern daran, dass Korsika jahrhundertelang politisch zu Genua gehörte, also italienisch besiedelt war.

Bei der geringen Breite der Insel ist es zwangsläufig, dass sämtliche Flüsse ein sehr starkes Gefälle haben, das sich in zahlreichen Stufen, Katarakten und unfahrbaren Wasserfällen äußert. Eine gute Wasserführung der Flüsse ist nur solange zu erwarten, wie die Schneeschmelze andauert, d.h. je nach Gipfelhöhe des Quellgebietes April/Mai bis spätestens Mitte Juni. Im Hochsommer ist die Mehrzahl der Flüsse nahezu trocken.

Die korsischen Wildflüsse sind durchweg schweres bis extrem schweres Wildwasser. Korsika ist nichts für Wildwasserneulinge, sondern nur für Kameraden, die sich auf Wildwassern von Schwierigkeiten WWIV und V sicher fühlen. Korsika ist nichts für Kameraden, die sich scheuen, evtl. mühsame Landpartien durch die undurchdringliche Macchia zu machen. Korsika ist ferner nichts für Kameraden, die Angst um ihre schönen neuen Boote haben. Ideal zum Fahren, wenn auch schwer zum Tragen, sind die modernen Polyäthylenboote, gut geeignet sind Kurzboote. Für die Befahrung der schweren Wildwasserstrecken unerläßlich ist ferner eine komplette Alpinausrüstung.

Wer jedoch bereit ist, alle diese Mühen auf sich zu nehmen, der wird auf Korsika ein Wildwasserparadies finden, wie es in Europa ohnegleichen ist.

Wer als Nicht-Wildwasserpaddler nach Korsika gehen möchte, kann sich auf ausgedehnten Meeresfahrten vor allem an der westlichen Steilküste erfreuen. Bei dem vorherrschenden oft recht starken Westwind kann das An-Land-Gehen dabei allerdings Schwierigkeiten bereiten, zumal flache Strände im Westen selten sind. Die flache Ostküste mit ihren ausgedehnten Sandstränden ist wesentlich einfacher zu befahren, allerdings landschaftlich verhältnismäßig uninteressant. Der Unterlauf der zum Osten ziehenden Flüsse ist im Schwemmvorland des Gebirges ruhiges Zahmwasser, landschaftlich langweilig und durch Baum- und Buschhindernisse zudem häufig recht mühsam.

Die deutschen Kanuten, die seit 1985 wie eine Heuschreckenplage in Korsika einfallen, haben sich durch ihr rücksichtsloses Auftreten viele Sympathien verscherzt. Es ist leider recht wahrscheinlich, dass es dadurch demnächst zu Sperrungen von Gewässern und Einschränkungen der bisher sehr liberal gehandhabten Zeltmöglichkeiten kommt. Siehe dazu auch die Ausführungen Kanusport in Frankreich.

Die Straßen auf Korsika sind durchweg gut, auch wenn sie im Landesinneren oft sehr schmal sind und halsbrecherische Kurven aufweisen. Die Beraubungen von Pkw haben sich gerade in Korsika zu einem Problem entwickelt. Die Ausführungen im Kapitel Mit dem Pkw in Frankreich sollten daher in Korsika besondere Beachtung finden.

Die Fährverbindungen nach Korsika sind problemlos. Die französischen Fähren verkehren ab Nizza und Marseille nach Bastia, Calvi und Ajaccio, die italienischen Fähren zwischen Genua und Livorno nach Bastia. Es ist, zumindest für die französischen Fähren, wesentlich billiger, die Fahrkarten am Einschiffungsort zu kaufen.

Zur Hauptreisezeit sind Vorausbuchungen auf allen Fähren unbedingt erforderlich.

Eine ausgezeichnete sehr ausführliche Beschreibung nahezu sämtlicher für eine Befahrung in Frage kommender Flüsse Korsikas mit Kartenskizzen findet sich in den beiden Büchern von Josef Haas: Wildwasserparadies Korsika. Die zahlreichen Farbaufnahmen vermitteln besser, als dies jedes geschriebene Wort vermöchte, die Schwierigkeiten, mit denen auf korsischen Flüssen zu rechnen ist.

Die Gewässer Korsikas

	See	Kleinfluss	Wanderfluss	Wildwasser (WW i-II)	Wildwasser (WW III-IV)	Wildwasser (WW V-VI)	Seite
Ortolo				•	•	•	288
Rizzanese				•	•	•	289
Fiumicicoli				•		•	291
Chiovone						•	292
Codi						•	292
Taravo					•	•	293
Prunelli				•	•	•	296
Gravona				•	•	•	298
Ese						•	300
Liamone				•		•	300
Cruzini					•		302
Sagone				•	•	•	303
Porto						•	304
Fango				•	•	•	305
Figarella				•	•	•	306
Aliso		•		•			307
Bevinco			•		•	•	307
Golo				•	•	•	308
Asco				•	•	•	311
Tartagine				•		•	312
Casaluna					•	•	314
Viru						•	315
Alto				•	•	•	315
Alésani						•	316

	See	Kleinfluss	Wanderfluss	Wildwasser (WW i-II)	Wildwasser (WW III-IV)	Wildwasser (WW V-VI)	Seite
Bravone				•	•	•	317
Tavignano				•	•		317
Tagnone				•	•		320
Vecchio					•	•	321
Restonica						•	322
Orbu				•	•	•	323
Abatesco				•	•	•	325
Travo					•	•	326
Solenzara					•		327
Cavo				•	•		328

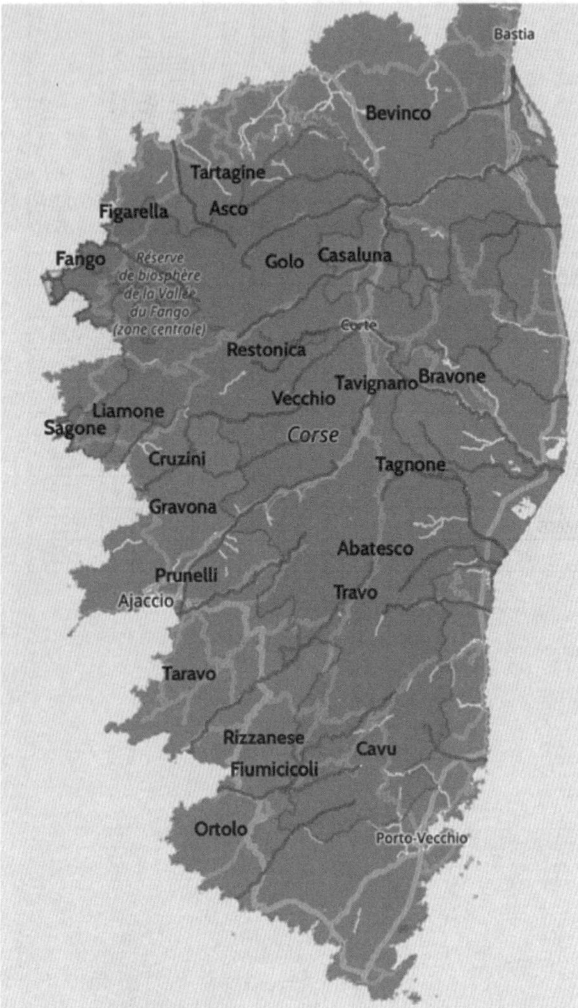

Karte: © OpenStreetMap-Mitwirkende. CC BY-SA 2.0. www.openstreetmap.org/copyright

Ortolo

Wildfluss (Gebirgsfluss) Gewässerkennzahl FR: Y8900500
Mündung in Mittelmeer (Korsika)

Eine Befahrung des Ortolo ist ein Abenteuer in mehrfacher Hinsicht: nach längerer Anfahrt wird man vielfach feststellen müssen, dass das Wasser nicht ausreicht; die Zufahrt mit großen Umwegen auf mäßigen Straßen führt durch wildeste korsische Einsamkeit; und dann der Fluss selbst! Er fließt in seinem Oberlauf durch eine völlig einsame, naturbelassene Waldschlucht. Bei nur geringer Wasserwucht und starkem Gefälle zahlreiche Stufen und Schrägabfälle mit tiefen Gumpen im Unterwasser reicht die Macchia-Wildnis bis ins Wasser, d.h. es ist mit verwachsenen Passagen, tiefhängenden Büschen und Baumversperrungen zu rechnen, die zumeist mehrfaches und teilweise mühsames Umtragen erforderlich machen.

Ab Mühle von Curgia wird das Tal breiter und die Schwierigkeit geringer, die Befahrung weniger mühsam.

Im Oberlauf gibt es einen neuen Stausee, eine Befahrung dürfte daher oberhalb km 15,3 nicht mehr lohnend sein.

Befahrbarkeit:	bei dem niedrig liegenden, stark bewaldeten Einzugsgebiet ist nicht mit Schmelzwasser zu rechnen; die Möglichkeit einer Befahrung dürfte daher nur nach Regenfällen gegeben sein. Da ein Pegel nicht bekannt ist, sollte man die Befahrbarkeit bei der ⌶ N196, km 7,3 an Ort und Stelle prüfen.
Umwelt:	Wasser: sehr sauber
Schwierigkeiten:	km 23,2-15,3 WW IV-V (**X**, Stausse)
	km 15,3-7,3 WW II-III
	km 7,3-⇩ WW II
Infrastruktur:	Pkw: Begleitung nur auf kurzem Mittelstück möglich, zumeist verläuft die Straße mehrere Kilometer vom Fluss entfernt. Zufahrt zu sämtlichen ⬇- und ⬆-Stellen auf großen Umwegen weitab vom Fluss über Sartène.

31,8 Ursprung in etwa 800 m Höhe (41.6542,9.1633)

23,2 Str-⌶ D365 früher oberste mögliche ⬇. Man erreicht sie ab Sartène auf der D65; nach Belzese den re Abzweiger nach Vignalella nehmen. Es beginnt die obere Waldschlucht (s.o.). Befahrungsdauer bis km 15,3: 3-4 Stunden (41.6257,9.0829)

19,0 ▀ Staudamm damit dürfte der obere Teil nicht mehr interessant sein (41.6098,9.0446)

15,3 Str-II D50 Moulin de Curgia. Mögliche ⬇, falls der schwere und mühsame Oberlauf nicht befahren werden soll (41.5944,9.0183)

7,3 Str-II T40 bei **F 20100 Sartène-Pero Longo** hier Befahrbarkeit erkunden. Bis zur ⇩ zahlreiche Mäander (41.5423,8.9679)

0,0 ⇩ ins Mittelmeer (Golf von Roccapina). Zur Beendigung der Fahrt nimmt man Kurs nach Südosten, umrundet das Kap von Roccapina und erreicht in der folgenden Bucht eine von der N196 abzweigende Stichstraße. Von ⇩ bis ⬆ etwa 4 km (41.5083,8.9112)

Rizzanese

Wildfluss (Gebirgsfluss) Gewässerkennzahl FR: Y88-0400
Mündung in Mittelmeer (Korsika)

Die Criviscia und der Rizzanese werden anschließend in durchgehender Kilometrierung aufgezeichnet, da sie auch schon durchgehend bezwungen wurden. Von einer durchgehenden Befahrung kann allerdings wohl kaum die Rede sein. Denn nach J.Haas, dem wohl besten Kenner korsischer Gewässer, ist der Rizzanese der schönste, aber auch schwierigste aller Flüsse dieser Insel, zumindest in seinem Oberlauf. Das Mittelstück ist immer noch extrem schweres Wildwasser, weiter flussabwärts wird er zunehmend leichter. Er bietet also für jeden etwas. Eine exakte Beschreibung dieses außerordentlichen Flusses ist im Rahmen dieses Führers unmöglich. Wer sich auf die oberen Abschnitte des Rizzanese zu wagen gedenkt, sollte daher unbedingt das Buch von J.Haas „Wildwasserparadies Korsika“ sehr genau studieren. Wahrscheinlich wird er dann doch weiter unten anfangen.

Bei km 32,3 befindet sich ein Staudamm mit Wasserableitung, wodurch die Strecke bis km 21,0 vermutlich nicht mehr fahrbar sein wird.

Befahrbarkeit: Frühjahr.

Umwelt: Wasser: Oberlauf sehr sauber, Unterlauf verschmutzt

Pegel: II D20, km 26,8; für den Oberlauf 60-70 cm, für das Mittelstück (ab Pegel-II) 60-95 cm.

Schwierigkeiten: km 40,6-32,3 WW V und VI (VI+), Befahrungsdauer 8 Stunden.

km 32,3-21,0 wahrscheinlich **X** (Wasserableitung), früher

	WW V-VI).
	km 21,0-14,6 WW III
	km 14,6-⇩ WW II, abnehmend WW I
Infrastruktur:	Zeltmöglichkeit: Pont d´Acoravo, km 14,6.
	Pkw: Zufahrt nur an den angegebenen Ⅱ, Begleitung nur im Unterlauf kurz möglich. Im Fall eines Fahrtenabbruches in den oberen Schluchten ist eine Straße, wenn überhaupt, nur unter extremen Mühen zu erreichen.

44,0 Ursprung der Criviscia (die in ihrem für eine Befahrung nicht in Frage kommenden Oberlauf „Asinao“ heißt) am Inducine in etwa 2000 m Höhe (41.7294,9.2184)

40,6 Str-Ⅱ D420 von re **F 20122 Quenza** nach li **F 20124 Zonza** ⬇ für die Befahrung der Criviscia und der obersten Schluchten des Rizzanese. Während es auf der Criviscia noch verhältnismäßig leicht ist („nur“ WW V), wird es nach der ⇩ in den Rizzanese extrem schwer, mit zahlreichen Stellen WW VI und darüber, mit etwa 6 Stellen, die absolut **X** sind und ein sehr mühsames Umklettern erfordern. Auf keinen Fall bei Regen fahren, da die steilen Schrägplatten dann sehr rutschig sind und das ⏏ lebensgefährlich wird (41.7689,9.1738)

36,4 ⇩ in Rizzanese

32,4 re ⇩ Codi (s. Seite 293) in den Stausee (41.7359,9.1153)

32,3 ■ Staudamm mit Wasserableitung, dadurch dürfte die Strecke bis km 21,0 nicht mehr ≈ sein (41.7349,9.1147)

28,3 Ende der größten Schwierigkeiten, mögliche ⬇ direkt nach einer li-Kurve, **X**. Die folgenden 6 km sind eine der schönsten WW-Strecken Korsikas, meist WW V, einige Stellen bis WW VI, ⏏ fast überall gut möglich

26,8 Str-Ⅱ D20 ▤, weitere mögliche ⬇ (41.7257,9.0763)

24,3 Wasserfall unter einer Ⅱ 10 m hoch, in einer klammartigen Passage, re über die Felsplatte ≈ oder li ⏏, mühsam. Die re-Kurve nach dem Fall ist kaum zu erkunden oder zu ⏏, am besten li eine 2,5 m hohe Stufe mit viel Schwung fahren. Danach wird die Schlucht offener und die Schwierigkeiten nehmen etwas ab

23,7 re ⇩ Chiovone (s. Seite 293) (41.7162,9.0510)

23,0 ⚠ Der Fluss teilt sich nach einer kurzen Staustrecke in 2 Arme, der re Arm ist gut ≈, der li Arm endet in einer 4 m-Stufe mit extremem Rücklauf, WW VI, sehr gefährlich, es soll hier schon mehrere Unfälle gegeben haben

22,7 ⬇ für schwächere Fahrer oder bei zu hohem Wasserstand für den schweren Oberlauf. Sie ist zu erreichen auf einem schwer zu findenden Pfad, der etwa 5 km oberhalb der Ⅱ D69 zu einem Steg hinunter führt. Man muss die Boote etwa 30 Minuten tragen. Ab hier ist der Fluss erheblich leichter, maximal WW III. ⚠ Baum- und Strauchhindernisse

21,0 li Rückführung von abgeleitetem Wasser (41.7009,9.0445)

15,4 ▬ Wehr, evtl. ≈ (41.6663,9.0191)

14,6 Str-Ⅱ D69 (Pont D´Acoravo), ⛺ (41.6639,9.0132)

13,7 li ⇩ Fiumicicoli (s. Seite 292) Bis zur ⇩ in das Meer keine besonderen Schwierigkeiten mehr, mit Baum- und Strauchhindernissen ist zu rechnen (41.6611,9.0048)

12,8 Ⅱ (Pont de Rizzanese), mögliche Stelle zur Beendigung der Fahrt; kurz danach ▬ Wehr, ≈ (41.6614,8.9949)

11,3 Genuerser-Ⅱ ⌘, „Korsikas schönste Ⅱ" (41.6557,8.9811)

9,6 ▬ Wehr (41.6471,8.9674)

4,5 Str-Ⅱ T40 (Pont de la Rena Bianca) (41.6575,8.9176)

0,0 ⇩ ins Mittelmeer in Golf von Valinco, sehr schöner Sandstrand. Besichtigung der altkorsischen Stadt Sartène, ⌘ (41.6578,8.8785)

Fiumicicoli

Wildfluss (Gebirgsfluss) Gewässerkennzahl FR: Y8820500
Mündung in Rizzanese bei km 13,7 (li Nebenfluss)

Der Fiumicicoli fließt in seinem Oberlauf durch völlig einsame Wald- und Felsschluchten, seine Ufer sind urwaldartig bewachsen. Er ist hier ein schwerer Wildfluss mit starkem Gefälle, unübersichtlichen Blockpassagen, hohen Stufen und Schrägabfällen, Verengungen und Baumhindernissen, dabei geringe Wasserwucht. Man muss für diese Strecke 4-5 Stunden einplanen. In seinem Unterlauf, nach Schlucht-Ende, wird er leichter.

Befahrbarkeit: bei dem verhältnismäßig niedrig gelegenen, stark bewaldeten Einzugsgebiet dürfte eine Befahrung nur sehr zeitig im Frühjahr oder nach Regenfällen möglich sein. An der ⬇ sollte eine Befahrung ohne Grundberührung möglich sein. Der Fiumicicoli sollte nur befahren werden, wenn der obere Rizzanese zu viel Wasser hat (mehr als 90 cm).

Umwelt: Wasser: sehr sauber

Schwierigkeiten:	km 16,6-4,2 WW IV-V (V+, 1 Stelle **X**) km 4,2-⇩ WW II
Infrastruktur:	Zeltmöglichkeit: oberhalb der Ⅱ D148. Pkw: Begleitung nur streckenweise möglich; in der Schlucht verläuft die Straße fern vom Fluss.

24,1 Ursprung im Forst von Zonza in etwa 1000 m Höhe (41.7279,9.2053)
16,6 Str-Ⅱ D59 re **F 20170 Levie** nach li **F 20170 Carbini** ⬇ für die Befahrung der Schluchtstrecke (41.6904,9.1511)
4,2 Str-Ⅱ D148 (Abzweigung von der D268), Ende der Schlucht, bis ⇩ nur geringe Schwierigkeiten (41.6611,9.0457)
0,1 Str-Ⅱ D69 (41.6607,9.0061)
0,0 ⇩ in Rizzanese (s. Seite 290) bei km 13,7 (41.6611,9.0048)

Chiovone

Wildfluss Gewässerkennzahl FR: Y8810500
Mündung in Rizzanese bei km 23,7 (re Nebenfluss)

Für eine Befahrung des Chiovone dürfte lediglich eine Teilstrecke seines Oberlaufs in Frage kommen.

Fahrtstrecke: die oberste mögliche ⬇ kann erreicht werden auf einem Fahrweg, der 4-5 km oberhalb von Aulène nach li zum Schluchtgrund abzweigt. Die 2.Abzweigung re führt zu einer Ⅱ. In der folgenden Schlucht zahlreiche schräge Felsrippen, WW IV-V, eine Stelle **X**. Nach 3,5 km Ⅱ D410, hier weitere ⬇. Nach 1 km folgt ein Wasserfall, **X**,!, das kurz davor li befindliche Kehrwasser ist nur schwer zu erreichen, li ⏏. Schwierigkeiten im übrigen unverändert. Nach insgesamt 8 km Ⅱ D69, ⬆, ≣. Die folgende Schlucht bietet extreme Schwierigkeiten, insbesondere müssen zahlreiche Fälle, **X**, sehr mühsam umklettert werden. Ein Befahrungsversuch von Josef Haas musste abgebrochen werden.

Pegel: Ⅱ D69; günstig zwischen 75 und 95 cm

Codi

Wildfluss Gewässerkennzahl FR: Y8800560
Mündung in Rizzanese bei km 32,4 (re Nebenfluss)

Befahrbarkeit: günstig ist ein Durchlauf von etwa 5 m³/s. Bei größerer Wasserführung werden die Stufen wegen ihres Rücklaufs

	schnell gefährlich bzw. X, ein Anhalten davor ist dann auch oft nicht möglich. Fahrtstrecke: ⬇ ⌶ bei Quenza, ⬆ nach etwa 4 km an der ⇩ re, hier neue kleine Straße. Kurz unterhalb der ⇩ gibt es einen neuen Staudamm. Ein neuer Befahrungsbericht ist der Redaktion jedoch nicht bekannt; es ist fraglich, ob eine Befahrung des Codi noch möglich bzw. sinnvoll ist.
Schwierigkeiten:	zahlreiche Stufen bis 5 m Höhe, sie müssen vor einer Befahrung fast alle besichtigt werden. Ein 10 m hoher Abfall ist X, li ⏏. Die danach folgenden Stufen sind zwar im Prinzip alle ≈, das Unterwasser ist jedoch mehrfach zweifelhaft. Alle kritischen Stellen können gut umhoben werden.

Taravo

Wildfluss (Gebirgsfluss) Gewässerkennzahl FR: Y86-0400
Mündung in Mittelmeer (Korsika)

Der Taravo ist einer der schwersten Wildflüsse Korsikas. Er bietet auf einer Strecke von 45 km fast durchgehend einen Schwierigkeitsgrad zwischen WW IV und V (VI). Diese Schwierigkeiten werden erzeugt durch ein sehr starkes Gefälle (im Schnitt 17,4‰), sehr starke Verblockung, schwierigste Engstellen, Steilabfälle mit starkem Rücklauf usw. Das Gefälle ist stark schwankend, es erfolgt zumeist in Stufen. Der Taravo führt durch mehrere sehr schöne Schluchtstrecken. Die Straße verläuft, abgesehen von den nachfolgend angegebenen Brücken, zumeist weit ab vom Fluss. Die Tagesetappen müssen unbedingt auf die Brücken ausgerichtet sein. Es ist ratsam, nur kleinste Etappen vorzusehen. Aus diesem Grunde ist die folgende Flussbeschreibung in 4 Etappen aufgeteilt.

Für die Fahrtenplanung wird vorgeschlagen, mit der leichtesten 3. Etappe zu beginnen und je nach Wasserstand und Können der Teilnehmer sich erst anschließend auf die schwierigeren Abschnitte zu wagen.

1. Etappe: km 58,3-43,5
2. Etappe: km 43,5-32,9
3. Etappe: km 32,9-22,3
4. Etappe: km 22,3-13,6

Umwelt:	Wasser: im allgemeinen sauber; unterhalb km 53,3 durch

	Müllkippe vorübergehend verschmutzt und „Beflaggung" der Uferbüsche.
Pegel:	1. Pegel (Schluchtpegel) km 39,4, maßgebend für die beiden ersten Etappen bis km 32,9
	km 58,3-53,3: WW IV+, NW 170, MW 200, HW ?
	km 53,3-48,8: WW III-IV, NW 165, MW 180, HW ?
	km 48,8-43,5: WW IV (V), NW 155, MW 170, HW ?
	km 43,5-39,2: WW V (VI), NW 140, MW 160, HW 180 km
	km 39,2-32,9: WW IV-V (VI), NW 150, MW 165, HW 180
	2. Pegel (Genueser) Ⅱ km 21,3: maßgebend für 3. und 4. Etappe: günstig 120-130 cm, Maximum 170 cm.
	Hilfspegel: der in Flussrichtung li Brückensockel der Ⅱ D26, km 32,9, sollte etwa 20 cm aus dem Wasser ragen.
Schwierigkeiten:	km 32,9-22,3 WW IV-(IV-V)
	km 22,3-13,6 WW IV (V)
	km 13,6-⇩ (Unterlauf) WW II+
Infrastruktur:	Zeltmöglichkeit: bei ⇩ in Mittelmeer am li Ufer.

65,4 Ursprung am Monte Grosso in etwa 1800 m Höhe (42.0243,9.1677)

58,3 Mögliche ⬇ für die Befahrung der 1. Etappe Auf der orographisch li Seite des Flusses können die Boote etwa 5 km oberhalb des Weilers St. Antoine auf verwildertem Weg etwa 10 Minuten weit zum Fluss getragen werden. Steiles, offenes, aber enges Flussbett mit recht großem runden Geröll, bei NW bis WW IV +, bei HW deutlich schwerer

53,3 Str-Ⅱ D28, unterhalb von **F 20134 Palneca** übliche ⬇ für die Befahrung der 1. Etappe, WW III-IV, wegen einer Müllkippe Befahrung nur bedingt lohnend (41.9597,9.1713)

48,8 Str-Ⅱ D328 (Straße nach Giamannacce), empfohlene ⬇ bei NW (s. Pegel). Zumeist WW IV mit 3 Stellen WW V (41.9354,9.1422)

44,5 Str-Ⅱ D228 (41.9170,9.1105)

43,5 Str-Ⅱ D757 bei **F 20153 Guitera-les-Bains** weitere ⬇ bei NW. Zunächst relativ leicht (41.9102,9.1063)

41,0 Hänge-Ⅱ vor der Schlucht am Schlucht-Eingang Zunahme der Schwierigkeiten bis WW V, ansehen! Am Beginn einer klammartigen Verengung der Schlucht befindet sich eine 3 m hohe Stufe mit Rücklauf und unterspülten Felswänden, re ⌓ möglich, aber sehr mühsam. Danach weiterhin WW V, darunter eine ganz re zu befahrende Stufe

40,3 Str-II D757 (41.8862,9.0900)

39,4 Schluchtpegel, danach Katarakt evtl. Befahrung möglich nur bei NW oder wenn der re Schleichweg Wasser führt (ab Pegel 165), WW V +, sonst **X**. Aufseilen am Pegel möglich, jedoch sehr mühsam. Es empfiehlt sich zumeist, die Schluchtstrecke bis km 38,6 mit Pkw zu umfahren

38,9 Weg-II der Straße nach Corrano ⬇ für die Weiterfahrt bzw. für die Befahrung der 2. Etappe. Nach der Eingangsstufe auf 4 km WW II-III (41.8800,9.0765)

35,2 Schnelle Zunahme der Schwierigkeiten auf WW IV-V Stufen, Rutschen und wuchtige Schwälle, ⌓ überall gut möglich. Aufteilung des Flusses in 3 enge Rinnen, die mittlere Rinne ist **X**. Kurz danach schwerer Abfall, WW VI, galt früher als **X**, li ⌓ leicht

32,9 Str-II D26 (Straße von Olivese nach Forciolo). Beginn der 3. (leichtesten) Etappe. Nach einer kleineren Stufe kommt bald nach der ⬇ ein Wasserfall von etwa 5 m Höhe, li ≋ oder re ⌓. WW V. Die folgenden Schwierigkeiten im wesentlichen WW IV-, abgesehen von einem verblockten Katarakt in einer leichten Rechtskurve (Kellertreppe) mit erheblichem Gefälle und bei höherem Wasserstand mit einer großen Walze re am Ende der Schnelle. WW IV-V. Ab hier nehmen die Schwierigkeiten etwas ab (WW IV-) (41.8461,9.0338)

22,3 Str-II T40 Beginn der 4. Etappe (41.8109,8.9579)

21,3 Alte Genueser II ≣ Von hier Fußweg zur Straße. Die größten Schwierigkeiten finden sich an einer Flussstrecke, die mit riesigen Felsblöcken weitgehend versperrt ist. Unbedingt besichtigen. Die Schwierigkeiten lassen auf der folgenden Strecke etwas nach (WW IV)

16,6 Str-II D757 (41.7882,8.9219)

14,2 ■ Wehr (41.7756,8.9078)

13,6 Str-II D302 Straße nach Sollacaro. In der Nähe, bei Filetosa, prähistorische Funde. Ende der 4. Etappe. Ab hier verliert der Taravo seinen Charakter als schwerer Wildfluss, die Schwierigkeiten lassen nach, im Unterlauf ist er stark bewachsen, mit Baum- und Buschhindernissen (41.7749,8.9023)

3,2 Str-II D157 (41.7263,8.8288)

0,0 ⇩ ins Mittelmeer (Westküste, Golf von Valinco) (41.7114,8.8218)

Prunelli

Wildfluss (Gebirgsfluss)	Gewässerkennzahl FR: Y84-0400
Mündung in Mittelmeer (Korsika)	

Der Prunelli ist in seinem Ober- und Mittellauf ein sehr interessanter, schwerer Wildfluss der korsischen Westküste. Der Fluss ist stark verblockt, das insgesamt starke Gefälle ist im einzelnen stark schwankend, sodass sich viele Stufen ergeben. Eine durchgehende Befahrung ist allerdings wegen des Stausees von Tolla mit nachfolgender totaler Wasserableitung nicht möglich. Nachfolgend wird in durchlaufender Kilometrierung der Fahrtbeginn auf der Aira, einem rechten Nebenfluss, und Weiterfahrt auf dem Prunelli beschrieben.

Befahrbarkeit:	Frühjahr; unterhalb km 16,1 abhängig von der Wasserabgabe des ϟ von Ocana, zwar unregelmäßig, aber anscheinend doch stets für eine Befahrung ausreichend. Es ist jedoch zweckmäßig, bei der Ⅱ bei Capitoro (km 5,4) zu erkunden, ob der Wasserstand ausreichend ist.
Umwelt:	Wasser: Prunelli unterhalb Bastelica stark verschmutzt, Aira sehr sauber; ab Zusammenfluss von Aira und Prunelli mäßige Verschmutzung, jedoch reichlich „Plastikverzierung“. Unterhalb des Stausees sauber.
Pegel:	am Pumpenhäuschen oberhalb Ⅱ D203 (gilt nur für Strecke ab km 16,1): Minimum 15 cm; über Pegel 50 starke Wasserwucht und Walzen; ideal 35 cm, dann kann auch der Wasserfall befahren werden.
Schwierigkeiten:	km 34,3-26,0 WW VI-V (V +) km 26,0-22,2 Stausee km 22,2-16,1 Wasserableitung, **X** km 16,1-9,2 WW IV (V-VI) km 9,2-⇩ WW II+, abnehmend
Infrastruktur:	Zeltmöglichkeit: ⛺ an der Ⅱ T40, evtl. bei Ⅱ D3 und D103. Pkw: Begleitung nicht möglich, Zufahrt nur an den angegebenen Ⅱ.

44,2 Ursprung der Aira am Mont Niello in etwa 2000 m Höhe (42.0474, 9.1129)

34,3 Str-Ⅱ D27 mögliche ⬇ für die Befahrung des Oberlaufs von Aira und

Prunelli. Kurz danach Wasserzufuhr. Bis ⇩ in Prunelli Stufen, Verblockungen und Engstellen bei geringer Wasserwucht, Achtung auf Baumversperrungen. WW IV, 1 Stelle **X** (42.0162,9.0482)

31,3 ⇩ des Ajara in den Prunelli (Man könnte die Fahrt auch auf dem oberen Prunelli beginnen. Dies ist allerdings nur bedingt zu empfehlen: das Wasser ist durch die Abwasser von Bastelica stark verschmutzt, die Schwierigkeiten sind größer als auf der Aira, ein Wasserfall muss mühsam ⩍ werden und insbesondere sind zahlreiche Baumversperrungen nicht nur lästig sondern auch gefährlich. Mehrere Stellen **X**. Mögliche ⬇ sind zu erreichen auf einem Fahrweg, der in Bastelica in Ortsmitte abzweigt. Ab Straßen-Ende (hier ⛺-Möglichkeit) müssen die Boote getragen werden. Je nach Trage-Strecke maximale Fahrtstrecke 8 km bis ⇩ Aira). Zunahme der Wasserwucht. Beginn der obersten Felsschlucht, schwierige Blockpassagen, Stufen und Abfälle, WW IV-V (V+), 2 Stellen **X**, beide re ⩍ (41.9952,9.0326)

28,3 Str-II D3 über hohe Felsschlucht, hier evtl. ⛺. Es folgt noch mindestens eine weitere ⩍-Stelle (41.9805,9.0166)

26,0 Beginn des Stausees von Tolla Beendigung der Fahrt entweder in Tolla oder an der Staumauer re (41.9730,8.9989)

25,4 li ⇩ Ese (s. Seite 301) (41.9699,8.9944)

22,2 ▬ Staudamm mit totaler Wasserableitung (41.9635,8.9646)

16,1 Wieder ⬇ Von der D3 führt eine schmale Fahrstraße zum ↯ unterhalb von Ocana hinunter. Der Leiter des ↯ sollte um Parkerlaubnis gefragt werden. ⬇ für die Befahrung des unteren Prunelli hinter dem Trinkwasserreservoir. Es folgt nach 1 km eine **X** Flussstelle, die am re Ufer 300 m weit zu ⩍ ist. Rechtzeitig anlegen, die Strömung zieht in die **X** Stelle! Schwierigkeiten durch niedrige Äste (41.9445,8.9309)

14,1 Str-II D103 weitere mögliche ⬇ (41.9327,8.9149)

12,1 Plattenstufe re ≋; nach 40 m folgt ein 4 m hoher Wasserfall. Er wurde schon befahren, besser und sicherer ist li ⩍. Neben weiteren schweren Abfällen folgt ein Mühlen-▬, evtl. li ≋

9,5 Katarakt, WW V unbedingt ansehen, Befahrung nicht zu empfehlen, re kneifen möglich

9,2 Str-II D203 ▤ (41.9284,8.8702)

5,4 Weg-II bei Capitoro Bald darauf Ende der Schlucht, Nachlassen der Schwierigkeiten (41.9124,8.8359)

4,4 Str-II T40, li ⛟ "u Prunelli" Bis zur Mündung ins Mittelmeer erhebliche Verwachsungen, Baumhindernisse usw. WW II, camping-

prunelli.com (41.9124,8.8258)
1,1 re ⇩ Gravona (s. Seite 299) (41.9077,8.8024)
0,0 ⇩ in Mittelmeer (41.9049,8.7982)

Gravona

Wildfluss Gewässerkennzahl FR: Y83-0400
Mündung in Prunelli bei km 1,1 (re Nebenfluss)

Die Gravona ist ein recht abwechslungsreicher Fluss; im obersten Teil ihres Oberlaufs bietet sie extrem schweres Wildwasser in enger Schlucht. Die folgenden Schluchten sind zwar leichter, aber immer noch sehr interessant. Vor und nach einer später folgenden weiteren Schlucht mit schwerem Wildwasser ist die Gravona mit Bäumen und Büschen stark verwachsen. Bei schneller Strömung ist die Befahrung zwischen den zahlreichen Hindernissen keineswegs einfach.

Befahrbarkeit: Frühjahr und nach Regenfällen.

Umwelt: Wasser: sehr sauber

Pegel: der in früheren Auflagen angegebene Pegel ist zerstört, auch ein neuer Pegel ist schon wieder beschädigt. Hilfspegel: Oberkante des li Ⲡ-Sockels an der alten Pont d´Ucciani, km 26,0. Für die Strecke ab km 35,5 sollte dieser Sockel eben angeströmt sein, bei höherem Wasserstand wird sie schnell **X**. Für die Strecke ab km 34,0 kann das Wasser deutlich höher sein. Für die mittlere und untere Gravona Minimum 10 cm unterhalb der Sockelkante.

Schwierigkeiten: km 35,5-34,0 WW V-VI

km 34,0-26,0 WW III-IV (IV-V)

km 26,0-18,2 WW II und III

km 18,2-9,7 WW IV (V +)

km 9,1-⇩ WW II, abnehmend

Infrastruktur: Zeltmöglichkeit: ⛺ zwischen T20 und Fluss bei der Abzweigung nach Tavaco; bei der Ⲡ T40 am Prunelli sowie in Ajaccio.

44,2 Ursprung am Mont Renso in etwa 2000 m Höhe (42.0474,9.1129)
35,5 oberste mögliche ⬇ zu erreichen von der T20 am Bahnübergang. Der Schrankenwärter zeigt die versteckte Abzweigung zu einem Pfad, der

zu einer kleinen II führt. Evtl. können die Boote noch etwa 1 km flussaufwärts getragen werden. Es folgt ein kleiner Cañon mit Stufen, engen Kurven und einer Stelle **X**

34,0 ▬ Wehr re ≈. II, zu erreichen von **F 20136 Bocognano** über Busso auf schlechtem Fahrweg. 500 Jahre alte Getreidemühle, ⌘; mögliche ⬇ für die Befahrung der folgenden, leichteren Schlucht (42.0881,9.0412)

28,9 Str-II nach re **F 20163 Tavera-Vignale** (42.0767,8.9902)

26,0 ▬ Wehr ≈;
Str-II (Pont d´Ucciani), alte II, Hilfspegel, ⬆ und ⬇. Man erreicht diese II, von Ajaccio kommend, nach Passieren einer geraden von Eukalyptusriesen gesäumten Allee bei einer Mobil-Tankstelle re über einen Bahnübergang abzweigen. Nach kurzem Lauf folgt eine Stufe von 1,5 m Höhe. Anschließend geht die schnelle Strömung durch Büsche und Bäume, unbedingt Abstand halten (42.0600,8.9660)

25,3 Str-II T20 (42.0596,8.9589)

20,2 Wer die unübersichtliche Buschrutscherei vermeiden möchte, setzt am besten erst hier ein. Ein schlechter Schotterweg führt zum Fluss, ⛺ (42.0331,8.9163)

18,2 Str-II D129 ab hier erhebliches Gefälle, starke Verblockung, es ist oft schwierig, die richtige Fahrtstrecke zwischen den Blöcken zu finden, dabei nur mäßige Wasserwucht, WW IV (42.0231,8.9033)

15,1 ⚠ 200m vor der II D229 befindet sich ein **X** Abfall, der mit einer Schnelle beginnt. li anlegen, wenn re die Straße sichtbar wird, am besten vorher erkunden und Anlegestelle merken. li ⌓, Start nach der Umtragstelle am besten von einem Felsen freistürzend 4 m tief in eine tiefe Gumpe

14,9 Str-II D229 (42.0029,8.8842)

14,7 Nach einer 1,5 m hohen Stufe findet sich eine weitere schwierige Passage, evtl. Mitte re ≈, WW V, oder mit Rücksicht auf die Boote besser li ⌓, weiterhin WW IV

14,0 Steil-▬ 6 m hoch, evtl. ≈ oder re ⌓. Abnahme der Schwierigkeiten, max. WW III (41.9974,8.8778)

11,3 EB-II (41.9867,8.8555)

9,7 Str-II D1 davor Katarakt, WW IV. Ende der schwierigen Wildwasserstrecke. Die nächsten 9,7 km führen durch einen stark verwachsenen Unterlauf, mit Busch- und Baumhindernissen, WW II (41.9802, 8.8398)

2,1 Str-II T40 gute Gelegenheit zur Beendigung der Fahrt, 🚐 (41.9238,

8.8117)

0,0 ⇩ in Prunelli (s. Seite 297) bei km 1,1 Nach 0,5 km Weiterfahrt auf dem Prunelli ⇩ in das Mittelmeer (Golf von Ajaccio) (41.9077,8.8023)

Ese

Wildfluss (Gebirgsfluss) Gewässerkennzahl FR: Y8400580
Mündung in Prunelli bei km 25,4 (li Nebenfluss)

Der Ese, aus 2000 m Höhe kommend, verläuft durch eine mit Felsen durchsetzte Waldschlucht mit sehenswerten Laricio-Kiefern. Als extrem schweres Wildwasser ist er sehr interessant durch großes Gefälle, starke Verblockung mit zahlreichen Stufen und engen Kurven bei geringer Wasserwucht; durchgehend WW IV-V, mit 2 Zwangspassagen WW V+, einem Wasserfall, 14 m hoch, ≋, und einer Dreifach-Katarakt-Stufe von insgesamt fast 20 m Höhe. Insgesamt Schwierigkeiten an der Grenze der Befahrbarkeit.

Fahrtstrecke: ⬇ etwa 2,5 km oberhalb der obersten Ese-Ⅱ (12 km bis ⇩) oder bei dieser Ⅱ; Beendigung der Fahrt bei der Ⅱ D27 (3 km bis ⇩) oder im Stausee von Tolla (s. Prunelli).

Befahrbarkeit: Frühjahr und nach Regenfällen jedoch nur bei NW. Der Ese wird wohl zumeist mit einer Befahrung des obersten Prunelli verbunden. Da kein Pegel bekannt ist, sollte man bei der Anfahrt zum Prunelli die Befahrbarkeit des Ese an der Ⅱ D27 abschätzen.

Umwelt: Wasser: sehr sauber.

Infrastruktur: Zeltmöglichkeit: im oberen Ese-Tal an der ⬇.

Pkw: Zufahrt auf abenteuerlichen Straßen, Begleitung nicht möglich.

Liamone

Wildfluss (Gebirgsfluss) Gewässerkennzahl FR: Y81-0400
Mündung in Mittelmeer (Korsika)

Es wird nachfolgend in fortlaufender Kilometrierung die Befahrung des Fiume Grosso, eines linken Nebenflusses, sowie die Weiterfahrt auf dem Liamone beschrieben.

Der Fiume Grosso und der Liamone verlaufen zunächst durch sehr schöne Waldschluchten, die immer mehr den Charakter von Felsschluchten annehmen und schließlich als Höhepunkt eine eindrucksvolle, wenn auch unfahrbare, Klamm aufweisen. Die beiden Flüsse sind in diesem Bereich sehr schwere bis extrem schwere Wildflüsse. Auch unterhalb der eigentlichen Schluchtstrecken bietet der Liamone fast bis zur Mündung noch abwechslungsreiches, wenn auch wesentlich leichteres Wildwasser. Bei der Fahrtenplanung ist es sinnvoll, möglichst kurze Strecken als Tagesetappen vorzusehen, die angegebenen Brücken bieten sich dafür automatisch an, für eine durchgehende Befahrung wird man 4 Tage veranschlagen müssen.

Befahrbarkeit:	Frühjahr
Pegel:	Ɪ D1 bei Truggia, km 12,0; günstig sind 50-70 cm
	Hilfspegel: Pont de Belfiori, km 22,1; sehr günstiger Wasserstand liegt vor, wenn ein flacher Felsen oberhalb der Ɪ am Ende einer Schnelle leicht überspült ist.
Schwierigkeiten:	km 38,8-33,4 WW IV und V
	km 33,4-30,8 WW III-IV (IV+)
	km 30,8-22,1 WW V (VI)
	km 22,1-12,0 WW V-(VI/**X**)
	km 12,0-⇩ WW II (III), abnehmend WW I
Infrastruktur:	Zeltmöglichkeit: ⅄ bei Vico oder im Mündungsbereich.
	Pkw: Zufahrt nur an den angegebenen Brücken, Begleitung nicht möglich, die Straße verläuft fast stets in erheblicher Entfernung hoch über dem Fluss.

40,8 Ursprung des Fiume Grosso in etwa 1900 m Höhe (42.2503,8.9272)

38,8 Weg-Ɪ, Mühle, oberste mögliche ⬇ für die 1. Etappe zu erreichen von **F 20160 Guagno**, vorbei an einem Friedhof, li zum Schluchtgrund. Es folgt schweres Wildwasser (42.1784,8.9673)

33,4 Mögliche ⬆ bei Orto an der ⇩ der Albella, als Startplatz wenig geeignet, da die Etappe bis km 22,1 die Kräfte leicht überschreiten könnte (42.1714,8.9207)

31,4 Str-Ɪ D123 (42.1731,8.9003)

30,8 ▬ Wehr, **X** (42.1736,8.8936)

30,5 Str-Ɪ D323 **F 20125 Poggiolo** (Guagno-Les-Bains), empfohlene ⬆ der 1. bzw. ⬇ der 2. Etappe (42.1758,8.8912)

28,2 ⇩ in den von re kommenden Liamone (Eine Befahrung des obersten Liamone ist durchaus möglich, sie ist sogar sehr lohnend, durchweg etwa WW V mit nur einer Stelle **X**. Allerdings muss man, um zur ⬇ zu gelangen, von Letia aus, wo die Straße blind endet, die Boote fast eine Stunde lang auf schmalem Pfad zum Grund der Schlucht schleppen. Auf dem Wasser sind es dann etwa 3 km bis zur ⇩ des F. Grosso. Da ein ⬆ erst bei der Ⅱ Pont de Belfiori möglich ist, müssen danach noch die folgenden schwersten 6 km des Liamone befahren werden. Man sollte für die gesamte Strecke etwa 5-6 Stunden einplanen).

Zunahme der Wasserwucht und der Schwierigkeiten. Auf den gesamten folgenden Schluchtstrecken sehr starkes Gefälle, meist in z.T. hohen Abfällen, sehr starke Verblockung, Engstellen mit Verklemmungsgefahr, Unterspülungen. Bis km 22,1 ein Abfall WW VI, ⏏ gut möglich; etwa 5 weitere Stellen bis WW VI; sie sollten auch besser umtragen werden (42.1825,8.8673)

22,1 Str-Ⅱ D23 (Pont de Belfiori), Hilfspegel. Etappenziel. Im folgenden bleibt der Charakter des Flusses weitgehend unverändert, die Schwierigkeiten sind zwar etwas geringer, jedoch noch immer im oberen Bereich des Möglichen. Es wurde zwar alles schon befahren; es dürfte jedoch besser sein, 3 Stellen zu umtragen (42.1692,8.8195)

18,6 Unscheinbare kleine Stufe in Flussmitte ⚠ Die Felsen li unter der Stufe sind unterspült. Es hat hier einen tödlichen Unfall gegeben! Die Gefahr ist nicht offensichtlich, daher erhöhte Vorsicht geboten

13,3 250 m lange Klamm die Eingangsstufe ist absolut **X**, evtl. kann man nach re ⏏, dahinter an geeigneter Stelle wieder ⬇, zumeist wird jedoch die ganze Strecke li ⏏, sehr schwierig, mit Klettern in der Schlucht und Behinderung durch die Macchia. Lange Perlonleinen zum Auf- und Abseilen unbedingt zweckmäßig. Nach der Umtragstelle lassen die Schwierigkeiten nach (WW IV)

12,3 li ⇩ Cruzini (s. Seite 303) (42.1164,8.8209)

12,0 Str-Ⅱ D1 (Pont de Truggia), Etappenziel, ≣ Das Tal wird breiter, die Schwierigkeiten lassen allmählich weiter nach (WW II), stark verwachsenes Ufer, Busch- und Baumhindernisse (42.1161,8.8168)

0,4 Str-Ⅱ D81 (Pont de Liamone), ⛺ (42.0778,8.7203)

0,0 ⇩ in Mittelmeer (Golf von Sagone) (42.0780,8.7169)

Cruzini

Wildfluss (Gebirgsfluss) Gewässerkennzahl FR: Y8110500

Mündung in Liamone bei km 12,3 (li Nebenfluss)

Der Cruzzini durchfließt in seinem Oberlauf eine schöne Waldschlucht; er ist hier mittelschweres Wildwasser. Das anschließende Mittelstück führt durch ein offenes Geröllfeld mit nur mäßigen Schwierigkeiten. Das Endstück ist wieder echt korsisch: eine sehr schöne Felsschlucht mit starkem Gefälle, starken Verblockungen, Stufen und sehr engen, verwinkelten Durchfahrten; hier schweres Wildwasser.

Befahrbarkeit:	bis Mitte Mai. Da das Wasser in der Endschlucht sehr eng zusammenläuft, ist hier meist eine Befahrung möglich, auch wenn in den höheren Abschnitten das Wasser unzureichend ist.
Umwelt:	Wasser: sehr sauber
Schwierigkeiten:	km 17,5-11,8 WW III-IV (IV)
	km 11,8-6,5 WW III-
	km 6,5-⇩ WW IV (IV-V)
Infrastruktur:	Zeltmöglichkeit: an der ⬇ bei Frassetu; s.a. Liamone
	Pkw: im Ober- und Unterlauf Begleitung nicht möglich, im Mittelstück verläuft die Straße stets neben dem Fluss.

27,6	Ursprung am Punta Migliarello in etwa 2000 m Höhe. (42.1304, 9.0698)
17,5	Str-II D304 bei **F 20121 Pastricciola-Frassetu**, ⛺, ⬇ bei ausreichendem Wasserstand (42.1318,8.9840)
11,8	Str-II D4 (Pont d´Azzano). Es folgt ein Geröllfeld ohne besondere Schwierigkeiten (42.1114,8.9302)
6,5	Beginn der Schlucht des unteren Cruzzini ⬇, falls das Wasser für die höheren Abschnitte nicht ausreicht
0,0	⇩ in Liamone (s. Seite 301) bei km 12,3 ⬆ nach 1 km bei Ponte de Truggia (42.1165,8.8213)

Sagone

Wildfluss — Gewässerkennzahl FR: Y8000520

Mündung in Mittelmeer (Korsika)

Der Sagone ist in seinem Oberlauf ein interessanter Wildfluss mittlerer Schwierigkeiten in ziemlich offener Macchia- und Felsschlucht, in seinem Unterlauf weitet sich das Tal, hier nur noch geringe Schwierigkeiten.

Befahrbarkeit: nur bei gutem Wasserstand zeitig im Frühjahr und nach

	Regenfällen.
Pegel:	bei ■, km 4,5; Minimum 100 cm; MW = 105 cm; HW ab 120 cm
Schwierigkeiten:	km 10,9-8,1 WW IV + km 8,1-4,5 WW III-IV (IV+) km 4,5-⇩ WW I-II

21,7 Ursprung in etwa 1100 m Höhe. (42.2242,8.8184)
10,9 oberste mögliche ⬇ zu erreichen auf einem Fußpfad ab Balogna, unterhalb einer schönen Genueser ⵊⵊ (42.1779,8.7555)
8,1 Weg-ⵊⵊ Übliche ⬇ bei den ehemaligen Bains de Caldanelle; auch hier muss man die Boote etwa 20 Minuten lang tragen, da der Fahrweg abgesperrt ist. Günstig ist ein Bootswagen. Es folgt eine sehr schöne WW-Strecke mit zahlreichen Stufen und Engstellen (42.1639,8.7448)
4,5 Str-ⵊⵊ D181 mögliche ⬆, danach ■ Wehr, ≈. ▤. Eine Weiterfahrt bis zur ⇩ ist lohnend, bei meist schwacher Strömung hat man den Eindruck, durch einen Naturtunnel großer Bäume zu fahren (42.1456, 8.7153)
0,2 Str-ⵊⵊ D81 ⬆ (42.1166,8.6912)
0,0 ⇩ ins Mittelmeer Golf de Sagone (42.1150,8.6895)

Porto

Gewässerkennzahl FR: Y7910500

Mündung in Mittelmeer (Korsika)

Der Porto mündet in den Golf von Porto an der Westküste Korsikas.

Fahrtstrecke: ⬇ bei ⵊⵊ D124 am Ende der sehenswerten Schlucht „Gorges de Spelunca“ (sie ist auf einem Fußpfad gut zu durchwandern, sehr empfehlenswert!). Wenn man die Mühe nicht scheut, die Boote in dieser Schlucht etwa 1 Stunde lang flussaufwärts zu tragen, gewinnt man noch 4 km des Flusses hinzu. Kurz danach Genueser ⵊⵊ, Hilfspegel! ⬆ bei der ⵊⵊ in Porto oder am ⛺ li vor der ⇩.

Fahrtstrecke 13 bzw. 9 km

Befahrbarkeit:	ist sehr wasserstandsabhängig. Bei zu niedrigem Wasser geht eine Befahrung stark auf Kosten des Bootsmaterials, ein idealer Wasserstand liegt vor, wenn bei der Genueser ⵊⵊ der Plattensockel auf der re Seite der ⵊⵊ eben vom Wasser berührt wird. Ist der Sockel überspült, so wird eine Befahrung schnell sehr problematisch.

Schwierigkeiten:	reißender Wildbach mit starkem, unregelmäßigem Gefälle; zahlreiche riesige Blöcke, zwischen denen eine Durchfahrt oft schwer zu finden ist. 2 Stellen **X**, kenntlich an riesigen unterspülten Felsen in Flussmitte, WW V- (V+).
Infrastruktur:	Zeltmöglichkeit: ⛺ in Porto.

Fango

Wildfluss (Gebirgsfluss) Gewässerkennzahl FR: Y78-0400
Mündung in Mittelmeer (Korsika)

Der Fango ist ein äußerst reizvoller Wildfluss. Er mündet in den Golf von Galeria (Westküste).

Befahrbarkeit:	ganze Flusslänge bis April; nur die Schluchtstrecke wahrscheinlich bis Ende Mai.
Umwelt:	Wasser: sehr sauber.
Pegel:	200 m oberhalb der Genueser Ⲡ, zu erreichen auf schmalem Pfad ab Ⲡ. Am re Ufer; günstig 80-90 cm.
Schwierigkeiten:	km 17,4-13,1 WW IV-V km 13,1-2,4 WW III und IV km 2,4-⇩ WW II.
Infrastruktur:	Zeltmöglichkeit: im Mündungsbereich (soll in letzter Zeit Schwierigkeiten mit den Eigentümern gegeben haben). Pkw: Straße meist in Flussnähe.

22,5 Ursprung am Capo Tofonato in etwa 2000 m Höhe. (42.3332,8.8631)

17,4 oberste mögliche ⬇ man erreicht sie auf einem schlechten Fahrweg, der von der Straße nach Monte-Estremo re zu einer Ⲡ unterhalb der ⇩ eines von li kommenden Baches führt

15,3 Weg-Ⲡ der Zufahrtsstraße (42.3647,8.8016)

14,4 re ⇩ Candela Sofort danach tückischer Schrägabfall, **X**, li ⏏ (42.3685,8.7926)

13,1 Str-Ⲡ nach re **F 20118 Manso** übliche ⬇. Nahezu die gesamte Fahrtstrecke des Fango führt durch enge, niedrige Schluchten mit vielen Wasserfällen und Stufen, die alle ≈ sind, und sehr schmalen Durchfahrten. WW III-IV (42.3754,8.7792)

10,1 Schwierige Doppelstufe, mit Riesenblock in Schluchtmitte, beste

Fahrtrinne re. Je nach Wasserstand bis WW V

6,2 Str-II (Ponte Vecchiu) ab hier WW III (42.3968,8.7144)

2,4 Str-II D81 Ende der Schlucht und der ausgesprochenen Wildwassertrecke, der Fluss verteilt sich in mehrere Arme, WW II, bei unzureichendem Wasserstand muss die Befahrung hier abgebrochen werden (42.4157,8.6826)

0,0 ⇩ in Mittelmeer Golf von Galeria (42.4199,8.6580)

Figarella

Wildfluss — Gewässerkennzahl FR: Y7710500

Mündung in Mittelmeer (Korsika)

Die Figarella ist nur in ihrem Oberlauf im Schluchtbereich ein sehr schwerer Wildfluss. Ab Schluchtende weitet sich das Tal, die Ficarella verläuft hier mit rasanter Strömung, sich vielfach verzweigend, in einem breiten Geröllbett. Im Unterlauf nehmen die Schwierigkeiten ab. Sie mündet in den Golf von Calvi.

Befahrbarkeit: für die schwere Schluchtstrecke sollte der Wasserstand nicht zu hoch sein; im Geröllfeld des Mittel- und Unterlaufs ist ein höherer Wasserstand von Vorteil.

Schwierigkeiten: km 18,7-15,0 WW V- (WW V+)

km 15,0-8,9 WW IV-V

km 8,9-⇩ WW I-II

23,9 Ursprung mit 2 Quellbächen in etwa 2000 m Höhe. (42.4290,8.9187)

18,7 Mögliche ⬇ für die Befahrung der Schluchtstrecke. Vom Wendeplatz hinter dem Forsthaus von Bonifato führt ein steiler Pfad hinunter zum Fluss. Bald nach dem Start folgt mindestens eine Stelle **X**, li ⛺ (42.4407,8.8689)

15,0 II kurz nach Ende der Schlucht ⬇, falls die Schlucht nicht befahren wird. Ab hier breites Kiesbett (42.4466,8.8362)

8,9 Str-II D51 gute ⬆ und ⬇; der folgende Unterlauf der Ficarella bietet nur noch leichtes Wildwasser (42.4873,8.8053)

0,7 Str-II T30 gute ⬆ (42.5533,8.7897)

0,6 EB-II (42.5539,8.7887)

0,0 ⇩ in Golf von Calvi (42.5581,8.7877)

Aliso

Wildbach-Zahmwasser Gewässerkennzahl FR: Y7500500
Mündung in Mittelmeer (Korsika)

Der Aliso ist für Korsika eine Ausnahme: keine Schluchten, keine schweren Stufen, sondern ein munterer Kleinfluss mit nur einzelnen leichten Schwällen, im Unterlauf praktisch stehendes Wasser in einem Umfeld von Macchia, Weiden und Weinbau, ein geruhsamer Fluss für eine gemütliche Nachmittagsfahrt, WW I-II.

Fahrtstrecke: ⬇ bei einer Röhren-Ⅱ, zu erreichen auf schlechter Straße über eine Abzweigung von der D82 nördlich von Oletta, ⬆ nach 8,5 km bei der Ⅱ D81 oder nach weiteren 500 m im Hafen von St. Florent.

Bevinco

Wildfluss - Wanderfluss Gewässerkennzahl FR: Y7310500
Mündung in Mittelmeer (Korsika)

Der Bevinco bietet dem Kanuten drei völlig verschiedene Abschnitte: im Oberlauf ist er ein kleiner, schwerer Wildfluss in schönen Macchia-Schluchten. Nach einem unfahrbaren Zwischenstück folgt das Défilé de Lancone mit extrem schwerem Wasser. Der Unterlauf ist leicht. Über den Etang de Biguglia kann schließlich ohne Schwierigkeiten das Meer erreicht werden.

Befahrbarkeit:	Frühjahr
Schwierigkeiten:	km 21,6-14,7 WW IV (V)
	km 14,7-11,2 **X**
	km 11,2-6,4 WW V und VI (**X**)
	km 6,4-⇩ Zahmwasser, See

28,0 Ursprung am Mt. Buggientone in etwa 1000 m Höhe. (42.5379, 9.2329)

21,6 Str-Ⅱ D5 mögliche ⬇ für die Befahrung der 1. Etappe, nur bei gutem Wasserstand. Es folgen zwei völlig einsame Macchiaschluchten, WW IV, mit Baum- und Strauchhindernissen muss gerechnet werden (42.5704,9.3056)

19,0 Verfallene Mühle, Siphon, **X**, li ⩍ (42.5765,9.3307)

18,8 Str-Ⅱ D305 weitere mögliche ⬇. Zunahme des Gefälles und der Schwierigkeiten, enge Blockdurchfahrten und Rinnen, Baumhindernisse (42.5777,9.3319)

18,6 Einige Stellen, je nach Wasserstand WW VI/**X**.
14,7 Genueser Ⅱ, ⬆ Es folgt das Défilé de Lancone, dessen oberer Teil absolut **X** ist (42.5919,9.3633)
14,6 Str-Ⅱ D82 (42.5927,9.3637)
11,2 Mögliche ⬇ für die Befahrung des unteren Teiles des Défilé unterhalb einer Wasserableitung, zu erreichen von der D82 auf schmalem Pfad. Es folgen allerdings mehrere Stellen, **X**, die sehr mühsames Umklettern erfordern. Es ist daher wahrscheinlich besser, erst weiter flussabwärts bei einem ✕ zu beginnen. Auch ab hier noch hohe Schwierigkeiten
6,4 Str-Ⅱ T11 Ende der WW-Strecke; ⬆, zu erreichen auf einem Fahrweg, der bei der Ⅱ abzweigt. ⬇, falls nur der folgende gemächliche Unterlauf befahren wird. Diese folgende Strecke ist sehr zu empfehlen (42.6120,9.4378)
5,5 Weg-Ⅱ (42.6162,9.4434)
3,2 ⇩ in Etang de Biguaglia. Weiterfahrt nach Norden. (42.6338,9.4500)
0,0 ⇩ in Mittelmeer, Ostküste (42.6600,9.4508)

Golo

Wildfluss (Gebirgsfluss) Gewässerkennzahl FR: Y7--0200
Mündung in Mittelmeer (Korsika)

Der Golo ist einer der größten Flüsse Korsikas. Er verläuft auf weiten Strecken durch eindrucksvolle Schluchten. Er bietet fast durchweg sehr interessantes, im Oberlauf extrem schweres Wildwasser.

Befahrbarkeit: ab km 80,9 Frühjahr; ab km 63,1 nur nach Regenfällen (selten); ab km 55,4 abhängig von der Wasserabgabe des ϟ Castirla, während des Tages stark schwankend, jedoch im allgemeinen bis Ende Mai ausreichend, die Schwierigkeiten ändern sich in diesem Bereich entsprechend.

Umwelt: Wasser: sehr sauber

Pegel: Ponte Castirla, km 55,4; günstig 1,30 m; km 41,7, günstig 3 m

Schwierigkeiten: km 80,9-71,6 WW V+ (VI), Gefälle 30‰
km 71,6-63,1 Stausee, danach **X**
km 63,1-57,4 WW V-VI, Gefälle 29‰
km 57,4-55,4 WW IV-V, Gefälle 29‰

	km 55,4-11,1 WW III und IV, Gefälle 7‰
	km 11,1-⇩ WW I
Infrastruktur:	Zeltmöglichkeit: Ponte Leccia am Asco

89,4 Ursprung in etwa 2500 m Höhe (42.3354,8.8683)

80,9 Forsthaus (Maison Forest. de Poppaghia) mögliche oberste ⬇. Waldschlucht mit enormem Gefälle, schwerste Verblockung, streckenweise klammartige Verengung, zunehmende Wasserwucht. Kurz nach Fahrtbeginn muss eine **X** Stelle umklettert werden. Fahrtdauer bis zum Stausee 4-5 Stunden (42.2887,8.9173)

74,1 li ⇩ Viru (s. Seite 316) oder Calasima (42.3201,8.9750)

74,0 Str-⫼ D84 mögliche ⬆ (42.3196,8.9761)

71,6 Str-⫼ D218 Beginn des Stausees von Calacuccia, Beendigung der Fahrt, eine Weiterfahrt ist wegen zwei folgender Staudämme mit Wasserableitung nicht möglich (42.3237,8.9969)

69,4 ▬ Staudamm von **F 20224 Calacuccia** mit totaler Wasserableitung. Es beginnt die „Scala di Santa Regina", eine der sehenswertesten Schluchten Korsikas mit bis zu 500 m hoch steil ansteigenden Felswänden (42.3296,9.0227)

66,0 ▬ Staudamm von **F 20224 Corscia** Weiterhin Wasserableitung (42.3436,9.0474)

63,1 (Ponte di l´Accia) Trotz der Wasserableitung sammelt sich durch Nebenbäche, vor allem nach Regenfällen, gelegentlich wieder ausreichend Wasser für eine Befahrung des unteren Teiles der Scala di Santa Regina an. ⬇. Die folgende, sehr schwere WW-Strecke kann teilweise von der Straße aus eingesehen werden. Sehr starkes Gefälle, meist in Stufen, enorme Verblockung, je nach Wasserstand erhebliche Wasserwucht. Bei idealem Wasserstand ist evtl. eine durchgehende Befahrung möglich, bei HW ergeben sich 2-3 Umtragstellen. Man muss für die Befahrung dieser 5 km 3-4 Stunden einplanen

57,4 Weg-⫼ mögliche ⬇, die Schwierigkeiten lassen etwas nach (42.3740, 9.1198)

56,1 re ϟ mit Rückführung des abgeleiteten Wassers weitere mögliche ⬇. Je nach Wasserabgabe des ϟ ist auf der gesamten folgenden Strecke mit erheblicher Wasserwucht zu rechnen (42.3807,9.1338)

55,4 Str-⫼ D84 (Ponte Castirla) ≣ Einige km nach Ponte Castirla folgt eine Stufe mit starkem Rücklauf, die ab Pegelstand 1,7 m gefährlich werden kann. WW IV-V (42.3836,9.1381)

51,4 EB-⫼ (42.3946,9.1693)

50,5 re ⛺, günstig am Fluss gelegen.
49,5 Stufe, genannt „Staubsauger“ das Wasser wird li trichterförmig in ein tiefes Unterwasser gezogen, WW IV-V
48,8 Str-II N2139 (42.4005,9.1910)
48,5 Str-II T20 (Ponte Francardo) (42.4002,9.1942)
46,5 Stufe WW IV, Pegelrohr, re fahren
45,7 Str-II D39 (42.4249,9.2011)
42,7 re ⇩ Casaluna (s. Seite 315) (42.4449,9.2026)
41,7 Engstelle von 30m Länge mit Stufe WW IV. Pegelrohr. Danach ruhiges Wasser
40,1 Str-II T20 (Ponte Leccia) (42.4629,9.2069)
38,8 li ⇩ Asco (s. Seite 311) (42.4718,9.2100)
38,0 ▬ Wehr mit teilweiser Wasserableitung, Bootsgasse neben Fischtreppe, ≈. Bei NW ist die Folgestrecke meist trocken (42.4732, 9.2189)
37,4 re Rückführung von abgeleitetem Wasser (42.4720,9.2259)
34,0 EB-II (42.4756,9.2617)
31,8 Str-II T20 (Ponte Novu) (42.4868,9.2812)
24,5 EB-II (42.5104,9.3408)
23,3 ▬ Stufe von ca. 1 m Höhe, ≈ (42.5089,9.3543)
22,7 Blockstrecke, li Kieswerk.
21,7 Str-II D15 **F 20290 Volpajola-Barchetta** Nach der II D15 interessante Rechtskurve. Bei Pegel 3,5 Schwierigkeit WW V. Danach Beginn der Schlucht von Barchetta. Nach einer Rechtskurve längere Gefällstrecke, Schwierigkeit durchweg WW IV (42.5067,9.3726)
19,1 ▬ Wehr, evtl. ≈, oder li ⌓ (42.5058,9.3955)
17,9 EB-II (42.5157,9.3958)
17,4 li ⚠ eine Betonmauer teilweise in den Fluss gestürzt. Aus den Trümmern ragen Moniereisen, gefährlich
12,2 ▬ Wehr, **X**, li ⌓. Anschließend Abnahme der Schwierigkeiten (WW III) (42.5139,9.4305)
11,1 Str-II T10 Hier Beendigung der Fahrt, falls eine Weiterfahrt bis zum Mittelmeer nicht geplant ist. Bis zur ⇩ Baumhindernisse, WW I-II (42.5182,9.4413)
9,4 neue Str-II D207 (42.5256,9.4569)
0,0 ⇩ in Mittelmeer (Ostküste) (42.5226,9.5344)

Asco

Weitere Namen: Stranciacone (Oberlauf)
Wildfluss (Gebirgsfluss) Gewässerkennzahl FR: Y71-0400
Mündung in Golo bei km 38,8 (li Nebenfluss)

Das Tal der Stranciacone und die „Gorges de l´Asco" sind von einmaliger landschaftlicher Schönheit.

Der Asco ist ein sehr interessanter, erheblich verblockter Wildfluss.

Für die Befahrung des Stranciacone, eines Baches von Trinkwasserqualität, kommt nur eine Teilstrecke seines Oberlaufs in Frage.

Befahrbarkeit: April bis Mitte Mai

Pegel: Fußgängersteg oberhalb ℿ D147; gutes MW bei 100 cm

Hilfspegel: ein für die Befahrung der Ascoschlucht optimaler Wasserstand liegt dann vor, wenn bei der ℿ der D147 am Schluchtende re-ufrig 2 Steinreihen des Brückensockels aus dem Wasser ragen.

Schwierigkeiten: km 23,5-20,3 **X**

km 20,0-17,0 WW IV-V

km 17,0-9,1 WW III-IV

km 9,1-⇩ WW III u. II

Infrastruktur: Zeltmöglichkeit: am Unterlauf unterhalb der Mündung des Tartagine, an der T30.

Pkw: in der Asco-Schlucht verläuft die Straße stets neben dem Fluss, sodass bei der Anfahrt eine eingehende Besichtigung möglich ist.

34,0 Ursprung (42.3839,8.9379)
29,7 Oberste mögliche ⬇ unterhalb Haut-Asco zu erreichen von der 1. von 2 Kehren, nur bei sehr gutem Wasserstand. Bei schönem Wetter nimmt am Nachmittag der Wasserstand durch Schmelzwasser zu. WW III/IV (42.4102,8.9387)
28,9 ⛟ Monte Cinto, campingmontecinto-asco.com (42.4152,8.9448)
26,8 li ⇩ Tassinetta (42.4247,8.9642)
26,7 Beton-ℿ, weitere mögliche ⬇ Zunahme der Schwierigkeiten, WW IV/V mit Stellen WW V+ (42.4251,8.9656)
23,5 Str-ℿ D147 ⬆. Ein Befahrungsbericht über die Reststrecke ist nicht

bekannt, wegen der häufigen, sehr schwierigen ⌓-Stellen ist von einer Befahrung auch abzuraten (42.4370,8.9960)

20,4 re ⇩ re Quellfluss (Name unbekannt) ab hier Name des Flusses: Asco (42.4449,9.0294)

20,0 Genueser-Ⅱ bei **F 20276 Asco** (Pont Génois D'Asco) Ursprung des Asco durch Zusammenfluss seiner beiden Quellflüsse. Mögliche ⬇. Man erreicht den Startplatz, indem man kurz oberhalb des Ortes Asco in eine schmale und steile Straße abzweigt. WW IV, einige Stellen etwas schwieriger. Soll die Drosselgasse direkt unterhalb des Ortes Asco nicht befahren werden (WW V), so kann man li leicht ⌓ (42.4466,9.0313)

14,5 Wasserfall, **X**, beim Hochfahren von der Straße aus gut zu sehen, am besten re ⌓. Direkt danach wuchtige verschnittene Stufe, WW IV. Übliche ⬇ unterhalb des Wasserfalles. Nach ruhigem Start steigern sich die Schwierigkeiten auf WW III-IV. Der Asco ist ein verblocktes Wildwasser mit erheblichem Gefälle, jedoch im allgemeinen ohne größere Wasserwucht

11,1 Str-Ⅱ D147 am Schluchtende, danach WW II-III und landschaftlich weniger lohnend. Befahrung des Asco wird hier zumeist abgebrochen. Bei niedrigerem Wasserstand ist eine Weiterfahrt vielfach unmöglich (42.4680,9.1066)

7,7 Str-Ⅱ D47 (42.4790,9.1371)

4,3 Le Vieux Pont ab hier WWII

2,3 li ⇩ Tartagine (s. Seite 313) re und li ⅄ (42.4833,9.1917)

1,8 Str-Ⅱ T30 (42.4823,9.1977)

0,7 EB-Ⅱ (42.4754,9.2045)

0,2 EB-Ⅱ (42.4731,9.2086)

0,0 ⇩ in Golo (s. Seite 309) bei km 38,8 (42.4718,9.2101)

Tartagine

Wildfluss (Gebirgsfluss) Gewässerkennzahl FR: Y7110500

Mündung in Asco bei km 2,3 (li Nebenfluss)

Die Tartagine hat zwei völlig verschiedene Abschnitte: Der Oberlauf führt weitab von Straßen und Ortschaften durch völlig einsame, naturbelassene schluchtartige Täler; in diesem Bereich ist die Tartagine ein schwerer Wildfluss. Die Zufahrt mit Pkw ist sehr mühsam. Ab Piana wird das Tal breiter, die Zufahrt ist leicht. Dieser Unterlauf der Tartagine ist das wohl leichteste Wildwasser Korsikas, ein Bach zum Einfahren, auch für Anfänger geeignet.

Befahrbarkeit:	April bis Anfang Mai.
Umwelt:	Wasser: Trinkwasserqualität
Pegel:	Hilfspegel: ein Pegel besteht nicht. Die Erstbefahrer (S. Koch und F. Kusma) haben am re hinteren ≍-Pfeiler der ≍ von Piana eine Nute eingemeißelt, die einen sehr günstigen Wasserstand kennzeichnet. Wenn diese Kerbe mehr als 5 cm über dem Wasserspiegel liegt, wird das Wasser sehr knapp; bei dem geringen Einzugsgebiet der Tartagine ist dies recht häufig der Fall.
Schwierigkeiten:	km 22,3-21,0 WW V+ km 21,0-9,2 WW IV-V km 9,2-⇩ WW II
Infrastruktur:	Zeltmöglichkeit: im Bereich der Mündung

30,1 Ursprung am Bocca di Tartagine in etwa 2000 m Höhe (42.4602, 8.9260)

23,3 Str-≍ D936 beim Forsthaus oberste mögliche ⬇, nur bei sehr gutem Wasserstand. Man erreicht diese und die folgende ⬇ auf schlechten Straßen und großen Umwegen auf der D547 und D963 über Piana und Olmi. Fahrzeit ab Ponte Leccia etwa 3 Stunden. Die Schwierigkeiten der gesamten Strecke sind vorwiegend technischer Art durch starke Verblockung und Gefälle in Stufen, nur geringe Wasserwucht (42.4941,8.9926)

21,0 li ⇩ Melaja kurz davor **X** Stelle, Verklemmungsgefahr, li ⌂. Übliche ⬇ bei weniger gutem Wasserstand; zu erreichen auf einem kaum sichtbaren Pfad, der etwa 800 m vor dem Forsthaus nach einer starken re-Kurve von der D963 abzweigt. Je nach Können und Wasserstand folgt noch eine weitere **X** Stelle. Dauer der Befahrung bis Piana 4 1/2 Stunden (42.5064,9.0069)

8,7 Str-≍ D547, **F 20218 Castifao-Piana** Hilfs-≡. ⬇. Die Befahrung des leichteren Unterlaufs kann auch auf der Navaccia, einem li Nebenfluss, begonnen werden. ⬇ kurz oberhalb der Abzweigung der D8 von der RT301 nahe bei einer EB-≍. Bis zur ⇩ in die Tartagine 1,5 km WW III und IV, von der Straße aus einzusehen. Bis zur ⇩ nur geringe Schwierigkeiten, einzelne Buschhindernisse (42.5169,9.1224)

6,2 Str-≍ D247 (42.5130,9.1484)

1,0 Kurze Blockstrecke und kleine Stufen, bis WW III

0,0 ⇩ in Asco (s. Seite 311) bei km 2,3 hier schöne ⛺, mit Pkw zu erreichen (42.4832,9.1937)

Casaluna

Wildbach (Gebirgsbach) Gewässerkennzahl FR: Y7020560
Mündung in Golo bei km 42,7 (re Nebenfluss)

Die Casaluna fließt in ihrem Oberlauf durch eine sehr schöne Fels- und Waldschlucht; sie ist hier extrem schweres Wildwasser. Weiter flussabwärts, in immer noch schöner Waldschlucht, wird sie wesentlich leichter. Der Unterlauf der Casaluna wird von Korsikaspezialisten geradezu als „sportlicher Wanderbach" bezeichnet.

Befahrbarkeit:	zeitig im Frühjahr und nach Regenfällen. Auch wenn im Unterlauf das Wasser knapp erscheint, ist vielfach noch eine Befahrung der oberen Teilstrecken möglich.
Pegel:	Hilfspegel: Pont de Lano, km 7,0; eine Befahrung ist möglich, wenn von der Mitte eines Felsbandes direkt unterhalb der Ⅱ eine kleine Wasserzunge nach rechts abzweigt.
Schwierigkeiten:	km 18,3-11,3 WW V und VI km 11,3-7,0 WW III-IV (IV+) km 7,0-⇩ WW II-III
Infrastruktur:	Zeltmöglichkeit: evtl. bei Pont de Lano, sonst im Tal des Golo. Pkw: Begleitung nur stellenweise möglich.

25,2 Ursprung in etwa 1400 m Höhe (42.3411,9.3352)

18,3 Mögliche ⬇ für die Befahrung der obersten Schlucht Man erreicht sie - mühsam -, indem man in der Nähe von San Lorenzo zunächst einer Überlandleitung und dann einem steilen Bachbett zum Fluss folgt. Für die Befahrung der folgenden 7 km mit extrem schwerem Wildwasser sollte man sich viel Zeit lassen; es dürfte sinnvoll sein, zunächst nur bis km 11,3 zu fahren und die Reststrecke auf den folgenden Tag zu verlegen

13,3 Ⅱ in der Nähe von Coibiti (von der D39 aus zu sehen); weitere mögliche ⬇ bei ausreichendem Wasserstand

11,3 Str-Ⅱ D139 (Pont de Lano), übliche ⬇. Evtl. ⛺ mit Genehmigung des Eigentümers (42.3875,9.2587)

7,0 re ⇩ eines Baches mit Wasserzufuhr Abnahme der Schwierigkeiten

2,6 Str-II D39 mögliche ⬆ (42.4342,9.2233)

0,0 ⇩ in Golo (s. Seite 309) bei km 42,7 Weiterfahrt auf dem Golo bis zur Annäherung der T20 oder bis Ponte Leccia (42.4449,9.2016)

Viru

Wildfluss (Gebirgsfluss) Gewässerkennzahl FR: Y7000540
Mündung in Golo bei km 74,1 (li Nebenfluss)

Der Viru verläuft als extrem schwerer Wildbach durch eine völlig einsame, von Felsriegeln durchsetzte Waldschlucht. Schwerste Verblockung, enormes, recht gleichmäßig in Stufen erfolgendes Gefälle bei geringer Wasserwucht.

Fahrbare Strecke: von etwa 3 km oberhalb Calasima - ⇩, 8 km. ⬆ entweder an der II über Golo unterhalb der ⇩ oder an der II am Beginn des Stausees von Calacuccia. Fahrtdauer bis Stausee etwa 4-5 Stunden. Pkw-Begleitung nicht möglich.

Befahrbarkeit: Frühjahr.

Umwelt: Wasser: glasklar

Pegel: Bezugspegel: II über Golo an der ⬆: gutes MW = 210 cm

Schwierigkeiten: durchweg WW V-VI

Alto

Wildfluss Gewässerkennzahl FR: Y9310500
Mündung in Mittelmeer (Korsika)

Alto und Pozzu Bianco sind schwere Wildbäche in schönen Schluchten.

Befahrbarkeit: zeitig im Frühjahr und nach Regenfällen.

Schwierigkeiten: km 21,5-16,5 WW IV-V (V+/**X**)
km 16,5-8,0 WW IV (V+)
km 8,0-⇩ WW I-II
Bozzu Bianco: WW IV-V

30,8 Ursprung (Alto) am Mt. Muffraie in etwa 1600 m Höhe (42.3874, 9.3248)

21,5 Höchstmögliche ⬇ bei II D506

18,0 Am Ende der Schlucht befinden sich die schwersten Abschnitte WW V, 3 ⛰-Stellen

17,0 li ⇩ Bozzu Bianco (Die Befahrung des Alto kann auch auf diesem

Fluss begonnen werden. Er ist etwas leichter als der Oberlauf des Alto. Die ⬇ wird erreicht auf der D205 Richtung La Porta. Kurz vor einer Kreuzung zweigt li ein steiler Fahrweg ab, der über eine Ⅱ zum Startplatz bei einer Mühle führt. 4 km bis ⇩). Danach ▬ Wehr, ≋ (42.4267,9.3964)

16,5 Str-Ⅱ D205 die Schwierigkeiten lassen etwas nach, 4 ▬ Wehr, ≋, eine Stelle **X**. Erhebliche Verunreinigung der Ufer durch wilde Mülldeponien. Die Straße verläuft meist neben dem Fluss, die Fahrt kann daher an vielen Stellen begonnen oder abgebrochen werden (42.4283,9.4025)

7,2 Str-Ⅱ D506 (42.4452,9.4709)

4,5 Die D506 verlässt den Fluss gute ⬆. Die Weiterfahrt bis zum Meer bietet nur noch ganz geringe Schwierigkeiten (42.4433,9.4979)

3,5 Str-Ⅱ T10 als ⬆ wenig geeignet (42.4405,9.5096)

0,0 ⇩ ins Mittelmeer Zur Beendigung der Fahrt 1,5 km Richtung Nord bis Pellegrino (42.4416,9.5409)

Alésani

Wildfluss — Gewässerkennzahl FR: Y9200500

Mündung in Mittelmeer (Korsika)

Der Alésani ist nur in seinem Oberlauf zu befahren: Er ist hier ein extrem schwerer Wildfluss in einer großartigen Schlucht, weit entfernt von der Straße. Er mündet an der Ostküste ins Mittelmeer.

Fahrtstrecke: ⬇ bei der Ⅱ D217 (Abzweig von der D71 bei Valle d´Alésani). In der folgenden Schlucht, die kaum verlassen werden kann, durchweg WW V-VI mit Stellen darüber.

Im oberen Teil der Schlucht gibt es 3 ⏏-Stellen, im unteren, leichteren Teil der Schlucht muss noch 2 mal ⏏ werden.

Beendigung der Fahrt nach etwa 10 km (davon 1,5 km Stau) vor der Staumauer li. Dauer der Befahrung etwa 6 Stunden.

Befahrbarkeit: Frühjahr. An der ⬇ sollte das Wasser knapp sein, da schon bald ⇩ von Nebenbächen.

Pegel: an alter Mühle 500 m oberhalb des Stausees, Günstig 80-85 cm; bei mehr als 90 cm wird der Fluss schnell **X**.

Bravone

Wildfluss — Gewässerkennzahl FR: Y9210500
Mündung in Mittelmeer (Korsika)

Der Bravone ist in seinem Oberlauf ein sehr schwerer, auf Teilstrecken extrem mühsamer Wildfluss; im Unterlauf lässt er die vorausgehenden Schwierigkeiten vergessen.

Schwierigkeiten: km 26,8-23,8 WW V-
km 23,8-20,8 WW V-VI, extrem mühsam
km 20,8-13,8 WW III-IV (V)
km 13,8-⇩ WW I-II (II+)

37,1 Ursprung in etwa 1000 m Höhe (42.3302,9.3455)

26,8 Oberste mögliche ⬇ direkt unterhalb großer Wasserfälle zu erreichen auf einem nach Pianello führenden Pfad, abzweigend von der Straße hinter Matra; bis WW V, 2 Stellen **X**;
Oberste mögliche ⬇ direkt unterhalb großer Wasserfälle zu erreichen auf einem nach Pianello führenden Pfad, abzweigend von der Straße hinter Matra; bis WW V, 2 Stellen **X**

23,8 Genueser Ⅱ Mühle, in einer klammartigen Waldschlucht mehrere sehr mühsame ⌂-Stellen. Für diese 3 km sollte man etwa 3 Stunden einplanen

20,8 ⬇, falls die vorausgehenden Mühen gescheut werden zu erreichen auf einem Pfad von Matra hinunter in die Schlucht, 1/2 Stunde. Es folgt eine sehr schöne Waldschlucht, deutlich leichter als der Oberlauf, 2 Stellen **X**

14,9 ▬ Wehr, ≈ (42.2297,9.4378)

13,8 Str-Ⅱ D16 ⬆, Ende der WW-Strecke, ⬇, falls nur der leichte, aber immer noch lohnende Unterlauf befahren wird (42.2248,9.4470)

4,1 Weg-Ⅱ (42.1979,9.5175)

2,2 Str-Ⅱ T10 (42.2050,9.5346)

0,0 ⇩ ins Mittelmeer nach Süd in kurzer Entfernung ⬆ in Marina de Bravone (42.2036,9.5562)

Tavignano

Wildfluss (Gebirgsfluss) — Gewässerkennzahl FR: Y9--0200
Mündung in Mittelmeer (Korsika)

Der Tavignano ist mit 88,7 km Länge einer der größten, wasserreichsten und interessantesten Flüsse Korsikas. Sehr empfehlenswert ist eine Wanderung durch die bisher wohl noch nicht befahrene Schlucht des oberen Tavignano oberhalb Corte bis hinauf zum Ninosee. Corte ist eine sehenswerte altkorsische Stadt, Garnison der Restbestände der ehemaligen Fremdenlegionäre.

In seinem fahrbaren Oberlauf fließt der Tavignano zunächst durch ein verhältnismäßig breites, jedoch landschaftlich sehr schönes Tal, es folgt eine schwere Schluchtstrecke (Gorges du Tavignano), vom Ende der Schlucht bis zur Mündung ins Mittelmeer führt der Tavignano durch auenartige stark bewaldete Landschaft.

Befahrbarkeit:	Frühjahr bis Mitte Juni. Für untere Schlucht evtl. auf Kraftwerksschwall warten.
Umwelt:	Wasser: mäßig sauber
Pegel:	Ⅱ T20, km 28,0; günstig 200 cm, Maximum 260 cm
Schwierigkeiten:	km 61,4-23,8 WW III und IV km 23,8-⇩ WW I
Infrastruktur:	Zeltmöglichkeit: bei Pont de Piedecorte und oberhalb der ⇩ des Vecchio.

88,7 Ursprung: Lago di Nino in 2000 m Höhe Eine Befahrung des obersten Tavignano wurde anscheinend bisher noch nicht durchgeführt. Sie scheiterte bisher in erster Linie an der Tatsache, dass das Wasser zum Calacuccia-Stausee abgeleitet wird. Falls ausnahmsweise ausreichender Wasserstand angetroffen wird, müssten die Boote per Muli zu dem zu erkundenden ⬇-Ort transportiert werden; eine Zufahrt mit Pkw ist unmöglich. Die Schwierigkeiten dürften sich zwischen WW IV und VI bewegen. Beendigung einer möglichen Befahrung bei einer kleinen Ⅱ bei Corte (42.2541,8.9272)

62,0 Str-Ⅱ RT202, **F 20250 Corte** (42.3029,9.1500)

61,8 re ⇩ Restonica (s. Seite 323) (42.3037,9.1532)

61,4 Str-Ⅱ T20 und EB-Ⅱ, **F 20250 Corte ⬇**. Es folgt kurz darauf ein ▬ Wehr, nach Besichtigung evtl. ≈. Erhebliches Gefälle, mäßige Verblockung, WW III (42.3053,9.1577)

56,6 Str-Ⅱ D214 einige Stufen WW III (42.2844,9.2058)

47,0 Engstelle WW IV, bei hohem Wasserstand dürfte sie **X** werden. Evtl. li ⌓, schwer; dahinter Genuerser-Ⅱ (42.2405,9.2245)

44,5 re ⇩ Vecchio (s. Seite 321) Ab hier WW II-III+ (42.2280,9.2452)

42,6 Str-Ⅱ T20 (42.2216,9.2664)

37,1 Weg-II (Pont de Piedicorte), li schöner ⛺. Es wird empfohlen, die Strecke von Corte bis Piedicorte als Tagesetappe einzuplanen (42.2113,9.3248)

34,8 li 🚗 und Bootsverleih ⬇⬆, aquarider.net (42.2073,9.3434)

33,9 ▬ Wehr keine ⬇/⬆-Möglichkeit. re Bootsrutsche, deren Einfahrt durch einen Schalter mit dem Paddel zu öffnen ist, vor Befahrung besichtigen. Bei geschlossener Rutsche können die Boote darauf ⏏ werden. Anschließend Beginn der schwierigen Schluchtstrecke. Besichtigen von der Straße nur teilweise möglich. Bei höherem Wasserstand (siehe Pegel!) wird von einer Befahrung der Schluchtstrecke abgeraten. Bei günstigem Pegelstand WW IV. In der Schlucht kommt nach einer Linkskurve ein markanter Block mit überraschend darauffolgender Stufe von etwa 1 m Höhe. Block li umfahren, Stufe entweder ganz re oder Mitte li fahren. Es folgen noch zahlreiche weitere Stellen mit nahezu WW IV. Nach einer Fußgängerbrücke mit Pegel am re Ufer nehmen die Schwierigkeiten allmählich ab, (WW III). Falls die Schluchtstrecke des Tavignano nicht befahren wird, kann hier (mühsam) eingesetzt werden, die Boote am besten beim Pegel abseilen (42.2028,9.3493)

28,0 Str-II T50 ≣ (42.1828,9.3769)

26,8 Str-II T50 mögliche ⬆; die Boote müssen li etwa 5 Minuten lang zur Straße hochgetragen werden (42.1817,9.3872)

23,8 Corsigliese (Straße T50, Abzweigung Straße D14 nach Pancheraccia). An dieser Stelle kann man bei einem Schotterwerk über eine Geröllhalde bis zum Fluss hinterunterfahren. Zweckmäßige Stelle zur Beendigung der Wildwasserstrecke. Vom Wasser leicht zu übersehen! Auf der folgenden Flussstrecke bis zum Mittelmeer führt der Tavignano durch die waldreiche Auenlandschaft der ostkorsischen Tiefebene. Bei immer noch guter Strömung ist mit Buschhindernissen, im Fluss liegenden Bäumen usw. zu rechnen

8,5 Str-II D43A (42.1174,9.4899)

5,1 re ⇩ Tagnone (s. Seite 320) (42.1055,9.5070)

3,8 Str-II T10 (42.1123,9.5139)

0,0 ⇩ ins Mittelmeer (42.1036,9.5489)

Tagnone

Wildfluss (Gebirgsfluss) - Wanderfluss (Flachlandfluss)

Gewässerkennzahl FR: Y9110500

Mündung in Tavignano bei km 5,1 (re Nebenfluss)

Der Tagnone bietet landschaftlich und vom Flusscharakter her zwei völlig verschiedene Abschnitte: in seinem Oberlauf fließt er als interessanter Wildbach durch eine völlig einsame, naturbelassene Waldschlucht; Schwierigkeiten durch enge Durchfahrten, Gefälle in Stufen, scharfe Kurven, allmählich abnehmend. Nach Austritt aus dem Gebirge zieht der Tagnone als Wanderfluss durch die dem Meer vorgelagerte ostkorsische Schwemmebene, auch hier völlig einsam, mit starkem Uferbewuchs.

Befahrbarkeit:	zeitig im Frühjahr und nach Regenfällen
Umwelt:	Wasser: sauber
Schwierigkeiten:	km 23,5-13,5 WW III-IV (IV)
	km 13,5-⇩ WW I-II
Infrastruktur:	Zeltmöglichkeit: evtl. bei Ⅱ D43 kurz vor der ⇩
	Pkw: die Straßen verlaufen stets weitab vom Fluss, Zufahrt nur an ganz wenigen Stellen möglich, es gibt auch keine Zufahrt zu einer ⬇ im Oberlauf. Man erreicht sie entweder auf der rechtsufrigen D343 etwa 10km flussaufwärts von Pieraggi recht mühsam über zum Fluss abzweigende Fußpfade oder linksufrig über eine von der D43 abzweigende Straße, die, zuletzt noch in Bau befindlich, in Flussnähe führt.

34,1 Ursprung in etwa 1500 m Höhe (42.1652,9.2221)

23,5 ⬇, schwer zu finden.

13,5 re Pieraggi, Ende der Waldschlucht.

0,5 Str-Ⅱ D43 evtl. ⛺-Möglichkeit. Beendigung der Fahrt (42.1026, 9.5032)

0,0 ⇩ in Tavignano (s. Seite 318) bei km 5,1 Nach 1 km Ⅱ D80 bei Cateragio, weitere Möglichkeit zum ⬆. In der Nähe bei Aléria, römische Ausgrabungen, ⌘ (42.1050,9.5070)

Vecchio

Wildfluss (Gebirgsfluss) Gewässerkennzahl FR: Y9020500

Mündung in Tavignano bei km 44,5 (re Nebenfluss)

Der Vecchio ist ein typischer Fluss des korsischen Hochgebirges: Enormes

Gefälle, sehr starke Verblockung, im Frühjahr starke Wasserführung. In den obersten Teilstrecken wird bei höherem Wasserstand sehr schnell die Grenze des Möglichen überschritten.

Befahrbarkeit:	März bis Mai.
Pegel:	Nocetta-Ⅱ, km 3,9, Minimum 150 cm, Maximum etwa 180 cm.
Schwierigkeiten:	km 16,5-9,9 WW V-VI+
	km 9,9-3,9 WW IV, mit Stellen WW V und VI. Gefälle 40‰
	km 3,9-⇩ WW III-IV. Gefälle 18‰.
Infrastruktur:	Zeltmöglichkeit: am Tavignano
	Pkw: Begleitung nur ab Nocetta-Ⅱ, km 3,9 möglich.

24,1 Ursprung im Bereich der höchsten Berge Korsikas in etwa 2000 m Höhe. (42.1001,9.1287)

16,5 Ⅱ bei Canaglia ab hier wurde eine Befahrung berichtet. Äußerst harte und gefährliche Felsschlucht, enormes Gefälle, Unterspülungen, Verklemmungsgefahr, Wasserwucht, je nach Wasserstand und Können mindestens 5, evtl. bis zu 10 **X** Stellen, die mühsam umklettert werden müssen. Für die folgenden 7 km ist eine Befahrenszeit von 4-6 Stunden zu rechnen. Die wahrscheinlichen Erstbefahrer (Josef Haas und Kameraden) raten von einer Befahrung dieser Strecke ab. Einzelheiten s. Josef Haas, Wildwasserparadies Korsika, Band 1 (42.1543,9.1423)

15,2 li ⇩ Manganello mit starker Wasserzufuhr. Man kann die Befahrung auch am Forsthaus auf dem Manganello beginnen, etwa 2 km oberhalb der ⇩. Die Schwierigkeiten auf dem kurzen Stück des Manganello sind mindestens ebenso groß wie auf dem Vecchio (42.1633, 9.1431)

10,0 EB-Ⅱ (42.1929,9.1657)

9,9 Str-Ⅱ T20 (Ponte Vecchio) Die folgende mittlere Schlucht gehört zum Standardprogramm schwerster WW-Fahrten auf Korsika. Die Boote können von der Straße 200 m re nach der Ⅱ auf einem Pfad zum Wasser getragen werden. Die folgenden 8 km bieten alles, was an schwerstem Wildwasser zu erwarten ist: Schwerste Abfälle, Slalompassagen, Gefällstufen, Blockstellen, Preßwände verbunden mit Abfällen, starker Rückstau in den Stufen. Die Schwierigkeiten sind immer mindesetns WW IV-V, mit Stellen WW VI. Die Schwierigkeiten sind etwa vergleichbar mit der Ardezer Innschlucht und der Saalach-Lofer-Schlucht. Die schwersten Passagen können mit einiger Kletterei vom Ufer aus besichtigt werden. Je nach Wasserstand können sich bis zu 6 Umtragstellen ergeben. Bei aller Schwierigkeit ist die Befahrung der mittleren Schlucht erheblich weniger gefährlich als das oberste Teilstück. Für die Befahrung bis km 3,9 müssen etwa 3-4 Stunden eingeplant werden (42.1931,9.1676)

3,9 Str-II D43 ≣, ⬇, falls auf eine Befahrung des sehr schweren Oberlaufs verzichtet wird. Slalomartige Passagen, Steilabfälle, Engstellen, die Wasserwucht ist jedoch erheblich geringer, es sind überall Kehrwasser anzutreffen. Auf dieser Strecke des Vecchio befindet sich keine **X** Stelle mehr (42.2240,9.2052)

0,2 Str-II T50 empfehlenswerte Stelle zur Beendigung der Fahrt (42.2275,9.2428)

0,0 ⇩ in Tavignano (s. Seite 318) bei km 44,5 (42.2279,9.2455)

Restonica

Wildfluss Gewässerkennzahl FR: Y9000540

Mündung in Tavignano bei km 61,8 (li Nebenfluss)

Die Restonica verläuft mit dem wohl stärksten Gefälle sämtlicher korsischen Flüsse durch die sehenswerten „Gorges de la Restonica“, eine verhältnismäßig offene Wald- und Felsschlucht. Sie ist ein extrem schwerer Wildfluss.

Dauer der Befahrung: für die Strecke von km 14,1-5,9 sollte man mindestens 6 Stunden einplanen; die restlichen 7 km können in etwa 2 Stunden befahren werden.

Befahrbarkeit: ein ausreichender Wasserstand ist nur selten anzutreffen, am besten zeitig im Frühjahr oder nach Regenfällen.

Umwelt: Wasser: sehr sauber

Schwierigkeiten: durchgehend WW V und VI+.

Infrastruktur: Pkw: die Straße verläuft, abgesehen von kurzen Teilstücken, stets neben dem Fluss, sodass eine eingehende Besichtigung schon bei der Anfahrt möglich ist. ⬇ und ⬆ können daher frei gewählt werden.

18,1 Ursprung aus einem Quellsee in etwa 1800 m Höhe (42.2073,9.0283)

15,3 ⤫ Bergeries de Grotelle Ende der Straße (42.2287,9.0308)

14,1 Str-II D623 Mögliche ⬇, nachdem durch ⇩ von Nebenbächen ein ausreichender Wasserstand gegeben ist. Auf den folgenden 3 km besteht ein Gefälle von 105‰; von Dr. Diehl wird dieser Abschnitt als das schwerste WW Korsikas angesehen, schwerer als die obere Rizzanese, durchweg WW V/VI+, keine Stelle **X**. Die Gefährlichkeit dieser Strecke wird etwas gemildert durch eine nur geringe Wasserwucht und die begleitende Straße, die eine Beendigung der Fahrt fast überall gestattet (42.2369,9.0392)

10,0 Str-Ⅱ D623 Auf den folgenden 3 km beträgt das Gefälle „nur" noch 80‰, die Schwierigkeiten sind jedoch fast unverändert, 1-2 Stellen **X** (42.2576,9.0718)

5,9 li ⛺ Tuani ab hier deutlich leichter, WW IV-V (42.2751,9.1072)

5,2 Letzte Stelle **X**

1,0 Doppel-■ nach Besichtigung ≈. Kurz danach kurze Klamm, am Klamm-Eingang Engstelle mit Stufe, mit Schwung gut ≈. Die Stufe ist von der Straße aus schlecht einzusehen, ⬆ kurz davor möglich

0,5 Str-Ⅱ RT202, **F 20250 Corte** li ⛺ "Le Restonica", campingrestonica.fr (42.3010,9.1505)

0,0 ⇩ in Tavignano (s. Seite 318) bei km 61,8 (42.3038,9.1535)

Orbu

Wildfluss — Gewässerkennzahl FR: Y94-0400

Mündung in Mittelmeer (Korsika)

Der Orbu ist ein typischer Wildfluss Korsikas: In seinem Oberlauf ausgeprägte Schluchten mit starkem, stufenförmigem Gefälle, schweren Blockstrecken, schweres bis extrem schweres Wildwasser mit unfahrbaren Stellen bzw. Teilstrecken. In seinem Unterlauf ist er ein verhältnismäßig leichter Fluss der ost-korsischen Ebene.

Befahrbarkeit: Frühjahr bis Mai.

Umwelt: Wasser: sehr sauber

Pegel: Pegel bei Ⅱ km 30,7. MW für die Befahrung der Défilé de Strette 165 cm, entspricht einem Wasserdurchlauf von etwa 8-9 m³/s.

Hilfspegel: für eine Befahrung ab km 20,5 ist mit gutem Wasserzustand zu rechnen, wenn der Sockel der Ⅱ an der ⬇ in Flussrichtung re knapp überronnen ist.

Schwierigkeiten: km 33,7-26,6 WW IV-VI

km 26,6-22,5 **X**
km 22,5-20,5 WW V+ / WW VI+
km 20,5-13,6 WW III-IV + (V+)
km 13,6-⇩ WW II, abnehmend WW I und Zahmwasser.

Infrastruktur: Zeltmöglichkeit: empfehlenswert der ⛺ bei Solenzara.

45,7 Ursprung am Punta di Montelatelli in 1795 m Höhe. (42.0103,9.1487)

34,7 ↓ bei **F 20227 Ghisoni-Cavo** etwa 300 m weit zum Fluss tragen, mögliche ↓. Cavo wird erreicht auf der D344 und D69 über Ghisoni. Zunächst WW IV-V (42.0781,9.2053)

33,2 Nach einem einleitenden Wasserfall Beginn der Wasserfallklamm ≋ nur bei NW. Einleitender Fall unter einem Steg, sofort danach die sog. „Rakete“, ein etwa 7 m hoher Fall mit starkem Rücklauf und gefährlicher Unterspülung li,von der hoch oben verlaufenden Straße aus einsehbar. Die danach folgende Strecke verläuft weitab von der Straße in einer klammähnlichen Schlucht mit gefährlichen Unterspülungen, WW IV-V-VI

30,7 Verfallene Ⅱ bei einer alten Erzmine ≣, ↓, falls bei km 34,7 der Wasserstand nicht ausreichend ist. Es folgt das „Défilé des Strette“, eine sehr eindrucksvolle Schlucht, die von der Straße aus stellenweise einzusehen ist. Schwierigkeiten unverändert

29,1 Weg-Ⅱ (42.1028,9.2445)

26,6 Weg-Ⅱ Beendigung der Fahrt, es folgt die sehenswerte Schluchtstrecke „Défilé de l´Inzecca“, deren Anfangsteil völlig **X** ist. Beginn des Rückstaus eines neuen Stausees (42.1024,9.2665)

24,7 ▬ Staudamm mit Wasserableitung, nachfolgende Strecke wahrscheinlich nur noch bei HW ≋ (42.0951,9.2846)

23,0 Str-Ⅱ D44 Die Befahrung kann oberhalb der Ⅱ an geeigneter Stelle fortgeführt werden. J. Haas bezeichnet die folgenden 3 km als „das schwerste WW, das ihm je unter den Kiel gekommen ist“. Zu den Schwierigkeiten des Oberlaufs kommt noch eine steigende Wasserwucht hinzu. Man braucht für die Befahrung dieser Strecke mehrere Stunden (42.0952,9.3048)

21,1 ▬ Wehr mit Wasserableitung (42.0933,9.3185)

20,5 Kleine Ⅱ unterhalb einer Wasserableitung, übliche ↓ für die Befahrung der unteren Abschnitte des Orbo, Hilfspegel (etwa 4,5 km oberhalb St. Antoine). Infolge der verringerten Wassermenge sind die Schwierigkeiten deutlich geringer. 2 Stellen haben mindestens WW

V+, je nach Wasserstand ≈ oder mühsam ⌂ (42.0921,9.3251)

13,6 Str-II bei **F 20240 Ghisonaccia-Campolidori** zunächst WW II (42.0632,9.3678)

9,6 Der Fluss tritt in die dem Mittelmeer vorgelagerte Ebene aus Bei weiterhin guter Strömung ist mit Busch- und Baumhindernissen zu rechnen, WW II-I

9,1 Weg-II (42.0341,9.3670)

4,4 Str-II T10, **F 20240 Ghisonaccia** Falls eine Weiterfahrt bis zum Mittelmeer nicht geplant ist, kann die Fahrt hier abgebrochen werden (42.0091,9.4036)

0,0 ⇩ ins Mittelmeer (41.9878,9.4400)

Abatesco

Wildfluss Gewässerkennzahl FR: Y9500500

Mündung in Mittelmeer (Korsika)

Der Abatesco ist in seinem Oberlauf ein schwerer Wildfluss.

Befahrbarkeit: nur bei gutem Wasserstand. Wenn das Wasser an der ⬇ bei km 17,5 knapp erscheint, kann trotzdem gefahren werden, da kurz danach Wasserzufuhr von einem Nebenfluss.

Schwierigkeiten: km 17,5-13,4 WW V (VI)

km 13,4-8,8 WW III-IV (V)

km 8,8-⇩ WW II-I

24,8 Ursprung in etwa 2000 m Höhe (41.9392,9.2199)

17,5 Str-II D945, re **F 20243 Serra-di-Fiumorbo-Ania** nach San Gavino, mögliche ⬇. Es folgt eine Waldschlucht mit erheblichen Schwierigkeiten, 2-3 Passagen **X** (41.9751,9.2775)

13,4 Str-II D945 bei dem Thermalbad Pietrapola. Ende der Schlucht. Ab hier deutlich leichter, WW III-IV, die Straße verläuft neben dem Fluss (41.9915,9.3048)

10,4 Str-II D45 (41.9971,9.3327)

8,8 verfallenes ϟ (41.9951,9.3492)

8,3 Str-II nach li **F 20243 Prunelli-di-Fiumorbo-Abbazia** Ende der WW-Strecke, gute ⬆ Über die Reststrecke liegt ein Befahrungsbericht nicht vor, anscheinend keine besonderen Schwierigkeiten (41.9962, 9.3553)

2,5 Str-II T10 (41.9759,9.3995)

0,0 ⇩ ins Mittelmeer Zur Beendigung der Fahrt muss man 2 km nach Nord fahren; hier Straßenzufahrt bei Calzarello (41.9743,9.4273)

Travo

Wildfluss (Gebirgsfluss) Gewässerkennzahl FR: Y9510500
Mündung in Mittelmeer (Korsika)

Die Befahrung des Travos ist ein Unternehmen höchsten Schwierigkeitsgrades, mit zahlreichen alpinistischen Einlagen. Ausrüstung mit Kletterseil, Rettungsleine und berggängigem Schuhwerk ist unerläßlich! Im Falle eines Unfalles ist es außerordentlich schwierig, aus der Schlucht herauszukommen und die weit abseits und viel höher gelegene Straße zu erreichen. Eine gut eingespielte Dreier-Mannschaft dürfte die Idealbesetzung für die Befahrung dieser extremen Flussstrecke sein. Nie bei Regen in die Schlucht einfahren! Die schrägen Felsplatten werden dann sehr rutschig und ein evtl. Umtragen der Boote kann lebensgefährlich werden.

Befahrungsregeln: Frühjahr, gestattet nur am Montag und Freitag, an anderen Tagen evtl. nach Rücksprache mit dem Bürgermeister von Chisa.

Pegel: bei km 14,9 unter der Ⅱ D645: MW für die Schlucht = 1,05m (entspricht 3-4 m³/s) MW für den unteren Travo ab km 9,6 = 1,15 cm (entspricht 6-7 m³/s). Hilfspegel: orographisch li Sockel der Ⅱ D645, km 9,6:

ab km 18,9: günstig -15 cm (der Sockel schaut 15 cm aus dem Wasser)

ab km 14,9: NW = -30 cm; MW = -25 cm; HW = -10 cm.

ab km 9,6: NW = -25 cm; MW = -15 cm; HW = +10 cm

Schwierigkeiten: km 18,9-14,9 WW V/VI+ mit mehreren Stellen **X**

km 14,9-9,6 WW V/VI

km 9,6-⇩ WW IV, abnehmend

Infrastruktur: Zeltmöglichkeit: ⛺ an der ⇩ der Solenzara in das Meer

Pkw: Zufahrt zur ⬇ km 18,9 nicht möglich, die Boote müssen auf schlechtem Weg ab Chisa getragen werden (Dauer etwa 2 Stunden). Zufahrt zur Ⅱ bei Chisa, km 14,9, jedoch bis km 9,6 Straße weitab vom Fluss. Ab km 9,6 Straße neben dem Fluss.

32,4 Ursprung am Mte. Lattone in etwa 1600 m Höhe. (41.8387,9.1922)

18,9 Mögliche ⬇ Die Folgestrecke bietet extremes WW, zahlreiche hohe Stufen und Wasserfälle, nur teilweise ≋. Mehrfaches ⏏ bzw. umklettern erforderlich, bis WW VI+. Für die 4 km lange Strecke bis zur Ⅱ bei Chisa sollte man bis zu 8 Stunden einplanen

14,9 Str-Ⅱ D645 bei **F 20240 Chisa** ≡, übliche ⬇ für die Befahrung der Schlucht, nur geringfügig leichter als der oberste Abschnitt; weiterhin zahlreiche Stufen und extreme Verblockung, WW V und VI. Bei einem gut eingespielten Team zu 4 Mann muss für die Strecke bis km 9,6 eine Befahrungsdauer von 5-6 Stunden eingeplant werden (41.9171,9.2617)

12,4 Die wohl bekannteste und „fotogenste“ Stelle des Travo: drei Stufen kurz hintereinander (6 m; 7 m; 3 m), WW V+)

11,9 Katarakt, ⚠ Bootsfalle Das meiste Wasser läuft nach einer 2-3 m hohen Stufe, in deren Mitte ein Fels liegt, unter einem kaum sichtbaren Stein unten durch, extreme Steckgefahr! Es hat hier schon mehrere schwere Unfälle mit einem Todesfall gegeben. Unbedingt li ⏏, mühsam. Es folgen noch weitere Katarakte und Stufen, z.T. mit Steinen im Unterwasser, je nach Wasserstand ≋, sie können meist auch gut ⏏ werden

9,6 Str-Ⅱ D645 Hilfs-≡, ⬇ falls die Schlucht nicht befahren werden soll oder wegen zu hohen Wasserstandes nicht befahren werden kann. Die Schwierigkeiten nehmen erheblich ab, WW IV-V, kleinere Katarakte und Stufen mit erheblicher Wasserwucht (41.9237,9.3089)

2,5 Str-Ⅱ D545 (le Pont du Travo) (41.9147,9.3833)

2,1 Str-Ⅱ T10 (41.9124,9.3888)

0,0 ⇩ ins Mittelmeer (Ostküste). Bis zum ⅄ an der Solenzaramündung sind es noch etwa 6 km (41.9065,9.4089)

Solenzara

Wildbach (Gebirgsbach) Gewässerkennzahl FR: Y9600520
Mündung in Mittelmeer (Korsika)
⬇: am Zusammenfluss von S. Pietro und Fiumicelli; bis zur ⇩ bei Solenzara 11 km.

Kleine Schnellen, Stufen, Platten und Rippen im Oberlauf, starker Uferbewuchs im Unterlauf.

Beendigung der Fahrt an der Ⅱ T10, 1 km vor der ⇩ oder am Meer.

Befahrbarkeit:	zeitig im Frühjahr und nach Regenfällen; das Wasser ist vielfach nicht ausreichend, bei dem glasklaren Wasser kann man sich jedoch leicht über die Wassertiefe täuschen.
Schwierigkeiten:	WW II u. III, gelegentlich etwas darüber
Infrastruktur:	Pkw: Begleitung nur teilweise möglich. Zeltmöglichkeit: schöner ⛺ an der ⇩ der Solenzara.

Cavu

Wildbach (Gebirgsbach) – Kleinfluss Gewässerkennzahl FR: Y9700520
Mündung in Mittelmeer (Korsika)

Der Cavu durchfließt in seinem Oberlauf eine sehr schöne Waldschlucht; er ist hier ein nur mäßig schweres Wildwasser. In seinem Unterlauf, in der ostkorsischen Schwemmebene, ist er ein Kleinfluss mit guter Strömung, doch ohne besondere Schwierigkeiten.

Die Bezeichnung des Flusses ist im Oberlauf „Santa Lucia" und im Unterlauf „Cavu".

Befahrbarkeit:	Frühjahr und nach Regenfällen. Zur Beurteilung: die Passagen an der ⬇ müssen gut fahrbar sein.
Umwelt:	Wasser: sehr sauber
Schwierigkeiten:	km 13,0-4,5 WW III (IV-) km 4,5-⇩ WW I-II
Infrastruktur:	Zeltmöglichkeit: sehr schöne Plätze am Oberlauf im Bereich vor den Verbotsschildern, sowie bei der ⇩ der Solenzara. Pkw: die (schlechte) D168A begleitet stets den Oberlauf, im Unterlauf kein Fahrzeugkontakt.

21,8 Ursprung im Waldgebiet von Zonza in etwa 1300 m Höhe (41.7286, 9.2269)

13,0 Mögliche ⬇, oberhalb der Ⅱ frei zu wählen Wechsel zwischen stärkerer Verblockung und Plattenabfällen mit ruhigen Badegumpen

12,0 Str-Ⅱ D168A (41.7374,9.2937)

6,2 Str-Ⅱ D168 Ende der WW-Strecke, mögliche ⬆. Der Cavo tritt in die Ebene aus (41.7059,9.3339)

4,5 Str-Ⅱ T10 weitere ⬆ (41.7023,9.3518)

0,0 ⇩ in Mittelmeer nördlich von Pinarello. Weiterfahrt entweder nach Norden bis zur T10 im Mündungsbereich der Conca oder nach Süden bis Pinarello, jeweils knapp 3 km (41.7003,9.4005)

Gewässer zum Atlantik, Stromgebiet der Gironde

	See	Kleinfluss	Wanderfluss	Wildwasser (WW i-II)	Wildwasser (WW III-IV)	Wildwasser (WW V-VI)	Seite
Riu Querol				•	•		337
Bidassoa				•			338
Nivelle				•			338
Adour				•	•		339
Nive				•	•		344
Nive des Aldudes				•	•		347
Nive d'Arnéguy					•		347
Bidouze				•			348
Midouze			•				348
Midou		•					349
Gave de Pau			•	•	•		349
Gave d´Olorn				•	•		354
Saison				•	•	•	355
Vert				•			358
Gave d'Ossau				•	•		358
Gave d'Aspe				•	•		360
Gave de Lourdios					•	•	362
Ouzom				•		•	362
Luy			•				362
Gabas			•				363
Arros			•	•	•		363
Etang und Courants	•	•					364
Etang de Soustons	•						365
Courant des Vieux Boucan		•					365

	See	Kleinfluss	Wanderfluss	Wildwasser (WW i-II)	Wildwasser (WW III-IV)	Wildwasser (WW V-VI)	Seite
La Palue		•					365
Etang de Léon	•						366
Etang de Cazaux		•					366
Petit Etang de Biscarrosse	•						366
Etang de Biscarrosse et de Parentis	•						366
Courant de Ste. Eulalie		•					366
Etang d´Aureilhan	•						367
Courant de Mimizan		•					367
Etang d'Hourtin-Carcans	•						367
Etang de Lacanau	•						367
Canal des Étangs		•					368
Leyre		•					369
Garonne			•	•			370
Ciron		•	•				377
Lot				•	•		379
Vers					•		387
Célé				•			387
Dourdou (Lot)				•			389
Truyére				•	•	•	390
Bés (Truyére)					•	•	392
Selves					•		393
Selvet					•		393
Boralde Flaujaguèse					•		393
Boralde de Saint-Chély d'Aubrac					•	•	394
Baïse			•				394

	See	Kleinfluss	Wanderfluss	Wildwasser (WW i-II)	Wildwasser (WW III-IV)	Wildwasser (WW V-VI)	Seite
Séoune				•			396
Tarn				•	•	•	396
Aveyron				•	•		403
Viaur				•	•		408
Céor		•					411
Agout				•	•		411
Dadou					•	•	413
Arn				•	•	•	415
Rance		•					416
Dourdou				•	•		417
Cernon		•					419
Dourbie					•	•	420
Trévezel					•	•	423
Jonte					•	•	424
Tarnon					•	•	425
Mimente					•		426
Save					•		427
Ariége				•	•		428
Grand Hers				•			431
Louge		•					433
Arize				•			433
Salat				•	•		434
Lez		•			•		437
Riberot						•	438
Arac				•			439

	See	Kleinfluss	Wanderfluss	Wildwasser (WW i-II)	Wildwasser (WW III-IV)	Wildwasser (WW V-VI)	Seite
Garbet				•	•		439
Alet					•	•	441
Ger					•	•	441
Neste				•			442
Neste de Louron					•		444
Ourse					•	•	445
Pique				•	•		446
Dordogne			•	•	•		447
Isle			•	•			455
Dronne			•	•	•		459
Côle		•					462
Auvezère			•	•	•		462
Loue (Isle)			•	•	•		464
Haute Loue					•		465
Vézère				•	•	•	465
Corrèze				•			470
Céou				•			472
Cère				•	•	•	473
Jordanne					•	•	475
Maronne		•			•		475
Bertrande					•		475
Auze					•		477
Luzège					•		477
Diège				•	•		478
Sumène				•	•		478

	See	Kleinfluss	Wanderfluss	Wildwasser (WW i-II)	Wildwasser (WW III-IV)	Wildwasser (WW V-VI)	Seite
Mars					•		479
Tarentaine					•	•	480
Chavanon					•		481
Charente			•				482
Boutonne			•				488
Seugne			•	•			488
Antenne		•					488
Tardoire			•	•	•		488
Sèvre Niortaise		•	•				490
Vendeè		•	•				498
Autise		•	•				499
Bras de Serveau			•				501
Rigole de la Garette			•				501
Grande Rigole			•				502
Lay			•				503
Vie		•					504

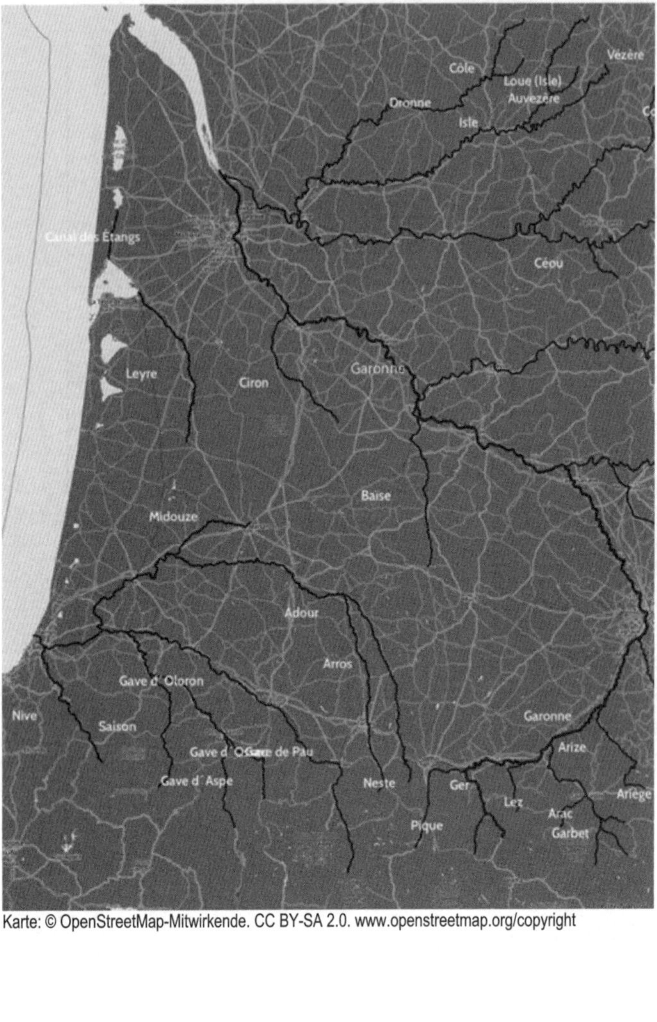

Karte: © OpenStreetMap-Mitwirkende. CC BY-SA 2.0. www.openstreetmap.org/copyright

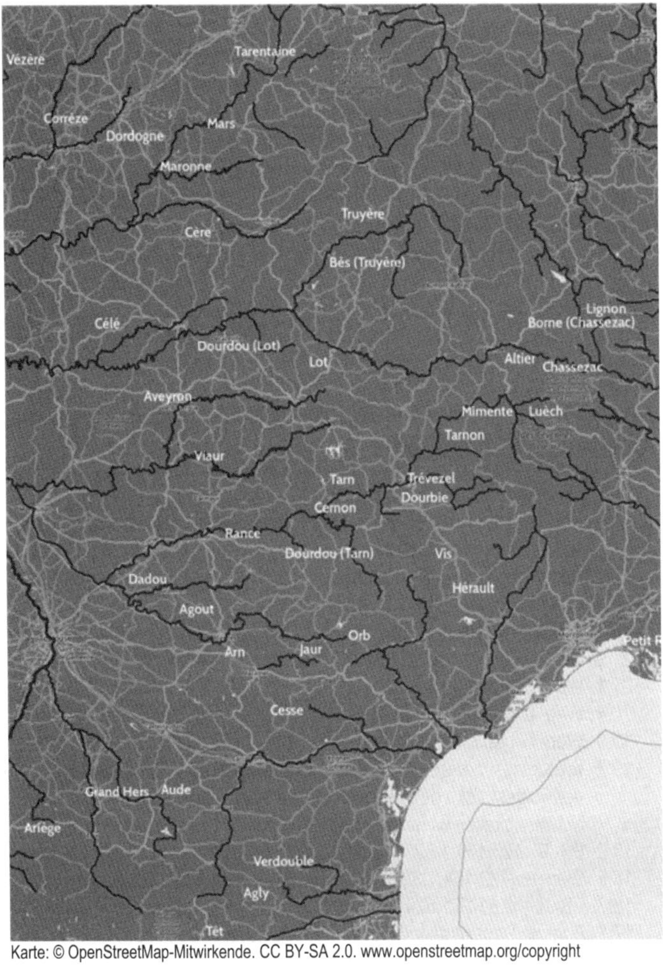
Vézère
Tarentaine
Corrèze
Mars
Dordogne
Maronne
Truyère
Cère
Bès (Truyère)
Célé
Lignon
Borne (Chassezac)
Dourdou (Lot)
Lot
Altier
Chassezac
Aveyron
Mimente
Luech
Tarnon
Viaur
Tarn
Trévezel
Dourbie
Cernon
Rance
Dourdou (Tarn)
Vis
Dadou
Hérault
Agout
Orb
Arn
Jaur
Cesse
Grand Hers
Aude
Ariège
Verdouble
Agly
Têt

Rio Querol

Weitere Namen: Rio d´Aravó [spa]
Wildfluss (Gebirgsfluss) Gewässerkennzahl FR: Y0040500
Mündung in Rio Segre (re Nebenfluss)

Der Rio Carol ist ein Fluss der Südabdachung der Hochpyrenäen; er gehört damit, geographisch gesehen, schon zum spanischen Flusssystem des Ebro. Da er jedoch in seinem sportlich interessanten Teil auf französischem Gebiet verläuft, wird er hier beschrieben.

Er verläuft mit starkem Gefälle als nicht übermäßig schweres Wildwasser durch ein landschaftlich hervorragend schönes Hochtal der Pyrenäen. Seine Befahrung ist jedoch nicht ungefährlich, da oft nach längeren, relativ leichten Zwischenstücken unvermutet unfahrbare Abfälle auftauchen.

Befahrbarkeit:	Frühsommer.
Schwierigkeiten:	km 22,9-⇩ WW IV, abnehmend III und II
Infrastruktur:	Zeltmöglichkeit: am Fluss gut.

29,9 Ursprung aus dem Etang de Lanoux in etwa 2800m Höhe
22,9 Str-II N230, **F 66760 Porté-Puymorens** mögliche ⬇. Die folgende, sehr enge und gefällstarke Strecke ist bei NW etwa WW IV, bei höherem Wasserstand deutlich mehr. Im Abfall oberhalb Porto ist auf Lawinenholz zu achten (42.5458,1.8258)
22,0 EB-II (42.5400,1.8249)
21,9 Str-II N20 (42.5400,1.8240)
21,1 Weg-II (42.5333,1.8215)
20,4 Weg-II (42.5279,1.8230)
19,9 Weg-II (42.5238,1.8209)
19,7 ■ Kleines ↯ bei einer Wasserfallstufe **X**, li etwa 200 m weit ⌓, Auf der Folgestrecke befindet sich ein weiterer Wasserfall, **X**, ⌓. Schwierigkeiten weiterhin knapp WW IV
19,2 EB-II (42.5179,1.8224)
18,9 Weg-II (42.5164,1.8236)
18,7 EB-II (42.5147,1.8241)
17,7 Pont de Saut, Wasserfälle **X**, li ⌓. Auf den folgenden 500 m teilweise Wasserableitung. Der Fluss wird etwas leichter, WW III
17,0 Str-II N20 (42.5032,1.8359)
16,3 EB-II (42.5003,1.8406)
16,0 Weg-II (42.4990,1.8444)

15,6 Str-Ⅱ N20 (42.4960,1.8472)
15,1 Weg-Ⅱ (42.4926,1.8501)
13,2 Weg-Ⅱ (42.4797,1.8635)
12,7 li Kieswerk oberhalb Riutès bei NW hier ⬆. Weiterfahrt bis zum Rio Segre ist möglich, WW II (42.4772,1.8681)
12,0 Weg-Ⅱ (42.4733,1.8734)
11,5 Weg-Ⅱ (42.4702,1.8767)
10,0 Str-Ⅱ, li **F 66760 Latour-de-Carol** (42.4632,1.8895)
9,4 EB-Ⅱ (42.4622,1.8957)
6,9 französisch-spanische Grenze (42.4471,1.9089)
4,9 Str-Ⅱ (42.4327,1.9175)
4,1 Str-Ⅱ N-260, li **E 17520 Puigcerdà** (42.4261,1.9166)
0,0 ⇩ in Rio Segre (42.3988,1.8955)

Bidassoa

Wildfluss (Gebirgsfluss) Gewässerkennzahl FR: S6--0250
Mündung in Atlantik

Fahrbare Strecke: Endarlaza-Biriatou, 8 km. Weiter oberhalb **X** wegen Wasserableitung, weiter unterhalb nicht empfehlenswert wegen Industriegebiet.

⬇ Ⅱ von Endarlaza, die Bidassoa verläuft durch ein breites Geröllfeld, keine besonderen Schwierigkeiten. Der Fluss ist Grenzfluss zwischen Spanien und Frankreich, Personalausweise mitführen! ⬆ in Biriatou oberhalb der Autobahn-Ⅱ.

Befahrbarkeit: Frühjahr bis Frühsommer

Schwierigkeiten: WW I

Nivelle

Wildfluss – Kleinfluss Gewässerkennzahl FR: S52-0400
Mündung in Atlantik

Empfohlene Strecke: Ⅱ D4, Pont de Cherchebruit-Ascain, 14 km. 2 ■, **X**, leichtes ⏏. Eine Weiterfahrt unterhalb Ascain ist zwar möglich, jedoch uninteressant; außerdem macht sich hier der Gezeiteneinfluss bemerkbar.

Bis ⇩ 6 km

Befahrbarkeit: Frühjahr bis Ende Juni

Umwelt: Wasser: sauber

Pegel:	Pont de Cherchebruit, Minimum 60 cm
Schwierigkeiten:	WW I-II

Adour

Wildfluss - Wanderfluss (Gebirgsfluss) Gewässerkennzahl FR: Q---0000
Mündung in Atlantik

Der Adour de Lesponne und der Adour werden als gemeinsamer Fluss beschrieben, die übrigen Quellflüsse des Adour sind nicht befahrbar. Der Adour ist der große Sammelfluss der Mehrzahl der Flüsse der westlichen Pyrenäen. Im Oberlauf Wildwasser in dem wundervollen Rahmen der schneebedeckten Berge der Hochpyrenäen, ab Tarbes tritt der Adour in die Ebene aus. Er fließt hier durch eine sehr einsame Gegend mit urwaldähnlichen Ufern. Der Adour ist in diesem Bereich jedoch kein Wanderfluss im üblichen Sinn, da zahlreiche Baumversperrungen, Strauchhindernisse, im Fluss liegende Schrottautos sowie viele, nur teilweise fahrbare Wehre die Befahrung recht mühsam gestalten, für F2 kaum zu empfehlen. Auf der gesamten Strecke des Adour flotte Strömung. Die Gezeiten des Atlantik machen sich bis Dax bemerkbar. Man sollte sich hier über den Zeitpunkt von Ebbe und Flut in den örtlichen Zeitungen orientieren, das Anlanden wird bei Ebbe zunehmend schwieriger.

Befahrbarkeit:	Oberlauf im Frühjahr und nach Regenfällen, ab Tarbes meist ganzjährig; infolge von Wasserableitungen zu Bewässerungszwecken kann der Fluss unterhalb von Wehren trockenfallen, sodass eine Befahrung sehr mühsam oder unmöglich werden kann.
Umwelt:	Wasser: Oberlauf sauber, ab Tarbes erhebliche Verunreinigung durch Abwasser; Müll und Schrottautos im Fluss und an den Ufern, ab Mündung Midouze sehr stark verschmutzt, hier bis zur HW-Linie keinerlei Vegetation.
Pegel:	II Asté, km 289,9; 60 cm sind ausreichend.
Schwierigkeiten:	km 308,8-295,2 WW IV, Gefälle 20 ‰
	km 295,2-287,9 WW III
	km 287,9-283,6 wenig ratsam
	km 283,6-265,0 WW II
	km 265,0-⇩ WW I-Zahmwasser
	Wehre: genauere Angaben liegen nur für die Strecke km

	229,9-134,6 vor. Auch unterhalb km 134,6 sollen noch zahlreiche Wehre folgen; sie sind nur teilweise fahrbar, viele von ihnen können getreidelt werden, das Umtragen ist wegen Baumversperrungen und kaum gangbarer Ufer vielfach sehr mühsam.
Infrastruktur:	Zeltmöglichkeit: wegen des starken Uferbewuchses ist es gelegentlich schwierig, geeignete Plätze zu finden.

308,8 Ursprung
295,2 Weg-Ⅱ **F 65200 Bagnères-de-Bigorre - Lesponne** Übliche ⬇ für die Befahrung der Wildwasserstrecke. Die folgenden 5 km WW IV, sehr starkes Gefälle, starke Verblockung, sehr enger Flusslauf, Möglichkeit der Versperrung der Durchfahrt durch eingeklemmte Bäume. Mehrere kleine ▬ Wehr sind ≈ (43.0067,0.1410)
291,8 Str-Ⅱ D935, **F 65710 Beaudean** (43.0248,0.1687)
291,4 ⇩ in den Adour (s. Seite 340) (die 7 km des eigentlichen Adour oberhalb der Einmündungsstelle sind **X**). Unmittelbar nach der rechtwinkligen ⇩ in den Adour auf Bamsperren achten. Während der folgenden 5 km WW III, Schwierigkeiten vorwiegend technischer Art (43.0268,0.1722)
289,9 Str-Ⅱ D408, re **F 65200 Asté** ≣ (43.0374,0.1634)
287,9 Str-Ⅱ D208, re **F 65200 Gerde** darunter ▬ Wehr; Es ist ratsam, die Fahrt hier zu unterbrechen, da die Durchfahrt durch Bagnières wegen mehrerer Wehre, die je nach Wasserstand nur bedingt ≈ sind, sehr mühsam sein kann (43.0543,0.1576)
287,8 Weg-Ⅱ (43.0552,0.1576)
287,4 –285,5 Stadtgebiet von **F 65200 Bagnères-de-Bigorre**
287,3 ▬ Wehr li gut ≈. Danach beginnt die sehr schöne Slalomstrecke des Kanuvereins, WW II-III, viele Kehrwasser, sehr schön zum Trainieren; ⌂ (43.0588,0.1558)
287,1 Str-Ⅱ (Place René Escoula) (43.0612,0.1552)
286,9 ▬ Wehr Mitte li gut ≈ (43.0624,0.1545)
286,6 Weg-Ⅱ (Place Docteur Charles Lacoste) (43.0647,0.1533); ▬ Wehr re gut ≈ (43.0650,0.1532)
286,5 Str-Ⅱ D986, (43.0661,0.1526)
286,0 Fußg.-Ⅱ, EB-Ⅱ (43.0700,0.1513); ▬ Wehr ganz re gut ≈ (43.0705,0.1512)
285,5 Str-Ⅱ (Boulevard de l'Adour) (43.0746,0.1496)
285,1 Weg-Ⅱ (43.0772,0.1484)

283,6 Str-Ⅱ D26, li **F 65200 Pouzac** mögliche ↓ für die Fortführung der Befahrung, ▬ Wehr, **X**, Wasserableitung (43.0872,0.1392)
283,1 ▬ Wehr Vor Beginn der steilen Mauer ↰, nach 100 m ▬, **X**. Wegen steiler Mauern und starker Strömung ↑ im Bereich der Mauern vor dem ▬ Wehr unmöglich! (43.0916,0.1379)
281,3 Str-Ⅱ D87 (43.1043,0.1282)
278,1 Str-Ⅱ D28, **F 65200 Montgaillard** ↱ vor der Ⅱ und das nachfolgende ▬ Wehr, **X**, ⏏ (43.1251,0.1094)
276,5 Str-Ⅱ D3 danach ▬ Blockwurf-Wehr (43.1360,0.1013)
276,0 ▬ Wehr (43.1396,0.0974)
273,7 Str-Ⅱ D86 (43.1552,0.0973)
270,9 Str-Ⅱ D16 (43.1764,0.0927)
269,8 Str-Ⅱ D15 (43.1852,0.0934)
267,9 ▬ Wehr (43.2003,0.0928)
267,5 Str-Ⅱ D92 (43.2035,0.0924)
266,5 ▬ Blockwurf-Stufe (43.2119,0.0914)
266,1 Autobahn-Ⅱ A64 (43.2152,0.0926)
265,2 Str-Ⅱ D608 **F 65000 Tarbes** darunter ▬ Blockwurf-Stufe (43.2233, 0.0923)
265,2 –263,0 Stadtgebiet von **F 65000 Tarbes** Stadt mit allen Möglichkeiten, ⌂ eines französischen Kajakklubs. Ab Tarbes wird der Adour zum reinen Flachlandfluss, WW I. Urwaldähnliche Ufer, umgestürzte Bäume, sehr einsam. Behinderung durch im Fluss liegende Schrottautos, zahlreiche ▬ Wehre
264,7 Fußg.-Ⅱ (43.2275,0.0904)
264,5 Str-Ⅱ N21 (43.2289,0.0900)
264,1 Str-Ⅱ (Pont de la Marne) (43.2324,0.0883)
263,7 Str-Ⅱ (Rue du Viscos) (43.2357,0.0861)
263,2 EB-Ⅱ und Str-Ⅱ D808 (43.2395,0.0832)
262,4 Str-Ⅱ D608 (43.2466,0.0832)
261,7 3x ▬ Stufe nach Besichtigung ≋ (43.2527,0.0836)
258,9 Str-Ⅱ D2, re **F 65460 Bours** gute ↓. 2 ▬ Wehr, 1. ▬ in Gasse evtl. ≋. Die folgenden 2 km sind infolge Kiesentnahme seenartig verbreitert (43.2765,0.0834)
257,4 Str-Ⅱ D93, li **F 65460 Bazet** darunter ▬ kleine Stufe, ≋; Ab hier im Sommer Weiterfahrt beschwerlich, mehrere ▬ Wehr, ⏏ schwierig, oft wenig Wasser im Fluss, da Wasserableitungen zu Bewässerungszwecken (43.2902,0.0813)
256,6 ▬ Wehr evtl. nach Besichtigung ≋ oder li ⏏ (43.2968,0.0841)

255,5 Weg-Ⅱ, li **F 65390 Aurensan** danach ▬ Wehr, li ≈ (43.3040, 0.0909)

254,1 Weg-Ⅱ ▬ Wehr, **X**, sofort nach Ⅱ ↰, bis km 229,9 Beschreibung nur nach Luftbild (43.3148,0.0966)

252,4 Str-Ⅱ D27 (43.3282,0.0937)

251,2 ▬ Wehr (43.3387,0.0928)

250,4 ▬ Wehr (43.3449,0.0937)

249,7 ▬ Wehr (43.3504,0.0923)

248,8 Str-Ⅱ D4 (43.3575,0.0913)

245,2 Ⅱ (43.3802,0.0909)

244,6 Str-Ⅱ D934 darunter ▬ Wehr (43.3851,0.0923)

243,4 ▬ Wehr (43.3931,0.0915)

243,1 ▬ Wehr (43.3957,0.0892)

242,8 ▬ Wehr (43.3970,0.0866);
▬ Wehr

241,8 Str-Ⅱ D6 (43.4047,0.0849)

239,3 ▬ Wehr (43.4208,0.0743)

237,5 ▬ Wehr (43.4320,0.0768)

235,7 Str-Ⅱ D56 (43.4407,0.0708)

231,3 ▬ Wehr (43.4637,0.0431)

230,3 Weg-Ⅱ (43.4701,0.0401)

229,9 Str-Ⅱ D943, **F 65700 Maubourguet** empfehlenswerte ⬇ für die Befahrung des Unterlaufs des Adour (43.4705,0.0356)

229,3 li ⇩ Echez (43.4739,0.0312);
▬ Wehr 80 cm hoch, ≈ (43.4741,0.0312)

225,9 Str-Ⅱ D259, re **F 65700 Estirac** darunter ▬ Wehr **X** (43.4983, 0.0284)

223,5 Weg-Ⅱ (43.5127,0.0324)

221,8 Str-Ⅱ D67, re **F 65700 Labatut-Rivière** ✕, 🛒, Anlegemöglichkeit li hinter Ⅱ (43.5259,0.0270)

218,6 ▬ Natur-Wehr 80 cm hoch, nach Besichtigung evtl. ≈; Es folgt ein kleiner Stausee (43.5434,0.0164)

217,5 ▬ Wehr 4 m hoch, **X**, ⏏ sehr beschwerlich, re treideln möglich (43.5518,0.0141)

216,1 Str-Ⅱ D58, li **F 65700 Hères** beschränkte 🛒, ▬ Wehr, 1 m hoch, evtl. ≈. Nach Ⅱ re ⛺ (43.5574,0.0006)

215,5 ▬ Wehr (43.5628,-0.0001)

213,0 Str-Ⅱ D547 darunter ▬ Wehr, **X**, treideln li möglich. (43.5820,-0.0010)

210,1 Str-Ⅱ D946, re **F 32160 Préchac-sur-Adour** in 1 km Entfernung (43.6002,-0.0136)
203,6 Str-Ⅱ D180, li **F 32400 Cahuzac-sur-Adour** 🛒, ✕ (43.6411,-0.0201)
200,0 ■ Wehr 2 m hoch, **X**, re ⌂ oder evtl. li treideln (43.6596,-0.0294)
199,8 re ⇩ Arros (s. Seite 364) (43.6614,-0.0280)
199,2 EB-Ⅱ (43.6643,-0.0333)
196,6 ■ Wehr **X**, 3 m hoch, li treideln möglich (43.6679,-0.0566)
196,0 Weg-Ⅱ (43.6664,-0.0630)
194,0 Str-Ⅱ D935, li **F 32400 Riscle** ✕, ✕, guter ⛺ li vor Ⅱ (43.6639,-0.0818)
191,7 EB-Ⅱ (43.6642,-0.1041)
186,5 Str-Ⅱ D262, li **F 32400 Saint-Mont** abnehmende Strömung (43.6538,-0.1513)
184,6 ■ Blockwurf-Stufe (43.6597,-0.1650)
179,4 ■ Wehr 1,5 m hoch, verblockt, **X**, li ⌂ (43.6775,-0.2044)
173,8 Str-Ⅱ D107 (43.6871,-0.2437)
173,7 ■ Wehr 3,5 m hoch, **X**, re ⌂ einfach (43.6877,-0.2445)
170,2 Str-Ⅱ D835, **F 40800 Aire-sur-l'Adour** li vor Ⅱ guter ⛺ "les ombrages de l'adour". Unter der Ⅱ neues ■ Wehr, **X**, 1,5 m hoch (43.7036,-0.2620)
168,3 Autobahn-Ⅱ A65 (43.7168,-0.2760)
167,1 ■ Wehr 0,5 m hoch, m ≋ (43.7266,-0.2754)
164,9 ■ Blockwurf-Stufe, **X** (43.7347,-0.2864)
160,8 Str-Ⅱ D65, re **F 40270 Cazères-sur-l'Adour** (43.7559,-0.3169)
149,4 Str-Ⅱ D11, re **F 40270 Grenade-sur-l'Adour** 🛒, ✕. Nach Ⅱ re guter ⛺ mit Schwimmbad (43.7717,-0.4282)
146,5 ■ Blockwurf-Stufe **X**, li ⌂. Es folgen mehrere, nach Besichtigung ≋ Schwälle, durch Sandstein gebildet (43.7850,-0.4522)
138,7 Weg-Ⅱ Der Adour verläuft auf 250 m durch ein enges Sandsteinbett, nach Besichtigung ≋
137,5 Sandsteinfelsen mit Schwallbildung nach Besichtigung ≋
135,5 Str-Ⅱ D933 und EB-Ⅱ (43.7672,-0.5589)
135,3 li ⛺ Rives de l'Adour und Kajakclub (vom Fluss aus nicht zu erkennen), camping-lesrivesdeladour.com (43.7670,-0.5613)
134,6 Str-Ⅱ D933, li **F 40500 Saint-Sever** ■ Wehr, re über Rutsche ≋. Über die Folgestrecke bis zur ⇩ liegt keine genaue Beschreibung vor (43.7674,-0.5697)
129,4 Weg-Ⅱ (43.7719,-0.6226)
121,1 li ⇩ Gabas (s. Seite 364) (43.7620,-0.7034)

116,8 Str-Ⅱ D3 darunter Schwall (43.7611,-0.7442)
105,5 Str-Ⅱ D7 gute Gelegenheit zur Beendigung der Fahrt (43.7894,-0.8363)
102,6 re ⇩ Midouze (s. Seite 349) ab hier sehr starke Verschmutzung des Wassers, eine Weiterfahrt ist daher kaum empfehlenswert (43.8006,-0.8611)
92,1 Str-Ⅱ D10, re **F 40465 Pontonx-sur-l'Adour** (43.7838,-0.9249)
72,4 Str-Ⅱ D322 (43.7336,-0.9997)
68,4 Str-Ⅱ D947 (43.7204,-1.0385)
67,0 Str-Ⅱ, **F 40100 Dax** (Pont des Arènes) größere Stadt mit allen Möglichkeiten, ab hier zunehmender Einfluss der Gezeiten (43.7144,-1.0510)
66,7 Str-Ⅱ D947, **F 40100 Dax** (43.7125,-1.0541)
66,4 Fußg.-Ⅱ (43.7120,-1.0574)
65,7 EB-Ⅱ (43.7138,-1.0652)
56,6 Str-Ⅱ D13 (43.6741,-1.1352)
54,8 li ⇩ Luy (s. Seite 363) (43.6603,-1.1403)
50,5 Str-Ⅱ D17, re **F 40180 Saubusse** (43.6553,-1.1876)
46,2 Str-Ⅱ D33 (43.6297,-1.2255)
36,0 Str-Ⅱ D817 (43.5628,-1.2039)
32,1 li ⇩ Gave de Pau (s. Seite 350) (43.5464,-1.1945)
29,7 li ⇩ Bidouze (s. Seite 349) (43.5315,-1.2140)
22,2 Str-Ⅱ D12, li **F 64240 Urt** (43.4989,-1.2949)
9,2 Autobahn-Ⅱ A63 (43.4855,-1.4481)
8,0 Str-Ⅱ D810 (43.4875,-1.4616)
7,7 EB-Ⅱ (43.4889,-1.4640)
6,9 Str-Ⅱ, **F 64100 Bayonne** größere Stadt mit sämtlichen Möglichkeiten (43.4942,-1.4719)
6,5 li ⇩ Nive (s. Seite 345) (43.4950,-1.4742)
5,9 Str-Ⅱ D260 (43.4980,-1.4825)
0,0 ⇩ in Atlantik (43.5294,-1.5232)

Nive

Weitere Namen: Grande Nive
Wildfluss (Gebirgsfluss) Gewässerkennzahl FR: Q9--0250
Mündung in Adour bei km 6,5 (li Nebenfluss)

In einigen Führern wird der Oberlauf der Nive als Nive de Béherobie bezeichnet, nach dieser Benennung heißt sie dann ab St. Jean de Pied de Port (Zusammenfluss mit Petite Nive und Nive de Laurhibar) Grande Nive.

Die Nive fließt durch das französische Baskenland. Es hat sich eine gewisse Eigenständigkeit in seiner Sprache, seiner Kultur, seiner Kleidung, seinen Sportarten, seiner Gastronomie usw. bewahrt. Man gewinnt davon einen guten Eindruck in St. Jean de Pied de Port.

Die Nive fließt durch mehrere kleine Schluchten, der Abfall der Nive erfolgt vielfach in Stufen, die von ruhigen Flussstellen (Pools genannt) gefolgt werden. Im Unterlauf machen sich die Gezeiten des Atlantik bemerkbar.

In St. Jean de Pied de Port befinden sich 2 Wehre, die praktisch nicht umtragen werden können. Es empfiehlt sich daher, St. Jean de Pied de Port mit Pkw zu umfahren oder die Befahrung der Nive erst unterhalb von St. Jean de Pied de Port zu beginnen.

Im ganzen Bereich der Nive wird Lachsfischerei betrieben. Um unliebsame Schwierigkeiten mit den Anglern zu vermeiden, ist es zweckmäßig, sich möglichst störungsarm zu verhalten.

Befahrbarkeit:	Oberlauf bis St. Jean de Pied de Port nur im Frühjahr, ab St. Jean de Pied de Port ist eine Befahrung meist das ganze Jahr hindurch möglich.
Schwierigkeiten:	km 67,6-27,9 WW II und III (IV)
	km 27,9-⇩ WW I-Zahmwasser
	Zur Zeit der Schneeschmelze (bis Mai) nehmen die Schwierigkeiten deutlich zu; die Nive kann dann gefährlich werden.
Infrastruktur:	Zeltmöglichkeit: ein einfacher ⛺ befindet sich unterhalb St. Jean de Pied de Port, am li Ufer der Nive.

79,3 Ursprung: Im spanischen Teil der Pyrenäen in etwa 1300 m Höhe

67,6 **F 64220 Estérençuby** Die folgende, früher ≋ Schlucht ist durch Bauarbeiten **X** geworden, damit ist die Befahrung der Nive de Béherobie wenig sinnvoll (43.1037,-1.1962)

62,6 Str-II D301, **F 64220 Saint-Michel** Im Ortsbereich ▬ Wehr, Abfall 4 m, evtl. ≋, unbedingt ansehen! (43.1360,-1.2224)

59,0 ⚠ Die Stadtdurchfahrt von St. Jean Pied de Port ist wegen unfahrbarer ▬ Wehre, die nicht ⩠ werden können unbedingt zu veremeiden

58,7 Str-II D933, **F 64220 Saint-Jean-Pied-de-Port** (43.1625,-1.2383)

57,1 li ⇩ Nive d'Arnéguy (s. Seite 348) (Petite Nive) (43.1711,-1.2478)

54,2 li ⛺ de La Truite Günstige Stelle zum ⬇. Es folgen schöne Schwälle, Route Bayonne- Route départementale 918, **F 64220 Ascarat**, camping-delatruite.com (43.1910,-1.2527)
53,7 Str-Ⅱ D334 (43.1942,-1.2560)
50,6 Weg-Ⅱ (43.2098,-1.2787)
49,2 EB-Ⅱ beim Anblick dieser Ⅱ in Eisenkonstruktion anhalten und den folgenden 1,5 m hohen Abfall erkunden, bei HW gut ≋, bei NW ist die Durchfahrt durch große Felsen weitgehend versperrt, die Boote können dann meist in Flussmitte über die Felsen gehoben werden (43.2141,-1.2929)
47,6 Str-Ⅱ D918 und EB-Ⅱ (43.2254,-1.3016)
47,3 li ⇩ Nive des Aldudes (s. Seite 348) (43.2274,-1.3028)
47,2 EB-Ⅱ (43.2275,-1.3023)
46,9 Str-Ⅱ D948 (43.2302,-1.3015)
45,8 ■ Wehr je nach Wasserstand über Fischtreppe evtl. ≋. Unbedingt ansehen! (43.2390,-1.3017)
43,3 EB-Ⅱ (43.2532,-1.3206)
42,7 EB-Ⅱ (43.2560,-1.3204)
41,0 EB-Ⅱ (43.2663,-1.3324)
39,9 Fußg.-Ⅱ re 🚂 von Bidarray (43.2679,-1.3452)
39,7 Str-Ⅱ, li **F 64780 Bidarray** (43.2690,-1.3470)
31,9 Str-Ⅱ D169 (43.3086,-1.3830)
30,3 "Pas de Roland" stark verblockter Abfall, WW III. Umtragen schwierig. Anlegen zur Besichtigung linksufrig bei der Mündung eines kleinen Baches
29,2 ■ Wehr Bei ausreichendem Wasserstand kann die Fischleiter befahren werden; sonst ⏏, es folgt bei Niedrigwasser eine Treidelstrecke bis zum Zusammenfluss mit dem abgeleiteten Wasser (43.3214,-1.4032)
27,9 Str-Ⅱ D249, li **F 64250 Itxassou** An dieser Stelle wird die Befahrung der Nive zumeist abgebrochen. Es folgen noch kleinere Schwälle, WW I (43.3276,-1.3901)
27,6 Str-Ⅱ D918 (43.3294,-1.3917)
23,9 Str-Ⅱ D10 (43.3565,-1.3905)
22,0 Str-Ⅱ D410, **F 64250 Cambo-les-Bains** Keine Stromschnellen mehr, jedoch mehrere ■ Wehr, von denen einige über die Fischtreppen ≋ sind (43.3632,-1.3977)
19,9 ■ Wehr (43.3726,-1.4147)
18,3 Str-Ⅱ D650 (43.3748,-1.4285)

16,2 ▬ Wehr (43.3876,-1.4426)
15,5 ▬ Wehr (43.3907,-1.4505)
15,3 Str-Ⅱ D250 (43.3922,-1.4504)
13,7 Str-Ⅱ D137, li **F 64480 Ustaritz** (43.4006,-1.4553)
13,5 ▬ Wehr (43.4021,-1.4564)
12,3 ▬ Blockwurf-Stufe (43.4122,-1.4613)
9,4 Weg-Ⅱ, re **F 64990 Villefranque** bis hier macht sich der Einfluss der Gezeiten bemerkbar (43.4331,-1.4573)
3,9 Autobahn-Ⅱ A63 (43.4657,-1.4830)
2,0 ehem. EB.-Ⅱ (43.4778,-1.4724)
1,3 EB-Ⅱ (43.4829,-1.4718)
0,9 Str-Ⅱ D810 (43.4860,-1.4745)
0,9 –0,0 Stadtgebiet von **F 64100 Bayonne**
0,7 Str-Ⅱ (Pont du Génie) (43.4879,-1.4749)
0,5 Str-Ⅱ (Pont Pannecau) (43.4898,-1.4746)
0,3 Str-Ⅱ (Pont Marengo) (43.4910,-1.4743)
0,2 Str-Ⅱ (Pont Mayou) (43.4924,-1.4740)
0,0 ⇩ in Adour (s. Seite 340) bei km 6,5 Es sind von hier aus noch 9 km zum Atlantik (43.4941,-1.4742)

Nive des Aldudes

Wildfluss (Gebirgsfluss) Gewässerkennzahl FR: Q91-0400
Mündung in Nive bei km 47,3 (li Nebenfluss)

Das Tal der Nive des Aldudes ist landschaftlich hervorragend schön.

Fahrbare Strecke: Ⅱ von Banca-St. Etienne de Baigorre WW II und III (IV), 9 km; bei schneller Strömung erhebliche Verblockung, einige Passagen bis WW IV sollten vor Befahrung besichtigt werden.

1. und 2. ▬ sind ≈, 3. ▬ **X** mit Wasserentzug, auf etwa 300 m treideln.

St. Etienne-⇩, 9 km, WW II, wesentlich weniger interessant, mehrere ▬, **X**, mit davorliegenden Staustrecken.

Befahrbarkeit: infolge recht gleichmäßiger Wasserabgabe des ϟ von Banca meist ganzjährig.

Nive d'Arnéguy

Weitere Namen: Petite Nive [fre], Nive de Val Carlos [fre]
Wildfluss (Gebirgsfluss) Gewässerkennzahl FR: Q90-0400

Mündung in Nive bei km 57,1 (li Nebenfluss)

Fahrbare Strecke: von Val Carlos-⇩, 10,5 km. Bis Arnéguy ist der Fluss Grenzfluss, Pässe mitführen, Anlanden vermeiden. Ein ▬, X.

Befahrbarkeit: Frühjahr bis spätestens Mai und nach starken Regenfällen.

Schwierigkeiten: starkes Gefälle in enger Schlucht mit erheblicher Verblockung. Die Schwierigkeiten sind vorwiegend technischer Art. WW III (IV).

Bidouze

Wildfluss (Gebirgsfluss) Gewässerkennzahl FR: Q8--0250
Mündung in Adour bei km 29,7 (li Nebenfluss)

Die Bidouze ist ein ruhiger Fluss des Pyrenäen-Vorlandes. Empfehlenswerte Strecke: Ⅱ D310, Viellenave-Came, 17 km. Auf diesem Abschnitt fließt die Bidouze in einem engen, teilweise schluchtartigen Tal, kleine, harmlose Schwälle, WW I. 400 m vor der in der letzten Auflage empfohlenen ⬆ in Came befindet sich ein ▬, X, ⩯, nicht möglich. Die Befahrung sollte daher schon vorher an geeigneter Stelle beendet werden. Nach Austritt aus dem Engtal wird die Bidouze zum ruhigen Wanderfluss in eintöniger Landschaft, eine Weiterfahrt unterhalb Came ist zwar möglich, doch kaum lohnend.

Midouze

Wanderfluss Gewässerkennzahl FR: Q2-0250
Mündung in Adour bei km 102,6 (re Nebenfluss)

Die Midouze fließt mit zumeist mäßiger Strömung reizvoll und einsam durch den Bereich der größten Pinienwälder Europas. Gelegentlich leichte Schwälle bis WW II, an 2 Stellen wird knapp WW III erreicht.

Befahrbarkeit: wahrscheinlich ganzjährig.

Quellen: Änderungen: Heiner Hoff (09/2013)

45,6 Str-Ⅱ D53, Plage de la Douze, leichtes ⬇ in die Douze (43.9040,-0.4832)

42,6 ⇩ Zusammenfluss von Douze und Midou (s. Seite 350) ab hier Name des Flusses „Midouze“ ▬ Wehr, ≈. Kanuzentrum (43.8914,-0.5024)

42,4 Str-Ⅱ **F 40000 Mont-de-Marsan** (Pont des Droits de l'Homme) (43.8907,-0.5036)

42,1 Fußg.-Ⅱ (43.8887,-0.5071)

41,9 Str-Ⅱ **F 40000 Mont-de-Marsan** (Pont Saint-Louis) (43.8891,-0.5085)
41,4 Str-Ⅱ D634S, **F 40000 Mont-de-Marsan** (43.8906,-0.5150)
39,5 Str-Ⅱ D834 (43.8971,-0.5338)
36,2 re ⇩ Estrigon (43.9013,-0.5696)
35,8 EB-Ⅱ (43.8999,-0.5745)
30,6 Reitzentrum, Stromschnelle WW II+.
25,7 Str-Ⅱ D365 (43.9077,-0.6591)
22,2 Empfehlenswertes ✕
20,2 re Zugang zur Straße auf einem kleinen Weg, ⚓
17,2 Str-Ⅱ D364 (43.8764,-0.7313)
14,8 re ⇩ Bés gute ⛺-Möglichkeit (43.8705,-0.7572)
8,3 Str-Ⅱ **F 40400 Tartas** darunter Schwall (43.8330,-0.8073)
6,8 Str-Ⅱ D824 (43.8243,-0.8218)
0,0 ⇩ in Adour (s. Seite 340) bei km 102,6 Gute ⬆ nach etwa 10 km li unter der Ⅱ von Pontonx sur Adour (43.8006,-0.8609)

Midou

Kleinfluss Gewässerkennzahl FR: Q2-0250
Mündung in Midouze bei km 42,6 (li Nebenfluss)

Der Midou verläuft ohne besondere Schwierigkeiten durch Kiefernwälder, Wehre.

Fahrtstrecke: Villeneuve de Marsan - Mont de Marsan, 21 km

Befahrbarkeit: Frühjahr, Herbst und nach Regenfällen.

Gave de Pau

Wildfluss - Wanderfluss (Gebirgsfluss) Gewässerkennzahl FR: Q---0100
Mündung in Adour bei km 32,1 (li Nebenfluss)

Im Cirque de Gavarnie stürzen in einem einmaligen Naturschauspiel die Wassermassen des Gave de Pau in einem riesigen Felshalbrund in zahlreichen Wasserfällen über 400 m hoch aus den Hochpyrenäen in das Tal und sammeln sich hier zum Fluss.

Im Oberlauf des Gave de Pau wird sein Tal eingerahmt von den schneebedeckten Bergen der Hochpyrenäen, touristische Sehenswürdigkeiten der Wallfahrtsort Lourdes und die Grotten von Bétharram. Unterhalb von Pau ist der Gave de Pau ein gemächlicher Wanderfluss in einem weiten Tal. Fahrbare

Flusslänge: 142 km.

Befahrbarkeit:	Wasserführung: infolge von Kraftwerksbetrieb stark schwankend, jedoch stets ausreichend.
Umwelt:	Wasser: zunächst sauber, unterhalb Lourdes stark verschmutzt. Die Verschmutzung reicht, langsam abnehmend, bis km 120,3.
Schwierigkeiten:	km 156,0-135,7 WW I-II
	km 135,7-118,3 WW II-III
	km 118,3-90,8 WW II
	km 90,8-⇩ WW I-Zahmwasser
Infrastruktur:	Zeltmöglichkeiten: in der Umgebung von Lourdes zahlreiche öffentliche Campingplätze, außerdem freies Zelten am Fluss vielfach möglich.

192,8 Ursprung: Cirque de Gavarnie

185,5 **F 65120 Gavarnie** Ausgangspunkt für die Wanderung oder einen Ritt zum Cirque de Gavarnie. Die folgenden 29 km führen z.T. durch Schluchten, über deren Befahrbarkeit nichts bekannt ist (42.7309,-0.0087)

155,9 Str-II D921, li **F 65260 Pierrefitte-Nestalas** Hier kommen mehrere ϟ-Leitungen zusammen in einem ϟ. 100 m danach 2. ϟ, hier ⬇ auf der re Seite. Man fährt dazu auf der D921 flussaufwärts von Pierrefit über die II und re flussabwärts auf die D913 bis zur ⬇.
⚠ Die Wehre wurden anscheinend umgebaut, daher vorher erkunden, ob die ⬇ noch sinnvoll ist (42.9515,-0.0694)

155,8 ▬ Wehr mit 1. ϟ (42.9527,-0.0684)

155,1 ▬ Wehr mit 2. ϟ ansehen! (42.9573,-0.0661)

154,5 li ⇩ Gave de Cauterets (42.9622,-0.0638)

152,0 ▬ Blockwurf-Stufe (42.9816,-0.0723)

150,8 ▬ Wehr (42.9909,-0.0763)

149,1 Str-II D100, li **F 65400 Argelès-Gazost** ab hier nur noch WW I (43.0054,-0.0815)

149,0 ▬ Blockwurf-Stufe mit Zug auf das ▬, rechtzeitig ↱ und ⏏ (43.0064,-0.0821)

147,1 Weg-II (43.0222,-0.0827)

146,0 ▬ Wehr mit Floßgasse, ≋, davor li Ruine auf einem Berg (43.0280,-0.0732)

140,4 Str-II D821 (43.0649,-0.0418)
140,0 Str-II D821 (43.0671,-0.0419)
139,9 Str-II D921B (43.0685,-0.0411)
138,1 Str-II D821 (43.0818,-0.0448)
138,0 ■ Wehr mit ↯ evtl. ≋ oder li ⏏ (43.0814,-0.0465)
136,5 –134,0 Stadtgebiet von **F 65100 Lourdes**
136,2 Str-II (Esplanade du Paradis) (43.0888,-0.0532)
135,7 Str-II (Pont Pomes) Beendigung der Fahrt am besten vor der II li; nach der II re großer 🅿 (43.0921,-0.0554)
135,3 Str-II (Pont Vieux) (43.0952,-0.0530)
135,1 ■ Wehr **X**, es folgen zwei weitere ■■. Wasser unterhalb von Lourdes stark verschmutzt. Es wird empfohlen, die ganze Strecke von der 1. II von Lourdes bis km 126,7 mit Pkw zu umfahren. Man sollte sich unbedingt Zeit zu einem Aufenthalt in Lourdes, dem größten katholischen Wallfahrtsort nehmen (43.0966,-0.0512)
134,9 Str-II (Boulevard Rémi Sempé) (43.0981,-0.0510)
134,6 Weg-II, **F 65108 Lourdes** (43.0984,-0.0550)
134,5 Weg-II, **F 65108 Lourdes** (43.0984,-0.0558)
134,4 Weg-II, **F 65108 Lourdes** (43.0983,-0.0571)
134,1 Weg-II, **F 65108 Lourdes** (43.0980,-0.0613)
133,6 Str-II D13 (43.1003,-0.0664)
133,1 ■ Wehr (43.0997,-0.0721)
128,3 ■ Wehr (43.1001,-0.1261)
126,7 Str-II nach li **F 65270 Saint-Pé-de-Bigorre - Rieulhès** mögliche ↓ zur Weiterführung der Fahrt, ⛺. Man kann aber auch von der II liufrig Richtung Lourdes flussaufwärts fahren. Nach etwa 800 m führt links ein Feldweg zum Fluss, hier Picknickplatz, übliche ↓ für gewerbliche Bootsfahrten (43.1024,-0.1431)
124,5 ■ Blockwurf-Wehr evtl. ≋ oder ⏏. (43.1001,-0.1632)
124,1 Str-II D152, **F 65270 Saint-Pé-de-Bigorre** (43.1020,-0.1660)
120,9 Zerfallenes ■ Wehr ≋, Steine im Unterwasser (43.1103,-0.1912)
120,7 Beginn einer sehr schönen Schwallstrecke, bis WW III, Slalom-Strecke (43.1120,-0.1911)
120,3 Str-II D526, **F 64800 Bétharram** Eine Seilbahn führt zum Einstieg der Grotte von Bétharram. Es handelt sich dabei um eine der größten Grotten Frankreichs, Besichtigung sehr zu empfehlen. Nach der II ↱, ✕ (43.1147,-0.1936)
119,4 ■ Wehr mit ↯ 5 m Höhenunterschied, auf Bootsrutsche sehr gut ≋ (43.1189,-0.2000)

119,1 Weg-Ⅱ (43.1206,-0.2032)
118,7 Str-Ⅱ D226, li **F 64800 Lestelle-Bétharram** (43.1231,-0.2068)
118,5 Str-Ⅱ D937 (43.1239,-0.2071)
118,3 ■ Wehr Schräg-■, 4 kleine Stufen mit Durchlass durch 3 Becken, ≋ (43.1258,-0.2065)
117,7 ■ Blockwurf-Stufe 2 kleine Stufen mit Durchlass, ≋ (43.1308,-0.2059)
114,9 ■ Blockwurf-Stufe von Lestelle re, li Arm ≋
112,6 Str-Ⅱ D937, re **F 64800 Coarraze** rechtzeitig vor der Ⅱ ↰, da starker Stromzug auf die folgende ■ Blockwurf-Stufe. Bei HW ganz li Arm evtl. ≋, mehrere Stufen, Rücklauf in den einzelnen Becken (43.1663, -0.2321)
112,2 Str-Ⅱ D938 (43.1689,-0.2353)
111,3 li ⇩ Ouzom (s. Seite 363) (43.1705,-0.2458)
111,1 ■ Blockwurf-Stufe **X**, li ⏏; starker Stromzug in Mühlkanal direkt nach dem ■, alter Ⅱ-Pfeiler im Stromzug! (43.1707,-0.2479)
110,0 ■ Wehr am Anfang des ⛟ von Nay, re durch mehrere Becken mit Durchlässen ≋, re ⌂ mit Bootsvermietung (43.1749,-0.2591)
109,5 Str-Ⅱ D936, li **F 64800 Nay** (43.1797,-0.2599)
109,4 ■ Blockwurf-Stufe Bootsgasse li,wegen scharfer Strömung vor Befahrung von der Ⅱ aus besichtigen. Bis Pau sollen noch 4 weitere ■ folgen (43.1802,-0.2598)
108,4 ■ Blockwurf-Stufe (43.1883,-0.2551)
106,5 Fußg.-Ⅱ (43.2015,-0.2639);
■ Blockwurf-Stufe (43.2020,-0.2642)
99,8 Str-Ⅱ D437 (43.2444,-0.3078)
99,5 ■ Blockwurf-Stufe (43.2473,-0.3061)
98,1 ■ Blockwurf-Stufe (43.2560,-0.3153)
97,2 ■ Blockwurf-Stufe re Umgehungsgerinne, ansehen! (43.2630,-0.3189)
93,6 Str-Ⅱ D100 (43.2845,-0.3492)
93,2 ■ Wehr (43.2855,-0.3535)
92,1 Weg-Ⅱ (43.2857,-0.3659)
91,5 re ■ Wehr (43.2905,-0.3711)
91,1 EB-Ⅱ (43.2922,-0.3745)
90,8 Str-Ⅱ, **64000 Pau** (Rue Marca) Größere Stadt mit allen Möglichkeiten (43.2933,-0.3777)
90,0 Str-Ⅱ, **64140 Jurançon** (Pont d'Espagne), darunter Slalomstrecke, li Kanuverein, pau-canoe-kayak.com (43.2942,-0.3869)

89,2 Fußg.-Ⅱ (43.2932,-0.3958)
88,7 Weg-Ⅱ (43.2942,-0.4018)
87,5 Str-Ⅱ D834 (43.2970,-0.4134)
85,3 Weg-Ⅱ, li **F 64110 Laroin** (43.3050,-0.4363)
83,0 Str-Ⅱ D501 danach ■ Blockwurf-Wehr (43.3190,-0.4531)
81,3 Str-Ⅱ D509 danach ■ Blockwurf-Wehr (43.3315,-0.4652)
80,1 ■ Blockwurf-Stufe (43.3321,-0.4758)
75,2 ■ Blockwurf-Stufe (43.3564,-0.5160)
67,7 Str-Ⅱ D281 (43.3855,-0.5863)
67,6 ■ Wehr mit ϟ (43.3859,-0.5874)
62,7 Str-Ⅱ D31 darunter ■ Wehr (43.4041,-0.6242)
61,0 Ⅱ (43.3981,-0.6395)
55,4 Weg-Ⅱ (43.4280,-0.6790)
53,0 Autobahn-Ⅱ A64 (43.4456,-0.6828)
52,1 Str-Ⅱ D275 (43.4512,-0.6849)
45,8 ■ Wehr (43.4740,-0.7472)
44,9 Str-Ⅱ (43.4781,-0.7548)
43,8 Weg-Ⅱ (43.4832,-0.7661)
43,6 ■ Wehr **X**, li ⏏, schwer (43.4830,-0.7676)
43,0 Str-Ⅱ D947, **F 64300 Orthez** Bis zur ⇩ nur mäßige Strömung, landschaftlich eintönig. Das ⏏ bei den ■ ■ bei km 40,9 und 35,2 ist sehr mühsam. Eine Weiterfahrt auf dem Gave de Pau unterhalb von Orthez ist daher kaum zu empfehlen (43.4854,-0.7743)
40,9 ■ Wehr **X**, hoher Wasserfall, li ⏏, schwer (43.4874,-0.7982)
39,8 Autobahn-Ⅱ A64 Beginn des Rückstaus vom ϟ Baigts de Bearn (43.4833,-0.8099)
38,0 Str-Ⅱ D29 (43.4899,-0.8241)
37,6 Autobahn-Ⅱ A64 (43.4937,-0.8246)
35,2 ■ Wehr **X**, ϟ Baigts de Bearn, li ⏏, schwer (43.5095,-0.8417)
34,1 Str-Ⅱ D933, li **F 64300 Bérenx** (43.5076,-0.8542)
33,9 Autobahn-Ⅱ A64 (43.5068,-0.8551)
30,9 Autobahn-Ⅱ A64 (43.5111,-0.8865)
28,0 EB-Ⅱ (43.5200,-0.9031)
27,4 ■ Wehr **X**, li ⏏, ➔ zum ϟ (43.5177,-0.9077)
26,0 re ⇩ Kraftwerkskanal (43.5196,-0.9117)
25,8 Str-Ⅱ D430, re **F 64270 Puyoo** li **F 64270 Bellocq** (43.5208,-0.9137)
21,0 Str-Ⅱ D103/D429 (43.5349,-0.9613)
19,2 ■ Blockwurf-Stufe (43.5396,-0.9813)
17,7 Ⅱ (43.5380,-0.9983)

16,7 Str-II D22 (43.5380,-1.0109)
12,0 ▬ Wehr (43.5448,-1.0627)
9,6 Str-II D29 (43.5410,-1.0881)
9,4 li ⇩ Gave d´Oloron (s. Seite 355) (43.5401,-1.0903)
8,1 Str-II D33 **F 40300 Peyrehorade** (43.5434,-1.1055)
7,1 Autobahn-II A641 (43.5429,-1.1174)
3,2 EB-II (43.5384,-1.1586)
0,0 ⇩ in Adour (s. Seite 340) bei km 32,1 (43.5464,-1.1947)

Gave d´Oloron

Wildfluss (Gebirgsfluss) - Wanderfluss (Fachlandfluss)

Gewässerkennzahl FR: Q---0150

Mündung in Gave de Pau bei km 9,4 (li Nebenfluss)

Der Gave d´Oloron ist ein landschaftlich reizvoller Fluss des Pyrenäen-Vorlandes. Bei starker Wasserführung und schneller Strömung erhebliche Stromschnellen mit starker Wellenbildung, jedoch ohne Verblockung, große Kehrwasser, gut geeignet für WW-Anfänger.

Befahrbarkeit: ganzjährig

Umwelt: Verschmutzung durch die Abwasser von Oloron, allmähliche Reinigung bis km 74,1

Schwierigkeiten: km 77,1-⇩ WW II-III, abnehmend bis WW I.

Infrastruktur: Zeltmöglichkeit: am Fluss ausreichend vorhanden; 🚐 in Sauveterre.

77,1 ⇩ Zusammenfluss von Gave d´Aspe (s. Seite 361) und Gave d´Ossau (s. Seite 359) in **F 64400 Oloron-Sainte-Marie** (43.1945,-0.6080)
76,7 Str-II D6 (43.1975,-0.6063)
76,4 ⬇ unter der EB-II am Ortsende von **F 64400 Oloron-Sainte-Marie** (43.1993,-0.6082)
74,1 ▬ Wehr und ↯ von **F 64400 Ledeuix** li durch Durchlass ≈ oder li ⏏. Bei höherem Wasserstand starker Stromzug in das ▬, rechtzeitig anlegen. Weitere mögliche ⬇, Zufahrt von Légugnon oder Moumour (43.2109,-0.6288)
72,4 Beginn der schwierigsten Stromschnellen, WW III mit Wasserwucht, meist ist genügend Platz zum Ausweichen
71,4 li ⇩ Vert (s. Seite 359) (43.2208,-0.6544)

66,9 ■ Wehr **X**, ⏏ (43.2499,-0.6760)

64,5 re ⇩ Auronce (43.2688,-0.6847)

61,4 Str-Ⅱ D25, re **F 64190 Préchacq-Navarrenx** (43.2712,-0.7148)

58,2 ■ Wehr Durchlass durch 2 Stufen, ≋ oder ⏏ (43.2823,-0.7361)

57,8 Str-Ⅱ D114, re **F 64190 Dognen** (43.2839,-0.7411)

57,1 ■ Naturstufe etwa 0,5 m hoch, Mitte ≋ (43.2855,-0.7482)

54,0 Zerfallene Pfeiler bei **F 64190 Jasses** Baumversperrungen möglich

53,6 Verfallenes ■ Wehr Vorsicht, Armierungseisen

51,7 ■ Wehr **X**, li ⏏; evtl. Bootsrutsche benutzen, sie hat einen Knick nach re, für geübte Fahrer mit Kurzbooten ≋ (43.3169,-0.7588)

51,2 ⚠ Armierungseisen !

50,8 Str-Ⅱ D947, re **F 64190 Navarrenx** fortähnliches Städtchen, gute 🛒 (43.3225,-0.7641)

46,1 Str-Ⅱ D665, li **F 64190 Viellenave-de-Navarrenx** (43.3504,-0.7904)

45,3 re Schloss von **F 64190 Audaux** (43.3576,-0.7937)

42,7 li **F 64190 Araujuzon** etwas abseits, vom Fluss aus nicht zu sehen

41,3 Str-Ⅱ D265, re **F 64190 Narp** (43.3693,-0.8331)

38,3 ■ Naturstufe bei HW und MW re anfahren, S-förmig ≋, bei NW li ≋ (43.3752,-0.8632)

36,8 Nachlassen der Schwierigkeiten, WW I

32,8 ■ Naturstufe (43.3927,-0.9158)

30,0 Str-Ⅱ D933, re **F 64390 Sauveterre-de-Béarn** 🚐 Camping du Gave; zum ⛺ etwa 200 m vor der Ⅱ am Beginn des Geländes ausbooten, campingdugave.fr (43.3944,-0.9447)

27,4 li ⇩ Saison (s. Seite 356) (43.4023,-0.9740)

20,3 ehem. EB.-Ⅱ (43.4506,-0.9941)

15,5 Str-Ⅱ D29 (43.4713,-1.0008)

8,8 Autobahn-Ⅱ A64 (43.5080,-1.0293)

5,1 li ■ Wehr re fahren bis zum nächsten Wehr (43.5214,-1.0438)

4,2 ■ Wehr von **F 40300 Sorde-l'Abbaye** evtl. ≋ oder li ⏏. Wegen Wasserableitung im Sommer oft auf 3 km Treidelstrecke (43.5260,-1.0513)

2,1 Str-Ⅱ D123 (43.5313,-1.0677)

0,0 ⇩ in Gave de Pau (s. Seite 350) bei km 9,4 (43.5402,-1.0902)

Saison

Weitere Namen: Gave de Saison [fre]

Wildfluss (Gebirgsfluss) Gewässerkennzahl FR: Q7--0250

Mündung in Gave d´Oloron bei km 27,4 (re Nebenfluss)

Die Saison fließt durch ein Tal, das von den grünen Hügeln der baskischen Landschaft begrenzt wird.

Die Saison bietet das wohl schönste Wildwasser des Baskenlandes; und ist auch im Unterlauf zunächst immer noch sportlich sehr interessant, später fließt sie dann, abgesehen von einigen Wehren, ohne besondere Schwierigkeiten durch weites Flachland.

Befahrbarkeit:	April bis Juni, später nur nach Regenfällen; das Wasser der Saison wird im Oberlauf abgeleitet; von Oster-Samstag bis Oster-Montag wird zu Wettkämpfen jeweils von 15-18 Uhr reichlich Wasser abgegeben; in der übrigen Zeit dürfte eine Befahrung kaum je möglich sein. Unterlauf: Frühjahr bis Juni.
Umwelt:	Wasser: Oberlauf sauber, ab Mauléon erhebliche Verschmutzung und Geruchsbelästigung
Pegel:	km 56,5: Minimum 30 cm, MW 55 cm, Maximum 80 cm. Über 80 cm wird der Fluss durch erhebliche Wasserwucht und Walzen sehr gefährlich.
Schwierigkeiten:	km 62,3-54,5 WW IV-V, Gefälle 14‰
	km 54,5-32,9 WW II-III (IV)
	km 32,9-⇩ WW I-II
Infrastruktur:	Zeltmöglichkeit: am Fluss reichlich vorhanden.

72,2 Ursprung (Gave de Larrau) im Forst von Iraty in etwa 1500 m Höhe (43.0438,-1.0249)

62,3 ✕ Auberge Logibar, ⬇ in die Gave de Larrau; Das neue ▬ Wehr, das den Oberlauf trocken legt, ist bei Wasserabgabe (s. „Befahrbarkeit") in einer Gasse am li Ufer ≈; die folgenden 8 km sind schweres WW. Sehr starkes Gefälle mit erheblicher Verblockung. Eine früher als **X** geltende Stelle muss unbedingt erkundet werden, die Einfahrt dieser Stelle ist von der Straße einzusehen (43.0180,-0.9275)

56,5 re ⇩ Gave de St. Engrace ab hier heißt der Fluss Saison (43.0479,-0.8860)

56,4 Str-II D26 ≣, re ↯ mit Einleitung des Wassers des Gave de St. Engrace, erhebliche Zunahme der Wasserwucht, weiterhin WW IV. Wenige 100 m nach dem ↯ herrliche Slalomstrecke, die an Ostern von Hunderten von Kanuten bevölkert ist (43.0491,-0.8853)

54,0 Weg-Ⅱ, **F 64560 Licq-Athérey** (43.0664,-0.8766)
53,9 ■ Wehr re über eine eigens für Kanuten eingehängte Rutsche gut ≈. Ab Licq WW II-III (43.0669,-0.8768)
53,3 ■ Wehr (43.0722,-0.8765)
52,7 Weg-Ⅱ (43.0763,-0.8734)
48,2 Str-Ⅱ D57 (43.1119,-0.8614)
47,6 Str-Ⅱ D247, re **F 64470 Tardets-Sorholus** (43.1167,-0.8654)
46,5 ■ Wehr, evtl. ≈, ⚠ auf Stromzug in den Kanal! Es folgt noch ein weiteres ■ Wehr, ≈ (43.1226,-0.8748)
43,2 Str-Ⅱ D149 (43.1432,-0.8894)
40,5 Str-Ⅱ D150, li **F 64130 Menditte** (43.1614,-0.8988)
39,0 ■ Wehr (43.1730,-0.9002)
34,3 ■ Wehr bei **F 64130 Gotein-Libarrenx** meist mit weitgehender Wasserableitung, evtl. ≈ oder li ⌂. Bei ausreichender Wasserabgabe folgt nach dem ■ eine 200 m lange, schwere Blockstrecke. Sie reicht bis zum Schluchteingang, je nach Wasserstand WW IV-V (La Pista), unbedingt ansehen! Die „Gorges de Mauléon“ sind je nach Wasserstand leichtes bis wuchtiges WW (43.2008,-0.9114)
32,6 Str-Ⅱ D611, es wird empfohlen, die Fahrt bei dieser Ⅱ li zu beenden, von einer Durchfahrt durch Mauléon ist abzuraten, das Wasser wird erheblich verschmutzt. (43.2152,-0.8946)
31,9 Str-Ⅱ D918, **F 64130 Mauléon-Licharne** (43.2197,-0.8892)
31,5 ■ Wehr, **X** (43.2229,-0.8873)
31,4 Str-Ⅱ, **F 64130 Mauléon-Licharre** (Avenue d'Alsace Lorraine) (43.2238,-0.8864)
30,9 ■ Wehr, **X**, danach wieder ⬇ nach dem umtragen, Bis zur ⇩ keine besonderen Schwierigkeiten mehr, jedoch mehrere ■, teilweise ≈, teilweise mühsames ⌂. Mitnahme eines Bootswagens empfehlenswert (43.2261,-0.8813)
29,4 ■ Wehr, **X** (43.2374,-0.8729)
28,9 Str-Ⅱ D112 (43.2417,-0.8728)
23,5 Str-Ⅱ D135 darunter ■ Wehr (43.2827,-0.8742)
22,5 ■ Wehr (43.2901,-0.8764)
22,0 ■ Wehr (43.2924,-0.8724)
19,9 Str-Ⅱ D23 (43.3081,-0.8690)
16,3 Str-Ⅱ D2023, li **F 64190 Nabas** (43.3322,-0.8732)
12,6 Weg-Ⅱ, re **F 64190 Gestas** (43.3502,-0.8905)
9,4 Str-Ⅱ D316 (43.3632,-0.9135)
5,6 Str-Ⅱ D140 (43.3683,-0.9418)

3,8 Str-Ⅱ D933, li **F 64390 Osserain-Rivareyte** (43.3810,-0.9497)
2,1 Weg-Ⅱ (43.3880,-0.9609)
1,5 Str-Ⅱ D936 (43.3913,-0.9673)
0,0 ⇩ in Gave d´Oloron (s. Seite 355) bei km 27,4 (43.4025,-0.9742)

Vert

Wildfluss - Gebirgsfluss Gewässerkennzahl FR: Q70-0400
Mündung in Gave d´Oloron bei km 71,4 (li Nebenfluss)

Der Vert ist ein leichter Wildfluss des Pyrenäen-Vorlandes.

⬇ bei sehr gutem Wasserstand Ⅱ von Arette (26 km bis ⇩). Zunächst zwei ▬, evtl. ≈ oder leichtes ⌂. Nach 3 km, am Ortsanfang von Aramit Flussteilung, unbedingt re Arm fahren. Das folgende ▬ ist **X**, ⌂ leicht. Nach dem Ort li ⇩ Vert de Barlanes mit kräftiger Wasserzufuhr. Falls der Wasserstand ab Arette nicht ausreicht, kann die Befahrung vielfach bei der folgenden Ⅱ begonnen werden (22 km bis ⇩). Nach 1 km ▬, meist **X**, nach weiteren 2 km eine Stelle, die besichtigt werden sollte. Es folgen noch einige weitere ▬, **X**. Beendigung der Fahrt bei Moumour im Stausee des Klärwerks von Moumour am re Ufer. Kurz danach ⇩ in Gave d´Oloron.

Befahrbarkeit: zeitig im Frühjahr und nach stärkeren Regenfällen.

Schwierigkeiten: WW I-II, zahlreiche enge Kurven, Strauchhindernisse.

Gave d´Ossau

Wildfluss (Gebirgsfluss) Gewässerkennzahl FR: Q---0100
Mündung in Gave d´Oloron bei km 77,1 (re Nebenfluss)

Der Gave d´Ossau ist ein Wildfluss der Hochpyrenäen. Er fließt bis Arudy zwischen hohen, im Frühjahr schneebedeckten Bergen und dringt dann in die besonders wilden „Gorges du Bois de Bager“ ein. Die Gorges du Pont Germe unterhalb Arudy sind ohne Wasser und müssen umfahren werden. Die Reststrecke ist landschaftlich nur wenig interessant. Hier auch nur noch geringe Schwierigkeiten.

Befahrbarkeit: Oberlauf nur im Frühjahr bis Juni, ab km 18,6 ganzjährig.

Schwierigkeiten: km 42,5-31,0 WW II (III)
km 31,0-18,6 **X**
km 18,6-0,6 WW I-II (IV)

Infrastruktur: Zeltmöglichkeit: nur 🚐; PKW: Straße im Oberlauf in

Flussnähe; in der unteren Etappe weitab, Zufahrt zur Ein- und Aussetzstelle schwer zu finden.

77,7 Ursprung (42.6957,-0.0337)

57,5 Gabas, Zusammenfluss der beiden Quellflüsse über eine Befahrbarkeit der folgenden Flussstrecke ist nichts bekannt (42.8888,-0.4270)

42,5 Str-Ⅱ D240E, li **F 64440 Laruns** übliche ⬇ für die Befahrung des oberen Teiles des Gave d´Ossau, WW III (42.9936,-0.4198)

36,9 Str-Ⅱ D290 (43.0372,-0.4227);
Str-Ⅱ D290

35,3 ▬ Wehr (43.0495,-0.4208)

32,3 ▬ Wehr von **F 64260 Castet** am Ende eines kleinen Stausees, **X**, re ⏏ 300 m weit, mühsam. Rechtzeitig ⬆! (43.0751,-0.4198)

31,5 ▬ Wehr, evtl. ≈, oder li ⏏, li ⛺ "La Vallée d'Ossau", valleedossau-tourisme.com (43.0822,-0.4193)

31,0 Str-Ⅱ D934 **F 64260 Louvie-Juzon** die Fahrt sollte spätestens hier beendet werden. Bei dem folgenden ▬ mit starker Wasserableitung ist ein ⬆ nicht möglich (43.0861,-0.4216)

18,6 re ϟ von St. Cirq Rückführung des abgeleiteten Wassers. Die ⬇ ist zu erreichen, indem man orografisch re im Dorf **F 64680 Buzy** der Beschilderung „MotoCross“ folgt, 4 km bis zum ϟ. Es folgt der schönste, völlig einsame Teil des Gave d´Ossau, WW I (43.1214,-0.4889)

4,9 Weg-Ⅱ bald danach Eisensteg. Nach dem Steg teilt sich der Fluss in 2 Arme, der re Arm führt zu einem **X** ▬ Steilwehr, der li Arm umgeht das ▬ Wehr mit einer schweren WW-Strecke mit 2 Abfällen, WW III, bei höherem Wasserstand WW IV, ⏏ re oder über die Insel gut möglich. Danach zunächst auf 1 km kleine Schwälle, WW II, danach WW I (43.1678,-0.5728)

1,6 ▬ Wehr von Largenté re ⬆ möglich. Die ⬆ ist zu erreichen auf der N134 von Oloron, Richtung Pau. Sofort nach der Steigung bei einer „Layous“ genannten Stelle auf einem Privatweg re zum Kraftwerk (für Einfahrt und Parken um Genehmigung fragen!). Das Mühlen-▬ ist dank einer Bootsgasse gut ≈. Bald danach folgt eine bei höherem Wasserstand rückläufige Sohlschwelle, ganz li ≈ (43.1856,-0.5954)

0,6 ▬ Wehr am Ortsanfang von **F 64400 Oloron-Sainte-Marie** durch eine abenteuerliche Bootsgasse ≈, ⏏ schwierig, übliche Stelle zur Beendigung der Fahrt. Man fährt dazu von Oloron Richtung Pau. 1 km nach Ortsende sieht man re eine kleine Ⅱ, die über einen Hohlweg führt. Dieser Hohlweg führt über ein Privatgelände (fragen!) zum

■. Eine Weiterfahrt bis zur ⇩ ist nicht möglich (43.1911,-0.6030)

0,0 ⇩ Zusammenfluss mit der Gave d´Aspe (s. Seite 361) zur Gave d´Oloron (s. Seite 355) bei km 77,1 (43.1946,-0.6079)

Gave d´Aspe

Wildfluss (Gebirgsfluss) Gewässerkennzahl FR: Q6--0250

Mündung in Gave d´Oloron bei km 77,1 (li Nebenfluss)

Der Gave d´Aspe fließt inmitten hoher Berge in einem Tal, das streckenweise sehr eng und schluchtartig ist. Der Gave d´Aspe ist in seinem Oberlauf ein schweres Wildwasser, mit verblockten Abfällen und erheblicher Wasserwucht. Durch Zusammenfluss mit dem Gave d´Ossau entsteht der Gave d´Oloron.

Befahrbarkeit: km 43,8-27,6 Ende April-Juni

km 27,6-12,1 abhängig von der Wasserabgabe des ϟ von Bedous; wohl stets ausreichend April-Mai

km 12,1-1,0 ganzjährig

Pegel: Ⅱ Escot, km 17,5; ein Pegelstand von 80 cm ist günstig für die Befahrung der Gesamtstrecke.

Schwierigkeiten: km 43,8-27,6 WW III und IV, (V), Gefälle 16‰

km 27,6-12,1 WW III

km 12,1-1,0 WW II-III

Infrastruktur: Zeltmöglichkeit: günstig gelegener ⛺ in Bedous; freies Zelten kaum möglich. Pkw: die Hauptdurchgangsstraße nach Spanien verläuft stets in der Nähe des Flusses.

58,1 Ursprung in der Sierra Aisa in etwa 2200 m Höhe (42.7724,-0.5754)
43,8 Str-Ⅱ N134 ⬇ unterhalb der Ⅱ (42.8838,-0.5625)
40,2 re **64490 Etsaut**
39,6 Str-Ⅱ N134 (42.9171,-0.5758)
37,6 Verblockte Engstelle, WW IV
36,6 Stufe bei **F 64490 Cette-Eygun** li unterspülter Block, besser re ⩍, danach ■ Wehr, **X**, 50 m weit ⩍, teilweise Wasserableitung. Anschließend auf 50 m starke Verblockung, WW IV
35,1 ⚠ ϟ-Auslauf wenn offen, fegt eine wuchtige Wasserwand von li quer über den ganzen Fluss, li ⩍
34,6 Str-Ⅱ D239 (42.9466,-0.6118);
■ Wehr, ≈, bis km 32,4 WW III-IV

33,2 Weg-Ⅱ (42.9566,-0.6118)
32,5 Str-Ⅱ D237 (42.9629,-0.6104)
32,4 li ↯ mit Rückführung von Wasser ab hier Wasserwucht, WW III (42.9636,-0.6103)
27,9 Str-Ⅱ N134 (42.9980,-0.6069)
27,6 Str-Ⅱ D237, re **F 64490 Bedous** 100 m davor am Sportplatz gute ⬆; ⚠ unter der Ⅱ Abfall mit Rücklauf. ⛟ Carolle, caroll.com (42.9996,-0.6048)
27,0 ▬ Wehr mit meist totaler Wasserableitung. Bei ausreichend Überwasser gut ≈. Möglichkeit der Weiterfahrt s.o. Die Folgestrecke ist deutlich leichter (43.0052,-0.6021)
26,8 Str-Ⅱ N134 (43.0063,-0.6029)
23,2 Str-Ⅱ N134 (43.0345,-0.6062)
20,8 Str-Ⅱ, li **F 64490 Sarrance** ⚠ Stromschnelle (43.0501,-0.6011)
20,2 Str-Ⅱ N134 (43.0548,-0.5974);
Str-Ⅱ N134
17,6 Str-Ⅱ N134, **F 64490 Escot** ▤ (43.0722,-0.6068)
16,5 Saut du Fou, stufenförmiger Abfall ⚠ Verklemmungsgefahr, WW IV-V, zur Besichtigung ↰. Merkmal: Steinbruch am li Ufer
16,0 ehem. EB.-Ⅱ (43.0830,-0.6127)
12,1 li ⇩ Gave de Lourdios (s. Seite 362) re Rückführung des bei km 27,0 abgeleiteten Wassers. Bis ⇩ keine besonderen Schwierigkeiten mehr, jedoch mehrere ▬ Wehr, die mühsam zu ⏢ sind. Eine Weiterfahrt kann daher nur bedingt empfohlen werden (43.1095,-0.6243)
10,3 Str-Ⅱ D918 (43.1187,-0.6088)
6,7 EB-Ⅱ 100 m nach der Ⅱ ↱. Das folgende ▬ Wehr ist **X** (43.1433,-0.5957)
6,5 ▬ Wehr, **X**, re ⏢, weit und mühsam (43.1449,-0.5946)
4,6 ▬ Wehr **X**, li ⏢ (43.1599,-0.5901)
2,1 Str-Ⅱ D238 (43.1782,-0.6044)
1,3 Weg-Ⅱ (43.1844,-0.6079)
1,0 ▬ Wehr **F 64400 Oloron-Sainte-Marie X**, li ⏢, Durchfahrt durch Oloron nicht möglich, Fahrt an geeigneter Stelle beenden (43.1871,-0.6095)
0,0 ⇩ Zusammenfluss mit Gave d´Ossau (s. Seite 359), Name des Flusses dann Gave d´Oloron (s. Seite 355) bei km 77,1 (43.1946,-0.6080)

Gave de Lourdios

Wildfluss (Gebirgsfluss) Gewässerkennzahl FR: Q64-0400
Mündung in Gave d´Aspe bei km 12,1 (li Nebenfluss)

Der Gave de Lourdois ist ein interessantes WW aus den Hochpyrenäen.

Fahrbare Strecke: von Lourdios bis ⇩ 9 km. Bei dem Steg aus Eisen und Beton (kenntlich an einem Bauernhof am li Ufer) beginnt die kleine Schlucht von Pauzat, WW V-VI-**X**. Vor einer evtl. Befahrung unbedingt genau besichtigen, am besten li 500 m weit bis zur ⇩ von Issor ⩯. Eine weitere schwierige Stelle kommt noch unter der Ⅱ von Bayaud, kurz vor der ⇩ in den Gave d´Aspe. Beendigung der Fahrt entweder vor dieser Ⅱ li oder kurz nach der ⇩ li.

Befahrbarkeit: Frühjahr

Schwierigkeiten: WW III-IV (V+). Enges Flussbett, schnelle Strömung, erhebliche Verblockung.

Ouzom

Wildfluss (Gebirgsfluss) Gewässerkennzahl FR: Q48-0400
Mündung in Gave de Pau bei km 111,3 (li Nebenfluss)

Eine Befahrung des Ouzom ist nur in zwei kurzen Etappen möglich, die zudem mehrere Wehre beinhalten. Auf eine Beschreibung wird verzichtet.

Luy

Wanderfluss Gewässerkennzahl FR: Q3--0250
Mündung in Adour bei km 54,8 (li Nebenfluss)

Der Luy de France ist ein ruhiger Wanderfluss mit naturbelassenen einsamen Ufern.

Fahrtstrecke: Gaujacq - Tercis les Bains (kurz vor der ⇩) 40 km.

Eine Befahrung seines Oberlaufs sowie seines Hauptzuflusses, Luy de Béarne, soll nicht möglich sein, da sie durch umgestürzte Bäume total verwachsen sind.

Befahrbarkeit: ganzjährig

Schwierigkeiten: gering

Gabas

Wanderfluss Gewässerkennzahl FR: Q13-0400
Mündung in Adour bei km 121,1 (li Nebenfluss)

Der Gabas ist ein Fluss, der mit ruhiger Strömung, ohne wesentliche Schwierigkeiten, durch eine einsame Landschaft fließt. Der Gabas ist ein Fluss für Kanuten, die Ruhe und Beschaulichkeit lieben. Unterhalb St. Sever einige Stellen WW I-II, danach wieder leicht.

Fahrtstrecke: Beginn der Fahrt bei gutem Wasserstand bei der II von Samadet, 38 km bis ⇩; bei minder gutem Wasserstand kann die Befahrung auch weiter flussabwärts an mehreren Stellen begonnen werden. Ende der Fahrt bei Toulouzette, kurz vor der ⇩ in den Adour.

Befahrbarkeit:	wahrscheinlich ganzjährig; bei HW können im Oberlauf einige niedrige Brücken nicht unterfahren wer-den, bei NW im Oberlauf Wasser gelegentlich knapp.
Infrastruktur:	Zeltmöglichkeit: zahlreiche schöne Plätze am Fluss.

Arros

Wildfluss – Wanderfluss (Gebirgsfluss - Flachlandfluss)
Gewässerkennzahl FR: Q0--0250
Mündung in Adour bei km 199,8 (re Nebenfluss)

Der Arros ist ein wenig bekannter Fluss des Pyrenäen-Vorlandes. In seinem Oberlauf - bis Espêche - fließt er in einem tiefen, einsamen Tal als mäßig schweres Wildwasser, mit schneller Strömung und engen Kurven. Weiter abwärts weitet sich das Tal, aus den umgebenden Bergen werden Hügel, weite Felder und dichter Uferbewuchs, der mit Ästen und Bäumen die Fahrt behindern kann.

Befahrbarkeit:	ab Bulan Frühjahr bis Mai, ab Espêche bis Juni, ab Escaladieu bis Juli.
Umwelt:	Wasser: sauber
Schwierigkeiten:	km 122,7-118,6 WW I-II
	km 118,6-108,7 WW II (III)
	km 118,7-⇩ WW I-II, abnehmend, Zahmwasser
Infrastruktur:	Zeltmöglichkeit: zahlreiche sehr schöne Plätze am Fluss.

130,8 Ursprung im Forst von Baronniers in etwa 1200 m Höhe (42.9912,

0.3162)

122,7 Str-Ⅱ D26, **F 65130 Bulan** ⬇ für die Befahrung des Oberlaufs (43.0338,0.2816)

121,7 ▬ Wehr 3 m hoch, vor evtl. Befahrung unbedingt besichtigen, oft Bäume im Unterwasser. li ⏏ mühsam

118,7 Weg-Ⅱ, re **F 65130 Espèche** Ende der WW-Strecke, bis zur ⇩ nur noch mäßige Schwierigkeiten: kleine Schwälle, kaum Verblockung, Baum- und Strauchhindernisse, enge Kurven (43.0583,0.2911)

117,4 Str-Ⅱ D82 (43.0680,0.2926)

116,3 ▬ Wehr (43.0765,0.2901)

114,9 ▬ Wehr (43.0846,0.2834)

114,8 Str-Ⅱ D314, li **F 65130 Sarlabous** Die Fahrt wird gelegentlich hier beendet. Kurz danach ▬ Wehr, **X**, ⏏ mühsam (43.0852,0.2825)

112,8 Str-Ⅱ D14 (43.0941,0.2627)

111,5 Str-Ⅱ (43.1024,0.2728)

110,8 ▬ Wehr (43.1070,0.2763)

109,9 Str-Ⅱ D14 (43.1056,0.2682)

108,7 Str-Ⅱ D938, re **F 65130 Mauvezin-Escaladieu** Es folgt ein weiteres ▬ Wehr, **X** (43.1096,0.2582)

107,4 Weg-Ⅱ (43.1208,0.2576)

105,9 Str-Ⅱ D81 Das Tal wird breiter und weniger reizvoll (43.1314,0.2590)

105,4 Str-Ⅱ D120 (43.1351,0.2598)

103,4 Str-Ⅱ, re **F 65190 Ricaud** (43.1499,0.2621)

100,0 Autobahn-Ⅱ A64 und EB-Ⅱ (43.1690,0.2493)

99,5 Str-Ⅱ D429 (43.1720,0.2503)

97,5 Str-Ⅱ D817 **F 65190 Tournay** Gute Gelegenheit zur Beendigung der Fahrt li vor der Ⅱ. Eine Weiterfahrt bis zur ⇩ ist möglich, genauere Unterlagen für den Rest der Strecke stehen nicht zur Verfügung (43.1841,0.2413)

0,0 ⇩ in Adour (s. Seite 340) bei km 199,8 (43.6615,-0.0280)

Etangs und Courants - Seen und Kleinflüsse

Im Gebiet nördlich der Adour-Mündung bis zur Gironde gibt es eine Anzahl von Flüssen und Kanälen, Courants genannt, die oft durch Seen fließen (Etangs). Sie sind einander recht ähnlich und hängen teilweise zusammen. Sie werden daher zusammen beschrieben.

Die Befahrung der Seen ist im allgemeinen leicht, bis auf strapaziöse Winde, die plötzlich entstehen und wegen kurzer und hoher Wellen auch gefährlich werden können. Dies gilt besonders für den Etang de Cazaux, wo man sich am Westufer halten soll, da dort wegen der größeren Wassertiefe die Wellen flacher sind.

Die Kanäle haben teilweise starke Strömung und sogar Schwallstrecken. Sie führen vielfach in engem Lauf durch völlig naturbelassene, urwaldartige Wildnis. Strauchhindernisse sowie im Wasser liegende Bäume können die Befahrung recht mühsam und zeitaufwendig machen. Es ist sinnvoll, mit leeren Booten zu fahren, lange Treidelleinen mitzuführen und nur kurze Etappen zu planen, nicht geeignet für F2. Lediglich auf den Flussstrecken, auf denen kommerzielle Barkenfahrt betrieben wird, ist mit freier Fahrt zu rechnen.

Befahrungsregeln: Befahrung des Etang de Léon und seines Ausflusses, Courant d´Huchet, ist verboten

Befahrbarkeit: ganzjährig

Infrastruktur: Zeltmöglichkeit: Zelten außerhalb der offiziellen Campingplätze ist nicht überall gestattet, deshalb sollte vorher die Genehmigung des Besitzers eingeholt werden.

Etang de Soustons

Größte Länge ca. 10 km, größte Breite ca. 1 km, vom südlichen Ufer besteht über einen Courant eine Verbindung zum Etang Blanc und Etang Noir.

Courant de Vieux Boucan

Abfluss des Etang de Soustons (s. Seite 366) zum Atlantik. Länge 10 km, fahrbar ohne Schwierigkeiten, mehrere ■. Mündet südlich Vieux-Boucau-les Bains in den Atlantik.

La Palue

Gewässerkennzahl FR: S41-0400

Zufluss des Etang de Léon. ≈ bei gutem Wasserstand (an der Ⅱ der D142 abschätzen) ab Castets. 18 km, WW I-II. Durchfließt zwei ganz kleine Seen und ein Sumpfgebiet. Völlig einsam, lohnend, jedoch sehr mühsam, da der Fluss sehr oft durch umgestürzte Bäume versperrt ist. Nur mit leerem K1 fahren! Die 18 km der la Palue stellen eine voll ausgefüllte Tagesetappe dar. Diese Schwierigkeiten scheinen in den letzten Jahren noch zugenommen zu haben, von einer Befahrung ist wohl abzuraten.

Etang de Léon und Courant d´Huchet

Befahrung ganzjährig verboten bzw. nur mit einer Vignette möglich. Auf eine Beschreibung wird daher verzichtet.

Etang de Cazaux

Dreiecksförmig mit Seitenlängen von ca. 10 bis 12 km. Befahrung ist aus militärischen Gründen zeitweise verboten. Vor einer evtl. Befahrung auf jeden Fall Auskunft bei der Gemeindeverwaltung von Cazaux einholen.

Es gibt einen Verbindungskanal vom Etang de Cazaux zum Petit Etang de Biscarrosse (s. Seite 367).

Länge 2,8 km, sehr fischreich, zwei Ⅱ, wenig Strömung.

Petit Etang de Biscarrosse

Länge ca. 2 km, Breite ca. 1 km. Im Sommer stark verkrautet und immer sehr schilfreich. ⚠ auf Pfähle im Etang.

Es gibt einen Verbindungskanal zwischen dem Petit Etang und dem Etang de Biscarrosse et de Parentis (s. Seite 367).

Länge 1,1 km, zwei niedrige Ⅱ, sonst keine Schwierigkeiten, an der Mündung Schilf.

Etang de Biscarrosse et de Parentis

Dreiecksförmig, Seitenlänge ca. 10-11 km. Keine Schwierigkeiten bei der Befahrung.

Courant de Ste. Eulalie

Verbindung zwischen dem Etang de Biscarrosse und dem Etang d´Aureilhan, Länge 12 km, wird häufig befahren. Ausfluss aus dem Etang de Biscarrosse infolge üppiger Ufervegetation schwer zu finden, ⚠ neben dem Ausfluss re befindet sich ein toter Arm. Schnelle Strömung. Am Anfang des Courant 2 Holzwehre zur Regelung des Wasserstandes im Etang, daher in trockenen Sommern möglicherweise nicht genug Wasser. Danach mehrere Hindernisse, die evtl. umtragen werden müssen.

Nach etwa 5 km zwei Schwälle, teilweise stufenartig, bei genügendem Wasserstand ≈, vorher ansehen.

Nach einem weiteren Kilometer „Pont de Gouvernement", ca. 300 m vorher schwieriger Schwall, vorher ansehen. Hinter der Ⅱ drei Stufen, Abfall über 2 m. ⚠ Vorher ansehen, da danach viele Pfähle im Stromzug. Falls **X**, re 30 m ⏏. Das rechte Ufer des Flusses ist militärisches Sperrgebiet! Die Befahrung des Courant erfordert mehrere Stunden.

Etang d´Aureilhan

Ca. 5 km lang und 1-2 km breit. Bei Wind schwierig.

Courant de Mimizan

Gewässerkennzahl FR: S3--0290

Verbindung zwischen dem Etang d´Aureilhan (s. Seite 368) und dem Atlantik, Länge 7 km.

Nach einem Holzsteg ▬ und „Cascade de Vigon", **X**, re 30 m umtragen. Danach schnelle Strömung, teilweise eng, mehrere kleine Inseln.

100 m nach der 1. Ⅱ scharfer Stromzug, Insel, re Arm ganz re fahren.

Hinter der Ⅱ N626 vierfaches ▬, vor der Ⅱ aussetzen und über die Ⅱ ⏏, ⚠ bei HW, da ▬ schwer erkennbar. 200 m danach ↯ mit verfallenem ▬, evtl. ≈. ⏏ soll verboten sein. Danach bei Flut keine Schwierigkeiten, bei Ebbe! einige Schwälle und Pfähle. ⇩ in den Atlantik bei Mimizan-Plage.

Etang d´Hourtin-Carcans

17 km lang, 5-6 km breit, keine Befahrungsschwierigkeiten.

Es gibt einen Verbindungskanal zum Etang de Lacanau (s. Seite 368)

Länge 6,5 km, bei höherem Wasserstand schnelle Strömung. Der Ausfluss des Kanals ist durch zwei Dämme aus dicken Holzpfählen erkennbar. An der Mündung zwei lange Pfahlreihen, dazwischen bleiben, da re und li sehr viele flache Stellen.

Etang de Lacanau

8 km lang und 4-5 km breit, im Etang einige flache Stellen.

Canal des Étangs

Weitere Namen: Canal de Lège [fre], Canal de Porge [fre]

Gewässerkennzahl FR: S12-0402

Mündung in Atlantik

Länge 18 km, sehr schöne Landschaft mit üppiger Ufervegetation, dahinter mit Kiefern bestandene Dünen. Ausfluss durch zwei Dämme aus Holzpfählen erkennbar.

20,3 Ausfluss aus dem Etang de Lacanau. (44.9351,-1.1233)

20,0 ■ Wehr, **X**, (Regulierung des Wasserstandes im Etang) (44.9324,-1.1230)

18,9 Weg-II (44.9229,-1.1213)

16,5 Str-II, li nach **F 33680 Le Porge** (44.9033,-1.1285)

14,1 ■ Wehr, **X** (44.8825,-1.1367)

13,1 Str-II D107 (44.8738,-1.1367)

11,1 ■ Wehr, **X** (44.8593,-1.1511)

8,8 Weg-II neues ■ Wehr, eine Weiterfahrt ist nur wenig ratsam, da danach oft wenig Wasser, starke Behinderung durch Baum- und Strauchhindernisse (44.8409,-1.1520)

7,8 ■ Wehr, **X**, Zahlreiche Sandbänke, teilweise flach, schwacher Stromzug

3,1 Str-II D3E17 (44.7977,-1.1601)

2,2 Str-II D106E5, re **F 33950 Lège-Cap-Ferret** gute Gelegenheit zur Beendigung der Fahrt (44.7899,-1.1612)

1,7 Weg-II (44.7852,-1.1618)

1,2 Str-II D106 (44.7809,-1.1625)

0,1 Weg-II (44.7731,-1.1603)

0,0 ⇩ in das Bassin d´Arcachon Bei NW verläuft sich das Wasser des Kanals im Sande. Das Bassin d´Arcachon steht mit dem Atlantik bei Cap Ferret in Verbindung. Bei einer Befahrung sind deshalb die gleichen Maßnahmen wie bei einer Küstenfahrt unbedingt zu beachten (Ausrüstung des Bootes und des Fahrers). Von einer direkten Überquerung des Bassin wird dringend abgeraten, statt dessen sollte nur das Westufer gewählt werden. In das Bassin mündet die Leyre (s. Seite 369) (44.7731,-1.1602)

Leyre

Weitere Namen: Grande Leyre [fre]
Wanderfluss (Flachlandfluss) Gewässerkennzahl FR: S2--0250
Mündung in Atlantik

Mündung in Becken von Arcachon (Atlantik).

Die Grande Leyre ist ein einsamer Waldfluss im Parc Naturel Regional der Landes de Gascogne. Auch mit F2 befahrbar, äußerste Vorsicht mit Feuer, viele Mücken, wenig Einkaufsmöglichkeiten.

Befahrbarkeit: ganzjährig. Tragen von Schwimmwesten anscheinend vorgeschrieben.

Schwierigkeiten: Baumhindernisse

Infrastruktur: Zeltmöglichkeit: freies Zelten verboten.

118,5 Ursprung (44.0694,-0.7132)
100,7 Str-II (Pont de Rotgé), von einem Beginn an dieser Stelle muss dringend abgeraten werden. Die Folgestrecke bis km 93,8 ist durch umgestürzte Bäume total versperrt. Eine deutsche Gruppe brauchte für diese 6,5 km 3 Tage (44.1729,-0.7933)
94,2 Str-II D626 (44.1899,-0.7907)
93,8 ⬇ Kanubasis „Mexiko" hier Auskünfte über Befahrbarkeit, jedoch keine Einkaufsmöglichkeit. Empfehlenswerte ⬇, ab hier ist der Flusslauf weitgehend geräumt, sodass eine Befahrung ohne allzu große Mühen möglich ist (44.1925,-0.7895)
88,7 Str-II D45 (Pont de la Pouloye), weitere gute ⬇, WC, Waschgelegenheit, ⛺-Möglichkeit (44.2121,-0.7806)
81,6 Str-II bei **F 40210 Commensacq-Cantegrit** (44.2497,-0.7838)
76,6 2 Schwellen gut ≈, dazwischen ⛺
71,3 Str-II D834 (Pont de la Forge), darunter ▬ Blockwurfschwelle, unbedingt vor evtl. Befahrung besichtigen (44.2912,-0.7719)
67,6 Str-II **F 40410 Pissos** (Route de Bern) darunter Schwelle, Mitte und re verblockt, li Bootsgasse, ≈ (44.2989,-0.7580)
65,2 Str-II D43 (Pont de Testarrouman), künstliche WW-Stufe, Durchfahrt markiert. 🚐 (44.3110,-0.7589)
59,6 Str-II **F 40410 Pissos** (Route du Vieux Richet) (44.3412,-0.7549)
55,3 Str-II D120, li nach **F 40410 Moustey** (44.3650,-0.7540)
54,2 re ⇩ Petit Leyre (≈ auf 22 km ab Sore. Flusscharakter ähnlich Grande Leyre, wegen unzähliger, nicht geräumter Baumhindernisse ist je-

doch von einer Befahrung dringend abzuraten) (44.3714,-0.7570)
49,7 li ⛺ künstliche Stufe, Bootsgasse, ≈
49,3 Str-Ⅱ D348, **F 40410 Saugnac et Muret** (44.4025,-0.7798)
37,5 Str-Ⅱ D1010 re Zugang zur „Aire naturelle de Bernet“, einem schönen Wald-⛺, die ⬆ ist beschildert (44.4745,-0.7948)
34,3 Str-Ⅱ D110, re **F 33380 Belin-Béliet** (44.4922,-0.8063)
32,3 ⛺, 500m vom Fluss ⬆ am Hinweisschild „Graoux“
28,2 Autobahn-Ⅱ A63 hier Straßenzufahrt zu einer Kirche, beschildert „Eglise du Vieux Lugos“. Von der Kirche schwieriger Fußmarsch auf Trampelpfaden zum Fluss. Man sollte die ⬆ nur benutzen, wenn man sie sich vorher angesehen hat. Die Gefahr, sie zu verfehlen, ist groß (44.5157,-0.8405)
22,3 li **F 33770 Salles** Kanuheim mit WC und warmen Duschen, ⛺ vom Wasser aus schlecht zu sehen, ⬆ am Hinweisschild „Crepes, Bar“, gute Stelle zur Beendigung der Fahrt, camping-parcduvaldeleyre.com (44.5462,-0.8711)
22,0 Str-Ⅱ D108 (44.5485,-0.8721)
12,3 Str-Ⅱ D216, **F 33380 Mios** Fahrt evtl. beenden (44.6013,-0.9384)
8,4 Autobahn-Ⅱ A660 (44.6183,-0.9767)
6,3 EB-Ⅱ (44.6245,-0.9949)
6,0 Str-Ⅱ D650, li **F 33470 Le Teich-Lamothe** Tidenbereich des Atlantik (44.6264,-0.9963)
3,1 ➔ zum Kanuzentrum "Le Teich" gute ⬆ zur Beendigung der Fahrt (44.6454,-1.0013)
0,0 ⇩ in Atlantik (44.6647,-1.0221)

Garonne

Weitere Namen: Garona (span.)
Wildfluss, Wanderfluss — Gewässerkennzahl FR: O---0000
Mündung in Atlantik

Die Garonne ist ein Fluss der Superlative: Sie entspringt (auf spanischem Gebiet) als Gletscherfluss im Bereich der höchsten Berge der Pyrenäen; sie ist mit einer Gesamtlänge von 528,7 km der längste und als Sammler nahezu sämtlicher Pyrenäenflüsse und einer großen Zahl der Flüsse des Zentralmassivs auch der wasserreichste Strom Südwestfrankreichs. Dies führt allerdings auch dazu, dass sich hier die größten Kraftwerke befinden und dass, wie kaum bei einem anderen Fluss Frankreichs, die fahrbaren Teilstrecken immer wieder durch unfahrbare Wasserableitungen unterbrochen werden.

Die Garonne ist in ihrem Oberlauf, auf spanischem Gebiet, ein schwerer Wildfluss, auch auf französischem Gebiet wartet sie zunächst noch mit erheblichen Schwierigkeiten auf. Später wird sie zu einem verhältnismäßig leichten Wildfluss mit guter Strömung, übersichtlichen Stromschnellen und, abgesehen von Wehren, ohne wesentliche Hindernisse. Im Unterlauf, unterhalb Toulouse, bietet sie keine besonderen Schwierigkeiten mehr.

Im Unterlauf der Garonne besteht mehrfach über Kanäle und Seitengewässer die Möglichkeit zu sehr empfehlenswerten Rundfahrten (s. Text).

Befahrbarkeit:	für den Oberlauf als Gletscherfluss liegt die Zeit der besten Wasserführung zwischen Mitte Mai und Mitte Juli; unterhalb Toulouse ganzjährig.
Schwierigkeiten:	km 479,9-459,5 WW III-IV
	km 459,5-439,7 WW I-II
	km 439,7-408,4 **X**
	km 408,4-396,3 WW I
	km 396,3-360,7 **X**
	km 360,7-319,1 WW I
	km 319,1-306,2 nicht ratsam, Wehre!
	km 306,2-228,0 WW II - Zahmwasser
	km 228,0-188,1 sieben Wehre, alle **X**, dazwischen Zahmwasser
	km 188,1-⇩ Zahmwasser (WW I).
	Ab km 98,9 zunehmender Gezeiteneinfluss, Anlanden zunehmend schwerer.
	Ab km 50,5 Landen nur noch an Schwimmstegen.
Infrastruktur:	Zeltmöglichkeit: zahlreiche schöne Plätze am Fluss.

528,7 Ursprung im Gletscherbereich des Massivs von Maladetta (Spanien) (42.6098,0.9696)

479,9 Str-II N125/N-230, französisch-spanische Grenze (42.8490,0.7360)

478,8 ■ Wehr mit teilweiser Wasserableitung (42.8567,0.7390)

477,0 Str-II N125 (42.8665,0.7467)

475,7 Str-II **F 31440 Fos** (Guiaine), ⬇ Es folgen mehrere, meist zerfallene ■, im allgemeinen ≈ (42.8729,0.7343)

475,5 Weg-II (42.8739,0.7333)

472,9 II (42.8874,0.7120)
469,2 Str-II D44E, re ⛟ Theï La Garonnette Rückführung des abgeleiteten Wassers, es folgt eine sehr interessante WW-Strecke, die von französischen Kanuten oft befahren wird. Bei höherem Wasserstand (Frühjahr) kann sie gefährlich werden, pagesperso-orange.fr (42.9124,0.6922)
468,7 Str-II N125, **F 31440 Saint-Béat** (42.9155,0.6920)
468,4 ▬ Abfall Vieux Pont bei HW, **X**, erkunden
467,8 ▬ Wehr **X**, li ⌓ (42.9216,0.6863)
464,9 ▬ 1 m hoher Abfall je nach Wasser mäßiger bis starker Rücklauf (42.9261,0.6577)
464,7 EB-II (42.9254,0.6561)
464,4 li ⇩ Pique (s. Seite 447) (42.9262,0.6515)
462,9 Str-II D825, li **F 31440 Chaum** (42.9387,0.6475)
461,2 EB-II darunter ▬ Felsbarre, **X**, re ⌓ (42.9528,0.6420)
459,4 Str-II D33A, re nach **F 31510 Ore**, Ende der interessanten WW-Strecke, li ⬆ (42.9655,0.6391)
456,3 Str-II D33B (42.9910,0.6273)
453,4 Str-II D33C (43.0114,0.6163)
452,0 li ⇩ Ourse (s. Seite 446) (43.0219,0.6151)
451,2 Str-II D122/D33D (43.0280,0.6103)
450,0 EB-II darunter ▬, nach Besichtigung ≈ (43.0341,0.6031)
449,1 Str-II D825 ab hier ist die Garonne einsam und naturbelassen, Felspartien, kleine Schwälle (43.0354,0.5932)
441,0 li ⇩ Neste (s. Seite 443) (43.0752,0.5657)
440,5 EB-II (43.0788,0.5690)
439,7 Str-II D825, **F 31210 Montréjeau** darunter ▬, ganz li Bootsgasse. Sog in die daneben liegende ungepflegte Bootsgasse! Die Fahrt wird am besten hier beendet. Eine Weiterfahrt ist nur noch auf kurzer Strecke möglich, dann folgen große Staudämme mit Wasserableitungen in Kanäle (43.0829,0.5752)
410,3 re ⇩ Ger (s. Seite 442) (43.0944,0.8239)
408,4 Str-II D88, li nach **F 31800 Labarthe-Inard** ⬇ für die Befahrung einer zwar nur kurzen, doch landschaftlich reizvollen, einsamen Gegend mit einem großen Wald am re Ufer (43.0943,0.8416)
403,1 ▬ Wehr, ≈ (43.1022,0.8984)
401,0 ▬ Wehr mit teilweiser Wasserableitung, ≈, re **F 31260 Montsaunès** (43.1124,0.9181)
400,9 Str-II D69 (43.1133,0.9190)

400,0 Autobahn-Ⅱ A64 (43.1202,0.9244)

398,1 li ↯ mit Rückführung des abgeleiteten Wassers (43.1321,0.9238)

398,0 EB-Ⅱ (43.1334,0.9233)

396,3 Str-Ⅱ D52, **F 31360 Saint-Martory** kurz vor dem nächsten Staudamm, Beendigung der 2. Teilstrecke. Weiterfahrt unmöglich (43.1417,0.9303)

392,3 re ⇩ Salat (s. Seite 435) (43.1620,0.9659)

360,7 re ⇩ Arize (s. Seite 434) (43.2885,1.2263)

360,1 ⬇ für Weiterfahrt

359,1 Str-Ⅱ D626B, li **F 31390 Carbonne** (43.2946,1.2289)

355,4 Str-Ⅱ D48, **F 31390 Marquefave** (43.3171,1.2444)

352,2 Str-Ⅱ D622 (43.3386,1.2588)

349,7 Str-Ⅱ D28,li **F 31410 Noe** (43.3528,1.2793)

346,1 Str-Ⅱ D53, re **F 31410 Mauzac** (43.3772,1.2910)

335,3 Str-Ⅱ D12, **F 31605 Muret** (43.4582,1.3275)

334,7 Str-Ⅱ D19G (43.4614,1.3336)

334,5 li ⇩ Louge (s. Seite 434) (43.4618,1.3347)

327,8 li **F 31120 Roques**

326,9 Str-Ⅱ D820 (43.5101,1.3824)

326,5 EB-Ⅱ und Str-Ⅱ D820X (43.5119,1.3868)

324,6 li **F 31120 Portet-sur-Garonne** danach lange Schwallstrecke. Es beginnt der Rückstau der Wehre von Toulouse

324,5 re ⇩ Ariège (s. Seite 429) (43.5188,1.4098)

319,1 re Terrain de l´Escagarol (großer Sportclub mit Kanuabteilung), 🅿-Möglichkeit nach Rücksprache mit dem Platzwart auf dem durch eine Schranke abgeschlossenen Gelände; die Fahrt sollte spätestens hier beendet werden, die Durchfahrt durch das folgende Stadtgebiet von Toulouse ist zwar möglich, wegen mehrerer ■, die nur sehr mühsam zu ⏏ sind, kaum zu empfehlen, auf eine Detailbeschreibung wird verzichtet

319,0 –307,0 Stadtgebiet von **F 31400 Toulouse**

318,8 ■ Wehr (43.5584,1.4379)

317,3 Autobahn-Ⅱ A620, EB-Ⅱ und Str-Ⅱ (43.5705,1.4306)

315,7 Str-Ⅱ, (Pont de la Croix de Pierre) (43.5847,1.4301)

314,6 Str-Ⅱ, (Pont Saint-Michel) (43.5925,1.4371)

313,8 Str-Ⅱ D124, (Pont Neuf) (43.5993,1.4392)

313,3 Str-Ⅱ, (Rue du Pont Saint-Pierre) (43.6021,1.4348)

313,1 ■ Wehr (43.6028,1.4324)

312,8 Str-Ⅱ, (Pont des Catalans) (43.6028,1.4279)

311,3 Autobahn-Ⅱ A620 (43.6090,1.4119)
309,6 Autobahn-Ⅱ A621 (43.6218,1.4014)
309,3 Str-Ⅱ D1, **F 31200 Toulouse** (43.6247,1.4012)
306,2 **F 31200 Toulouse-Sesquières** ⛺, mögliche ⬇ für die Weiterfahrt
303,2 li **F 31700 Beauzelle** Mühlenruine, Schwallstrecke, WW I-II (43.6670, 1.3864)
300,8 re bequeme ⬇ Straße von **F 31150 Fenouillet** Richtung „Garonne"
298,8 Str-Ⅱ D63, re **F 31150 Gagnac-sur-Garonne** re weitere gute ⬇. Danach Schwallstrecke (43.7009,1.3680)
297,6 Ⅱ (43.7070,1.3573)
295,2 re **F 31790 Saint-Jory-La Claou** verblockter Schwall, WW I + (43.7229,1.3432)
291,0 li ⛺ Des Lacs verblockter Schwall, WW I +, 920 Chemin du Port Haut, **F 31330 Merville**, camping-des-lacs.fr (43.7490,1.3119)
289,6 re **F 31330 Grenade-Saint-Caprais** längere Schwallstrecke, WW I +
287,9 re ⇩ Grand Hers (s. Seite 432) (43.7746,1.3264)
286,2 Str-Ⅱ D17, li **F 31330 Grenade** (43.7780,1.3068)
282,7 li ⇩ Save (s. Seite 428) (43.7927,1.2778)
278,5 Str-Ⅱ D52 (43.8116,1.2571)
272,2 Str-Ⅱ D6, li **F 82600 Verdun-sur-Garonne** (43.8549,1.2430)
262,7 Schwallstrecke, WW I, li **F 82600 Mas-Grenier**
260,7 –259,7 Weitere Schwallstrecke auf 1 km
255,7 Str-Ⅱ, li **F 82700 Bourret** (43.9501,1.1717)
255,4 Str-Ⅱ D928 (43.9529,1.1718)
248,8 EB-Ⅱ (43.9953,1.1285)
248,6 Str-Ⅱ D14 (43.9958,1.1260)
246,6 li schöne ⛺-Möglichkeit in li-Kurve Straßenverbindung nach **F 82100 Castelferrus**
242,6 Str-Ⅱ D12, li **F 82100 Saint-Aignan** (44.0227,1.0794)
238,7 Autobahn-Ⅱ A62 (44.0443,1.0642)
235,5 Beginn des Stausees von Malause re fahren, li seicht
232,5 re ⇩ Tarn (s. Seite 397) (44.0864,1.0421)
232,1 li ⛺ Le Plan D'eau beste Möglichkeit zum ⬆, Avenue du Plan d'Eau, **F 82210 Saint-Nicolas-de-la-Grave**, tourismesnlg.fr (44.0861, 1.0311)
231,5 Str-Ⅱ D15 über den Stausee (44.0920,1.0289)
228,0 Str-Ⅱ D26BIS, re **F 82200 Malause** ab hier Weiterfahrt bis zum ϟ offiziell 🛑 verboten; ↱ 100 m nach der Ⅱ (44.0842,0.9871)
227,3 ▬ Wehr Barrage de Malause, X, re ⌓, 300 m schwierig (44.0807,

0.9807)

225,1 ■ Stufe, X, re ⌓, einfach (44.0740,0.9549)
223,1 ■ Stufe, X, li ⌓, schwierg (44.0697,0.9329)
219,9 Str-Ⅱ D11, li **F 82340 Auvillar** (44.0751,0.8977)
219,1 ■ Stufe, X, li ⌓ (44.0805,0.8926)
217,1 Str-Ⅱ D953 11 Bögen (44.0916,0.8727)
216,9 ■ Stufe, X, li ⌓ (44.0928,0.8685)
214,2 ■ Stufe li ⌓, leicht (44.1015,0.8406)
212,4 re ⇩ des abgeleiteten Wassers (44.1165,0.8360)
210,9 Str-Ⅱ D30, re **F 82360 Lamagistère** (44.1232,0.8193)
205,0 Str-Ⅱ D114, li **F 47220 Saint-Nicolas-de-la-Balerme** Gute Landemöglichkeit (44.1403,0.7599)
200,3 Str-Ⅱ D308, li **F 47220 Sauveterre-Saint-Denis** (44.1567,0.7068)
197,4 EB-Ⅱ, starker Schwall (44.1619,0.6716);
re ⇩ Séoune (s. Seite 397) (44.1628,0.6724)
195,7 Str-Ⅱ D17 (44.1510,0.6574)
192,2 re **F 47550 Boé** letzte gute Landemöglichkeit vor dem ■ von Agen (44.1595,0.6270)
190,7 Str-Ⅱ N21 (44.1716,0.6149)
190,3 ■ Wehr das letzte der Garonne. evtl. m ■ ⌓ über Dammkrone möglich (44.1751,0.6142)
188,1 Str-Ⅱ D656, re **F 47920 Agen** mehrere Rampen, li ⌂ (44.1949, 0.6104)
187,3 Fußg.-Ⅱ (44.2019,0.6081)
186,6 Kanal-Ⅱ des Canal Lateral danach sehr starker Schwall, WW I-II (44.2079,0.6057)
182,1 re **F 7450 Colayrac-Saint-Cirq** Rampe, am Ortsende ⛺
166,9 Str-Ⅱ D930, re **F 47130 Port-Sainte-Marie** (44.2485,0.3928)
163,6 EB-Ⅱ (44.2412,0.3538)
160,8 ■ Stufe, ganz re ≋
157,6 li ⇩ Baïse (s. Seite 395) (44.2853,0.3211)
157,2 Str-Ⅱ D8, li **F 47160 Saint-Léger** (44.2895,0.3204)
154,0 re ⇩ Lot (s. Seite 379) ca. 800 m lotaufwärts am ■ re ⛺, **F 47190 Aiguillon** (44.3153,0.3342)
150,4 li **F 47160 Monheurt** am Ortsanfang einfacher ⛺ (44.3401,0.3087)
146,3 ■ Felsbarriere über den gesamten Fluss Befahrbarkeit ist vom Wasserstand abhängig. Vorherige Besichtigung wird empfohlen (44.3726,0.3004)
144,6 ⛺ In li-Kurve vor Tonneins re ca. 200 m landeinwärts, schattig und

preiswert; tagsüber sehr laut, da an der D813 gelegen. Zugang mit Bootswagen über die Rampe vor Tonneins

143,4 Str-II D120, re **F 47400 Tonneins** Rampe (44.3891,0.3016)

136,9 li **F 47400 Lagruère** Möglichkeit zum Canal Latéral à la Garonne li ≏

134,9 Str-II D6, li **F 47430 Le Mas-d'Agenais** Sehr gute Möglichkeit zum Canal Latéral à la Garonne umzutragen. Ideal für Rundfahrt. Auf dem Kanal bis Buzet (20,3 km, 3 ⇌), ≏ in die Baïse, Weiterfahrt bis ⇩ (4,5 km, 1 ■) in die Garonne bei km 37,2 (44.4120,0.2222)

120,3 Str-II D933E1, re **F 47200 Marmande** Ponton eines Ruderclubs (44.4989,0.1561)

119,5 Str-II D933 (44.5020,0.1472)

118,9 EB-II (44.5021,0.1391)

113,9 Str-II D3 (44.5099,0.0817)

113,4 li **F 47180 Couthures-sur-Garonne** Rampe (44.5134,0.0798)

105,6 li **F 47180 Meilhan-sur-Garonne** hinter Kanal, am Berg. Sehr gute Möglichkeit zum Canal Latéral à la Garonne umzutragen. Ca. 500 m flussabwärts hinter HW-Damm, zwischen Garonne und Kanal, ruhiger, sehr preiswerter (unbewachter) ⛺ Municipal Au Jardin. Idealer Standort für Rundfahrten. Auf dem Kanal bis Le Mas d´Agenais (19,6 km, 3 ⇌), ≏ in Garonne, bis zum Ausgangsort (28,7 km). Oder auf der Garonne bis Cartets-en-Dorthe (23 km), ≏ in den Canal Latéral à la Garonne und zurück nach Meilhan (17,8 km, 6 ⇌), meilhansurgaronne.com

98,9 re **F 33190 Bourdelles**

95,9 Str-II D9 Ab hier allmählich zunehmender Einfluss von Ebbe und Flut. Die Ufer der Garonne sind im Tidenbereich so verschlammt, dass ein Anlanden nur bei HW möglich ist. Wenn man mit dem flotten Ebbstrom fährt, ist dies aber unmöglich. Man sollte daher schon vor Fahrtbeginn wissen, wo man wieder an Land kommt (44.5720,-0.0206)

94,5 Str-II D9E6, re **F 33190 La Réole** li ⛺ Municipal de la réole, lareole.fr (44.5788,-0.0341)

84,6 re ⇩ Dropt, re **F 33490 Caudrot** (44.5790,-0.1375)

82,3 li ⇩ Canal Latéral à la Garonne li **F 33210 Castets-en-Dorthe** mit ⛺ am Kanal (44.5638,-0.1564)

82,1 Str-II D15 (44.5641,-0.1585)

74,5 Str-II D1113 und EB-II, li **F 33210 Langon** (44.5588,-0.2510)

68,3 li ⇩ Ciron (s. Seite 378) (44.6012,-0.3014)

63,6 Str-II D11, **F 33410 Cadillac** (44.6349,-0.3249)

61,8 Str-Ⅱ D13, li **F 33720 Podensac** (44.6485,-0.3345)

51,5 Str-Ⅱ D115, re **F 33550 Langoiran** (44.7046,-0.4007)

40,0 Südspitze der Île de Lalande (44.7518,-0.5103)

33,6 Str-Ⅱ N230 (44.8076,-0.5274)

31,0 –23,0 li Stadtgebiet von **F 33100 Bordeaux** zwischen den Brücken starke Verwirbelungen

30,1 EB-Ⅱ (44.8319,-0.5525)

30,0 Str-Ⅱ, (Pont Saint-Jean) (44.8326,-0.5539)

29,0 Str-Ⅱ, (Pont de Pierre), li Landemöglichkeit bei HW (44.8382,-0.5633)

28,0 li Zentrum von Bordeaux keine Landemöglichkeit, Hafen- und Industrieanlagen

26,1 Str-Ⅱ, (Pont Jacques Chaban Delmas) (44.8582,-0.5517)

23,3 Autobahn-Ⅱ A630 (44.8799,-0.5367);
„Halte Nautique de Bordeaux“ Marina mit Schwimmsteg, Rampe, benutzbar nur bei HW, Zugang zur Straße mühsam, hier 🅿-Möglichkeit

0,0 ⇩ in Gironde Zusammenfluss mit der Dordogne (s. Seite 448) Dieser 70 km lange und 10 km breite Mündungstrichter ist schon ein Teil des Atlantiks, seine Befahrung sollte nur von Kameraden unternommen werden, die schon Erfahrungen auf Gewässern im Grenzbereich Meer-Küste besitzen. Entsprechende Ausrüstung (Boot mit Steuerung, Kompass, genaue Gewässerkarten) ist unerlässlich (45.0625,-0.6336)

Ciron

Kleinfluss - Wanderfluss - Flachlandfluss

Gewässerkennzahl FR: O95-0400

Mündung in Garonne bei km 68,3 (li Nebenfluss)

Der Ciron fließt auf weiten Strecken seines Laufs durch völlig einsame, abgelegene und im Naturzustand befindliche Landschaften, zwischen niedrigen Hügeln und stark bewachsenen Ufern. Er ähnelt vielfach der Grande Leyre. Schwierigkeiten durch enge Windungen, niedrige Büsche. Einige Wehre müssen umtragen werden; da sich dies fast durchweg auf Fabrik-Privatgelände vollzieht, ergeben sich manchmal Schwierigkeiten mit den Eigentümern. Der Oberlauf ist nur für Einer geeignet, ab km 32,0 auch für F2.

Befahrbarkeit: ab km 72,8 bis Juli, ab km 50,6 ganzjährig.

Umwelt:	Wasser: sauber, Verunreinigung der Ufer durch Ablagerung von Abfällen in Castelnau
Schwierigkeiten:	km 72,8-⇩ WW I - Zahmwasser
Infrastruktur:	Zeltmöglichkeit: zahlreiche sehr schöne Plätze am Fluss.

96,9 Ursprung in etwa 150 m Höhe (44.0985,-0.0456)

72,8 Ⅱ bei Weiler Goux zu erreichen auf D433, Abzweigung zum Fluss etwa 2,5 km oberhalb **F 33840 Lartigue**, ↓. Der Ciron durchfließt in völlig einsamer Gegend mehrere Weiher und kleine Seen. Im Sommer zahlreiche Mücken! Recht mühsam durch zahlreiche Baum- und Strauchhindernisse. Bis km 50,6 ein ■ Wehr, evtl. ≋ und ein weiteres ■ Wehr, **X**, ⌂ (44.2375,-0.0591)

50,6 Str-Ⅱ D124, li **F 33840 Escaudes** Empfohlene ↓. Ab hier ruhiges Wasser, weiterhin völlig einsam. Bis km 30,2 folgen 3 ■ Wehr, **X** und ein ■ Wehr, ≋ (44.3192,-0.1882)

42,9 Autobahn-Ⅱ A65 (44.3542,-0.2262)

41,0 ■ Wehr (44.3624,-0.2357)

39,1 ■ Wehr (44.3705,-0.2427)

39,0 Str-Ⅱ N524 (44.3716,-0.2436)

38,3 ■ Wehr (44.3736,-0.2501)

36,3 ■ Wehr (44.3763,-0.2726)

34,6 ■ Wehr (44.3768,-0.2898)

32,0 Str-Ⅱ D9 Der Fluss wird breiter und ruhiger, es folgen 3 ■ Wehr, **X** (44.3868,-0.3136)

30,1 ■ Wehr (44.3973,-0.3259)

28,0 ■ Wehr (44.4102,-0.3418)

27,8 Str-Ⅱ D222 (44.4103,-0.3426)

21,4 ehem. EB.-Ⅱ (44.4541,-0.3660)

20,6 Str-Ⅱ D3, **F 33730 Villandraut** Die Strömung lässt nach, es folgen zwei ■ Wehre, **X** (44.4598,-0.3690)

15,8 Str-Ⅱ D221 (44.4937,-0.3762)

15,2 ■ Wehr, **X** (44.4987,-0.3748)

10,6 Str-Ⅱ D125, re **F 33720 Budos** Beendigung der Fahrt. Eine Weiterfahrt bis zur Garonne ist zwar möglich, jedoch wenig empfehlenswert: stark verbaut, zahlreiche Straßen, Gezeiteneinfluss! (44.5337,-0.3684)

0,0 ⇩ in Garonne (s. Seite 371) bei km 68,3 (44.6012,-0.3016)

Lot

Wildfluss (Gebirgsfluss) - Wanderfluss (Flachlandfluss) - Schifffahrtsstraße
Gewässerkennzahl FR: O---0150

Mündung in Garonne bei km 154,0 (re Nebenfluss)

Der Lot ist der nördliche, weniger bekannte Bruder des Tarns. Wie dieser entspringt er im Zentralmassiv, ist im Oberlauf schweres Wildwasser, wird im weiten Garonnebecken zum reinen Wanderfluss und beendet seinen Lauf in der Garonne. Allerdings hat der Lot wesentlich weniger ausgeprägte Felsschluchten, sondern vorwiegend tiefeingeschnittene, landschaftlich hervorragend schöne Waldtäler.

Befahrbarkeit: Oberlauf: Mitte März bis Mitte Mai. Wenn in Bagnols, km 467,4, NW ist, auf keinen Fall in die folgende Schlucht einfahren; durch Wasserableitung wird sie dann unfahrbar. Etwa 1,5 km oberhalb der II 901, oberhalb einer interessanten S-Kurve steht ein Pegel; 80 cm bedeutet absolutes NW für die Schlucht.

Ab km 413,1: meist bis Mitte Juli

Ab km 321,0: wahrscheinlich ganzjährig, jedoch erhebliche Schwankungen des Wasserstandes infolge unterschiedlicher Wasserabgabe der ϟ ϟ. Im Unterlauf zunächst zahlreiche Wehre, später Schifffahrtsstraße mit mehreren Schleusen.

Umwelt: Wasser: Oberlauf sauber, unterhalb Mendes starke Verunreinigung durch Plastik, später leichte Verschmutzung.

Pegel: II Bramonas, km 435,6: für Befahrung ab Mende günstig 65 cm

Schwierigkeiten: km 477,6-464,3 WW II und III (IV)

km 464,3-457,5 WW III und IV (V). Gefälle 14‰

km 457,5-447,5 WW I-III

km 447,5-408,2 WW II

km 408,2-384,1 WW II-III

km 384,1-368,8 WW III-IV

km 368,8-310,0 mehrere Stauseen und ■

km 310,0-256,8 WWII-I- Zahmwasser

km 256,8-⇩ nicht ratsam

Quellen: Ergänzungen: Friedhelm Wollner

484,8 Ursprung Mgn. du Coulet in etwa 1500 m Höhe (44.5148,3.7846)

477,6 Weg-II, **F 48190 Le Bleymard** (Saint Jean) ⬇ für die Befahrung der oberen WW-Strecke etwas unterhalb des Ortes bei einer bis an das Ufer reichenden Wiese (44.4939,3.7286);
Zunächst Wald- und Wiesenbach, WW I-II

475,6 Der Lot gräbt sich in das Schiefergestein ein und bildet kleine Stufen und viele technisch anspruchsvolle Durchfahrten, WW III, bei mehr als 5 m³/s WW III-IV, je nach Wasserstand müssen 3 Durchfahrten und 5 ▬ Wehr ⏶ werden. Diese Strecke eignet sich gut als Vorbereitung auf den deutlich schwereren Abschnitt ab km 464,3

470,4 Str-II, li **F 48190 Saint-Julien-du-Tournel** ab hier etwas leichter, WW I-II, 2 ▬ Wehr, ⏶. Schilder „Reserve de Pêche"; es ist nicht bekannt, ob hier Beschränkungen für Kanufahrten bestehen (44.5020,3.6847)

467,4 Str-II D901 **F 48190 Bagnols-les-Bains** kurz danach ▬ Wehr, ≈ (44.5067,3.6650)

467,0 Weg-II, li ⛺ Revea Le Tivol, revea-camping.fr (44.5088,3.6605)

465,6 Weg-II, re **F 48190 Chadenet-Le Crouzet** (44.5137,3.6469)

464,3 Str-II D27, **F 48190 Chadenet** Steil-▬, ≈ (schon bei der Anfahrt besichtigen). Beginn der schwersten Teilstrecke des oberen Lot. Zunächst gut ≈ Blockstrecke (44.5190,3.6345)

463,7 Kleines ϟ es folgt eine Kette von steilen, aber verhältnismäßig übersichtlichen Katarakten

463,3 Eine früher als „unfahrbarer Wasserfall" beschriebene Stelle ist ein Steilabfall mit einem Knick in einer sehr engen Durchfahrt, nach entsprechender Sicherung evtl. ≈. Kurz danach drei knapp aufeinander folgende von Felsblöcken begrenzte Abfälle (Blocktreppe von St. Hélène, WW IV). Nach etwas ruhigerem Wasser folgt noch ein weiterer schwerer Abfall in einer S-Kurve

457,5 Str-II D901 bei Nojaret Ende der schweren WW-Strecke, bei Beendigung der Fahrt ↰, hier 🅿. Mögliche ⬇ für weniger sichere Fahrer. Die Folgestrecke ist erheblich leichter, bietet aber immer noch recht interessantes WW, das von weniger trainierten Kanuten gern und häufig befahren wird (44.5314,3.5808)

455,3 Weg-II (44.5314,3.5725)

454,0 ▬ Wehr, ganz re ≈

449,8 EB-II (44.5346,3.5353)
448,5 ▬ Wehr li Bootsgasse (44.5351,3.5288)
448,0 Holz-II, re ⛺ de Sirvens (44.5308,3.5279)
447,3 Str-II (44.5264,3.5231)
447,2 Verfallenes ▬ in einer li-Kurve, ganz li ≋
446,1 Str-II N88 (44.5265,3.5147)
445,2 EB-II (44.5225,3.5091)
445,2 –442,5 Stadtgebiet von **F 48000 Mende**
445,1 ▬ Wehr ganz re ≋ (44.5214,3.5098)
445,0 Str-II D42 (44.5208,3.5101)
444,2 Str-II D806 (44.5210,3.5042)
443,6 gemauerte Stein-II darunter ▬ Wehr, ganz re ≋ (44.5215,3.4976)
443,4 Str-II (Rue du Faubourg Montbel) (44.5209,3.4949)
443,0 ⌂ KC Mende Slalom-Strecke, Beginn durch eine Stufe mit Rücklauf, ≋ oder li an Betonrampe ⏏ (44.5190,3.4906)
442,8 Weg-II und Str-II D42, (44.5176,3.4888)
442,3 ▬ Wehr, evtl. ≋ (44.5173,3.4846)
441,9 Hohes ▬ Wehr nach Besichtigung evtl. ≋ (44.5178,3.4803)
441,6 Weg-II (44.5159,3.4770)
441,3 li ⛺ Le Tivoli ↓↑ etwas beschwerlich, camping-tivoli.com (44.5146, 3.4740)
439,7 EB-II danach ▬ Steilwehr, kaum ≋ (44.5061,3.4603)
439,4 Str-II N88 (44.5039,3.4603)
436,7 Weg-II (44.4889,3.4604)
436,2 EB-II (44.4903,3.4653)
434,6 Str-II N106, **F 48000 Balsièges** danach li gute Gelegenheit zur Beendigung der Fahrt, P (44.4808,3.4565)
433,5 EB-II (44.4808,3.4488)
432,4 EB-II (44.4798,3.4438)
430,3 Str-II, li **F 48000 Balsièges-Bramonas** (44.4807,3.4246)
427,0 re ⛺ Le Clos des Peupliers, **F 48000 Barjac**, camping-lozere.fr (44.5002,3.4070)
426,6 ▬ Wehr (44.4992,3.4017)
425,8 Weg-II (44.4947,3.3961)
425,0 ▬ Wehr (44.4895,3.3900)
424,0 Weg-II (44.4887,3.3813)
422,7 ▬ Wehr nach Besichtigung evtl. ≋ oder re ⏏ (44.4855,3.3681)
422,2 Str-II, re **F 48230 Esclanèdes** (44.4836,3.3623)
419,7 ▬ Wehr, **X**, re ⏏;

Str-Ⅱ D31, li **F 48230 Chanac** (44.4721,3.3449)

419,4 ■ Wehr, verfallen, ≋ (44.4694,3.3432)

418,5 Str-Ⅱ D132 (44.4708,3.3352)

416,8 Str-Ⅱ (44.4780,3.3181)

414,9 ■ Wehr, **X**, evtl. auf 100 m wenig Wasser (44.4825,3.2993)

414,7 Str-Ⅱ, li **F 48230 Chanac-Le Villard** (44.4836,3.2978)

413,3 ■ Wehr, **X**, re überheben (44.4824,3.2818)

413,1 Str-Ⅱ, **F 48230 Les Salelles** danach li guter Platz zum ⬆ mit Picknickplatz (44.4823,3.2800)

411,6 EB-Ⅱ (44.4905,3.2669)

410,8 ■ Wehr, **X**, mit Wasserableitung durch Stollen, ↱. Bis Mitte Juni wird meist genügend Wasser für eine Weiterfahrt abgegeben, WW I (44.4926,3.2592)

408,7 EB-Ⅱ (44.4937,3.2541)

408,2 ↯ mit Rückführung des abgeleiteten Wassers evtl. wieder ⬇, es folgt eine sehr schöne Schlucht, WW III, übersichtliche Verblockung (44.4905,3.2570)

406,2 re ⇩ Colagne mit reichlicher Wasserzufuhr, gute ⬇, der Lot kann ab hier meist noch bis Mitte Juli befahren werden, danach EB-Ⅱ (44.4904,3.2455)

400,9 Weg-Ⅱ (44.4763,3.2094)

399,2 EB-Ⅱ (44.4713,3.2042)

398,9 alte Stein-Ⅱ Ende der Schlucht (44.4686,3.2023)

397,8 –396,7 Freizeitsee von Booz. (44.4594,3.2003)–(44.4551,3.1937)

396,7 ■ Staudamm 6 m hoch, Bootsgasse vorhanden, evtl. Befahrung nur nach eingehender Besichtigung, gefährlich! Besser li ⏏ (44.4551, 3.1937)

395,1 Str-Ⅱ D809, li **F 48500 Banassac** danach re ⛺ La Mothe (44.4427, 3.1983)

394,6 Autobahn-Ⅱ A75 (44.4388,3.1953)

389,4 li ⛺ Municipal danach EB-Ⅱ, camping-vallee-du-lot.com (44.4352, 3.1438)

386,1 Str-Ⅱ D988, **F 12560 Saint-Laurent-d'Olt** (44.4482,3.1129)

385,6 ■ Wehr bei HW evtl. ≋, sonst li ⏏. Infolge Wasserableitung evtl. auf 200 m Treideln erforderlich (44.4507,3.1095)

384,1 li kleiner ⛺ Danach Beginn einer sehr schönen Wald- und Felsschlucht, abseits der Straße, WW III, bei hohem Wasserstand sehr wuchtig, bis WW IV

374,0 ■ Wehr, **X**, li ⏏

373,5 ⛟

373,0 Str-II D509, **F 12130 Pomayrols** Ab hier verblocktes Flussbett mit engen Passagen und Abfällen, grob verblockte Kiesbankschwälle, bis WW III (44.4679,3.0225)

368,8 ▬ Wehr **X**, li ⏏, hier steil nach oben aussetzen oder nach 500 m am ⛟, nur mit Erlaubnis (44.4717,2.9885)

367,6 ▬ Wehr Bootsgasse, gut ≈ (44.4684,2.9745)

367,3 Str-II D503.**F 12130 Saint-Geniez-d'Olt** (44.4666,2.9719)

366,6 Str-II D19E danach hübsche Stadtdurchfahrt, gutes ⬆ re oder li auf Uferwegen (44.4617,2.9665)

364,5 Str-II, li **F 12130 Sainte-Eulalie-d'Olt** Beginn des Rückstaus des großen Stausees von Castelnau, die Fahrt sollte hier beendet oder unterbrochen werden (44.4652,2.9485)

349,8 ▬ Staudamm des ϟ von Castelnau-Lassouts Die Fahrt kann beim Auslauf des ϟ fortgesetzt werden, die ⬇ ist allerdings schwer zu finden, Privatgrundstück. WW I-II (44.5058,2.8741)

345,6 re ⇩ Boralde de Saint Chélie d´Aubrac (s. Seite 395) (44.5129, 2.8438)

343,0 Str-II D6, **F 12500 Saint-Côme-d'Olt** hier gute ⬇ (44.5130,2.8165)

339,3 re ⇩ Boralde Flaujaguèse (s. Seite 394) (44.5184,2.7816)

338,0 li ⛟ Sas Roc de l'Arche, rocdelarche.com (44.5228,2.7700)

337,5 Str-II D920, **F 12500 Espalion** darunter ▬ Wehr (44.5228,2.7632)

334,6 ▬ Wehr (44.5309,2.7331)

330,7 ▬ Wehr (44.5433,2.6942)

327,4 Str-II D22, **F 12190 Estaing** in der Mitte durchbrochen, ≈ mit wuchtigem Schwall. Danach Beginn des Rückstaus des nächsten Stausees (44.5531,2.6720)

321,0 ▬ Staudamm mit Wasserableitung, die folgende „Gorges du Lot"ist teilweise trockenlegt (44.5786,2.6379)

316,4 li ϟ von Golinhac mit Rückführung des abgeleiteten Wassers, gute ⬇ für die Weiterfahrt. Man sieht das von der Straße aus. Leichtes Wildwasser in herrlicher Landschaft, WW I-II (44.6059,2.6042)

311,3 ▬ Wehr (44.6359,2.5727)

310,6 Str-II D904 (44.6402,2.5703)

310,5 Flussteilung (44.6413,2.5693)

310,1 niedrige II, **F 12140 Entraygues-sur-Truyère** bei höherem Wasserstand ist eine Unterfahrung nicht möglich, dann gefährlich, rechtzeitig anlegen! Hier gute ⬆ und ⬇ re und li (44.6435,2.5655)

309,8 re ⇩ Truyère (s. Seite 391) Infolge unterschiedlicher Wasserabgabe der ↯ ↯ ist der Wasserstand sehr starken Schwankungen unterworfen (bis zu 1 m), dadurch unnatürlich wirkende Ufer, bei NW zahlreiche schlammig-braune Flachstellen, das Wasser ist wieder recht sauber, landschaftlich sehr schön (44.6436,2.5623)

309,6 li ⛟ le Val de Saures, camping-valdesaures.com (44.6421,2.5628)
308,9 ▬ Wehr (44.6404,2.5570)
299,5 Kanuverleih Asvolt Base Canoë Nature (44.6468,2.4555)
296,0 Str-⏅, re **F 15120 Vieillevie** ab hier WW I (44.6441,2.4226)
289,8 re ⛟ de Coursavy, campingcoursavy.com (44.6423,2.3674)
289,0 alte ⏅ D901 (44.6415,2.3569)
288,4 Str-⏅ D901, **F 12320 Grand-Vabre** (44.6368,2.3536)
288,2 li ⇩ Dourdou (s. Seite 390) (44.6360,2.3540)
286,4 ▬ Wehr über Bootsgasse li ≋. Ab hier Zahmwasser (44.6368, 2.3340)
282,6 re ⛟ La Plaine, **F 12300 Saint-Parthem**, camping-laplaine.com (44.6297,2.3212)
277,3 Schöner Schwall in li-Kurve, WW II+ Ein touristischer Tip: 8 km das Tal des Dourdou aufwärts liegt das mittelalterliche Dorf Conques mit Klosterkirche (Wallfahrtsort) aus dem 11.-15. Jahrh, sehr ⌘
275,3 Str-⏅ D963 Port d´Agres li ⛺ (44.6126,2.2562)
271,7 ▬ Wehr (44.5989,2.2417)
268,4 Str-⏅ D21 (44.5859,2.2290)
267,3 ▬ Wehr (44.5912,2.2176)
265,4 ▬ Wehr (44.5892,2.2033)
265,1 Weg-⏅ (44.5858,2.2025)
264,6 Str-⏅ D840 (44.5818,2.2000)
264,4 ▬ Wehr (44.5812,2.1982)
260,7 ▬ Wehr (44.5722,2.1644)
260,3 Str-⏅ D40, **F 12300 Bouillac** (44.5721,2.1600)
259,3 ▬ Wehr (44.5704,2.1473)
257,2 ▬ Wehr (44.5764,2.1287)
253,9 ▬ Wehr (44.5767,2.0970)
251,1 EB-⏅ (44.5801,2.0744)
250,8 Str-⏅ D594/D994, li **F 12700 Capdenac-Gare** (44.5777,2.0729)
250,6 ▬ Wehr, **X**, das Wasser wird durch einen Stollen abgeleitet, ⏏ 200 m schwierig. Bis km 195,7 folgen einige ▬ mit automatischer starker Wasserabgabe, gefährlich, sowie zahlreiche recht unangenehme ▬, die meist nur mühsam zu ⏏ sind. Einzelheiten sind nicht bekannt (44.5759,2.0724)

249,8 ■ Blockwurf-Stufe (44.5690,2.0693)
248,2 ■ Blockwurf-Stufe (44.5698,2.0587)
242,6 ■ Wehr (44.5629,2.0353)
241,6 Str-II D822/D922 (44.5574,2.0264)
240,6 ■ Wehr (44.5561,2.0153)
236,8 ■ Wehr (44.5397,1.9784)
233,9 Str-II D38 (44.5191,1.9582)
233,1 ■ Wehr (44.5174,1.9477)
230,9 ■ Wehr (44.5053,1.9294)
228,5 ■ Wehr (44.4969,1.9146)
226,3 ■ Wehr (44.4871,1.9094)
225,0 ■ Wehr (44.4980,1.9065)
217,4 Str-II D17/D24, re **F 46160 Cajarc** (44.4829,1.8445)
216,2 ■ Wehr mit ↯ (44.4745,1.8408)
213,0 Str-II D19 (44.4686,1.8300)
209,2 EB-II (44.4692,1.8043)
204,4 ■ Wehr, li ⯑ (44.4671,1.7809)
203,6 Str-II D143, re **F 46160 Larnagol** (44.4739,1.7802)
200,7 ■ Wehr li ⯑ (44.4615,1.7565)
198,8 EB-II und Str-II D24 (44.4628,1.7415)
195,7 ■ Wehr, li ⯑ Beginn des schiffbaren Teils des Lot, geringer Mietbootsverkehr, fast stromlos, landschaftlich reizvoll. Das Umtragen an den Schleusen und Wehren ist recht unterschiedlich und muss jeweils je nach Wasserstand erkundet werden. Z.T. befinden sich die Schleusen nicht im Fluss, sondern in einem abzweigenden Schleusen-Kanal. Alle Schleusen sind problemlos selbst zu bedienen (44.4637,1.7117)
194,5 ■ Wehr, re ⯑, li **F 46330 Crégols** (44.4585,1.7000)
192,4 Str-II D181, li ⛺ de la Plage, campingplage.com (44.4695,1.6830)
191,8 ■ Wehr li ⯑ (44.4701,1.6773)
191,0 li **F 46330 Saint-Cirq-Lapopie**
189,4 ■ Wehr li ⯑ (44.4735,1.6553)
188,8 re ⇩ Célé (s. Seite 388) (44.4748,1.6485)
188,1 EB-II (44.4806,1.6465)
187,3 Str-II D40 (44.4858,1.6431)
186,3 ■ Wehr li ⯑ (44.4867,1.6296)
182,7 EB-II (44.4691,1.6062)
180,4 Str-II D10 (44.4687,1.5851)
179,6 ■ Wehr Ecluse de Saint Géry re ⯑ (44.4749,1.5794)

176,3 ■ Wehr Ecluse de Planiol li ⯐ (44.4771,1.5621)
174,3 re ⇩ Vers (s. Seite 387) ⛺ Muncipal de l'Arquette, commune-de-vers.fr (44.4838,1.5533)
174,2 Str-II D49B danach ■ Wehr Ecluse de Vers, re ⯐ (44.4827, 1.5527)
171,6 EB-II (44.4671,1.5405)
170,2 ■ Wehr Ecluse de Galessie re ⯐ (44.4669,1.5271)
169,2 li **F 46090 Arcambal**
167,9 Autobahn-II L´Occitane danach ■ Wehr Ecluse de Arcambal, li ⯐ (44.4598,1.5025)
165,8 re **F 46090 Lamagdelaine** ⛺
163,5 ■ Wehr Ecluse de Lacombe li ⯐, re **F 46090 Laroque-des-Arcs** (44.4715,1.4605)
159,9 Str-II D167 (44.4489,1.4443)
159,5 ■ Wehr Ecluse de Coty li ⯐ (44.4464,1.4461)
158,9 Str-II D620 (44.4416,1.4427)
158,4 EB-II (44.4405,1.4365)
157,7 II Pont Valentré danach ■ Wehr Ecluse Valentré, li ⯐ (44.4449, 1.4316)
156,7 Str-II D8, re 🏭 **F 46000 Cahors** auf Halbinsel gelegen (44.4536, 1.4286)
155,4 ■ Wehr Ecluse de Labéraudie li ⯐ (44.4643,1.4253)
155,3 Str-II D820 (44.4654,1.4244)
152,3 li **F 46090 Pradines**
149,7 ■ Wehr Ecluse de Mercuès li ⯐ (44.4942,1.3941)
143,3 Hänge-II D12, re **F 46140 Douelle** (44.4715,1.3619)
142,9 ■ Wehr Ecluse de Douelle li ⯐ (44.4750,1.3610)
142,2 ehem. EB.-II (44.4807,1.3638)
141,2 re **F 46140 Caillac**
134,0 li **F 46140 Parnac**
131,7 re **F 46140 Luzech-Caïx** Wassersportzentrum, gute ⬆ zur Beendigung der Fahrt (44.4902,1.2942)
130,0 ■ Wehr mit ↯, **F 46140 Luzech** Ende des schiffbar gemachten Teiles des Lot. Anscheinend ist geplant, den Ausbau noch weiter zu führen. Einzelheiten über die Reststrecke sind nicht bekannt (44.4825,1.2871)
0,0 ⇩ in Garonne (s. Seite 371) bei km 154,0 (44.3169,0.3347)

Vers

Wildfluss Gewässerkennzahl FR: O8410400
Mündung in Lot bei km 174,3 (re Nebenfluss)

Der Vers ist ein unterhaltsamer kleiner Wildfluss.

Fahrtstrecke: ⬇ bei der kleinen Ⅱ von Moulin de Cras, Beendigung der Fahrt nach 11 km vor einem ▬ in Vers, kurz vor der ⇩.

Befahrbarkeit: April bis Ende Mai und nach Regenfällen.

Schwierigkeiten: zahlreiche kleine Stufen bis knapp 1 m hoch, alle gut ≈, mehrere ▬, meist ≈ oder leichtes ⌓, WW II mit Stellen WW III.

Célé

Wanderfluss (Gebirgsfluss) Gewässerkennzahl FR: O8--0250
Mündung in Lot bei km 188,8 (re Nebenfluss)

Der Célé fließt durch eine landschaftlich sehr schöne und touristisch interessante Gegend, mit mehreren engen Schluchten, zahlreichen Städten, Burgruinen und Grotten. In der Beschreibung sind noch nicht alle Wehre erfasst. Ein- und Aussatzstellen sind am Fluss und auf der Straße gut ausgeschildert.

Fahrbare Flusslänge: 84 km.

Empfehlenswerte Teilstrecke: Figeac - Cabrerets, mit vielen touristischen Sehenswürdigkeiten.

Befahrungsregeln: Um den Interessen sowohl der Angler und Anlieger wie auch der Kanufahrer gerecht zu werden, wurde eine Vereinbarung getroffen, wonach die Befahrung des Célé in den Monaten Juli und August nur in der Zeit von 12.00-19.00 Uhr gestattet ist, in den übrigen Monaten besteht keine Beschränkung.

Befahrbarkeit: ab km 84,8 bis Ende Mai, ab Figeac ist der Célé außer bei ungewöhnlicher Trockenheit auch im Sommer fahrbar.

Umwelt: Wasser: unterhalb Figeac erheblich verschmutzt, nur langsame Reinigung.

Schwierigkeiten: gesamter Fluss: WW I-II. Die Mehrzahl der alten Stauwehre kann befahren werden, nur einige sind leicht zu umtragen. Unterhalb Figeac zahlreiche Baum- und Strauchhin-

	dernisse, der Célé sollte nur mit leeren Booten befahren werden.
Infrastruktur:	Zeltmöglichkeit: auf der ganzen Flussstrecke finden sich zahlreiche sehr schöne Zeltplätze.
Quellen:	Ergänzungen: Friedhelm Wollner

104,4 Ursprung in 700 m Höhe bei le Bruel (44.7414,2.3766)
84,8 re ⇩ Ressègue kurz dahinter Château de Merle, ⬇ bei ausreichendem Wasserstand; bis km 73,9 keine ausführliche Beschreibung (44.6802,2.2595)
73,9 Str.-Ⅱ D16, **F 46270 Bagnac-sur-Célé** (44.6648,2.1581)
73,6 Weg-Ⅱ (44.6646,2.1551)
73,4 ■ Wehr (44.6638,2.1528)
71,3 EB-Ⅱ (44.6560,2.1315)
69,9 Weg-Ⅱ, re nach **F 46270 Linac** (44.6541,2.1198)
67,0 Str.-Ⅱ D31 (44.6493,2.0994)
66,7 EB-Ⅱ (44.6471,2.0997)
64,6 Weg-Ⅱ, re **F 46100 Viazac** (44.6396,2.0764)
60,9 EB-Ⅱ (44.6163,2.0504)
60,0 –56,5 Stadtgebiet von **F 46100 Figeac** größte Stadt am Célé, ⌘, alle Möglichkeiten, 🚐
59,9 ■ Wehr re Bootsgasse ? (44.6085,2.0468)
59,5 Str.-Ⅱ N122 (44.6075,2.0421)
58,8 Str.-Ⅱ D822 (44.6068,2.0339)
58,6 Fußg.-Ⅱ (44.6071,2.0310)
58,4 ■ Wehr, **X** (44.6075,2.0286)
58,2 Str.-Ⅱ D622 (44.6073,2.0261)
57,5 ■ Wehr, ≈ (44.6084,2.0175)
56,5 EB-Ⅱ (44.6021,2.0139)
54,4 Str.-Ⅱ D802 (44.5900,1.9954)
53,8 ■ Wehr, evtl. re ≈ (44.5876,1.9889)
53,4 Str.-Ⅱ D93 (44.5886,1.9846)
50,9 Str.-Ⅱ D18 (44.5904,1.9616)
48,1 Str.-Ⅱ D21 (44.5951,1.9387)
46,2 Str.-Ⅱ D48, re **F 46100 Boussac** (44.5963,1.9171)
46,1 Mühlen-■, **X**, ⏏ mühsam, evtl. über Wehrkrone heben (44.5963, 1.9160)
43,0 Weg-Ⅱ, re **F 46100 Corn** (44.6053,1.8971)

39,7 ■ Wehr (44.5939,1.8738)
39,4 Weg-II (44.5912,1.8733)
36,3 Str.-II D211, li **F 46320 Espagnac-Sainte-Eulalie** (44.5932,1.8388)
32,6 Str.-II D38, **F 46320 Brengues** re ⛺ Municipal de Brengues, brengues.org (44.5747,1.8339)
32,5 ■ Wehr (44.5744,1.8333)
29,3 Str.-II D83 (44.5645,1.8120)
26,4 Str.-II D73, re **F 46160 Saint-Sulpice** (44.5695,1.7940); ■ Wehr (44.5692,1.7937)
22,2 ■ Wehr mit Bootsgasse, vorher Stau (44.5523,1.7727)
22,0 Str.-II D17, **F 46160 Marcilhac-sur-Célé** ⌘ Grotten (44.5510, 1.7709)
17,5 Str.-II D82 (44.5327,1.7531)
17,0 ■ Wehr (44.5337,1.7473)
14,2 Str.-II D24, **F 46330 Sauliac-sur-Célé** (44.5184,1.7293)
8,2 ■ Wehr (44.5203,1.6784)
4,7 Str.-II D23, **F 46330 Cabrerets** ⌘ (Grotte von Pech Merle). Die Fahrt wird zumeist hier beendet, das ■ von Cabrerets ist nur bedingt ≈ und sehr schwieriges ⏏ (44.5078,1.6580)
4,3 ■ Wehr, X, ⏏ sehr schwierig (44.5042,1.6549)
0,0 ⇩ in Lot (s. Seite 379) bei km 188,8 (44.4748,1.6482)

Dourdou (Lot)

Kleinfluss – Wildfluss Gewässerkennzahl FR: O80-0400
Mündung in Lot bei km 288,2 (li Nebenfluss)

Der Dourdou (nicht verwechseln mit dem Fluss gleichen Namens, der in den Tarn mündet) ist in seinem Oberlauf ein Kleinfluss mit nur geringen Schwierigkeiten, gelegentlich Baumhindernisse, in einem breiten, einsamen Tal. Der Unterlauf führt durch die „Gorges de Conques", der Dourdou ist hier ein leichtes Wildwasser mit einer Extremstelle.

Befahrbarkeit: Frühjahr, bei regenreichem Frühjahr evtl. bis Frühsommer. Nach Regenfällen sehr schnelles Ansteigen der Wasserführung, die Befahrung der Schluchtstrecke wird dann gefährlich.

Umwelt: Wasser: recht sauber

Schwierigkeiten: km 34,5-14,4 WW I
km 14,4-⇩ WW II (VI)

83,7 Ursprung am Puy de la Calme in etwa 800 m Höhe. Der Dourdou verläuft anschließend durch mehrere, sehr schöne Schluchten, über die Möglichkeit einer Befahrung ist nichts bekannt (44.4872,2.8577)

34,5 **F 12580 Villecomtal** Ende der Schluchten, ⬇ unterhalb einer Mühle an der D22. Wiesenflüßchen mit mehreren Wiesen-■ Wehr, ≈, gelegentlich Baum- und Strauchhindernisse; bis km 14,4 keine ausführliche Beschreibung

14,4 Str.-Ⅱ D46, re **F 12320 Saint-Cyprien-sur-Dourdou** mögliche ⬇ für die Befahrung des interessanteren Abschnittes des Dourdou; Es folgt eine Reihe von 4 ■ Wehr, alle ≈ (44.5469,2.4071)

12,4 ■ Wehr, ≈, danach Ⅱ (44.5613,2.4084)

11,4 Beginn der sehr schönen Schluchtstrecke von der Straße aus gut einzusehen, im allgemeinen WW II, bei HW evtl. gefährlich;
Beginn der sehr schönen Schluchtstrecke von der Straße aus gut einzusehen, im allgemeinen WW II, bei HW evtl. gefährlich

8,9 Weg-Ⅱ danach ■ Wehr (44.5871,2.4012)

7,9 ■ Wehr, ≈ (44.5922,2.3967)

7,1 Stein-Ⅱ D232, re **F 12320 Conques** (44.5982,2.3926)

5,7 Holz-Ⅱ Darunter Flussverengung. ⚠ Sofort danach eine durch Felssturz entstandene Extremstelle, WW VI, oft durch Baumhindernisse versperrt, re ⏏, etwas mühsam. Danach wieder leicht. Es folgen noch einige ■ Wehr, ≈ (44.6070,2.3842)

2,8 Weg-Ⅱ (44.6199,2.3649)

2,4 ■ Wehr (44.6218,2.3609)

0,7 Str.-Ⅱ D229, **F 12320 Grand-Vabre** gute Stelle zur Beendigung der Fahrt. Man kann auch zum Lot weiterfahren und hier an geeigneter Stelle ⬆ (44.6320,2.3558)

0,0 ⇩ in Lot (s. Seite 379) bei km 288,2 (44.6361,2.3540)

Truyère

Wildfluss (Gebirgsfluss) Gewässerkennzahl FR: O7--0250
Mündung in Lot bei km 309,8 (re Nebenfluss)

Die Truyère fließt in ihrem Oberlauf, oberhalb Chaliers, in fast völliger Einsamkeit durch landschaftlich hervorragend schöne Schluchten; sie bietet zumeist leichtes, nur auf kurzer Teilstrecke schweres Wildwasser. Sie zählt hier zu den schönsten und lohnendsten Flüssen Frankreichs. Der Unterlauf ist durch Stauseen total verbaut und kommt für eine Befahrung nicht in Frage.

Befahrbarkeit:	Februar-Mai, später nur nach starken Regenfällen.
Umwelt:	Wasser: sehr sauber
Schwierigkeiten:	km 131,2-116,7 WW I-II
	km 116,7-115,1 WW IV-V (meist kein Wasser)
	km 115,1-97,4 WW II-III-IV-V-II-I
	km 97,4-⇩ Stauseen
Infrastruktur:	Zeltmöglichkeit: sehr schöne Plätze am Fluss.

167,2 Ursprung in den Bergen von Mageride in etwa 1400 m Höhe (44.7270,3.5619)

131,2 li ⇩ Rimeize Die Fahrt wird zumeist beim Ort Rimeize auf der Rimeize an der D987 begonnen. Nach 500 m ▬, li ≋. Nach 1 km ⇩ in die von re kommende Truyère. WW I (44.7743,3.3431)

130,5 Str.-Π D987 (44.7768,3.3479)

130,3 ▬ Wehr, gut ≋ (44.7776,3.3468)

129,2 Steil-▬ 0,5m hoch, bei HW starker Rücklauf, re ⩯ leicht. Sofort danach einzige Stelle WW II

128,2 ▬ Wehr, gut ≋

126,4 ▬ Wehr, gut ≋ (44.8003,3.3532)

122,4 ▬ Wehr, gut ≋

121,3 re **F 48140 Le Malzieu-Forain- Le Soulier** die Straße kommt re wieder zum Fluss, gute ⬆. Es folgen eine Röhren-Π, **X** und 2 ▬ Wehr, ≋ (44.8387,3.3477)

118,5 ▬ Wehr mit Wasserableitung (44.8546,3.3361)

117,8 Str.-Π D989 **F 48140 Le Malzieu-Ville** (44.8539,3.3269)

117,6 ▬ Wehr (44.8550,3.3257)

116,7 ▬ Wehr mit meist totaler Wasserableitung um die „Porte aux Fées", eine Weiterfahrt ist nur sehr selten bei ausreichender Wasserabgabe möglich (Minimum 5m³/s. Die folgenden 2 km bieten dann sehr schweres Wildwasser, WW IV und V (44.8629,3.3219)

115,1 ⬇ bei ↯ Ranc am Auslauf des ↯. Man fährt dazu auf der D47 von Malzieu Richtung St. Léger, nach etwa 3 km li abbiegen. Bis St. Léger WW I-II, 2 ▬, gut ≋ (44.8734,3.3153)

113,0 Str.-Π D75, **F 48140 Saint-Léger-du-Malzieu** Beginn herrlicher Schluchten, durchweg WW III, alles gut ≋, nach jeder Stelle eine Gumpe (44.8854,3.3099)

109,4 Mühlen-▬, gut ≋ (44.8953,3.2747)

108,8 Str.-Ⅱ D8 (Pont de la Garde) li oben Ruine vom Chateau de la Garde (44.8987,3.2694)
108,3 Zur Besichtigung ↱ WW IV-V, beste Durchfahrt re, re ⩯ gut möglich. Diese einzige „Extremstelle" der Truyère kann schon bei der Anfahrt über einen Fußweg am li Ufer besichtigt werden
107,8 Letzte schwierige Stelle WW III+. Danach leicht, WW I-II mit 5 Wiesen-■, gut ≈. Weiterhin sehr schöne Landschaft
99,5 Str.-Ⅱ D48 (44.9467,3.2347)
97,4 Weg-Ⅱ, re **F 15320 Chaliers** die Fahrt muss hier beendet werden. Es folgt eine Kette von Stauseen (44.9565,3.2196)
78,1 li ⇩ Bès (s. Seite 393) (44.9263,3.1034)
4,5 li ⇩ Selves (s. Seite 394) (44.6744,2.5749)
0,0 ⇩ in Lot (s. Seite 379) bei km 309,8 (44.6436,2.5624)

Bès (Truyère)

Wildfluss Gewässerkennzahl FR: O75-0400
Mündung in Truyère bei km 78,1 (li Nebenfluss)

Der Bès ist ein interessanter Wildfluss mit stark wechselnden Schwierigkeiten.

Befahrbarkeit: stark abhängig von Niederschlägen. Es kann geschehen, dass im Frühjahr das Wasser unzureichend ist und dass im August Hochwasser angetroffen wird.

Schwierigkeiten: km 43,3-27,2 WW II und III

km 27,2-18,8 WW II-III mit Abschnitten WW IV und V.

66,7 Ursprung in etwa 1400 m Höhe (44.5697,3.0770)
43,3 Str.-Ⅱ D987 (Pont de Rieutortet) übliche ⬇; es folgen sehr schöne, z.T. erheblich verblockte Schwälle (44.6835,3.0811)
38,5 Str.-Ⅱ D12 (44.6941,3.0352)
35,0 Weg-Ⅱ (44.7175,3.0227)
32,4 Mühlen-■, re ≈ (44.7363,3.0307)
30,1 Str.-Ⅱ D713/D211, re nach **F 48260 Grandvals** (44.7549,3.0352)
27,2 Str.-Ⅱ D613/D312, re **F 48310 Brion- La Chaldette** gute ⬆; ⬇, falls nur der schwere untere Abschnitt des Flusses befahren wird. Mehrere Stellen sollten unbedingt erkundet werden. Zunächst auf 1 km WW III, zunehmend bis WW IV (44.7729,3.0433)
26,2 –25,2 durchgehend WW IV mit mehreren Stellen WW V.
25,2 Nachlassen der Schwierigkeiten ruhiges Wasser wechselt mit mehre-

ren Schnellen, WW III. Eine niedrige Ⅱ, evtl. ⩯
18,8 Str.-Ⅱ D989, **F 48310 Saint-Juéry** re Arm fahren, Beendigung der Fahrt vor der alten Ⅱ. Eine Weiterfahrt durch die folgenden „Gorges du Bés“ scheint nicht möglich zu sein (44.8275,3.0843)
0,0 ⇩ in Stausee der Truyère (s. Seite 391) bei km 78,1 (44.9254,3.1061)

Selves

Wildbach Gewässerkennzahl FR: O7780500
Mündung in Truyère bei km 4,5 (li Nebenfluss)

Mögliche ⬇ unterhalb des Stausees von Galens, zunächst auf 2,5 km WW III mit Stellen WW IV, Vorsicht, Baumhindernisse! Ab der folgenden Ⅱ (zwischen Devèze und einem Bauernhof, weitere mögliche ⬇) nehmen die Schwierigkeiten stark zu (WW IV-WW V+). Es gibt hier mehrere bemerkenswerte Stufen, bis 5 m hoch, zumeist gut ≈.

3 Passagen dürften wohl immer **X** sein.

Man sollte sich für diese Strecke viel Zeit nehmen. Ende der Fahrt nach insgesamt 8 km bei der Ⅱ D599.

Befahrbarkeit: Frühjahr bis Mitte Mai.

Selvet

Wildbach Gewässerkennzahl FR: O7780490
Mündung in Selves (li Nebenfluss)

Kurzer, Interessanter Wildbach

Fahrtstrecke: Mayrinhac -Ⅱ D197, 6 km, WW IV (V).

Eine Weiterfahrt ist wegen Wasserableitung nicht möglich. Es ist nicht bekannt, ob eine Befahrung unterhalb des Stausees bis zur Truyère möglich ist.

Befahrbarkeit: Frühjahr bis Mitte Mai.

Boralde Flaujaguèse

Wildfluss Gewässerkennzahl FR: O7250500
Mündung in Lot bei km 339,3 (re Nebenfluss)

Die Boralde ist ein sehr interessanter Wildbach. Sie verläuft, völlig einsam, durch enge Schluchten.

Fahrtstrecke: am unteren Ende der Abtei von Bonneval führt ein steiler Weg nach 400 m zu einem Steg, darunter ⬇. 7 km bis zur ⇩ in den Lot. Beendigung der Fahrt in Espalion am Lot, hier li ⛟.

Befahrbarkeit: Zeit der Schneeschmelze (zeitig im Frühjahr) und nach Regenfällen.

Umwelt: Wasser: sehr sauber

Schwierigkeiten: mäßige, meist übersichtliche Verblockung, geringe Wasserwucht, Baumversperrungen möglich, keine unfahrbare Stelle, Erkundungen an einigen Stellen ratsam, WW III.

Boralde de Saint Chélie d´Aubrac

Wildfluss Gewässerkennzahl FR: O7240520
Mündung in Lot bei km 345,6

Die über diesen Fluss vorliegenden Unterlagen sind extrem dürftig und nur mit größter Vorsicht zu verwerten. Nach diesen Angaben ist der Boralde ein extrem schwerer Wildfluss, der anscheinend kaum je befahren wird. Alpinausrüstung!

Fahrtstrecke: Ⅱ Aubrac-Saint Chélie, 8 km, WW IV-V-VI-**X**. Saint Chélie-Ⅱ D557 unterhalb Bonauberg, 10 km WWIV-V-VI. Die 2 km lange Reststrecke bis zur ⇩ WW II

Befahrbarkeit: März bis Mai und nach Regenfällen.

Baïse

Wanderfluss Gewässerkennzahl FR: O6--0290
Mündung in Garonne bei km 157,6 (li Nebenfluss)

Die Baïse ist ein leichter Wanderfluss. Sie soll schon ab Jégun fahrbar sein, keine besonderen Schwierigkeiten. Auf der nachfolgend beschriebenen Strecke ab Moncrabeau ist die Baïse mit 13 Schleusen, (im Text nur z.T. beschrieben) wieder schiffbar gemacht worden, es verkehren allerdings nur Freizeit-Motorboote. Die Schleusen können nur mittels Magnetkarten bedient werden, sind aber überwiegend leicht zu umtragen.

Befahrbarkeit: ab Moncrabeau ganzjährig.

187,6 Ursprung (43.0851,0.3458)
83,9 Str.-Ⅱ D103, re nach **F 32360 Jegun** ⬇, Einzelheiten sind nicht bekannt (43.7542,0.3751)

42,3 Str.-Ⅱ D219, re **F 47600 Moncrabeau** ⬇ (44.0329,0.3686); ⬅: ▬ Wehr, ➔: ⌗-Kanal (44.0333,0.3685)
40,7 ⬅ zum Schleusenarm (44.0456,0.3723)
39,9 ▬ Wehr (44.0478,0.3777)
39,6 li ⇩ Schleusenkanal (44.0505,0.3757)
37,8 Str.-Ⅱ D112 (44.0639,0.3763)
37,0 ➔: ▬ Wehr, ⬅: ⌗-Kanal (44.0696,0.3793)
35,0 li ⬅ zum Schleusenarm (44.0812,0.3703)
34,6 ▬ Wehr (44.0818,0.3755)
32,9 li ⇩ Schleusenkanal (44.0869,0.3678)
31,5 ➔: ▬ Wehr, ⬅: ⌗-Kanal (44.0990,0.3696)
31,1 ▬ Wehr (44.1003,0.3668)
30,9 Weg-Ⅱ (44.1010,0.3642)
29,5 ➔: ▬ Wehr, ⬅: ⌗-Kanal (44.1074,0.3663)
26,8 ➔: ▬ Wehr, ⬅: ⌗-Kanal (44.1214,0.3469)
25,0 Str.-Ⅱ D656, **F 47600 Nérac** (44.1350,0.3412)
24,7 Str.-Ⅱ, **F 47600 Nérac** (Vieux Pont), danach ▬ Wehr, li ⌗, ⏏ schwierig wegen hoher Ufermauern (44.1368,0.3417)
23,4 ▬ Wehr, re ⌗ (44.1472,0.3361)
21,5 ▬ Wehr, re ⌗ (44.1583,0.3184)
19,7 ▬ Wehr, re ⌗ (44.1692,0.3034)
19,0 EB-Ⅱ (44.1727,0.2955)
18,6 Str.-Ⅱ D930 (44.1745,0.2921)
17,1 Str.-Ⅱ D646, re **F 47230 Lavardac** (44.1818,0.2981)
17,0 ▬ Wehr, li ⌗ li ⏏ (44.1822,0.2992)
15,0 EB-Ⅱ (44.1940,0.3122)
14,3 ▬ Wehr, li ⌗ , evtl. ≋, oder li ⏏ (44.1952,0.3212)
13,9 Str.-Ⅱ D642E, li **F 47230 Vianne** (44.1965,0.3250)
11,1 EB-Ⅱ (44.2189,0.3382)
10,1 Str.-Ⅱ D119, re **F 47230 Feugarolles** (44.2268,0.3342)
9,2 Autobahn-Ⅱ A62 (44.2333,0.3279)
9,0 Kanal-Ⅱ (44.2346,0.3295)
4,9 li ⌗ zum Canal Latéral à la Garonne Rundfahrtmöglichkeit: auf dem Kanal aufwärts, etwa 30 km bis zur Kanal-Ⅱ (Garonne (s. Seite 371) bei km 157,6 km 186,6 kurz vor Agen); auf der Garonne bis ⇩ Baïse, 31 km; auf der Baïse aufwärts bis zum Ausgangspunkt, insgesamt etwa 66 km (44.2568,0.3075)
4,8 Str.-Ⅱ, **F 47160 Buzet-sur-Baïse** (44.2583,0.3061)
4,6 ▬ Wehr, re ⌗ li ⏏ (44.2595,0.3044)

0,1 ▬ Wehr, li ⯑ li ⏶ (44.2845,0.3209)
0,0 ⇩ in Garonne (s. Seite 371) bei km 157,6 (44.2852,0.3213)

Séoune

Wildfluss - Wanderfluss Gewässerkennzahl FR: O61-0460
Mündung in Garonne bei km 197,4 (re Nebenfluss)

Die Séoune ist in ihrem Oberlauf ein leichter Wildfluss, später ein ruhiger Wanderfluss. Sie mündet oberhalb von Agen in die Garonne.

Fahrtstrecke: ⬇ in Causac, zunächst auf 15 km, bis St.Maurin WW II, Reststrecke WW I-II, abnehmend WW I.

Befahrbarkeit: Oktober-Ende Mai.

Tarn

Wildfluss - Wanderfluss (Gebirgsfluss - Flachlandschaft)
Gewässerkennzahl FR: O---0100
Mündung in Garonne bei km 232,5 (re Nebenfluss)

Der Tarn ist einer der interessantesten und abwechslungsreichsten Flüsse des französischen Zentralmassivs. Im Oberlauf bis Florac ist er extrem schweres Wildwasser. Die folgenden 30 km bis St. Enimie durchfließt er ein landschaftlich herrliches Tal. Hinter St. Enimie beginnt der Höhepunkt des Tarn mit den Gorges du Tarn. Er ist hier ein leichtes Wildwasser, das von deutschen Kanuten sehr oft befahren wird, auch für WW-Anfänger zu empfehlen. Die Tarnschlucht ist durch den kommerziellen Tourismus erschlossen, der Tarn wird hier streckenweise mit motorisierten Barken befahren. Bis zum Ende der Schlucht bei Peyreleau erhält der Tarn, abgesehen von einigen kleineren Nebenflüssen, sein Wasser vorwiegend aus zahlreichen unterirdischen Karstquellen.

Hinter Peyreleau weitet sich die Schlucht bis Millau zu einem hügeligen Tal. Der Wasserzustand hat sich unterhalb Millau inzwischen etwas verbessert, sodass eine Fahrt durch das folgende wild-einsame Waldtal bis St. Rome du Tarn durchaus möglich ist.

Ab hier folgt eine Kette von Stauseen. Unterhalb davon fließt der Tarn durch ein hügeliges Tal, um dann bei Albi in die Ebene auszutreten. Der Unterlauf war früher mit Schleusen an den Wehren versehen. Über diesen Teil liegen keine neueren Meldungen vor.

Fahrbare Flusslänge: 350 km.

Befahrungsregeln:	Für den Oberlauf des Tarn (oberhalb Florac) wurde eine Befahrungsregelung getroffen, mit der versucht wird, sowohl den Interessen der Angler wie auch der Kanufahrer gerecht zu werden: Kanufahren erlaubt Dienstag, Donnerstag, Freitag und Sonntag nachmittags; Fischen erlaubt an allen Tagen außer Dienstag, Donnerstag und Freitag.
Befahrbarkeit:	km 361,6-344,6: April-Mai und nach starken Regenfällen Ab km 344,6 (Florac): Mai-Juni Ab St. Enimie: im Prinzip auch im Sommer, allerdings sind dann gelegentlich Grundberührungen oder sogar Treidelstrecken unvermeidlich. Außerdem herrscht zur Zeit der französischen Ferien (Juli-August) auf dem Tarn Kanu-Massentourismus. Es ist daher wohl besser, diese Monate zu meiden.
Pegel:	Cocurès, Weg vom Sägewerk zum Fluss, Pegel nur maßgebend für die schwere WW-Strecke: Für km 361,6-353,5: 210-230 cm Für km 353,5-344,6: ab 220 cm Alte Ⅱ N107 vor Florac. Günstig für eine Befahrung unterhalb Florac sind 100 cm
Schwierigkeiten:	km 364,1-361,6 WW V-VI, 1 Stelle **X**. Gefälle Durchschnitt 20‰ km 361,6-353,5 WW IV-V, Gefälle Durchschnitt 20‰. km 353,5-344,6 WW III-IV km 344,6-315,9 WW II (III) km 315,9-237,1 WW I (II), Zahmwasser km 237,1-181,9 **X** wegen nicht umtragbarer ↯. km 181,9-⇩ WW I Schwieriges Umtragen: Pas de Souci, mehrere ↯.
Infrastruktur:	Zeltmöglichkeiten: zahlreiche kommerzielle Campingplätze, die jedoch zur Zeit der Hauptsaison stark überfüllt sind; man muss jedoch damit rechnen, dass im Frühjahr ein Teil der Plätze noch geschlossen ist. Freies Zelten ist im ganzen Bereich der Tarnschluchten verboten.

Pkw: im Oberlauf (bis zur alten Brücke der N 107) verläuft die Straße meist hoch über dem Fluss, sodass eine Kontaktaufnahme nur selten möglich ist. Danach ist die D907bis deutlich näher am Fluss und es gibt einige Brücken und Möglichkeiten an den Fluss zu gelangen, dennoch sind nur wenige Stellen zum Ein- und Aussetzen geeignet. In der Hochsaison wird dies – vor allem im Bereich der Strecke zwiaschen Ste. Enimie und dem Pas de Souci - zusätzlich durch die Ansprüche der kommerziellen Kanuvermieter erschwert.

Quellen: Ergänzungen: Bernd Dörr (11/16), Michael Marschewski (09/16)

380,2 Source du Tarn. (44.4150,3.8147)

364,1 li ⛺ Municipal mögliche ⬇ für Extremfahrer. Etwa 5 m hohe Naturstufe, evtl. ≈ oder ⏏, campingmunicipal-pontdemontvert.fr (44.3628, 3.7491)

363,6 Str-II D20, **F 48220 Le Pont-de-Montvert** weitere ⬇. WW V, eine Stelle **X**, der abenteuerliche Felskanal der „Trompete" galt lange Zeit als nicht machbar, wird jetzt jedoch öfters befahren, WW VI, ⏏ re möglich. (Notiz: Nach meinem Kenntnisstand sind mittlerweile alle Stellen befahren und es wurden auch oberhalb von Le Pont de Montvert Teilstücke befahren.) (44.3631,3.7436)

361,6 Übliche ⬇ zur Schlucht von Manuber Beim Kilometerstein 43,2 der D598 kann man die Boote auf einem schmalen Weg durch einen Kastanienwald zum Fluss hinabtragen. Auf einer Strecke von 6 km folgt schweres Wildwasser (WW IV u. V), enormes Gefälle, starke Abfälle, stark verblockte Engstellen, die zu akrobatischer Fahrweise zwingen. Man braucht für diese Strecke viel Zeit, da man laufend zu Erkundigungen aussteigen muss. Ein 6 m hoher Wasserfall ist nach erfolgter Besichtigung meist fahrbar. Bei den Steilstufen kann je nach Wasserstand ein gefährlicher Rücklauf bestehen

355,2 ▬ Wehr, **X**, re ⏏ (44.3603,3.6708)

353,5 Str-II, **F 48400 Bédouès** (La Vernède) die Schwierigkeiten lassen etwas nach, betragen aber immer noch WW III mit mehreren Stellen WW IV (IV+). Die Strecke ab Vernède eignet sich gut zum „Einfahren"; nur wer diesen Abschnitt gut meistert, sollte sich an die schwierigere Strecke oberhalb Vernède wagen. Keine unfahrbare Stelle mehr, die schwierige „Klamm von Cocurès" kann re ⏏ werden, das

Wiedereinsetzen ist allerdings schwierig. Am Eingang der Klamm von Cocurès stehen am re Ufer in der li-Kurve 6 Rundeisen am Ufer; bei einem Pegel von 210 sind sie gut zu sehen, Vorsicht bei höherem Wasserstand! (44.3539,3.6581)

348,8 re ↓, **F 48400 Cocurès** ≡. Unterhalb eines Sägewerkes unmittelbar nach der Schlußstufe der Klamm von Cocurès können auch schwächere Paddler zusteigen. Die Schwierigkeiten bis zum Ausstieg zur Beendigung der schweren WW-Strecke auf einem großen, freien Platz noch vor der Ⅱ von Florac, linksufrig betragen nur noch WW III

348,2 Str-Ⅱ D998 (44.3446,3.6102)

344,6 Str-Ⅱ ehem. N106 bei **F 48400 Florac** ≡, li 🚐 Le Pont du Tarn. Mögliche ↓ für schwächere Fahrer, es folgt die neue Str-Ⅱ N106, camping-florac.com (44.3369,3.5874)

344,5 li ⇩ Tarnon (s. Seite 426) (44.3366,3.5854)

341,9 niedrige Beton-Ⅱ, meist **X**, überheben (44.3530,3.5761)

339,9 Rapide du Cantonnet bei höherem Wasserstand bis WW III, evtl. re ⩯

335,8 Verfallenes ▬ Wehr nach Besichtigung meist ≋ (44.3741,3.5424)

335,5 Str-Ⅱ, re **F 48320 Ispagnac** (44.3711,3.5398)

333,6 Str-Ⅱ, li **F 48320 Quézac** (44.3739,3.5254)

333,3 re 🚐 Le Vieux Moulin (44.3753,3.5233)

327,1 li am Berg **F 48210 Montbrun**

326,4 Str-Ⅱ D68 (44.3329,3.4963)

325,0 re ⛺ Kanucamp des Deutschen Verband für Abenteuersport gute ↓↑, abenteuersport.eu

324,5 Niedrige Ⅱ bei MW und HW nicht unterfahrbar. Unter der Ⅱ Betonstufe, im 2. Durchlass von re, Betomnrutsche bei NW ≋ (44.3354, 3.4819)

323,1 Weg-Ⅱ (44.3386,3.4685)

322,7 Felsenkessel von Castelbouc, li Burgruine (44.3402,3.4646)

321,3 Beton-Schräg-▬ bei NW und MW nach Besichtigung fahrbar; bei HW re umtragen. Alle folgenden ▬ können bei HW einen sehr gefährlichen Rücklauf entwickeln. re Prades (44.3508,3.4558)

317,5 Niedrige Ⅱ (44.3661,3.4299)

316,4 ← Seitenarm durch Benutzung kann das Schräg-▬ umfahren werden. ⚠: holprige Einfahrt und angespülte Felswand zu Beginn

316,1 Schräg-▬ bei MW ≋, bei NW re oder li überheben (44.3656,3.4135)

315,9 Str-Ⅱ D986 **F 48210 Sainte-Énimie** Touristenzentrum, Tarn ab hier ganzjährig ≋, ↓ oberhalb der Ⅱ re, hier 🅿. Von Ste. Enimie bis Millau zahlreiche ⛺ am Fluss, freies Zelten kaum möglich und verboten (44.3649,3.4104)

310,9 Str-II, li **F 48210 Sainte-Enimie - Saint-Chély-du-Tarn** mit alter Kirche und Wassermühle. Grotte-de-Cénaret, ⇩ eines unterirdischen Flusslaufes in einer eindrucksvollen Karstquelle (44.3363,3.3832)

307,5 re Château-de-la-Caze, 15. Jahrh., Touristenhotel. (44.3353,3.3587)

305,8 li Haute Rive mit Burgruine

302,5 Schräg-■ ≈ oder überheben (44.3029,3.3245)

302,1 Str-II D43, **F 48210 La Malène** mit Chateau, alle Möglichkeiten. Die hier beginnende und bei km 295,1 endende kommerzielle Barkenfahrt wird mit Außenbordmotoren betrieben, dadurch Lärm- und Geruchsbelästigung möglich (44.3005,3.3208)

301,4 li Roc des Hourtous 921 m hoch, von Malène mit Pkw auf D43 und D16 (bis Riesse) erreichbar, großartiger Blick auf die Schlucht

299,0 Les Detroits, herrlicher Felsdurchbruch

295,1 re „Champignon-Felsen“ kurz danach Bungee-Jump-Stelle und Endpunkt der Barkenfahrt, dann Hotel „Au Débarcadère“, re Point Sublime, 861 m hoch, ⌘, großartiger Ausblick auf „Cirque de Baumes“ und „Pas de Souci“.

293,1 re ⬆ vor dem Pas de Souci Etwa hier führt ein schmaler, mit Pkw fahrbarer Weg zum Fluss, die Fahrt muss hier unterbrochen werden. ⬆ vor Befahrung erkunden. Anlegestelle der Bootsverleiher. Kurz danach hinter Stop-Schild über dem Fluss weitere ⬆, kürzester Weg zur Straße, ⚠ Strömung zum Pas de Souci (44.2970,3.2399)

292,6 ⚠ Pas de Souci Felssturz, völlig **X**, von weitem erkennbar an dem 80 m hohen „Stoßzahn“ des Roches Aiguille an der re Schluchtseite

291,7 ⛺, direkt unterhalb des Pas de Souci gut geeignet als Zwischenstation (44.2862,3.2343)

291,0 gute ⬇ für die Weiterfahrt Hier führt ein beschilderter Weg zum Fluss

290,8 Schräg-■ Mitte über Bootsrutsche ≈, im Unterwasser Kiesbank, die mit scharfer Kurve umfahren wird (44.2793,3.2295)

290,6 Str-II D16, **F 48210 Les Vignes** WW I und II, im ganzen schwieriger als oberhalb Pas de Souci (44.2775,3.2279)

287,2 –283,2 recht flotte Passage 4 km lange, mit einem schweren Schwall (je nach Wasserstand bis WW II+), danach li, La Sablières

282,1 Verfallenes ■ Wehr, m gut ≈ (44.2068,3.2205)

280,6 Reste einer alten II (44.1950,3.2109)

280,4 Str-II D996, **F 48150 Le Rozier** ✕, 🛒. Ende der eigentlichen Tarnschlucht. Das Tal weitet sich, wird hügelig, bleibt aber malerisch.

Empfehlenswerter Abstecher: Auf D996 durch die pittoreske Karstschlucht der Jonte (44.1936,3.2084)

280,0 li ⇩ Jonte (s. Seite 425) (44.1934,3.2042)

277,6 re St. Pierre romanisches Kirchlein und interessantes Naturkreuz auf dem Friedhof (44.1987,3.1795)

277,4 re am Berg **F 12720 Mostuéjouls**

272,7 Verfallenes ▬ Wehr mit breitem Durchlass, ≈, re **F 12640 Rivière-sur-Tarn**, ⛺ (44.1896,3.1403)

270,8 Str-Ⅱ D512, li **F 12640 La Cresse** (44.1776,3.1257)

266,8 re **F 12520 Aguessac**, 🛒

266,1 Str-Ⅱ D506, li **F 12520 Paulhe** (44.1493,3.1012)

261,5 Steil-▬, ✕, li ⏏, bei NW folgen flache Stellen (44.1145,3.0852)

260,5 –255,9 Stadtgebiet von **F 12100 Millau** ⌘, Post 🚂, 🛒

260,2 li ⛺ Des Deux Rivières mit Zugang zum Wasser, jedoch weniger schön und lauter als der ⛺ an der Drobie, camping-des-deux-rivieres.fr (44.1028,3.0864)

260,1 Str-Ⅱ D991 re vor der Ⅱ 🅿 mit Zugang zum Fluss (44.1020,3.0865); li ⇩ Dourbie (s. Seite 421) im Dreieck zwischen Tarn und Dourbie günstig gelegener ⛺ Indigo Millau, direkt am Fluss, vom Wasser aus jedoch schlecht zu sehen, auch kein direkter Zugang zum Wasser, camping-indigo.com (44.1016,3.0872);
Nachdem sich die früher sehr starke Verschmutzung des Tarn entscheidend gebessert hat, können die folgenden, landschaftlich sehr schönen und einsamen Waldschluchten wieder befahren werden. WW II.
Flotte Strömung, Kiesbankschwälle, Naturstufen und Baumleichen erfordern erhöhte Aufmerksamkeit

258,7 Str-Ⅱ D809 danach im Sommer Ponton-Ⅱ, nicht unterfahrbar, wird bei HW abgebaut (44.0937,3.0816)

258,6 ▬ Wehr li Fischtreppe (44.0941,3.0791)

258,1 Str-Ⅱ D41 (44.0928,3.0754)

257,9 ▬ Wehr nach Besichtigung evtl. ≈ oder re ⏏ (44.0918,3.0732)

256,7 li **F 12100 Creissels**

255,9 Str-Ⅱ (Pont Robert Roussel), gute ⬇ (44.0867,3.0509)

254,9 ▬ Naturstufe, ≈

253,1 Str-Ⅱ D41A (44.0875,3.0273)

252,6 Autobahn-Ⅱ A75 (44.0852,3.0214)

250,6 re am Berg **F 12100 Comprégnac-Peyre**

249,1 li ⇩ Cernon (s. Seite 420) mit stark verschmutztem Wasser; danach

EB-Ⅱ (44.0825,2.9870)

245,1 re **F 12100 Comprégnac**

241,0 re am Berg **F 12490 Montjaux-Candas**

235,5 Str-Ⅱ D993, li **F 12490 Saint-Rome-de-Tarn** Beendigung der Fahrt, gute ⬆. Auf dem folgenden Stausee viele Wasservögel (44.0581, 2.9023)

226,2 ▬ Staustufe ↱ vor dem Damm möglich, hier auch Straßenzufahrt. Es folgt eine Kette von Stauseen und Wehren, die z.T. außerordentlich mühsam zu umtragen sind, auf eine Beschreibung bis km 188,6 wird daher verzichtet (44.0702,2.8101)

221,1 ▬ Staustufe (44.0601,2.7694)

214,0 ▬ Staustufe (44.0178,2.7139)

210,1 li ⇩ Dourdou (s. Seite 418) (43.9966,2.6842)

192,7 ▬ Staustufe (43.9802,2.5297)

187,6 ▬ Staustufe Trebas darüber Str-Ⅱ D172B, re ≏ (43.9466,2.4994)

187,4 li ⇩ Rance (s. Seite 417) (43.9450,2.4996)

184,9 Str-Ⅱ D53, li ⛺ Municipal De Villeneuve Sur Tarn geeignete ⬇. Eine Weiterfahrt ab hier ist wieder lohnend. Der Tarn fließt mit guter Strömung mit einzelnen leichten Schwällen und sehr sauberem Wasser in einem landschaftlich hübschen, ruhigen Tal, monts-alban.fr (43.9449, 2.4708)

175,3 Str-Ⅱ D700, re **F 81340 Courris** (43.9423,2.3986)

173,0 ▬ Steilwehr, **F 81430 Ambialet** am Beginn der Flussschleife von Ambiolet, bei ausreichend Oberwasser re 10 m weit überheben. Im Hochsommer ist das Wasser für eine Weiterfahrt meist nicht ausreichend. Man trägt die Boote dann 150 m weit über eine Ⅱ zum li Ufer und weiter zum Unterwasser der Flussschleife. Hier ↯ und Burg, ⌘ (43.9464,2.3796)

169,5 Str-Ⅱ D74, re ⛺ du Pont d'Ambialet (43.9452,2.3770)

152,0 ▬ Wehr (43.9427,2.2404)

149,5 ▬ Wehr **F 81160 Saint-Juéry**, **X**, es ist ratsam, die Fahrt hier li zu beenden. Es folgen eine Reihe von hohen ▬ Wehr und Kaskaden, durchweg **X**. Einzelheiten über eine evtl. Weiterfahrt bis zur ⇩ sind nicht bekannt (43.9537,2.2157)

82,3 li ⇩ Agout (s. Seite 412) (43.7854,1.6828)

26,0 re ⇩ Aveyron (s. Seite 403) (44.0870,1.2658)

0,0 ⇩ in Garonne (s. Seite 371) bei km 232,5 (44.0865,1.0422)

Aveyron

Wildfluss - Wanderfluss (Gebirgsfluss) Gewässerkennzahl FR: O5--0250
Mündung in Tarn bei km 26,0 (re Nebenfluss)

Der Aveyron ist ein Fluss von großer landschaftlicher Schönheit. Er fließt auf größeren Strecken durch steile, über 100m hohe Felsschluchten. Ab Viaur-Mündung weitet sich das Tal, hier begleiten dann auch Straßen den Fluss.

Ab St.Antonin folgt auf 20 km erneut eine sehr schöne Schluchtstrecke.

Fahrbare Flusslänge: 241 km.

Befahrbarkeit:	Oberlauf März bis Mai, evtl. noch Juni; ein ausreichender Wasserstand liegt vor, wenn das Wehr im Stadtgebiet von Rodez fahrbar ist; ab ⇩ Viaur ganzjährig.
Umwelt:	Wasser: ab Rodez leidlich sauber, später sehr sauber, In Rodez viel Müll im Fluss, später abnehmend.
Schwierigkeiten:	km 217,1-165,1 WW I-II
	km 165,1-140,4 WW II (3 Stellen WW III)
	km 140,4-101,1 WW I-II
	km 101,1-⇩ WW I Von Rodez bis Laguépie befinden sich 47 Wehre, sie sind zum größten Teil fahrbar. Sie sind im folgenden Text nur teilweise beschrieben. Etwa 10 dieser Wehre wurden zu Kraftwerken umgebaut mit 5-8 m Stauhöhe und Bootsgassen. Sie müssen vor evtl. Befahrung unbedingt besichtigt werden, da sie durch Holzversperrungen und Schrägwalzen lebensgefährlich sein können. Von Laguépie bis Montricoux folgen weitere 14 Wehre, von denen etwa 10 befahren werden können.
Infrastruktur:	Zeltmöglichkeit am Fluss: ausreichend vorhanden

290,7 Ursprung: Bei Séverac le Château in etwa 800 m Höhe. (44.3127, 3.0936)

241,4 Str.-Ⅱ N88, **F 12630 Montrozier- Gages le Haut** mögliche ⬇ bei gutem Wasserstand (44.3943,2.7080)

240,7 EB-Ⅱ (44.3885,2.7051)

239,5 Schräg-▬, evtl. ≈ (44.3864,2.6923)

237,6 Bogen-Ⅱ darunter Schwall (44.3875,2.6778)

234,3 Schräg-▬, re Mühle, m ≈ (44.3691,2.6653)

234,2 Str.-Ⅱ D563, li **F 12740 La Loubière** (44.3682,2.6658)

233,2 ▬ Wehr (44.3594,2.6688)
229,6 EB-Ⅱ (44.3681,2.6473)
228,3 ▬ Wehr, **X**, li Fischtreppe evtl. ≋, oder re ⏏ (44.3716,2.6336)
228,1 Str.-Ⅱ D29 (44.3707,2.6326)
227,5 EB-Ⅱ (44.3666,2.6277)
225,2 Schräg-▬, re Mühle, m ≋ (44.3587,2.6130)
223,7 Str.-Ⅱ D162 (44.3575,2.5965)
221,2 Schräg-▬, m ≋, re ⛺ Caravaning Municipal, ville-rodez.fr (44.3535,2.5851)
219,7 Str.-Ⅱ D12, **F 12000 Rodez** (44.3449,2.5803)
219,3 ▬ Wehr (44.3420,2.5779)
218,9 2x ▬ Wehr (44.3424,2.5738)
218,4 ▬ Wehr (44.3427,2.5693)
218,1 Str.-Ⅱ D212E, re **F 12000 Rodez** sehenswerte Stadt mit allen Möglichkeiten (44.3420,2.5651)
217,3 ▬ Wehr (44.3473,2.5619)
217,1 EB-Ⅱ, **F 12000 Rodez** ⬇ unterhalb der Ⅱ, Wasser und Ufer allerdings erheblich verunreinigt (44.3475,2.5591)
216,4 Str.-Ⅱ N88 (44.3514,2.5540)
215,7 ▬ Wehr (44.3569,2.5494)
213,7 ▬ Wehr (44.3489,2.5450)
207,6 ▬ Wehr danach Str.-Ⅱ D624; empfohlene ⬇, die Verunreinigungen haben abgenommen (44.3403,2.5102)
205,8 Str.-Ⅱ D543 (44.3378,2.4937)
199,3 Str.-Ⅱ D67 (44.3463,2.4624)
198,1 ▬ Wehr (44.3554,2.4594)
195,0 ▬ Wehr (44.3618,2.4404)
193,9 Str.-Ⅱ D626 darunter ▬ Wehr (44.3611,2.4305)
191,2 Str.-Ⅱ D57 danach ▬ Wehr (44.3663,2.4124)
190,8 ▬ Wehr (44.3690,2.4095)
187,2 ▬ Wehr (44.3679,2.3813)
184,9 ▬ Wehr (44.3668,2.3576)
181,8 ▬ Wehr (44.3855,2.3381)
181,4 Str.-Ⅱ **F 12390 Belcastel** (44.3880,2.3359)
180,6 ▬ Wehr (44.3850,2.3278)
178,8 Str.-Ⅱ D997 danach ▬ Wehr (44.3769,2.3101)
177,6 ▬ Wehr (44.3807,2.2963)
175,8 ▬ Wehr (44.3784,2.2854)
174,1 Str.-Ⅱ D75 (44.3718,2.2752)

173,3 ■ Wehr (44.3744,2.2690)

168,9 ■ Wehr (44.3760,2.2364)

168,6 Str.-Ⅱ D61 (44.3764,2.2322)

165,1 Str.-Ⅱ D26, re **F 12350 Compolibat** es beginnen die ersten großen Schluchten des Aveyron. WW III-IV. Bei gutem Wasserstand sehr schöne Fahrt (44.3755,2.2022)

165,0 ■ Wehr (44.3757,2.2013)

163,8 Weg-Ⅱ (44.3695,2.1971)

162,9 ■ Wehr (44.3654,2.1928)

156,6 Weg-Ⅱ (Pont du la Caya) (44.3672,2.1579)

152,3 ■ Wehr (44.3701,2.1305)

150,2 Str.-Ⅱ D269 (44.3621,2.1147)

149,4 ■ Wehr ⚠ bei HW starker Rücklauf (44.3603,2.1080)

148,8 ■ Wehr ⚠ bei HW starker Rücklauf (44.3604,2.1024)

144,7 ■ Wehr ⚠ bei HW starker Rücklauf (44.3533,2.0718)

143,4 ■ Wehr (44.3502,2.0587)

143,2 ■ Wehr (44.3485,2.0564)

142,6 ■ Wehr (44.3448,2.0547)

142,3 Str.-Ⅱ D269 (44.3432,2.0523)

141,9 ■ Wehr (44.3436,2.0479)

141,3 ■ Wehr (44.3478,2.0462)

141,0 EB-Ⅱ (44.3499,2.0438)

140,4 Str.-Ⅱ D911, **F 12200 Villefranche-de-Rouergue** Stadt mit allen Möglichkeiten. Vorübergehend leicht (44.3493,2.0365)

140,2 ■ Wehr (44.3488,2.0337)

139,5 ■ Wehr (44.3441,2.0289)

138,5 EB-Ⅱ (44.3361,2.0302)

138,2 Str.-Ⅱ D247 (44.3341,2.0325)

137,6 ■ Wehr (44.3318,2.0275)

136,5 EB-Ⅱ (44.3285,2.0153)

136,3 ■ Wehr (44.3284,2.0133)

136,1 Weg-Ⅱ (44.3267,2.0122)

132,3 ■ Wehr (44.2991,2.0111)

130,1 Str.-Ⅱ D648 (44.2857,2.0015)

127,8 ■ Wehr (44.2677,2.0018)

127,6 Str.-Ⅱ D514, re **F 12200 Monteils** 🚐, gute ↓. Es beginnt die 2. Schluchtstrecke des Aveyron, WW I-II (44.2664,2.0030)

127,5 EB-Ⅱ (44.2663,2.0039)

126,8 EB-Ⅱ (44.2633,2.0037)

126,4 EB-Ⅱ (44.2606,2.0029)

125,1 EB-Ⅱ (44.2565,2.0027)

124,1 EB-Ⅱ (44.2541,2.0025)

123,6 EB-Ⅱ (44.2507,2.0008)

121,9 EB-Ⅱ (44.2438,1.9992)

121,4 EB-Ⅱ (44.2413,1.9977)

118,9 EB-Ⅱ (44.2336,1.9852)

115,7 EB-Ⅱ (44.2208,1.9758)

115,6 ▬ Wehr, re ≋, oder treideln, danach seicht (44.2206,1.9749)

115,4 Str.-Ⅱ D39 (44.2209,1.9723)

115,0 Weg-Ⅱ (44.2211,1.9680)

114,2 Str.-Ⅱ D594, li **F 12270 Najac** ⌘, sehenswerte alte Bergstadt mit Schloss, 🛒. Der Aveyron fließt im großen Bogen um die Stadt. Die Schluchtstrecken gehen noch weiter bis zur ⇩ des Viaur (44.2161, 1.9613)

113,8 ▬ Wehr (44.2129,1.9642)

112,3 ▬ Wehr (44.2143,1.9794)

111,6 ▬ Wehr (44.2091,1.9800)

109,2 EB-Ⅱ ab hier mehrere Felsstufen (44.1937,1.9798)

106,8 EB-Ⅱ (44.1872,1.9823)

104,6 ▬ Wehr re ϟ-Kanal, li Fischtreppe, ≋ (44.1712,1.9733)

102,5 EB-Ⅱ (44.1558,1.9725)

102,2 ▬ Wehr re Fischtreppe nach Besichtigung ≋ (44.1539,1.9737)

101,1 Str.-Ⅱ D958, re **F 82250 Laguépie** (44.1449,1.9711)

101,0 ▬ Wehr, Bootsgasse, ≋ (44.1447,1.9696)

100,7 li ⇩ Viaur (s. Seite 409) Ab hier weitet sich das Tal bis St. Antonin. Straße neben dem Fluss (44.1442,1.9668)

100,3 ▬ Wehr, **X**, re ⏏ (44.1466,1.9618)

99,5 EB-Ⅱ (44.1504,1.9537)

98,4 ▬ Wehr, **X**, re ⏏ (44.1463,1.9443)

93,5 ▬ Wehr, evtl. ≋, oder li ⏏ (44.1583,1.8970)

91,9 Str.-Ⅱ D9 und EB-Ⅱ (44.1512,1.9054)

90,7 ▬ Wehr (44.1420,1.9130)

89,1 ▬ Wehr, **X**, li ⏏ (44.1339,1.9128)

86,1 ▬ Wehr (44.1423,1.8899)

84,9 Str.-Ⅱ D33 (44.1388,1.8791)

84,8 ▬ Wehr, li Floßgasse, ≋ (44.1390,1.8782)

84,7 EB-Ⅱ (44.1394,1.8767)

81,1 Str.-Ⅱ D115 darunter ▬ Wehr (44.1396,1.8442)

80,2 ▬ Wehr, ≋ (44.1439,1.8374)
77,9 Str.-Ⅱ D102 (44.1294,1.8197)
73,8 ▬ Wehr Saleth, Bootsgasse, ≋ (44.1448,1.7867)
71,1 ▬ Wehr, Bootsgasse, ≋ (44.1483,1.7602)
70,7 Str.-Ⅱ D19, **F 82140 Saint-Antonin-Noble-Val** Es folgt auf 20 km eine herrliche Schlucht, vergleichbar mit der Schlucht des Gard. Eine Naturstufe WW II, sonst WW I (44.1499,1.7551)
70,1 ▬ Wehr, m gut ≋ (44.1510,1.7487)
68,8 ▬ Wehr, **X**, ⚠ gefährlich, rechtzeitig ⬆, li auf Straße ⌓, schwierig (44.1479,1.7326)
67,3 Str.-Ⅱ D115 (44.1515,1.7192)
63,8 Str.-Ⅱ D115 (44.1325,1.7125)
60,9 ▬ Wehr, **X** (44.1203,1.7216)
60,6 Str.-Ⅱ D75BIS (44.1171,1.7224)
54,6 Verfallenes ▬ Wehr, gut ≋
53,7 Str.-Ⅱ D33, li **F 81140 Penne** li auf Felsen Burgruine (44.0801, 1.7270)
50,9 ▬ Wehr (44.0733,1.7020)
47,8 ▬ Wehr (44.0667,1.6751)
46,5 Str.-Ⅱ, li **F 82800 Bruniquel** (44.0567,1.6696)
45,3 ▬ Wehr, **X**, li oder re ⌓ (44.0645,1.6622)
43,8 ▬ Wehr, **X** (44.0731,1.6478)
41,4 ▬ Wehr, **X** (44.0731,1.6187)
41,3 Str.-Ⅱ D958, re **F 82800 Montricoux** gute Gelegenheit zur Beendigung der Fahrt (44.0733,1.6169)
34,5 ▬ Wehr (44.0884,1.5415)
34,0 Str.-Ⅱ D64 (44.0878,1.5359)
32,6 ▬ Wehr (44.0780,1.5249)
27,2 ▬ Wehr (44.1092,1.4826)
23,5 Str.-Ⅱ D820, li **F 82350 Albias** (44.0922,1.4494)
23,3 EB-Ⅱ (44.0935,1.4481)
23,2 ▬ Wehr (44.0941,1.4479)
22,4 Autobahn-Ⅱ A20 (L´Occitane) (44.1008,1.4480)
13,3 ▬ Wehr (44.0740,1.3725)
13,0 Str.-Ⅱ D69, re **F 82130 Lamothe-Capdeville** (44.0731,1.3682)
10,9 Str.-Ⅱ D959 (44.0835,1.3478)
10,2 ▬ Wehr (44.0895,1.3466)
7,3 Weg-Ⅱ (44.0959,1.3167)
0,3 Str.-Ⅱ D927 (44.0891,1.2693)

0,0 ⇩ in Tarn (s. Seite 397) bei km 26,0 (44.0871,1.2665)

Viaur

Wildfluss - Wanderfluss (Gebirgsfluss) Gewässerkennzahl FR: O5--0290
Mündung in Aveyron bei km 100,7 (li Nebenfluss)

Die Waldschluchten des Viaur gehören zu den schönsten und einsamsten Schluchten Frankreichs. Der Viaur ist einer der seltenen Flüsse, die auf einer Strecke von mehr als 100 km keine einzige Stadt berühren. Zahlreiche Sehenswürdigkeiten wie Klöster und Schlösser machen den Viaur auch touristisch interessant. Er ist in seinem Oberlauf ein mäßig schweres, im Unterlauf leichtes Wildwasser.

Befahrbarkeit:	ab km 119,8 nur selten möglich (Zeit der Schneeschmelze und nach starken Regenfällen).
	ab km 85,6 Befahrung meist bis Mitte Mai möglich.
	ab km 74,2 oder 67,8 ist eine Befahrung meist auch im Sommer möglich, allerdings wird man dann gelegentlich beschwerliches Umtragen oder Treideln in Kauf nehmen müssen. Empfehlenswerteste WW-Teilstrecke: km 85,6-74,2.
Umwelt:	Wasser: sauber
Schwierigkeiten:	km 119,8-106,5 WW III-IV
	km 106,5-85,6 WW II (III)
	km 85,6-74,2 WW III (IV)
	km 74,2-7,8 WW II-I
Infrastruktur:	Zeltmöglichkeit: s. Text.
	Pkw: Zufahrt nur an wenigen Stellen möglich.

168,3 Ursprung am Puech de Pal in etwa 1000 m Höhe. (44.2789,3.0039)
132,9 ▬ Staudamm von Pareloup hier wird meist das gesamte Wasser zum Tarn abgeleitet, kommt also nicht wieder in den Viaur zurück (44.2870,2.7283)
119,8 Str.-II, li nach **F 12290 Trémouilles** mögliche ⬇ (s. „Befahrbarkeit"), zunächst leicht (44.2662,2.6516)
116,7 ▬ Wehr (44.2542,2.6235)
116,0 Str.-II D62, **F 12450 Flavin- Le Pont de la Capelle Viaur** das Tal

wird enger (44.2576,2.6156)
113,0 Die Schwierigkeiten nehmen zu, erhebliche Verblockung, mehrere Abfälle, die erkundet werden müssen
106,5 Str.-ⅠⅠ D82, **F 12450 Calmont- Bonne Combe** leichte Fahrt, WW II (44.2473,2.5543)
101,7 Str.-ⅠⅠ D902 (44.2162,2.5385)
92,7 Str.-ⅠⅠ D551 (44.2102,2.4990)
88,6 Mühlen-▬, **X**, li ⩍, ⅄-Möglichkeit. Danach etwas schwerer, bis WW III
85,6 Str.-ⅠⅠ, li nach **F 12120 Centrès- Tayac** ab hier meist bis Mitte Mai ≈. Zufahrt zum Fluss vom hoch gelegenen Ort auf kleiner Straße, ⅄- (44.2043,2.4562)
81,6 Beginn einer sehr schönen Schlucht mit interessantem WW III, viele Baumhindernisse
80,1 Am Ende der Schlucht „Cascade de Fer à Cheval“ (Hufeisenfall), nach Besichtigung ≈, WW IV. Weiterhin WW II-III
78,6 Abnahme der Schwierigkeiten, WW II
74,2 ▬ Wehr, ≈ (44.1577,2.3890)
74,0 Str.-ⅠⅠ D10 Le Navech ⅄-Möglichkeit. Ende der WW-Strecke, bis zur ⇩ nur noch geringe Schwierigkeiten, maximal WW II, mögliche ⬇, falls der Oberlauf wegen Wassermangels nicht ≈ ist. In der Nähe Château du Bosc, kleines Museum, hier verlebte der Maler H. de Toulouse-Lautrec seine Jugend (44.1566,2.3882)
68,8 Str.-ⅠⅠ D532 (44.1271,2.3753)
68,5 li ⇩ Céor (s. Seite 411) (44.1240,2.3745)
67,9 Mühlen-▬ (44.1237,2.3672)
67,8 Str.-ⅠⅠ, re **F 12800 Saint-Just-sur-Viaur** weitere mögliche ⬇ (44.1235,2.3654)
67,3 Mühlen-▬ ≈ oder treideln
65,5 Weg-ⅠⅠ La Bastide (44.1185,2.3521)
64,2 Weg-ⅠⅠ (44.1217,2.3425)
62,8 Schräg-▬ (44.1231,2.3331)
62,7 EB-ⅠⅠ Viaduc du Viaur 116 m hoch, 460 m lang, Eisenkonstruktion (44.1236,2.3310)
60,9 ▬ Wehr **X**, ϟ, danach bei NW auf 400 m treideln (44.1187,2.3125)
60,8 Str.-ⅠⅠ N88 (44.1185,2.3116)
60,4 Str.-ⅠⅠ N2088/D888 (Rodez-Albi), Fahrt am besten hier unterbrechen. Es folgt ein 8 km langer Stausee (44.1181,2.3069)
57,5 li Kirche Las Plaques XI. Jh. ⌘ (44.1254,2.2840)

53,8 ▬ Staudamm Barrage de Pampelonne das Wasser wird unterirdisch durch einen Stollen bis km 52,0 abgeleitet, eine Weiterfahrt im Flussbett ist unmöglich. Falls der Stausee befahren wird, ↰ vor dem Staudamm und sehr mühsam 600 m weit bis zur Straße beim Château de Thuriés hochtragen (44.1235,2.2552)

52,2 Str.-Ⅱ D78, li **F 81190 Pampelonne** einziger größerer Ort am ganzen Viaur, ✕, 🛒. Wieder-⬇ beim 🚐 (44.1260,2.2565)

52,0 li ϟ mit Rückführung des abgeleiteten Wassers Die Wasserabgabe des ϟ bestimmt den Wasserstand auf der Folgestrecke (44.1275, 2.2550)

51,8 ▬ Wehr, **X**, li über Steg ⌂. Einige Stellen WW II. Es folgen 4 Mühlen-▬, zumeist ≋ oder treideln (44.1293,2.2561)

44,9 Str.-Ⅱ D58 Le Pont de Cirou ✕, ⬇ (44.1381,2.1827)

44,4 ▬ Wehr, **X**, re 100 m ⌂ (44.1416,2.1813)

42,4 Lange Stromschnelle, WW II-III.

38,8 Mühlen-▬, evtl. ≋, oder treideln (44.1536,2.2056)

38,6 Str.-Ⅱ (44.1536,2.2036)

36,2 Str.-Ⅱ D905 Le Port de la Besse ⬇, ✕. Bis km 17,2 viele verblockte Schwälle bei HW bis WW III (44.1624,2.1965)

35,5 ▬ Wehr, evtl. ≋, oder re ⌂ (44.1642,2.1897)

34,2 🚐, Badestelle

31,7 ▬ Wehr, evtl. ≋

29,7 Str.-Ⅱ (44.1889,2.1606)

23,4 Mühlen-▬ verfallen, ≋. Einsame Waldschlucht der Gorges de Flauzins, 3 Passagen WW III+ (44.1935,2.1044)

17,2 Mühlen-▬ Moulin de Bar li über Fischtreppe ≋ (44.1832,2.0836)

17,0 Str.-Ⅱ D69 dahinter re 🚐, sehr zu empfehlen (44.1817,2.0829)

12,0 Mühlen-▬, ≋, oder treideln (44.1766,2.0594)

11,8 Str.-Ⅱ D239/D73 La Garde Viaur, malerisches Dorf am li Hang (44.1757,2.0595)

7,8 Mühlen-▬ evtl. re ≋ oder ⌂ (44.1613,2.0309)

2,0 Mühlen-▬, ≋ (44.1536,1.9801)

1,7 ▬ Wehr bei ausreichend Wasser li ≋; danach re 🚐 Laguépie, guter Standplatz für Befahrungen von Viaur und Aveyron (44.1507,1.9801)

0,4 Mühlen-▬, ≋, treideln (44.1428,1.9716)

0,3 Str.-Ⅱ D922, **F 82250 Laguépie** (44.1427,1.9708)

0,0 ⇩ in Aveyron (s. Seite 403) bei km 100,7 (44.1440,1.9675)

Céor

Wildbach - Kleinfluss Gewässerkennzahl FR: O54-0400
Mündung in Viaur bei km 68,5 (li Nebenfluss)

Der Céor ist ein kleiner Wildbach von Kleinflusscharakter.

Er verläuft streckenweise in einer reizenden, einsamen Schlucht.

Fahrtstrecke: ⬇ bei Céor, 15 km bis zur Ⅱ D592 unterhalb von La Coste. In diesem Bereich zahlreiche kleine Stufen, durchweg gut ≈, WW III, eine Stelle WWIV. Baum- und Strauchhindernisse. Ab der Ⅱ D592 wird der Fluss leichter, WW II, 3 ▬, ≈, ein ▬ X. ⇩ in den Viaur nach 6 km. Zur Beendigung der Fahrt fährt man auf dem Viaur etwa 200 m flussaufwärts bis zur Ⅱ von La Fabrie.

Befahrbarkeit: Frühjahr bis Mai.

Agout

Wildfluss - Wanderfluss (Gebirgsfluss) Gewässerkennzahl FR: O4--0250
Mündung in Tarn bei km 82,3 (li Nebenfluss)

Der Agout ist ein landschaftlich ausgezeichnet schöner Fluss, der auf großen Strecken durch einsame, stark gewundene Schluchten fließt. Auf der ganzen Strecke zahlreiche Sehenswürdigkeiten.

Fahrbare Flusslänge: 185 km.

Befahrbarkeit: ab Fraisse bis zum Stausee nur bei sehr gutem Wasserstand im Frühjahr (Wasserableitung zu Bewässerungszwecken). Die Strecke unterhalb des Staudammes von la Raviège ist nur zu befahren, wenn zur Zeit der Schneeschmelze oder nach Regenfällen der Staudamm mit einer Wassermenge von mindestens 15 m³/sec. überläuft. Maximum für die Befahrbarkeit 40 m³. Tel. Auskunft über die Wasserabgabe durch ϟ, ♪ 1663/500723. Mitte Juli werden hier häufig Kanuveranstaltungen mit Zuschusswasser durchgeführt. Ab Castres ist die Befahrung bis Ende Juni, evtl. auch noch im Juli möglich.

Schwierigkeiten: km 175,7-165,2 WW IV
km 150,5-136,2 WW IV (V)
km 136,2-15,2 WW II-I

km 15,2-⇩ WW I. Schwieriges Umtragen: Staudamm von la Raviège und ϟ von Ferrières.

Infrastruktur: Zeltmöglichkeit: ⛺ Castres, km 85,7 und in Brassac oder am Ufer des Stausees von la Raviège mit Erlaubnis der Eigentümer.

194,4 Ursprung: Massiv de l´Espinouse in 1126 m Höhe. (43.6544,2.9341)
176,1 Str.-II D14, **F 34330 Fraisse-sur-Agout** (43.6063,2.7994)
175,7 re Mögliche ⬇ am Ortsende von **F 34330 Fraisse-sur-Agout** (43.6042,2.7957)
174,2 Weg-II La Moulin Basse (43.5986,2.7883)
174,1 Nach einem verblockten Schwall folgt ein Wasserfall **X**, ⩳
172,1 Weg-II (43.5971,2.7646)
171,2 Weg-II (43.5955,2.7543)
169,5 Reihe verblockter Passagen, bis WW IV
167,2 Str.-II D14E9 niedrig (43.5961,2.7215)
166,1 ■ Wehr, ≈ (43.5977,2.7088)
165,2 Str.-II D907, **F 34330 La Salvetat-sur-Agout** am Ortsende, folgt ein ■ Wehr mit starkem Rücklauf, dort ⬆, danach Beginn des Rückstaus des Stausees von Raviège (43.5988,2.7013)
159,1 Str.-II D14E3 (43.6046,2.6768)
150,5 ■ Staudamm von la Raviège Zumeist wird die Befahrung des Agout bei günstigem Wasserstand erst hier begonnen. Schwierigkeiten auf den folgenden 14 km WW IV (43.5952,2.5962)
148,4 ■ Staudamm (43.6005,2.5795)
143,5 Stromschnelle mit starkem Gefälle, die in einer Engstelle mit einem Abfall endet. WW V, bei einer Wassermenge von etwa 30 m³/s. wird sie **X**, ⩳ schwierig. Weiterhin WW IV mit erheblicher Verblockung des Flusses
136,2 Str.-II D622, **F 81260 Brassac** ab hier WW II-I. Eine Weiterfahrt ist wegen mehrerer ■ Wehr, **X**, mit Wasserableitungen kaum ratsam, bis Ferrières km 127,8 keine Detailbeschreibung (43.6294,2.4970)
128,1 Str.-II D66, re **F 81260 Ferrières** (43.6551,2.4404)
127,8 ■ Wehr, **X**, ⩳ sehr schwierig (43.6534,2.4374)
124,7 Str.-II D58, re **F 81330 Vabre- Lusières Bas** gute ⬇ für die Weiterfahrt (43.6651,2.4169)
124,2 ■ Staudamm weitere ⬇ für eine genussreiche Weiterfahrt unterhalb der II beim Weiler Roussy, hier Straße nahe am Fluss (43.6679, 2.4130)

121,9 Weg-Ⅱ (43.6810,2.4017)

121,2 ■ Wehr 1 m hoch, ≋

114,9 Weg-Ⅱ (43.6790,2.3489)

107,9 Schräg-■ Lacazalié 1 m hoch, ≋, jedoch Wasserableitung. Evtl. muss 400 m weit bis zur Rückführung des Wassers getreidelt werden (43.6837,2.3021)

102,9 Schräg-■ 3 m hoch, gut ≋ (43.6638,2.2934);
Str.-Ⅱ D30, **F 81210 Roquecourbe** (43.6634,2.2930)

102,6 Steil-■ 1 m hoch, bei NW und MW gut ≋, bei HW gefährlicher Rücklauf, evtl. li ⏏; li ⛺, danach gute ⬇ (43.6620,2.2905)

99,1 Weg-Ⅱ (43.6605,2.2932)

98,6 Weg-Ⅱ (43.6639,2.2973)

97,6 Schräg-■ 1,3 m hoch, ≋. li Garrett. li bei Fabrik gute Gelegenheit zur Beendigung der Fahrt (43.6666,2.3067)

93,3 ■ Wehr, li ≋ (43.6461,2.3205)

92,5 ■ Wehr, li ≋ (43.6391,2.3189)

92,1 Str.-Ⅱ D58, **F 81100 Burlats** (43.6355,2.3187)

91,1 Kurze Schluchtstrecke, WW II+

89,4 ■ Wehr (43.6305,2.2879)

88,7 2x ■ Wehr (43.6313,2.2801)

88,2 Str.-Ⅱ D4 (43.6313,2.2743)

88,0 ■ Wehr, evtl. ≋ (43.6320,2.2708)

87,4 ■ Wehr, evtl. ≋ (43.6319,2.2636)

86,1 Str.-Ⅱ (43.6236,2.2565)

85,7 re ⛺ Camping de Gourjade am Ortsanfang von **F 81100 Castres**; Über die Reststrecke bis zur ⇩ ist nichts bekannt, es ist jedoch mit großer Wahrscheinlichkeit anzunehmen, dass noch zahlreiche ■ folgen (43.6203,2.2553)

76,1 li ⇩ Thoré und Arn (s. Seite 416) Der Arn ist ein re Nebenfluss der Thoré (43.5813,2.2172)

12,7 re ⇩ Dadou (s. Seite 414) (43.7364,1.7893)

0,0 ⇩ in Tarn (s. Seite 397) bei km 82,3 (43.7851,1.6831)

Dadou

Wildfluss – Wanderfluss Gewässerkennzahl FR: O47-0400
Mündung in Agout bei km 12,7 (re Nebenfluss)

Der Dadou ist in seinem Oberlauf, in sehr schöner, einsamer Waldschlucht, ein interessanter Wildfluss; später weitet sich das Tal, der Fluss wird leichter und schließlich uninteressant.

Befahrbarkeit:	die Wasserführung ist abhängig von der Wasserabgabe von drei Stauseen; sie ist recht unregelmäßig, sodass mit Niveauschwankungen um bis zu 0,5 m zu rechnen ist. Man kann jedoch davon ausgehen, dass der Wasserstand bis in den Sommer stets für eine Befahrung ausreichend ist.
Umwelt:	Wasser: sauber, im Sommer warm
Schwierigkeiten:	km 68,2-60,9 WW III (IV, VI)
	km 60,9-⇩ WW II-I- Zahmwasser

115,8 Ursprung in etwa 600 m Höhe. Es ist nichts bekannt über die Möglichkeit der Befahrung bis Rassisse (43.7890,2.6245)

68,2 ■ Staudamm des Stausees von Razisse ⬇ für die Befahrung der WW-Strecke unterhalb der Staumauer. Man fährt dazu von Le Tavet auf kleiner Straße zum ↯; auf dem re Ufer geht ein Feldweg weiter flussabwärts zur ⬇. Wenn man auf diesem Weg weiterfährt, kommt man li auf einer großen Wiese zu einem sehr schönen ⛺, noch weiter auf diesem Weg (zuletzt nur Fußweg) kann man die Extremstelle bei km 65,9 besichtigen und vor allem die ⬆ festlegen.
Die folgende Waldschlucht ist völlig einsam mit meist übersichtlicher Verblockung bei einem Gefälle von etwa 20‰. Zumeist WW III, etwa 3 Stellen WW IV, besichtigen (43.8057,2.3505)

66,9 Niedrige Röhren-Ⅱ, **X**, re ⌓, ⛺-Möglichkeit

65,9 Extrem steiler Fels- und Blockatarakt vom Fluss aus schwer zu erkennen, WW VI-**X**, re ⌓

60,9 Str.-Ⅱ D13, La Roque Die Befahrung der Wildwasserstrecke wird zumeist hier beendet. Eine Weiterfahrt ist möglich, wegen der beiden folgenden Stauanlagen jedoch recht mühsam (43.7665,2.3166)

59,7 ■ Staudamm nach 500 m langem Stausee, li ⌓, mühsam (43.7644, 2.3043)

57,0 ■ Staudamm 8m hoch, nach 500 m langem Stau, li ⌓.
Unregelmäßige Wasserabgabe mit starken Niveauschwankungen (43.7695,2.2824)

56,5 Empfohlene ⬇ für die Weiterfahrt Oberhalb Peyrebrune, beim Weiler Hameau, führt ein Feldweg zum Fluss. Nur noch mäßige Schwierigkeiten

54,3 Steiles Schräg-■ evtl. re ≋ oder li 50 m weit ⌓ (43.7655,2.2628)

53,2 Weg-Ⅱ, re Zementwerk (43.7619,2.2513)

52,7 Schräg-■ Schräg-■, steinig, mit Wasserableitung, kaum ≈, etwa 250 m weit bis zur Rückführung des abgeleiteten Wassers ⏏. Es folgt eine sehr schöne Schwallstrecke, je nach Wasserstand bis WW III (43.7626,2.2454);
es folgt eine ■ Stufe re ≈, bei HW Vorsicht, starker Rücklauf!

51,3 Steil-■, 4 m hoch, **X**, li ⏏ (43.7668,2.2325)

51,2 Str.-Ⅱ D63, **F 81120 Saint-Lieux-Lafenasse** (43.7671,2.2315)

51,0 Schräg-■ Schräg-■, 2 m hoch, gut ≈. Im weiteren Verlauf schöner Auwald (43.7670,2.2284)

50,1 Weg-Ⅱ (43.7674,2.2187)

49,5 Steil-■, **X**, li ⏏ (43.7698,2.2148)

47,5 Weg-Ⅱ (43.7639,2.1988)

46,5 Str.-Ⅱ D4, re **F 81120 Réalmont** (43.7610,2.1925)

45,0 ■ Wehr wegen seichten Unterwassers kaum ≈, li ⏏ (43.7650, 2.1789)

44,8 Str.-Ⅱ D612 Die Fahrt wird zumeist hier beendet. Für die Reststrecke liegt eine Detailbeschreibung nicht vor. Breites Tal, anscheinend keine besonderen Schwierigkeiten (43.7658,2.1775)

0,0 ⇩ in Agout (s. Seite 412) bei km 12,7 (43.7365,1.7901)

Arn

Wildfluss — Gewässerkennzahl FR: O43-0430

Mündung in Thoré (re Nebenfluss)

Der Arn ist in Deutschland bisher wohl weitgehend unbekannt. Er entwässert zusammen mit dem Agout die sehr regenreichen Monts de Somail. Nach dem Zusammenfluss seiner Quellbäche gräbt sich der Arn in herrliche Schluchten ein; in diesem Bereich schweres Wildwasser mit je nach Können und Wasserstand einigen Umtragungen. Er fließt weitab jeder Straße, ein Verlassen der Schlucht ist zwar möglich, das Erreichen der nächsten Straße jedoch sehr aufwendig.

Befahrbarkeit: Frühling bis Ende Mai und nach Regenfällen (hier sehr häufig).

Pegel: km 26,3; flussaufwärts der Ⅱ von km 25,8 auf einem Anglerpfad zu erreichen; NW = 70 cm; MW = ideal = 80 cm; HW ab 100 cm. Bei HW wird der Arn gefährlich.

Schwierigkeiten: km 41,3-37,3 WW I

km 37,3-27,8 WW III-IV (V, **X**)

	km 27,8-25,8 W WII
	Zeitaufwand: 4-6 Stunden.
Infrastruktur:	Zeltmöglichkeit keine; schöner ⛺ im Orbtal bei Tarassac.

55,7 Ursprung (43.5688,2.7788)

41,3 Str.-Ⅱ D150 Zusammenfluss von 2 Quellbächen, die ihren Ursprung in etwa 1000 m Höhe haben. etwa 15 km nordwestlich von **F 34220 Saint-Pons-de-Thomières** Die D150 überquert die beiden unscheinbaren Bäche. ⬇ zwischen den beiden Ⅱ. Zunächst kleiner Wiesenbach von Kleinflusscharakter: Weidezäune, niedrige Ⅱ, Strauchhindernisse (43.5264,2.6668)

40,8 hier ⬇? (43.5260,2.6613)

37,3 Beginn der Schwierigkeiten Starke Verblockung, enges und steiles Flussbett, verwinkelte Stufen in herrlicher Landschaft. Bei Pegel 80 cm immer genügend Kehrwasser, ⌓ der schwierigsten Stellen immer möglich

35,3 Markante re-Kurve, hier sehr schwierige Stelle WW V, re ansehen, sichern und evtl. ⌓ gut möglich. Weiterhin unveränderter Flusscharakter, starkes Gefälle, unübersichtliche Kurven, einige Stellen unbedingt besichtigen

27,8 ▬ Wehr, gut ≋, Ende der Schwierigkeiten

26,3 li ≣

25,8 Str.-Ⅱ D52 Beginn des Stausees von Peyres, hier ⬆. Der See ist landschaftlich hervorragend schön, trotz der steilen Ufer soll es immer wieder herrliche einsame ⛺ geben. Eine Weiterfahrt unterhalb des Staudammes am Ende des Sees ist nicht möglich, da das Wasser total abgeleitet wird (43.5415,2.5654)

0,0 ⇩ in Thoré bei **F 81200 Mazamet** (der nicht beschriebene Thoré mündet bei Castres als li Nebenfluss in den Agout) (43.5035,2.3892)

Rance

Wildfluss – Kleinfluss — Gewässerkennzahl FR: O37-0400
Mündung in Tarn bei km 187,4 (li Nebenfluss)

In seinem Oberlauf dürfte die Rance ein reizvoller Wildfluss sein, Unterlagen sind jedoch nicht bekannt. Anschließend wird ausschließlich der Unterlauf beschrieben. Die Rance ist hier ein einsamer Kleinfluss in einem reizvollen Waldtal. Zumeist geringe Schwierigkeiten durch leichte Verblockung, kleine Überläufe, einige Baum- und Strauchhindernisse, nur an 2 Stellen etwas schwieriger.

Befahrbarkeit: Frühjahr.

63,5 Ursprung in etwa 900 m Höhe (43.7603,2.8268)
18,2 Str.-II D999 unterhalb von **F 12380 Saint-Sernin-sur-Rance** empfohlene ⬇. 🅿 (43.8879,2.6014)
15,1 Schräg-■, ≋, 1 m hoch (43.8945,2.5827)
14,6 Weg-II, li **F 12380 Balaguier-sur-Rance** auf Anhöhe (43.8967, 2.5785)
7,1 Str.-II D77/D33 re **F 12550 Plaisance** (43.9264,2.5444)
4,5 Kurze Blockstrecke, WW II, li fahren.
0,6 Steil-■ 3 m hoch, **X**, li ⌂ (43.9464,2.5049)
0,2 Beton-II ohne Geländer (43.9444,2.5018)
0,0 ⇩ in Tarn (s. Seite 397) bei km 187,4 Beendigung der Fahrt nach 2 km bei der II von Villeneuve (43.9450,2.4996)

Dourdou (Tarn)

Wildfluss - Wanderfluss Gewässerkennzahl FR: O35-0400
Mündung in Tarn bei km 210,1 (li Nebenfluss)

Der Dourdou (nicht verwechseln mit dem Fluss gleichen Namens, der in den Lot mündet) ist in seinem Oberlauf ein interessanter Wildfluss, sichere Angaben darüber fehlen jedoch. Anschließend beschrieben wird der Mittel- und Unterlauf. Der Dourdou ist hier ein Wanderfluss, ohne größere Schwierigkeiten, in einer ansprechenden Wald- und Wiesenlandschaft.

Befahrbarkeit: bis Sorgue, km 28,0, Frühjahr bis Mai; ab km 28,0 ganzjährig.

Umwelt: Wasser: Oberlauf sauber, ab km 29,3, Vabres, mäßige Verschmutzung.

Schwierigkeiten: km 74,1-66,4 WW III (?)

km 52,7-⇩ WW I – Zahmwasser; in diesem Bereich: gute Strömung, Kiesbanküberläufe, einzelne Wehre sowie Baum- und Strauchhindernisse.

86,8 Ursprung in etwa 1100 m Höhe (43.6561,2.9069)
74,1 Weg-II, li **F 12360 Arnac-sur-Dourdou- La Mouline** es folgt eine sehr schöne Schlucht abseits der Straße, erhebliche Verblockung, angeblich mittlere Schwierigkeiten, ein gesicherter Bericht ist aller-

dings nicht bekannt; bis km 52,7 keine Detailbeschreibung (43.7270, 2.9494)

66,4 ■ Wehr, **X**, hoch! (43.7668,2.9500);
Str.-Ⅱ D92, **F 12360 Brusque** malerischer Ort (43.7672,2.9498)

52,7 ■ Wehr (43.8200,2.8796)

52,6 Str.-Ⅱ D10, **F 12360 Camarès** danach weitere Str.-Ⅱ (43.8208, 2.8798)

50,1 Weg-Ⅱ (43.8350,2.8678)

49,2 ■ Wehr (43.8407,2.8607)

48,6 Str.-Ⅱ D610 (43.8385,2.8536)

46,5 Weg-Ⅱ (43.8478,2.8375)

44,4 Steil-■, **X** (43.8634,2.8372)

41,5 Str.-Ⅱ D101, **F 12400 Montlaur** (43.8782,2.8352)

40,5 Weg-Ⅱ (43.8856,2.8376)

37,9 früher Großes Stau-■ anscheinend abgerissen, erkunden! (43.8915, 2.8153)

37,2 Weg-Ⅱ (43.8961,2.8187)

35,4 Weg-Ⅱ (43.9095,2.8225)

30,7 Weg-Ⅱ (43.9396,2.8293)

29,4 Schräg-■ (43.9458,2.8362)

29,3 Str.-Ⅱ D999, **F 12400 Vabres-l'Abbaye** Industrieort, Wasserverschmutzung (43.9462,2.8372)

28,6 Str.-Ⅱ (43.9514,2.8401)

28,0 re ⇩ Sorgues (43.9556,2.8366)

27,8 kleine Beton-Ⅱ nach re Savignac, zu erreichen etwa 600 m nach der Abzweigung bei **F 12400 Vabres-l'Abbaye** auf einer re abbiegenden kleinen Asphaltstraße. ⬇, ab hier ganzjährig ≋ (43.9561,2.8338)

22,0 Fußg.-Ⅱ, re Bournac (43.9794,2.7904)

20,5 Weg-Ⅱ, re Balras (43.9739,2.7808)

19,4 ehem. EB.-Ⅱ (43.9645,2.7852)

19,1 Str.-Ⅱ D25 (43.9620,2.7851)

14,5 Schräg-■ 2 m hoch, ≋ (43.9488,2.7558)

14,2 Str.-Ⅱ D632, re **F 12400 Calmels-et-le-Viala** (43.9511,2.7541)

11,5 Weg-Ⅱ Saint Felix (43.9560,2.7368)

6,5 Schräg-■ 2 m hoch, ≋ (43.9733,2.7189)

6,2 Str.-Ⅱ D60, **F 12480 Saint-Izaire** (43.9742,2.7214)

2,2 Str.-Ⅱ D200 mit Tunneldurchfahrt nach Montclair, danach vorübergehend kleine Straße am li Ufer (43.9882,2.6978)

1,7 Bogen-Ⅱ (43.9912,2.7016)

0,0 ⇩ in Tarn (s. Seite 397) bei km 210,1 in Stausee etwa 25 km unterhalb von St. Rome (43.9966,2.6842)

Cernon

Kleinfluss Gewässerkennzahl FR: O34-0400
Mündung in Tarn bei km 249,1 (li Nebenfluss)

Der Cernon ist ein empfehlenswerter Kleinfluss durch Wiesen und Wälder in einem landschaftlich reizvollen Tal. Im Oberlauf ist er tunnelartig überwachsen, keine besonderen Schwierigkeiten.

Befahrbarkeit: trotz kleinen Einzugsgebietes nach Niederschlägen noch wochenlang ausreichende Wasserführung. Es wird empfohlen, eine Befahrung nur in kleinen Gruppen durchzuführen.

Umwelt: Wasser: sauber

Schwierigkeiten: mit schwer zu umtragenden Bamverhauen muss gerechnet werden

30,4 Ursprung am Piq de Cougouille in etwa 800 m Höhe (43.9613, 3.1435)
18,9 Weg-II, re **F 12490 La Bastide-Pradines** gute ⬇ am Ortsende, hier 🅿. Kleine Schwälle, Baumhindernisse, einige ▬, gut ≈ (43.9992, 3.0502)
15,7 Schräg-▬ 2-stufig, 1,3 m hoch, ≈
13,6 Schräg-▬ 1,8 m hoch, ≈ (43.9996,2.9941)
11,7 Schräg-▬ 2 m hoch, ≈ (43.9990,2.9748)
11,4 EB-II, kurz danach Weg-II (43.9992,2.9715)
10,9 Schräg-▬ mit steinigem Unterwasser, evtl. nach Besichtigung ≈ oder re ⌓ (44.0014,2.9678)
9,7 Str.-II D999, **F 12490 Saint-Rome-de-Cernon** (44.0119,2.9654)
6,5 Weg-II, kurz danach EB-II (44.0365,2.9630)
2,7 Steil-▬ 4 m hoch, **X**, li ⌓ (44.0602,2.9853)
2,2 Str.-II D992, **F 12100 Saint-Georges-de-Luzençon** (44.0640, 2.9841)
1,4 Steil-▬ etwa 4,5 m hoch, in ▬-Mitte evtl. ≈, nur hier tiefes Unterwasser; sonst li ⌓ (44.0708,2.9857)
1,1 Weg-II kurz danach ▬, 1 m hoch, grob verblockt, li überheben (44.0739,2.9869)

0,7 Niedrige II je nach Wasserstand evtl. ≏ (44.0771,2.9867)
0,3 Weg-II (Pont de Linas) (44.0802,2.9857)
0,0 ⇩ in Tarn (s. Seite 397) bei km 249,1 kurz danach EB-II (44.0824, 2.9868)

Dourbie

Wildfluss (Gebirgsfluss) Gewässerkennzahl FR: O33-0400
Mündung in Tarn bei km 260,1 (li Nebenfluss)

Die Dourbie ist mit ihren Schluchten und Tälern sowie ihrer Wasserführung ein typischer Cevennenfluss. Allerdings findet sich das bei Cevennenflüssen übliche starke Gefälle nur im Oberlauf, sie ist hier ein extrem schwerer Wildfluss (zum Vergleich: schwerer als oberer Tarn oder Vecchio), ab St. Jean du Bruel ist das Gefälle und damit die Schwierigkeit geringer.

Befahrungsregeln: Die ganze Dourbie ist von einem Angelclub gepachtet; nach französischem Recht kann er das Betreten der Ufer verbieten, damit wird auch jegliches ⬆ und ⬇, Umtragen oder Aussteigen zur Besichtigung unmöglich. Zahlreiche Schilder am Ufer machen deutlich, dass der Angelclub von diesem Recht Gebrauch macht. Bei Anzeigen ist mit Strafen zu rechnen. Falls man bei dieser Sachlage auf eine Befahrung nicht ganz verzichten will, sollte man am besten nur außerhalb der Fischereisaison fahren (z.B. in den Wintermonaten), auf keinen Fall an den Wochenenden. Auf der Dourbie werden kommerzielle Bootsfahrten durchgeführt. Es sind Bestrebungen in Gang, das Kanufahren auf dem Dourbie total zu verbieten (1996). Der derzeitige Stand dieser Bestrebungen ist nicht bekannt.

Befahrbarkeit: Frühjahr bis spätestens Ende Juni.

Umwelt: Wasser: sehr sauber

Pegel: 150 m unterhalb der II von Prunaret, km 58,5. Dieser Pegel ist maßgebend für den schweren Oberlauf.

km 58,5-55,4: 70-90 cm, ideal 85 cm

km 55,4-46,7: 65-8 5cm, ideal 80 cm

km 3,9 (re neben Straße Millau - Nant, 150 m nach dem Ortsschild Massebiau, gültig für Unterlauf ab km 40,9. Minimum 100 cm.

Schwierigkeiten:	km 66,3-61,8 WW III-IV
	km 61,8-55,4 WW III-IV (V u. VI)
	km 55,4-46,7 WW V und VI-**X**
	km 46,7-40,9 WW III-IV
	km 40,9-⇩ WW II-III
Infrastruktur:	Zeltmöglichkeit: ⛺ in Millau und Dourbie. Sehr preiswerte Gîte d´étape (Unterkunft) am Kirchplatz von Dourbie, gut geeignet als Standquartier für die Befahrung der umliegenden Flüsse (Dourbie, Trévezel, Jonte, Tarnon).

71,9 Ursprung am Mont Aigoual in 1570 m (44.0610,3.5753)

66,3 Weg-Ⅱ La Borie del Pont mögliche ⬇ bei günstigem Wasserstand. Auf 4 km sehr starke Verblockung, WW III (IV) (44.0719,3.5195)

61,8 re **F 30750 Dourbies- Les Laupies** ab hier auf 4 km WW III

58,5 Str.-Ⅱ D151C schwerer verblockter Schwall kurz vor der Ⅱ. Wenn er ohne Felskontakte ≈ ist, ist der gesamte Oberlauf ≈.Beginn der Schlucht von Valgarnide, WW III-IV, mit Stellen WW V-VI-**X**, ⩯ sehr schwierig. Mehrfache Erkundung unerlässlich (44.0718,3.4662)

55,4 Str.-Ⅱ D151A, re **F 30750 Dourbies** Beginn der „Grandes Gorges de la Dourbie". Es handelt sich dabei um eine äußerst eindrucksvolle Felsschlucht mit extremen Schwierigkeiten, WW V und VI. Viele Stellen **X** (bis zu 15), ⩯ möglich, jedoch sehr mühsam, Kletterseil unerlässlich. Man kann für die Befahrung der Schlucht-Strecke 8-12 Stunden rechnen. Bei höherem Wasserstand wird sie schnell **X**; ein günstiger Wasserstand liegt vor, wenn an der Ⅱ von Dourbie das Wasser für eine Befahrung eben ausreicht. Es ist unbedingt davon abzuraten, bei Regen oder nach Nachtfrost in die Schlucht einzufahren. Die unerlässlichen Klettereinlagen werden auf den rutschigen Felsen dann sehr gefährlich. Da die Straße auf weiten Strecken mehrere Kilometer abseits vom Fluss verläuft, ist ein Fahrtabbruch in der Schlucht kaum möglich, die Straße kann, besonders im Kernstück, nur nach mehrstündigem Fußmarsch erreicht werden (44.0649, 3.4500)

55,0 ■ Wehr, ≈ (44.0617,3.4491)

54,6 Fußg.-Ⅱ wer bis hierher schon Schwierigkeiten hatte, sollte unbedingt aufhören. Die Dourbie wird noch viel schwerer (44.0617,3.4446)

46,7 li **F 12230 Saint-Jean-du-Bruel- Le Tayrac** von der Straße D114 geht ein Weg bis Le Tayrac (für Anfänger nicht ratsam), von den beiden Häusern des Ortes führt in 10 Minuten ein Fußpfad zum Fluss, mögliche ↓. Die Schlucht geht zwar noch weiter, die Schwierigkeiten sind jedoch geringer (WW III-IV)

45,1 ▬ Wehr, X (44.0390,3.3822);
▬ Wehr, X

40,9 Hohes ▬ Wehr, gut ≈ (44.0240,3.3607);
Str.-Ⅱ D341, **F 12230 Saint-Jean-du-Bruel** (44.0239,3.3598)

40,6 Weg-Ⅱ, **F 12230 Saint-Jean-du-Bruel** darunter ↓ bzw. ↑, li,Treppe zu einem kleinen 🅿; ab hier bis zur Mündung WW III-II. Mehrere ▬ Wehr, die zum großen Teil ≈ sind, oder die getreidelt werden können. Je nach Wasserstand müssen etwa 3 ▬ ⏏ werden. Keine Detailbeschreibung (44.0247,3.3573)

33,4 Weg-Ⅱ, li **F 12230 Nant** (44.0229,3.3044)

29,2 Weg-Ⅱ, re ⛺ RCN Val de Cantobre (44.0458,3.3019)

27,9 Str.-Ⅱ D145 (44.0536,3.3043)

27,5 ▬ Wehr mit Wasserableitung, bei NW sind die folgenden 300 m trocken, ⏏ entlang dem ▬-Kanal re (44.0565,3.3026)

26,9 re ⇩ Trévezel (s. Seite 424) (44.0607,3.3019)

24,3 Str.-Ⅱ D131/D159 nach re **F 30750 Revens** (44.0721,3.2892)

24,2 Verfallenes ▬ Wehr, m ≈ (44.0732,3.2883)

20,9 Niedrige Röhren-Ⅱ, X (44.0906,3.2650)

19,6 re ⇩ Garène mit riesigem Schuttkegel, dadurch natürlicher Stau mit anschließendem Katarakt, WW III-IV, ⏏ über Geröll möglich, mühsam; Weg-Ⅱ (44.0972,3.2703)

16,8 Str.-Ⅱ D991 (44.1115,3.2512)

15,7 ▬ Wehr 4 m hoch. Das gesamte Wasser strömt von der re Seite des ▬ mit großer Wucht senkrecht auf eine Felswand am li Ufer. Von einer Befahrung ist unbedingt abzuraten, da sich im Wehrschuss unsichtbare Eisenstangen befinden.
Das ▬ kann li ⏏ werden. Bei dem Versuch, oberhalb der Prallwand einzusetzen und die Prallstrecke zu befahren, hat es einen tödlichen Unfall gegeben. Es muss daher nicht nur das ▬, sondern auch die Prallwand umtragen werden. Wiedereinsetzen in der Felswand sehr schwierig, evtl. Boote abseilen und nachspringen. ⏏ über eine Ⅱ zum re Ufer und ↓ 200 m flussabwärts zwar möglich, jedoch sehr mühsam, schwierig. Nach Aussage von Einheimischen ist wegen des Unfalles die Befahrung der Dourbie in diesem Bereich verboten worden, beim ⏏ durch das private Gelände ist daher mit Schwierigkeiten zu rechnen (44.1190,3.2452)

13,3 Str.-Ⅱ, re **F 12100 La Roque-Sainte-Marguerite** re gute ⬇ (44.1228, 3.2217)
12,0 Röhren-Ⅱ je nach Wasserstand ≋ oder li ⏏. Weiterhin WW II-III (44.1217,3.2092)
9,0 Durch Straßenbauarbeiten bedingte Einengung des Flusses, WW III, bei Anfahrt ansehen, evtl. re ⏏
3,9 Ⅱ, re ▤ (44.1018,3.1295)
0,0 ⇩ in Tarn (s. Seite 397) bei km 260,1 bei Millau, li ⛺, re ⬆ an der Tarn-Ⅱ D991 (44.1017,3.0872)

Trévezel

Wildfluss (Gebirgsfluss) Gewässerkennzahl FR: O33-0430
Mündung in Dourbie bei km 26,9 (li Nebenfluss)

Der Trévezel ist ein landschaftlich schöner und sportlich interessanter Wildfluss.

Befahrbarkeit: Frühjahr und nach starken Regenfällen (ausreichender Wasserstand nur selten anzutreffen).

Umwelt: Wasser: sauber

Pegel: Hilfspegel: ▬ in Trèves; idealer Wasserstand, wenn das ▬ in ganzer Breite überronnen ist.

Schwierigkeiten: km 20,6-15,6 WW IV-V + (nur erkundet)
km 15,6-11,6 **X**.
km 11,6-⇩ WW III-IV-V (VI)

Infrastruktur: Zeltmöglichkeit: ⛺ in Millau.

29,3 Ursprung in etwa 1300 m Höhe. (44.1000,3.5385)
20,6 Beginn einer möglichen Befahrung genaue Erkundung erforderlich
15,6 Beginn des Canon du Trévezel er scheint nach Erkundung nicht befahrbar zu sein
11,6 re ⬇ etwa 1 km oberhalb Trèves geht re ein Feldweg zu einem alten Haus. Zunächst recht übersichtliche Verblockung, mäßige Wasserwucht (44.0877,3.3955)
10,3 Steil-▬ 1 m hohes Steil-▬, nach Besichtigung halblinks ≋, Hilfspegel! (44.0769,3.3898)
10,2 Str.-Ⅱ D47, re **F 30750 Trèves** (44.0762,3.3894)
10,0 Weg-Ⅱ, **F 30750 Trèves** Bei unverändertem Flusscharakter zusätzli-

che Behinderung durch Baum- und Strauchhindernisse (44.0772, 3.3876)

7,8 Nach re-Kurve durch Felssturz entstandene schwere Stelle besichtigen

6,8 Str.-𝙸𝙸 D157 danach Zunahme der Schwierigkeiten, stark verblockte Abschnitte, 2 Stellen WW V, ⩟ am li Ufer möglich. Landschaftlich sehr schöne Schlucht.
Danach Abnahme der Schwierigkeiten, jedoch erhebliche Behinderungen durch Strauchhindernisse bei schneller Strömung, nur etwas für geübte „Buschfahrer“ (44.0769,3.3556)

0,0 ⇩ in Dourbie (s. Seite 421) bei km 26,9 Beendigung der Fahrt am besten bei einer 𝙸𝙸 2 km nach der ⇩ (44.0608,3.3019)

Jonte

Wildfluss (Gebirgsfluss) Gewässerkennzahl FR: O31-0400
Mündung in Tarn bei km 280,0 (li Nebenfluss)

In ihrem Oberlauf ist die Jonte ein extrem schweres Wildwasser, aber auch die Reststrecke bietet noch sehr schönes, teilweise sehr schweres Wasser.

Befahrbarkeit:	Oktober-April.
Umwelt:	Wasser: sehr sauber.
Pegel:	𝙸𝙸 bei Meyrueis, km 22,0; günstig 30-40 cm.
Schwierigkeiten:	km 22,0-9,3 WW III-IV-V-VI-**X**
	km 9,3-⇩ WW III und IV (V).

38,6 Ursprung am Mont Aigoual in etwa 1300 m Höhe. (44.1371,3.5623)

22,0 Str.-𝙸𝙸 D996, **F 48150 Meyrueis** ≣, ⛺, mögliche ⬇ unterhalb des Pegels; erhebliche Verblockung, verwinkelte Stufen, Gefahr von Baumversperrungen, mindestens 2 Stellen **X**. Für die Folgestrecke sollte man viel Zeit und die Bereitschaft zu mühsamen Umtragungen mitbringen (44.1801,3.4283)

17,3 Weitere mögliche ⬇ bei einem Steg bei der Mühle von Sourbettes.

14,3 1. Stelle **X**.

11,3 Riesige Felsen im Fluss die das „Chaos des Pertes de la Jonte“ bilden. Mehrere Stellen **X**, dazwischen extrem schweres WW. Wenn man hier zur Aufgabe gezwungen wird, muss man die Boote sehr mühsam zur Straße hochtragen

9,3 re **F 48150 Les Douzes** übliche ⬇ Das Wasser ist ausreichend, wenn man hier ohne Grundberührungen fahren kann. Zunächst WW I-II (44.2071,3.2937)

7,7 kleines ▬ Wehr, ≈ (44.2006,3.2821)

7,3 Weg-Ⅱ (44.2010,3.2780)

5,5 ▬ Wehr, evtl. m ≈, oder li ⏏ (44.1988,3.2595)

3,8 Niedrige Ⅱ evtl. nicht unterfahrbar, dann re ⏏

2,8 ▬ Wehr, ≈, Danach Beginn der eigentlichen Schwierigkeiten. Zunächst übersichtliche Verblockung. Bei einem Riesenblock in Flussmitte ↰ und die folgende Stufe besichtigen, je nach Wasserstand ≈ oder li ⏏. Danach weitere schwierige Engstellen, WW III-IV

1,8 ▬ Wehr mit Stufe und Eisenträgern, oft mit Holz verlegt, re ⏏ leicht (44.1909,3.2196)

1,0 Str.-Ⅱ D29/D163, re **F 48150 Le Rozier** (44.1901,3.2095)

0,9 ▬ Wehr re ⏏ oder Fahrt li beenden

0,0 ⇩ in Tarn (s. Seite 397) bei km 280,0 bei Peyreleau (44.1933,3.2042)

Tarnon

Wildbach (Gebirgsbach) Gewässerkennzahl FR: O30-0400
Mündung in Tarn bei km 344,5 (li Nebenfluss)

Der Tarnon verläuft in einem einsamen, landschaftlich sehr schönen Tal; er bietet nur in seinem Oberlauf sehr schweres, im übrigen meist nur mäßig schweres Wildwasser.

Befahrungsregeln: günstig ist ein Durchfluss von etwa 5 m^3/s, man trifft diesen Wasserstand meist in der Zeit von Oktober bis Ende April an.

Umwelt: Wasser: sehr sauber.

Pegel: Stufe bei km 0,5; NW = 70 cm; MW = 85 cm; HW = 100 cm

Schwierigkeiten: km 28,6-14,6 WW IV und V
km 24,6-⇩ WW III und II

38,9 Ursprung nahe dem Mont Aigoual in etwa 1200 m Höhe (44.1250, 3.6331)

28,6 re Mögliche ⬇ beim Forsthaus von Marquaires Man gelangt dorthin auf einer kleinen Straße, abzweigend von der Hauptstraße etwa 3 km oberhalb Rousses. Die Boote müssen etwa 200 m weit bis zum Bach getragen werden. Die folgenden 4 km, zunächst noch leicht, steigern sich zu dem schwierigsten Abschnitt des Tarnon, zumeist WW IV-V.

	In einer kurzen klammartigen Durchbruchstrecke WW V, ⩡ re möglich, doch sehr mühsam
24,6	Str.-Ⅱ D119, re **F 48400 Rousses** Ab hier deutlich leichter, zahlreiche Schnellen und kleine, verblockte Stufen, WW III (44.2055,3.5870)
19,1	Str.-Ⅱ D902 (44.2270,3.5766)
18,2	Weg-Ⅱ, li **F 48400 Vebron- Les Vanels** mögliche ⬇ kurz oberhalb des Straßentunnels, falls der Wasserstand für eine Befahrung ab km6 XXXXX unzureichend ist. Hier ⛺-Möglichkeit (44.2286,3.5777); li ⇩ Frayssinet mit Wasserzufuhr (44.2287,3.5775)
16,6	Weg-Ⅱ, li **F 48400 Vebron** niedrige Felsklamm mit nur 1 m breiter Durchfahrt, schon bei Anfahrt besichtigen, da häufig durch Treibholz versperrt (44.2381,3.5786)
13,9	Str.-Ⅱ D49, li **F 48400 Vebron- Racoules** Bis zur ⇩ WW II und III (44.2547,3.5848)
11,6	Weg-Ⅱ (44.2710,3.5882)
10,6	▬ Wehr, evtl. ≈, ⩡ leicht (44.2761,3.5898)
8,9	Str.-Ⅱ D983 (44.2839,3.5937)
8,0	Niedrige Ⅱ, **X**, ⩡ (44.2862,3.5989)
3,3	Weg-Ⅱ (44.3127,3.5985)
3,1	▬ Wehr nach Besichtigung evtl. ≈ oder li ⩡, mühsam (44.3139, 3.5982)
2,8	re ⇩ Mimente (s. Seite 427) (44.3166,3.5987); re 🚐 du Pont Neuf Gute Gelegenheit zur Beendigung der Fahrt (44.3174,3.5986)
2,6	Str.-Ⅱ D907, li **F 48400 Florac** (44.3187,3.5989)
2,1	▬ Wehr (44.3223,3.5990)
0,9	Str.-Ⅱ D316 (44.3313,3.5909)
0,5	Pegelschwelle, ≣
0,0	⇩ in Tarn (s. Seite 397) bei km 344,5 (44.3368,3.5853)

Mimente

Wildfluss (Gebirgsfluss) Gewässerkennzahl FR: O30-0430
Mündung in Tarnon bei km 2,8 (re Nebenfluss)

Die Mimente ist ein landschaftlich hervorragend schöner Wildfluss im Nationalpark der Cevennen. Im oberen Teil fließt sie durch eine Waldschlucht, hier Strauchhindernisse möglich. Ab St. Julien folgt eine einsame Felsschlucht; in diesem Bereich kleinere Stufen und Katarakte, die ein intensives Manövrieren erfordern, wegen des fehlenden Wasserdruckes aber durchweg gut zu befahren sind, WW II-III, bei HW evtl. bis WW IV. Schwierigkeiten durch Busch- und Baumhindernisse.

Befahrbarkeit: März bis Mitte Mai.

Umwelt: Wasser: sehr sauber.

Pegel: km 0,3 an einer Engstelle re; günstig sind 65 cm

Infrastruktur: Zeltmöglichkeit: schöner Platz bei der Mündung in den Tarnon am re Ufer.

27,9 Ursprung bei Barre des Cévennes in 1000 m Höhe (44.3077,3.8142)
15,8 Str.-Ⅱ D62, re nach **F 48400 Cassagnas** ⬇ unterhalb des alten ▰. Die Fahrt geht zunächst durch eine Waldschlucht (44.2710,3.7302)
12,0 Str.-Ⅱ N106 (44.2813,3.6963)
9,5 Wasserfall-artiger Steilabfall WW VI, Verklemmungsgefahr
7,5 Str.-Ⅱ D20, **F 48400 Saint-Julien-d'Arpaon** Beginn der Felsschlucht, Zunahme der Schwierigkeiten (44.3013,3.6636)
5,9 Weg-Ⅱ (44.3064,3.6515)
3,0 Str.-Ⅱ N106 (44.3170,3.6251)
1,9 niedrige Ⅱ, re **F 48400 La Salle-Prunet** überheben; Ende der Schlucht (44.3147,3.6144)
0,9 Weg-Ⅱ (44.3189,3.6079)
0,3 re ≣ Engstelle
0,0 ⇩ in Tarnon (s. Seite 426) bei km 2,8 re schöner Ʌ. Weiterfahrt über Tarnon bis zum Tarn (s. Seite 397) gut möglich (44.3166,3.5987)

Save

Wildfluss – Wanderfluss Gewässerkennzahl FR: O2--0290
Mündung in Garonne bei km 282,7 (li Nebenfluss)

Von diesem über 120 km langen Fluss ist bisher lediglich die Befahrung einer Teilstrecke im Bereich der Ausläufer der Pyrenäen bekannt geworden. Die Save ist hier ein ansprechender Wildfluss mit mäßigen Schwierigkeiten.

Fahrtstrecke: ⬇ bei der Ⅱ von Larroque. Zunächst leichte Fahrt in breitem Kiesbett. Es gibt hier sehr schöne freie Ʌ, WW II. Nach etwa 6 km Ⅱ bei Montmaurin, danach kleines ▬, X. Beginn einer sehr schönen Schluchtstrecke mit mehreren Stufen, WW III. Beendigung der Fahrt nach insgesamt 12 km vor dem ▬, X, von Lespugue. Von einer Weiterfahrt wird abgeraten; sie soll enttäuschend sein, Näheres ist nicht bekannt.

Befahrbarkeit: Frühjahr.

Ariège

Wildfluss (Gebirgsfluss) Gewässerkennzahl FR: O1--0250
Mündung in Garonne bei km 324,5 (re Nebenfluss)

Die Ariège ist in ihrem Oberlauf ein landschaftlich hervorragend schöner Fluss in einem engen, auf kurzen Abschnitten schluchtartigen Tal der Hochpyrenäen; sie ist hier schweres Wildwasser. Im Unterlauf, nach Austritt aus den Pyrenäen, wird sie im breiten Tal der Garonne zu einem leichten Wildfluss. Zwischen diesen beiden Abschnitten liegt eine Kette von Stauseen und Kraftwerken mit mehrfachen Wasserableitungen, die eine Befahrung recht mühsam gestalten.

Die Ariège ist der größte aus den Pyrenäen kommende Nebenfluss der Garonne.

Befahrbarkeit: km 115,4-116,4 nur bei NW. Wasserführung in Foix für diesen Abschnitt am besten 25, maximal 30 m³/s. Die Reststrecke ist ganzjährig befahrbar, im Hochsommer ist im Unterlauf in dem breiten Flussbett gelegentlich mit Grundberührungen zu rechnen. HW zur Zeit der Schneeschmelze (Mai bis Juli).

Schwierigkeiten: km 133,5-123,3 WW II-III-Zahmwasser

km 122,3-101,5 WW II-I

km 101,5-96,7 WW IV (VI)

km 96,7-64,7 WW II (III)

km 64,7-⇩ WW I-II

163,1 Ursprung am Pic de Font Nègre in 2400 m Höhe (42.5195,1.7395)

133,5 **F 09110 Ax-les-Thermes** mehrere ℿ, mögliche ⬇ für die Befahrung des Oberlaufs kann frei gewählt werden. Zunächst Fahrt zwischen Ufermauern. Kräftiges Gefälle, mittelschwere Verblockung, WW II-III, danach Zahmwasser. Guter Einblick in den Fluss von der begleitenden Straße aus

131,6 Weg-ℿ, re **F 09110 Savignac-les-Ormeaux** (42.7273,1.8184)

130,3 Str.-ℿ N20 (42.7314,1.8067)

128,9 ▬ Wehr, **X**, mit nachfolgender 200 m langer Schlucht, ebenfalls **X**. ↱, die Boote über die ℿ in Schluchtmitte nach li tragen und nach 200 m im Garten nach der Schlucht wieder ⬇, Eigentümer fragen. Es folgen 2 ℿ (42.7377,1.7940)

128,5 EB-Ⅱ (42.7396,1.7904)

127,9 Str.-Ⅱ D719 (42.7426,1.7842)

126,1 EB-Ⅱ (42.7548,1.7726)

125,7 EB-Ⅱ (42.7560,1.7715)

124,4 Str.-Ⅱ D2, **F 09250 Luzenac** (42.7619,1.7620)

124,3 ■ Wehr, ≈, oder re ⏏ (42.7623,1.7612)

123,3 Str.-Ⅱ D420, **F 09250 Garanou** am Ortsende gute ↑↓, 🅿-Möglichkeit. Bis km 116,4 vier ■ Wehr, meist ≈ (42.7669,1.7513)

123,1 EB-Ⅱ (42.7661,1.7490)

121,4 ■ Wehr, meist ≈ (42.7730,1.7329)

121,3 Str.-Ⅱ D420A (42.7732,1.7321)

120,2 Str.-Ⅱ D420 (42.7733,1.7200)

118,6 ■ Wehr, meist ≈ (42.7757,1.7020)

117,6 Str.-Ⅱ N20 (42.7805,1.6955)

117,2 EB-Ⅱ (42.7831,1.6944)

116,4 Str.-Ⅱ D120, li **F 09310 Les Cabannes** gute ↓ für die Befahrung der Ariège. Mäßige Schwierigkeiten in breitem Kiesbett, WW I-II (42.7889,1.6901)

114,9 Str.-Ⅱ N20 (42.7942,1.6769)

106,1 Str.-Ⅱ D123 (42.8405,1.6116)

105,2 Str.-Ⅱ D618, **F 09400 Tarascon-sur-Ariège** (42.8470,1.6053)

103,5 EB-Ⅱ (42.8600,1.6022)

103,0 Steiles Schräg-■, nach Besichtigung evtl. ≈, ⚠ Rücklauf!, evtl. **X**, re ⏏ (42.8637,1.6054)

102,0 Beginn des Rückstaus der Staustufe Mercus nach 200 m re gute Möglichkeit zur Beendigung der Fahrt, 🅿-Möglichkeit

100,2 Str.-Ⅱ D20A, re **F 09400 Mercus-Garrabet** (42.8797,1.6248)

98,5 ■ Staudamm von Mercus Meist weitgehende Wasserableitung. Für die Weiterfahrt, die nur selten möglich ist, wird ein Weg benutzt, der in einer Kurve etwa 1 km nach Mercus li zum ↯ führt. Es folgt sehr schweres WW, starkes Gefälle, meist in Stufen, sehr starke Verblockung bei erheblicher Wasserwucht. Durchweg WW IV.
Nach dem 3. Abfall, etwa 400 m nach dem Start unbedingt ↰. Es folgt der „Trou de l´Ane", ein **X** Abfall, der in einem unterspülten Felslabyrinth endet. Er hat schon 4 Todesopfer gefordert. li ⏏.
Es folgt noch ein weiterer schwerer Abfall, dann lassen die Schwierigkeiten etwas nach (42.8933,1.6308)

96,7 Str.-Ⅱ D308 (Pont du Diable) eine mittelalterliche Ⅱ. Beendigung der Fahrt 200 m oberhalb der Ⅱ. Eine Weiterfahrt ist unmöglich, da bei dem folgenden ▬ Wehr von St. Paul das Wasser total abgeleitet wird (42.9063,1.6408)

96,4 ▬ Wehr von St Paul mit Wasserableitung (42.9090,1.6405)

95,6 Str.-Ⅱ N20 (42.9156,1.6388)

92,2 li Rückführung von abgeleitetem Wasser Weiterfahrt ab hier möglich, jedoch wegen der folgenden Staustufen kaum zu empfehlen. ⬇ unterhalb des ↯ li durch den Wald (42.9361,1.6192)

91,8 ▬ Wehr (42.9399,1.6201)

89,4 Fußg.-Ⅱ (42.9567,1.6160)

88,9 ▬ Wehr (42.9597,1.6122)

88,4 2x Str.-Ⅱ D117 **F 09000 Foix** es folgt eine weitere Str.-Ⅱ; Stadt mit Schloss, ⌘ (42.9641,1.6110)

86,4 EB-Ⅱ (42.9790,1.6070)

84,1 ▬ Staudamm Labarre mit 1,5 km langem Rückstau, li ⏏, mühsam, re ⛺ du Lac, vap-camping.fr (42.9961,1.6136)

82,4 ▬ Wehr (43.0109,1.6113)

82,2 Str.-Ⅱ D919, **F 09000 Saint-Jean-de-Verges** (43.0123,1.6092)

80,8 EB-Ⅱ (43.0230,1.6105)

80,2 ▬ Wehr re ⏏ (43.0264,1.6065)

79,9 Str.-Ⅱ D31A, li **F 09120 Crampagna** (43.0291,1.6082)

78,4 ▬ Wehr (43.0364,1.6143)

78,0 li ↯ mit Rückführung des abgeleiteten Wassers re ⬇ über steile Böschung möglich, Seil empfehlenswert. Das Tal wird breiter. Schnelle Strömung, die folgenden Schräg-▬ haben bei höherem Wasserstand (noch im Juli) durchweg einen sehr gefährlichen Rücklauf und sind daher um diese Zeit **X**, bei NW evtl. ≈, Besichtigung jedoch stets erforderlich (43.0373,1.6181)

76,6 Str.-Ⅱ D13, re **F 09120 Varilhes** gute ⬇ li bei Treppe (43.0467, 1.6272)

73,8 Schräg-▬, **X**, re ⏏ (43.0576,1.6242)

72,0 Schräg-▬, **X**, re ⏏ (43.0668,1.6164)

70,2 Str.-Ⅱ D11 etwas später ▬-Reste, re Eisenstangen, li ≈ (43.0796, 1.6201)

64,7 Schräg-▬ li neue Bootsgasse, ≈ oder li ⏏, evtl. muss auf 100 m getreidelt werden (43.1063,1.6109)

63,4 Scharfe re-Kurve, nach 200 m Stufe (Natur-▬), re starker Abfall, li gut ≈ (43.1113,1.6052)

63,2 Str.-Ⅱ D10, re **F 09100 Pamiers** (43.1132,1.6049)

61,5 Str.-Ⅱ D119, **F 09100 Pamiers** (43.1239,1.6020)

61,3 li ⛺ l'Apamée empfehlenswert. Günstige Gelegenheit zur Unterbrechung der Fahrt, camping-apamee-ariege-pyrenees.fr (43.1244, 1.6043)
59,9 ■ Wehr mit meist totaler Wasserableitung; eine Weiterfahrt ist kaum je möglich (43.1326,1.6008)
54,2 Str.-II D36, li **F 09100 Bonnac** gute ⬇ für die Weiterfahrt (43.1646, 1.5969)
51,4 Weg-II, **F 09700 Le Vernet** mögliche ⬇ für die Weiterfahrt, ⬇ mühsam (43.1833,1.5992)
44,3 Str.-II D14, **F 09700 Saverdun** (43.2321,1.5776)
43,9 ■ Wehr, **X**, ⌂ sehr mühsam, Seil zum Abseilen der Boote zweckmäßig (43.2351,1.5770)
43,6 EB-II (43.2376,1.5777)
43,0 Str.-II D820 (43.2427,1.5799)
34,0 re ⇩ Grand Hers (s. Seite 432) (43.3063,1.5522)
32,2 Str.-II D25, **F 31550 Cintegabelle** (43.3110,1.5336)
25,3 großes Stau-■ mit Rückstau, **X**, li ⌂ (43.3383,1.4828)
24,6 ■ Wehr, **X** (43.3436,1.4774)
23,8 Str.-II D622, **F 31190 Auterive** (43.3510,1.4753)
16,8 ■ Wehr, **X**, re ⌂, 200 m (43.4004,1.4398)
15,7 Str.-II D43, re **F 31190 Grépiac** (43.4078,1.4443)
12,8 Str.-II D19, li **F 31810 Vernet** ⛺ Muncipal, mairielevernet31.fr (43.4326,1.4370)
8,5 Str.-II D68E (43.4605,1.4205)
3,5 ■ Stufe (43.4979,1.4083);
Fußg.-II (43.4966,1.4093)
3,2 Str.-II D4F, **F 31120 Lacroix-Falgarde** gute ⬆ (43.4989,1.4073)
0,0 ⇩ in Garonne (s. Seite 371) bei km 324,5 südlich von Toulouse (43.5175,1.4096)

Grand Hers

Weitere Namen: Hers Vif [fre]
Wildfluss – Wiesenfluss Gewässerkennzahl FR: O1--0290
Mündung in Ariège bei km 34,0 (re Nebenfluss)

Der Hers Vif hat seinen Ursprung in den Nieder-Pyrenäen, er führt durch ein einsames Tal, hat dabei jedoch mehr den Charakter eines Wiesen- als eines Gebirgsflusses.

Befahrbarkeit: Oberlauf April, evtl. Mai;

	ab Mirepoix, km 60,4 meist ganzjährig. Bei mehreren Wehren erfolgen Wasserableitungen, sodass bei unzureichendem Wasserstand mit Schwierigkeiten zu rechnen ist.
Umwelt:	Wasser: Oberlauf erhebliche Verschmutzung durch Abfälle, die von den Anliegern in den Fluss geworfen werden.
Schwierigkeiten:	km 110,9-92,9 WW II-I km 92,9-0,2 WW I-Zahmwasser

134,9 Ursprung in der Nähe des Col de la Chioula in 1460 m Höhe (42.7581,1.8531)

110,9 Str.-Ⅱ D117, **F 09300 Belesta** ⬇. Die Schwierigkeiten betragen bis zur Mündung in die Ariège etwa WW II-I. Bis km 92,9 folgen 14 ▬, davon 4 **X**, der Rest gut ≈, keine Detailbeschreibung (42.9048, 1.9365)

92,9 Weg-Ⅱ, re **F 11230 Rivel** Nach 1 km neuer Staudamm mit weitgehender Wasserableitung, Rückführung des abgeleiteten Wassers erst nach 2,5 km bei Ⅱ von Chalabre. Diese Strecke kann daher nur bei HW befahren werden (42.9548,1.9993)

88,6 Str.-Ⅱ D18, re **F 11230 Chalabre** folgen 2 ▬ Wehr, ≈ (42.9821, 2.0027)

88,5 ehem. EB.-Ⅱ (42.9828,2.0023)

86,9 2x Weg-Ⅱ (42.9953,2.0024)

84,3 Weg-Ⅱ (43.0059,1.9894)

79,7 Str.-Ⅱ D7 (43.0188,1.9685)

78,3 ehem. EB.-Ⅱ und Weg-Ⅱ, li **F 09500 Camon** vor dem Ort kleine Stromschnellen und ▬ Wehr, verfallen, ≈ (43.0221,1.9640)

73,6 Str.-Ⅱ D207, li **F 09500 Lagarde** Burg, ⌘ (43.0448,1.9387)

68,8 ▬ Wehr, evtl. ≈ (43.0724,1.9435)

68,6 Str.-Ⅱ D626 (43.0742,1.9435)

68,4 ehem. EB.-Ⅱ (43.0765,1.9438)

67,0 ▬ Stufe, ≈ (43.0819,1.9348)

64,4 ▬ Wehr, evtl. ≈ (43.0919,1.9105)

63,9 ▬ Stufe, gut ≈ (43.0890,1.9055)

63,2 ▬ Stufe, gut ≈ (43.0860,1.8994)

63,1 ▬ Stufe, gut ≈ (43.0867,1.8988)

60,4 Str.-Ⅱ D119, li **F 09500 Mirepoix** gute ⬇ und ⬆. Ab hier zumeist bis Ende Sommer ≈. Weiterhin zahlreiche Windungen (43.0935,1.8762)

48,1 Str.-Ⅱ D206 (43.0803,1.7800)
46,6 Verfallene Ⅱ (43.0898,1.7719)
44,3 re **F 09500 Vals** ⌘ karolingische Kirche, Museum
42,7 Str.-Ⅱ D40 (43.0978,1.7451)
38,7 Str.-Ⅱ D306 (43.1231,1.7372)
36,0 Str.-Ⅱ D6 (43.1431,1.7312)
31,7 Str.-Ⅱ D430, **F 09700 Gaudiès** (43.1722,1.7314)
31,5 Verfallenes ▬ Wehr, ≈ (43.1739,1.7307)
27,4 Mühlen-▬, **X**, ⌂ (43.1987,1.7347)
27,1 Str.-Ⅱ D102, re **F 11420 Belpech** (43.2003,1.7363)
15,7 Str.-Ⅱ D624, **F 09270 Mazères** (43.2533,1.6803)
15,5 ▬ Wehr mit Rückstau, **X**, re ⌂; es folgen 2 ▬▬, nach Besichtigung ≈ (43.2542,1.6787)
13,8 Autobahn-Ⅱ A66 (43.2651,1.6650)
8,8 Str.-Ⅱ D11, **F 31560 Calmont** (43.2862,1.6331)
3,2 Beginn eines Stausees
0,2 Str.-Ⅱ D35 Beendigung der Fahrt (43.3076,1.5545)
0,1 ▬ Staudamm, **X** (43.3070,1.5536)
0,0 ⇩ in Ariège (s. Seite 429) bei km 34,0 (43.3063,1.5520)

Louge

Kleinfluss Gewässerkennzahl FR: O09-0400
Mündung in Garonne bei km 334,5 (li Nebenfluss)

Die Louge ist ein gut zu befahrender Kleinfluss, gelegentlich Baum- und Strauchhindernisse. WW I-II, 2 ▬, ≈, 1 ▬, **X**.

Nach der Ⅱ von Muret befindet sich eine Slalom-Strecke.

Fahrtstrecke: Lavernose-Muret, 20 km.

Befahrbarkeit: Frühjahr; später nach Regenfällen.

Arize

Wald- und Wiesenfluss Gewässerkennzahl FR: O07-0400
Mündung in Garonne bei km 360,7 (re Nebenfluss)

Die Arize ist in ihrem Oberlauf - oberhalb der großen Grotte - ein 5-7 m breiter Bach durch Wald und Wiesen, keine besonderen Schwierigkeiten, einige Wehre. Über den Unterlauf bestehen keine sicheren Unterlagen.

Befahrbarkeit: Frühjahr bis Mitte Juni, der Unterlauf wahrscheinlich nur im

Frühjahr.

83,8	Ursprung am Col de Péguère in etwa 1400 m Höhe. (42.9229, 1.3778)
67,9	Str.-II D117, **F 09240 La Bastide-de-Sérou** übliche ⬇, zunächst schmaler Bach (43.0102,1.4275)
67,4	Kleine Wege-II weitere mögliche ⬇
66,3	Steil-▬, 1,8 m hoch evtl. seitlich ≈ oder li kurz ⌂
65,9	▬ Stufe 1 m hoch, ≈
64,8	▬ Stufe 0,6 m hoch, verblockt, ≈
64,3	Str.-II D49 (43.0215,1.3926)
63,2	li Bach-⇩ mit kräftiger Wasserzufuhr
61,5	Schräg-▬ 3 m hoch, ≈
59,6	Weg-II, li **F 09240 Durban-sur-Arize** (43.0205,1.3435)
59,0	Str.-II D15 (43.0190,1.3367)
57,7	Str.-II D315A (43.0244,1.3305)
56,6	Mühlen-▬ mit kurzem Steilabfall, seitlich ≈ (43.0337,1.3287)
56,0	Str.-II D15 (43.0380,1.3302)
52,2	Weg-II Maury (43.0600,1.3468)
51,5	Schräg-▬ bei Maury 5 m hoch, gut ≈ (43.0636,1.3486)
51,3	Str.-II D49 (43.0641,1.3507)
50,8	Str.-II D119 (43.0665,1.3547)
50,7	re ⬆ vor der Grotte du Mas d'Azil P an der D119; Durchfahrt durch die Grotte unmöglich, Besichtigung sehr lohnend (43.0677,1.3550)
49,2	▬ Wehr mit ϟ **F 09290 Le Mas-d'Azil** ab hier soll eine Weiterfahrt bei ausreichendem Wasserstand möglich sein, Wiesen- und Waldfluss in hübscher, einsamer Landschaft, mehrere ▬ Wehr, teilweise ≈. Einzelheiten sind nicht bekannt (43.0786,1.3593)
0,0	⇩ in Garonne (s. Seite 371) bei km 360,7 (43.2887,1.2262)

Salat

Wildfluss (Gebirgsfluss) Gewässerkennzahl FR: O0--0250
Mündung in Garonne bei km 392,3 (re Nebenfluss)

Der Salat ist ein Fluss der Hochpyrenäen von großer landschaftlicher Schönheit. Im Oberlauf wird das Tal des Salat von hohen, schneebedeckten Bergen begrenzt, er führt vorbei an malerischen Dörfern und durch die sehenswerte Schlucht von Ribaouto. Diese Schlucht ist allerdings oft ohne Wasser, sie muss dann mit Pkw umfahren werden.

Der Salat ist im Oberlauf ein interessanter, streckenweise sehr schwerer Wildfluss. Weiter flussabwärts weitet sich das Tal, der Fluss verläuft ruhig zwischen den Hügeln des Pyrenäen-Vorlandes, zahlreiche Wehre machen die Befahrung nicht immer zu einem Vergnügen.

Befahrungsregeln: Es besteht eine Vereinbarung mit den Fischern, wonach der obere Salat nur in der Zeit von 10-17 Uhr befahren werden soll.

Befahrbarkeit: ab Couflens April bis Juni, ab Seix bis Juli, ab Taurignan ganzjährig. Das Wasser steigt bei Regen schnell an, läuft aber auch schnell wieder ab.

Pegel: II D 32, km 51,3: günstig für die Befahrung ab km 64,6 = 125 cm.

In St. Girons unterhalb der Mündung des Lez: Ein Pegel von 90 cm bedeutet einen sehr guten Wasserstand.

Schwierigkeiten: km 68,6-64,6 WW IV+

km 64,6-54,3 WW III-IV

km 54,3-5,0 WW II-III, abnehmend II-I

Im Oberlauf, also oberhalb der ⇩ des Arac bestehen Behinderungen durch im Wasser liegende Bäume, die anscheinend von Anglern zur Paddler-Abwehr abgesägt wurden. Bei der schnellen Strömung und ihrem oft unvermuteten Auftauchen hinter Kurven stellen sie eine echte Gefahr dar, unbedingt in größerem Abstand fahren!

Infrastruktur: Zeltmöglichkeit: sehr schöner ⛺ am Ortsausgang von Seix, am Fluss gelegen, sowie bei Soueix, beide Plätze dürften zur Ferienzeit überfüllt sein, im übrigen sind Zeltplätze im Tal des Salat knapp.

74,5 Ursprung: Massiv von Mentvalier in 2600 m Höhe (42.7273,1.1504)

68,6 Oberste mögliche ⬇ unterhalb des Ortes Salau Die folgenden 4 km bieten sehr schweres Wildwasser: enges Flussbett, starkes Gefälle, rasante Strömung, pausenlos WW IV/IV+. Wegen der Gefahr von Baumversperrungen sollte die gesamte Strecke von der begleitenden Straße aus erkundet werden (42.7581,1.1893)

67,2 Str.-II D3 (42.7677,1.1921)

64,6 Str.-II D3, **F 09140 Couflens** Couflens, ab hier leichter, zunächst

WW II-III, mögliche ⬇ am Ortsende, falls der schwierige Oberlauf nicht befahren wird (42.7880,1.1862)
64,4 Str.-Ⅱ D703 (42.7897,1.1861)
60,9 Zunahme der Schwierigkeiten WW III+, erhebliche Verblockung
58,9 Weg-Ⅱ Pont de la Taule weitere mögliche ⬇ 200 m oberhalb des Ortes, hier 🅿;
re ⇩ Alet (s. Seite 441) (42.8319,1.1982)
57,1 Weg-Ⅱ (Moulin Lauga) 🅿, mögliche ⬇, falls das Wasser im Oberlauf unzureichend ist. Es folgt eine sehr hübsche Schlucht, WW III- (42.8424,1.1908);
li ⇩ Estours mit starker Wasserzufuhr (42.8426,1.1905)
54,3 Str.-Ⅱ D17, **F 09140 Seix** ≣ (42.8636,1.2015)
53,5 Str.-Ⅱ D32C danach re guter ⛺ Muncipal d´Oust "La Côte", camping-oust.com (42.8685,1.2080)
51,6 li ⇩ Garbet (s. Seite 440) (42.8840,1.2111)
51,1 Str.-Ⅱ D32 ≣ (42.8881,1.2127)
50,7 ▬ Wehr **F 09140 Soueix-Rogalle** mit Bootsrutsche, ≈, li ⛺; es folgen mehrere Ⅱ Ⅱ (42.8914,1.2124)
49,0 Schwall mit Spiralwalze bei gutem Wasserstand WW III
48,4 Str.-Ⅱ D618 hier ↱, Befahrungsverbot bis zum Staudamm. Kurz danach Staudamm, manchmal mit völliger Wasserableitung. Beginn der hervorragend schönen Schlucht von Ribaouto (Ribaute). Bei genügender Wasserabgabe re ⏏ und 300 m nach dem ▬ Wehr wieder ⬇. Die folgende Schlucht ist gut ≈ (42.9095,1.2141);
re ⇩ Arac (s. Seite 440) (42.9098,1.2146)
42,7 li ↯ Lacourt Rückführung des oberhalb abgeleiteten Wassers (42.9381,1.1764)
42,0 Str.-Ⅱ D3A, **F 09200 Lacourt** hier ⬆ kaum möglich (42.9430,1.1749)
39,5 li Gute ⬆ nahe der D618. Die Fahrt wird zweckmäßigerweise hier beendet, bzw. unterbrochen. Bis km 27,8 folgen sehr zahlreiche ▬ Wehr, die z.T. nur sehr mühsam zu ⏏ sind
35,6 ▬ Wehr darüber Fußg.-Ⅱ (42.9836,1.1443)
35,3 Str.-Ⅱ **F 09200 Saint-Girons** (42.9858,1.1424)
35,2 li ⇩ Lez (s. Seite 438) (42.9867,1.1418)
34,8 ▬ Wehr (42.9902,1.1421)
34,2 ▬ Wehr (42.9940,1.1374)
33,7 ▬ Wehr (42.9986,1.1359)
33,5 Str.-Ⅱ D103 (43.0004,1.1348)
33,2 ▬ Wehr (43.0024,1.1335)

31,1 ▬ Wehr (43.0185,1.1190)
28,5 ▬ Wehr (43.0360,1.1006)
27,8 Str.-Ⅱ D334, re **F 09160 Taurignan-Castet** Auf den folgenden 12 km befindet sich nur ein einziges ▬ Wehr, sodass diese einfach zu befahrende Strecke empfehlenswert ist (43.0383,1.0921)
22,8 ▬ Wehr (43.0386,1.0426)
22,0 Schräg-▬, evtl. ≋, oder li ⏏ (43.0387,1.0320)
21,8 Str.-Ⅱ D234 (43.0392,1.0304)
18,4 ▬ Wehr, re **F 09160 Lacave** Beendigung der Fahrt re 100 m vor dem ▬. Bis zur ⇩ weiterhin zahlreiche ▬ Wehr, Befahrung daher nicht anzuraten, keine Beschreibung (43.0386,0.9984)
0,0 ⇩ in Garonne (s. Seite 371) bei km 392,3 (43.1616,0.9663)

Lez

Wildfluss – Kleinfluss Gewässerkennzahl FR: O04-0400
Mündung in Salat bei km 35,2 (li Nebenfluss)

Der Lez ist ein vielseitiger Kleinfluss, abschnittsweise leichtes Wildwasser, in der reizvollen Landschaft der Vorpyrenäen.

Befahrbarkeit: Im Oberlauf des Lez befinden sich mehrere Stauseen und Kraftwerke; eine ausreichende, etwa gleichbleibende Wasserführung bis in den Frühsommer ist daher erst ab km 13,2 (bzw. km 3,4 der Bougaine) gewährleistet.

Schwierigkeiten: Kleinflusshindernisse, querliegende Bäume, mehrere Wehre, nur teilweise fahrbar, im Bereich der WW-Strecke bis WW IV.

35,8 Ursprung in den Hochpyrenäen in etwa 2500 m Höhe (42.8014, 0.9104)
19,5 re ⇩ Riberot (s. Seite 439) (42.8833,1.0169)
13,2 li ⇩ Bouigane Die Fahrt wird am besten auf dem Bouigane, einem li Zufluss des Lez, bei Argein begonnen (42.9309,1.0243)
13,1 Steil-▬ 4 m hoch, **X**;
Es folgt der schwerste Abschnitt des Lez, auf 300 m schweres WW, bis WW IV, verblockt und verwalzt, Baumversperrungen möglich, vorherige Besichtigung erforderlich. Evtl. ⏏ re auf 300 m gut möglich. Auf der Folgestrecke schöne Schwälle und Stufen bis km 11,9 (42.9319,1.0248)
11,9 Str.-Ⅱ D404 li **F 09800 Arrout** (42.9410,1.0315)

10,8 ▬ Wehr, evtl. ≋ (42.9479,1.0410)
10,6 Str.-Ⅱ D204 Alas (42.9494,1.0435)
9,2 Str.-Ⅱ D618 **F 09800 Engomer** darunter Steil-▬, **X** (42.9483, 1.0588)
8,9 Steil-▬, **X** (42.9475,1.0619)
8,7 Steil-▬, **X** (42.9471,1.0649)
8,6 Weg-Ⅱ (42.9473,1.0665)
7,2 Str.-Ⅱ Luzenac darunter ▬ Wehr, evtl. ≋ (42.9514,1.0804)
6,2 ▬ Wehr, **X** (42.9589,1.0870)
5,9 ▬ Wehr, **X** (42.9607,1.0884)
5,7 ▬ Wehr, **X** (42.9606,1.0898);
Str.-Ⅱ D137 **F 09200 Moulis** danach unbehinderte Fahrt mit hübschen Schwällen (42.9608,1.0907)
4,5 Weg-Ⅱ (42.9644,1.1031)
2,5 Steil-▬, **X**
1,6 –0,0 Stadtgebiet von **F 09200 Saint-Girons** mehrere ⅡⅡ (42.9775, 1.1273)
1,4 ▬ Wehr, evtl. ≋, oder li ⏏ (42.9784,1.1294)
1,0 li 50 m vor kleiner Wege-Ⅱ Fahrt beenden Es folgen 3 hohe Steil-▬, ⏏ sehr mühsam (42.9822,1.1322)
0,0 ⇩ in Salat (s. Seite 435) bei km 35,2 nach der Ⅱ der Hauptstraße (42.9866,1.1416)

Riberot

Wildfluss — Gewässerkennzahl FR: O0430500
Mündung in Lez bei km 19,5 (re Nebenfluss)

Der Riberot ist ein extrem schwerer Wildfluss aus den Hochpyrenäen.

Fahrtstrecke: ⬇ am Ende der in das Tal führenden Straße, ⬆ nach etwa 5 km bei einem kleinen Stau-▬.

Befahrbarkeit: Zeit der Schneeschmelze April-Mai.

Schwierigkeiten: WW IV und V (VI). Baumversperrungen möglich, Klemmgefahr! Die schwierigsten Stellen befinden sich zwischen den beiden Ⅱ auf der Höhe von Sarrat. Die VI-Stelle ist ein sehr gefährlicher Abfall mit Steckgefahr, der Versuch einer Befahrung nur bei NW! Nach dem ▬ der ⬆-Stelle wird das Wasser meist total abgeleitet; bei ausreichendem Überwasser ist eine Weiterfahrt bis zur ⇩ möglich.

Arac

Wildfluss (Gebirgsfluss) Gewässerkennzahl FR: O03-0400
Mündung in Salat bei km 48,4 (re Nebenfluss)

Der Arac ist ein landschaftlich schöner, dabei verhältnismäßig leichter Wildfluss.

Befahrbarkeit: Frühjahr bis Mai und nach stärkeren Regenfällen.

Pegel: Ⅱ Castet, km 4,4; günstig 40 cm.

Schwierigkeiten: schnelle Strömung, leichte Verblockung, WW II.

27,2 Ursprung am Pic des 3 Seigneurs in etwa 2000 m Höhe (42.8374, 1.4363)
14,4 Str.-Ⅱ D618 ⬇ (42.8963,1.3303)
13,9 Scharfe re-Kurve mit Verblockung Baumversperrungen möglich
12,9 Str.-Ⅱ D118, re **F 09320 Biert** re ⛺ Municipal (42.8974,1.3137)
11,7 Str.-Ⅱ D618 (42.9010,1.3016)
4,9 ▬ Wehr 0,5 m hoch, re ≈
4,4 Str.-Ⅱ D317 ≣. ▬ Wehr, Holzversperrung möglich, zur Besichtigung ↱, ≈, wenn Durchfahrt frei (42.9092,1.2501)
2,1 Stein-Ⅱ D217 (Pontnaud) danach re Arm fahren, li Baumversperrungen (42.8993,1.2310)
0,1 Str.-Ⅱ D3 (42.9094,1.2150)
0,0 ⇩ in Salat (s. Seite 435) bei km 48,4 Beendigung der Fahrt li bei der Ⅱ über Salat sofort nach ⇩ (42.9097,1.2144)

Garbet

Wildfluss (Gebirgsfluss) Gewässerkennzahl FR: O0350500
Mündung in Salat bei km 51,6 (re Nebenfluss)

Der Garbet verläuft durch ein zunächst weites, später sich schluchtartig verengendes, einsames Tal der Hochpyrenäen. Er bietet auf der ganzen Strecke interessantes, im Schluchtbereich sogar sehr schweres Wildwasser.

Befahrbarkeit: Mai bis Juni; bei ausgesprochenem HW sollte die obere Schluchtstrecke nicht befahren werden.

Umwelt: Wasser: sauber, allerdings werden in Aulus-les-Bains Abfälle in den Fluss geworfen

Schwierigkeiten: km 17,7-12,6 WW II (III)
km 12,6-9,9 WW III-IV (V)

	km 9,9-1,7 WW III (IV)
Infrastruktur:	Zeltmöglichkeit: ⛺ in Aulus-les-Bains.

25,1 Ursprung aus mehreren Quellseen im Bereich der spanischen Grenze in etwa 2000 m Höhe (42.7542,1.3834)

17,7 Fußg.-Ⅱ, re **F 09140 Aulus-les-Bains** re ⛺ Le Couledous; ⬇. Der Garbet verläuft in einem breiten Tal zwischen Wiesen, er teilt sich gelegentlich in mehrere Arme, leichte Verblockung, camping-aulus-couledous.com (42.7926,1.3316)

17,3 ▬ Stufe, ≈, es folgt eine kleine Schlucht mit Schwierigkeiten WW II+ (42.7956,1.3305)

15,9 ▬ Wehr 1 m hoch, gut ≈, teilweise Wasserableitung (42.8044, 1.3210)

14,9 Erneut kleine Schlucht mit etwas höheren Schwierigkeiten.

12,4 Weg-Ⅱ (Las Escales) unbedingt ↱ und die folgende Schlucht besichtigen. In der Schlucht erhebliche Schwierigkeiten, 2 Stellen bis WW V. Die Schluchtwände steigen 20 m hoch senkrecht aus dem Wasser auf, starkes Gefälle, schwere Verblockung und Abfälle in Stufen, Erkundung der schweren Stellen unbedingt erforderlich, da stets mit Baumversperrungen gerechnet werden muss (42.8262,1.2989)

10,8 Ⅱ Steg, ↯ von Goulos (42.8380,1.2959)

9,9 Weg-Ⅱ, re **F 09140 Ercé** (La Casque) Vor der schon von weitem sichtbaren Ⅱ sehr schwerer Abfall, WW V, ↰ zur Besichtigung und evtl. ⛀ möglich. Nach vorübergehend leichterer Fahrt zwischen Wiesen erneute Talverengung mit Zunahme von Gefälle, Verblockung und Schwierigkeiten, bis WW IV (42.8428,1.2891)

4,8 Hoher Abfall.

3,9 Beginn einer weiteren Schluchtstrecke

3,0 ▬ Wehr, ≈ (42.8653,1.2318)

2,9 Schwerer Abfall kurz danach „Saut d´Escampis“, WW IV

2,6 ▬ Wehr, ≈, mit teilweiser Wasserableitung (42.8675,1.2282)

1,7 Weg-Ⅱ, **F 09140 Oust** ↱ und Beendigung der Fahrt 200 m vor dem Ort auf einer Kiesbank. In Oust 2 ▬ Wehr, **X**, Weiterfahrt bis ⇩ daher sehr mühsam (42.8722,1.2206)

0,0 ⇩ in Salat (s. Seite 435) bei km 51,6 (42.8840,1.2111)

Alet

Wildfluss (Gebirgsfluss) Gewässerkennzahl FR: O0310500
Mündung in Salat bei km 58,9 (re Nebenfluss)

Vom Alet ist lediglich die Befahrung von 2 Teilstrecken bekannt.

1. Teilstrecke: ⬇ am Ende eines Weges, der von Estillon am li Ufer etwa 5 km weit flussaufwärts führt. Schwierigkeiten durchweg WW IV mit Abschnitten WW V und VI bzw. **X**. Beendigung der Fahrt nach 5 km bei Estillon. Über die Folgestrecke ist nichts bekannt.

2. Teilstrecke. Ustou-⇩ in Salat, 8 km.

Schwierigkeit: zunächst auf 5 km WW II-III.

Ab La Pomarède erhebliche Zunahme der Schwierigkeiten, sehr starkes Gefälle, erhebliche Verblockung, bis WW IV, Erkundung dieser Strecke von der Straße aus möglich.

Befahrbarkeit: Frühjahr bis April, evtl. noch Anfang Mai sowie nach stärkeren Regenfällen.

Ger

Wildbach (Gebirgsbach) Gewässerkennzahl FR: O02-0400
Mündung in Garonne bei km 410,3 (re Nebenfluss)

Der Ger, mit Ursprung in den Hochpyrenäen (2100m Höhe), verläuft in seinem fahrbaren Bereich zunächst durch die „Gorges de la Henne-Morte“; er ist hier sehr schweres WW. Ab Schlucht-Ende wird der Ger etwas leichter, ist aber immer noch sehr interessantes WW.

Befahrbarkeit: Frühjahr bis Juni; die Schluchtstrecke auf keinen Fall bei HW fahren! Die verschiedenen Stufen werden dann schnell **X** mit lebensgefährlichem Rücklauf.

Schwierigkeiten: WW IV und V, abnehmend III-IV

37,2 Ursprung (42.8734,0.8328)

29,2 ⬇ etwa 2,5 km oberhalb von Henne Morte wenn die D85 zum Fluss zurückkommt. Die Wasserführung sollte hier nicht mehr als etwa 3 m³/s betragen; sie nimmt im weiteren Verlauf sehr schnell zu. Sehr schöne Fahrt in engen Schluchten, mit Baumversperrungen ist stets zu rechnen

26,7 Str.-II D618 weitere mögliche ⬇. Am Start beginnen die

Schwierigkeiten: sehr starkes Gefälle, enorme Verblockung, Abfall in Stufen, sehr enges Flussbett, das in den Abfällen durch Bäume versperrt sein kann. Ein Verlassen der Schlucht ist nicht möglich. Durchweg WW IV, 2 Stellen WW V, Erkundung unerlässlich (42.9486,0.8160)

26,1 Weg-Ⅱ (Henne Morte) (42.9526,0.8135)

23,2 Weg-Ⅱ, re **F 31160 Razecueillé** Ende der Schlucht. 100 m nach der Ⅱ noch eine Passage WW IV, dann lassen die Schwierigkeiten nach (WW III-IV) (42.9679,0.7919)

22,0 ■ Wehr, **X**, ⌂

17,4 Weg-Ⅱ, re Stadion von **F 31160 Aspet** Beendigung der Fahrt. Bis ⇩ noch etwa 17,4 km, von einer Weiterfahrt ist jedoch dringend abzuraten. Es folgen bis ⇩ zahlreiche ■ Wehr, durchweg **X**, davon allein in Aspet 3 ■ (43.0112,0.7979)

0,0 ⇩ in Garonne (s. Seite 371) bei km 410,3 (43.0940,0.8243)

Neste

Weitere Namen: Neste d'Aure
Wildfluss (Gebirgsfluss) Gewässerkennzahl FR: O01-0400
Mündung in Garonne bei km 441,0 (li Nebenfluss)

Das Tal der Neste d´Aure ist von ausgezeichneter landschaftlicher Schönheit, umgeben von sehr hohen Bergen, die bis in den Sommer hinein Schnee tragen. Der Fluss läuft als nur mäßig schweres Wildwasser streckenweise durch kleine, malerische Schluchten.

Befahrbarkeit: Oberlauf meist ganzjährig, ab Arrau bis Frühsommer, ab km 17,2 meist auch später.

Umwelt: Wasser: durch die Abwasser von St. Lary stark verunreinigt, Geruchsbelästigung

Schwierigkeiten: km 51,9-42,4 WW I-II

km 42,4-40,5 WW II-III

km 40,5-17,2 WW II-III (wegen Wasserableitung nur sehr selten ≋)

km 17,2-⇩ WW II (III)

Infrastruktur: Zeltmöglichkeit: ⛺ in Arrau und La Barthe; außerdem auch Möglichkeit, freie Plätze am Fluss zu finden.

73,1 Ursprung in 2900 m Höhe. (42.7512,0.1401)

51,9 li ↯ von **F 65170 Saint-Lary-Soulan** Die Wasserführung wird reguliert durch die Wasserabgabe dieses ↯. Übliche ⬇ am oberen Ende des 🅿 der Seilbahn von St. Lary. Zunächst sehr starke Wellenbildung bei nur mäßiger Verblockung (42.8142,0.3173)

51,1 Str.-Ⅱ D223 (42.8211,0.3203)

50,7 Str.-Ⅱ D123 (42.8238,0.3228)

49,9 Str.-Ⅱ D19, li **F 65170 Vielle-Aure** die Schwierigkeiten lassen nach (42.8296,0.3283)

46,8 ▬ Wehr re Bootsgasse, ≈. (42.8520,0.3439)

46,3 Str.-Ⅱ D929, re **F 65170 Bazus-Aure** (42.8561,0.3422)

44,7 Str.-Ⅱ D30 (42.8694,0.3484)

42,4 ▬ Wehr mit ↯ von Cadeac, **X**, re befindet sich zwar eine Bootsrutsche mit 1,3 m hohem Abfall am Ende, bei NW wahrscheinlich ebenfalls **X**. entweder li ⌂ oder die Boote über das ▬ werfen. Es folgen die „Gorges de Cadéac", der schönste Teil des Flusses, WW III, abnehmend WW II (42.8874,0.3481)

42,2 Weg-Ⅱ **F 65240 Cadéac** (42.8887,0.3496)

41,1 Str.-Ⅱ D919 (42.8964,0.3541)

40,5 re ⛺ Municipal d'Arreau Fahrt hier oder wenig später li am Beginn einer Wiese beenden. ⚠, starker Zug auf das folgende ▬ Wehr. Eine Durchfahrt durch Arreau ist unmöglich, camping-arreau.fr (42.9011,0.3536)

39,7 re ⇩ Neste de Louron (s. Seite 445) (42.9064,0.3577);
Str.-Ⅱ D112 **F 65240 Arreau** (42.9071,0.3577)

39,0 ▬ Wehr, **X**, danach wieder ⬇ für die Weiterfahrt am Ortsende von Arreau. Meist bis Frühsommer ausreichende Wasserführung, schnelle Strömung, Schwälle (42.9114,0.3608)

36,9 Str.-Ⅱ D109 (42.9275,0.3682)

34,7 Str.-Ⅱ D108, **F 65410 Camous** kurz danach Beginn des Rückstaus des Stausees von Beyrede (42.9453,0.3739)

32,8 ▬ Staudamm 7 m hoch, **X**, re 40 m weit ⌂ (42.9588,0.3801)

31,8 Str.-Ⅱ, **F 65410 Sarrancolin** (42.9668,0.3781)

30,8 Str.-Ⅱ D106 (42.9742,0.3766)

28,3 Weg-Ⅱ (42.9946,0.3748)

28,1 Steil-▬ von Lechan 5 m hoch, **X**, re 40 m weit ⌂. Im weiteren Verlauf schöne Waldschlucht mit einigen kräftigen Schwällen (42.9964,0.3731)

28,0 EB-Ⅱ (42.9971,0.3740)

26,9 Str.-Ⅱ D26 (43.0044,0.3795)

25,2 Weg-Ⅱ (43.0183,0.3765)
24,9 Schräg-■ mit Steilabfall, 3 m hoch, wegen unsauberen Unterwassers kaum ≈, re 50 m weit ⏏ (43.0210,0.3780)
23,1 Weg-Ⅱ (43.0327,0.3770)
21,9 Str.-Ⅱ D278 (43.0424,0.3797)
19,2 Weg-Ⅱ, li **F 65250 Izaux** (43.0622,0.3842)
18,6 ■ Wehr, **X**, re ⏏ (43.0670,0.3837)
17,2 Str.-Ⅱ D142, li **F 65250 La Barthe-de-Neste** ab hier meist auch noch im Sommer ≈ (43.0728,0.3966)
15,1 Schräg-■ 2,5 m hoch, m ≈ (43.0767,0.4173)
14,1 Schräg-■ 1,5 m hoch re ≈ oder re überheben (43.0763,0.4282)
12,8 Str.-Ⅱ D24 (43.0712,0.4407)
11,2 ■ Steinbarriere 0,7 m hoch, gut ≈ (43.0670,0.4559)
10,5 Str.-Ⅱ D626 (43.0663,0.4645)
8,3 Schräg-■ 1,3 m hoch, re über Rutsche gut ≈, li starker Rücklauf, evtl. re kurz ⏏ (43.0727,0.4832)
8,0 Str.-Ⅱ D75, li **F 65150 Saint-Laurent-de-Neste** (43.0720,0.4859)
4,2 Str.-Ⅱ D71, re **F 65150 Aventignan** darunter ■ Wehr, ≈ (43.0732, 0.5239)
1,6 Str.-Ⅱ D72, li **F 65150 Mazères-de-Neste** (43.0694,0.5487)
0,0 ⇩ in Garonne (s. Seite 371) bei km 441,0 Beendigung der Fahrt bei der folgenden Ⅱ von Montréjeau (43.0752,0.5657)

Neste de Louron

Wildfluss (Gebirgsfluss) Gewässerkennzahl FR: O01-0430
Mündung in Neste bei km 39,7 (re Nebenfluss)

Die Neste de Louron, die kleinere Schwester der Neste, verläuft wie diese in einem landschaftlich hervorragend schönen Tal der Hochpyrenäen.

Der Oberlauf, oberhalb des großen Stausees von Loudenvielle (er wird als Wassersportrevier genutzt) führt zwar auch im Frühjahr meist nur wenig Wasser; bei der hervorragenden landschaftlichen Schönheit dieses abgelegenen Winkels lohnt es sich meist trotzdem, auf einer Strecke von etwa 10 km eine an den Booten kratzende Steinerutscherei in Kauf zu nehmen.

Größere Schwierigkeiten in den 500 m langen, erheblich verblockten Stromschnellen der „Gorges d´Ourcibats".

Unterhalb des Stausees kann ebenfalls auf einer Strecke von 5 km bis zur Ⅱ von Avajan gefahren werden, WW II, Strauchhindernisse.

Die meist befahrene und als WW interessanteste Strecke der Neste de Louron beginnt jedoch erst unterhalb des ↯ von Avajan. 8 km bis ⇩.

Schwierigkeit: WW III und IV (VI).

⬇ etwa 600 m unterhalb des ↯. Sofort sehr schnelle Fahrt bei erheblichem Gefälle zwischen großen Felsblöcken.

Nach etwa 1500 m folgt in einer re-Kurve, in Höhe der gemauerten Straßenböschung, ein 3 m hoher, enorm verblockter Abfall, WW VI-**X**.

Es ist unbedingt erforderlich, sich die ⬆ schon bei der Anfahrt zu merken, re ⌂ oder Fahrt erst nach dem Fall beginnen. Vorübergehend wird die Fahrt leichter, in Bordères 3 etwa 30 cm hohe Sohlschwellen, gut ≈. Danach wird die Fahrt wieder sehr schwer, mehrere stark verblockte Abfälle, insbesondere vor Prade, sollten besichtigt werden.

1 km vor Arreau Rückführung des abgeleiteten Wassers, erhebliche Wellenbildung. Beendigung der Fahrt nach der ⇩ in die Neste d´Aure am re Ufer.

Befahrbarkeit: April bis Juni.

Pegel: Ⅱ von Arreau, erforderlich 70 cm.

Ourse

Wildbach (Gebirgsbach) Gewässerkennzahl FR: O00-0460
Mündung in Garonne bei km 452,0 (re Nebenfluss)

Die Ourse verläuft als mäßig schwerer Wildbach in einem engen, recht dicht besiedelten Tal des Nordabfalls der Pyrenäen.

Befahrbarkeit: Frühjahr bis Mai.

Schwierigkeiten: enges Flussbett, teilweise erhebliche Verblockung, Baum- und Strauchhindernisse, erhebliches Gefälle, geringe Wasserwucht, WW II-III.

Bei HW wird die Ourse extrem schwer, WW IV-V.

Fahrbare Strecke: Mauléon-Barousse bis Izacourt, 8,5 km. ⬇ in Mauléon unter der Ⅱ.

Auf der gesamten Strecke finden sich 15 ▬, teilweise verfallen; ein ▬ ist **X**, die übrigen, je nach Wasserstand, ≈.

Umwelt: Wasser: sehr sauber

Pique

Wildfluss (Gebirgsfluss) Gewässerkennzahl FR: O00-0400
Mündung in Garonne bei km 464,4 (li Nebenfluss)

Der Pique ist ein landschaftlich sehr reizvoller, aus den Hochpyrenäen kommender Wildfluss wechselnder Schwierigkeit.

Befahrbarkeit:	hängt ab von zwei Stauanlagen. 1. Das ϟ von Rochers oberhalb der üblichen ⬇. Das Werk lässt täglich zu bestimmten Zeiten Wasser ab, zu anderen Zeiten ist der Wasserabfluss gesperrt oder sehr gering. 2. Der Staudamm bei Cier de Luchon. Bei diesem Staudamm wird das Wasser des Pique bis zum ϟ von Cierp abgeleitet. Eine Weiterfahrt bis Cierp ist nur möglich im Frühjahr zur Zeit der Schneeschmelze und wenn außerdem das ϟ von Rochers Wasser ablässt.
Schwierigkeiten:	km 16,6-9,5 WW I km 9,5-⇩ WW III und IV, abnehmend bis WW II
Infrastruktur:	Pkw: die Straße und die Eisenbahn führen stets neben dem Fluss her. Zeltmöglichkeit: ⛺ Juzet

32,9 Ursprung Das Tal des oberen Pique ist landschaftlich sehr schön. Besondere ⌘: Cirque du Luys, Super-Bagnères und die Stadt Luchon (42.6949,0.6541)

18,3 Str.-II D27C li **F 31110 Bagnères-de-Luchon** re Mögliche ⬇, beim Minigolfplatz um Erlaubnis bitten (42.7912,0.5992)

16,6 Str.-II D46 re **F 31110 Juzet-de-Luchon** ⛺, übliche ⬇ bei einem Steg (42.8057,0.6029)

13,9 Str.-II D27B re **F 31110 Salles-et-Pratviel** (42.8287,0.6038)

13,5 Str.-II D125 (42.8319,0.6021)

10,8 Str.-II D27, li **F 31110 Cier-de-Luchon** (42.8529,0.6027)

9,5 ▬ Wehr von **F 31110 Cier-de-Luchon**, **X**, ⏢. Beendigung der Fahrt vor dem ▬ kaum möglich; am besten ist es wahrscheinlich, zunächst am ▬ ⏢ und danach zur Straße hochtragen. Weiterfahrt nur bei ausreichendem Wasserablass möglich (s. oben). Das Tal wird enger und schließlich auf 1 km schluchtartig. In diesem Bereich bei starkem Gefälle schnelle Strömung und erhebliche Verblockung, WW III mit Stellen bis WW IV. Bei HW erreichen die Schwierigkeiten knapp WW V. Anlegen oder ⏢ in der Schlucht nicht möglich

(42.8631,0.6042)

9,3 Str.-Ⅱ D27 re **F 31440 Cazaux-Layrisse** (42.8646,0.6038)

7,5 Str.-Ⅱ D125 (42.8779,0.6141)

7,4 Str.-Ⅱ D125 (42.8787,0.6140)

6,3 Str.-Ⅱ D44, li **F 31440 Guran** (42.8853,0.6166)

5,6 Str.-Ⅱ D125 (42.8903,0.6199)

4,1 Str.-Ⅱ D125 danach stark verblockte Stelle. Das Tal weitet sich, nur noch geringe Schwierigkeiten (42.8993,0.6304)

2,3 re ↯ mit Rückführung des abgeleiteten Wassers ⬇ für die Weiterfahrt direkt beim re Arm beim ↯ (42.9127,0.6387)

2,0 Str.-Ⅱ D44, **F 31440 Cierp-Gaud** (42.9149,0.6392)

1,2 Str.-Ⅱ D125 (42.9174,0.6472)

1,0 ■ Wehr, ganz li ≋ (42.9184,0.6486)

0,0 ⇩ in Garonne (s. Seite 371) bei km 464,4 ⬆ am besten nach 1 km bei der Ⅱ von Chaum (42.9263,0.6515)

Dordogne

Wildfluss - Wanderfluss (Gebirgsfluss) Gewässerkennzahl FR: P---0000
Mündung in Atlantik

Mündung in Gironde. (Die Gironde ist eine tief in das Land eingeschnittene Meeresbucht, die durch den Zusammenfluss von Dordogne und Garonne entsteht.)

Die Dordogne ist im Oberlauf ein schweres, durch landschaftlich sehr schöne Schluchten führendes Wildwasser. Es folgt eine Kette von Stauseen, deren Befahrung nicht lohnend ist. Ab Argentat ist sie ein idealer Wanderfluss, der auch mit F2 befahren werden kann. Sie ist bis Siorac landschaftlich immer noch sehr reizvoll.

Bei schönem Wetter bevölkern sehr viele badende Kinder und Schwimmer den Fluss, die sich durch Unachtsamkeit und Rücksichtslosigkeit gegenüber den Paddlern oft selbst gefährden.

Die Dordogne wird sehr viel mit kommerziellen Leihbooten befahren, Tragen einer Schwimmweste ist Pflicht. Dies scheint aber nur für die Benutzer der Leihboote zu gelten.

Es sollte nicht versäumt werden, die bekannten Höhlen von Padirac (mit Bootsfahrt in der Grotte) und Lacave sowie das mittelalterliche Städtchen Roc Amadour zu besichtigen.

Fahrbare Flusslänge: 476 km.

Befahrbarkeit:	ab km 476,8 Zeit der Schneeschmelze, Herbst oder bei ausreichender Wasserabgabe des ↯ von St. Sauves. Ab Argentat ist die Befahrung der Dordogne meist das ganze Jahr hindurch möglich. Bei ausgesprochenem NW können sich jedoch mehrere mühsame Treidelstellen ergeben, ungünstig für Faltboote. Ab Beaulieu ist die Dordogne stets ohne Schwierigkeiten zu befahren. Bei HW ist mit sehr schneller Strömung, Wellen, Wirbeln und Presswassern zu rechnen. Im Sommer sehr lebhafter Betrieb mit Leihbooten. Man kann mit den Kanuverleihern evtl. ein Übereinkommen zum Rücktransport der Boote treffen.
Pegel:	Ⅱ km 464,6: Minimum für die Folgestrecke 30 cm
Schwierigkeiten:	km 476,8-454,0 WW III-IV km 454,0-443,0 WW II (III) km 443,0-338,3 Kette von Stauseen km 338,3-⇩ WW II, abnehmend WW I, Zahmwasser, Wanderstrecke.
Infrastruktur:	Zeltmöglichkeit: im gesamten Bereich der Dordogne sehr schöne Zeltplätze, außerdem zahlreiche kommerzielle Campingplätze, die nachstehend nur z.T. angegeben sind, in der Vorsaison teilweise geschlossen. Pkw: Es ist sinnvoll, die Dordogne mit Zeltgepäck zu befahren, den Pkw abzustellen und ihn am Ende der Fahrt mit Pkw bzw. Bus nachzuholen. Auch die Busse fahren in der Vorsaison z.T. nicht. Günstig dafür sind die ⛺ in Argentat und Beaulieu, hier werden allerdings recht hohe Gebühren für das Einstellen des Pkw verlangt.
Quellen:	Ergänzungen: Rüdiger Tonojan (06/14)

483,1 Ursprung am Fuß des Puy du Sancy durch Zusammenfluss der beiden Quellflüsse Dore und Dogne (45.5300,2.8186)

476,8 **F 63240 Mont-Dore ⬇**. Während der folgenden 6 km WW III, eine **X** Flussstelle ⏶

472,4 –472,4 **F 63150 La Bourboule** im Ortsbereich 13 ⅡⅡ; auf den folgenden 4 km einige ▬, über deren Befahrbarkeit nichts bekannt ist (45.5896,2.7666)–(45.5876,2.7321)

465,2 Str.-Ⅱ D922 (45.6010,2.6930)

464,8 Str.-Ⅱ **F 63950 Saint-Sauves-d'Auvergne** (Le Pont O), li gute ⬇ (45.6040,2.6905)
464,6 li ▤
462,8 –454,0 Gorges d´Avèze sehr schöne enge Waldschlucht, zunehmend schwieriger mit Verblockung, Stufen und Engstellen. Die Schlucht kann kaum verlassen werden, WW III-IV
454,0 Str.-Ⅱ D987 gute ⬇. Bis Stausee zumeist II (45.6080,2.5847)
452,0 Felsstufe, WW III
449,6 Str.-Ⅱ D73 einsame und sehr schöne Waldschlucht bis Stausee (45.5854,2.5493)
445,2 Beginn des Rückstaus bei vollem Stausee
444,2 re ⇩ Chavanon (s. Seite 481) (45.5539,2.5160)
443,0 Str.-Ⅱ D159/D73A ▬ Staudamm, re gute ⬆. (45.5444,2.5191)
443,0 –338,3 Kette von Stauseen, die nicht im einzelnen beschrieben werden.
410,7 re ⇩ Diège (s. Seite 479) (45.4140,2.3813)
395,0 li ⇩ Sumène (s. Seite 479) (45.3254,2.3398)
376,0 li ⇩ Auze (s. Seite 478) (45.2232,2.2029)
368,2 re ⇩ Luzège (s. Seite 478) (45.2264,2.1408)
338,3 Str.-Ⅱ D2120, **F 19400 Argentat** mittelalterliches Städtchen. Übliche ⬇ für die Befahrung der Dordogne. Unterstellmöglichkeit für Pkw evtl. bei Transportfirma Manaux am Ortsanfang. ⛺. Die Dordogne hat ab hier schnelle Strömung, im Sommer geringe Wassertiefe, Kiesbankschwälle, WW I mit Stellen WW II (45.0917,1.9399)
337,8 Str.-Ⅱ D1120 (45.0897,1.9335)
337,4 re 🅿 an der D12 gute ⬇ (45.0892,1.9283)
336,6 Leichte Schwallstrecke die bei NW Schwierigkeiten bereiten könnte, evtl. treideln. re ⛺ L'echo Du Malpas, schön gelegen, gut geeignet für Beginn der Fahrt mit guter ⬇ und Unterstellmöglichkeit für Pkw (kostenpflichtig), dordogne-vacances.fr (45.0825,1.9317)
335,7 Insel, ⬅ fahren bei NW schmale Passage, bei HW Wellen und Wirbel, re Arm verblockt. ⛺ Europe, camping-europe.fr (45.0762, 1.9327)
335,2 li ⇩ Maronne (s. Seite 476) (45.0725,1.9274)
333,7 Str.-Ⅱ D12E2 (45.0760,1.9123)
330,9 li ⛺ Le Saulou, saulou.net (45.0572,1.9133)
326,9 Vor re-Kurve Schwall li fahren, in der Kurve nach re wechseln und folgenden Schwall re fahren

325,9 ⚓ mit kleiner Verkaufsbude
320,9 Str.-Ⅱ D136, re **F 19120 Brivezac** 200 m vorher schöner ⛺ (45.0238,1.8441)
320,3 ▬ Stufe quer über den Fluss, m ≈ (45.0221,1.8375)
315,2 Flussteilung im li Arm ▬ Wehr, m ≈, re Arm flach, evtl. treideln (44.9943,1.8298)
313,8 ← Nebenarm über Betonrutsche, beschildert, ≈, allerdings schnelle Strömung, beim Auslauf evtl. Baumhindernisse. Man umgeht mit diesem Seitenarm das folgende ▬ Wehr (44.9832,1.8341)
313,4 Klappen-▬ unter Fußgänger-Ⅱ, re **F 19120 Beaulieu-sur-Dordogne**, **X**, ⬇ für Befahrung der Dordogne, falls eine Befahrung ab Argentat wegen NW nicht ratsam ist. Die Dordogne hat auf den folgenden Abschnitten starke Strömung, zieht häufig unter Büsche und umgestürzte Bäume (44.9823,1.8385)
313,0 re ⛺ Huttopia Beaulieu sur Dordogne laut, Bootsverleih; zu erreichen nach ⇩ des Nebenarmes etwa 100 m flussaufwärts, europe.huttopia.com (44.9800,1.8406)
312,7 li ⇩ Nebenarm (44.9790,1.8440)
312,5 Str.-Ⅱ D940 weitere ⬇ (44.9773,1.8434)
310,5 Natur-▬ ≈ oder re treideln, bei NW nicht immer möglich
302,7 EB-Ⅱ und Str.-Ⅱ D803, re **F 46130 Puybrun** danach li ✕, re 🚆 (1,6 km), 🛒, Busverbindung nach Padirac (Grotte) (44.9210,1.8009)
301,1 li ⇩ Cère (s. Seite 474) (44.9093,1.8115)
300,7 ▬ Sohlschwelle aus groben Steinen ≈ oder treideln (44.9057, 1.8082)
296,5 li **F 46130 Gintrac** ab hier ⚠ auf Baggerarbeiten
294,6 li ← Mühlgraben ≈, bei NW flach, re zum ▬ Wehr (44.9103, 1.7432);
Winkel-▬ halb-li Bootsrutsche mit 2 Abgängen, evtl. ≈, ansehen; danach Kiesbank mit Baumleichen! evtl. ⏏ li aus dem Mühlengraben. Im Mühlgraben Anlegestelle für ⛺ (44.9102,1.7441)
294,1 Str.-Ⅱ D20 danach li **F 46110 Carennac** 🛒, 1 km entfernt, interessantes Museum, ⌘; es folgen einige größere Inseln, li fahren (44.9151,1.7440)
288,0 re ⛺ Les Granges, les-granges.com (44.9329,1.6797)
287,0 Str.-Ⅱ D80 (44.9270,1.6705)
286,2 EB-Ⅱ (44.9264,1.6615)
282,7 Bei HW starker Schwall re von der Insel
281,2 Str.-Ⅱ D840 re ⛺ mit ✕ (44.9076,1.6276)

275,2 re **F 46600 Creysse** ✕ im schönen Ort, ⛟
271,8 Str.-⊓ D15, li **F 46200 Meyronne** ab hier sind Motorboote anzutreffen, Zunahme der Leihboote, re und li ⛟, re St. Stozy, 1 km entfernt, 🛒 (44.8767,1.5751)
268,5 li ⛟ La Riviere, campinglariviere.com (44.8620,1.5583)
266,5 li ⇩ eines Baches aus einer Höhle Einfahrt 50 m weit möglich, Taschenlampe mitnehmen;
li **F 46200 Lacave** mit Grotte ⌘. Sehr zu empfehlen: Fußwanderung 18 km durch ein schönes Tal nach Rocamadur (Pilgerstadt in großartiger Lage an Felshang). Zurück ist Trampen gut möglich;
li ⇩ Ouysse danach li auf hohem Felsen Schloss „Le Belcastel" (44.8468,1.5500)
263,0 Str.-⊓ D43, re **F 46200 Pinsac** ⛟, sehr schön gelegen (44.8519, 1.5261)
259,4 Autobahn-⊓ A20 (L´Occitane) (44.8489,1.4922)
254,7 Str.-⊓ D820 danach re ✕, re in 1 km Entfernung **F 46200 Souillac**, ⌘; 🚂, 🛒, ✕ (44.8830,1.4855)
253,4 ⛟ Les Ondines, camping-lesondines.com (44.8889,1.4736)
252,3 Str.-⊓ D255 (44.8912,1.4593)
248,4 re ⛟ Municipal, cazoules.pagesperso-orange.fr (44.8728,1.4336)
246,4 EB-⊓ (44.8724,1.4123)
240,3 Str.-⊓ D61, li **F 24370 Saint-Julien-de-Lampon** alle Möglichkeiten. Vor ⊓ re und li ⛟ „Le Bourniou", camping-bourniou.com (44.8661, 1.3572)
232,5 Str.-⊓ D704, li **F 24250 Groléjac** Bis Beynac landschaftlich schöne Strecke mit malerischen Orten und Burgen. Fahrtechnisch keine Schwierigkeiten mehr (44.8250,1.2875)
232,2 EB-⊓ (44.8239,1.2834)
228,5 re re Schloss „Cingle de Montfort" 16. Jahrh. auf hohem Felsen, ⌘, ab hier viele ⛟ besonders auf dem re Ufer
222,8 Str.-⊓ D46E3 (44.8259,1.2230)
221,4 re ⛟ Beau Rivage, beaurivagedordogne.com (44.8158,1.2165)
221,3 li ⛟ Le Perpetuum sarlat domme, campingleperpetuum.com (44.8153,1.2176)
219,0 Str.-⊓ D46, li **F 24250 Cénac-et-Saint-Julien** und in 2 km Entfernung **F 24250 Domme**, Grotten, ⌘. li vor ⊓ ⛟ (44.8061,1.2047)
215,3 re **F 24250 La Roque-Gageac** malerisches, altes Dorf unter einer hohen Felswand, re am Ortsende ⛟
212,5 li ⇩ Céou (s. Seite 473) (44.8141,1.1543)

212,4 Str.-II D57, li Château de Castelnaud Unterhalb der Burg: Walnußmuseum, ⌘ (44.8149,1.1522)
210,9 re mehrere ⛺
210,3 EB-II (44.8324,1.1477)
209,3 re **F 24220 Beynac et Cazenac** gute ⬆ bei Schrägrampe, großer 🅿. Schloss, archäologisches Museum, ⌘ (44.8395,1.1421)
207,8 EB-II (44.8348,1.1243)
205,2 re Pont d´enveau exzellentes ✕ „Ferme auberge d´enveau" (44.8251,1.0981)
201,3 Str.-II, li **F 24220 Allas-les-Mines** ✕ (44.8368,1.0688)
198,1 Str.-II D48, re nach **F 24220 Saint-Cyprien** (2 km) (44.8543, 1.0390);
re ⛺ du Garrit en Dordogne, campingdugarritendordogneperigord.com (44.8553,1.0379)
197,9 EB-II und Str.-II D703 (44.8553,1.0357)
191,7 Str.-II D703, li **F 24170 Siorac-en-Périgord** ⌘, 🛒, 🚂. Sehr guter ⛺ "du Port" unterhalb II l, campingduport.net (44.8262,0.9904)
186,6 Hinter mehreren großen Buhnen am li Ufer quer verlaufende versetzte scharfkantige Steinbarren, bei höherem Wasserstand nur leichter Schwall, bei NW evtl. treideln oder ⩯, insbesondere Faltboote!
183,1 Str.-II D51E, li **F 24480 Le Buisson-de-Cadouin** li großer ⛺ du Pont de Vicq En Périgord; li 🚂 1000 m, 🛒, günstige Stelle zur evtl. Beendigung der Fahrt, campinglepontdevicq.com (44.8554,0.9091)
182,2 EB-II (44.8533,0.8992)
180,2 EB-II (44.8667,0.8879)
178,6 Str.-II D51E, re **F 24510 Limeuil** Beginn des Staus von Mauzac. ⛺ li nach II. Weitere günstige Gelegenheit zur Beendigung der Fahrt. Die weitere Strecke ist landschaftlich weniger reizvoll, das Wasser wird schmutziger, das ⩯ bei den folgenden ▬ Wehr ist mühsam (44.8810,0.8898)
178,5 re ⇩ Vézère (s. Seite 466) (44.8819,0.8896)
174,8 EB-II (44.8643,0.8650)
169,6 EB-II (44.8645,0.8224)
168,7 Str.-II D31, re **F 24510 Trémolat** (44.8725,0.8221)
167,8 re ⛺ du Bassin nautique de Trémolat schön, aber teuer, semitour.com (44.8788,0.8237)
163,4 ▬ Wehr Mauzac, X, es gibt 4 Möglichkeiten:
1. Bei gutem Wasserablass des ▬ re ⩯. Gute Weiterfahrt. Das ⬇ ist allerdings sehr schwierig.

2. Bei schlechtem oder fehlendem Wasserablass re ⩡ wie bei 1, die Boote müssen dann etwa 800 m weit durch das Flussbett gezogen werden, bis das abgeleitete Wasser zurückkommt.
3. re auf Teerweg etwa 800 m weit ⩡, bis auf der li Seite eingezäunte Weide beginnt.
4. Man kann auch re in den Seitenkanal übersetzen. Weiterfahrt auf dem Kanal etwa 6 km bis zu der großen Sportanlage von Lalinde (base plein air); hier ⩡ in die Dordogne. ⬆ und ⬇ im Kanal schwierig (44.8623,0.8021);
EB-Ⅱ (44.8644,0.8006)

158,4 re 🚐 Moulin De La Guillou, ville-lalinde.fr (44.8392,0.7627)
157,9 Schwall mit erheblicher Wellenbildung WW II, evtl. vorher besichtigen
156,7 Str.-Ⅱ D8E4, re **F 24150 Lalinde** keine Möglichkeit zum ⬆ (44.8347, 0.7403)
153,8 Str.-Ⅱ D660, **F 24150 Couze** li 500 m zum 🚉 (44.8316,0.7042)
149,8 Str.-Ⅱ, re **F 24150 Saint-Capraise-de-Lalinde** (44.8404,0.6548)
148,0 ▬ Wehr, **X**, Zum Überwinden dieses ▬ gibt es ebenfalls mehrere Möglichkeiten:
1. ⩡ direkt am ▬ über Treppen. Diese Möglichkeit ist nicht nur sehr mühsam, sondern auch gefährlich, da die ⬆ zwischen ▬ und Floßgasse schon im Sog des ▬ liegt.
2. In Bodenfalte unmittelbar vor letztem Gehöft vor ▬ ⩡. Im Gehöft um Erlaubnis fragen. Etwa 1 km auf Asphaltstraße. Bei Kreuzung re abbiegen und altem Bachbett folgen. Am Fluss defekte alte Schrägrampe.
3. Bei Ⅱ ↱ und mit Bootswagen etwa 3 km weit bis zum Sportplatz vor Mouleydier umkarren, Fahrweg bis zum Fluss, ⛺ (44.8447, 0.6330)

144,7 Str.-Ⅱ D21 (44.8537,0.5946)
139,8 Str.-Ⅱ N21 (44.8456,0.5351)
139,2 Str.-Ⅱ D660E1 (44.8437,0.5279)
136,5 re ⛺ und Bootsschuppen des Kanuclubs Bergerac Freibad, gute Anlegemöglichkeit für Abbau und zum Besuch der Stadt. Ca. 200m oberhalb Ⅱ
135,5 Str.-Ⅱ **F 24100 Bergerac** (Boulevard Louis Pimont) (44.8447,0.4873)
135,0 Str.-Ⅱ D709 **F 24100 Bergerac** 25000 Einwohner, Schloss, Kloster, 12. Jahrhundert, ⌘. re 1 km zum 🚉 (44.8480,0.4833)
132,4 ▬ Wehr, **X**, re ⩡ leicht (44.8462,0.4545)
130,2 Str.-Ⅱ (44.8368,0.4351)

127,2 EB-Ⅱ (44.8485,0.4048)

120,1 Str.-Ⅱ D4, li **F 24680 Gardonne** danach li ⛺ Parc Servois, parcservois.com (44.8397,0.3329)

111,7 Str.-Ⅱ D130/D32E1, re **F 24130 Le Fleix** (44.8722,0.2434)

107,7 re Kanuclub mit besserer Anlegemöglichkeit, nicht beschildert, canoe-kayak-port-ste-foy.com (44.8461,0.2246)

107,4 li ⛺ de la Bastide hochgelegen, camping-bastide.com (44.8448, 0.2245)

106,4 Str.-Ⅱ D20/D936E2 (44.8424,0.2113)

106,1 Str.-Ⅱ D936E2, li **F 33220 Sainte-Foy-la-Grande** re **F 33220 Port-Sainte-Foy-et-Ponchapt**, 🛒, 🍴. Ab hier zunehmender Einfluss von Ebbe und Flut (44.8409,0.2088)

105,8 EB-Ⅱ (44.8386,0.2062)

105,1 Str.-Ⅱ D936 (44.8326,0.2018)

91,5 Str.-Ⅱ D11/D16, li **F 33890 Pessac-sur-Dordogne** (44.8215,0.0776)

79,9 re ⛺ Municipal la Pelouse (44.8529,-0.0354)

79,3 Str.-Ⅱ D17, re **F 33350 Castillon-la-Bataille** gute Möglichkeit zur Beendigung der Fahrt. 🛒, 🍴 (44.8506,-0.0433)

78,6 Str.-Ⅱ D119E1 (44.8473,-0.0509)

70,1 Str.-Ⅱ D670, li **F 33420 Saint-Jean-de-Blaignac** (44.8142,-0.1388)

62,5 Str.-Ⅱ D936, li **F 33420 Branne** (44.8324,-0.1862)

53,6 Str.-Ⅱ D1089 (44.8944,-0.2162)

44,3 EB-Ⅱ (44.9040,-0.2484)

43,3 Str.-Ⅱ D2089, re **F 33500 Libourne** Hinter Libourne verbreitert sich die Dordogne, teilweise über 1 km (44.9129,-0.2497)

43,1 re ⇩ Isle (s. Seite 455) auf dieser 200 m aufwärts zum Ruderclub li (Centre nautique) (44.9157,-0.2492)

42,1 Autobahn-Ⅱ A89 (44.9188,-0.2611)

17,9 EB-Ⅱ (44.9511,-0.4538)

17,5 Autobahn-Ⅱ A10 (44.9545,-0.4557)

16,6 Str.-Ⅱ D1010 (44.9617,-0.4618)

15,6 EB-Ⅱ (44.9687,-0.4683)

3,8 re **F 33710 Bourg** letzter größerer Ort vor der Gironde, Schloss

0,0 ⇩ Zusammenfluss mit der Garonne (s. Seite 371) zur Gironde. (Die Gironde ist eine tief in das Land eingeschnittene Meeresbucht, die durch den Zusammenfluss von Dordogne und Garonne entsteht.); Vorher li großes Industriegebiet (45.0476,-0.6096)

Isle

Wildfluss - Wanderfluss (Flachlandfluss) Gewässerkennzahl FR: P---0150
Mündung in Dordogne bei km 43,1 (re Nebenfluss)

Die Isle ist in ihrem Oberlauf ein leichter Wildfluss, ab Coulaures ein gemächlicher Wanderfluss in reizvoller Landschaft, keine Schwierigkeiten, Zahmwasser.

Unterhalb Perigueux war die Isle früher schiffbar; sie weist daher in Abständen von 2-3 km zahllose Wehre auf, es sind fast durchweg fahrbare Schrägwehre. Wegen des geringen Gefälles ergeben sich vor den Wehren zumeist längere Staustrecken. Es wird empfohlen, die Isle nur mit leeren Einern zu befahren. Die Eisenbahn begleitet den Fluss, sodass das tägliche Nachholen der Boote keine Schwierigkeit bereitet.

Ab Zusammenfluss von Isle und Dronne macht sich der Gezeiteneinfluss bemerkbar, dadurch Schwierigkeiten beim ⬆ bei Ebbe. In diesem Bereich keine Wehre mehr. An den Ufern zahlreiche Netzfischer.

Befahrbarkeit: Oberlauf Frühjahr, ab km 198,9 meist ganzjährig. Im Sommer wird allerdings eine Befahrung mancher Wehre nicht mehr möglich sein.

Schwierigkeiten: km 238,2-188,9 WW II-I

km 188,9-⇩ Zahmwasser

255,3 Ursprung ihrer verschiedenen Quellflüsse in etwa 400 m Höhe. (45.6555,1.2187)

238,2 Str.-Ⅱ D901, re **F 87500 Le Chalard** oberste mögliche ⬇ bei ausreichendem Wasserstand unterhalb des Ortes bei einer alten Ⅱ, hier ⅄-Möglichkeit. Schnelle Strömung in Kiesbett, keine Detailbeschreibung (45.5432,1.1376)

223,9 ▬ Wehr, li **F 24630 Jumilhac-le-Grand** (45.4950,1.0580)

223,4 Mögliche ⬇ **F 24630 Jumilhac-le-Grand** oberhalb einer alten Ⅱ am Fuß des Schlosses. Es folgen bis Corgnac 3 ▬ Wehr (Mühle von Gobiller, ≋, bei Castilloux und Vaudrude, **X**), keine Detailbeschreibung bis Corgnac! (45.4933,1.0557)

198,9 Str.-Ⅱ D76, **F 24800 Corgnac-sur-l'Isle** über die folgenden 7 km ist nichts bekannt (45.3756,0.9494)

192,6 Str.-Ⅱ D73, li **F 24160 Saint-Jory-las-Bloux- Les Maisons** Lebhaftes Wasser in einer Waldschlucht, WW II (45.3319,0.9538)

188,9 Str.-Ⅱ D705, li **F 24420 Coulaures** ab hier auch im Sommer fast

immer ausreichend Wasser (45.3072,0.9740)
188,6 li ⇩ Loue (s. Seite 465) (45.3054,0.9728)
187,3 Schräg-▬, evtl. ≈ (45.2994,0.9609)
184,0 Str.-Ⅱ D4 (45.2811,0.9412)
182,7 Str.-Ⅱ D4 (45.2754,0.9393)
180,1 Mühlen-▬ Privatbesitz, meist ≈ (45.2712,0.9183)
179,9 Str.-Ⅱ D68, re **F 24420 Savignac-les-Églises** gute ⬆. Es folgt eine etwas langweilige Flussstrecke (45.2708,0.9162)
178,6 Schräg-▬, evtl. ≈ (45.2625,0.9048)
177,7 Schräg-▬, evtl. ≈ (45.2554,0.9035)
176,5 Schräg-▬, evtl. ≈ (45.2470,0.8941)
176,1 Str.-Ⅱ, li **F 24420 Saint-Vincent-sur-l'Isle** Kleine Stromschnellen (45.2441,0.8922)
174,0 Str.-Ⅱ, re **F 24420 Sarliac-sur-l'Isle** (45.2397,0.8761)
172,7 Schräg-▬, evtl. ≈ (45.2311,0.8703)
171,6 Str.-Ⅱ D69 (45.2234,0.8653)
168,0 Mühlen-▬ Privatbesitz, 1,5 m hoch, senkrecht, evtl. ≈, bei HW gefährlicher Rücklauf (45.2173,0.8381)
167,1 Str.-Ⅱ D6 (45.2121,0.8383)
164,5 li ⇩ Auvezère (s. Seite 463) (45.1954,0.8402)
162,9 Mühlen-▬, li **F 24330 Bassillac- Rognac** schöne Stromschnelle. Gute Gelegenheit zur Beendigung der Fahrt re bei einem Hotel-🅿. Die Reststrecke des Flusses ist weniger interessant, zahlreiche ▬ Wehr, dazwischen kaum Strömung (45.1984,0.8218)
161,1 Schräg-▬, evtl. ≈ (45.2048,0.8073)
160,8 Str.-Ⅱ D5E (45.2029,0.8042)
158,0 Str.-Ⅱ D5E6 (45.1893,0.7822)
157,2 Schräg-▬, evtl. ≈ (45.1902,0.7716)
156,6 Str.-Ⅱ, li **F 24750 Boulazac** (45.1879,0.7648)
156,3 Schräg-▬, evtl. ≈ (45.1867,0.7618)
154,2 Schräg-▬, evtl. ≈ (45.1877,0.7408)
153,5 –148,5 Stadtgebiet von **F 24000 Périgueux**
152,7 Str.-Ⅱ (Pont des Barris) (45.1836,0.7248)
152,3 Str.-Ⅱ D6021 (45.1806,0.7234)
152,1 Fußg.-Ⅱ (45.1786,0.7224)
152,0 ▬ Wehr (45.1776,0.7222)
151,9 Str.-Ⅱ (Pont S) und EB-Ⅱ (45.1769,0.7220)
150,4 Schräg-▬, evtl. ≈ (45.1784,0.7063)
149,8 Schräg-▬, evtl. ≈ (45.1830,0.7021)

149,5 Str.-Ⅱ D6089, (45.1853,0.7004)
148,7 Fußg.-Ⅱ (Pont de Izards) (45.1924,0.6977)
148,3 EB-Ⅱ (45.1961,0.6962)
147,9 Schräg-▬, evtl. ≋ (45.1989,0.6942)
145,8 Schräg-▬, evtl. ≋ (45.1913,0.6773)
144,4 Str.-Ⅱ D710E (45.1888,0.6613)
143,2 Schräg-▬, evtl. ≋ (45.1858,0.6477)
141,8 Schräg-▬, evtl. ≋ (45.1907,0.6325)
140,2 Schräg-▬, evtl. ≋ (45.1934,0.6215)
139,4 EB-Ⅱ (45.1860,0.6193)
138,1 Schräg-▬, evtl. ≋ (45.1764,0.6122)
136,4 Str.-Ⅱ D3A6 (45.1720,0.5931)
135,6 Schräg-▬, evtl. ≋ (45.1667,0.5872)
133,4 Schräg-▬, evtl. ≋ (45.1511,0.5790)
131,3 Schräg-▬, evtl. ≋ (45.1646,0.5680)
129,6 Schräg-▬, evtl. ≋ (45.1588,0.5520)
127,3 Schräg-▬, evtl. ≋ (45.1553,0.5367)
126,3 Schräg-▬, evtl. ≋ (45.1475,0.5311)
126,1 Str.-Ⅱ D41, re **F 24110 Saint-Astier** (45.1462,0.5315)
125,6 EB-Ⅱ (45.1427,0.5342)
123,9 Schräg-▬, evtl. ≋ (45.1279,0.5301)
121,0 Str.-Ⅱ D41E2 (45.1208,0.4966)
120,9 Schräg-▬, evtl. ≋ (45.1201,0.4945)
119,6 Schräg-▬, evtl. ≋ (45.1096,0.4939)
116,8 Str.-Ⅱ D39 (45.1075,0.4683)
116,5 Schräg-▬, evtl. ≋ (45.1084,0.4642)
115,0 Str.-Ⅱ D44 (45.1002,0.4498)
112,9 Schräg-▬, evtl. ≋ (45.0885,0.4330)
110,5 ▬ Wehr, **X**, ⏏ (45.0728,0.4244)
107,8 ▬ Wehr, **X**, ⏏ (45.0661,0.3948)
105,0 Str.-Ⅱ D3E5 (45.0524,0.3956)
104,4 ▬ Wehr, **X**, ⏏ (45.0525,0.3879)
100,3 ▬ Wehr, **X**, ⏏ (45.0390,0.3768)
99,5 Str.-Ⅱ D709, li **F 24400 Mussidan** (45.0385,0.3700)
99,5 –73,0 es folgen 7 ▬, davon 2 ≋; die anderen müssen ⏏ werden
98,7 EB-Ⅱ (45.0423,0.3604)
97,4 ▬ Wehr (45.0443,0.3505)
94,4 ▬ Wehr (45.0490,0.3257)
90,5 ▬ Wehr (45.0387,0.2988)

88,6 Str.-Ⅱ D13 (45.0283,0.2843)
84,7 ▬ Wehr (45.0229,0.2556)
83,6 Str.-Ⅱ D3E4 (45.0299,0.2469)
81,4 ▬ Wehr (45.0298,0.2262)
77,3 ▬ Wehr (45.0295,0.1912)
73,6 ▬ Wehr (45.0120,0.1661)
73,0 Str.-Ⅱ D708, li **F 24700 Montpon-Ménestérol** (45.0127,0.1594)
72,9 –44,6 es folgen 9 ▬, davon 3 ≋; die anderen müssen ⌓ werden (bis 500 m)
72,4 ▬ Wehr (45.0144,0.1531)
68,8 ▬ Wehr (45.0236,0.1328)
66,9 ▬ Wehr (45.0183,0.1150)
66,6 Str.-Ⅱ D3E2 (45.0171,0.1107)
62,0 ▬ Wehr (45.0147,0.0779)
60,8 Str.-Ⅱ D10 (45.0162,0.0643)
58,2 ▬ Wehr (45.0217,0.0410)
57,9 Str.-Ⅱ D121 (45.0244,0.0391)
55,9 ▬ Wehr (45.0167,0.0221)
52,5 ▬ Wehr (45.0206,-0.0016)
52,1 Str.-Ⅱ D123 (45.0173,-0.0021)
52,0 ▬ Wehr (45.0163,-0.0028)
49,5 ▬ Wehr (45.0192,-0.0234)
44,7 EB-Ⅱ (45.0203,-0.0530)
44,6 Str.-Ⅱ D21, li **F 33230 Saint-Médard-de-Guizières** (45.0201,-0.0547)
42,7 ▬ Wehr, **X**, überheben (45.0193,-0.0732)
39,1 ▬ Wehr, **X**, evtl. überheben (45.0154,-0.0942)
38,1 Str.-Ⅱ D261 (45.0163,-0.1067)
36,2 ▬ Wehr, **X**, evtl. überheben (45.0178,-0.1233)
35,6 Str.-Ⅱ D17 (45.0220,-0.1259)
34,1 2x EB-Ⅱ (45.0265,-0.1434)
32,8 Str.-Ⅱ D674 (45.0328,-0.1467)
32,6 ▬ Wehr, **X**, ⬆ oder 500 m re bis zur Dronne umtragen (45.0342,-0.1470)
32,1 re ⇩ Dronne (s. Seite 460) ab hier Gezeitenfluss (45.0378,-0.1484)
29,0 Str.-Ⅱ D910, re **F 33230 Guitres** danach re gute ⬆ (45.0385,-0.1859)
28,4 Str.-Ⅱ D910E1 (45.0373,-0.1921)
21,0 Str.-Ⅱ D22, li **F 33910 Saint-Denis-de-Pile** (44.9932,-0.2072)

16,5 Str.-ⵊ D120 (44.9869,-0.2332)
11,2 Str.-ⵊ D18 (44.9749,-0.2539)
5,3 3x Autobahn-ⵊ A89 (44.9410,-0.2585)
0,5 Str.-ⵊ D670, li **F 33500 Libourne** (44.9194,-0.2446)
0,0 ⇩ in Dordogne (s. Seite 448) bei km 43,1 (44.9159,-0.2493)

Dronne

Wanderfluss (Flachlandfluss) (Oberlauf: Leichter Wildfluss)

Gewässerkennzahl FR: P7--0250

Mündung in Isle bei km 32,1 (re Nebenfluss)

Die Dronne ist ein landschaftlich schöner, von Hügeln eingerahmter leichter Wanderfluss. Auf der ganzen Flussstrecke kein einziger großer Staudamm; lediglich eine größere Anzahl von kleineren Wehren, die entweder befahren oder leicht überhoben werden können.

Befahrbarkeit: oberhalb St. Front nur möglich nach stärkeren Regenfällen, ab Brantôme auch in trockenen Sommern, wegen der zahlreichen Wehre ist allerdings eine Befahrung bei etwas höherem Wasserstand vorzuziehen.

Schwierigkeiten: km 164,8-157,4 WW III.
km 157,4-125,4 WW I (II)
km 125,4-Mündung WW I-Zahmwasser

Infrastruktur: Zeltmöglichkeit: ⛺ in Brantôme und Bourdailles.

200,6 Ursprung: bei Chalus in 430 m Höhe. (45.6484,1.0805)
164,8 Str.-ⵊ D79, li **F 24470 Saint-Saud-Lacoussière** ⬇ an der ⵊ D79 (45.5478,0.8386)
157,4 Saut du Chalard (bei Champs Romain), **X** Wasserfall, ⌂
145,8 Str.-ⵊ, li **F 24300 Saint-Front-la-Rivière** Ab hier Befahrung mit Ausnahme von trockenen Sommern zumeist möglich. Der Fluss ist ziemlich eng und führt streckenweise unter Büschen hindurch. Es besteht die Möglichkeit, dass umgefallene Bäume im Fluss liegen. WW I. Zahlreiche ▬ bis km 125,4 ▬, meist ≈, kein ausführliche Beschreibung! (45.4712,0.7225)
130,3 li ⇩ Côle (s. Seite 463) (45.3689,0.6847)
129,7 Str.-ⵊ D78 (45.3643,0.6819)
129,6 ▬ Wehr (45.3638,0.6818)
128,0 ▬ Wehr (45.3527,0.6771)

125,4 li ■ Wehr **F 24310 Brantôme** re Arm fahren, li ■ Wehr mit Bootsrutsche. ⛺, Ort ⌘, mehrere Ⅱ Ⅱ.
Ab hier keine nennenswerten Schwierigkeiten mehr - Zahmwasser, Befahrung auch in trockenen Sommern möglich.
In Abständen von etwa 1,5-2 km folgen sehr zahlreiche durch Wassermühlen bedingte Wehre; sie sind mit leeren Booten bei gutem Wasserstand fast alle ≋, mit urlaubsmässig bepackten Faltbooten müssen sie überhoben werden. Dies ist auf die Dauer sehr ermüdend (45.3640,0.6523)
123,6 Str.-Ⅱ D939 (45.3535,0.6495)
123,4 ■ Wehr, evtl. ≋ (45.3519,0.6499)
121,1 Weg-Ⅱ danach ■ Wehr, evtl. ≋ (45.3552,0.6293)
118,9 ■ Wehr, evtl. ≋ (45.3377,0.6265)
118,3 ■ Wehr, evtl. ≋ (45.3345,0.6213)
118,0 Str.-Ⅱ D78 (45.3344,0.6167)
116,9 ■ Wehr, evtl. ≋ (45.3321,0.6038)
116,1 ■ Wehr, evtl. ≋ (45.3330,0.5959)
115,0 ■ Wehr, evtl. ≋ (45.3268,0.5917)
114,2 ■ Wehr (45.3230,0.5866)
114,1 Str.-Ⅱ D106, **F 24310 Bourdeilles** mittelalterliches Städtchen mit Schloss, ⌘. ⛺, (45.3231,0.5854)
113,7 Str.-Ⅱ D106E3 (45.3224,0.5798)
110,2 ■ Wehr (45.3059,0.5684)
109,0 ■ Wehr (45.3036,0.5542)
107,9 ■ Wehr (45.3035,0.5460)
106,5 Str.-Ⅱ D2 (45.3016,0.5382)
106,4 ■ Wehr (45.3019,0.5368)
103,8 ■ Wehr (45.2881,0.5285)
102,6 Str.-Ⅱ D1, li **F 24350 Lisle** (45.2805,0.5389)
102,5 ■ Wehr (45.2798,0.5391)
101,2 ■ Wehr (45.2701,0.5466)
100,5 ■ Wehr (45.2665,0.5395)
95,5 ■ Wehr (45.2597,0.4922);
Str.-Ⅱ D103, **F 24350 Tocane-Saint-Apre** ⛺. Bis km 80,8, Ribérac, 7 ■ Wehr (45.2595,0.4915)
92,4 ■ Wehr Les Rivières li ■, re Stromschnelle, ≋ (45.2533,0.4580)
87,8 Str.-Ⅱ D104 (45.2538,0.4150)
80,8 Str.-Ⅱ D708, li **F 24600 Ribérac** Vor der Ⅱ ⇩ von Abwassern, Geruchsbelästigung, ⛺ re nach der Ⅱ. Nach 200 m Fabrik-■, **X**; auf

den nächsten 5 km 5 Schräg-▬, ≋ oder überheben (45.2563, 0.3426)
79,1 ▬ Wehr, **X**, li ⏏, Für Einer evtl. re kleiner Seitenarm nach Besichtigung ≋ (45.2633,0.3278)
78,0 ▬ Wehr (45.2623,0.3149)
75,4 Windmühlen-▬ Epeluche, **X** (45.2713,0.2939)
74,0 ▬ Wehr (45.2684,0.2793)
72,8 Str.-II D100, li **F 24600 Bourg-du-Bost** (45.2727,0.2691)
71,0 ▬ Wehr (45.2857,0.2563)
67,9 Str.-II D20E4, li **F 24600 Petit-Bersac** (45.2917,0.2290)
67,2 ▬ Wehr (45.2906,0.2234)
65,1 ▬ Wehr (45.2811,0.2143)
61,6 ▬ Wehr (45.2623,0.1925)
61,0 ehem. EB.-II (45.2656,0.1875)
59,2 Str.-II D2, re **F 16390 Aubeterre-sur-Dronne** (45.2700,0.1748)
58,8 ▬ Wehr, **X** (45.2670,0.1736)
55,6 ▬ Wehr, **X** (45.2526,0.1603)
53,7 Str.-II D139 (45.2383,0.1517)
53,3 ▬ Wehr, **X** (45.2346,0.1527)
49,2 ▬ Wehr, **X** (45.2077,0.1357)
49,1 ▬ Wehr, **X** (45.2065,0.1344)
49,0 Str.-II D38, li **F 24410 Saint-Aulaye** re 🚐 (45.2063,0.1341)
46,0 ▬ Wehr überheben (45.2211,0.1041)
45,7 Str.-II, li **F 24410 Chenaud** (45.2234,0.1026)
45,3 ▬ Wehr überheben (45.2261,0.1003)
44,3 ▬ Wehr, **X**, Privatbesitz, li etwa 200 m ⏏ (45.2263,0.0894)
42,5 ▬ Wehr, ≋ (45.2208,0.0698)
40,3 li und re ▬ Wehr dazwischen Mühle, li überheben (45.2243,0.0486)
38,2 ▬ Wehr, **X** (45.2088,0.0348)
37,9 Str.-II D674, li **F 24410 Parcoul** (45.2081,0.0331)
35,8 ▬ Wehr, **X** (45.2026,0.0080)
34,4 ▬ Wehr, **X** (45.1910,0.0041)
32,8 ▬ Wehr, **X** (45.1794,-0.0060)
32,6 Weg-II (45.1776,-0.0074)
28,6 Str.-II D730, li **F 24490 La Roche-Chalais** (45.1573,0.0020)
28,1 ▬ Wehr li 🚐 Commune de la Roche Chalais, larochechalais.com (45.1535,0.0047)
26,2 EB-II (45.1472,-0.0182)
22,0 Str.-II D272E2 (45.1220,-0.0339)

19,5 ■ Wehr (45.1024,-0.0401)
18,8 Str.-Ⅱ D674E2, li **F 33230 Les Églisottes-et-Chalaures** (45.0981,-0.0459)
16,1 Str.-Ⅱ D674E7 (45.0868,-0.0603)
15,5 ■ Wehr (45.0846,-0.0666)
13,0 Str.-Ⅱ D122 (45.0788,-0.0870)
2,0 Str.-Ⅱ D10, li **F 33230 Coutras** re ⛟ (45.0405,-0.1313)
1,9 ■ Wehr, **X** (45.0397,-0.1314)
0,0 ⇩ in Isle (s. Seite 455) bei km 32,1 ab hier Gezeitenfluss (45.0378,-0.1486)

Côle

Kleinfluss Gewässerkennzahl FR: P70-0400
Mündung in Dronne bei km 130,3 (li Nebenfluss)

Die Côle ist ein landschaftlich reizvoller Kleinfluss. Flotte Strömung, viele Schrägwehre, die nach Besichtigung alle fahrbar sind, geben dem Fluss einen sportlichen Charakter.

Befahrbarkeit: bis Ende Juni

51,5 Ursprung (45.5826,0.9660)
19,2 Str.-Ⅱ D707, li **F 24800 Saint-Jean-de-Côle** empfohlene ⬇ (45.4216,0.8362)
10,8 Str.-Ⅱ D68, li **F 24800 Saint-Pierre-de-Côle** (45.3723,0.7914)
6,8 Str.-Ⅱ D3, re **F 24530 La Chapelle-Faucher** (45.3688,0.7523)
1,4 re ⇩ Trincou (45.3692,0.6988)
0,0 ⇩ in Dronne (s. Seite 460) bei km 130,3 (45.3690,0.6849)

Auvezère

Kleinfluss - Wildfluss - Wanderfluss (Gebirgsfluss)
Gewässerkennzahl FR: P6--0250
Mündung in Isle bei km 164,5 (li Nebenfluss)

Die Auvezère ist in ihrem Oberlauf ein interessanter, kleiner Wildfluss, der durch schöne Schluchten führt. In ihrem Unterlauf ist sie ein Wanderfluss mit großen Flussschleifen.

Befahrbarkeit: Oberlauf nur bei gutem Wasserstand (Frühjahr oder regnerischer Herbst). Ab km 43,1 ganzjährig.

Schwierigkeiten: km 67,2-60,0 Kleinfluss

	km 60,0-43,1 WW III-IV-II.
	km 43,1-⇩ WW I- Zahmwasser
Infrastruktur:	Pkw: Begleitung auf D5 gut möglich.
	Zeltmöglichkeit: am Fluss (mit Ausnahme der Schluchtstrecken) ausreichend vorhanden.

112,2 Ursprung: Forêt de Fayat in 527 m Höhe. (45.5610,1.4921)

67,2 Str.-Ⅱ D75, re **F 24270 Payzac** mögliche ⬇, die Folgestrecke wird jedoch kaum je befahren, es handelt sich hier um einen Kleinfluss mit vielen Strauch- und Baumhindernissen (45.4008,1.2306)

64,4 ▬ Wehr (45.3824,1.2377)

61,7 ▬ Wehr (45.3716,1.2340)

60,0 Str.-Ⅱ D75E, li **F 24270 Savignac-Lédrier** Savignac, ⌘ eine Industrieanlage aus dem 16.-17. Jahrh. Die folgende Schlucht bietet herrliches, doch übersichtlich verblocktes WW, bis WW III+. Der „Saut Ruban" sollte auf einem Anglerpfad besichtigt werden. Es ist ein etwa 4 m hoher Wasserfall, je nach Wasserstand evtl. li oder ganz re ≋ oder re ⏢. 100m danach folgt eine recht steile Passage, gut ≋, WW III-IV (45.3678,1.2145)

59,9 ▬ Wehr 3 m hoch, steil, evtl. Mitte ≋, besser li ⏢ oder re durch das Industriegelände zum Fluss (45.3666,1.2152)

59,1 ▬ Wehr (45.3618,1.2176)

56,8 Auf 400 m sehr schönes WW mit einer etwas unangenehmen Stufe am Ende

56,4 Str.-Ⅱ D72E5, li **F 24270 Saint-Mesmin** darunter ▬ Wehr (45.3559, 1.1990)

52,8 ▬ Wehr Pervendoux, ≋, danach Str.-Ⅱ D72E4 (45.3432,1.1798)

48,0 –45,4 Vorbeifahrt an Genis ▬ Wehr, **X**, schwieriges ⏢. Es empfiehlt sich, diese Strecke völlig zu meiden

47,9 ▬ Wehr (45.3331,1.1507)

47,8 Str.-Ⅱ D72E1, li **F 24160 Génis** (45.3322,1.1503)

47,2 ▬ Wehr (45.3272,1.1512)

45,5 ▬ Wehr (45.3146,1.1402)

45,4 Str.-Ⅱ D77 (45.3138,1.1400)

43,7 ▬ Wehr (45.3016,1.1325)

43,1 Str.-Ⅱ D704, **F 24390 Cherveix-Cubas** Ende der Wildwasserstrecke, ab hier Wanderfluss, WW I, große Flussschleifen, mehrere ▬ Wehr, bei gutem Wasserstand fast alle ≋, sonst leichtes ⏢. Ab hier

ganzjährig ≈ (45.2977,1.1274)
42,1 ■ Wehr (45.2941,1.1166)
41,6 Str.-Ⅱ, li **F 24390 Cherveix-Cubas** (45.2926,1.1111)
35,6 Str.-Ⅱ D67, **F 24390 Tourtoirac** (45.2713,1.0587)
33,0 ■ Wehr (45.2663,1.0285)
26,3 ■ Wehr (45.2401,0.9934)
23,9 Str.-Ⅱ D5, **F 24640 La Boissière-d'Ans** (45.2285,0.9866)
22,9 ■ Wehr (45.2296,0.9766)
19,8 ■ Wehr (45.2219,0.9468)
18,8 Str.-Ⅱ D68, re **F 24640 Cubjac** darunter ■ Wehr (45.2212,0.9375)
11,6 Str.-Ⅱ D5E7 (45.1964,0.8992);
■ Wehr (45.1959,0.8999)
9,2 ■ Wehr (45.1937,0.8923)
9,0 Str.-Ⅱ D5, re **F 24440 Le Change** (45.1950,0.8913)
4,5 Str.-Ⅱ D5 (45.1947,0.8788)
3,6 ■ Wehr (45.1867,0.8759)
1,6 Str.-Ⅱ D5 (45.1882,0.8529)
0,0 ⇩ in Isle (s. Seite 455) bei km 164,5 (45.1954,0.8401)

Loue (Isle)

Weitere Namen: Grande Loue [fre]
Wildfluss – Wanderfluss Gewässerkennzahl FR: P61-0400
Mündung in Isle bei km 188,6 (li Nebenfluss)

Die Grande Loue (nicht verwechseln mit dem Fluss gleichen Namens im Jura) ist nur wenig bekannt; sie ist in ihrem Oberlauf ein mäßig schwerer Wildfluss in engen Schluchten. Im Unterlauf wird sie zu einem gemächlichen Wanderfluss in einem breiten Tal.

Befahrbarkeit: Frühjahr bis Mai.

Pegel: Ⅱ km 12,3 r; Minimum 45 cm; ideal 60-90 cm. Bei einem Pegel von 105 cm und darüber wird der Fluss gefährlich durch Wehre mit starkem Rücklauf und niedrig hängende Büsche.

Schwierigkeiten: Km 22,3-17,7 WW III (IV)
km 17,7-12,3 WW III
km 12,3-⇩ WW I-II

50,9 Ursprung (45.5594,1.2142)

22,3 Str.-Ⅱ D707, li nach **F 24270 Lanouaille** ⬇. Die Loue ist hier ein mäßig schwerer Wildfluss in engen Schluchten, schnelle Strömung, mäßige Verblockung zumeist WW II-III, eine Stelle knapp WW IV. ⚠ Baumversperrungen und Strauchhindernisse (45.3944,1.1031)
17,7 li ⇩ Haute Loue (s. Seite 466) Die Wasserführung nimmt zu, in weiterhin schöner Schlucht. Es folgen schöne Schwälle, zumeist WW II-III, ein ▬ Wehr, **X** (45.3684,1.0899)
12,3 Weg-Ⅱ li **F 24160 Saint-Médard-d'Excideuil** ≣. Ab hier leichter, WW I-II; zahlreiche kleine Dämme, zumeist gut ≈, bei höherem Wasserstand können sie gefährlichen Rücklauf entwickeln (45.3441,1.0683)
11,3 Str.-Ⅱ D705 (45.3372,1.0600)
9,5 ehem. EB.-Ⅱ (45.3290,1.0483)
9,3 Str.-Ⅱ D67 (45.3279,1.0468)
8,1 Weg-Ⅱ, re **F 24160 Saint-Martial-d'Albarède** (45.3240,1.0342)
5,2 Weg-Ⅱ, re **F 24160 Saint-Pantaly-d'Excideuil** (45.3145,1.0135)
1,6 Str.-Ⅱ D73, re **F 24420 Coulaures** (45.3061,0.9807)
0,0 ⇩ in Isle (s. Seite 455) bei km 188,6 bei Coulaures (45.3054,0.9728)

Haute Loue

Weitere Namen: Petite Loue [fre]
Wildfluss Gewässerkennzahl FR: P6120500
Mündung in Loue (Isle) bei km 17,7 (li Nebenfluss)

Die Haute Loue ist ein zwar nur kurzer, doch recht interessanter Wildbach.

Fahrtstrecke: ⬇ bei der Ⅱ D704 (13 km südlich von Lanouaille), 5 km bis zur ⇩; meist wird die Befahrung auf der Loue weitergeführt.

Befahrbarkeit: s. Loue

Schwierigkeiten: zumeist WW III, Baumhindernisse, eine Stelle **X**.

Vézère

Wildfluss - Wanderfluss (Gebirgsfluss) Gewässerkennzahl FR: P---0100
Mündung in Dordogne bei km 178,5 (re Nebenfluss)

Die Vézère ist ein landschaftlich schöner Fluss des Zentralmassivs, in seinem Oberlauf herrliches Wildwasser, auch Wildwasserrennen werden hier abgehalten. Ab Saillant Wanderfluss mit flotter Strömung und kleinen Schwällen, die Gegend von Eyzies ist berühmt durch ihre prähistorischen Sehenswürdigkeiten.

Befahrbarkeit: die beiden Teilstrecken des Oberlaufs nur bei HW (Zeit der Schneeschmelze und nach starken Regenfällen), bis Uzerche abhängig von der Wasserabgabe des Kraftwerkes Treignac, guter Wasserstand am ehesten im Frühjahr oder nach Regenfällen zu erwarten. Ab Uzerche kann auch im Sommer mit ausreichend Wasser gerechnet werden.

Umwelt: Wasser: bis Larche sauber, dann zunehmende Verschmutzung, die Ufer, insbesondere unterhalb der Ortschaften, mit "Plastikverzierungen"

Pegel: Uzerche, ⌶ D920, re Ufer. Guter Wasserstand ab 70 cm.

Schwierigkeiten: 2 Teilstrecken des obersten Oberlaufs WW III-IV-V-VI-**X**

km 164,6-153,0 WW IV.

km 153,0-128,8 WW I-II.

km 128,8-124,2 Stausee.

km 124,2-108,8 WW III-III+.

km 108,8-101,5 sehr hohe Wehre und eine Talsperre, abzuraten.

km 101,5-⇩ WW I

Infrastruktur: Zeltmöglichkeit: überall ausreichend vorhanden, mehrere ⛺. Der Unterlauf ist touristisch stark überlaufen, mit zahlreichen Leihbooten.

211,2 Ursprung am Plateau von Millevaches. (45.5843,2.1011)

187,9 –182,4 1. Teilstrecke ⬇ oberhalb von Bugeat, Richtung Pérols nahe der D979 bei der Mühle von Berthou. Auf 5,5 km WW III-IV mit Stellen WW V. Ende der Fahrt bei ⛺ von Bugeat (45.5986,1.9488)–(45.6046,1.9249)

173,6 ▬ Staudamm des Lac de Viam (45.5858,1.8818)

173,5 –168,3 2. Teilstrecke ⬇ unterhalb des Stausees von Viam, Ende der Fahrt nach 4 km oberhalb der ⌶ nahe dem ↯ von Monceau la Virolle. Diese 2. Teilstrecke ist erheblich schwerer als die erste, zahlreiche Baumhindernisse, mehrere hohe Stufen, z.T. mit gefährlichem Rücklauf, durchweg WW V, 2 Stellen **X** (2 Wasserfälle, bis 15 m hoch). (45.5862,1.8802)–(45.5762,1.8382)

164,6 ▬ Staudamm von **F 19260 Treignac** ⬇, falls Wasser in das Flussbett abgelassen wird (sehr selten). Es folgt schweres Wildwasser (WW IV) mit erheblicher Verblockung und starkem Gefälle (45.5544,

1.8146)
161,2 Str.-Ⅱ D940, **F 19260 Treignac** (45.5374,1.8018)
160,8 Str.-Ⅱ D16, **F 19260 Treignac** (45.5386,1.7970)
160,5 Weg-Ⅱ (45.5392,1.7940)
153,5 re Rückführung von abgeleitetem Wasser (45.5253,1.7396)
153,0 Weg-Ⅱ Empfohlene ⬇ falls der schwierige Oberlauf nicht befahren wird. Die folgenden 25 km sind landschaftlich sehr schön, auf 1 km leichte Schwälle (45.5269,1.7351)
151,7 Str.-Ⅱ D20 (45.5236,1.7352)
151,3 –148,5 Stausee völlig einsam und unberührt (45.5203,1.7340)
148,5 ▬ Staudamm 10 m hoch, **X**, li ⏏. Es folgen 3 zerfallene Mühlen-▬ und mehrere Blockwurf-▬, bei ausreichendem Wasserstand (Pegel Uzerche etwas mehr als 90 cm) alle ≋ (45.5063,1.7166)
147,3 Str.-Ⅱ D24, re **F 19260 Peyrissac** (45.5006,1.7070)
145,1 Weg-Ⅱ (45.4875,1.6893)
140,5 Str.-Ⅱ D26 (45.4577,1.6572)
131,5 ▬ Wehr starker Rücklauf! (45.4184,1.5846)
131,4 ehem. EB.-Ⅱ (45.4173,1.5833)
130,0 ▬ Wehr Bootsgasse, ≋, danach li 🚐. Wegen des folgenden Stausees und der beiden ▬, die nur mühsam zu ⏏ sind, wird empfohlen, die Fahrt hier zu unterbrechen (45.4194,1.5677)
129,0 Str.-Ⅱ D3 (45.4264,1.5668)
128,8 Str.-Ⅱ D920, **F 19140 Uzerche** ▤ (45.4277,1.5657)
128,7 ▬ Wehr 1,5 m hoch, nach Besichtigung evtl. ≋, ⏏ durch beidseitige Bebauung behindert. Beginn des Rückstaus des folgenden Stausees (45.4269,1.5642)
124,7 ▬ Staudamm 10 m hoch, **X**. ⬅ ϟ-Kanal, **X**. Das Flussbett ist unterhalb des Staudamms auf 300 m trocken. ⏏ entweder re über schmale Wege oder im trockenen Flussbett, etwa 300m weit, mühsam. Falls die Fahrt, wie bei km 130,0 empfohlen, unterbrochen wurde, kann in den ϟ-Kanal nach dem ϟ bequem eingesetzt werden, Zufahrt auf guten Straßen (Viaduc Noir) (45.4193,1.5350)
124,6 EB-Ⅱ (45.4195,1.5336)
123,3 Autobahn-Ⅱ A20 (L´Occitane) (45.4115,1.5266)
120,2 Str.-Ⅱ D3 (45.3863,1.5194)
119,5 Weg-Ⅱ, **F 19410 Vigeois** Durchfahrt verblockt, WW III (45.3823, 1.5132)
119,4 ▬ Wehr, ≋, Beginn der sehr schönen Schlucht (Gorges de la Vézère) mit herrlichem WW II-III, sehr lohnend (45.3809,1.5118)

108,8 Str.-Ⅱ D9E2, **F 19410 Orgnac-sur-Vézère- Comborn** Fahrt hier beenden, da bis km 101,5 drei Kraftwerks-■ folgen, die nur sehr mühsam zu ⌂ sind (45.3218,1.4749)

106,6 EB-Ⅱ (45.3089,1.4666)

105,2 ■ Wehr, **X**, etwa 5 m hoch, li oder re ⌂ (45.3024,1.4708)

104,6 ■ Staudamm 8 m hoch, **X**, Überheben über Fischtreppe li möglich (45.2982,1.4708)

104,2 EB-Ⅱ (45.2960,1.4700)

103,2 ■ Staudamm 50 m hoch mit Wasserableitung durch Stollen, Flussbett trocken. re ⌂ 800 m weit sehr mühsam. ⬇ nach dem ϟ. Durchgang durch das Werksgelände gesperrt (45.2873,1.4674)

101,5 Str.-Ⅱ D134, re **F 19130 Voutezac- Le Saillant** gute ⬇. Gute Strömung, einzelne Schwälle. Wegen der folgenden ■ Wehr wird empfohlen, die Strecke bis Montigan, km 47,9, nur mit leeren Booten zu befahren (45.2760,1.4576)

98,2 Str.-Ⅱ D9, li **F 19240 Allassac** davor li Strandbad und ⛺; gute ⬇ vor der Ⅱ (45.2482,1.4545)

98,1 Schräg-■ li Bootsrutsche, gut ≋ (45.2473,1.4551)

94,8 Str.-Ⅱ D9E1 Mehrere Inseln, re fahren, li wird Mühlkanal (45.2296, 1.4417)

93,2 Str.-Ⅱ D133 (45.2176,1.4513)

93,1 ■ Wehr, **X**, Bootsrutsche zeitweise gesperrt, re ⌂ leicht (45.2167, 1.4510)

89,0 Str.-Ⅱ D901 mit Insel, beide Arme ≋ (45.1906,1.4614)

86,2 EB-Ⅱ (45.1700,1.4629)

85,9 ■ Wehr, meist ≋, oder treideln (45.1707,1.4593)

85,4 Str.-Ⅱ D170E2 (45.1673,1.4600);
li ⇩ Corrèze (s. Seite 471) (45.1666,1.4602)

85,2 Autobahn-Ⅱ A89 (45.1655,1.4594)

81,9 Str.-Ⅱ D152E und EB-Ⅱ (45.1399,1.4487)

80,2 Str.-Ⅱ D1089 (45.1280,1.4363)

78,2 Str.-Ⅱ D19, **F 19600 Larche** (45.1232,1.4155)

78,1 Steil-■, **X**, Vor der Ⅱ li an Rampe ⬆, über Ufermauer etwa 100 m ⌂, gutes ⬇ an Rampe (45.1240,1.4145)

77,9 Str.-Ⅱ D6089 (45.1252,1.4127)

74,0 Str.-Ⅱ D39 (45.1325,1.3680)

72,5 ■ Wehr Les Escures, **X**, re aus Seitenarm ⌂, leicht (45.1357, 1.3516)

67,0 Str.-Ⅱ D6089 danach Fußg.-Ⅱ (45.1299,1.3076)

66,6 Str.-II D63, **F 24120 Terrasson-Lavilledieu** (45.1280,1.3028)
66,0 ▬ Wehr, **X**, re neben Fischtreppe Rollbahn für Boote (45.1276, 1.2959)
59,3 ▬ Wehr Hinter Rohr-II mit Sperrschild grobes Steinschütt-▬, nach Besichtigung evtl. ≈ oder li ⌂, schwer; re Zellstoffabrik **F 24570 Le Lardin-Saint-Lazare**, Geruchs- und Lärmbelästigung. (45.1247, 1.2298)
58,6 Str.-II D62, li **F 24570 Condat-sur-Vézère** ab hier landschaftlich reizvoll (45.1188,1.2308)
54,0 ehem. EB.-II (45.0936,1.2058)
51,6 Str.-II D45, li **F 24290 Aubas** (45.0854,1.1906)
51,2 ▬ Wehr, **X**, re ⌂, li Trinkwasserquelle (45.0823,1.1895)
48,4 Str.-II D704 (45.0663,1.1666)
47,9 Str.-II D704E2, **F 24290 Montignac** li gute ↓ an Rampen, guter Startplatz für eine Vézère-Fahrt, auch für Zweier empfehlenswert. Die nahe Grotte von Lascaux kann nicht mehr besichtigt werden; die sehr interessante Steinzeichnungen werden durch den Besucherstrom beschädigt. Es wurde jedoch eine naturgetreue Nachbildung der Grotte geschaffen, deren Besichtigung sehr zu empfehlen ist. Ab hier landschaftlich sehr schön, ähnlich Dordogne, doch einsamer (45.0653, 1.1614)
43,0 re Chateau Losse auf Kalkfelsen; ehem. ▬ Wehr, keine Behinderung (45.0298,1.1292)
41,3 Str.-II D65E, re **F 24290 Thonac** (45.0205,1.1183)
39,3 re Chateau Belcaire
38,8 li Hinweisschild auf Abri (prähistorischer Unterstand). Es folgen noch mehrere weitere Abris, ⌘
36,7 Str.-II D66, re **F 24290 Saint-Léon-sur-Vézère** ⛺ Municipal de Saint Léon sur Vézère; Chateu, saint-leon-sur-vezere.fr (45.0110, 1.0880)
33,3 re ⛺ Le Paradis sehr gut mit ↑-Stelle (45.0012,1.0752)
31,8 li la Roque St. Christophe Behausung und Fliehburg seit den Neandertalern bis ins späte Mittelalter, ⌘. Auf hohem Felsen Castel Merlé (44.9892,1.0697)
31,1 Str.-II D706, li **F 24620 Peyzac-le-Moustier** (44.9916,1.0617)
28,5 Str.-II, li **F 24620 Tursac** 2 große Flussschleifen (44.9768,1.0462)
25,3 li Chateau de Marzac. (44.9630,1.0360)
24,7 re Abri de la Madeleine. (44.9681,1.0330)
20,1 EB-II (44.9514,1.0048)

19,5 re Grotte du Grand Roc Tropfsteinhöhle, ⌘. (44.9497,0.9990)
18,1 Str.-II D47 (44.9398,1.0065)
17,7 EB-II, li **F 24620 Les Eyzies-de-Tayac-Sireuil** kleiner ⛺, zu erreichen von der ⬆-Stelle für Leihboote an der II re, etwa 200 m; prähistorisches Museum. In der Umgebung mehrere Grotten mit prähistorischen Wandmalereien. Die folgende Strecke ist zwar nicht mehr so wild, aber weiterhin mit Fels- und Waldpartien sehr abwechslungsreich (44.9371,1.0104)
11,0 Str.-II D703 (44.9037,0.9589)
7,8 EB-II (44.9067,0.9325)
6,4 Str.-II D31E1, re **F 24260 Le Bugue** schönes Städtchen (44.9176, 0.9269)
5,0 ⛺ Rocher de la Granelle schön, ruhig und schattig, im Sommer stark belegt, lagranelle.com (44.9121,0.9141)
0,1 Str.-II D51 (44.8818,0.8907)
0,0 ⇩ in Dordogne (s. Seite 448) bei km 178,5 re **F 24510 Limeuil**, guter Platz zur Beendigung der Fahrt. ⛺ am li Ufer der Dordogne (44.8819,0.8898)

Corrèze

Wildfluss (Gebirgsfluss) Gewässerkennzahl FR: P3--0250
Mündung in Vézère bei km 85,4 (li Nebenfluss)

Die Corrèze fließt in vielen Windungen durch Wiesen und Viehweiden. Als Wildwasser ist sie nur auf kurzen Abschnitten mäßig schwer, zumeist leicht, auch für Anfänger geeignet.

Befahrbarkeit: April bis Juni. Für die Strecke oberhalb Tulle ist möglicherweise im Juni die Wasserführung nicht mehr ausreichend.

Schwierigkeiten: km 56,0-⇩ WW II-I (III)

Infrastruktur: Zeltmöglichkeit: Flussabwärts von Tulle.

94,6 Ursprung: Massiv de Monédiers in 950 m Höhe. (45.5471,2.0160)
54,0 Str.-II D53, re **F 19800 Bar** übliche ⬇ am ↯, zunächst auf 300m WW II-III, anschließend bis Tulle WW I, flotte Strömung, Buschhindernisse (45.3447,1.8238)
47,2 Autobahn-II A89 (45.3160,1.7902)
44,5 Str.-II D58, li **F 19000 Les Angles-sur-Corrèze** ⛺ (45.3019,

1.7972)

40,2 –34,5 Ortsgebiet von **F 19000 Tulle** ⌘, 🚐, ⌂ KC Tulles, gute ⬆, Unterbrechung der Fahrt, eine Durchfahrt durch Tulles ist unmöglich, da 5 ▬ Wehr, ⏏ z.T. nicht möglich

34,7 li ⇩ Montane ⬇ für die Weiterfahrt am besten in die Montane, kurz vor der ⇩. Man fährt dazu Richtung Figeac und nimmt, nach Unterfahrung einer EB-II, die 1. Straße re zum Wasser.
Weiterhin kaum Schwierigkeiten, recht lästig kann in dem engen Tal die Straße D1089 sein, die den Fluss auf der ganzen folgenden Strecke begleitet (45.2513,1.7632)

34,6 Str.-II (Rue du Dr Ramon) (45.2512,1.7631)

34,4 Str.-II D1089 (45.2518,1.7600)

34,2 EB-II (45.2517,1.7582)

31,7 ▬ Wehr Mulatet, **X**, ⏏, darüber Weg-II (45.2391,1.7354)

29,2 Str.-II D1089, li Straßentunnel (45.2294,1.7134)

28,5 Str.-II D1089 (45.2274,1.7110)

26,9 Str.-II D1, **F 19150 Cornil** schwierigste Stelle der Corrèze bei einem Straßentunnel, bis WW III (45.2165,1.7007)

26,7 ▬ Wehr, **X**, ⏏ (45.2159,1.6986)

26,4 Str.-II D1089, li Straßentunnel (45.2159,1.6943)

25,3 Str.-II D1089 (45.2131,1.6879)

23,7 Str.-II D1089, li Straßentunnel (45.2059,1.6732)

23,1 Str.-II (45.2070,1.6697)

19,7 Str.-II D1089 und EB-II (45.1867,1.6554)

19,6 Weg-II Le Pont du Chambon (45.1862,1.6568)

18,9 ▬ Wehr (45.1818,1.6582)

17,0 Str.-II D41, re 🚆 Gare d'Aubazine-Saint-Hilaire (45.1810,1.6408); ▬ Wehr, **X**, re ⏏ sehr schwierig; danach II; Bis Brive folgen ununterbrochene Staustrecken, eine Weiterfahrt ist daher kaum lohnend. Fahrtabbruch muss schon vor dem ▬ Wehr erfolgen, da es in einem Fabrikgelände liegt (45.1809,1.6402)

16,7 EB-II (45.1811,1.6364)

16,0 EB-II (45.1771,1.6310)

14,9 ▬ Wehr (45.1725,1.6214)

14,7 Weg-II (45.1714,1.6201)

14,2 ▬ Wehr (45.1709,1.6131)

13,5 EB-II (45.1739,1.6055)

10,3 Str.-II D141A (45.1724,1.5696)

9,4 Str.-II, re **F 19360 Malemort-sur-Corrèze** (Pont Pasteur) (45.1660,

1.5619)
9,0 –4,2 Stadtgebiet von **F 19100 Brive-la-Gaillarde** 🛒, ✕. Unterhalb Brive tritt die Corrèze in die Ebene aus und wird damit landschaftlich und wassertechnisch weniger interessant
8,3 Fußg.-Ⅱ (45.1659,1.5498)
7,5 Str.-Ⅱ (Pont du Buy) (45.1642,1.5407)
7,2 Str.-Ⅱ (Pont Tourny) (45.1650,1.5373)
6,8 Str.-Ⅱ (Pont Cardinal) (45.1646,1.5321)
6,0 Str.-Ⅱ (Pont de la Bouvie) (45.1636,1.5221)
4,6 Fußg.-Ⅱ (45.1624,1.5073)
4,2 Str.-Ⅱ (Pont Charles Ceyrac) (45.1623,1.5029)
2,4 EB-Ⅱ (45.1585,1.4839)
2,2 Autobahn-Ⅱ A20 (45.1583,1.4816)
0,5 Str.-Ⅱ D69 (45.1677,1.4662)
0,3 Autobahn-Ⅱ A89 und EB-Ⅱ (45.1678,1.4643)
0,1 Str.-Ⅱ D69E (45.1670,1.4609)
0,0 ⇩ in Vézère (s. Seite 466) bei km 85,4 (45.1667,1.4603)

Céou

Kleinfluss (Gebirgsfluss) Gewässerkennzahl FR: P24-0400
Mündung in Dordogne bei km 212,5 (li Nebenfluss)

Der Céou fließt in einem lieblichen Tal. In einem französischen Führer heißt es über ihn: Liebhaber von Ruhe und Forellen kommen hier auf ihre Rechnung.

Der Céou ist schon bei mittlerem Wasserstand ein sehr lebhafter Fluss, zahlreiche, bis zu 3m hohe Wehre.

Befahrbarkeit:	April bis Mai, ab Mitte Juni wird das Wasser im allgemeinen unzureichend.
Schwierigkeiten:	km 26,5-⇩ WW I-II
Infrastruktur:	Zeltmöglichkeiten am Fluss sind ausreichend vorhanden.

55,1 Ursprung: Causses du Lot. (44.6900,1.5464)
26,5 Str.-Ⅱ D673 (Pont Carral) übliche ⬇. 4 Mühlenwehre müssen je nach Wasserstand umtragen werden (44.7071,1.2951)
21,8 Str.-Ⅱ D52E1, li **F 24250 Gaumier** (44.7303,1.2635)
17,4 Str.-Ⅱ **F 24250 Bouzic** (44.7264,1.2197)
12,1 Str.-Ⅱ D60 **F 24250 Daglan** Bei niedrigerem Wasserstand ⬇ evtl. hier; es folgen mehrere Natur-▬, nach Besichtigung gut ≈. ⚠ quer

liegende Bäume (44.7415,1.1963)
3,9 Str.-Ⅱ D50 (44.7895,1.1716)
2,9 Schwallstrecke
2,5 Weg-Ⅱ (44.7957,1.1624)
0,7 Weg-Ⅱ (44.8085,1.1546)
0,6 altes Mühlen-■, **X**, re ⌓ (44.8094,1.1544)
0,2 Natur-■ mit mehreren Stufen, m ≋ (44.8120,1.1550)
0,0 ⇩ in Dordogne (s. Seite 448) bei km 212,5 (44.8141,1.1542)

Cère

Wildfluss - Kleinfluss – Wanderfluss Gewässerkennzahl FR: P1--0290
Mündung in Dordogne bei km 301,1 (li Nebenfluss)

Die Cère ist in ihrem Mittellauf durch mehrere Stauseen verbaut, eine Befahrung ist daher nur in 3 Etappen unterschiedlicher Schwierigkeit möglich.

Befahrbarkeit: Oberlauf Herbst-Frühjahr, ab km 16,5 ganzjährig.

Schwierigkeiten: km 104,5-78,5 WW I
km 78,5-61,5 WW II
km 61,5-58,6 WW IV
km 43,2-40,4 WW II
km 40,4-28,2 WW II-III
km 28,2-25,7 WW IV und V
km 16,5-⇩ WW I

120,4 Ursprung am Plomb du Cantal in etwa 1800 m Höhe (45.0865, 2.7266)
104,5 Str.-Ⅱ D54, **F 15800 Vic-sur-Cère** ⛺, mögliche ⬇ für die Befahrung des Oberlaufs. Die folgende Strecke bis km 78,4 ist ein typischer Kleinfluss, mit einigen Baum- und Strauchhindernissen sowie 16 ■, bei flotter Strömung davor meist kein Stau, nach Besichtigung zumeist ≋. Helm empfohlen. Es ist fraglich, ob eine Befahrung dieser Strecke ratsam ist (44.9773,2.6291)
78,5 re ⇩ Jordanne (s. Seite 476) leichte Zunahme der Schwierigkeiten, schnelle Strömung, WW II (44.8936,2.4457)
78,4 Str.-Ⅱ D920, **F 15130 Arpajon-sur-Cère** gute ⬇ (44.8930,2.4441)
73,3 ■ Wehr (44.8736,2.4126)
72,7 Str.-Ⅱ D617 (44.8771,2.4064)

69,8 Str.-II D45 (44.8747,2.3822)
65,9 Str.-II D358, re **F 15130 Sansac-de-Marmiesse** (44.8820,2.3506)
63,5 Str.-II N122 Pont du Laurent mögliche ⬆ bzw. ⬇, falls nur die folgende, schwierigere Strecke befahren wird (44.8829,2.3271)
61,5 Zunahme der Schwierigkeiten es folgt eine Reihe von Stromschnellen, WW IV, eine Engstelle mit Verklemmungsgefahr sollte ⩍ werden
58,6 Str.-II D64, ⬆ es folgt der Stausee von St. Etienne-Cantalès (44.9053,2.2988)
47,2 ▬ Staudamm des Lac du Barrage de Saint-Étienne-Cantalès (44.9450,2.2186)
44,9 ▬ Staudamm (44.9585,2.2046)
43,2 Str.-II D653, **F 15150 Laroquebrou** mögliche ⬇ für die Weiterfahrt. Zunächst auf 4 km WW II (44.9674,2.1897)
43,0 ▬ Wehr (44.9681,2.1871)
40,4 ▬ Wehr, **X**, mit Wasserableitung; Straßenzufahrt, weitere mögliche ⬇ am Fuß der Staumauer. Beginn der „Gorges de la Cère", der Fluss wird nur von der Eisenbahn begleitet, auf 12 km keinerlei Möglichkeit zur Beendigung der Fahrt, WW II-III (44.9765,2.1624)
28,2 re ⇩ des bei km 40,4 abgeleiteten Wassers erhebliche Zunahme der Wasserwucht, stark verblockte Abschnitte, WW IV. Nach einem großen, pyramidenförmigen Felsen gefährliche Stufe, auf 200 m WW V, unbedingt erkunden. Danach leichter
26,2 re ϟ (44.9822,2.0318)
25,7 Str.-II D25 Ende der 2. Teilstrecke. Es folgt ein weiterer Stausee mit Wasserableitung (44.9806,2.0268)
16,5 Str.-II D31, **F 46130 Laval-de-Cère** am Ende der Gorges de la Cère, ⬇ in Stausee für die Befahrung der 3. Etappe (44.9525,1.9373)
15,9 EB-II (44.9498,1.9303)
14,7 li ⛺ du Lac, camping-du-lac-lot-dordogne.fr (44.9400,1.9285)
13,8 ▬ Staudamm mit ϟ, **X**, re ⩍, schwer. Die Cère verläuft mit guter Strömung durch den letzten Teil der „Gorges" (44.9412,1.9182)
11,3 ▬ Wehr, evtl. li ≋ (44.9516,1.8990)
10,5 ▬ Wehr, **X**, re ⩍ (44.9497,1.8888)
9,1 Holz-▬ 40 m lang, 80 cm hoch, evtl. ≋ oder überheben (44.9437, 1.8743)
8,9 Str.-II D134, li **F 46130 Gagnac-sur-Cère** (44.9420,1.8741)
4,9 ▬ Wehr re niedrige, 30 m lange Mauer mit 2 m breitem Durchlaß, hier ≋, dahinter Bäume quer im Fluss (44.9216,1.8530)
3,5 Str.-II D803, **F 46130 Bretenoux** ⌘, re einfacher ⛺, Teilung in 2

Arme: li kleine Stufe, ≈ oder überheben, re kleines ■ Wehr aus Röhren, ≈ oder überheben. Ab hier Aufteilung in mehrere Arme, Baumhindernisse (44.9163,1.8383)

0,0 ⇩ in Dordogne (s. Seite 448) bei km 301,1 Beendigung der Fahrt nach 2 km bei Pauliac (44.9093,1.8114)

Jordanne

Wildbach (Gebirgsbach) Gewässerkennzahl FR: P17-0400
Mündung in Cère bei km 78,5 (re Nebenfluss)

Die Jordanne fließt in ihrem Oberlauf als sehr schwerer Wildbach durch eine einsame Wald- und Felsschlucht des Zentralmassivs.

Fahrtstrecke: Ⅱ bei Liaumier (abzweigend von der D17) bis Ⅱ D17 unterhalb Lascelle, 6 km.

Die restlichen 22 km bis zur ⇩ bei Aurillac, nach Austritt aus der Schlucht in die Ebene, sollen WW II sein, genauere Unterlagen sind nicht bekannt.

Befahrbarkeit: Frühjahr

Schwierigkeiten: (im Schluchtbereich). starkes Gefälle, vielfach in Stufen (u.a. auch ein 5m hoher Wasserfall), unübersichtliche, z.T. nur bootsbreite Durchfahrten, starke Verblockung, Gefahr durch verklemmte Bäume, WW IV-V mit mindestens 2 Stellen **X**. Alpin-Ausrüstung erforderlich.

Maronne

Wildfluss – Kleinfluss Gewässerkennzahl FR: P1--0250
Mündung in Dordogne bei km 335,2 (li Nebenfluss)

Die Maronne ist in ihrem Oberlauf ein sehr empfehlenswerter Wildfluss mit nur mäßigen Schwierigkeiten. Im Unterlauf, nach 3 Stauseen, wird sie zu einem sehr mühsam zu befahrenden Kleinfluss.

Befahrbarkeit: Oberlauf Frühjahr bis Ende Mai, Unterlauf wahrscheinlich ganzjährig.

Schwierigkeiten: km 68,5-46,0 WW II-III (IV)
km 46,0-⇩ Kleinfluss

92,6 Ursprung in etwa 1400 m Höhe (45.1284,2.6262)

68,5 Str.-Ⅱ unterhalb von **F 15140 Saint-Martin-Valmeroux** mögliche ⬇.

Zunächst Kleinfluss mit Baum- und Strauchhindernissen. Mehrere ■ Wehr, ≋ (45.1170,2.3997)

67,0 Str.-Ⅱ D242 (45.1190,2.3847)

65,5 Weg-Ⅱ, re **F 15140 Sainte-Eulalie** gute ⬇. Nach 1 km Beginn des schönsten Teiles, schönes Wildwasser mit guter Verblockung, Baumhindernisse möglich, einige weitere Wiesen-■, gut ≋ (45.1139,2.3732)

58,4 Str.-Ⅱ D27 (45.1091,2.3198)

56,5 Schwerste Stelle der Maronne In li-Kurve re großes Kehrwasser, hier ↱ und besichtigen. Der wie abgeschnitten erscheinende Fluss geht in eine 4 m hohe herrliche Wasserrutschbahn über, re gut ≋, WW IV, evtl. re ⌂, sehr mühsam

53,5 Str.-Ⅱ D6 empfohlene ⬆, Bei Weiterfahrt gelangt man in den Stausee von Euchanet (45.0970,2.2844)

47,0 EB-Ⅱ (45.0784,2.2606)

46,0 li ⇩ Bertrande (s. Seite 478) Zur Beendigung der Fahrt muss man li in eine Seitenbucht einfahren. Nach 3 km erreicht man die zum See führende D42. Hier ⬆ (45.0763,2.2542)

35,6 ■ Staudamm Ende des 1. Stausees. Es ist nicht bekannt, ob eine Befahrung der folgenden Fließstrecke bis zum nächsten Stausee möglich ist (45.0814,2.1945)

33,7 Str.-Ⅱ D2 (45.0814,2.1726)

29,7 ■ Staudamm des 2. Stausees, Zufahrt von der D111 (45.0827, 2.1390)

27,3 Str.-Ⅱ D7/D111E2 (45.0715,2.1202)

21,2 Str.-Ⅱ D13 Tours de Merle (45.0618,2.0804)

9,6 ■ Staudamm re ⌂ schwierig. Zufahrt über D75. Mögliche ⬇ unterhalb des ϟ, von der D1120 aus gut zu erkennen. Zunächst flotte Strömung mit leichten Schwällen (45.0641,1.9985)

8,5 Str.-Ⅱ D1120 (45.0576,1.9888)

6,4 ■ Wehr 2,5 m hoch, evtl. ≋ oder li ⌂. Danach Rückführung des Wassers aus dem 3. Stausee (45.0713,1.9753)

3,4 Str.-Ⅱ D33 (45.0827,1.9476)

1,4 Schräg-■, ≋ (45.0726,1.9412)

1,3 Str.-Ⅱ D116 ab hier Austritt in die Ebene der Dordogne, zahlreiche Verzweigungen, Baum- und Strauchhindernisse bei schneller Strömung, sehr mühsam zu befahren, nur für geübte Einer-Fahrer (45.0717,1.9395)

0,0 ⇩ in Dordogne (s. Seite 448) bei km 335,2 (45.0726,1.9274)

Bertrande

Wildfluss Gewässerkennzahl FR: P14-0430
Mündung in Maronne bei km 46,0 (li Nebenfluss)

Die Bertrande ist ein empfehlenswerter Wildfluss durch die „Gorges de Bertrande".

Fahrtstrecke: ⬇ bei der Ⅱ D922 bei St.Chamant, ⬆ im Stausee (Maronne (s. Seite 476)), 15 km.

Befahrbarkeit: Zeit der Schneeschmelze und nach Regenfällen.

Schwierigkeiten: Baum- und Strauchhindernisse, WW III

Auze

Wildfluss (Gebirgsfluss) Gewässerkennzahl FR: P10-0400
Mündung in Dordogne bei km 376,0 (li Nebenfluss)

Die ehemals so eindrucksvollen Schluchten der unteren Auze wurden verbaut. Verblieben für die Befahrung sind noch zwei Teilstrecken. Die Auze bietet hier sehr interessantes Wildwasser in landschaftlich hervorragend schöner Umrahmung.

1. Teilstrecke: nach französischen, nicht durch eine Befahrung bestätigten Unterlagen eine 14 km lange Strecke von Pont de Flore bis Vendes (beide Punkte auf der Michelin-Karte nicht auszumachen). Das Tal ist zunächst breit, Baumhindernisse, gegen Ende der Fahrt Beginn von Schluchten, WW III (IV).

Eine Weiterfahrt scheint nicht möglich zu sein, da bei Salins ein 30 m hoher Wasserfall folgt, der kaum zu umtragen ist. Falls der Wasserstand an der empfohlenen ⬇ zu niedrig ist, kann die Fahrt auch bei der Ⅱ der D22 begonnen werden.

2. Teilstrecke: ⬇ bei der Ⅱ D38 (3 km unterhalb des Wasserfalles von Salins). Die Auze verläuft weitgehend durch imposante Schluchten, 2 ⏏-Stellen (ein Staudamm, li ⏏ und ein ▬, re ⏏.) Schöner ⛺ mit Schwimmbad bei der Pont d´Allas, D681, 6 km nach Fahrtbeginn. Beendigung der Fahrt nach 10 km bei einer Ⅱ (Pont de la Republique) bei St. Thomas; auf einem Fußweg kommt man zurück zur D681. WW II-III.

Befahrbarkeit: Frühjahr bis Frühsommer

Luzège

Wildfluss Gewässerkennzahl FR: P11-0400
Mündung in Dordogne bei km 368,2 (re Nebenfluss)

Die Luzège ist ein sehr interessanter Wildfluss im Bereich dunkler Schluchten. Sie ist nur auf einer kurzen Strecke ihres Oberlaufs zu befahren, da ihr Unterlauf nach dem Stausee von Lapleau fast immer trocken ist.

Fahrtstrecke: II bei Les Bouyges-II von La Meynie, 9 km.

Befahrbarkeit: Frühjahr

Schwierigkeiten: zunächst auf 5 km schöne Schwallstrecken, WW II, danach Zunahme der Schwierigkeiten, mäßige Verblockung, einige Passagen WW III.

Diège

Wildfluss Gewässerkennzahl FR: P07-0400
Mündung in Dordogne bei km 410,7 (re Nebenfluss)

Fahrstrecke: II D49-II D982, 11 km, leichte, unterhaltsame Fahrt, WW I-II. II D982-II D979, 6 km WW III und IV (V). Der letzte Kilometer führt über einen Stausee. Eine Weiterfahrt unterhalb durch die „Gorges de Lavignac" ist nicht möglich, da das Wasser total abgeleitet wird.

Befahrbarkeit: Herbst bis Frühjahr, evtl. auch später.

Pegel: II D76; guter Wasserstand bei 60 cm

Sumène

Wildfluss (Gebirgsfluss) Gewässerkennzahl FR: P08-0400
Mündung in Dordogne bei km 395,0 (li Nebenfluss)

Die Sumène war in den vorausgehenden Auflagen ausführlich beschrieben worden. Inzwischen wurde in ihrem Tal eine neue Straße gebaut; dadurch wurde der Fluss so erheblich in Mitleidenschaft gezogen, dass eine Befahrung nicht mehr lohnend ist; auf eine ausführliche Beschreibung wird daher verzichtet.

Mars

Wildfluss (Gebirgsfluss) Gewässerkennzahl FR: P0880500
Mündung in Sumène (li Nebenfluss)

Der Mars verläuft durch mehrere, landschaftlich sehr schöne Schluchtstrecken; er ist in diesem Bereich ein sehr interessantes Wildwasser, mit starkem Gefälle und erheblicher Verblockung.

Befahrbarkeit:	mit ausreichender Wasserführung ist nur zeitig im Frühjahr zu rechnen (März bis April).
Umwelt:	Wasser: sehr sauber
Pegel:	Vendes, km 0,1: Minimum 35 cm
Schwierigkeiten:	in den Schluchtstrecken bis WW IV+, außerhalb WW II.
Infrastruktur:	Zeltmöglichkeiten: in Vendes und außerhalb der Schluchtstrecken.

40,6 Ursprung am Col de Redondet in 1500 m Höhe. (45.1076,2.6703)
26,8 Weg-II, re **F 15380 Le Vaulmier** übliche ⬇. Die folgenden 4 km WW IV-V, starkes Gefälle, starke Verblockung, mehrere **X** Stellen, die kurzes ⩳ erfordern (45.1851,2.5710)
25,2 Weg-II (Outre) (45.1890,2.5553)
22,3 Weg-II, re **F 15380 Saint-Vincent-de-Salers** es folgt die Schlucht von St. Vincent, sehr starkes Gefälle, WW III-IV (45.2017,2.5303)
19,8 Weg-II (Lafage) (45.2102,2.5074)
17,3 Str.-II D212 die folgende Strecke WW II-III-IV (45.2132,2.4818)
11,3 Str.-II D678, **F 15380 Anglards-de-Salers- Pons** anschließend abnehmend WW III-II (45.2292,2.4284)
9,9 Weg-II (45.2343,2.4172)
8,5 Weg-II (45.2411,2.4045)
3,2 EB-II (45.2750,2.3903)
3,1 Weg-II (45.2752,2.3891)
0,3 Str.-II D922 (45.2957,2.3879)
0,1 Str.-II D12, **F 15240 Bassignac-Vendes** ≣, übliche Stelle zur Beendigung der Befahrung des Mars (45.2968,2.3878)
0,0 ⇩ in Sumène (s. Seite 479) (45.2978,2.3886)

Tarentaine

Wildfluss (Gebirgsfluss) Gewässerkennzahl FR: P06-0400
Mündung in Rhue (re Nebenfluss)

Die Tarentaine ist ein typischer Cevennenfluss, der durch wilde, tief eingeschnittene und großenteils nur sehr schwer zugängige Schluchten verläuft. Im Falle eines Unfalles dürften große Schwierigkeiten bestehen, aus den Schluchten herauszukommen. Der Fluss ist auf großen Strecken stark verblockt, mit schwierigen Engstellen und erheblichem Gefälle. Anzahl der Umtragstellen je nach Wasserstand, mindestens drei.

Befahrbarkeit: Zeit der Schneeschmelze (März bis April), im Herbst und nach stärkeren Regenfällen. Es empfiehlt sich, die Befahrung der Tarentaine nur an einem Sonnentag durchzuführen.

Schwierigkeiten: km 25,1-5,1 WW III-IV-V mit kurzen **X** Abschnitten.

35,3 Ursprung: Table d´Orient in 1800 m Höhe (45.5227,2.8237)
25,1 Weg-II bei **F 63680 Saint-Donat- Pomier ↓**. Der Fluss ist sehr eng, WW III. Es folgt ein **X** Katarakt von 6 m Höhenunterschied, ⩍ (45.4724,2.7311)
21,9 Str.-II D88 Die folgenden 4 km sind sehr schweres Wildwasser (WW IV und V). Die Tarentaine fließt durch eine unzugängliche Schlucht mit starkem Gefälle. Die Schwierigkeiten sind vorwiegend technischer Art (45.4524,2.7110)
19,7 ■ Staudamm, **X**, ⩍ (45.4492,2.6898)
18,2 li ⇩ Eau Verte. Die Tarentaine fließt in eine weitere große Schlucht, die nur an 3 Punkten zugänglich ist. Zunächst 4 km WW III, die folgende Flussstrecke ist sehr schwierig mit starkem Gefälle und sehr starker Verblockung, WW V. Auf dieser Flussstrecke finden sich 2 ■. Nach dem 2. ■ folgt die völlig **X** Strecke der Pont du Diable, ⩍ (45.4400,2.6790)
10,3 Str.-II D622 (45.4365,2.6028)
9,4 Weg-II (Moulin de Mazauriel) (45.4327,2.5936)
5,1 Str.-II D49 übliche ↑. Es ist nicht bekannt, ob die Tarentaine bis zur Mündung in den Rhue weiterbefahren werden kann (45.4111,2.5586)
0,0 ⇩ in Rhue (45.3780,2.5402)

Chavanon

Wildfluss Gewässerkennzahl FR: P00-0400
Mündung in Dordogne bei km 444,2 (re Nebenfluss)

Der Chavanon und sein li Quellfluss, die Ramade, gestatten, unter der Voraussetzung eines ausreichenden Wasserstandes, eine durchgehende Befahrung; sie werden daher auch in durchlaufender Kilometrierung beschrieben. Sie sind leichte Wildflüsse.

Befahrbarkeit: März-April, bei regenreichem Frühjahr bis Mai.

Schwierigkeiten: km 35,2-20,0 WW I-II
km 20,0-⇩ WW II (III)

54,2 Ursprung (Ramade) aus dem Ramade-See (dessen Zuflüsse stammen aus etwa 900 m Höhe) (45.8412,2.3773)
35,2 Str.-Ⅱ D22/D568 mögliche ⬇, nur bei hohem Wasserstand. Keine besonderen Schwierigkeiten, WW I-II (45.7340,2.4955)
33,3 Weg-Ⅱ (45.7244,2.5084)
31,8 Weg-Ⅱ (45.7131,2.5152)
28,5 ⇩ Zusammenfluss mit der Méouzette (45.6953,2.5219)
28,4 Str.-Ⅱ D115/D604 weitere mögliche ⬇, ab hier bessere Wasserführung. Weiterhin WW I--II (45.6948,2.5226)
20,5 Der ganze Fluss wird re durch einen 300 m langen Tunnel abgeleitet ≋; es ist jedoch ratsam, bei der Anfahrt von der Ⅱ N89 aus zu erkunden, ob die Tunnelausfahrt frei ist. Evtl. ⏏ sehr mühsam, schwer
20,0 Str.-Ⅱ N89 (45.6515,2.5230)
19,0 ▬ Wehr mit ↯ evtl. ≋ oder ⏏
18,5 Zufuhr des abgeleiteten Wassers danach kleine Schnellen. ▬ Wehr, ≋
17,3 Str.-Ⅱ D184 (45.6391,2.5070)
16,2 EB-Ⅱ (45.6398,2.4951)
15,7 Mühlen-▬, ≋ (45.6389,2.4913)
14,8 Str.-Ⅱ D110/D73 (45.6404,2.4850)
13,8 Mühlen-▬ danach Rückstau des folgenden ↯ in schöner Schlucht
12,6 Autobahn-Ⅱ A89 (45.6240,2.4798)
11,8 ▬ Wehr mit ↯ von Eygurande 5 m hoch, **X**, re ⏏. Danach eine Folge schöner Schwälle
9,5 Str.-Ⅱ D31 (45.6014,2.4660)
8,8 Mühlen-▬, ≋
7,8 Mühlen-▬, ≋, danach EB-Ⅱ, außer Betrieb. Es folgen eine Reihe

von kleinen Stufen und schönen Schwällen, bis WW III. Sie enden im Rückstau des Dordogne (s. Seite 448)-Stausees

5,8 ⬆ möglich in Höhe der Mühle Bardoire man kann von hier aus auf kleiner Straße die D27 erreichen. Auch eine Weiterfahrt auf dem Stausee kommt in Frage

0,0 ⇩ in Stausee der Dordogne (s. Seite 448) bei km 444,2 (45.5539, 2.5161)

Charente

Wanderfluss (Flachlandfluss) Gewässerkennzahl FR: R---0000
Mündung in Atlantik

Die Charente fließt ruhig durch weite Ebenen in einer friedlichen und erholsamen Landschaft.

Heinrich IV. bezeichnete die Charente als den schönsten Fluss seines Königsreiches. Es ist allerdings unwahrscheinlich, dass er Paddler war. Die Charente ist nämlich durch Wehre und Schleusen weitgehend verbaut. Wer einige Mühen nicht scheut, wird trotzdem auf seine Rechnung kommen.

Befahrbarkeit: ab Chantrezac, km 348,8, bis spätestens Mai

ab Civray, km 296,1 ganzjährig.

Schwierigkeiten: WW I und Zahmwasser. Wehre: Oberhalb Angoulème befinden sich zahllose Wehre, zumeist von alten Wassermühlen. Sie sind zumeist je nach Wasserstand fahrbar oder zu treideln. Soweit, selten, ein Umtragen erforderlich ist, ist es im allgemeinen leicht durchzuführen. Eine Einzelbeschreibung der Wehre ist nicht möglich. Unterhalb Angoulème finden sich zahlreiche, für Selbstbedienung eingerichtete Schleusen, daneben Wehre, die wiederum meist fahrbar sind. Bei HW werden viele Wehre unfahrbar. Der Schiffsverkehr ist gering; auch im Sommer nur einzelne Kajüt-Mietboote.

Infrastruktur: Zeltmöglichkeiten am Fluss: reichlich vorhanden, mehrere am Fluss gelegene ⛟.

381,4 Bei Chéronnac in 300 m Höhe. (45.7557,0.7711)

348,8 Str.-II D356, li **F 16270 Roumazières-Loubert- Chantrezac** mögliche ⬇ bei gutem Wasserstand. Die Folgestrecke ist nur wenig interessant. Es folgen 15 ▬ Wehr, zumeist sind nur 3 davon ≋, keine ausführliche Beschreibung (45.9281,0.5551)

318,4 Str.-II D4, li **F 86250 Chatain** die Folgestrecke ist nicht ganz einfach, es muss mit Baum- und Strauchhindernissen gerechnet werden. Mehrere Klappen-■ können je nach Wasserstand gefährlich werden; bis km 296,1 keine ausführliche Beschreibung! (46.0771,0.4363)

311,7 Str.-II D103, li **F 86250 Asnois** (46.1151,0.4170)

305,5 Str.-II D107 (46.1467,0.3787)

299,8 Str.-II D26, re **F 86400 Savigné** (46.1570,0.3219)

296,1 Str.-II D1, **F 86400 Civray** mehrere II; ab hier Befahrung auch im Sommer möglich (46.1499,0.2995)

295,4 Str.-II **F 86400 Civray** (Rue Duplessis) (46.1457,0.2941); ■ Wehr (46.1457,0.2931)

294,3 ■ Wehr (46.1468,0.2793)

293,3 Weg-II (46.1476,0.2692)

292,5 ■ Wehr (46.1450,0.2655)

292,2 Weg-II (46.1427,0.2644)

290,8 ■ Wehr (46.1435,0.2499)

289,0 Str.-II D105, li **F 86400 Saint-Saviol** (46.1361,0.2420)

288,1 ■ Wehr (46.1361,0.2326)

286,7 ■ Wehr (46.1261,0.2416)

286,6 Str.-II D103 (46.1254,0.2414)

285,9 ■ Wehr (46.1203,0.2396)

284,8 ■ Wehr (46.1128,0.2318)

283,6 ■ Wehr (46.1055,0.2414)

282,2 ■ Wehr (46.1006,0.2271)

282,0 Str.-II D106, **F 86400 Voulême** (46.0987,0.2270)

281,1 ■ Wehr (46.0959,0.2376)

278,8 ■ Wehr (46.0851,0.2408)

277,8 ■ Wehr bei NW ≈, bei HW gefährlich (46.0807,0.2456)

277,1 Str.-II D1 (46.0800,0.2536)

276,1 ■ Wehr bei NW ≈, bei HW gefährlich (46.0743,0.2522)

273,6 Str.-II D176, **F 16700 Taizé-Aizie** darunter ■ Wehr

268,0 ■ Wehr, **X** (46.0433,0.2467)

267,1 ■ Wehr, **X** (46.0330,0.2258)

265,8 Str.-II D740, re **F 16700 Condac** (46.0241,0.2293)

265,7 ■ Wehr, **X**, li ⌂ (46.0228,0.2289)

264,0 ■ Wehr Réjallant mit Bootsrutsche, ≈, ✕, 🚐 (46.0157,0.2162)

261,7 ■ Wehr, **X**, in re Seitenarm überheben (46.0157,0.2422)

259,5 ■ Wehr Aiguës Pendantes, **X**, überheben (46.0044,0.2246)

258,7 ■ Wehr, **X** (45.9978,0.2243)
258,5 Str.-Ⅱ D192 (45.9966,0.2268)
257,0 re ■ Wehr, weiter geradeaus fahren (45.9935,0.2432);
■ Stufe, ≋, oder treideln (45.9925,0.2439)
255,2 ■ Wehr, **X**, li ⏏ oder treideln (45.9821,0.2317)
255,1 Str.-Ⅱ D26, **F 16510 Verteuil-sur-Charente** ⌘ (45.9812,0.2317)
254,5 ehem. EB.-Ⅱ (45.9768,0.2355)
251,5 ■ Wehr, evtl. li ≋, oder re überheben (45.9630,0.2263)
250,5 ■ Wehr, **X**, re überheben (45.9570,0.2297)
249,6 li ⇩ Argent-Or (45.9547,0.2408)
247,9 Mühlen-■, evtl. ≋, oder li überheben (45.9444,0.2482)
247,5 Str.-Ⅱ D337 (45.9420,0.2450)
246,5 ■ Wehr li in zwei Stufen ≋ (45.9341,0.2396)
245,8 Mühlen-■ re überheben (45.9287,0.2421)
244,4 Str.-Ⅱ D27, li **F 16460 Aunac** (45.9198,0.2392)
243,8 ■ Wehr, ≋ (45.9182,0.2353)
242,4 Mühlen-■ im re Arm ■ Wehr, **X**, li ⏏ (45.9122,0.2444)
241,2 Zusammenfluss beider Arme (45.9088,0.2507)
239,5 ■ Wehr, re **F 16460 Moutonneau** re überheben (45.9049,0.2398)
237,3 ■ Wehr, **X**, davor in li Seitenarm einfahren, Schwall (45.9008, 0.2230)
236,7 Str.-Ⅱ D185 (45.8963,0.2259)
235,1 ■ Wehr li auf Straße 200 m ⏏, Bootswagen (45.8920,0.2115)
233,0 li ⇩ Bonnieoure (45.8763,0.2070)
231,5 Str.-Ⅱ N10 (45.8776,0.1884)
230,9 ■ Wehr, **X**, überheben (45.8764,0.1832)
230,7 ⛺ Municipal Le Champion (45.8774,0.1818)
230,6 Str.-Ⅱ D18, li **F 16230 Mansle** 🛒 (45.8776,0.1801)
227,1 ■ Wehr Châteaurenaud li über Stufe in Seitenarm fahren (45.9030, 0.1706)
226,4 Str.-Ⅱ D361, li **F 16230 Saint-Groux** (45.9027,0.1624)
225,4 ■ Wehr li in Seitenarm überheben (45.8984,0.1511)
223,2 Mühlen-■ li treideln (45.8819,0.1386)
222,2 Mühlen-■ re überheben (45.8832,0.1263)
222,0 EB-Ⅱ (45.8837,0.1243)
220,9 Str.-Ⅱ D186, re **F 16230 Luxé** li 🚂 (45.8889,0.1125)
220,7 EB-Ⅱ (45.8897,0.1109)
220,2 ■ Wehr, **X**, treideln (45.8912,0.1037)
219,9 Str.-Ⅱ D739 (45.8898,0.1014)

217,2 ▬ Wehr La Tourette, **X**, re mühsam überheben (45.8674,0.0993)
213,8 ▬ Wehr, **X** (45.8581,0.0680)
213,2 Str.-Ⅱ D69, re **F 16140 Ambérac** (45.8535,0.0685)
211,0 ▬ Wehr Bissac, evtl. ≈ (45.8400,0.0653)
208,9 ▬ Wehr, **X**, überheben mühsam (45.8418,0.0392)
208,5 Str.-Ⅱ D737, li **F 16140 La Chapelle** (45.8404,0.0347)
205,0 ▬ Wehr Le Ponteur Bootsrutsche, ≈ (45.8176,0.0395)
204,5 Str.-Ⅱ D118 (45.8150,0.0449)
202,7 ▬ Wehr (45.8150,0.0668)
200,6 ▬ Wehr (45.8003,0.0748)
199,8 ▬ Wehr (45.7974,0.0678)
197,3 EB-Ⅱ (45.7770,0.0678)
196,9 ▬ Wehr (45.7740,0.0693)
192,8 ▬ Wehr (45.7841,0.1118)
192,3 Str.-Ⅱ D15 darunter Schwall (45.7812,0.1172);
Municipal Les Platanes, montignac-charente.fr (45.7817,0.1169)
190,2 Str.-Ⅱ D11, re Le Portal darunter ▬ Wehr, evtl. ≈ (45.7644,0.1117)
187,4 ▬ Wehr (45.7454,0.0930)
186,3 Str.-Ⅱ D115 (45.7417,0.0822);
▬ Wehr (45.7412,0.0817)
184,0 ▬ Wehr (45.7318,0.1025)
183,6 Str.-Ⅱ D117 (45.7327,0.1070)
180,9 ▬ Wehr (45.7351,0.1399)
180,7 Str.-Ⅱ D37 (45.7337,0.1420)
178,1 ▬ Wehr (Bootsgasse ?) (45.7183,0.1249)
178,0 Str.-Ⅱ D406 (45.7185,0.1233)
177,1 ▬ Wehr (45.7126,0.1168)
170,6 ▬ Wehr (45.6896,0.1554)
170,1 Str.-Ⅱ N10 (45.6847,0.1554)
169,3 Str.-Ⅱ D737 (45.6785,0.1539)
167,9 li ⇩ Touvre (45.6664,0.1587)
167,3 Str.-Ⅱ **F 16000 Angoulême** (Pont Saint-Antoine), ⌘; Ab hier bis zur ⇩ zahlreiche ⯐⯐ (45.6614,0.1598)
167,1 Fußg.-Ⅱ (45.6591,0.1598)
166,1 ▬ Wehr, re ⯐ (45.6535,0.1531)
165,9 Fußg.-Ⅱ (45.6543,0.1509)
165,7 Str.-Ⅱ **F 16000 Angoulême** (Rue de Saintes) (45.6548,0.1483)
165,1 Str.-Ⅱ **F 16000 Angoulême** (Boulevard Henri Thébault) (45.6572,

0.1412)
163,9 Str.-Ⅱ N10 (45.6614,0.1268)
163,3 Weg-Ⅱ (45.6646,0.1206)
162,4 ■ Wehr, re ⇄ (45.6686,0.1127)
159,4 Str.-Ⅱ D72 (45.6528,0.1052)
159,2 ■ Wehr, re ⇄ (45.6506,0.1051)
157,5 ■ Wehr, re ⇄ (45.6444,0.0895)
155,9 EB-Ⅱ (45.6403,0.0704)
154,9 ■ Wehr, li ⇄ (45.6381,0.0592)
153,9 Str.-Ⅱ D41 (45.6341,0.0469)
149,6 Str.-Ⅱ D7, re 🚐 du Nizour, campingdunizour.com (45.6056,0.0238)
149,4 ■ Wehr, li ⇄ (45.6076,0.0216)
146,5 → zur ⇄ ← zum ■-Arm (45.6245,0.0015)
145,4 ⇄ (45.6310,-0.0043)
143,7 ■ Wehr, li ⇄ (45.6265,-0.0234)
143,0 Str.-Ⅱ D422 (45.6224,-0.0261)
142,7 ■ Wehr, re ⇄ (45.6198,-0.0261)
139,9 ■ Wehr, re ⇄ (45.6003,-0.0444)
139,0 Str.-Ⅱ D14, li **F 16120 Châteauneuf-sur-Charente** (45.6014,-0.0510)
134,6 Str.-Ⅱ D404 → und ← zu ■-Armen, geradeaus zur ⇄ (45.6355,-0.0622)
131,5 Str.-Ⅱ D155 (45.6503,-0.0851)
131,1 ■ Wehr, li ⇄ (45.6507,-0.0881)
128,4 → zur ⇄ ← zum ■-Arm (45.6567,-0.1164)
126,8 Str.-Ⅱ D18 (45.6672,-0.1203)
124,1 ■ Wehr, re ⇄ (45.6739,-0.1449)
123,6 → fahren (45.6725,-0.1506)
123,1 Str.-Ⅱ N141 (45.6769,-0.1530)
121,9 ← zur ⇄ → zum ■-Arm (45.6771,-0.1683)
121,6 ⇄ (45.6771,-0.1716)
121,3 Str.-Ⅱ D736, re **F 16200 Jarnac** (45.6780,-0.1746)
118,2 → zur ⇄ ← zum ■-Arm (45.6767,-0.2127)
117,0 Str.-Ⅱ D158, li **F 16200 Bourg-Charente** (45.6745,-0.2239)
113,1 ■ Wehr, li ⇄ (45.6837,-0.2662)
111,5 Str.-Ⅱ D15 (45.6882,-0.2851)
108,2 Str.-Ⅱ D24, re 🚐 de Cognac, campingdecognac.fr (45.7086,-0.3138)
108,0 –104,3 Stadtgebiet von **F 16100 Cognac** ⌘

107,2 re ■ Wehr li bleiben (45.7088,-0.3246)
106,3 ⇆ (45.7012,-0.3289)
106,0 Str.-Ⅱ (Pont Neuf) (45.6991,-0.3305)
104,7 Str.-Ⅱ D945 (45.6896,-0.3393)
104,4 Str.-Ⅱ N141 (45.6870,-0.3423)
102,6 ■ Wehr, re ⇆ (45.6804,-0.3618)
101,6 re ⇩ Antenne (s. Seite 489) (45.6808,-0.3735)
99,4 Str.-Ⅱ D144 (45.6854,-0.3974)
93,3 Str.-Ⅱ D135 (45.6787,-0.4625)
88,0 ⊥ D233, re **F 17610 Dompierre-sur-Charente** (45.6991,-0.4968)
84,8 EB-Ⅱ und Str.-Ⅱ D134 (45.7065,-0.5290)
83,6 ➔ zur ⇆ danach li halten (45.7074,-0.5444)
82,9 ⇆ mit Elektrobetrieb (45.7125,-0.5503)
82,0 ⊥ D138, re **F 17610 Chaniers** (45.7146,-0.5602)
75,5 li ⇩ Seugne (s. Seite 489) (45.7276,-0.6180); ➔ Kanal, kürzer als der Flusslauf (45.7274,-0.6196)
73,7 Str.-Ⅱ N141 und EB-Ⅱ (45.7265,-0.6358)
71,9 Str.-Ⅱ D24 (45.7416,-0.6364)
71,0 Str.-Ⅱ **F 17100 Saintes** (Pont Bernard Palissy), 🚐 im Ort (45.7470,-0.6298)
59,9 Autobahn-Ⅱ A10 (45.8243,-0.6406)
58,8 Str.-Ⅱ D127, re **F 17350 Taillebourg** (45.8319,-0.6488)
49,2 ← zum Schleusenarm (45.8738,-0.6834)
48,5 Str.-Ⅱ D18, re **F 17350 Saint-Savinien** (45.8795,-0.6822)
48,0 re ■ Wehr, re ⇆ ab hier Gezeiteneinfluss. Bei NW Ufer stark verschlammt, ⬆ dann schwierig oder unmöglich (45.8813,-0.6887)
44,1 Autobahn-Ⅱ A837 (45.8804,-0.7368)
38,0 Str.-Ⅱ D118 (45.8845,-0.8119)
35,0 re ⇩ Boutonne (s. Seite 488) (45.9089,-0.8261)
31,6 Ⅱ (45.9096,-0.8667)
28,9 Str.-Ⅱ D137 (45.9306,-0.8720)
27,4 Ⅱ, re **F 17430 Tonnay-Charente** (45.9401,-0.8860)
16,8 Str.-Ⅱ D733, re **F 17300 Rochefort** (45.9160,-0.9662)
0,0 ⇩ in Atlantik (45.9596,-1.0848)

Boutonne

Wanderfluss – Maritimfluss Gewässerkennzahl FR: R6--0250
Mündung in Charente bei km 35,0 (re Nebenfluss)

Der Boutonne ist ein ruhiger Wanderfluss in einer ansprechenden Landschaft, WW I. Im Unterlauf wird er zum Maritimfluss.

Fahrtstrecke: St. Séverin-⇩ 58 km

Befahrbarkeit: Oberlauf Frühjahr; ab St. Jean d´Angélie ganzjährig.

Seugne

Wildfluss – Wanderfluss Gewässerkennzahl FR: R5--0250
Mündung in Charente bei km 75,5 (li Nebenfluss)

Die Seugne ist ein leichter Wild- bzw. Wanderfluss, zumeist WW I, mit Stellen WW II. Die Ufer sind im Oberlauf bewaldet, im Unterlauf vielfach sumpfig. Zahlreiche Wehre sind bei gutem Wasserstand gut ≈. Vorsicht bei Baggern! Der Fluss teilt sich öfters in mehrere Arme auf, kurz vor der Mündung 5 verschiedene Arme, der westlichste Arm ist der Hauptarm. Im Mündungsbereich machen sich schon leicht die Gezeiten bemerkbar.

Fahrtstrecke: ⌶ D149 unterhalb von Campagne - ⇩, 50 km

Befahrbarkeit: ganzjährig; im Sommer können sich Treidelstrecken ergeben.

Antenne

Kleinfluss Gewässerkennzahl FR: R32-0430
Mündung in Charente bei km 101,6 (re Nebenfluss)

Angenehme Fahrt ohne besondere Schwierigkeiten, gelegentlich kann mit Baumhindernissen gerechnet werden. 500 m nach dem Start sollte man über ein verfallenes ▬ den re Arm befahren.

Fahrtstrecke: ⌶ bei le Seure-Javrezc, 14 km. Eine Weiterfahrt bis zur ⇩ in die Charente über weitere 5 km dürfte möglich sein, jedoch keine Unterlagen.

Tardoire

Wildfluss - Wanderfluss Gewässerkennzahl FR: R1--0400
Mündung in Bonnieoure (li Nebenfluss)

Der Tardoire ist ein auf langer Strecke fahrbarer leichter Wildfluss.

Befahrbarkeit: Oberlauf, bis km 69,8 Winter und Frühjahr

km 69,6-17,2 ganzjährig

die Reststrecke nur im Winter und nach starken Regenfällen.

114,0 Ursprung (45.6580,1.0127)
79,6 Str.-Ⅱ D33, **F 87440 Les Salles-Lavauguyon** mögliche oberste ⬇. Zahlreiche Baum- und Strauchhindernisse, WW II (45.7333,0.7101)
79,5 ▬ Wehr (45.7327,0.7089)
77,7 Str.-Ⅱ D33A darunter ▬ Wehr (45.7272,0.6914)
75,7 ▬ Wehr (45.7294,0.6739)
74,9 ▬ Wehr (45.7251,0.6675)
74,7 Str.-Ⅱ D881, Chadaleix bei gutem Wasserstand bis WW III. Hier werden Abfahrtsrennen veranstaltet (45.7236,0.6662)
69,8 Str.-Ⅱ D50/D88, re nach **F 16310 Roussines** ab hier meist ganzjährig ≈; WW II. Die Folgestrecke ist recht interessant. Zwischen Ludièras und Montecaille sind Versperrungen möglich. Das ▬ von Langlade ist bei HW gefährlich, keine ausführliche Beschreibung! (45.7148,0.6292)
57,8 Str.-Ⅱ D3/D112, re nach **F 16220 Écuras** Es folgt eine schöne Schlucht. Zahlreiche niedrige Ⅱ und ▬ Wehr; sie können bei HW sehr gefährlich werden. Es gibt hier in der Umgebung mehrere Grotten und prähistorische Sehenswürdigkeiten. WW II-I, keine ausführliche Beschreibung! (45.6605,0.5801)
27,1 Str.-Ⅱ D88, **F 16110 La Rochefoucauld** danach ▬ Wehr; die Fahrt wird zumeist hier beendet. Weiterfahrt nur bei sehr gutem Wasserstand, das Wasser verliert sich in dem Forst von Baraconne (45.7416,0.3814)
25,1 Str.-Ⅱ N141 (45.7504,0.3697)
23,9 Weg-Ⅱ (45.7568,0.3656)
23,0 Str.-Ⅱ D389 (45.7610,0.3608)
19,9 Weg-Ⅱ (45.7727,0.3437)
17,2 Str.-Ⅱ D11, li **F 16110 Agris** (Pont de Agris), weitere gute ⬆; eine Weiterfahrt ist kaum je möglich, keine weiter Beschreibung (45.7856, 0.3387)
0,0 ⇩ in Bonnieoure diese ⇩ nach 7 km in die Charentre (45.8627, 0.2421)

Sèvre Niortaise

Kleinfluss, Wanderfluss, Tidenfluss Gewässerkennzahl FR: N---0060
Mündung in Atlantik

Ein im Poitou langsam fließender Fluss, welcher ganzjährig ab St.-Maixent-l`Ecole fahrbar ist.

Das Landschaftsbild wechselt bis Bazoin von Auwäldern, landwirtschaftlich genutzten Flächen über parkähnlich angelegten Anwesen im steten Wechsel.

Bis Niort ist die Landschaft hügelig. In diesem Bereich befinden sich viele Mühlenwehre, welche einheitlich aus einer langgezogenen gemauerten Wehrmauer mit oft nur knapp überspülten breiten Krone und einer Höhe zwischen einen und zwei Metern bestehen. Diese Wehre sind zum Teil recht lang und mit geeigneten Booten meistens fahrbar. Jedoch ist bei den höheren Wehren mit flachen Unterwasser mit Steckgefahr zu rechnen. Ein Umtragen ist immer möglich. Die Kilometrierung bezieht sich auf die Mühlengebäude.

Es ist bei allen Wehren empfehlenswert, so schnell wie möglich in den Untergraben zu gelangen, da die Mühlen im Obergraben oft aufgegeben und als Wohnhäuser genutzt werden. Ein Umtragen dort erfolgt dann über ein Privatgrundstück, was nicht immer geduldet wird.

Wegen der geringen Strömung und den oft kurz hintereinander folgenden Wehren sollten hier nur kleine Tagesabschnitte mit leeren kleinflusstauglichen Booten gewählt werden. Eine Gepäckfahrt ist nicht empfehlenswert.

Ab Niort wird die Sèvre Niortaise zu einem breiten und oft windausgesetzten, aber trotzdem sehr lohnenden Wanderfluss. Sie durchfließt und entwässert hier den „Marais Poitevin" mit dem „Venise Verte".

Das „Venise Verte" besteht aus zwei räumlich getrennten und durch die Sèvre Niortaise sowie mehreren anderen Kanälen verbundenen Kanalsystemen und ist eine der schönsten Landschaften Frankreichs.

Eine ausführliche Beschreibung dieses dem Spreewald ähnelnden Bereiches ist nicht möglich. Nachfolgend sind nur die wichtigsten Verbindungs - und Zugangskanäle genannt.

Die kommerzielle Schiffahrt ist sehr gering; nur wenige Motorboote.

Im Kernbereich des Venise Verte wird Nutzholz geschlagen und auf den Kanälen entweder in Arbeitsbooten abtransportiert oder geflößt.

Daher muss dort mit Behinderungen und eventuellen Sperrungen gerechnet werden. Davon ist auch die Sèvre Niortaise betroffen, da hier das Holz mit Lastwagen aufgesammelt und weitertransportiert werden kann.

Die Wehre sind ab Niort mit Schleusen ausgebaut. Ob und wie geschleust wird, muss am Ort geklärt werden. Das Umtragen ist allerdings immer problemlos möglich.

Ab Bazoin wird die Sèvre Niortaisezu einem Marschlandfluß. Sie ist hier recht breit, windausgesetzt und landschaftlich eher eintönig.

Ab Marans wird sie zu einem Tidenfluß, welcher dann in die Anse d´Aiguilon (Atlantikbucht nördlich von la Rochelle / Ile de Rè) mündet.

Für die Berufsschiffahrt wurden ab Bazoin einige Flussbögen durch Kanäle abgekürzt.

Befahrbarkeit:	Ab St.-Maixent-l´ Ecole ganzjährig, oberhalb nur bei Hochwasser Etwa ab Mai / Juni ist mit beginnender mitunter starker Verkrautung zu rechnen.
Umwelt:	Wasserqualität: Zunächst trübe, ab Niort rasche Klärung bis zu einer Sichttiefe bis zu drei Metern.
Literatur:	Für Wanderfahrten in diesem Bereich empfiehlt sich die Mitnahme der sehr genauen Detailkarten des Institut Geographique National (IGN), Sèrie Bleue, Maßstab 1 : 25.000, Blätter 1528O (Benet, Coulon, La Venise Verte) und 1428E (Maillezais, Vix), welche vor Ort in den größeren Supermärkten sowie Maison de la Presse erworben werden können.

158,4 Ursprung bei Seprvet (Deux Sèvres) in etwa 150 m Höhe (46.2927,-0.1037)

131,2 Str-II D24, **F 79400 Saint-Maixent-l'École** schlechte ↓↑ (46.4094,-0.2008)

131,1 ▬ Wehr und Mühle Wehr nur unter Risiko ≋ (Klappenwehr, flaches Unterwasser), li ⌂, li Parknlage mit P-Möglichkeiten, günstige ↓ (46.4094,-0.2028)

131,0 Str-II, **F 79400 Saint-Maixent-l'École** (Rue du Faubourg Charrault) (46.4092,-0.2036)

130,7 ▬ Wehr und Mühle „Courdevent" (46.4081,-0.2073)

129,5 Fußg.-II davor li „Base de Canoe St.-Maixent-l`Ecole" (46.3995,-0.2060);

▬ Wehr und Mühle „Piozay" (46.3993,-0.2066)

128,9 ▬ Wehr und Mühle „la Place" (46.3982,-0.2134)

128,2 ▬ Wehr und Mühle „la Fenouillère" (46.4008,-0.2192)

127,8 ▬ Wehr und Mühle „Epron" (46.3985,-0.2213)

126,9 ▬ Wehr und Mühle „Veillon" (46.3916,-0.2241)

126,1 ■ Wehr und Mühle „Geoffret" (46.3884,-0.2329)

125,4 ■ Wehr mit Mühle (46.3872,-0.2420)

125,2 Str-Ⅱ **F 79400 Sainte-Néomaye-Ricou** (46.3865,-0.2433)

124,7 ■ Wehr und Mühle „la Corbelière" (46.3831,-0.2484)

123,7 Str-Ⅱ, li nach **F 79260 Sainte-Néomaye** (46.3781,-0.2577)

122,4 ■ Wehr und Mühle „le Grand Moulin" (46.3758,-0.2711)

121,4 ■ Wehr und Mühle „l\`Epervier" (46.3707,-0.2786)

121,1 ■ Wehr und Mühle „le Pont du Vau" (46.3709,-0.2829)

120,8 Str-Ⅱ D611 keine ↓↑ (46.3725,-0.2850)

120,7 ■ Wehr und Mühle „l\`Usine" (46.3734,-0.2861)

119,8 ■ Wehr und Mühle „l\`Ile" (46.3746,-0.2923)

119,6 Weg-Ⅱ (46.3740,-0.2951)

118,8 ■ Wehr und Mühle „les Etrès" (46.3685,-0.2998)

118,5 Fußg.-Ⅱ (46.3660,-0.3017)

118,4 ■ Wehr und Mühle „Moulin de Barilleau" (46.3652,-0.3018)

118,0 Str-Ⅱ D7, li **F 79260 La Crèche** (46.3622,-0.3054)

116,9 ■ Wehr und Mühle „le Petit Moulin du Ruffigny" (46.3611,-0.3178)

116,4 Str-Ⅱ D174 (46.3633,-0.3223);
■ Wehr und Mühle „la Papeterie" (46.3635,-0.3226)

115,5 ■ Wehr und Mühle „Moulin de Condè" (46.3676,-0.3304)

114,4 ■ Wehr und Mühle „François" (46.3722,-0.3413)

114,1 Str-Ⅱ D142, li **F 97118 Saint François** (46.3735,-0.3433)

113,4 ■ Wehr und Mühle „l\`Ilot" (46.3759,-0.3509)

112,7 Weg-Ⅱ (46.3769,-0.3576)

112,5 Autobahn-Ⅱ A83 (46.3767,-0.3603)

111,2 ■ Wehr und Mühle „Moulin Neuf" es empfiehlt es sich hier, bis zur Mühle zu fahren und dort das Wehr li neben der Mühle zu überwinden (i.d.R. fahrbar) (46.3691,-0.3662)

110,8 stillgelegte Mühle „Gondin" im Untergraben, keine Wehranlage, keine Hindernisse, Durchfahrmöglichkeit ganz links direkt vor dem Gebäude (46.3682,-0.3712)

110,0 ■ Wehr und Mühle „Rhé" (46.3727,-0.3760)

109,0 Fußg.-Ⅱ (46.3807,-0.3808)

108,4 ■ Wehr und Mühle „St. Gelais" (46.3836,-0.3858)

108,2 Str-Ⅱ D8, li **F 79410 Saint-Gelais** (46.3852,-0.3876)

107,0 EB-Ⅱ (46.3935,-0.3946)

106,1 ■ Wehr und Mühle „Rahe-Chalusson" (46.3988,-0.4007)

104,7 ■ Wehr und Mühle „Echiré" (46.3928,-0.4142)

104,5 Str-Ⅱ D743E, li **F 79410 Échiré** (46.3941,-0.4164)

104,1 Str-II D743 keine ⬇⬆ (46.3940,-0.4218)

102,8 ■ Wehr und Mühle „Trotigny" (46.4028,-0.4224)

102,1 Str-II, **F 79410 Échiré-Ternanteuil** (Chemin du Château Salbart) (46.4063,-0.4263)

101,6 ■ Wehr und Mühle „Mauzay" (46.4035,-0.4319)

99,9 ■ Wehr und Mühle „Moulin Neuf" hier auf jeden Fall ins Untergraben fahren, landschaftlich und wasser technisch schöner Lauf, im Obergraben Wehr und stillgelegte Mühle „Gué Moreau", dort keine Wasserabgabe über das Wehr bzw. der Mühle (46.3927,-0.4424)

99,1 Str-II D107 (46.3936,-0.4504)

98,1 kleines zerfallenes ■ Wehr im Untergraben, evtl. ≋, re auf Privatgrundstück Mühle, Betretungsverbot, li ⏏ möglich, besser ca. 100 m vorher li in den Durchbruch zum Obergraben nach der Mühle „Gué Moreau" einfahren, kleine ■-Stufe zu Beginn, gut ≋, sonst keine Hindernisse (46.3983,-0.4588)

97,8 ■ Wehr und Mühle „Moulin Ruiné" (46.3991,-0.4617)

97,1 ■ Wehr und Mühle „les Ecluseaux" (46.4001,-0.4688)

96,6 Weg-II, re **F 79410 Saint-Maxire** (46.3963,-0.4716)

95,0 ■ Wehr und Mühle „Moulin Martin" (46.3865,-0.4603)

93,5 ■ Wehr und Mühle „le Vieux Colombier" Bei einem geplanten Aussetzen in Croisette empfiehlt es sich, vor dem Wehr im Obergraben zu bleiben und kurz vor der Mühle in den dortigen kurzen 2. Untergraben dieser Mühle zu fahren. Nach der Mühle wird der Obergraben als solcher weitergeführt. Danach bei km 92,4 eine weitere stillgelegte Mühle ohne eigene Wehranlage und einer engen Durchfahrtmöglichkeit direkt vor dem Gebäude auf der linken Seite. Eine gute ⬆t befindet sich unmittelbar danach an einer Furt (46.3834,-0.4756)

92,4 ■ Wehr und Mühle „Moulin de Mursay" im 1. Untergraben (46.3784, -0.4817)

92,3 Str-II, re **F 79410 Saint-Maxire-Croisette** davor an der o.g. Furt günstige ⬆ (nur Aussetzen möglich!) Günstige ⬇ nur am 1. Untergraben, unmittelbar nach der Mühle „Moulin de Mursay" (46.3778,-0.4812)

91,7 Mühle „Sciecq" im Obergraben; Privatgrundstück, ⏏ unerwünscht (46.3754,-0.4764)

91,4 re **F 79000 Sciecq** (46.3754,-0.4715)

89,7 ■ Wehr und Mühle „les Loups" (46.3765,-0.4508)

87,6 ■ Wehr und Mühle „Salbœf" (46.3659,-0.4649)

87,0 ■ Wehr und Mühle „Moulin de Campèrè" (46.3647,-0.4715)

85,6 ▬ Wehr und Mühle „Moulin de l`Ane” darüber Fußg.-Ⅱ (46.3564,-0.4618)
85,2 Str-Ⅱ, li **F 79000 Niort-Surimeau** re **F 79000 Niort-Sainte-Pezenne** (Rue du Moulin d'Âne) (46.3554,-0.4566)
84,2 ▬ Wehr und Mühle „Begrolles” (46.3494,-0.4596)
83,7 Fußg.-Ⅱ (46.3483,-0.4668)
82,9 ▬ Wehr und Mühle „le Grange” (46.3425,-0.4722)
81,8 –75,8 Stadtgebiet von **F 79000 Niort** Hauptstadt des Departements „Deux Sèvres” (79), ⌘, links Donjon (Burganlage 12. bis 18. Jhdt, heute Museum) und Markthalle 19. Jhdt, auf einem Hügel Kirche St. André mit Doppeltürmen (14. Jhdt.)
81,7 Str-Ⅱ D648 (Boulevard de l'Europe), darunter ⬇⬆ an innerörtlichen Straßen (46.3346,-0.4654)
81,6 ▬ Hufeisen-Wehr „Usine des Eaux” stillgelegtes Wasserkraftwerk, hufeisenförmige Wehranlage mit mehreren Befahrungsmöglichkeiten, bei höheren Wasserständen evtl. starker Rücklauf! (46.3335,-0.4636)
81,2 Fußg.-Ⅱ (46.3309,-0.4625)
81,1 ➔ zur ⩠-Möglichkeit an einer kleinen Kahnschleuse nach der Brücke bei km 80,7 (zweites Joch von li) ganz re im Abzweig mehrstufiges Wehr, evtl. ≈ (46.3294,-0.4630)
80,7 Str-Ⅱ, (les Vieux Ponts) (46.3272,-0.4647);
Hinter der Ⅱ Aufteilung in zwei Flussarme mit ▬ Klappenwehren und auf einer Flussinsel (Moulin du Milieu) gebührenpflichtiger Groß-🅿, geradeaus ▬ Klappenwehr, X, keine ⩠-Möglichkeit! Im Flussarm re ▬Klappenwehr, X, Bootsgasse li vom Wehr, gut ≈, ⩠ hier äußerst schwierig, wenn dieses geplant ist vorher in den Abzweig bei km 77,3 einfahren.
Gute ⬇⬆ im Hauptarm vor der Ⅱ li (terrassiertes Ufer an der innerörtlichen Straße „Quai de la Regratterie”), nach den Wehren an der Ⅱ Aufteilung in mehrere Flussarme in einer Parkanlage, alle gut ≈ und führen wieder zusammen, am besten ist es, sich li zu halten (46.3270,-0.4648)
Fußg.-Ⅱ, (46.3262,-0.4648)
80,5 Str-Ⅱ Zufahrt zum Groß-🅿, nur über den li Flussarm (46.3256,-0.4653);
Fußg.-Ⅱ, Beide Flussarme fließen kurz wieder zusammen (46.3253,-0.4662)
80,4 Flussteilung, 🡐 fahren re Klappen-▬, X; li langgezogene Wehrmauer (s. u.) (46.3247,-0.4677)

80,3 Str-II D744 (46.3244,-0.4679)
79,9 Fußg.-II, (46.3238,-0.4732);
■ Wehr mit langgezogener Kante, evtl. ≈, oder am Anfang re ⌂ (46.3239,-0.4739)
79,1 ■ und Mühle „Ancien Moulin" X, re ⌂ (46.3291,-0.4787)
78,5 Str-II D850, (Boulevard de l'Atlantique), darunter ↓↑ an innerörtlichen Straßen (46.3344,-0.4791)
77,3 –76,3 "Plan d´Eau de Noron" (Wasserfläche), Wasserskigebiet, Jetskis, Ruderboote
77,2 li "Base Nautique" (46.3326,-0.4931)
75,8 Str-II, (Boulevard Willy Brandt) Umgehungsstarße, keine ↓↑-Möglichkeit (46.3221,-0.4964)
73,3 ■ Wehr "La Roussilie", evtl. ≈ (46.3314,-0.5077)
73,2 ⌘ re durch den Biergarten ⌂ möglich, Rücksicht auf den Schankbetrieb nehmen! Obergraben Privatgrundstück und gesperrt! (46.3323,-0.5075)
72,6 ← ■-Arm, X, re zur ⌘ weiterfahren, dort problemlos ⌂ (46.3321, -0.5142)
72,0 Str-II, **F 79000 Niort-La Tiffardière** (Rue du 8 Mai 1945), gute ↓↑ (46.3285,-0.5198)
71,7 EB-II (46.3264,-0.5215)
70,0 ← Bras de Sevreau (46.3133,-0.5301)
69,6 li ⛺ "Camping Le Martin Pêcheur" vom Wasser durch die stark befahrene D9 getrennt, gute ↓↑ beim Bootsverleih (fragen!) , camping-le-martin-pecheur.com (46.3132,-0.5350)
69,1 ← Bief de St.-Germaine (lohnenswerter Abstecher zum Bras de Sevreau, windungsreich durch Magné und danach durch Wald, nach 1,5 km. ■, evtl. ≈, sonst über Rampe li ⌂, nach 3,2 km ⇩ in den Bras de Sevreau) (46.3142,-0.5415)
69,0 Hub-II, **F 79460 Magné** (Rue du Grand Port) (46.3152,-0.5419)
66,2 ■ Wehr und ⌘ „le Marais Pin" X, ⌂ (46.3237,-0.5575)
63,9 Str-II D1, **F 79510 Coulon** Touristenzentrum! Sehenswerter Ort! ↓↑ im Ort schwierig, da am Wasser sehr wenige P-Möglichkeiten und rege Nutzung der Stege durch kommerzielle Kahnfahrten und Leihboote, besser woanders ein - bzw. aussetzen (46.3226,-0.5813)
63,5 Fußg.-II (46.3207,-0.5863)
63,4 ← Canal de la Garette à Coulon (1,5 km, keine Hindernisse) (46.3201,-0.5879)
63,3 re P "Autremont" zwischen westlichen Ortsrand und kostenpflichti-

gem Wohnmobilstellplatz, mögliche ⬇⬆, jedoch hohe steile Ufer! (46.3199,-0.5890)

62,7 ← Conche du Château (0,7 km, keine Hindernisse) (46.3170,-0.5957)

62,3 ← Conche du Marais (0,4 km. bis Bief le Biffour, keine Hindernisse) (46.3159,-0.5992)

61,9 li ⇩ Bief le Biffour (1,6 km, keine Hindernisse) (46.3146,-0.6048)

61,6 re ⛺ Coulon „Venise Verte" vom Fluss durch die D123 getrennt, günstige ⬇⬆ mit 🅿-Möglichkeiten, Rampe und Steg, camping-laveniseverte.fr (46.3147,-0.6084)

60,8 ▬ Wehr und ⛿ „la Sotterie" ✕, ⏏ (46.3113,-0.6161)

58,7 Str-Ⅱ D123, li nach **F 79270 Le Vanneau-Irleau** (46.3141,-0.6401)

56,2 Fußg.-Ⅱ (46.3167,-0.6670)

54,4 ← Bief Minet (1,2 km, keine Hindernisse, Zufahrtsmöglichkeit nach **F 79210 Arçais**, sehenswerter Ort! Kahnhafen, reger Tourismus! ⛺ „Camping de la Taillée" am Ortsrand am Wasser), camping-arcais-maraispoitevin.com (46.3070,-0.6834)

52,4 li ⇩ Bief de la Taillée (1,3 km, keine Hindernisse, weitere Zufahrtsmöglichkeit nach **F 79210 Arçais**) (46.3038,-0.7049)

51,9 ← Stichkanal zur Rigole de la Garette (46.3041,-0.7117)

51,2 ▬ Wehr und ⛿ La Baboterie Wehr evtl. ≈, sonst ⏏ (46.3078,-0.7185)

49,9 Str-Ⅱ D104, **F 85420 Damvix** Kahnhafen, Leihboote, Tourismusverkehr, li ⬇⬆; ⛱ Picknickplatz mit Steg, günstig gelegener und als Standlager gut geeigneter ⛺ „Les Conches" links, Campingplatz mit eigenem Bootssteg auf der "Conche du Mauvais Bout", vom Fluss durch die D 104 getrennt, 🅿-Möglichkeiten an der Straße; li ⇩ Conche du Mauvais Bout, camping-des-conches.fr (46.3135,-0.7337)

49,5 li ⇩ Conche de la Baronnerie (46.3138,-0.7376)

48,9 → Canal du Nouveau Béjou 2,3 km lang, 700 m kürzer als der alte Flusslauf, schnurgerade, daher ist eine Weiterfahrt auf der Sèvre Niortaise re empfehlenswerter, jedoch teilweise verkrautet (46.3160,-0.7450)

48,5 Str-Ⅱ, **F 85420 Damvix** (Les Loges) (46.3187,-0.7482)

46,0 ▬ Wehr und ⛿ Bazion ⏏; die Sèvre Niortaise wird ab hier zu einem breiten und nicht nenneswert geschützten Marschlandfluss (46.3191,-0.7755);
li ⇩ Canal du Nouveau Béjou (46.3186,-0.7757)

45,8 li ⇩ Canal du Mignon (46.3184,-0.7784)

45,0 Str-II D116/D15, **F 85420 Maillé-La Croix des Mary** (46.3210,-0.7876)

42,6 ← Schifffahrtskanal 900 m lang, 2,3 km kürzer als der alte Flusslauf; bei einer geplanten Ankunft in Maillè hier re weiterfahren (46.3330,-0.8077)

41,4 Str-II, **F 85420 Maillé** (La Petite Cabane) (46.3403,-0.7972)

41,3 re ⇩ Canal de Bourneu und Autize (s. Seite 500) im ⇩-Bereich: , ville-maille.fr (46.3405,-0.7972)

39,3 re ⇩ Schifffahrtskanal (46.3363,-0.8179)

38,8 Str-II D25B/D109, li **F 17170 Taugon**, re nach **F 85420 Maillé** (Pont du Sablon) (46.3364,-0.8255)

36,3 ➔ Canal du Sablon 1,4 km lang; 2,8 km kürzer als der alte Flusslauf (46.3331,-0.8483)

34,3 Str-II, li nach **F 17170 Taugon** (46.3177,-0.8500)

32,0 re ⇩ Canal du Sablon (46.3279,-0.8654)

29,3 ➔ Canal de Promêre 4,8 km lang; ca. 2 km kürzer als der alte Flussverlauf, begradigt; danach Wege-II (46.3231,-0.8933)

22,6 Weg-II, re ⇩ Canal de Promêre (46.3208,-0.9561)

22,4 EB-II (46.3210,-0.9579)

22,0 re ⇩ Vendeè (s. Seite 498) (46.3227,-0.9631)

21,1 ➔ Derivation de Sèvre Niortaise li halten (46.3187,-0.9717)

19,8 ➔ Kanal li halten (46.3137,-0.9861)

19,4 Str-II D137 (46.3114,-0.9916)

19,1 ⇆, **F 17230 Marans** danach Hafen, ab hier Einfluss der Gezeiten, Schifffahrtsstraße, Weiterfahrt wenig lohnend (46.3119,-0.9947)

18,4 ← Canal de Marans a la Rochelle (46.3143,-1.0034)

18,0 ← Canal maritime de Marans à la Mer Schifffahrtsweg zum Atlantik, nach 4,8 km ⇆ (46.3148,-1.0089)

17,6 ▬ Staustufe, **X**, die Schiffahrt wird über Kanäle umgeleitet (46.3170,-1.0111)

8,0 Weg-II (46.3193,-1.0747)

7,1 Str-II D9/D10A, li **F 17230 Charron** (46.3168,-1.0828)

0,0 ⇩ in den Atlantik (46.3042,-1.1335)

Vendeè

Kleinfluss, Wanderfluss Gewässerkennzahl FR: N---0120
Mündung in Sèvre Niortaise bei km 22,0 (re Nebenfluss)

Die Vendèe durchläuft oberhalb und ein Stück unterhalb von Fontenay-le-

Comte einen hügeligen und teilweise bewaldeten Landstrich. Oberhalb von Fontenay-le-Comte wird sie in zwei großen Stauseen aufgestaut. Ob eine Befahrung hier möglich ist, bedarf der Erkundung. Zwischen dem letzten Stausee und Fontenay-le-Comte (ca. 10 km) befinden sich vier Mühlen.

Etwa ab Velluire wird sie zu einem kanalisierten und windausgesetzten Marschlandfluss, welcher hier große Teile des „Marais Poitevin" entwässert.

Befahrbarkeit: ganzjährig

Umwelt: Wasser: sauber

82,5 Ursprung in ca. 200 Meter Höhe bei St. Paul-en-Gâtine (46.6297,-0.5833)

25,5 Str-II, **F 85200 Fontenay-le-Comte** (Rue des Orfèvres), keine ⬇⬆-Möglichkeit, Die Vendèe verläuft hier ein Stück in hohen steilen Ufermauern eingefasst ohne Zugangsmöglichkeit zum Wasser (46.4674,-0.8042)

25,3 Str-II **F 85200 Fontenay-le-Comte** (Pont Neuf) (46.4659,-0.8054)

25,1 Fußg.-II (46.4641,-0.8048)

24,9 Str-II D948B, **F 85200 Fontenay-le-Comte** (Avenue du Général de Gaulle), Ortsausgang, re hinter der Brücke gute ⬇⬆ an einem Steg sowie 🅿 und Wohnmobilplatz (46.4623,-0.8041)

24,5 Fußg.-II (46.4594,-0.8050)

23,6 Weg-II (46.4559,-0.8148)

22,9 Str-II D148 Von der D148 aus keine ⬇⬆, da Schnellstraße, unter der Brücke ein am linken Ufer verlaufender Fahrweg, welcher von der D 115 (Boisse - St. Médard-des-Prés) aus erreicht werden kann, dort evtl. ⬇⬆ (46.4530,-0.8231)

22,1 li **F 85200 Fontenay-le-Comte-Boisse** gute ⬇⬆

21,6 ▬ Wehr "Boisse" **X**, li ⏏ (46.4482,-0.8370)

20,6 Autobahn-II A83 (46.4427,-0.8462)

18,6 li **F 85200 Chaix** gute ⬇⬆

18,3 Str-II von li **F 85200 Chaix** nach re F 85200 Auzay; vor der Brücke re ⬇⬆ (46.4318,-0.8642)

14,5 ▬ Wehr "Massigny" wenn offen, ungehinderte Weiterfahrt, sonst ⏏ (46.4203,-0.8757)

14,1 li **F 85770 Velluire-Massigny** gute ⬇⬆

12,0 EB-II (46.4067,-0.8915)

11,9 Str-II D68, **F 85770 Velluire** (46.4067,-0.8928)

8,4 ▬ Wehr "la Boule d´Or" li ⏏, ➔ "Canal des Gressaudes" (46.3868,

-0.9239)
6,9 Str-II D25, **F 85770 Le Gué-de-Velluire** gute ⬇⬆ (46.3741,-0.9240)
4,5 Str-II, **F 17230 Marans** (Le Boucheau du Mellier) (46.3545,-0.9360)
2,3 li ⛟ Le Petit Booth, lepetitbooth.com (46.3359,-0.9443)
1,2 Str-II, li **F 85770 L'Île-d'Elle** gute ⬇⬆ im Brückenbereich am linken Ufer (46.3297,-0.9537)
0,4 Str-II D938TER, **F 85770 L'Île-d'Elle** Unter der Brücke schwierig zu überwindende Schleusenanlage "le Gouffre" mit gleichzeitiger Kreuzung mit mehreren Kanälen. Bei einer geplanten Weiterfahrt oder Ein/Aussetzen sollte die Örtlichkeit vorher eingehend besichtigt werden (46.3245,-0.9595)
0,0 ⇩ in Sèvre Niortaise (s. Seite 490) bei km 22,0 (46.3228,-0.9636)

Autize

Weitere Namen: Jeune Autise [fr]
Kleinfluss, Wanderfluss Gewässerkennzahl FR: N---0070
Mündung in Sèvre Niortaise bei km 41,3 (re Nebenfluss)

Die Autize ist ein ruhig und langsam fliessender Flachlandfluss, welcher sein Bild mehrfach wechselt und daher interessant ist. Sie stellt eine lohnenswerte Alternative im "Venise Verte" da. Die Autize wird im Unterlauf als "Jeune Autize" bezeichnet. Sie ist ab Nieul-sur l´Autize durchgehend befahrbar. Ab Mai/Juni ist insbesondere oberhalb von Nieul-sur l´Autize mit starken Verkrautungen zu rechnen. Oberhalb von Nieul-sur l´Autize dürfte bei geeigneten Wasserständen eine Befahrung möglich sein, was jedoch erkundet werden müsste.

Eine Befahrung der Vielle Autize ab km 13,2 ist nicht möglich, da lediglich kleine Teilstücke verblieben sind. Das letzte dieser Teilstücke ist etwa ab Bouillé-Courdault ≈ und ⇩ in den Canal de la Vielle Autize, welcher in die Sèvre Niortaise zwischen Damvix und Bazoin ⇩.

Befahrbarkeit: ab Nieul-sur l´Autize ganzjährig, oberhalb nur bei HW

Umwelt: Wasser: trübes Moorwasser, mäßige Besserung bis zur ⇩

67,4 Ursprung in etwa 170 m Höhe bei Mazières-en-Gâtine (46.5492,-0.3447)
18,3 Schräg-▬ mit Mühle **F 85240 Nieul-sur-l'Autise**, ≈, durch linken Wehrbereich fahren (im rechten nicht unterfahrbarer Steg), ⏏ li. Gute ⬇ im schlossähnlichen Freizeitgelände (nachts verschlossen). Be-

schilderung im Ort "Aire de Pique Nique". Noch ca. 5 km verkrautet (46.4212,-0.6849)

18,0 Str.-II (46.4191,-0.6843)

17,3 EB-II (46.4126,-0.6842)

16,7 Str.-II D148 (46.4120,-0.6903)

15,7 Autobahn-II A83 (46.4056,-0.6944)

13,6 Weg-II, re Mauvais (46.4056,-0.7114)

13,2 li Ablass-■ ← Vielle Autize, Befahrung ab hier nicht möglich (46.4020,-0.7127)

12,6 Niedrige II evtl. re ⏏ (46.3968,-0.7130)

12,1 Niedrige II evtl. re ⏏ (46.3944,-0.7188)

10,9 Str.-II D15 La Porte de l'Île nach 50 m ↰ für ⏏ des folgenden ■, ca. 400 m über die Dorfstraße bis zum Kahnhafen (46.3894,-0.7313)

10,7 ■ Wehr, X, keine ⏏-Möglichkeit (46.3900,-0.7334)

10,6 Kahnhafen Flusslauf schmaler, allmähliche Verbreitung, bis km 1,4 eine abwechslungsreiche Bruchlandschaft (46.3905,-0.7350)

9,4 Weg-II (46.3959,-0.7488)

8,6 ■ Wehr wenn geöffnet, problemlose Weiterfahrt (46.3979,-0.7577)

8,4 Str.-II D23 gute ⬇⬆ (46.3980,-0.7613)

7,8 ■ Wehr wenn geöffnet, problemlose Weiterfahrt (46.3937,-0.7652)

7,6 2x Weg-II (46.3923,-0.7655)

7,0 Weg-II danach lange Gerade (46.3872,-0.7623)

5,5 Str.-II D68, li **F 85420 Maillezais** auffällige Kirchenruine, ← mehrere Kanäle, im Ort ⛺ "Muncipal de l´Autize", ab hier Beschilderung mit grünen Tafeln, wie im restlichen "Venise Verte" (46.3760,-0.7519)

5,2 –1,4 lange, gerade Strecke trotzdem lohnend (46.3731,-0.7501)

1,4 ■ Wehr und ⯐ "l´Aqueduc" wenn geöffnet, problemlose Weiterfahrt. Aufteilung in mehrere Kanäle, geradeaus weiterfahren (46.3488,-0.7849)

0,9 Str.-II D25 günstige ⬆ (46.3459,-0.7899)

0,4 Str.-II, li **F 85420 Maillé** Fluss wird schmaler, zwischen Betonwänden (46.3428,-0.7940)

0,1 li ⇩ Canal de Bourneu dort nach 100 m Kahnhafen, günstige ⬆, 🅿 (46.3407,-0.7954)

0,0 ⇩ in Sèvre Niortaise (s. Seite 490) bei km 41,3 (46.3405,-0.7971)

Bras de Serveau

Flachlandfluss
Mündung in Grande Rigole

Ein landschaftlich schöner Altarm der Sèvre Niortaise, welcher sich als Teil einer Rundfahrt in "Venise Verte" anbietet. Er stellt eine lohnenswerte Alternative bzw. Ergänzung zur windausgesetzten Sèvre Niortaise dar und lässt eine Befahrung auf 8,2 km zu. Geringe Strömung.

8,2 Ende des Bras de Serveau an einer Wasserstraßenkreuzung. Weiterfahrt über die Grande Rigole (s. Seite 503) in Richtung Arçais oder über den Bief le Biffour oder Canal de la Garette à Coulon nach Coulon möglich (46.3074,-0.5869)
8,0 Str.-II D1, **F 79270 Sansais- La Garette** Kahnhafen, Tourismus (46.3055,-0.5864)
7,2 ■ Wehr, meist ≈, sonst re ⌓, niedriger Steg über dem ■
5,6 ➔ fahren durch schöne Ansiedlung; li Arm wird immer schmaler, **X** (46.2906,-0.5704)
5,3 Str.-II Le Gué (46.2902,-0.5659)
4,4 ■ Wehr, re l´Ouchette, evtl. ≈, sonst re über Rampe ⌓ (46.2927,-0.5556)
3,4 ➔ Bief de St. Germain (46.2947,-0.5443)
2,2 Weg-II ab hier bewaldete Sumpflandschaft (46.2995,-0.5300)
1,4 kleines ■ Wehr, evtl. ≈, sonst ⌓ (46.3055,-0.5264)
0,7 Str.-II D9, li **F 79000 Niort- Sevreau** ⚠ unter der II ■ Wehr, je nach Wasserstand und Stellung der Stauklappen starker Rücklauf, evtl. ≈, sonst ↱, nach li über die II ⌓. Weitere Fahrt durch Wiesen (46.3105,-0.5261)
0,0 ← aus der Sèvre Niortaise in einer Rechtskurve; zunächst Ortsdurchfahrt von **F 79460 Magné** (46.3149,-0.5297)

Rigole de la Garette

Flachlandfluss Gewässerkennzahl FR: N---2002

Die Rigole de la Garette verläuft parallel südlich der Sèvre Niortaise in einer weiten S-Kurve und ist 12,6 km lang. Sie ist von der Sèvre Niortaise über mehrere Möglichkeiten gut zu erreichen und bietet sich als Teil eines Rundkurses bzw. als eigenständige Fahrt an. Sie verläuft landschaftlich schön in einem dichten, sumpfigen Waldgelände und stellt mit der Sèvre Niortaise eine zweite Verbindung zwischen den Kanalnetzen südlich von Coulon und Damvix dar. Der Beginn liegt am Ende der Grande Rigole (s. Seite 503), welche am Wasserwegekreuz nördlich von la Garette beginnt.

11,8 ⇩ in den Canal du Mignon, Weg-Ⅱ (wenig lohnender, breiter, offener) (46.3042,-0.7575)
9,7 Weg-Ⅱ (46.3009,-0.7307)
9,4 ▬ Wehr, evtl. ≈, sonst li über Rampe ⌂ (46.3009,-0.7261)
8,8 ➔ Stichkanal zur Sèvre Niortaise (s. Seite 490) breiteres Bett, die Bewaldung wird weniger dicht (46.3012,-0.7182)
7,3 Str.-Ⅱ D102 Kreuzung mit dem Bief de la Taillée (46.3014,-0.6993)
6,3 Kreuzung mit dem Bief Minet (46.3019,-0.6867)
6,0 Weg-Ⅱ (46.3023,-0.6828)
4,7 Weg-Ⅱ (46.3071,-0.6677)
4,3 Weg-Ⅱ (46.3090,-0.6630)
2,7 Str.-Ⅱ D123, li La Chaume (46.3103,-0.6431)
2,0 Weg-Ⅱ (46.3073,-0.6342)
1,3 Kreuzung mit dem Bief du Vanneu (46.3037,-0.6278)
1,2 Weg-Ⅱ (46.3029,-0.6259)
0,6 li ⇩ La Courde à Foubert (46.3018,-0.6192);
Weg-Ⅱ (46.3019,-0.6187)
0,5 ← Petite Rigole und Rigole d´Amuré (46.3019,-0.6179)
0,1 ▬ Wehr (46.3029,-0.6119)
0,0 Wasserstraßenkreuz;
Kreuzung Grande Rigole, Conche des Grandes Prises und Canal du Chail (46.3030,-0.6113)

Grande Rigole

Flachlandfluss	Gewässerkennzahl FR: N4307102

2,0 Kreuzung mit dem Kanal du Chali Übergang in Rigole de la Garette (s. Seite 502) (46.3030,-0.6113)
0,0 w (46.3074,-0.5869);
Beginn am Wasserstraßenkreuz nördlich von La Garette (46.3074,-0.5869)

Lay

Wanderfluss – Maritimfluss Gewässerkennzahl FR: N3--0160
Mündung in Atlantik

Der Lay ist in seinem Oberlauf ein ruhiger Wanderfluss, keine besonderen Schwierigkeiten. Im Unterlauf wird er zum tidenabhängigen Maritimfluss.

Befahrbarkeit: ganzjährig; im Sommer kann allerdings das Wasser im Oberlauf etwas knapp werden.

118,8 Ursprung des Grande Lay (46.7094,-0.7103)
63,5 Zusammenfluss der beiden Quellflüsse „Petit Lay“ und „Grand Lay“ unterhalb des Staudamms des Stausees von Angle Guignard, übliche ⬇. Der Lay fließt mit ruhiger Strömung durch eine recht einsame Landschaft; er wird jedoch von mehrere Ⅱ überquert, die sich als weitere ⬇ anbieten (46.6277,-1.0782)
62,9 Str.-Ⅱ D52 (46.6234,-1.0814)
62,0 ▬ Wehr (46.6159,-1.0837)
57,1 ▬ Wehr (46.5928,-1.0863)
54,4 ▬ Wehr (46.5792,-1.1059)
53,0 Str.-Ⅱ D948 (46.5888,-1.1164)
52,4 Autobahn-Ⅱ A83 (46.5885,-1.1234)
50,0 ▬ Wehr (46.5699,-1.1252)
45,9 ▬ Wehr (46.5561,-1.1593)
45,8 Str.-Ⅱ D7, **F 85320 Moutiers-sur-le-Lay** (46.5560,-1.1600)
42,9 ▬ Wehr (46.5434,-1.1869)
39,7 Str.-Ⅱ D746 **F 85320 Mareuil-sur-Lay-Dissais** die Fahrt wird vielfach hier beendet, jedoch auch weiterhin keine Schwierigkeiten (46.5349,-1.2202)
39,5 ▬ Wehr (46.5339,-1.2199)
33,4 Str.-Ⅱ D50 (46.5077,-1.2480)
26,5 EB-Ⅱ (46.4871,-1.2919)
24,3 Str.-Ⅱ D949 (46.4690,-1.2895)
24,1 Str.-Ⅱ D2949 gute ⬆. Die Reststrecke bis zur ⇩ ist etwas eintönig, der Fluss ist begradigt und gerät zunehmend unter den Einfluss der Gezeiten (46.4675,-1.2885)
13,0 Str.-Ⅱ D25 (46.3962,-1.3698)
7,1 Str.-Ⅱ D46 (46.3530,-1.3520)
3,4 Str.-Ⅱ D46E, li **F 85460 L'Aiguillon-sur-Mer** (46.3349,-1.3166)
0,0 ⇩ in eine Seitenbucht des Atlantiks (46.3099,-1.2961)

Vie

Kleinfluss – Maritimfluss Gewässerkennzahl FR: N1--0150
Mündung in Atlantik

Der Vie ist in seinem Oberlauf ein Kleinfluss, keine besonderen Schwierigkeiten, im Unterlauf ist er ein tidenabhängiger Maritimfluss.

Fahrtstrecke: ⬇ bei Ⅱ von Apremont (knapp unterhalb des Staudammes des 9 km langen Stausees), 20 km bis ⇩. Bei Westwind sollte im Tidenbereich auf eine Befahrung verzichtet werden.

Befahrbarkeit: infolge des recht regelmäßigen Wasserablasses des Stausees von Apremont ganzjährig, auch im Sommer.

Verzeichnis der Mitarbeiter

Die Gestaltung der vorliegenden Neuauflage dieses DKV-Auslandsführers mit ihren Neubearbeitungen, Berichtigungen und Ergänzungen war nur möglich durch die aktive Unterstützung von

Peter Heil, Bremen
Rüdiger Tonojan, Denzlingen
Friedhelm Wollner
Michael Marschewski, Unna
Reinhard Löbbecke, Düsseldorf
Bernd Dörr, Dannstadt
Timo Weickenmeier, Essingen
Carola Bloy
Dieter Schröer, Unna
Hajo Popken, Mutterstadt
Wilhelm Beckert
Franz-Josef Hüls
Heinrich Hoff

Es sei ausdrücklich darauf hingewiesen, dass die Namen der Mitarbeiter der vorausgehenden Auflagen hier nicht wiederholt werden.

Quellenverzeichnis

Die 9. Auflage dieses DKV-Auslandsführers wurde auf der Grundlage der vorhergehenden Auflage aufgestellt. Neben den Mitteilungen der vorstehend angeführten Mitarbeiter wurden auch noch folgende Unterlagen benutzt:

- KANU-SPORT, Fachzeitschrift des DKV
- Internetseiten verschiedener Touristikorganisationen.
- TopPlus-Karten, Bundesamt für Kartographie und Geodäsie

Alphabetisches Verzeichnis der Gewässer